उर्दू-साहित्य
का आलोचनात्मक इतिहास

उर्दू-साहित्य का आलोचनात्मक इतिहास

प्रोफेसर सैयद एहतेशाम हुसैन
भूतपूर्व अध्यक्ष
उर्दू-विभाग, इलाहाबाद युनिवर्सिटी

लोकभारती प्रकाशन
पहली मंजिल, दरबारी बिल्डिंग, महातमा गांधी मार्ग, इलाहाबाद-1

लोकभारती प्रकाशन
पहली मंजिल, दरबारी बिल्डिंग, महात्मा गाँधी मार्ग
प्रयागराज-211 001
वेबसाइट : www.lokbhartiprakashan.com
ईमेल : info@lokbhartiprakashan.com
शाखाएँ : 1-बी, नेताजी सुभाष मार्ग, दरियागंज
नयी दिल्ली-110 002
अशोक राजपथ, साइंस कॉलेज के सामने
पटना-800 006 (बिहार)
36-ए, शेक्सपियर सरणी
कोलकाता-700 017

प्रथम संस्करण : 1969
चौथा संस्करण : 2020

मूल्य : ₹ 500

सिटी ऑफसेट
प्रयागराज द्वारा मुद्रित

URDU SAHITYA KA
ALOCHNATMAK ITIHAS
by Prof. Sayyad Ehtesham Hussain

ISBN : 978-93-5221-112-8

प्रस्तावना

भारत के मानसरोवर में भाषाओं, विचारधाराओं, भौगोलिक क्षेत्रों और विविध प्रकार की असमानताओं के नीचे एकता, समन्वय तथा राष्ट्रीयता की जो लहरें दौड़ रही हैं, वे प्राय: आँखों से ओझल रह जाती हैं, क्योंकि हम भाषाओं की विभिन्नताएँ तो देख लेते हैं, परन्तु साहित्यिक समानताओं की आधारभूमि पर विचार नहीं करते। आज जबकि राष्ट्रीय एकता की खोज की जा रही है, भाषा-विज्ञान और लोकगाथाओं का अध्ययन किया जा रहा है, इतिहास को सामान्य जनजीवन के सन्दर्भ में पढ़ने की कोशिश की जा रही है और उन भावनाओं के प्रोत्साहन पर बल दिया जा रहा है, जो संयोजन के आधार को विस्तृत करती हैं, वर्तमान स्थिति में इसकी आवश्यकता बढ़ गयी है कि हम विभिन्न भाषाओं के साहित्य, उनके विकास, उनकी परम्पराओं और उनकी विशेषताओं का ज्ञान प्राप्त करके अलगाव और अन्तर की भावनाओं को दूर करें, जिन्हें पिछली शताब्दियों में निहित स्वार्थी और कूटराजनीतिक गतिविधियों ने जन्म दिया है। ऐतिहासिक परिस्थितियों ने हमें दूरवर्ती देशों के साहित्याध्ययन के लिए तो उकसाया, किन्तु स्वयं अपने ही देश के साहित्यिक वाङ्मय से हम अनभिज्ञ रहे। आज इतिहास की गति बदल रही है, इसलिए प्रत्येक भाषा-भाषी अन्य भारतीय भाषाओं का इतिहास भी पढ़ना चाहता है। यही अभिलाषा थी, जिसने उर्दू-साहित्य का यह इतिहास मुझसे हिन्दी में लिखवाया।

उर्दू मध्यकालीन भारत की सामाजिक परिस्थितियों में उत्पन्न होने वाली वह भाषा है, जिसे थोड़े ही समय में ऐतिहासिक कारणों से देश के बहुत-से भाग में फैल जाने का अवसर प्राप्त हुआ। उसकी यह विशेषता विचारणीय है कि उसकी भारतीय आधारभूमि पर जो महल तामीर हुआ, उसमें अरबी और ईरानी गुल-बूटे भी थे और दिल्ली, आगरा और अवध की बोलियों का रस भी, इसलिए उसके साहित्य में उदारता तथा विभिन्न सभ्यताओं का समन्वय प्रारम्भ से ही मिलने लगता है, जो आगे की शताब्दियों में बढ़ता ही जाता है। इस कारणवश उर्दू-साहित्य के इतिहास का अध्ययन सांस्कृतिक महत्त्व भी रखता है।

साहित्य-इतिहास के सम्बन्ध में मेरे कुछ विशेष विचार हैं। यह न तो नामों, घटनाओं और तिथियों की खतियौनी हो सकता है, और न अप्राप्य शोध-उपलब्धियों का संकलन और न आलोचनात्मक लेखों का संग्रह ही। इन सबका अपना-अपना

महत्व है, परन्तु साहित्य-इतिहास का रूप इन सबसे भिन्न होना चाहिए। काल-समय गति की सीमाओं के भीतर होनेवाली घटनाओं की जो श्रृंखला बनती है, उसे इतिहास कहते हैं। उसका केन्द्र-बिन्दु मानव है, जो सामाजिक वातावरण से बनता भी रहता है और उसको प्रवर्तित भी करता है। साहित्य-रचना उसकी जीवन-कृति का अंग है, इसलिए उसको सामाजिक जीवन के परिप्रेक्ष्य में ही पढ़ना सामाजिक दृष्टि प्रदान करेगा। जब तक इस बात को अच्छी तरह नहीं समझा जायेगा कि साहित्य राष्ट्रीय, सामाजिक जीवन, सांस्कृतिक परम्परा और ऐतिहासिक उन्नति-अनुन्नति का प्रतिबिम्ब होता है और उसकी भावनात्मक एवं मानसिक आकांक्षाओं का रचना-विधान प्रस्तुत करता है, उस समय तक साहित्य-इतिहास बदलते हुए साहित्यिक दृष्टिकोण का प्रामाणिक उल्लेख नहीं कर सकता। साहित्य समाज का जीवित अंग होता है, उसका ऐतिहासिक विश्लेषण इसी ढंग से होना चाहिये। जिस इतिहास से यह स्पष्ट न हो सके कि साहित्य-चिन्तन में एक युग से दूसरे युग में किस प्रकार अन्तर उत्पन्न हो जाता है, एक शैली की लोकप्रियता दूसरे युग में क्यों कम हो जाती है और एक रुपविधान दूसरे के लिए अस्वीकार क्यों हो जाता है, वह इतिहास कुछ साहित्यिक जानकारी प्राप्त करने का माध्यम तो बन सकता है, परन्तु संतोषजनक साहित्यिक चेतना और संवेदना नहीं पैदा कर सकता।

उर्दू-साहित्य के अब तक जो इतिहास लिखे गये हैं, उनमें यह कमी रही है कि लेखकों ने सामाजिक चेतना और ऐतिहासिक अविच्छिन्नता को अपनी दृष्टि में नहीं रखा है, कुछ भाषा सम्बन्धी विभिन्नताओं और शैलियों के भेद-भाव को सामने रखकर काल-विभाजन कर दिया है, जिससे पूरे इतिहास के विकास और उसकी अन्य विधाओं की गति का ठीक से ज्ञान नहीं होता। मैंने इस छोटी-सी पुस्तक की सीमाओं के भीतर इसकी चेष्टा की है कि उर्दू-साहित्य की जो रूपरेखा दी जाये, वह इसका सही-साफ़ परिचय दे सके कि वह कौन-सी ऐतिहासिक परिस्थितियाँ थीं, जिनमें साहित्य विकास तथा परिवर्तन का क्रम जारी रहा।

यह कह देना आवश्यक है कि प्रस्तुत मेरी पहली रचना 'उर्दू-साहित्य का इतिहास' पर आधारित है, जो कई वर्ष पूर्व प्रकाशित हुई थी और जिसका रूसी-अनुवाद भी हो चुका है, किन्तु अपने परिवर्तित रूप में यह नयी पुस्तक बन गयी है। इस सम्बन्ध में अपने प्रिय शिष्य डॉ० ज़ाफ़र रज़ा का कृतज्ञ हूँ कि उन्होंने बड़े प्रेम से इसकी तैयारी में अनेक प्रकार से मुझे योग दिया।

उर्दू विभाग
इलाहाबाद विश्वविद्यालय

—एहतेशाम हुसैन

प्रस्तुत पुस्तक की सर्वप्रियता से मुझे संतोष है, जिसमें पुनः प्रकाशन से अधिक इस अनुभव से प्रसन्नता होती है कि मेरी इस पुस्तक से उर्दू-साहित्य के इतिहास के अध्ययन में समुचित जानकारी का साधन मानी जाती है। यदि कुछेक व्यक्तिगत कारणों से असमर्थ न होता तो इसमें उचित संशोधन-परिवर्द्धन करता। फिर भी कुछ स्थानों पर नये तथ्य सम्मिलित कर दिये गये हैं। आगामी संस्करण में शेष त्रुटियाँ भी निकालने का यत्न करूँगा।

आशा है कि आप इस संस्करण का भी स्वागत करेंगे।

उर्दू विभाग
इलाहाबाद विश्वविद्यालय
१९-८-१९७२

—एहतेशाम हुसैन

अनुक्रम

अध्याय १

उर्दू-भाषा और साहित्य का प्रारम्भिक विकास

उर्दू-साहित्य का इतिहास उर्दू-भाषा के इतिहास से आरम्भ होता है, क्योंकि प्रत्येक भाषा की तरह उर्दू को भी सामाजिक आवश्यकताओं ने जन्म दिया, जिसमें धीरे-धीरे सांस्कृतिक विचारों और साहित्यिक कृतियों का प्रवेश हुआ। उर्दू को इतिहास ने जन्म दिया, बढ़ने का वातावरण पैदा किया और एक ऐसे स्तर पर पहुँचा दिया कि १८वीं-१९वीं शताब्दी में अनेक विद्वानों ने 'हिन्दुस्तानी' के रूप में इसे देश की जनभाषा की संज्ञा प्रदान की। इस कहानी को समझने और उसकी शृंखलाओं को जोड़ने के लिए हज़ारों वर्ष पीछे जाना आवश्यक है। यद्यपि भाषाओं में जो परिवर्तन होता है, वह साहित्य के मुक़ाबिले में साधारणतः व्यावहारिक ही होता है, परन्तु यह परिवर्तन भी सामाजिक चेतना तथा अन्य भाषाओं के तादात्म्य से उत्पन्न होता है। साहित्य जिन प्रभावों को सहज ही स्वीकार कर लेता है, भाषा उसे देर में ग्रहण करती है। उर्दू-भाषा और साहित्य का इतिहास पढ़ते हुए ये सब बातें सामने आयेंगी और इतिहास की सहायता से समझी जायेंगी और इसी से यह तथ्य भी स्पष्ट होगा कि न तो उर्दू-भाषा भारत के बाहर पैदा हो सकती थी और न उसका साहित्य।

भाषा-विज्ञान के अनेक विद्वानों ने भारत को भाषाओं का 'अजायबघर' कहा है। ग्रियरसन के विचार में यहाँ १७९ भाषाएँ और ५४४ बोलियाँ पायी जाती हैं। इस संख्या में वे अनेक भाषाएँ भी सम्मिलित हैं, जिनके बोलने वाले या तो किसी छोटे से क्षेत्र में सीमित हैं या इतने कम हैं कि देश के भाषा-इतिहास में कोई महत्व नहीं रखते। इसी प्रकार अधिकतर बोलियाँ ऐसी हैं, जो अन्य भाषाओं के अधीन हैं, इसीलिए जब किसी ऐसी भाषा का इतिहास लिखने का आयोजन किया जाये, जिसने देश की सांस्कृतिक उन्नति में प्रभावशाली भाग लिया है, उस समय यहाँ की उन सभी बड़ी-बड़ी भाषाओं और बोलियों को दृष्टि में रखना होगा, जिनसे उसका सम्पर्क हुआ।

उर्दू-भाषा और साहित्य का इतिहास लिखते हुए उत्तर-भारत की भाषाओं की उन्नति और विकास को सामने रखना इसलिए भी आवश्यक है कि जिन सामाजिक, आर्थिक, राजनीतिक और ऐतिहासिक परिस्थितियों ने उर्दू-भाषा के उद्‌भव और उसके साहित्य के विकास को प्रभावित किया, वही साधारणतः दूसरी भारतीय भाषाओं के बनने और विकसित होने में सहायक रही। उर्दू-भाषा का इतिहास एक प्रकार से भारत के १,००० वर्षों का इतिहास है। उसी समय में भारत की अन्य

आधुनिक भाषाओं का विकास भी हुआ। इस १,००० वर्ष में भारतीय समाज उन्नति, पतन और परिवर्तन के जिन युगों से गुज़रा उसका प्रभाव यहाँ की प्रत्येक भाषा और साहित्य पर पड़ा, किसी पर कम और किसी पर अधिक। ऐतिहासिक और सांस्कृतिक परिस्थितियों ने किसी बोली या भाषा को आगे बढ़ा दिया और किसी की बाढ़ रोक दी। अतएव १०वीं शताब्दी के बाद से कुछ ऐतिहासिक सामग्रियाँ ऐसी एकत्र हो गयीं कि भारतीय आर्य-भाषाओं के समूह में एक नयी भाषा ने जन्म लिया, जिसको आज उर्दू कहा जाता है। अब यह देखना चाहिये कि इसका उद्‌भव और विकास किस प्रकार हुआ, उसे एक नयी भाषा किस दृष्टिकोण से कह सकते हैं और भारतवर्ष की संस्कृति में उसका क्या स्थान है। विस्तार में न जाकर उसकी उत्पत्ति का संक्षिप्त विवरण उसकी साहित्यिक परम्पराओं के समझने में बहुत सहायक होगा।

भारतवर्ष का इतिहास देखा जाय, तो यह बात स्पष्ट रूप से दिखायी पड़ती है कि यहाँ की भाषाओं में उसी समय कोई बड़ा परिवर्तन हुआ है, जब देश के धार्मिक या राजनीतिक जीवन में कोई बड़ा आन्दोलन हुआ है। आर्य-भाषाओं के प्रवेश से पहले यहाँ द्राविड़-भाषा और संस्कृति की बड़ी उन्नति हुई, जिसमें आस्ट्रिक (Austric) और दूसरी जातियों की बोलियों और सभ्यताओं की लहरें भी देखी जा सकती हैं। कदाचित यह कहना उचित होगा कि द्रविड़-संस्कृति ने पहले की संस्कृतियों को बहुत कुछ अपने अन्दर समेट लिया था। जो कुछ उसके बाहर था, वह बहुत महत्व नहीं रखता था। आर्यों के आने के बाद उत्तर-भारत और मध्य देश में आर्य-बोलियों ने पहले की भाषाओं की जगह ले ली। यह एक क्रान्तिकारी घटना थी कि उत्तर-भारत से वह भाषा लुप्त हो गयी, जो मोहनजोदड़ो और हड़प्पा की सभ्यता की जन्मदात्री थी। इसका सबसे बड़ा कारण यह प्रतीत होता है कि अपने धार्मिक और सांस्कृतिक भेद-भावों के कारण आर्य-जाति के लोग द्रविड़ों में पूरी तरह मिल न सके। द्रविड़ों ने बाद में आर्य-संस्कृति से बहुत कुछ लिया, किन्तु आरम्भ में पूर्णतः अलगाव रहा। इसका यह अर्थ नहीं कि द्रविड़-भाषा और संस्कृति ने आर्यभाषा और संस्कृति को प्रभावित नहीं किया, प्रश्न केवल मात्रा का है। डॉ० सुनीतिकुमार चटर्जी तथा अन्य भाषाशास्त्रियों ने अनेक ऐसे शब्दों की ओर संकेत किया है, जो आस्ट्रिक और दूसरी भाषाओं से लिये गये और आज भी प्रचलित हैं। यहाँ इस रोचक विषय पर इससे अधिक नहीं लिखा जा सकता।

द्रविड़-भाषा की उन्नति के बाद देश के भाषिक-इतिहास में यह दूसरा महत्वपूर्ण परिवर्तन था, जब आर्य यहाँ आये। उनके आने के पश्चात् वैदिक संस्कृति ने महत्ता प्राप्त कर ली। इसमें संदेह नहीं कि भारत में आर्य जाति ने हिन्दुस्तानी समाज को वर्णों में इस प्रकार विभाजित कर दिया कि उच्चजाति की बोली और निम्न लोगों की बोलियों में बड़ा अन्तर पैदा हो गया। संस्कृत के प्राचीन नाटकों में ब्राह्मण, राजा और उनके मंत्री संस्कृत बोलते हैं, तो निम्न वर्ग के लोग, जिनमें स्त्रियाँ भी सम्मिलित हैं,

प्राकृत बोलते दिखाए गये हैं। इससे यह अनुमान लगाया जा सकता है कि संस्कृत के साथ-साथ प्राकृतें भी मौजूद थीं। ब्राह्मणवादी सभ्यता धार्मिक बन्धनों में फँसकर जितना अपने को ऊपर उठाती चली गयी और अपनी भाषा को पवित्र बनाने के विचार से व्याकरण और शुद्ध उच्चारण के बन्धनों में कसती चली गयी, उतना ही निम्न वर्ग के लोग उससे दूर होते चले गये। कहने को तो संस्कृत आज भी महत्वपूर्ण सांस्कृतिक स्थान रखती है, किन्तु भारत के पूर्ण इतिहास में या 'बुद्धिजीवियों', उच्चवर्ग के सुशिक्षित व्यक्तियों की बोल-चाल और साधारण व्यवहार की नहीं, वरन् केवल धार्मिक तथा दार्शनिक विचारों की अभिव्यक्ति के माध्यम के रूप में जीवित रही। इसीलिए जब भारतीय समाज में धार्मिक परिवर्तन हुए तो संस्कृत को पीछे हटना पड़ा, अर्थात् इस पर सबसे बड़ी चोट उस समय लगी, जब बौद्ध और जैन धर्मों ने जन्म लिया और दूसरी बार हिन्दुस्तानी भाषा के इतिहास में वह महत्वपूर्ण परिवर्तन हुआ, जिसको भारतीय आर्य-भाषाओं का मध्यकालीन युग कहा जाता है और जिसमें संस्कृत के अतिरिक्त प्राकृत को बढ़ने और फैलने का अवसर मिला।

बौद्ध और जैन धर्मों में आर्य-धर्म के ढाँचे के अन्दर ही एक ऐसे नये मोर्चे को विकसित किया, जो ब्राह्मणों के अधिकारों के विरुद्ध स्थापित किया गया था, क्योंकि उन्होंने धर्म को केवल विशेष संस्कारों का संग्रह बना रखा था। धार्मिक क्षेत्र में बौद्धमत एक महत्वपूर्ण परिवर्तन का द्योतक था, परन्तु भारतीय संस्कृति के सामूहिक विकास में उसको आर्य-संस्कृति के विरोध में कोई नयी धारा नहीं कहा जा सकता। इसमें भी संदेह नहीं कि निम्नवर्गीय जातियों को बौद्ध धर्म से बड़ी प्रेरणा मिली, परन्तु वर्गों का वह आधार जो ब्राह्मणवाद की प्रतिष्ठा पर अवलम्बित था, एकदम से नहीं टूटा। इस सम्बन्ध में हमें और बातों को छोड़कर भाषा की दृष्टि से उस महान आन्दोलन का अनुमान लगाना है, जो इस धार्मिक परिवर्तन के बहाव में पैदा हुआ था। महात्मा गौतम बुद्ध ने जब अपने धर्म का प्रचार आरम्भ किया और बहुत से लोग उसमें जीवन के नये उद्देश्य देखकर सम्मिलित होने लगे, तो उनके कई बड़े-बड़े शिष्यों ने, जो वैदिक धर्म, संस्कृति और भाषा से भलीभाँति परिचित थे, उनसे कहा कि वह इस समय तक अपनी शिक्षा को स्थानीय बोलियों में प्रस्तुत करते रहे हैं, अब समय आ गया है कि उन्हें देश को 'पवित्र' और 'सभ्य' भाषा अर्थात् संस्कृत में संग्रहीत कर लिया जाये, परन्तु महात्मा बुद्ध ने इसे स्वीकार नहीं किया। इस सम्बन्ध में डॉ० सुनीतिकुमार चटर्जी के ये शब्द याद रखने योग्य हैं—

"...परन्तु बुद्ध ने इसे अस्वीकृत कर दिया और साधारण जनों की सभी बोलियों को ही अपना माध्यम रखा। उनका यही अनुरोध रहा कि समस्त जन उनके उपदेश को अपनी मातृभाषा में ही ग्रहण करें (सकाय निरूत्तिया)। इससे इन बोलियों के साहित्यिक प्रयोग में बहुत मदद मिली। वास्तव में यह आत्मिक स्वातन्त्र्य की दृष्टि

से एक क्रान्तिकारी आन्दोलन था, जिसका उस समय पूरा-पूरा महत्व लोग न समझ सके और न लाभ ही उठा सके।''१

इस प्रकार प्राकृतों को फलने-फूलने का अवसर मिला। भारत में भाषिक दृष्टि से यह दूसरा महान परिवर्तन था, जो ६०० ई० पू० के लगभग आरम्भ हुआ। इस युग में पाली, मागधी, अर्ध-मागधी, शौरसेनी और अन्य भाषाएँ भारत के विभिन्न भागों में अपनी जड़ें फैलाने लगीं। अभी यह दूसरा युग समाप्त नहीं हुआ था कि आर्य-भाषाओं में फिर कुछ परिवर्तन होने लगे और प्राकृतों में संस्कृत के तत्सम् शब्द कम होने लगे और उनकी जगह तद्‌भव शब्दावली विकसित होती प्रतीत हुई। भाषा-विज्ञान के विशेषज्ञ इसको अपभ्रंशों का युग कहते हैं। अपभ्रंशों को परिवर्तन काल की बिगड़ी हुई भाषा भी कह सकते हैं। इनका उद्‌भव ८वीं शताब्दी ईसवी ही में हो गया था और कई सौ वर्षों तक इनका बोलबाला रहा। कुछ ऐसा प्रतीत होता है कि जब कभी भारत की धार्मिक सभ्यता में उथल-पुथल हुआ और केन्द्रीय शक्ति टूटकर छोटे-छोटे राज्यों में बँटी, तब भाषा पर भी उसका प्रभाव पड़ा। उस समय तक बौद्धमत का जोर भी घट चुका था और ब्राह्मणवाद फिर अपने दार्शनिक तर्कों को संभाल कर आगे बढ़ रहा था। भाषा-वैज्ञानिकों ने अपभ्रंश को भारतीय आर्य-भाषाओं के द्वितीय और तृतीय या मध्यकालीन और आधुनिक युग को मिलाने वाली कड़ी कहा है। अपभ्रंशों का सिलसिला वैसे तो चौदहवीं शताब्दी तक मिलता है, परन्तु १,००० ई० के लगभग भारत की आधुनिक भाषाओं का विकास प्रारम्भ हुआ और उर्दू भाषा और साहित्य का इतिहास लिखते समय हमें इसी युग को विशेषकर दृष्टि में रखना है।

अनेक भाषाशास्त्रियों का विचार है कि भारत की वर्तमान आर्यभाषाओं का डौल अपभ्रंशों के अन्दर ही पड़ा और इस दफ़ा भी यह परिवर्तन एक महान ऐतिहासिक और सामाजिक क्रम में हुआ। दो बड़े-बड़े भाषा सम्बन्धी परिवर्तनों की भाँति १,००० ई० के निकट यह नया आन्दोलन उस समय हुआ, जब हिन्दुस्तान में मुसलमान बड़ी संख्या में आये। वैसे तो अरब और मुसलमान यहाँ बहुत पहले से आ-जा रहे थे, परन्तु दसवीं शताब्दी के अन्त से उनको ऐतिहासिक और सांस्कृतिक महत्त्व प्राप्त हुआ। इस बात को न भूलना चाहिए कि यदि मुसलमान यहाँ न आते, तो भी भाषाओं में परिवर्तन अवश्य होता, परन्तु उसका रूप कुछ और होता। मुसलमानों के आगमन में भाषिक परिवर्तन का वेग बढ़ गया। वे जो बोलियाँ बोलते हुए भारत में आए थे, उन बोलियों ने भी स्वाभाविक रूप में यहाँ की बोलियों पर प्रभाव डाला। इस

---

१. "But Buddha refused and gave his great charter to all the languages of man. He recommended that man should study his words, 'each in his own language'. This gave great impetus to the literary employment of the spoken languages and it was indeed a movement of revolutionary character for the freedom of spirit, the full implication of which was not wholly grasped nor taken advantage of at the time."

परिस्थिति को भलीभाँति समझने के लिए भारत के सामाजिक जीवन को अच्छी तरह समझ लेना आवश्यक है।

जब दो राष्ट्र अथवा दो जातियों के लोग एक दूसरे से इस प्रकार घुल-मिल जाते हैं, जैसे बाहर से आनेवाले मुसलमान और हिन्दुस्तान के वासी, तो उनका प्रभाव एक दूसरे पर इतने असंख्य रूपों में पड़ता है, जिनको अलग-अलग व्यक्त करना या उन्हें पूर्णतः समझना बहुत कठिन हो जाता है। राजनीतिक, सामाजिक और आर्थिक भावनाओं को अलग-अलग और मिला-जुलाकर देखना बहुत-सी उलझी हुई समस्याओं पर प्रकाश डालेगा। भाषा को मनुष्यों के सामाजिक व्यवहारों ने ही जन्म दिया है और उसी व्यवहार के बदल जाने से उसमें परिवर्तन होता है। मुसलमानों के आने से भारत का वह सामाजिक जीवन एक नयी राह पर चल पड़ा, जिसमें बहुत दिनों से कोई महत्त्वपूर्ण घटना नहीं घटी थी। भाषा सामाजिक और सांस्कृतिक जीवन के विश्लेषण में बड़ी सहायता करती है और साथ ही साथ अपने विकास का मर्म भी खोलती जाती है। वह न तो निर्जन स्थान में पैदा होती है और न उन्नति कर सकती है। मुसलमानों के आने के पूर्व जो भाषाएँ भारत में प्रचलित थीं, उनमें की कई भाषाओं में भी मुसलमानों के आने के कारण वैसा ही परिवर्तन हुआ जैसा संगीत, चित्रकला और भक्ति आदि में हुआ। यदि ऐसा न होता तो भाषा-विज्ञान और भौतिक घटनाओं के प्रभाव के विचार बिल्कुल ग़लत हो जाते।

पाँचवीं से सातवीं शताब्दी तक अरब व्यापारी दक्षिणी भारत में मलाबार के तट पर आते रहे, परन्तु उनकी अरबी-भाषा का प्रभाव वहाँ की भाषाओं पर अधिक नहीं पड़ा। इसी प्रकार अरब के मुसलमान ८वीं शताब्दी के आरम्भ में सिन्ध में आये, किन्तु उन्होंने भी भारतवर्ष के भाषा सम्बन्धी जीवन पर कोई गहरा चिह्न नहीं छोड़ा, परन्तु इसके पश्चात् जो मुसलमान ईरान की ओर से १०वीं शताब्दी के अन्त से यहाँ आने लगे, उनका आना ऐतिहासिक दृष्टि से बड़ा महत्व रखता है। जो मुसलमान दो सौ वर्षों से ईरान में रहते थे उनमें कई सांस्कृतिक धाराएँ मिलती हैं। उनका धर्म तो अवश्य सामी (Semetic) था, परन्तु उनकी सभ्यता में ज़ोरो-आस्ट्रीयन, बौद्ध और मसीही धर्मों के तत्त्व भी देख पड़ते हैं। उनमें से अधिकतर की बोलचाल की भाषा फ़ारसी थी, जो स्वयं एक बड़ी प्रभावशाली आर्यभाषा है। जब हम भारत की और विशेषकर पंजाब और मध्यभारत की भाषाओं के विकास का अध्ययन करें, तो इन बातों को अवश्य ध्यान में रखना चाहिए। नयी हिन्दुस्तानी भाषाएँ जिस युग में विकसित हुईं, सभ्यताओं के सामंजस्य का भी वही समय था। जब कोई व्यक्ति भाषाओं का सामाजिक रूप से अध्ययन करना चाहे, तो उसे हिन्दुस्तानी समाज के परिवर्तनों और ऐतिहासिक घटनाओं को देखना ही पड़ेगा।

हर्षवर्धन के बाद भारत छोटे-छोटे राज्यों में बँट गया और ऐसी स्थिति पैदा हो गयी, जब किसी प्रकार की राजनीतिक एकता का विचार भी नहीं किया जा सकता था, क्योंकि उसी समय अर्थात् १,००० ई० के लगभग मुसलमानों ने पंजाब के बड़े भाग को

अपने अधीन कर लिया। जब तक मुहम्मद ग़ौरी ने अपना राज्य स्थापित नहीं कर लिया, उस समय तक वहाँ ग़ज़नवी वंश राज्य करता रहा। मुहम्मद ग़ौरी के समय में राज्य की सीमा पंजाब से बढ़कर मध्य भारत तक पहुँच गयी और उसकी मृत्यु के पश्चात् १२०६ ई० में गुलाम-वंश ने अपना राज्य स्थापित कर लिया। इस समय मध्य एशिया में चंगेज़ खाँ ने ऐसी हलचल मचा रखी थी कि बहुत से ईरानी हिन्दुस्तान में भाग आये। फिर ख़िलजियों का राज्य स्थापित हुआ, जिसकी सीमा थोड़े ही समय में पूर्व में बंगाल तक और दक्षिण में कन्याकुमारी तक फैल गयी। मलिक काफ़ूर के विजयी आक्रमणों ने उत्तरी और दक्षिणी भारत को एक कर दिया और बाह्यरूप से सारा देश एक केन्द्र के अधीन संगठित हो गया। तुग़लक़ों के समय में एक याद रखने योग्य घटना यह हुई कि मुहम्मद तुग़लक़ ने १३२७ में अपनी राजधानी दिल्ली से हटाकर दक्षिण भारत में देवगिरि कर दी और सारे दिल्ली-वासियों को आदेश दिया कि एक-एक व्यक्ति वहाँ जाएँ, किन्तु जब यह आदेश उचित मालूम न हुआ, तो साल भर के बाद ही दिल्ली वापस लौटने का हुक्म हो गया। बहुत से लोग लौट न सके और वहीं रह गये। अभी आगे चलकर जब हम उर्दू के उद्भव और उसके प्रारम्भिक विकास का विश्लेषण करेंगे, तो इस घटना के महत्त्व का अनुमान लगाया जा सकेगा। दिल्ली को केन्द्र बनाकर कई वंशों के बादशाहों ने भारत पर राज्य किया। सैनिक और अधिकारी इधर-उधर आते-जाते रहे, यहाँ तक कि सोलहवीं शताब्दी में मुग़ल आए, एक दफ़ा फिर सबल शासन-प्रबन्ध स्थापित हुआ और दूर-दूर के प्रदेश, जो पिछले राज्यों को निर्बल पाकर स्वाधीन हो गये थे, फिर मुग़ल राज्य के अधीन हो गये। अकबर, जहाँगीर और शाहजहाँ के काल में जीवन के प्रत्येक क्षेत्र में असाधारण उन्नति हुई। दो सौ वर्ष के लगभग राज करने के बाद जब मुग़लों का पतन होने लगा, तो मराठों, सिक्खों और सबसे बढ़कर ईस्ट इण्डिया कम्पनी का उत्थान हुआ।

इस ऐतिहासिक पृष्ठभूमि में उर्दू-भाषा और साहित्य का जन्म भलीभाँति हमारी समझ में आ सकेगा। पंजाब में ग़ज़नवी बादशाहों के पौने-दो सौ वर्ष के शासन-काल में अच्छा-खासा सांस्कृतिक आदान-प्रदान हुआ। महमूद ग़ज़नवी में चाहे जो त्रुटियाँ रही हों, परन्तु वह बड़ा विद्या-प्रेमी था और संस्कृत-भाषा का महत्त्व स्वीकार करता था। भारत से अपना सम्बन्ध प्रकट करने के लिए उसने अपनी मुद्रा पर संस्कृत भाषा के शब्दों को भी जगह दी थी। बेरुनी,[१] जो उस समय का सबसे प्रसिद्ध विद्वान था और जिसे भारत के धर्म, गणित और सामाजिक समस्याओं से बड़ा प्रेम था, इस मेल-जोल की सबसे बड़ी यादगार है। उसने भी लिखा है कि उस समय संस्कृत की बहुत-सी पुस्तकों के अनुवाद अरबी और फ़ारसी में हुए। इस युग के बड़े-बड़े फ़ारसी-कवियों की रचनाओं में भी एक-आध शब्द हिन्दुस्तान की भाषाओं के मिलते हैं। इतिहासकारों ने ख़्वाजा मसऊद साद सलमान (मृत्यु : लगभग ११३० ई०) को हिन्दी का पहला

१. अबू रैहान बेरुनी (९७०-१०३८ ई०) बड़ा विद्वान था। भारत के सम्बन्ध में उसकी 'किताबुल-हिन्द' प्रसिद्ध है।

कवि माना है। मसऊद लाहौर का रहने वाला था, अरबी-फ़ारसी का अधिकारी विद्वान था, १०६६ ई० के लगभग लिखी गयी उसकी कविताएँ अप्राप्य हैं। इसी प्रकार ख़्वाजा मुईनुद्दीन चिश्ती (मृत्यु : १२२५ ई०) तथा उनके उत्तराधिकारी ख़्वाजा क़ुतुबुद्दीन बख़्तियार काकी (मृत्यु : १२३५ ई०) विषय में भी प्रचलित है, परन्तु उनकी भी कोई हिन्दी रचना प्राप्य नहीं है। उसने भारतीय भाषा में भी योग्यता प्राप्त कर ली थी और एक संग्रह भी तैयार कर लिया था। उसकी भाषा को हिन्दी की संज्ञा दी जाती है, परन्तु यह कहना कठिन है कि उस भाषा का स्वरूप क्या था। उस समय फ़ारसी शब्दावली में किसी भी भारतीय भाषा को 'हिन्दी' कहते और लिखते थे। उसके हिन्दी-संग्रह की चर्चा अमीर ख़ुसरो और मुहम्मद औफ़ी ने की है, परन्तु अब वह उपलब्ध नहीं है। इसका अर्थ यह है कि हिन्दुओं और मुसलमानों का मेल-जोल व्यर्थ नहीं जा रहा था, बल्कि जीवन के प्रत्येक क्षेत्र में दिव्य रूप से प्रकट हो रहा था, यहाँ तक कि राजपूत राजसभाओं के कवि नरपति नाल्ह और चन्द बरदाई ने भी फ़ारसी और अरबी शब्दों का प्रयोग किया। फिर जब दिल्ली मुसलमानों की राजधानी बनी, तो मेल-जोल की यह आवश्यकता और बढ़ गयी और भाषिक घनिष्ठता का केन्द्र पंजाब से दिल्ली आ गया और वहाँ की भाषाओं में संमिश्रण आरम्भ होने लगा।

इस अवसर पर भाषा से दिलचस्पी लेने वालों को यह बात नहीं भूलना चाहिए कि जब कोई देश या राष्ट्र किसी दूसरे देश या राष्ट्र पर विजय पाता है, तो विजय पाने वाला अपनी भाषा को पराजित राष्ट्र के लोगों पर नहीं लादता, बल्कि अपनी भाषा के कुछ ज़रूरी और काम देने वाले शब्द उस देश की भाषा में मिलाकर स्वयं स्थानीय भाषा बोलने और उसी को अपनाने लगता है। जो मुसलमान यहाँ आए व तुर्की, अरबी, फ़ारसी और दूसरी मध्य एशियाई भाषाएँ बोलते थे, किन्तु उनके साहित्यिक और सांस्कृतिक व्यवहार का माध्यम फ़ारसी थी। जब ये लोग यहाँ आए, तो उनको अधिकतर आर्य-भाषाओं से ही काम पड़ा, जिनका रूप बदला हुआ था, परन्तु मूल एक ही था। इस बात से इन्कार नहीं किया जा सकता कि हिन्दुओं और मुसलमानों के धार्मिक विचार अलग थे, परन्तु राजसिंहासन पर बैठकर हिन्दुस्तान के मुसलमान बादशाह, मुसलमान बनने से अधिक बादशाह बनने की भावना रखते थे और अपने राज्य की स्थापना और सुदृढ़ता के लिए केवल हिन्दुओं से ही नहीं, मुसलमानों से भी लड़ते थे। जिसने भारतवर्ष का इतिहास पढ़ा है, वह इसे भलीभाँति जानता है कि ग़ज़नवियों के समय से लेकर मुग़लों के अन्तिम दिनों तक यही होता रहा। मुसलमान बादशाह दुनिया के दूसरे बादशाहों की तरह आन-बान से राज करने को अपना परम कर्तव्य समझते थे। धर्म फैलाना उनका लक्ष्य नहीं था। वे जिस साम्राज्यवादी श्रेणी और राजसी परम्परा से सम्बन्ध रखते थे, उसमें किसी रुकावट के बिना राज्य करना उनका ध्येय था। धार्मिक बाधाओं को तोड़ने में उन्हें बस उतना ही समय लगता था, जितना सामाजिक या दूसरी बाधाओं के तोड़ने में। यह मुसलमान बादशाह यहीं के हो गए

थे। यहीं की मिट्टी से जन्म लेकर और यहीं की धरती में सोकर यहाँ के लोगों में घुल-मिल जाना चाहते थे। उन्होंने यहाँ की बहुत-सी रस्मों और रीतों को अपना लिया था और भारतीय जीवन में आनन्द प्राप्त करने लगे थे। उन्होंने जो कुछ यहाँ से लिया और यहाँ की संस्कृति को जो कुछ दिया, उसके विवरण का अवसर नहीं है।

जब लड़ाइयों, चढ़ाइयों, आक्रमणों और संग्रामों से उत्पन्न होने वाली घृणा की लहर बैठी तो हिन्दुओं और मसलमानों के हृदय में मेल-मुहब्बत के सोते फूट पड़े, जिन्होंने कला और धर्म सबको लपेट में ले लिया और उनकी भावनाओं, विचारों और कल्पनाओं को एक दूसरे के समीप कर दिया। भक्ति को एक लोकप्रिय और उस समय की समस्याओं को देखते हुए प्रगतिशील आन्दोलन बनाने में, हिन्दू और मुसलमान दोनों भक्तों का हाथ है। जब आचार-विचार की सीमाएँ इस प्रकार निकट आ गयी हों, तब एक ऐसी भाषा के जन्म लेने की सम्भावना दूर नहीं रह जाती, जो मिले-जुले सामाजिक जीवन का चिह्न हो। ऐसे सामाजिक जीवन के विकास के लिए उसका निखर कर ऊपर आ जाना आवश्यक हो जाता है।

इस बात पर लगभग सभी भाषाशास्त्री एकमत हैं कि वर्तमान आर्य-भाषाएँ १,००० ई० के निकट भाषा का रूप ग्रहण करने लगीं और उनके बनने में, विशेषकर मध्य भारत और पंजाब की भाषाओं के बनने में फ़ारसी-भाषा और मेल-जोल ने बड़ी सहायता की। अभी हम ऊपर देख आए हैं कि प्राकृत के दूसरे युग के अन्त में अपभ्रंश का आरम्भ हो गया और शौरसेनी प्राकृत के क्षेत्र में शौरसेनी अपभ्रंश बोली जाने लगी थी। उसका क्षेत्र पंजाब, दिल्ली और उत्तर प्रदेश के पश्चिमी भाग में सीमित किया जा सकता है। मुसलमान पहले-पहल पंजाब ही में बसे, इसलिए वहीं की भाषा काम में लाते होंगे और वहीं फ़ारसी, अरबी और भारतवर्ष की बोलियों में पहले-पहल मेल-जोल हुआ होगा। अगर आज ख़्वाजा मसऊद साद सुलैमान की 'हिन्दी' रचनाएँ मौजूद होतीं, तो हम उस समय के मेल-जोल का कुछ अनुमान कर सकते, परन्तु लगभग ढाई-सौ वर्ष बीतने के बाद दिल्ली में अमीर ख़ुसरो ने जन्म लिया और अन्य सूफ़ी महापुरुषों ने भारतीय बोलियों में भक्ति और प्रेम का संदेश सुनाया, जिसके कुछ भाग प्राचीन पुस्तकों में अब भी मिल जाते हैं। अगर हम वैज्ञानिक दृष्टि में उर्दू-भाषा की जन्म की कहानी लिखना चाहें, तो हमें शौरसेनी अपभ्रंश के क्षेत्र में उत्पन्न होने वाली आधुनिक आर्य-भाषाओं का गहरा अध्ययन करना पड़ेगा। उर्दू की जन्म-भूमि पंजाब और दिल्ली है। दिल्ली उत्तरी भारत के मध्य में एक ऐसे स्थान पर है, जहाँ शौरसेनी प्राकृत के गर्भ से पैदा होने वाली कई भाषाएँ आकर मिलती हैं। यह भाषाएँ अलग-अलग होते हुए भी अपने मूल में एक थीं। दिल्ली के एक ओर हरियानी थी, दूसरी ओर खड़ी बोली, पश्चिम में पंजाबी का क्षेत्र आरम्भ हो जाता है, दक्षिण-पूर्व में ब्रजभाषा का। दो-तीन सौ साल तक तो इन भाषाओं में कहने योग्य कोई साहित्य पैदा नहीं हुआ, पर त्तु इनकी नींव दृढ़ होती रही। फिर कृष्ण-भक्ति के ज़ोर से ब्रजभाषा में

कवियों ने अपनी कला का प्रदर्शन किया। राजस्थानी और उसकी बोलियों में थोड़ा-बहुत साहित्य रचा जाने लगा, परन्तु खड़ी बोली केवल बोल-चाल ही की भाषा बनी रही। इसका सबसे बड़ा कारण यह लगता है कि ऊपरी श्रेणी के लोग जो लिखने-पढ़ने से दिलचस्पी रखते थे, अपना काम फ़ारसी से चलाते थे और केन्द्र में ऐसा होना सम्भव भी था। क्लासिकल भाषाएँ अपने गहरे प्रभाव से प्राकृतों और बोलियों की उन्नति में सदैव बाधक होती हैं। यही हाल फ़ारसी के होते हुए दिल्ली के आस-पास की बोलियों का था। फिर भी खड़ी बोली में, जो दिल्ली के बाज़ारों की भाषा थी, अरबी-फ़ारसी के शब्द प्रवेश करते रहे, जिनका प्रयोग राजनीतिक एकता के लिए आवश्यक था। इस खड़ी बोली में जो परिवर्तन हुआ, उससे वह भाषा बनी जिसको साधारणतः 'हिन्दुस्तानी' कहा जाता है। इस 'हिन्दुस्तानी' के दो साहित्यिक रूप हैं— (१) उर्दू, जिसमें अरबी-फ़ारसी के शब्द अधिक होते हैं और जिसे फ़ारसी लिपि में लिखा जाता है और (२) हिन्दी, जिसमें संस्कृत शब्दों का प्रयोग होता है और जिसे देवनागरी में लिखते हैं। यह भी न भूलना चाहिए कि खड़ी बोली का यह रूप पहले उर्दू ही की शक्ल में निखरा और जिसने भी हिन्दुस्तानी को साहित्य के काम में लाना चाहा उसने उर्दू ही को अपनाया। इस प्रकार यह बात सिद्ध हो जाती है कि शौरसेनी अपभ्रंश से विकास पाने वाली अन्य भाषाओं में एक उर्दू भी है, यही कारण है कि उर्दू, पंजाबी और हरियानी के व्याकरणों में कोई बड़ा अन्तर नहीं है। आगे चलकर हम देखेंगे कि कई विद्वानों ने भाषा-शास्त्र के इस सिद्धान्त को समझने में कितनी ग़लती की है।

१,००० ई० के बाद से भारतवर्ष में कई नयी भाषाएँ दिखाई देने लगती हैं, इस बात का अनुमान लगाना कुछ कठिन नहीं है। २०० वर्ष बीत जाने के बाद जो मुसलमान भारतवर्ष में पैदा हुए होंगे और यहाँ के लोगों में घुल-मिल गए होंगे, उनकी मातृ-भाषा फ़ारसी नहीं हो सकती थी, परन्तु धार्मिक और सांस्कृतिक कारणों से फ़ारसी-अरबी शब्दों का प्रयोग अनिवार्य रहा होगा और अनुमानतः वे जिस भाषा के क्षेत्र में रहते होंगे उसी क्षेत्र की भाषा का प्रयोग करते होंगे। सच यह है कि भाषा का कोई धर्म नहीं होता, सामाजिक आवश्यकताएँ उसको प्रचलित करती हैं। यदि हम भारतवर्ष की विभिन्न भाषाओं का इतिहास पढ़ें, तो हमें ज्ञात होगा कि भाषा से काम लेने के सम्बन्ध में हिन्दू-मुसलमान का भेद नहीं था, मुसलमानों ने ब्रजभाषा और अवधी में उसी प्रकार रचनाएँ की हैं, जिस प्रकार हिन्दुओं ने। भारतीय साहित्य के इतिहास में क़ुतबन, रसख़ान, जायसी और रहीम के नाम उसी आदर से लिए जाते हैं, जैसे तुलसीदास, सूर और मीरा के। इसलिए उर्दू-साहित्य के इतिहास को इसी दृष्टि से पढ़ना चाहिए, नहीं तो उसका सांस्कृतिक महत्त्व सामने नहीं आ सकेगा।

उर्दू की उत्पत्ति के विषय में हिन्दी और उर्दू के कई लेखकों ने बहुत ग़लत विचार प्रकट किये हैं। भाषा-विज्ञान से अनभिज्ञ कुछ लोग इसे फ़ारसी भाषा पर आधारित समझते हैं, यह भ्रम इसलिये है कि उर्दू में फ़ारसी शब्दों का प्रयोग बहुत

किया गया है, परन्तु कुछ तो इस कारण से है कि उसके निर्माता फ़ारसी-अरबी जानते थे और दूसरे इसलिए कि फ़ारसी स्वयं एक आर्य-भाषा है और संस्कृत की वंशज होने की वजह से बदले हुए रूप में ऐसे बहुत से शब्दों को अपने अन्दर जगह देती है, जो फ़ारसी में भी मिलते हैं, परन्तु यह बात स्पष्ट है कि व्याकरण की दृष्टि से उर्दू का फ़ारसी से बहुत कम सम्बन्ध है। कुछ लेखक उर्दू का विकास सिंधी में ढूँढ़ते हैं, (जैसे—मौलाना सुलैमान नदवी), कुछ द्रविड़ भाषा से इसका रिश्ता मिलाना चाहते हैं, (जैसे—पाकिस्तान के सुहैल बुख़ारी), कुछ यह कहते हैं कि इसके व्याकरण की रूप-रेखा पाली में मिलेगी (जैसे—पाकिस्तान के शौकत सब्जवारी) किन्तु जिसे भी भाषा-विज्ञान और भारत में भाषिक विकास के इतिहास का थोड़ा भी ज्ञान है, वह इनमें से किसी भी बात को स्वीकार नहीं कर सकता। इन समस्त विचारधाराओं का विश्लेषण यहाँ सम्भव नहीं हो सकता, परन्तु इतना कहना आवश्यक है कि उर्दू न तो विदेशी भाषा है, न वह सिंध में पैदा हुई और न दक्षिण-[१] भारत में, न पंजाबी[२] से निकली, न ब्रजभाषा[३] से, वरन् जैसा कि ऊपर कहा गया है, दिल्ली के चारों ओर बोली जाने वाली कई बोलियों में फ़ारसी-अरबी के शब्दों के मिलने और पश्चिमी हिन्दी की उस बोली में, जिसे खड़ी बोली कहा जाता है, रूप ग्रहण करने से एक नई भाषा का विकास हुआ। आरम्भ में उस पर पंजाबी का प्रभाव अधिक रहा, परन्तु धीरे-धीरे खड़ी बोली ही उर्दू के रूप में निखरती गयी।[४] इतनी ही बात ठीक है कि उर्दू एक आर्य-भाषा है, जो खड़ी बोली, शौरसेनी अपभ्रंश, शौरसेनी प्राकृत के अन्दर होकर बोल-चाल की उस भाषा से सम्बन्ध जोड़ती है, जो संस्कृत के साथ-साथ बोली जाने वाली प्राकृतिक बोलियों के रूप में अब से ढाई हज़ार वर्ष पूर्व जीवित और प्रचलित थी। ऐतिहासिक कारणों से अपनी आवश्यकताओं के अनुसार उसने फ़ारसी-अरबी और संस्कृत की शब्दावली से भी काम लिया। इसका मूल-आधार खड़ी बोली है, किंतु एक जीवित भाषा होने के कारण उसमें उन सभी भाषाओं के शब्द आ गये हैं, जिनसे उसका सम्पर्क रहा है।

इससे पहले कि उर्दू-साहित्य के प्रारम्भिक चिह्नों की खोज की जाये, यह भी देख लेना चाहिये कि प्राचीन इतिहासों में उर्दू के क्या-क्या नाम मिलते हैं, क्योंकि इसका प्रभाव उसके साहित्य के इतिहास पर पड़ता है। आरम्भ में जिन लोगों ने फ़ारसी में भारतवर्ष के इतिहास लिखे या हिन्दुस्तान में सैर करने के लिए आये और अपनी यात्रा का हाल लिखा, उन्होंने यहाँ की भाषाओं को साधारणतः 'ज़बाने-हिंद', 'हिंदी'

---

१. २०-२५ वर्ष पूर्व कई लेखकों ने यह बात कही थी, किन्तु अब यह विचारधारा स्वतः निर्मूल सिद्ध हो चुकी है।

२. विस्तृत अध्ययन के लिए देखिए : 'पंजाब में उर्दू' लेखक महमूद शीरानी।

३. देखिये: 'आबे-हयात' लेखक मौलाना मुहम्मद हुसैन 'आज़ाद'।

४. इस विषय पर बहुत कुछ लिखा गया है। लेखक ने भी अपनी रचना 'हिंदुस्तानी लिसानियात का ख़ाका' में इस विषय पर लिखा है।

या 'हिन्दुई' लिखा है। इन लोगों की पहुँच अधिकतर पंजाब, गुजरात और उत्तरी भारत तक थी। इसलिए यह बात स्पष्ट है कि उन्होंने यहीं की भाषाओं के लिए इन शब्दों का प्रयोग किया होगा। अमीर ख़ुसरो ने भी जहाँ भारत की भाषाओं का वर्णन किया है, वहाँ 'हिन्दी' और 'हिन्दुई' के अतिरिक्त 'ज़बाने-देहली' भी लिखा है। मुहम्मद तुग़लक़ और फ़ीरोज़ तुग़लक़ के राज्यकाल में जो इतिहास की पुस्तकें लिखी गयीं, उनमें भी उत्तरी भारत की बोल-चाल की भाषा के लिए 'हिन्दुई' लिखा गया है। १४वीं और १५वीं शताब्दियों में दक्षिण में उसको 'ज़बाने-हिन्दुस्तान', 'हिन्दी' अथवा 'हिन्दुस्तानी' कहा जा रहा था, कभी-कभी उसी को 'दकनी' भी कहते थे। १६वीं सदी में अबुल फ़ज़्ल ने अपनी प्रसिद्ध रचना, 'आइने-अकबरी' में हर प्रांत की भाषा का अलग-अलग वर्णन किया है और उसमें भी 'हिन्दुई' शब्द का प्रयोग किया है। गुजरात में इसे 'हिन्दी' या हिन्दुई' और 'गूजरी' तीनों नामों से सम्बोधित किया गया था। लगभग १९वीं सदी के अन्त तक 'उर्दू' शब्द का प्रयोग भाषा के अर्थ में नहीं मिलता, उसकी जगह 'रेख़्ता' या 'हिन्दी' दो ही शब्द कवियों की ज़बान पर चढ़े हुए थे। 'रेख़ता', संगीत का एक पारिभाषिक शब्द था, इसमें राग-रागिनियाँ मिलायी जाती थीं। अधिकतर वह शब्द पद्य के लिए काम में लाया जाता था, गद्य के लिए हिन्दी ही बोलते और लिखते थे। इस प्रकार उर्दू के कई नाम मिलते हैं, जिनमें से कुछ तो किसी विशेष प्रांत या क्षेत्र में बोले जाते थे और कुछ किसी विशेष समय में। मुग़लों की उन्नति के समय में महल और सेना से सम्बन्धित बाज़ार होते थे, वहाँ मिली-जुली बोलियाँ बोली जाती थीं, उसके लिए कभी-कभी ज़बाने-उर्दू या ज़बाने-उर्दू-ए-मुअल्ला का प्रयोग किया जाता था। १९वीं शताब्दी के आरम्भ से कुछ पहले साधारणतः उर्दू का शब्द भाषा के अर्थ में बोला जाने लगा। उसी समय से यूरोपियन लेखकों ने इसे 'हिन्दुस्तानी' कहना भी आरम्भ किया। इस पुस्तक में भ्रम से बचने के लिए 'उर्दू' शब्द का प्रयोग किया जायेगा।

इस बात की ओर संकेत किया जा चुका है कि ग्यारहवीं सदी ईसवी में ख़्वाजा मसऊद ने हिन्दी में कविताएँ लिखी थीं, परन्तु उनका पता नहीं चलता। आगे बढ़ते हैं, तो १२वीं और १३वीं शताब्दियों में कई सूफ़ी-फ़क़ीर देश के कोने-कोने में फिरते दिखायी देते हैं। यह बात बिना किसी संकोच के मानी जा सकती है कि ये लोग साधारण लोगों के सामने फ़ारसी और अरबी न बोलते होंगे, बल्कि किसी ऐसी भाषा से काम लेते होंगे, जो उनकी समझ में आ सके। हम यह भी समझते हैं कि उस समय कोई ऐसी बनी-बनाई भाषा प्रचलित नहीं रही होगी, जिसमें वह धर्म और भक्ति के गहरे विचार सरलता से प्रकट कर सकें, इसलिए उनको मजबूरन बहुत-से फ़ारसी-अरबी के शब्द बोल-चाल की भाषा में मिलाने पड़ते होंगे। इस तरह के बहुत से वाक्य और कई कविताएँ मिलती हैं, जिनमें हम उस उर्दू की खोज लगा सकते हैं जो बन रही थी। इस सम्बन्ध में सबसे पहला नाम बाबा फ़रीद शकरगंज (११७३-१२६५ ई०) का मिलता है। बाबा फ़रीद के पिता कमालुद्दीन को महमूद ग़जनवी का भांजा

कहा जाता है जो शहाबुद्दीन के आक्रमण काल में काबुल से भारत आये और पंजाब में बस गये। भाषाविज्ञान के जानकारों ने कई दोहों को उनका नहीं माना है, परन्तु प्राचीन पुस्तकों में उनके बहुत से कथन और शेर मिलते हैं। विशेष रूप में सिखों के धार्मिक ग्रंथ 'आदि ग्रंथ साहब' में उनके १३० दोहे सम्मिलित हैं जिसे सिखों के पाँचवें गुरु अर्जुनदेव के आदेश पर गुरुदास ने संवत् १६६१ में सम्पादित किया था। इन दोहों को धार्मिक मान्यता प्राप्त है। इसी प्रकार शैख़ हमीदुद्दीन नागोरी (मृत्यु : १२७४ ई०), शैख़ शर्फ़ुद्दीनबूअली क़लन्दर (मृत्यु : १३२३ ई०), अमीर ख़ुसरो (मृत्यु : १३२४ ई०), शैख़ सिराजुद्दीन (मृत्यु : १३५६ ई०), शैख़ शर्फ़ुद्दीन मनेरी (मृत्यु : १३७० ई०), मख़दूम अशरफ़ जहाँगीर (मृत्यु : १३५५ ई०), शैख़ अब्दुलहक़ रुदौलवी (मृत्यु : १४३३ ई०), हज़रत गेसूदराज़ (मृत्यु : १४२१ ई०), सैय्यद मुहम्मद जौनपुरी (मृत्यु : १५०४ ई०), शेख बहाउद्दीन बाजन (मृत्यु : १५०६ ई०), शाह हाशिम अलवी (मृत्यु : १६४९ ई०) इत्यादि के बोल और दोहे इस बात का पता देते हैं कि १३वीं शताब्दी से फ़ारसी-अरबी शब्दों के मेल से एक ऐसी भाषा बन रही थी, जो जनसाधारण की समझ में आ सकती थी और जिसको सूफ़ी-फ़कीर प्रचार के काम में लाते थे।

इन नामों में अमीर ख़ुसरो और गेसूदराज़ उर्दू-साहित्य के इतिहास की दृष्टि से महत्त्वपूर्ण है। गेसूदराज़ का उल्लेख दूसरे अध्याय में किसी प्रकार विस्तार से होगा। अमीर ख़ुसरो फ़ारसी के महान लेखक थे और उनकी बहुत-सी रचनाएँ मिलती हैं, जो ईरान और भारत दोनों में समान रूप से आदरणीय समझी जाती हैं। उनकी पुस्तकों में भारत की बोलियों, त्योहारों, ऋतुओं, फलों, फूलों की चर्चा की गयी है, यहाँ की जलवायु, सुन्दरता और जीवन के विभिन्न रूपों को सराहा गया है। यहाँ की संगीत-कला में वह केवल निपुण ही नहीं थे, बल्कि अपनी ओर से भी उन्होंने उसे बहुत कुछ दिया है। वे अमीर भी थे और फ़क़ीर भी। एक ओर उनकी पहुँच राजदरबार तक थी, दूसरी ओर वह जनता से बिल्कुल निकट थे, इसीलिए फ़ारसी के अतिरिक्त उन्होंने जनसभा में भी बहुत-सी कविताएँ, दोहे, पहेलियाँ और मुकरनियाँ लिखी हैं। इसमें संदेह नहीं कि उनमें से सभी चीजें उनकी नहीं हैं, पर जो कुछ उनका माना जाता है उसका अध्ययन किया जाये, तो ज्ञान होगा कि उन्होंने खड़ी बोली, ब्रजभाषा, मिली-जुली खड़ी और ब्रज का प्रयोग किया है। गीतों में यह अधिकतर ब्रज ही से काम लेते थे। उनके नाम से एक कविता 'ख़ालिक़बारी भी मिलती है, जिसके सम्बन्ध में विद्वानों में मतभेद है कि वह ख़ुसरो लिखित है भी या नहीं, परन्तु ठीक यह मालूम होता है कि जो 'ख़ालिक़बारी' हमको आज मिलती है, उसमें बहुत कुछ बाद में दूसरों ने जोड़ दिया है और जो कुछ ख़ुसरो ने लिखा था, वह उसी में खो गया है। 'ख़ालिक़बारी' में प्रचलित अरबी-फ़ारसी शब्दों के हिन्दी पर्यायवाची शब्द कविता के रूप में लिखे गये हैं। मध्य एशिया में चंगेज़ ख़ाँ और तातारी लुटेरों के आक्रमणों से डरकर बहुत-से ईरानी विद्वान और व्यापारी भारत में प्रवेश कर आये थे। उनको यहाँ

के शब्द और बोलचाल के वाक्य जानने की आवश्यकता रही होगी और यदि अमीर ख़ुसरो ने उनके लिए एक ऐसा शब्द-कोश तैयार कर दिया, तो यह कोई आश्चर्य की बात नहीं है। हम पूरे विश्वास के साथ यह नहीं कह सकते कि 'ख़ालिक़बारी' का कोई अंश भी अमीर 'ख़ुसरो' की रचना नहीं है। 'ख़ुसरो' की कविताओं के कुछ उदाहरण दिये जाते हैं यद्यपि कुछ विद्वान इन्हें भी 'ख़ुसरो' की रचना मानने में संकोच करते हैं—

गोरी सोवै सेज पर, और मुख पर डारे केस।
चल ख़ुसरौ घर आपने, रैन भई सब देस॥
जब यार देखा नैन भर दिल की गयी चिन्ता उतर।
ऐसा नहीं कोई अजब, राखे उसे समझाए कर॥
तूँ तो हमारा यार है, तुझ पर हमारा प्यार है।
तुझ दोस्ती बिसयार[१] हैं, इक शब[२] मिलो तुम आय कर।।
ख़ुसरौ कहे बातें ग़ज़ब दिल में न लावे कुछ अजब।
क़ुदरत ख़ुदा की है अजब, जब जिवा दिया गिल[३] लायकर॥

ज़े हाले-मिस्कीं मकुन तग़ाफ़ुल,[४] दुराए नैनाँ बनाए बतियाँ।
कि ताबे-हिजराँ न दारम ऐ जाँ,[५] न लीह्यो काहे लगाए छतियाँ॥
शबाने-हिज्राँ दराज़ वो चूँ ज़ुल्फ़ेरोज़े-वस्लत चूँ उम्र कोतह।[६]
सखी पिया को जो मैं न देखूँ तो कैसे काटूँ अँधेरी रतियाँ॥
चूँ शम्अ सोज़ाँ चूँ ज़र्रा हैराँ, ज़ेमेहरे-आँ मह बगशतम आख़िर।[७]
न नींद नैनाँ, न अंग चैनाँ, न आप आवैं, न भेजैं पतियाँ॥

अमीर ख़ुसरो की पहेलियाँ भी भाषा-विज्ञान की दृष्टि से बड़ा महत्त्व रखती हैं। ये पहेलियाँ देखिए—

बाला था जब मनको भाया,
बड़ा हुआ कुछ काम न आया।
ख़ुसरौ कह दिया उसका नाँव,
बूझै, नहीं तो छोड़ै गाँव॥
(दीप)

एक थाल मोती से भरा,
सबके सर पर औंधा धरा।
चारों ओर वो थाल फिरै,
मोती उससे एक न गिरै॥
(आकाश)

---

१. अधिक, २. रात, ३. मिट्टी, ४. दीन की दशा से आँखें न चुराओ, ५. हे मेरे प्राण! विरह सहने की शक्ति मुझमें नहीं है, ६. विरह की रातें तेरे केश की भाँति लम्बी और मिलन का दिन आयु की तरह छोटा है, ७. उस चंद्रमा के प्रेम में जलकर अन्त में मैं दीप की भाँति जलने और कण के समान परेशान रहने लगा।

यह बात हम विश्वास से न कह सकें कि हिन्दी में ख़ुसरो की कितनी रचनाएँ हैं, पर इसमें तो बिल्कुल संदेह नहीं कि उन्होंने दिल्ली के आस-पास बोली जाने वाली बोली का प्रयोग अपनी कविताओं में किया। वह एक फ़ारसी शेर में लिखते हैं—

चु मन तूतिए-हिन्दम, अर रास्त पुर्सी।
ज़े मन हिन्दुई पुर्स, ता नग़्ज़ गोयम॥

(मैं हिन्दुस्तान की तूती हूँ, अगर तुम वास्तव में मुझसे कुछ पूछना चाहते हो तो हिन्दी में पूछो, जिसमें कि मैं तुमको अनुपम बातें बता सकूँ।)

अमीर ख़ुसरो ने जिस भाषा को 'हिन्दुई' कहा है, सच यह है कि हम उसी से हिन्दी-भाषा का इतिहास भी आरम्भ कर सकते हैं। ऊपर इस बात की ओर संकेत किया जा चुका है कि भाषा सामाजिक जीवन के आधार पर बनती है, उसका कोई धर्म नहीं होता। विभिन्न भाषाएँ बोलने वाले जब एक-दूसरे के निकट आते हैं, तो शब्दों का लेन-देन आवश्यक होता है। जिस प्रकार पृथ्वीराज-रासो में चन्दबरदाई ने फ़ारसी-अरबी शब्दों का प्रयोग किया था, उसी प्रकार फ़ारसी कवियों ने भी यहाँ के शब्द लिये। चन्दबरदाई ने जो शब्द लिये हैं अगर उन पर विचार किया जाये, तो प्रतीत होगा कि अधिकतर वही शब्द हैं, जिनका कुछ सामाजिक महत्त्व था और जिनको सम्पर्क के कारण साधारण लोग भी समझने लगे थे।

अमीर ख़ुसरो का युग ख़िलजियों और तुग़लक़ों का युग था। फ़ीरोज़शाह तुग़लक़ के समय में जो ऐतिहासिक ग्रंथ फ़ारसी में लिखे गये, उनमें न जाने कितने शब्द भारतीय भाषाओं से लिये गये हैं जैसे 'ठग', 'लौंडी', 'मण्डल', 'ढोलक', 'मण्डी', 'चौधरी', 'राज', 'घड़ियाल', 'चूना' इत्यादि। इन बातों के अतिरिक्त समकालीन इतिहासों से यह भी मालूम होता है कि पाठशालाओं में जो फ़ारसी पुस्तकें पढ़ायी जाती थीं, उनका अर्थ भारतीय भाषाओं में समझाया जाता था। इससे भी पता चलता है कि हिन्दुओं और मुसलमानों के मेल-जोल से भारतवर्ष की नवीन आर्य-भाषाएँ प्रभावित हो रही थीं और जिस प्रकार राजस्थानी, बुन्देली, ब्रज, अवधी इत्यादि का विकास हो रहा था, उसी प्रकार उर्दू भी अपनी जड़ें भारतवर्ष की भूमि और समाज में फैला रही थी। उत्तरी भारत में यह भाषा बन तो रही थी, परन्तु साहित्य में उसका प्रयोग नहीं किया जा रहा था। इसके विपरीत दक्षिणी भारत में उसे साहित्य के काम में भी लाया जा रहा था। इसका विस्तृत उल्लेख दूसरे अध्याय में किया जायेगा।

यदि हम इस भाषा के इस तेज़ी से बढ़ने पर विचार करें, तो उसका एक बड़ा और स्पष्ट कारण यह प्रतीत होता है कि दिल्ली की फ़ौजों में हर स्थान के लोग होते थे, उनमें हिन्दू भी होते थे और मुसलमान भी, वे एक जगह से दूसरी जगह आते-जाते रहते थे, उनमें से अधिकतर, राज्य-भाषा से, जो फ़ारसी थी, अनभिज्ञ थे और संस्कृत से, जो यहाँ के अधिकतर लोगों की धर्म-भाषा थी अपरिचित थे। इसलिए उनके

आपसी व्यवहार का माध्यम बोलचाल की कोई ऐसी ही भाषा हो सकती थी, जिसमें आवश्यकता के अनुसार फ़ारसी, अरबी और संस्कृत शब्दों का प्रयोग भी होता हो, किन्तु जिसका मूल-आधार केन्द्रीय क्षेत्रों की बोलचाल की भाषा हो। दिल्ली के राजधानी होने के कारण खड़ी बोली के सिवा और कोई नहीं हो सकती थी। उस पर पंजाबी, हरियानी और ब्रज का प्रभाव पड़ना भी अनिवार्य था और जब हम आगे बढ़कर दक्षिणी उर्दू का अध्ययन करेंगे, तो उन प्रभावों की खोज लगाने का अवसर भी मिलेगा।

उर्दू के बनने और फैलने का दूसरा बड़ा कारण यह था कि मुसलमान बादशाहों ने यहाँ के प्राचीन ग्रामीण जीवन और भूमिकर के नियमों को साधारणतः वैसा ही रहने दिया। कुछ नये कर तो अवश्य बढ़ा दिये, लेकिन जनसमूह की आर्थिक स्थिति में कोई बड़ा परिवर्तन नहीं हुआ। इसका मतलब यह है कि शासन-प्रबन्ध चलाने और कर वसूल करने के लिए उन्हें गाँव के मुखिया और स्थानीय कर्मचारियों पर निर्भर होना पड़ा। ये लोग राजदरबार की फ़ारसी भाषा और जनता की स्थानीय भाषाओं के बीच में एक कड़ी का काम करते थे और अगर एक ओर वह कभी-कभी फ़ारसी पारिभाषिक शब्दों से काम लेते थे, तो दूसरी ओर स्थानीय शब्दों का प्रयोग करने में भी संकोच नहीं करते थे। इस प्रकार वे सामग्रियाँ एकत्रित हो गयीं जो एक नयी भाषा में शक्ति पैदा करती हैं और उसके क्षेत्र को विस्तृत करके उसका स्वभाव इस प्रकार का बनाती हैं कि वह अपनी आवश्यकताओं को देखते हुए दूसरी भाषाओं से शब्द लेकर अपना काम चलाए।

इससे पहले कि हम उर्दू-साहित्य की खोज में दक्षिण और गुजरात की ओर जायें, भारत की नवीन आर्य-भाषाओं पर एक दृष्टि डाल लेना लाभदायक होगा। उर्दू के क्षेत्र से निकट पंजाबी थी, जिसमें बहुत दिनों तक थोड़ी-सी कहावतों और दोहों को छोड़ किसी प्रकार के साहित्य का पता नहीं चलता। यही हाल हरियानी का भी था। राजस्थानी बोलियों में अवश्य राजपूत राजाओं के दरबार में काफ़ी साहित्य इकट्ठा हो गया था, परन्तु दूसरी भाषाओं की उन्नति के सामने वह दब सा गया। ब्रजभाषा ने १६वीं और १७वीं शताब्दी में महत्त्वपूर्ण उन्नति की और उसकी चलाई हुई परम्पराओं ने २०वीं शताब्दी के आरम्भ तक कवियों को प्रभावित किया। बुन्देली में कुछ प्रबन्ध-काव्य मिलते हैं, जिनके समय के बारे में मतभेद है। अवधी ने ब्रज-भाषा ही के समान १६वीं और १७वीं शताब्दी में असाधारण प्रगति की। बंगाली और उड़िया में भी उसी समय से साहित्य मिलने लगता है। मराठी में १३वीं और १४वीं शताब्दी में भक्तों ने काव्य का एक प्रभावशाली भंडार एकत्र कर दिया। इस प्रकार यह बात निश्चित हो जाती है कि जिन आधुनिक आर्य-भाषाओं का उद्भव ११वीं शताब्दी में हुआ था, उनमें साहित्य उस समय पैदा होना आरम्भ हुआ, जब मुसलमान यहाँ कई सौ वर्ष तक रह चुके थे। इनमें से कई भाषाओं में उनकी रचनाएँ भी मिलती हैं, जिससे यह बात स्पष्ट हो जाती है कि फ़ारसी के अतिरिक्त वे स्थानीय भाषाओं में भी लिखते थे और यद्यपि

वे धार्मिक और सांस्कृतिक कारणों से फ़ारसी और अरबी जानने की चेष्टा भी करते थे पर यह बात सबके लिए सम्भव न थी।

इस अध्ययन से मुख्य परिणाम निकलता है कि जो नवीन भाषा उर्दू के रूप में निर्मित हो रही थी, वह उस समय तक लोगों को अपनी ओर न खींच सकी जब तक वह उत्तरी भारत में फ़ारसी के गहरे प्रभाव के नीचे दबी रही और उसका अपना व्यक्तित्व उभर कर सामने नहीं आया। दक्षिण की बात अलग थी और अब हम उर्दू-साहित्य के विकास का अध्ययन उसी क्षेत्र में करेंगे।

अध्याय २

दक्षिण में उर्दू-साहित्य

ऐतिहासिक दृष्टि से देखा जाये, तो दक्षिण भारत की स्थिति उत्तरी भारत से बहुत भिन्न दीख पड़ती है। चिरकाल से ऐसे युग आये हैं, जब दक्षिण थोड़े-थोड़े समय के लिए उत्तर के अधीन हो गया है, परन्तु ज़रा-सा अवसर मिलते ही उसने फिर अपने जीवन को उत्तरी भारत की पराधीनता से मुक्त कर लिया। उर्दू-साहित्य का अध्ययन करनेवालों को भी इतिहास के इस विशेष पहलू को सामने रखना चाहिए।

यह कहना ठीक नहीं होगा कि दक्षिण-भारत सदैव उत्तरी भारत से अलग रहा, इसलिए इनमें यह पृथकता पायी जाती है, क्योंकि प्रारम्भिक आर्य प्रभाव के बाद बुद्धमत का संचार भी उत्तर की ही ओर से हुआ और ६वीं-७वीं शताब्दी से दक्षिण भारत के बड़े भाग में जो राज्य स्थापित हुए, उनकी जड़ भी उत्तरी भारत ही में मिलती है। प्रसिद्ध चालुक्य-वंश वाले उत्तर ही से वहाँ पहुँचे थे। यही बात यादववंश के लिए भी कही जाती है। इस प्रकार यह बात स्पष्ट हो जाती है कि मुसलमानों के आने से पहले भी दक्षिणी भारत के निवासी उत्तरी भारत की बोलियों से अपरिचित नहीं थे। जब आधुनिक आर्य-भाषाओं का युग प्रारम्भ हुआ, उसके दो सौ वर्ष के अन्दर ही मुसलमान उत्तर से दक्षिण में पहुँच गये और उस पुराने सम्बन्ध ने एक नया रूप धारण कर लिया।

मुसलमान बादशाहों में सबसे पहले अलाउद्दीन ख़िलजी की सेनाएँ दक्षिण-भारत में पहुँचीं और दिल्ली के केन्द्रीय राज का क्षेत्र नीचे दूर तक फैल गया। यह १३वीं शताब्दी थी। मुसलमान सेनाएँ, कर्मचारी, पेशेवाले और उत्तर भारत के लोग अपने साथ वह मिली-जुली भाषा भी दक्षिण ले गये, जो अभी भलीभाँति बन भी नहीं पायी थी। यह तो सभी जानते हैं कि महाराष्ट्र को छोड़कर (जहाँ एक-आर्य-भाषा बोली जाती थी) सारे दक्षिण में द्रविड़ भाषाएँ प्रचलित थीं। उन प्राचीन भाषाओं में साहित्य भी उपलब्ध था। ये भाषाएँ आर्य-भाषाओं से इतनी भिन्न थीं कि इनके सम्पर्क से कोई नयी भाषा जन्म नहीं ले सकती थी, इसलिए उत्तर-भारत के जो सैनिक, कर्मचारी, उनके परिवार, व्यापारी, सूफ़ी-फ़क़ीर वहाँ बस गये थे, अपनी आवश्यकताएँ पूरी करने के लिए या तो किसी द्रविड़-भाषा का प्रयोग कर सकते थे या उसी मिली-जुली नयी भाषा का प्रयोग कर सकते थे, जिसे वे दिल्ली से अपने साथ लाये थे। इस भाषा में पंजाबी, हरियानी और खड़ी बोली का मेल था, यह ब्रज-भाषा के प्रभाव से भी बची नहीं थी और सबसे बड़ी बात यह थी कि इसमें फ़ारसी-अरबी के अनेक शब्द भी

सम्मिलित हो गये थे। इतिहास से पता चलता है कि आरम्भ में उन्होंने उसी भाषा से काम चलाया, यहाँ तक कि वह उन्नति करके साहित्य की भाषा बन गयी। साहित्यकारों ने उसको कभी 'हिन्दी' कभी 'ज़बाने-हिन्दुस्तान' कहा और कभी 'दकनी' कहकर पुकारा। ज्ञातव्य रहे कि 'दकनी' शब्द का उर्दू में कई प्रकार से उच्चारण प्रचलित है, परन्तु हमने इस पुस्तक में यही उच्चारण ग्रहण किया है।

दूसरी महत्त्वपूर्ण घटना, जो दक्षिणी भारत में उर्दू के फैलने में सहायक हुई और जिसकी ओर पहले अध्याय में संकेत किया भी जा चुका है, १४वीं शताब्दी में हुई, जब मुहम्मद तुग़लक़ ने देवगिरी को (जिसे बाद में दौलताबाद कहा गया) अपनी राजधानी बनाया और दिल्ली के अधिकांश वासियों को वहाँ जाना पड़ा। राजनीतिक दृष्टि से यह घटना जैसी भी हो, भाषा-निर्माण की दृष्टि से यह महत्त्वपूर्ण सिद्ध हुई, क्योंकि महाराष्ट्री और द्रविड़-भाषाओं के बीच में उत्तरी भारत की एक बोली धार्मिक, ऐतिहासिक और राजनीतिक कारणों से साहित्यिक रूप धारण कर रही थी। सबसे अधिक आश्चर्यजनक बात यह है कि उस समय तक उत्तर-भारत में, जहाँ उस भाषा ने जन्म लिया था, उसका अपना उल्लेखनीय साहित्य नहीं था। इस सम्बन्ध में यह भी याद रखना चाहिये कि यह हिन्दुस्तानी-भाषा अधिकतर शहरों और क़स्बों तक ही सीमित थी। दक्षिण में मुसलमानों के बस जाने से यह भी हुआ कि महाराष्ट्री पर फ़ारसी का गहरा प्रभाव पड़ा और वहाँ के हिन्दू-सन्तों और मुसलमान सूफ़ियों की प्रेममार्गी धारणा में भी एक प्रकार का सामंजस्य दिखायी देने लगा, परन्तु द्रविड़ बोलियाँ न तो उर्दू-फ़ारसी से प्रभावित हुईं और न उन्होंने विशेष रूप से इस विकसित होती हुई उर्दू या 'दकनी-उर्दू' को ही प्रभावित किया। यह प्रभाव अधिकतर शब्दों के उच्चारणों में देखा जा सकता है, भाषा के साहित्यिक रूप में बहुत कम दिखायी देता है।

१४वीं शताब्दी के मध्य में जब तुग़लक़ बादशाह निर्बल हो रहे थे, दक्षिण-भारत में फिर जान आयी और वह उत्तर के केन्द्रीय राज्य से अलग हो गया और वहाँ बहमनी-राज्य स्थापित हुआ। यह राज्य उत्तरी भारत के राज्यों को देखते हुए बहुत कुछ भारतीय रंग रखता था। उत्तर-भारत, ईरानी और अरबी संस्कृति से प्रभावित था, पर दक्षिण इससे बहुत कुछ मुक्त था, इसीलिए यहाँ एक भारतीय आर्य-भाषा को विकास का अच्छा अवसर मिला। अगर प्रसिद्ध इतिहास 'तारीख़े फ़िरिश्ता' की बात ठीक मानी जाये, तो यह मानना पड़ेगा कि कई बहमनी बादशाहों ने प्रशासन एवं राज-कार्यालयों में हिन्दी-भाषा को माध्यम बनाया था। इसका अर्थ यह हुआ कि १४वीं शताब्दी का अन्त होते-होते वहाँ उर्दू-भाषा प्रचलित हो गयी थी। इसके फैलने के जहाँ और कारण थे, वहाँ एक बड़ा कारण यह भी था कि कई सूफ़ी फ़क़ीरों ने अपने विचार इसी भाषा में प्रकट किये, जिससे कि उनके मानने वाले, जो अरबी और फ़ारसी से अनभिज्ञ थे, उनके विचारों को समझ सकें। साहित्य के रूप में उस समय जो कुछ मिला है वह इन्हीं सूफ़ियों की रचनाएँ हैं। इन रचनाओं में पद्य भी हैं और गद्य भी।

दकनी-उर्दू में साहित्य के विकास को भली-भाँति समझने के लिए हम उसको कई युगों में विभाजित कर सकते हैं। पहला युग जो पूर्णतः धार्मिक साहित्य से भरा हुआ है, भाषाविज्ञान की दृष्टि से बहुत महत्त्वपूर्ण है और उसका समय बहमनी-राज्य के अन्त तक फैला हुआ है। जो व्यक्ति भारत का थोड़ा-बहुत इतिहास भी जानता है उसे ज्ञात होगा कि १५वीं शताब्दी का अन्त होने के पहले ही बहमनी-राज्य टूट-फूटकर पाँच भागों में विभाजित हो गया था। साहित्य-निर्माण की दृष्टि से उनमें से बीजापुर और गोलगुण्डा को बहुत महत्त्व प्राप्त है। बीजापुर में आदिलशाही-राज्य स्थापित हुआ और गोलकुण्डा में कुतुबशाही। इन दोनों राज्यों में साहित्य और अन्य कलाओं की बड़ी उन्नति हुई। बादशाहों से लेकर साधारण लोगों तक में कविता और साहित्य की रुचि दीख पड़ती है। इस प्रकार हम बीजापुर और गोलकुण्डा में विकसित होने वाले उर्दू-साहित्य को उसकी उन्नति का दूसरा युग कह सकते हैं। यह दोनों राज्य जिस प्रकार एक साथ स्थापित हुए थे, उसी प्रकार एक ही मुग़ल-सम्राट औरंगज़ेब के हाथों मुग़ल-राज्य का एक अंग बन गये। इनके पश्चात् तीसरा युग वह कहा जा सकता है, जिसमें मुग़ल-राज्य के प्रभुत्व से उर्दू-साहित्य का एक बड़ा कोश एकत्र हो गया। इन तीनों युगों की कहानी यदि विस्तार में कही जाये, तो बहुत फैल जायेगी और एक साधारण पाठक के लिए नीरस भी होगी, परन्तु जो कोई भी उसका अध्ययन करेगा, उसे केवल उर्दू-साहित्य के भविष्य की रूपरेखा का अनुमान लगाने ही में मदद नहीं मिलेगी, बल्कि इस बात का अनुभव भी होगा कि किसी भाषा में राजनीतिक और सांस्कृतिक प्रभाव के कारण किस प्रकार परिवर्तन होते हैं। यह भी देखा जा सकेगा कि भाषा के प्रारम्भिक काल में जो सरलता होती है, वह किस प्रकार धीरे-धीरे नष्ट हो जाती है और विचारों की जटिलताएँ उसे कैसे दूसरे मार्ग पर डाल देती हैं। जो लोग इस परिवर्तन को आलोचनात्मक दृष्टि से नहीं देखते वे यह समझते हैं कि ऐसा जानबूझ कर किया गया है, परन्तु सच यह है कि लेखक जिन साहित्यिक परम्पराओं से प्रेरणा लेते हैं उन्हीं का प्रभाव भाषा और साहित्य के रूपों पर भी पड़ने लगता है।

उर्दू के लिए भी यही हुआ। भाषा ने जब बोलचाल की सीमाओं से बाहर निकलकर साहित्य के क्षेत्र में प्रवेश किया तो उसे प्रचलित साहित्यों को भी दृष्टि में रखना पड़ा। इसी प्रकार भाषा में परिवर्तन होता है, कुछ के अर्थ-भाव को स्पष्ट करने में असमर्थ लगने लगता है। बदलती हुई अवस्था में नये शब्द इधर-उधर से लिये जाते हैं और बनते भी हैं। इसलिए दकनी उर्दू और आज की उर्दू में बड़ा अन्तर दिखायी देता है। दूर होते हुए भी उस समय की उर्दू बोलचाल की भाषा से निकट थी, इसलिए उसमें चाहे साहित्य की दृष्टि से कोई उच्चकोटि की चीज़ न मिले, परन्तु भाषा-विज्ञान का अध्ययन करने वालों के लिए इसका विवेचन अत्यन्त लाभदायक होगा।

सबसे पहला नाम जिससे दकनी-उर्दू साहित्य का आरम्भ किया जा सकता है, ख़्वाजा बन्दानवाज़ गेसूदराज़ का है। वह दिल्ली के प्रसिद्ध सूफ़ी-फ़क़ीर निज़ामुद्दीन औलिया के 'ख़लीफ़ा' ख़्वाजा नसीरुद्दीन चिराग़ देहली के प्रमुख शिष्य और 'ख़लीफ़ा' थे। ख़लीफ़ा का अर्थ मुख्य शिष्य अथवा गद्दी पर बैठने वाला होता है। उनके मानने वालों की संख्या उत्तरी-भारत में बहुत थी, परन्तु अपने मत का प्रचार करने के लिये सन् १३९९ ई० के लगभग गुलबर्गा (वर्तमान में कर्नाटक प्रदेश में है) चले आये और वहीं रह गये। गेसूदराज़ बहुत बड़े विद्वान व्यक्ति थे, फ़ारसी-अरबी में उनकी कई पुस्तकें प्रसिद्ध हैं। दक्षिण में भी उनका बड़ा मान हुआ और उनके मानने वालों की संख्या बढ़ने लगी। अपने समुदाय और साधारण जनता के लिए वह अपने विचार हिन्दी में प्रकट किया करते थे। उन्हीं की सुविधा के लिए उन्होंने उस भाषा में कुछ लिखा भी, पर निश्चित रूप से यह नहीं कहा जा सकता कि हिन्दी, उर्दू या दकनी' में उनकी रचनाएँ हैं। कोई पचास वर्ष पूर्व उनकी एक पुस्तक 'मेराजुल-आशक़ीन मिली और उसे उर्दू की पहली गद्य पुस्तक मानकर प्रकाशित किया गया। कई विद्वानों को इसमें संदेह है कि यह स्वयं गेसूदराज़ की रचना है, बल्कि यह समझा जाता है कि उनके विचारों को कुछ दिन बाद किसी अन्य व्यक्ति ने संग्रहीत कर दिया। जो पुस्तक प्रकाशित हुई है उसकी कई पाण्डुलिपियाँ और मिल गयी हैं, जिनमें बहुत अन्तर है। इसके अतिरिक्त उनकी दो छोटी-छोटी पुस्तकें और मिल गयी हैं : 'शिकार नामा' और 'तिला-वतुल-वजूद'। इनमें पहली पुस्तक-प्रकाशित भी हो चुकी है। लगभग आठ पुस्तकें उनके नाम से सम्बन्धित की जाती हैं किन्तु किसी के विषय में निश्चित रूप से नहीं कहा जा सकता कि यह उन्हीं की उर्दू-कृतियाँ हैं। गेसूदराज़ की पुस्तकों की भाषा खड़ी बोली है, जिस पर पंजाबी और ब्रज का प्रभाव भी दीखता है। 'शिकार नामा' का विषय-वस्तु और शैली उस काल के महाराष्ट्रीय सन्तों से भी प्रभावित जान पड़ती है। इन कृतियों में सगुण एवं निर्गुण विचारधाराओं को इस्लामी सूफ़ीमत की शब्दावली में प्रस्तुत किया गया है। यदि 'मेराजुल-आशक़ीन' को उन्हीं की पुस्तक मान लें तो यह उर्दू की पहली पुस्तक कही जायेगी जो १४२२ ई० के पूर्व लिखी गयी। इस छोटी-सी रचना का विषय धर्म और भक्ति का गूढ़ ज्ञान है, इसी कारण इसमें अरबी-फ़ारसी शब्दों का बहुत प्रयोग किया गया है। इसकी शैली में एक प्रकार की दार्शनिक जटिलता है, इसलिए इसका समझना बहुत आसान नहीं है। उदाहरण यह है :

"नबी कहे तहकीक़ के दरमियान ते सत्रह हज़ार पर्दे,
उजियाले के, हौर अँधियारे के, अगर उसमें ते एक
पर्दा उठ जाए तो उसकी आँच ते मैं जलूँ।"

उर्दू-गद्य ही नहीं पद्य की कुछ रचनाएँ भी उनके नाम से सम्बद्ध की जाती हैं, परन्तु विश्वस्त रूप से कुछ नहीं कहा जा सकता। हाँ, सबसे अधिक विचारणीय बात यह है कि गेसूदराज़ के परिवार में कई ऐसे व्यक्ति हुए, जिन्होंने इसी भाषा में

इसी प्रकार की और रचनाएँ कीं। संक्षेप में उनका और अन्य लेखकों का उल्लेख किया जाता है।

गेसूदराज़ के पोते अब्दुल्लाह हुसैनी, सुविख्यात सूफ़ी थे, उन्होंने प्रसिद्ध पुस्तक 'निशातुल-इश्क़' का अनुवाद उर्दू में किया। उसी समय के एक कवि 'निज़ामी' ने एक मसनवी 'कदमराव और पदम' लिखी। इस प्रकार उर्दू-साहित्य का आरम्भ तो हो गया, परन्तु उसकी वास्तविक उन्नति बीजापुर और गोलकुण्डा की उन्नति के साथ हुई। यह युग उत्तरी भारत में मलिक मुहम्मद जायसी, कबीर, तुलसी और सूर के प्रकाशमान होने का है, जिनके अभिव्यक्ति की भाषा अवधी और ब्रज थी। खड़ी बोली अपने क्षेत्र से निकल कर उसी समय कुछ ऐतिहासिक कारणों से दक्षिण-भारत में अपने लिए एक स्थान बना रही थी।

दक्षिण में जिस साहित्य का विकास हो रहा था और उसमें जिस संस्कृति का रंग झलकता था, उस पर भारतीयता की गहरी छाप थी। वहाँ के कवियों की रचनाएँ स्थानीय रंग से मालामाल हैं। अपने केन्द्र से दूर उर्दू जो उन्नति कर रही थी, उसके कई कारण जान पड़ते हैं। सबसे बड़ा कारण यह मालूम होता है कि दकनी राज्यों के सम्राट दिल्ली से दूर रहकर केवल एक स्वतंत्र और स्वाधीन राज्य की स्थापना करने ही के लिए उत्सुक न थे, बल्कि कला-कौशल, साहित्य, रहन-सहन और जीवन के अन्य क्षेत्रों में अपना मार्ग अलग बनाना चाहते थे। इसके लिए वे साधारण जीवन के निकट गये। इसमें सन्देह नहीं कि भिन्न-भिन्न दकनी राज्यों के शासक भी भारतवर्ष के बाहर की जातियों से सम्बन्ध रखते थे, परन्तु उन्होंने मुग़ल-सम्राट अकबर से पहले ही हिन्दुओं के साथ आपस की शादी-विवाह और नातेदारी से मित्रता के सूत्र को प्रबल बनाना चाहा। इसके अतिरिक्त उनके कई परिवार चिरकाल से दक्षिण में बस जाने के कारण वहाँ के रहन-सहन और रीति-रिवाज से पूर्णतः परिचित थे। एक और कारण, जिसकी ओर संकेत करना आवश्यक है, यह है कि एक निरंकुश शासन में बहुत कुछ बादशाह की इच्छाओं पर निर्भर होता है, वे जिस प्रकार के कला-कौशल को पसन्द करते हैं, जनता में उसी का प्रचार होने लगता है, उसकी व्यक्तिगत इच्छाएँ राजदरबार से सम्बन्ध रखने वाले कर्मचारियों और कवियों पर छा जाती हैं। दक्षिण के कई बादशाहों ने स्वयं उर्दू, ब्रज और तेलगू में लिखना अपने लिए गर्व की बात समझा। इसका परिणाम यह हुआ कि वहाँ के कवियों ने भी भारतीय भाषाओं में अपने विचार प्रकट किये। इतिहासकारों ने यह कारण भी बताया है कि भारत पर उत्तर-पश्चिम से जो आक्रमण होते थे, उनका दबाव दक्षिणी भारत तक आते-आते समाप्त हो जाता था, इसलिए वहाँ कला-कौशल को उन्नति करने के अधिक अवसर प्राप्त हुए। इस प्रकार वहाँ के लेखक और कलाकार थोड़ा बहुत ईरानी प्रभाव से बच जाते थे और अपने ही साधनों से काम लेकर अपनी ही भाषा का प्रयोग करते और उसी में रचनाएँ तैयार करते थे। यूँ हम देख सकते हैं कि दिल्ली से दूरी, राजकार्यालय का हिन्दुस्तानी भाषा में काम करना, हिन्दू-मुसलमानों के मेल-जोल,

शान्ति, सूफ़ी-फ़कीरों की उपस्थिति और अन्य कारणों ने दक्षिण में उर्दू को फलने-फूलने का महत्त्वपूर्ण अवसर दिया।

जब बहमनी राज्य के टुकड़े हो गये, तो आदिलशाही वंश ने १४९० ई० में बीजापुर में अपना स्वतन्त्र राज्य स्थापित कर लिया, जिसमें आठ बादशाह हुए। इनमें से कई अत्यन्त विद्वान एवं कुशल प्रशासक सिद्ध हुए। वे स्वयं सुयोग्य थे तथा अपने दरबार के महान विद्वानों की संगति में आनन्द प्राप्त करते थे। अभी सूफ़ी-फ़कीरों का युग भी समाप्त नहीं हुआ था, अतएव एक महत्त्वपूर्ण नाम 'शाह मीरानजी' का मिलता है, जो अपनी भक्ति और योग्यता के कारण 'शमसुल-उश्शक़' (भक्तों का सूर्य) कहे जाते थे। वह सन् १४९७ ई० तक जीवित रहे।[१] उन्होंने अपने जीवनकाल में कई रचनाएँ उर्दू में कीं, जिनके अध्ययन से उस समय की भाषा के सम्बन्ध में महत्त्वपूर्ण जानकारी प्राप्त की जा सकती है। उनकी सभी रचनाएँ सूफ़ी-मत के सिद्धान्तों और व्यवहारों का उल्लेख करती हैं। उन्होंने अपनी भाषा को स्वयं हिन्दी कहा है और इस सम्बन्ध में यह भी लिखा है कि मेरी ये रचनाएँ उन लोगों के लिए हैं, जो अरबी-फ़ारसी नहीं जानते। इनमें 'शहादतुल-हक़ीक़त', 'ख़ुश-नामा' और 'शरहे-मरग़ू बुल-क़ुलूब' प्रसिद्ध और महत्त्वपूर्ण हैं। अन्तिम रचना गद्य में है। इसमें भी सूफ़ी-मत के गूढ़ ज्ञान बताये गये हैं। उनकी कविता का उदाहरण यह है—

तूँ क़ादिर[२] कर सब जग सब कों रोज़ी देवे।
तूँ सभों का दाना[३] बीना[४], सब जग तुझकों सेवे॥
एकस माटी मूली देवे एकस माटी बाज।
केतों भीख मँगावे केतों देवे राज॥
केतों पाट पितम्बर देता केतों सरकी लाया।
केतों ऊपर धूप तलावे केतों ऊपर छाया।।
केते ज्ञान भगत बैरागी केते मूर्ख गँवार।
एक जिन एक मानस कीता एक पुरुस एक नार॥

उनकी रचनाओं में केवल प्रेम, भक्ति या धर्म की बातें ही नहीं हैं, वरन् साहित्य की दृष्टि से भी उन्होंने महत्त्वपूर्ण रचनाएँ हमारे लिए छोड़ी हैं।

'कदम राव-पदम राव' के पश्चात् दकन की दूसरी महत्त्वपूर्ण मसनवी 'नौ सरहार' है। इसके लेखक का नाम शाह अशरफ़ बियाबानी है। यह मसनवी ९०९ हिजरी (१५०३-०४) में लिखी गयी। इसका विषय करबला की महान घटना है। इसमें नौ अध्याय हैं, जिस पर इसका नाम 'नौ सरहार' है। इस मसनवी पर हिन्दी प्रभाव स्पष्ट है। इमाम हुसैन की बहन ज़ैनब का चित्रण—

ज़ैनब अहे उसका नाम।
माथा जानूँ सूरज बाट॥

---

१. कुछ विद्वान १५७३ बताते हैं, २. शक्तिवान, ३. ज्ञानी, ४. देखने वाला।

अमृत घोले सोना बाय।
सरगाँ जैसे लम्बे बाल॥
नयन सलोने ज्यों बादाम।
याके जानों चाँद ललाट॥
जो कोई देखन भूल जाय।
चंदर-सूरज दोनों गाल॥

दकन की प्रारम्भिक रचनाओं में 'निज़ामी' दकनी की प्रसिद्ध मसनवी 'कदम राव-पदम राव' का उल्लेख करना अनिवार्य है। इसकी रचना सुलतान अलाउद्दीन बहमनी (१४३५-५७) के काल में हुई। 'निज़ामी' के विषय में अधिक जानकारी नहीं प्राप्त है। उसकी कविता इस प्रकार की है—

गुसाईं तुम्हीं एक दना जिसका उदार।
अकास ऊँचा पाताल धरती तुम्हीं॥
बरोबर न तुम्हीं दीनहार।
जहाँ कच न कोई हता है तुम्हीं॥
रजिनहार अंगिये रजिनहार तूँ।
रहनहार पछें रहनहार तूँ॥

मीरानजी के पुत्र बुरहानुद्दीन 'जानम' भी बहुत बड़े सूफ़ी गिने जाते हैं। इनकी मृत्यु १५८२ ई० के लगभग हुई। उन्होंने अपनी रचनाओं की भाषा को किसी स्थान पर 'गूजरी' (गुजराती-उर्दू) कहा है और कहीं 'दकनी'। उनकी अधिकतर रचनाएँ कविता के रूप में मिलती हैं और सभी तसौव्वुफ़ के विषय से सम्बन्ध रखती हैं। उनकी कविताओं का बहुत-सा भाग यूरोप और हैदराबाद के पुस्तकालयों में मिल गया है, जिनके अध्ययन से पता चलता है कि उनकी भाषा सरल है और उनकी कविताएँ विषय के गम्भीर होने पर भी काव्य-सौन्दर्य से परिपूर्ण हैं। उनकी पुस्तकों में 'सुख सहेला', 'वसीयतुलहादी', 'इरशादनामा' प्रसिद्ध हैं। उदाहरण के लिए निम्नलिखित शेर देखे जा सकते हैं—

ये रूप प्रगट आप छिपाया कोई न पाया अन्त।
माया मोह में सब जग बाँध्या क्योंकर सूझे पन्त॥
बाज़[१] आ कहें अपनी बूझ।
मालूम नहीं उसकी सूझ॥
एक जमा सब पकड्या बार।
जों के बीच थे निकल्या झाड़॥
काटा छाँटा फल और फूल।
शाख़[२] बर्ग[३] सब देख उसूल[४]॥
न इस ख़ालिक़[५] मख़लूक़[६] कोए।
जैसा तैसा समझा होए॥

---

१. कुछ, २. डाली, ३. पत्ती, ४. जड़, ५. जन्मदाता, ६. सृष्ट।

बुरहान-उद्दीन 'जानम' हिन्दी छन्दों का प्रयोग करते थे और अपनी बात समझाने के लिए प्रचलित हिन्दू-मुस्लिम कथाओं से काम लेते थे। उनकी गद्य रचनायें भी मिलती हैं, जिनमें 'कलमतुल-हक़ायक़' सबसे अधिक प्रसिद्ध हैं।

शाह बुरहान के सुपुत्र और उत्तराधिकारी अमीनुद्दीन आला हैं। वह भी अपने पूर्वजों के बताए हुए मार्ग पर चले और तसौव्वुफ़ में अपनी रचनाएँ छोड़ गये हैं। उनकी मृत्यु १६७५ ई० में हुई। उन्होंने गद्य और पद्य दोनों में रचनाएँ की हैं, जिनके अध्ययन से यह मालूम होता है कि वह अपने पिता तथा बाबा से बड़े कवि थे। उनकी गद्य रचनाएँ भी उनकी कविता ही की भाँति महत्त्व रखती हैं। 'हिनबामा' और 'रमूज़ुस-सालिकीन' उनकी प्रसिद्ध काव्य-रचना हैं। इस सम्बन्ध में यह याद रखना आवश्यक है कि जितनी रचनाएँ हमको पुराने लेखकों के नाम से मिलती हैं, उनके विषय में निश्चित रूप से यह नहीं कहा जा सकता कि वे उन्हीं की हैं। पर जहाँ तक आज की खोज पहुँची है, उन्हीं के आधार पर ये बातें कही जा रही हैं, जब कभी उर्दू-साहित्य का कोई विस्तृत इतिहास लिखा जायेगा, उस समय उनकी रचनाओं, उनकी भाषा और उनके विचारों पर विस्तार से प्रकाश डाला जायेगा।[१] अमीन-उद्दीन आला की गद्य रचनाओं में 'गंजे-मख़फ़ी' और 'वजूदिया' बहुत मशहूर हैं। इनमें भी हिन्दू-मुस्लिम सूफ़ी-विचारों का ऐसा समन्वय मिलता है कि एक दूसरे के धार्मिक और आध्यात्मिक विचारों को पूरी तरह अलग करना बहुत कठिन है।

जैसा कि कहा जा चुका है, आदिलशाही बादशाहों में से कई एक स्वयं उर्दू में लिखते-पढ़ते थे। इनमें सबसे प्रसिद्ध इब्राहीम आदिलशाह द्वितीय (१५८०-१६२६ ई०) है। वह केवल दकनी-भाषा और उसकी कविता से प्रेम नहीं रखता था, बल्कि भारतवर्ष की संगीत-कला में भी निपुण था। उसने भारतीय रागों पर आधारित एक कविता 'नवरस' के नाम से लिखी है, जिसकी विशेषता यह है कि एक ओर तो यह संगीत-शास्त्र की दृष्टि से एक अनुपम कृति है, दूसरी ओर साधारण दकनी उर्दू को छोड़कर इब्राहीम ने इसमें ब्रजभाषा का प्रयोग किया है। कहा जाता है कि जब उसने यह पुस्तक लिखने का विचार किया, उत्तर-भारत से विद्वानों को बुलाकर पहले इस भाषा का अध्ययन किया उसके पश्चात् इस पुस्तक की रचना की। यह बात स्पष्ट है कि उसकी ब्रज उसी युग की उत्तर-भारत की ब्रज से भिन्न है, क्योंकि उसने जगह-जगह अरबी-फ़ारसी शब्दों से ही काम लिया है। यह पुस्तक १६वीं शताब्दी के अन्त या १७वीं शताब्दी के आरम्भ में लिखी गयी होगी। 'नवरस' की भूमिका फ़ारसी के सुप्रसिद्ध कवि और लेखक 'ज़हूरी' ने लिखी, जो आज 'सेह-नस्र' के नाम से फ़ारसी की क्लासिकल पुस्तकों में गिनी जाती है। इस काव्य-संग्रह को डॉ० नज़ीर अहमद ने 'किताबे-नौरस' के नाम से प्रकाशित किया है और अंग्रेजी में भी टीका छप गयी है। इसके अध्ययन से यह बात स्पष्ट होती है कि १६वीं शताब्दी में हिन्दू-मुस्लिम सभ्यता का समन्वय बड़ी तेज़ी से हो रहा था। इन कवियों के यहाँ कृष्ण, लक्ष्मी,

---

१. अब यह काम थोड़ा बहुत 'अलीगढ़-तारीख़े-अदबे-उर्दू' भाग-१ से पूरा हो गया है।

सरस्वती का उल्लेख भी उसी प्रकार होता है, जैसे मुस्लिम महात्माओं का। इब्राहीम के राजदरबार की समस्त व्यवस्था उर्दू में होती थी और बहुत से कवि उसके दरबार से सम्बन्धित थे। इब्राहीम के बाद मुहम्मद आदिलशाह राज-सिंहासन पर बैठा। वह और उसकी धर्मपत्नी दोनों को कवियों से अत्यन्त प्रेम था और बहुत से कवि उनके चारों ओर एकत्रित हो गये थे जिनमें 'रुस्तमी', 'मलिक ख़ुशनूद' और 'दौलत शाह', 'अब्दुल' और 'मुक़ामी' के नाम याद रखने योग्य हैं।

'रुस्तमी' फ़ारसी और उर्दू दोनों में कविताएँ लिखता था। अब उसकी केवल एक लम्बी कविता 'ख़ावरनामा' मिलती है। यह प्रबन्ध-काव्य के रूप में २४,००० शेरों का एक विशाल ग्रन्थ है, जिसे उसने केवल डेढ़ वर्ष में पूरा कर लिया था। वास्तव में यह एक फ़ारसी कविता का अनुवाद है, परन्तु रुस्तमी ने उसको ऐसी सुन्दरता से अपनाया है कि यह उसी की चीज़ मालूम होती है। यह रचना उसने मुहम्मद आदिलशाह की धर्मपत्नी के अनुरोध पर तैयार की थी। इसके लिखने का समय लगभग १६४९ ई० है। उसकी भाषा सरल और उसके लिखने का ढंग मनोहर है। इसी प्रकार मलिक ख़ुशनूद अपनी मसनवी 'हश्त बिहिश्त' के नाम के लिए प्रसिद्ध है। यह कविता 'अमीर ख़ुसरो' की एक फ़ारसी-रचना पर आधारित है। इसकी भाषा बहुत सुगम नहीं है। 'अब्दुल' की मसनवी 'इबराहीम-नामा' जो उसने बादशाह की प्रशंसा में लिखी है, इसलिए बहुत महत्त्वपूर्ण है कि उसमें बीजापुर की सभ्यता के जीवित चित्र सामने आ जाते हैं और कविता ऐतिहासिक महत्त्व ग्रहण कर लेती है। 'मुक़ीमी' फ़ारसी-कवि था, परन्तु उसने एक हिन्दी लोक-कथा 'चन्द्र-बदन और महियार' बड़ी रोचक साहित्यिक शैली में लिखी है।

सन् १६५६ ई० में अली आदिलशाह द्वितीय गद्दी पर विराजमान हुआ। वह भी कवि था और उसके युग में बीजापुर के सर्वोत्तम कवि 'नुसरती' का बोलबाला हुआ। बादशाह 'शाही' के नाम से लिखता था, उसका काव्य संग्रह हिन्दी और उर्दू दोनों में 'कुल्लियाते-शाही' के नाम से छप चुका है। नुसरती एक महान कवि है, पर उसके बारे में इस समय तक अधिक जानकारी प्राप्त नहीं हुई है। कहा जाता है कि उसका नाम मुहम्मद नुसरत था और वह एक ब्राह्मण-परिवार से सम्बन्ध रखता था। इस बात को बिल्कुल ठीक नहीं माना जा सकता, क्योंकि नुसरती ने अपनी कविताओं में गुलबर्गा के प्रसिद्ध सूफ़ी गेसूदराज़ की चर्चा की है और यह भी कहा है कि मेरी कई पीढ़ियाँ उनका नाम जपती चली आ रही हैं। हो सकता है कि बहुत पहले उनका वंश-क्रम किसी ब्राह्मण परिवार से मिल जाता हो।

'नुसरती' ने तीन पुस्तकें लिखी हैं और सब मसनवी के रूप में हैं, इनमें से दो 'गुलशने-इश्क़' और 'अली-नामा' बहुत प्रसिद्ध हैं और प्रकाशित हो चुकी हैं। उसकी तीसरी काव्य-कृति 'तारीख़े-सिकन्दरी' का पता अभी थोड़े ही दिन पहले चला है। कुछ विद्वानों का विचार है कि यह 'नुसरती' की रचना नहीं है। 'गुलशने-इश्क़' में मनोहर और मधु-मालती के प्रेम की कहानी कही गयी है। यह प्रेमकथा दक्षिण-भारत

में बहुत प्रचलित और लोक-प्रिय थी और कई कवि और लेखक फ़ारसी और हिन्दी में इसे लिख चुके थे, परन्तु नुसरती ने उसे जिस प्रकार लिखा है, उससे ज्ञात होता है कि उसने इसमें नवीन बातें जोड़कर उसे अपना लिया है। यह मसनवी ईरान की क्लासिकल मसनवियों के आधार पर लिखी गयी है। उसकी दूसरी काव्य-कृति जो पहली से भी अधिक सुगम एवं श्रेष्ठ कृति है 'अलीनामा' है। इसमें अली आदिलशाह द्वितीय की जीवन-कथा को बड़े विस्तार से प्रस्तुत किया गया है। इसे पढ़कर 'पृथ्वीराज रासो' और ऐसी ही अन्य गाथाओं की ओर ध्यान जाता है, क्योंकि इस लम्बी कविता में भी 'नुसरती' ने चन्दबरदाई की तरह अपने बादशाह के जीवन के सभी अंगों का चित्रण बड़ी सुन्दरता और उल्लास से किया है। उस समय दक्षिण-भारत में मुग़लों, मराठों, आदिलशाहियों, क़ुतुबशाहियों में शक्ति प्राप्त करने के लिए बराबर संघर्ष चल रहा था। 'अलीनामा' के अध्ययन से उन संघर्षों का जीता-जागता चित्र आँखों के सामने आ जाता है। इससे यह भी प्रतीत होता है कि अपने राज्य को सुरक्षित रखने के लिए धर्म के आधार पर संगठन नहीं किया जाता था, बल्कि स्थानीय सुविधाओं को देखते हुए, एक दूसरे से मित्रता पैदा की जाती थी। 'नुसरती' की यह काव्य-कृति उर्दू की श्रेष्ठ रचनाओं में है। साहित्यिक महत्त्व के अतिरिक्त इसका ऐतिहासिक महत्त्व भी है। यह उच्च कोटि की रचना दक्षिणी में होने के कारण वह स्थान ग्रहण नहीं कर सकी है, जो इसे मिलना चाहिए। 'नुसरती' में चरित्र-चित्रण की असाधारण शक्ति थी और विशेषकर जब वह युद्ध और संग्राम क्षेत्र का वर्णन करता है, तो उसकी काव्य-रचना की शक्ति और बढ़ जाती है। 'नुसरती' की तीसरी रचना 'तारीख़े-सिकन्दरी' १६८७ ई० में बीजापुर के विनाश या 'नुसरती' की मृत्यु के कारण अधूरी रह गयी। नुसरती को वीर-रस और श्रृंगार-रस दोनों प्रकार की कवितायें लिखने पर अधिकार प्राप्त था। कहा जाता है कि औरंगज़ेब ने बीजापुर पर विजय प्राप्त करने के बाद नुसरती को 'मलिकुश-शोअरा' (कविराय) की उपाधि दी। यह बात ठीक नहीं जान पड़ती, क्योंकि 'नुसरती' की मृत्यु १६८४ ई० में हुई। उसकी भाषा सरल अवश्य है, परन्तु वह फ़ारसी-अरबी शब्दों का प्रयोग अधिक करता है। दूसरे कवियों की भाँति वह भी अपनी भाषा को हिन्दी ही कहता है। उदाहरण के लिए 'मनोहर-मधुमालती' के कुछ शेर लिखे जाते हैं—

उधर साथ थी माँ के मधुमालती।
इधर माँ के सँगात चम्पावती॥
बहुत दिन कों जिस वक़्त बिछड़े मिले।
एकर एक लगाए चँगुल कर गले॥
उनूँ क्यों सकियाँ चँकि सौ सात थीं।
इनूँ के कने भी उसी धात थीं॥

नुसरती ने क़सीदे और ग़ज़लें भी लिखी हैं और कई आलोचकों ने उसे उर्दू क़सीदे का पहला कवि भी माना है, परन्तु सच यह है कि उसका महत्त्व उन्हीं रचनाओं से है, जिनका उल्लेख ऊपर हुआ।

बीजापुर के प्रसिद्ध कवियों में 'हाशिमी' का नाम भी लिया जाता है। उसके सम्बन्ध में कुछ अधिक मालूम नहीं है। कहा जाता है कि वह दोनों आँखों का अन्धा था और उसका बड़ा आदर-सम्मान होता था। उसकी मृत्यु १६९७ ई० में हुई। उसकी प्रसिद्ध रचना 'यूसुफ़-जुलैख़ा' है, जिसमें लगभग बारह हज़ार शेर हैं। यह मसनवी फ़ारसी की एक प्रसिद्ध रचना पर आधारित है। हाशिमी एक अच्छा कवि था। उसकी भाषा सरल और लिखने का ढंग सुन्दर है। यह भी कहा जाता है कि 'हाशमी' ने हिन्दी-कवियों के ढंग पर अपनी कई कविताओं में स्त्रियों की ओर से पुरुषों के प्रति प्रेम और विरह की भावना प्रकट की है, किन्तु यह हो सकता है कि प्रेम-कथा में जहाँ नारी की ओर से कुछ कहने की आवश्यकता हुई है वहाँ उसकी भाषा स्वभावतः सरल और मधुर हो गयी है। कुछ आलोचकों का यह भी विचार है कि वह 'रेख़ती'[१] का जन्मदाता है पर यह भी संदेहजनक है। इस स्थान पर केवल कुछ प्रसिद्ध कवियों ही का उल्लेख किया जा सका है। वैसे बीजापुर के राज्य और दरबार में बहुत से कवि थे जिनकी रचनाएँ भारतवर्ष और यूरोप के पुस्तकालयों में मिलती हैं।

बीजापुर की भाँति गोलकुण्डा में भी उर्दू-साहित्य की बड़ी उन्नति हुई और लेखकों का एक बड़ा समूह एकत्र हो गया। गोलकुण्डा के क़ुतुबशाही वंश ने १५०८ ई० में एक स्वाधीन राज्य स्थापित किया और वहाँ के कई शासकों ने उसे एक सबल और प्रगतिशील राज्य बनाने में बड़ा भाग लिया। उर्दू-साहित्य के विकास की दृष्टि से यहाँ का १६वीं शताब्दी का अन्तिम ज़माना महत्त्वपूर्ण है। इस वंश के आठ बादशाहों में अन्तिम चार स्वयं उर्दू के बड़े कवि और कवियों के आश्रयदाता थे। गोलकुण्डा का पाँचवाँ बादशाह मुहम्मद क़ुली क़ुतुबशाह १५८० ई० में राजसिंहासन पर बैठा, वह उर्दू का एक महान कवि था। कहा जाता है कि उसने एक लाख से अधिक शेर कहे, जिनमें से अधिक दकनी-उर्दू में हैं, कुछ फ़ारसी में और कुछ तेलगू में। उसकी माँ तेलंगाना की रहने वाली थी और वह उस भाषा से भलीभाँति परिचित था। तेलगू में वह 'तुर्कमान' के नाम से कविताएँ लिखता था, परन्तु अभी तक उसकी तेलगू कविता के सम्बन्ध में कुछ मालूम नहीं हो सका है। वह उर्दू का पहला कवि है, जिसके संग्रह की कई पाण्डुलिपियाँ भारत और यूरोप के पुस्तकालयों में पायी जाती हैं। उसका काव्य-संग्रह थोड़े दिन हुए हैदराबाद से प्रकाशित भी हो चुका है।

मुहम्मद क़ुली एक प्रमुख सैनिक योद्धा होने के साथ-साथ एक बड़ा लेखक भी था। उर्दू का वह पहला कवि है, जिसके प्रति निश्चित रूप से कहा जा सकता है कि उसने भारतीय जीवन की इन्द्रधनुषी प्रकृति में डूबकर कविताएँ लिखीं। जिस प्रकार उसे मुसलमानों के त्योहारों ईद, शबरात इत्यादि से प्रेम है, उसी प्रकार बसंत, दीवाली और होली के मनोरंजनों में भी भाव-पूर्वक सम्मिलित होता है। उसकी कविताएँ स्थानीय रंग में इतनी डूबी हुई हैं कि उसके संग्रह से उस समय के धर्म-विचार, रहन-सहन, आमोद-प्रमोद और जीवन की अन्य समस्याओं के विषय में बहुत कुछ

---

१. देखिए परिशिष्ट।

ज्ञात हो सकता है। उसने अपनी १२ प्यारियों (प्रेमिकाओं) की सराहना में बहुत-सी कविताएँ लिखी हैं, उनके नख-शिख और सुन्दरता का वर्णन हिन्दी और संस्कृत शृंगाररस-कवियों की याद दिलाता है। कहा जाता है कि बादशाह होने से पूर्व अपनी जवानी में उसे 'भाग्यमती' नामक किसी स्त्री से प्रेम हो गया था। सिंहासन ग्रहण करने पर उसने उससे विवाह कर लिया और 'हैदरमहल' के नाम से सम्बोधित करके उसी के नाम पर हैदराबाद का नगर बसाया। उसकी कविताओं में भाग्यमती के प्रति उसके अथाह प्रेम का पता मिलता है। उसके जीवन की सभी घटनाएँ उसमें जगह पाती हैं। उसकी रचनाओं में देश के फलों-फूलों, रीति-रिवाजों का वर्णन देखकर इस बात का अनुमान लगाया जा सकता है कि दक्षिण-भारत में हिन्दू-मुस्लिम संस्कृति का संगठन कितने आकर्षक ढंग से हो रहा था और केवल साधारण लोग नहीं बादशाह भी उससे प्रभावित थे।

कुली-कुतुबशाह ने ग़ज़ल, क़सीदा, मसनवी, मर्सिया आदि सभी काव्य-रूपों में रचनाएँ की हैं। उसकी इन कृतियों के विषय भी अनेक हैं। आधुनिक काल के कवियों की तरह उसने अलग-अलग विषयों पर भी कवितायें लिखी हैं, जिनके अध्ययन से ज्ञात होता है कि वह हिन्दुस्तानी भावनाओं और विचारों को फ़ारसी अलंकारों से सजाकर प्रस्तुत करने की क्षमता भी रखता था। जिस प्रकार उसके विषय और विचारधारा में भारतीयता मिलती है, उसी प्रकार उसकी भाषा उस हिन्दुस्तानी से निकट है, जो हिन्दी भी है और उर्दू भी। यह तो नहीं कहा जा सकता कि उसने उत्तर-भारत के हिन्दी-कवियों का अध्ययन किया था या नहीं, परन्तु हिन्दी-उपमाएँ, अलंकार आदि देखकर यह अनुमान अवश्य लगाया जा सकता है कि वह उनसे अपरिचित न था, वैसे तो लगभग उसका भी वही काल है, जो तुलसीदास, मीराबाई और सूरदास का था। उर्दू के इस प्रथम बड़े कवि की रचनाएँ प्राकृतिक सौन्दर्य रखती हैं। उसकी भाषा सरल तथा सुगम है और भाषाविज्ञान की दृष्टि से उसका अध्ययन अत्यन्त उपयोगी है। उदाहरण के लिए निम्नलिखित शेर पर्याप्त होंगे—

पिया बाज[१] प्याला पिया जाए ना।
पिया बाज इक तिल जिया जाए ना॥
नहीं इश्क़ जिसको बड़ा कोर[२] है।
कधीं उससे मिल बैसिया[३] जाए ना॥

कुतुबशह न दे मुझ दिवाने को पन्द[४]।
दिवाने को कुछ पन्द दिया जाए ना॥

है इश्क़ हर एक धात[५] हर एक दिल में पियारा।
मुँज इश्क़ पियारे का अहै जिउ का अधारा[६]॥

---

१. बिना, २. अन्धा, ३. बैठा, ४. उपदेश। ५. प्रकार, ६. सहारा।

बिन सैर तुमन सारी कलियाँ सूख रही हैं।
टुक आके करो गश्त[1] चमन जी उठे सारा॥

रुख एक है पर एक कथन लाख चमन है।
लख जोत है हर ठार वले[2] एक रतन है॥

किस ठार में दिसता नहीं हर ठार है भरपूर।
देखन कों सकत काँ उसे बस एक नयन है।

मुंज इश्क़ गिरी आग का एक चिनगी है सूरज।
इस आग के शोले का धुवाँ सात गगन है॥

मुहम्मद क़ुली के वंश में गोलकुण्डा के तीन अन्तिम बादशाह भी अच्छे कवि हुए हैं। उसका भतीजा मुहम्मद क़ुतुबशाह स्वयं एक बड़ा कवि और कवियों का आश्रयदाता था। उसका संग्रह भी प्राप्त हो गया है, जिसके अध्ययन से पता चलता है कि वह भी अपने चाचा की तरह हर प्रकार की कविताएँ लिख सकता था। उसकी भाषा में वही सरसता, रसीलापन और प्रवाह पाया जाता है, जो क़ुली क़ुतुबशाह के यहाँ मिलता है। उसकी कविता भी स्थानीय रंग और उपमाओं से भरी हुई है। कविताओं में उसका उपनाम 'ज़िल्लुल्लाह' था। कई बड़े-बड़े कवि उसके दरबार की शोभा बढ़ाते थे। वह १६११ ई० में सिंहासन पर विराजमान हुआ था और १६२४ ई० में उसका देहान्त हो गया।

फिर मुहम्मद क़ुतुबशाह का बेटा अब्दुल्लाह क़ुतुबशाह गद्दी पर बैठा, वह भी कवि था और उसकी कविताओं का संग्रह भी मौजूद है। उसकी रचनाएँ उतनी महत्त्वपूर्ण नहीं है, जितनी उसके पूर्वजों की थीं, परन्तु उसके युग में भी क़ुतुबशाही राज्य के कई सुप्रसिद्ध कवियों को संरक्षण मिलता रहा। उसके दरबारी कवियों में 'ग़ौव्वासी', 'क़ुत्बी', 'इब्ने-निशाती', 'तबई', 'जुनैदी' और 'अमीन' प्रमुख हैं। इस वंश का अन्तिम बादशाह अबुलहसन तानाशाह था। उसका अधिकांश समय मुग़ल सेनाओं का मुक़ाबिला करने में बीता, यहाँ तक कि १६८६ ई० में औरंगज़ेब के हाथों गोलकुण्डा-राज्य का विनाश हो गया। तानाशाह भी कवि था, परन्तु इसका कोई काव्य-संग्रह नहीं मिलता। इसका कारण कदाचित यह जान पड़ता है कि उसकी आयु के अन्तिम वर्ष मुग़ल कारागार में व्यतीत हुए और संग्रह तैयार नहीं हो सका।

जैसा कि ऊपर के विचारों से स्पष्ट होगा गोलकुण्डा में उर्दू-काव्य की बहुत उन्नति हुई। बादशाह स्वयं उर्दू में लिखते और उर्दू में लिखने वालों का मान बढ़ाते थे। गद्य और पद्य की अनेक शाखाओं में बहुत काम हुआ और कुछ रचनाएँ तो ऐसी तैयार हो गयीं कि जिन्हें उर्दू के छोटे-से-छोटे इतिहास में भी एक उच्च स्थान दिया जायेगा।

---

१. भ्रमण, २. परन्तु।

मुहम्मद क़ुली क़ुतुबशाह के राज्यकाल में 'वजही' अत्यन्त प्रतिष्ठित कवि गुज़रा है। कहा जाता है कि उसने बादशाह की युवावस्था प्रेम-कहानी 'क़ुतुब-मुशतरी' नाम से लिखी और बादशाह ने बड़ी उदारता से उसे अपने युग का सबसे बड़ा कवि कहकर अपना मित्र बनाया। 'क़ुतुब-मुशतरी' एक बड़ी मनोरंजक मसनवी है, जिसका नायक क़ुली क़ुतुबशाह है। शृंगार-रस में डूबी हुई यह प्रेम-गाथा 'वजही' की एक कल्पनात्मक रचना है। यह कहना तो ठीक न होगा कि यह सारी की सारी कहानी बादशाह के जीवन से ली गयी है, परन्तु इसमें संदेह नहीं किया जा सकता कि 'वजही' ने अपनी काल्पनिक कहानी की आड़ में बादशाह की वीरता, उदारता, दानशीलता और प्रेम-भावना का चित्र खींचने की कोशिश की है। दक्षिण की उत्कृष्ट काव्य-कृतियों में इसका एक ऊँचा स्थान है। यह कहानी दकन और बंगाल के बीच में घूमती है और उस समय की कथाओं की तरह असम्भव बातों से भरी हुई है। उसकी भाषा बहुत सुगम नहीं कही जा सकती, उसमें जहाँ फ़ारसी-अरबी के शब्द हैं वहीं संस्कृत के तत्सम और तद्भव शब्दों की भी कमी नहीं है। केवल यही नहीं, वजही ने भाषा के सम्बन्ध में बड़ी आज़ादी से काम लेकर फ़ारसी, अरबी और संस्कृत शब्दों का उर्दू व्याकरण के नियमानुसार प्रयोग किया है। 'क़ुतुब-मुशतरी' छप चुकी है और इन पंक्तियों के लेखक का विचार है कि यदि उसे केवल भाषा की दृष्टि से पढ़ा जाये तो भी बहुत लाभ होगा। उदाहरण के लिए यह शेर देखिए—

छिपी रात उजाला हुआ दीस[१] का।
लगा जग करन सेव[२] परमेस का॥

जो आया झलकता सुरज दाट[३] कर।
अँधेरा जो था सो गया न्हाट[४] कर॥

सुरज यूँ है रँग आसमानी मने।
कि खिल्या कमल फूल पानी मने॥

'वजही' ने गद्य में भी 'सबरस' के नाम से एक उत्कृष्ट पुस्तक लिखी है। इसमें तसौव्वुफ़ के अभिप्राय गर्भित विचार भी प्रतीकों के रूप में प्रस्तुत किये गये हैं। इसका वर्णन आगे आयेगा। सारांश यह कि 'वजही' उस युग का सबसे बड़ा कवि और लेखक माना जाता है। उसे गद्य और पद्य दोनों पर पूर्णतः अधिकार प्राप्त था। 'वजही' की जीवन-कथा अभी तक मालूम नहीं हो सकी, परन्तु यह मालूम है कि 'क़ुतुब-मुशतरी' १६०८ ई० में और 'सबरस' १६३५ ई० में लिखी गई।

इस युग का दूसरा बड़ा कवि 'ग़ौव्वासी' था। क़ुतुबशाही-राज्य ने उसे मलिकुश्शोअरा (कविराय) बना दिया था, परन्तु उसके हालात का ठीक से पता नहीं चलता। उसकी प्रसिद्ध रचनाएँ 'सैफ़ुल-मुलूको-बदीउल-जमाल' और 'तूतीनामा' हैं। दोनों में कहीं-कहीं उसने अपने सम्बन्ध में भी थोड़ा-बहुत लिखा है, परन्तु उससे

---

१. दिन, २. सेवा, ३. वेग से, ४. भागकर।

उसके जीवन की पूरी कहानी नहीं बनती। बस इतना ज्ञात होता है कि आरम्भ में बड़ी कठिनाई से जीवन व्यतीत करता था। जब राज-दरबार में पहुँच गया, तो उसकी मान-प्रतिष्ठा बहुत बढ़ गयी और वह अपने युग का सबसे बड़ा कवि गिना जाने लगा। 'सैफ़ुलमुलूक', १६२४ ई० में लिखी गयी और 'तूतीनामा' १६३१ ई० में। पहली मसनवी एक प्रेम-कहानी है, जो 'अल्फ़ लैला' से ली गयी है और दूसरी रचना 'हितोपदेश' के एक फ़ारसी-अनुवाद पर आधारित है। 'ग़ौव्वासी' अपनी कविताओं में अपना बखान आप करता है, मगर उसका यह बखान कुछ अनुचित नहीं है, क्योंकि वास्तव में उसकी कविताएँ रस और भावुकता, सुन्दरता और मज़े से भरी हुई हैं। उसकी भाषा में फ़ारसी-अरबी के शब्द कम मिलते हैं। उसकी शैली में सरलता और प्रवाह बहुत है। 'सैफ़ुलमुलूक' हिन्दी और उर्दू दोनों लिपियों में प्रकाशित हो चुकी है।

कुतुबशाही युग का तीसरा बड़ा कवि 'इब्ने-निशाती' था, उसकी प्रसिद्ध मसनवी 'फूलबन' है जो दकनी-उर्दू के साहित्य-कोश का एक अनमोल रत्न समझी जाती है। 'इब्ने-निशाती' की जीवन-गाथा भी भलीभाँति मालूम नहीं है। कुछ पुराने लेखकों ने, जिनमें 'गार्सां-द-तासी' का नाम भी लिया जा सकता है; लिखा है कि उसने भी 'तूतीनामा' के नाम से एक काव्य लिखा है, परन्तु यह उनकी भूल है। इसी प्रकार 'फूलबन' के सम्बन्ध में भी कुछ ऐसी ही बातें कही गयी हैं, जो ठीक नहीं हैं। अब 'फूलबन' प्रकाशित हो चुकी है और उसके अध्ययन से ठीक जानकारी प्राप्त की जा सकती है। उसके अध्ययन से स्पष्ट होता है कि 'इब्ने-निशाती' फ़ारसी-भाषा में निपुण और काव्य-शास्त्र से भली-भाँति परिचित था। वह 'फूलबन' के प्रारम्भिक भाग में अपनी और अपनी कविता की सराहना करता है और कहता है कि उसने गद्य में भी कई रचनाएँ की हैं। अब उनमें से कोई भी प्राप्य नहीं है। उसे भाषा और शब्दों के प्रयोग पर पूरा अधिकार था। वह जिस सफलता से मनोभावनाओं का चित्रण करता है उसी प्रकार सामाजिक परिस्थितियों का वर्णन भी कर सकता है। 'फूलबन' एक प्रेम-कथा है, जिसकी पृष्ठ-भूमि भारतीय है। इसमें जीवन के ऐसे चित्र खींचे गये हैं, जिनके देखने से उस युग की सामाजिक स्थिति, रहन-सहन, रीति-रिवाज के समझने में बड़ी सहायता मिलती है।

जैसा कि कहा जा चुका है दरबारी संरक्षण और जनप्रियता के कारण बीजापुर और गोलकुण्डा में बहुत से कवि पैदा हो गये थे। यहाँ उनके नाम भी नहीं दिये जा सकते, परन्तु इस बात को अवश्य याद रखना चाहिए कि दकनी-उर्दू जो उस समय खड़ी बोली की साहित्यिक अभिव्यक्ति का माध्यम थी, भारतीय भाषाओं के ख़जाने में बहुत कुछ बढ़ा चुकी थी। इसमें संदेह नहीं कि उसके साहित्य पर फ़ारसी का भी प्रभाव था, परन्तु यह बात स्पष्ट है कि राष्ट्रीयता की जो लहर मुग़ल-युग में उत्तरी-भारत से उठ रही थी, उसका विकास साहित्यिक रूप से दक्षिण-भारत ही में हो रहा था। इसके अतिरिक्त एक ओर प्रेम-मार्ग पर चलने वाले भक्त कवि इस्लामी तसौव्वुफ़ को अपना विषय बनाकर गद्य और पद्य दोनों में रचनाएँ कर रहे थे और दूसरी ओर इमाम हुसैन के

प्रति श्रद्धा प्रकट करने वाले कवि करबला की उत्सर्ग वेदी का शोक-पूर्ण चित्रण मरसियों और दूसरी धार्मिक कविताओं में कर रहे थे। इस प्रकार की कविताओं का प्रारम्भ बीजापुर के 'अशरफ़' नामक कवि से होता है, जिसने 'नौसरहार' की रचना करके करबला की महान दुखान्त घटना को अपने ढंग से प्रस्तुत किया। यह काव्य १५२५ ई० में लिखा गया। इसके बाद 'क़ुली-क़ुतुबशाह', 'वजही', 'अली आदिलशाह', 'नुसरती', 'ग़ौव्वासी', सभी ने मरसिये लिखे। इनमें कुछ कवि तो ऐसे भी हैं, जो अपने जीवन भर केवल मरसिया ही लिखते रहे, क्योंकि वह इसे पवित्र और धार्मिक मान कर दूसरे विषयों से अपनी रचनाशक्ति को भ्रष्ट नहीं करना चाहते थे। इस संक्षिप्त पुस्तक में उनका वर्णन विस्तारपूर्वक सम्भव नहीं है, साथ ही उन रचनाओं और पुस्तकों की भी कमी नहीं, जिनमें भारत के जीवन और समाज का चित्र मिलता है। हिन्दुस्तान की प्राचीन कथाओं पर आधारित कहानियाँ लिखी गयीं, जिनमें 'मनोहर मधुमालती', 'पद्मावत', 'चन्द्रबदन और महयार' और 'तूतीनामा', विशेष रूप से अध्ययन योग्य हैं। संक्षेप में यह कहा जा सकता है कि उस काल की रचनाओं में स्थानीय रंग बहुत गहरा है, भाषा में फ़ारसी-अरबी की भरमार नहीं है, कविता पर राज्य दरबार का प्रभाव तो अवश्य है, परन्तु लगता है कि वह अपने बादशाहों की प्रशंसा करने पर मजबूर न थे। इसके अतिरिक्त उनमें धर्म और भक्ति से पैदा होने वाली स्वतन्त्रता भी प्रबल थी। इसमें संदेह नहीं कि उस युग में जो कुछ लिखा गया उसका एक बड़ा भाग आज कोई साहित्यिक महत्त्व नहीं रखता, किन्तु जिन कविताओं और पुस्तकों का उल्लेख ऊपर किया गया, उनका केवल ऐतिहासिक महत्त्व नहीं है, बल्कि भाषा और साहित्य की दृष्टि से उर्दू-साहित्य के इतिहास में उन्हें उच्च स्थान प्राप्त है।

अभी १७वीं शताब्दी का अन्त नहीं हुआ था कि उर्दू-भाषा गुजरात, अर्काट, मद्रास और मैसूर के कुछ भागों में पहुँच गयी। गुजरात में उर्दू पर बहुत-कुछ लिखा गया है, यहाँ संक्षेप में कुछ लेखकों और कवियों की ओर संकेत किया जाता है। १५वीं शताब्दी में गुजरात में कई बड़े-बड़े सूफ़ी-कवि पैदा हुए, वह अपनी भाषा को कभी 'हिन्दी' कहते थे और कभी 'गूजरी'। इनमें पहला नाम बहाउद्दीन 'बाजन' का है, जिनके बहुत-से दोहरे और शेर प्राचीन ग्रंथों में मिलते हैं। १६वीं शताब्दी में शाह अली जिवगामधनी ने एक बड़ी मार्मिक सूफ़ियाना कविता 'जवाहिरे-असरा-रुल्लाह' लिखी, लेकिन साहित्यिक दृष्टि से सबसे बड़ा नाम ख़ूब मुहम्मद चिश्ती का है, जो फ़ारसी में कई रचनायें कर चुके थे, परन्तु अपने गुरु का उपदेश दूसरों तक पहुँचाने के लिए बोल-चाल की भाषा को भी काम में लाये और एक मसनवी 'ख़ूब-तरंग' के नाम से लिखी। यह मसनवी ऐसी कठिन जान पड़ी कि स्वयं उन्होंने उसका अर्थ फ़ारसी में लिखा। यह कविता फ्रांसीसी में भी अनूदित होकर प्रकाशित हो चुकी है। १७वीं शताब्दी में 'अमीन' गुजराती एक बड़ा कवि हुआ है, जिसने 'यूसुफ़-जुलैख़ा' लिखी। इसी प्रकार 'मद्रास में उर्दू' तथा 'मैसूर में उर्दू' पर भी शोधपूर्ण कार्य हो चुके हैं।

दक्षिण में तो यह हाल था और उधर उत्तरी भारत में बोल-चाल की भाषा के रूप में वह दिन-दूनी-रात-चौगुनी उन्नति करती जा रही थी, परन्तु साहित्य बहुत कम उत्पन्न हो रहा था। दक्षिण-भारत में उर्दू-साहित्य की जो धारायें फूट बही थीं और जो साहित्यिक परम्पराएँ स्थापित हो गयी थीं, बीजापुर और गोलकुण्डा के मुग़ल राज्य में मिला दिये जाने के कारण उनमें कोई बड़ी रुकावट नहीं पड़ी, क्योंकि भाषा और साहित्य का सम्बन्ध केवल राज्य सभा से नहीं था, बल्कि जनता भी उसको अपने जीवन से निकट पाती थी, इसलिए १६८७ ई० के बाद से दकनी-उर्दू के कवियों के यहाँ उन्हीं परम्पराओं के आधार पर स्वच्छंदता और प्रवाह का विकास होता हुआ देख पड़ता है। हैदराबाद में नया 'आसिफ़ी-राज्य' १७२४ ई० में स्थापित हुआ। बीच के चालीस वर्षों में दक्षिणी भारत ने उर्दू के कई अनमोल रत्न पैदा किये, जिनमें 'वली', 'बहरी' और 'सिराज' तो प्रथम श्रेणी के कवियों में गिने जाते हैं, परन्तु इनके अतिरिक्त 'वजदी', 'वली', 'बैलोरी', 'दाऊद', 'उज़लत' और 'आजिज़' भी सुविख्यात हैं। इनमें पहले तीनों कवियों के काव्य-संग्रह प्रकाशित हो चुके हैं, उन पर आलोचनाएँ भी प्रकाशित हो चुकी हैं और शोधपूर्ण लेख बराबर लिखे जा रहे हैं। इसलिए उनका वर्णन कुछ विस्तार से करना आवश्यक है, क्योंकि इनमें से 'वली' एक दृष्टि से ऐतिहासिक महत्त्व भी रखते हैं।

'वली' को एक समय तक उर्दू-काव्य का 'बाबा-आदम' कहा गया है। यह बात ऐतिहासिक दृष्टि से ठीक नहीं कि 'वली' को उर्दू का प्रथम कवि माना जाये, परन्तु इस दृष्टिकोण से यह विचार ठीक है कि वह दक्षिण के सबसे बड़े कवि थे और उन्हीं की कला-ज्योति से उत्तरी भारत में भी उर्दू काव्य के दीप जले। अभी कुछ समय पहले तक 'वली' के बारे में भी बहुत थोड़ी-सी जानकारी मिलती थी, परन्तु अब बहुत-कुछ अनुसंधान हो चुका है जिससे उनके नाम, जन्म-भूमि, मृत्यु इत्यादि के सम्बन्ध में कुछ बातें निश्चित रूप से मालूम हो गयी हैं।

'वली' का नाम वली मुहम्मद था। विद्या तथा ज्ञान प्राप्त करने का प्रेम उन्हें अपनी जन्मभूमि अहमदाबाद से निकाल कर औरंगाबाद, सूरत और दिल्ली ले गया, जहाँ उन्होंने विद्वानों, कवियों और सूफ़ियों से मिलकर अपनी प्यास बुझाने की चेष्टा की। उन्हें तसौव्वुफ़ से हार्दिक लगाव था, इसका अनुमान उनकी कविताओं से भी लगाया जा सकता है। जब वह दिल्ली गये, तो वहाँ के प्रसिद्ध सूफ़ी और कवि सादुल्लाह 'गुलशन' से मिले। यह बात निश्चित नहीं कि वह दिल्ली एक बार गये कि दो बार। उनकी मृत्यु १७०७ ई० में अहमदाबाद में हुई।

वली का काव्य-संग्रह अनेक बार प्रकाशित हो चुका है। यहाँ तक कि प्रसिद्ध फ्रांसीसी विद्वान 'गारसाँ-द-तासी' ने भी उनका संग्रह फ्रांसीसी भूमिका के साथ प्रकाशित किया था। 'वली' ने ग़ज़ल, मसनवी, क़सीदा आदि सभी प्रकार की कविताएँ लिखी हैं। कहा गया है कि उनका नाम उनसे पहले दिल्ली पहुँच गया था और उनकी

ग़जलें दिल्ली की गलियों और बाज़ारों में गायी जाती थीं, इसका अर्थ यह है कि दक्षिण और उत्तर भारत में साहित्यिक सम्पर्क स्थापित हो रहा था और दिल्ली के कवियों को उर्दू की यह कविताएँ नयी और अनुपम जान पड़ती थीं। जब 'वली' दिल्ली पहुँचे तो उनकी बड़ी आवभगत हुई। उस समय दिल्ली के अधिकतर कवि फ़ारसी में लिखते थे और कविता की शृंगारित देवी को बोलचाल की भाषा का साधारण वस्त्र पहनाकर सामने लाना अपमानजनक जान पड़ता था, परन्तु 'वली' के काव्य के अध्ययन से उनको भी अनुभव हुआ कि अपनी भाषा में काव्य-रचना मनोरंजक और सफल सिद्ध हो सकती है।

'वली' ने अपनी ग़जलों में अधिकतर प्रेम की भावनाओं का वर्णन विभिन्न प्रकार से किया है। यह प्रेम भावना व्यापक होकर सूफ़ीमत के प्रेम का रूप ग्रहण कर लेती है। उर्दू-काव्य में आरम्भ से ही सूफ़ीमत के भाव संचालित होते रहे हैं। 'वली' ने उन विचारों को बड़ी सुन्दरता, उत्साह और शक्ति के साथ प्रस्तुत किया। ग़जलों की एक बड़ी विशेषता यह बतायी जाती है कि उनमें साधारण हार्दिक भावनाओं को आपबीती के रूप में प्रस्तुत किया जा सकता है। सूफ़ीमत भी मनुष्य की आन्तरिक मनोभावनाओं को आध्यात्मिकता के परिप्रेक्ष्य में प्रस्तुत करता है। इसलिए 'वली' की ग़ज़ल प्रभावपूर्ण होने के साथ-साथ एक सच्चे प्रेमी की वास्तविक कल्पनाएँ भी प्रस्तुत करती हैं। 'वली' की रचनाओं का विश्लेषण करने से एक बात अवश्य स्पष्ट हो जाती है कि उन पर फ़ारसी कवियों का बड़ा प्रभाव था। उनके विचार भी कहीं-कहीं उनसे मिलते-जुलते हैं, परन्तु उनमें इतनी सच्चाई पायी जाती है कि वह बाहर से माँगे हुए विचार नहीं मालूम होते। भारतीय जीवन के चित्र भी 'वली' के यहाँ कम नहीं हैं। गंगा, जमना, कृष्ण, राम, सरस्वती, सीता, लक्ष्मी सभी के नाम उनकी कविताओं में बार-बार आते हैं।

'वली' की भाषा विशेष रूप में विचारणीय है। जहाँ तक दकनी-उर्दू कविता की परम्पराओं का सम्बन्ध है उनकी भाषा आरम्भ में प्राचीन दक्षिणी कवियों से समानता रखती है, परन्तु चूँकि वह दक्षिण से निकल कर भारत के अन्य भागों में भी गये, यहाँ तक कि उर्दू-भाषा के उस केन्द्र में भी पहुँचे, जहाँ उसने जन्म लिया था, इसलिए उनकी भाषा थोड़ी-बहुत दकनी-उर्दू से विभिन्न भी है। इसके और कई कारण हो सकते हैं 'वली' अहमदाबाद और औरंगाबाद बहुत दिनों से दिल्ली के सम्पर्क में था, वहाँ की बोली पर दिल्ली की उर्दू का प्रभाव भी पड़ रहा था। इसके अतिरिक्त दक्षिण के दिल्ली-राज्य में मिल जाने के बाद दोनों भागों में यातायात का सिलसिला भी बराबर जारी था। इसलिए उनकी इस समय की कविता में दिल्ली की खड़ी-बोली का रंग अधिक देख पड़ता है। कहा जाता है कि जब वह १७०० ई० में दिल्ली गये तो 'शाह गुलशन' ने उनसे कहा कि तुम फ़ारसी के विषयों और विचारों को अपनी भाषा में क्यों नहीं ले आते? हो सकता है कि 'वली' ने उनके अनुरोध पर अपनी रचनाओं में फ़ारसी से अधिक लाभ उठाया हो, परन्तु यह बात भी याद रखना चाहिये कि जहाँ-

कहीं उन्होंने सरल और शुद्ध उर्दू-भाषा का प्रयोग किया है, वह बोलचाल की भाषा के बहुत निकट पहुँच गयी है। उदाहरण के लिए यह शेर देखिये—

जिसे इश्क़ का तीर कारी लगे।
उसे ज़िन्दगी क्यों न भारी लगे॥
न होवे उसे जग में हरगिज़ क़रार।
जिसे इश्क़ की बेक़रारी लगे॥
वली कों कहे तूं अगर एक बचन।
रक़ीबों[१] के दिल में कटारी लगे॥

सजन तुम मुख सेती खोलो नक़ाब आहिस्ता आहिस्ता।
कि ज्यों गुल[२] से निकलता है गुलाब आहिस्ता आहिस्ता॥
हज़ाराँ लाख ख़ूवाँ[३] में सजन मेरा चले यूँ कर।
सितारों में चले ज्यों माहताब[४] आहिस्ता आहिस्ता॥
सलोने साँवरे पीतम तेरे मोती की झलकाँ ने।
किया अवदे-पुरैय्या[५] को ख़राब आहिस्ता आहिस्ता॥

फ़ारसी-निष्ठ उर्दू का यह नमूना है—

हुस्न[६] का मसनद-नशीं[७] वो दिल्बरे[८]-मुमताज़[९] है।
दिल्बरों का हुस्न जिस मसनद का पाअन्दाज़[१०] है॥
गैरे-हैरत[११] है ख़बर उस आइना-रू[१२] की किसे।
राज़[१३] के पर्दे में जिसकी ख़ामुशी आवाज़ है॥
याद से उस रश्के-गुलज़ारे-इरम[१४] के ऐ 'वली'।
रँग कों मेरे सदा ज्यों बूए-गुल[१५] परवाज़[१६] है॥

जैसा कि कहा गया 'वली' उर्दू के प्रारम्भिक कवियों में गिने जाते हैं। उनकी काव्य-रचना से भी बढ़कर उनका वह प्रभाव महत्त्वपूर्ण है, जो उत्तर भारत के उर्दू-काव्य और भाषा की परम्पराओं को व्यापक बनाने का साधन बना। इसका वर्णन आगे के पृष्ठों में सविस्तार किया जायेगा।

इस युग के दूसरे बड़े कवि क़ाज़ी महमूद 'बहरी' थे। वह भी एक बड़े सूफ़ी कवि माने जाते हैं। उनकी एक मसनवी, जिसका विषय सूफ़ी-मत के रहस्यों का वर्णन है, 'मनलगन' के नाम से अनेक बार प्रकाशित हो चुकी है। बल्कि अब उनकी ग़जलों का संग्रह, जो अप्राप्य था, प्रकाशित हो गया है। 'बहरी' बीजापुर के एक गाँव के रहने वाले थे और बीजापुर मुग़ल-राज्य में मिल गया, तो वह हैदराबाद चले आये।

---

१. प्रतिद्वन्द्वी, २. गुलाब का फूल, ३. प्रेमिकाओं, ४. चन्द्रमा, ५. तारों का समूह, ६. सुन्दरता, ७. गद्दी पर बैठने वाला, ८. प्रेमिका, ९. श्रेष्ठ, १०. पाँवों को पोंछने की जगह, ११. अचम्भे के अतिरिक्त, १२. दर्पण के समान मुख वाला, १३. रहस्य, १४. स्वर्ग को लज्जित करने वाला, १५. फूल की सुगन्ध, १६. उड़ना।

उनकी भाषा प्राचीन दकनी-कवियों से मिलती-जुलती है, यद्यपि उनके समय के और कवियों की भाषा कुछ बदल चुकी थी। 'मनलगन' के कई बार प्रकाशित होने से यह पता चलता है कि यह काव्य बहुत पसन्द किया जाता था, लेकिन उसमें तसौव्वुफ़ के ऐसे गम्भीर और गूढ़ विचार प्रकट किये गये हैं कि उनका समझना बहुत कठिन जान पड़ता है। यही कारण है कि 'बहरी' ने स्वयं उसका अर्थ फ़ारसी-भाषा में लिखा और उनके एक शिष्य ने उसको गद्य में 'अर्त-मनलगन' (अर्थ-मनलगन!) के नाम से प्रस्तुत किया। 'मनलगन' को देखते हुए उनकी ग़जलों की भाषा सरल और स्वाभाविक लगती है। उदाहरण यह है—

सूर[१] तुझ मुख मिसाल[२] नें सच है।
लाल तुझ लब[३] से लाल नें सच है।।

धन तेरे मदमते नयन के निमन।
पुर्तगाली कलाल[४] नें सच है।।

अब ख़ुशामद तूँ बस कर ऐ बहरी।
तुज पर उसका ख़याँल नें सच है।।

'सिराज' औरंगाबादी इस युग के तीसरे बड़े कवि थे। उनकी जन्मभूमि भी औरंगाबाद थी। बालपन ही से उनका स्वभाव सौन्दर्य-प्रेम की ओर आकृष्ट था। अभी पूरी तरह से युवावस्था को भी नहीं पहुँचे थे कि उन पर एक प्रकार की उन्मादकता छा गयी। सात वर्ष बीतने के पश्चात् जब यह स्थिति समाप्त हो गयी, तो सूफ़ियों और फ़क़ीरों के संग रहने लगे और सारा जीवन इसी प्रकार व्यतीत हो गया। जिस समय उन पर उन्माद का प्रभाव था, उन्होंने फ़ारसी में बहुत कुछ कहा, परन्तु वह नष्ट हो गया, उसका कुछ अंश उनके प्रकाशित संग्रह में सम्मिलित है।

उर्दू के सूफ़ी कवियों में 'सिराज' को बहुत महत्त्वपूर्ण माना जाता है। उनके जीवन और रचनाओं में गहरा सम्बन्ध मिलता है, बल्कि दोनों में एक प्रकार की लगन और उत्साह का पता चलता है। उनके संग्रह में हर प्रकार की कविताएँ मिलती हैं, लेकिन सच यह है कि वह अपनी मसनवी 'बोस्ताने-ख़याल' और अपनी ग़जलों की वजह से प्रसिद्ध हैं।

'बोस्ताने-ख़याल' एक महत्त्वपूर्ण रचना है। जो १७४७ ई० के लगभग लिखी गयी। इसमें ११६० शेर हैं, किन्तु 'सिराज' ने इसे केवल दो दिन में लिख डाला था। इसकी कहानी बड़ी सरल और सीधी है और आप बीती के ढंग पर लिखी गयी है। एक कवि और प्रेमी के जीवन का ऐसा वास्तविक और सुन्दर चित्रण करना किसी साधारण कवि के बस की बात नहीं। अनुभूति की वास्तविकता तथा विचारों की नूतनता की दृष्टि से भी यह मसनवी उर्दू की प्रमुख कृतियों में गिनी जाती है। 'सिराज' की ग़ज़लें भी बड़ी मनोहर, सुन्दर और प्रभावशाली हैं। ग़ज़ल में उन्होंने

---

१. सूर्य, २. तरह, ३. अधर, ४. शराब बेचने वाला।

'वली' का अनुकरण किया है और अपनी कविताओं में उनका नाम बड़ी श्रद्धा से लिया है। 'सिराज' की भाषा भी दक्षिण भारत की उर्दू के मुक़ाबले में उत्तर-भारत की उर्दू से अधिक प्रभावित मालूम पड़ती है। 'सिराज' की मृत्यु १७६४ ई० में हुई। उनके मित्रों और शिष्यों ने उनके नाम को एक कवि ही के रूप में नहीं, बल्कि एक संत के रूप में जीवित रखने के लिए उनका मक़बरा बनवा दिया, जो अब भी औरंगाबाद में मौजूद है। नमूने के लिए 'सिराज' के कुछ शेर नीचे दिये जाते हैं—

सब जगत ढूँढ़ फिरा प्यु को न पाया हरगिज़।
दिल के गोशे[1] मैं मकाँ था मुझे मालूम न था॥

ख़बरे-तहैय्युरे-इश्क़[2] सुन, न जुनूँ[3] रहा न परी रही।
न तो तूँ रहा, न तो मैं रहा, जो रही सो बेख़बरी रही॥

चली सम्ते-ग़ैब[4] से वों हवा कि चमन सुरूर[5] का जल गया।
मगर एक शाख़े-नेहाले-ग़म,[6] जिसे दिल कहें सो हरी रही॥

मुद्दत से गुम हुआ दिले-बेगाना ऐ 'सिराज'।
शायद कि जा लगा है किसी आशना के हाथ॥

इस समय तक उत्तर-भारत में उर्दू-काव्य की परम्पराएँ काफ़ी आगे बढ़ चुकी थीं, किन्तु उचित होगा कि इसकी चर्चा करने के पूर्व दक्षिण-भारत में उर्दू की साहित्यिक गतिविधियों का अध्ययन कर लिया जाये। १५वीं शताब्दी से १८वीं शताब्दी के आरम्भ तक दकनी-उर्दू अधिकतर उत्तर-भारत से स्वतंत्र उन्नति करती रही। आरम्भ में तो केवल सूफ़ी कवियों और लेखकों ने उस भाषा को अपनाया जो उत्तर-भारत से द्रविड़ और महाराष्ट्र की भाषाओं के बीच में आ पहुँची थी, किन्तु थोड़ा ही समय बीतने के पश्चात् उस भाषा ने यहाँ जड़ पकड़ ली और हर प्रकार की आवश्यकताएँ इससे पूरी होने लगीं। यद्यपि इस समय तक अधिकांश यह भाषा अधिकतर मुसलमानों में प्रचलित थी, परन्तु यह कहना अधिक संगत एवं उचित होगा कि वह एक भारतीय भाषा थी, जो हिन्दू-मुसलमान तथा अन्य जातियों के मेल-जोल का प्रतीक थी, जिसका समावेश कला तथा संस्कृति के विभिन्न क्षेत्रों में हो चुका था।

इस अवसर पर इस बात की ओर संकेत करना भी आवश्यक है कि कई लेखकों ने 'वली' पर यह आरोप लगाया है कि उन्होंने उर्दू-काव्य का मुँह भारत से हटाकर ईरान की ओर फेर दिया और जो भारतीयता दकनी-उर्दू में पायी जाती थी, वह नष्ट हो गयी। परन्तु यह बात वही लोग कह सकते हैं, जिन्होंने उत्तर-भारत की भाषाओं की प्रगति के कारणों को नहीं समझा है। जिस समय मुग़ल-राज्य का पतन होना शुरू हुआ, उसी समय से अवधी और ब्रजभाषा ने साहित्यिक रूप में उन्नति करना कम कर दिया

---

१. कोना, २. प्रेम के चकित हो जाने का विज्ञापन, ३. पागलपन, ४. आकाश की ओर से, ५. आनन्द, ६. शोक के वृक्ष की डाली।

था। अब कोई कबीर, जायसी, रहीम, सूरदास, मीराबाई, तुलसीदास जन्म नहीं ले रहा था। दूसरा कारण यह था कि विद्वानों ने, चाहे वह हिन्दू हों या मुसलमान सामंतवादी गौरव को सामने रखकर फ़ारसी को अपनाने की चेष्टा की थी और बोलचाल के लिए स्थानीय भाषाओं का प्रयोग करते थे, ऐसा लगता है कि वह अपनी भाषा की साहित्यिक शक्ति का कुछ ठीक से अनुमान नहीं लगा सकते थे, इसलिए जब 'वली' ने दिल्ली पहुँचकर एक उन्नतिशील भाषा देखी, जो उनकी दकनी-उर्दू से समानता रखते हुए भी पृथक रूप रखती थी, तो उन्होंने उसे अपने विचारों और भावनाओं के प्रकट करने के लिए स्वीकार कर लिया। कहा जा सकता है कि उन्होंने उत्तर-भारत के कवियों को अपनी भाषा में काव्य-रचना की प्रेरणा दी और उसके बदले में एक अधिक सुन्दर और प्रगतिशील उर्दू अपने साथ दक्षिण को ले गये। यह कोई आश्चर्य की बात नहीं थी। दोनों एक ही भाषा के दो रूप थे। उन्होंने एक की सहायता से दूसरे को प्रभावशाली और प्रौढ़ बनाने की चेष्टा की और दक्षिणी भारत को उत्तरी भारत से मिलाना चाहा। उन्होंने जान-बूझकर अपनी भाषा को कठिन या फ़ारसी-निष्ठ नहीं बनाया, बल्कि दकनी-उर्दू को उसकी जन्मभूमि की उर्दू से निकट लाने की कोशिश की। उत्तर-भारत से सम्पर्क न होने के कारण दकनी-उर्दू की बाढ़ रुकी हुयी थी, अब दोनों के सोते फिर मिल गये और आगे चलकर उनमें सामंजस्य स्थापित हो गया।

अध्याय ३

दिल्ली : १८वीं शताब्दी में

यह आश्चर्य की बात है कि उर्दू दिल्ली-प्रदेश के निकट ही पैदा हुई, परन्तु वहाँ वह बहुत दिनों तक साहित्य के फलों-फूलों से वंचित रही, इसके विपरीत दक्षिण में जहाँ वह एक अतिथि के रूप में गयी थी, खूब फली-फूली। इसके कुछ कारण पिछले अध्याय में बताये जा चुके हैं और इस संक्षिप्त पुस्तक में अधिक विस्तार से बताना असम्भव है। इसलिए हमको यह याद रखना चाहिए कि उत्तर-भारत में पैदा होने वाली उर्दू-भाषा एक बोलचाल की भाषा के रूप में उन्नति कर रही थी, परन्तु सांस्कृतिक क्षेत्रों में फ़ारसी इस प्रकार छाई हुई थी कि लोग बोलचाल की भाषा को काव्य में लाने से संकुचाते थे। सामान्तशाही और साम्राज्यवाद की विशेषता यह होती है कि उच्च वर्ग जिस भाषा को सभ्य ठहरा देता है, उसके सम्मुख दूसरी भाषाएँ तुच्छ और साधारण मालूम होने लगती हैं। इसलिए बहुत दिनों तक यही रीति चलती रही कि बोलचाल की भाषा कुछ और थी और कविता की कुछ और। नहीं तो, यह बात स्पष्ट है कि जब कला-कौशल के अन्य क्षेत्रों में मेलजोल के कारण नयी शैलियाँ जन्म ले रही थीं, उस समय विचारों को वाणी देने की क्षमता रखने वाली भाषा अपने सर्वव्यापी स्वभाव के बावजूद कैसे यूँ ही रह सकती थी।

यदि हम आगे की स्थिति को दृष्टि में रखकर केवल मुग़लों ही के युग की सामाजिक अवस्था को देखें, तो यह स्पष्ट हो जायेगा कि अनेक कारणवश फ़ारस ही से काम लेना उस समय सम्भव था। एक शक्तिसम्पन्न राज्य स्थिति के बदल जाने के कारण जिस प्रकार दुर्बल होता जा रहा था, उसी प्रकार फ़ारसी भी अपना प्रभाव कम करती जा रही थी। यह विचित्र प्रकार की व्यवस्था थी कि जिन लोगों की मातृ-भाषा हिन्दुस्तानी थी, वह फ़ारसी ही में लिखने पढ़ने को सभ्यता का चिह्न समझते थे। बात यह है कि कला और विद्या दोनों का सम्बन्ध जिस श्रेणी के लोगों से था, उनकी सामाजिक और सांस्कृतिक परम्पराएँ फ़ारसी की छत्र-छाया में विकसित हुई थीं, परन्तु देश की भाषा उर्दू के रूप में जनता और मध्यम श्रेणी के लोगों में परवरिश पा रही थी। जहाँ भाषा मौजूद हो वहाँ उसके साहित्य के पैदा होने में देर नहीं लगती। बस एक सूक्ष्म आधार और संकेत की आवश्यकता होती है। 'वली' के आने ने यह शर्त पूरी कर दी और कवियों के मन से यह भय दूर हो गया कि बोलचाल की भाषा में कोमल भावनाओं का चित्रण नहीं हो सकता।

उर्दू के कुछ विद्वानों का विचार है कि उत्तरी भारत में उर्दू के विकास का उल्लेख करते हुए हमें जायसी, कुतबन, कबीर, मीरा और तुलसीदास की कृतियों के कुछ

अंशों को उर्दू का ही प्रारम्भिक रूप समझना चाहिए, क्योंकि उस समय तक भाषायें अपने परिवर्तन युग में थीं और उर्दू भी अवधी, ब्रज या पूरबी से उतनी ही निकट या दूर थी, जितनी खड़ी बोली पर आधारित हिन्दी, परन्तु इस संक्षिप्त इतिहास में इस वाद-विवाद को छेड़ना इसलिए आवश्यक नहीं है कि उपरोक्त कवियों के बारे में जिसे जानकारी प्राप्त करना होगा, वह हिन्दी साहित्य के इतिहास में उनके जीवन एवं कृतित्व का अध्ययन कर सकता है। उर्दू-साहित्य के बृहद् इतिहास में उनका उल्लेख किया जा सकता है।

इस स्थान पर केवल उन्हीं लेखकों और कवियों का वर्णन करना उपयुक्त होगा, जिनकी जानकारी उर्दू-साहित्य के उत्थान एवं विकास को समझने के लिए आवश्यक है। इस दृष्टि से देखा जाये तो उर्दू कवियों के नाम १७वीं शताब्दी के अन्तिम काल से निरन्तर मिलने लगते हैं। उनमें से अनेक बहुत रखते हैं। 'अफ़ज़ल' पानीपती ने 'बारहमासे' की परम्परा में एक बड़ी सुन्दर भाव-पूर्ण मसनवी 'विकट कहानी' के नाम से लिखी, जो प्रकाशित हो चुकी है। यह मसनवी १६२५ ई० से पहले की रचना है और दिल्ली के आस-पास की भाषा का बहुत-अच्छा नमूना कही जा सकती है। भाषा की दृष्टि से उद्धरण देखिये—

मेरा सुख देख उसको हैरत आयी।
निहादा बर अलम दाग़े जुदायी॥

विकट किस्सा निपट मुश्किल कहानी।
दिवानी की सुनो सखियन कहानी॥

मिलन पाछे बिछड़ना यूं कठिन है।
कहो अब ज़िंदगी की क्या जतन है॥

'अफ़ज़ल' के अतिरिक्त 'जाफ़र-ज़टल्ली' और 'अटल' के नाम विशेषकर उल्लेखनीय हैं। हास्य-प्रधान और कहीं-कहीं अश्लील होने पर भी 'ज़टल्ली' के काव्य-संग्रह से उस समय के ऐतिहासिक, सामाजिक एवं सांस्कृतिक जीवन के सम्बन्ध में बड़ी जानकारी प्राप्त की जा सकती है। इसी काल की एक अन्य रचना 'आ शूरनामा' है, जो उत्तरी भारत की प्रथम लम्बी मसनवी कही जा सकती है। इसकी रचना १६८८ ई० में हुई। इसका लेखक रौशन अली सहारनपुरी है। उक्त मसनवी भी करबला की महान घटना का वृत्तांत है। साहित्यिक दृष्टि से कमज़ोर, परन्तु भाषा वैज्ञानिक दृष्टि से महत्त्वपूर्ण है। इसी काल के उर्दू मरसियों की एक डायरी पाण्डुलिपि के रूप में प्रो० मसूर हसन रिज़्वी (लखनऊ) के व्यक्तिगत संग्रह में। इन मरसियों को प्रो० रिज़्वी उर्दू के बजाय 'रेख़्ता' कहना उचित समझते हैं।

कहा जा चुका है कि 'वली' के प्रभाव से उत्तरी भारत में उर्दू कविता के लिए एक नया वातावरण बन गया, यहाँ तक कि १७२० ई० के लगभग दिल्ली के वह कवि भी कभी-कभी अपने विचार उर्दू में प्रस्तुत करने लगे, जो केवल फ़ारसी में ही रचना करते थे। 'फ़ितरत', 'उन्मीद', 'बेदिल', 'नदीम' और 'आरज़ू' जो सबके फ़ारसी के विद्वान्

और कवि थे, कभी-कभी अपने शिष्यों के अनुरोध पर एक-आध सब शेर उर्दू के भी कह लिया करते थे। इनमें 'आरज़ू' सबसे महत्त्वपूर्ण है, क्योंकि उनके संरक्षण में कई उर्दू-कवियों ने उत्तर-भारत में उर्दू-काव्य की नींव रखी। उस समय तक कुछ कवि जो कविता लिखते थे, उसमें भी एक पंक्ति उर्दू की होती तो एक फ़ारसी की और कभी एक ही पंक्ति का आधा भाग फ़ारसी होता और आधा उर्दू। कभी-कभी तो विचार तक फ़ारसी के होते, परन्तु १८वीं शताब्दी के आरम्भ ही से हमको उर्दू काव्य के साफ़-सुथरे उदाहरण मिलने लगते हैं। राज-काज की भाषा फ़ारसी रही, किन्तु कवियों ने जनता की बोली से काम लिया। उच्च-वर्ग में फ़ारसी का जादू चलता रहा और जन-साधारण में हिन्दुस्तानी जड़ पकड़ती रही। दिल्ली के वाङ्मय में जो परिवर्तन हुआ, उसे हम इस प्रकार प्रस्तुत कर सकते हैं कि पहले फ़ारसी के कवियों ने एक-आध शेर उर्दू में लिखे, फिर धीरे-धीरे ऐसे कवि पैदा हुए, जिन्होंने काव्य-रचना फ़ारसी में प्रारम्भ की, परन्तु थोड़े ही दिनों बाद फ़ारसी छोड़कर उर्दू में लिखने लगे। इस बात से इन्कार नहीं किया जा सकता कि उनकी शिक्षा फ़ारसी में हुई थी, फ़ारसी काव्य उनकी आत्मा में बसी हुई थी, अधिकांशतः फ़ारसी ही के उदाहरण उनके सामने थे और फ़ारसी ही के आलोचकों के बताये हुए मार्ग पर चल भी सकते थे। अतः उन्होंने अपनी काव्य-रचना के लिए, जो रूप चुने वह फ़ारसी में ही अधिक प्रचलित थे। मगर इन बातों के ऐतिहासिक और सामाजिक कारण इतने स्पष्ट हैं कि उनका वर्णन व्यर्थ होगा, परन्तु यह बात याद रखने योग्य है कि उनके विचारों में किसी प्रकार की धार्मिक संकीर्णता न थी। यदि वह कभी ऐसे शब्दों का प्रयोग करते भी थे तो उसका दूसरा भाव ही होता था।

उर्दू-साहित्य के आलोचकों ने उत्तर-भारत में काव्य-साहित्य का पहला युग मुग़ल बादशाह मुहम्मदशाह के राज्य-काल से आरम्भ किया है जो १७१९ ई० में गद्दी पर बैठा था। वह पहला मुग़ल बादशाह था, जिसकी उर्दू-कविता मिलती है, परन्तु निश्चित रूप से यह नहीं कहा जा सकता कि उसने कितना कहा। दुनिया बहुत बदल चुकी थी। अकबर, जहाँगीर और शाहजहाँ के दरबार में 'अबुल-फ़ज़ल', 'फ़ैज़ी', 'उर्फ़ी, 'नज़ीरी', 'साएब', 'क़ुदसी' और 'कलीम'[१] शोभायमान होते थे और अब उर्दू-कवियों की बारी थी, जिनमें से कुछ राजदरबार से सम्बन्ध रखते थे और कुछ उसके बाहर थे। आरम्भ में तो उर्दू-काव्य का दिल्ली के राजदरबार से कोई गहरा सम्बन्ध न था, परन्तु इस बात को नहीं भूल जाना चाहिए कि वह सामंतवादी काल के पतन का युग था और कुछ न होने पर भी साहित्य और कला का नेतृत्व एवं प्रोत्साहन भी बादशाह और उसके अमीरों के हाथ में था।

मुहम्मदशाह के राज्यकाल में जो दो सबसे बड़ी घटनाएँ हुईं, उनमें एक तो नादिरशाह का आक्रमण था और दूसरे उर्दू-काव्य का पाँव दिल्ली में जम जाना। इन दोनों घटनाओं से मुग़ल-राज की अवनति का पता चलता है। अगर राज्य प्रबल होता

---

१. यह सब फ़ारसी के बहुत बड़े कवि हैं।

तो न नादिर दिल्ली को लूटता और न जनता की भाषा मुख्य भाषा का स्वरूप धारण करती। 'फ़ाइज़', 'आबरू', 'नाजी', 'हातिम', 'यकरंग, 'मज़हर जानेजाँ', 'मज़मून', 'फ़ुगाँ', 'ताबाँ' तथा और बहुत से दूसरे कवि इस युग के कवि कहे जाते हैं। उर्दू-साहित्य के इतिहास में इनका स्थान बड़ा ऊँचा है। इनकी भाषा सरल हिन्दुस्तानी थी। ये लोग फ़ारसी के विद्वान् होने के कारण उससे निश्चित रूप में प्रेरित होते थे, परन्तु उनकी भावनाओं, विचारों में भारतीयता भरी हुई है। जिस उर्दू का प्रयोग यहाँ की कविता में होता था, उसे उस समय 'रेख़्ता', कहते थे। 'रेख़्ता' का अर्थ है, मिला-जुला, गिरा-पड़ा, पक्की गच की तरह पुष्ट। इस शब्द से पता चलता है कि यह एक मिली-जुली भाषा थी, जिसका प्रयोग काव्य में किया जा रहा था।

जिन कवियों के नामों का ऊपर उल्लेख किया गया उनमें से कई के बारे में हमारी जानकारी अभी बहुत कम है। उस ज़माने में कवियों के जो हाल लिखे जा रहे थे (और जिनको 'तज़किरा' कहा जाता था) उनमें कवियों की जीवनी विस्तार में न लिखकर एक साधारण परिचय देने को ही पर्याप्त समझा जाता था। इसलिए बहुत से तज़किरे देखने के बाद भी पूरा जीवन-चरित्र सामने नहीं आता। इनमें से कुछ ऐसे हैं, जिनसे सम्बन्धित सूचनायें विद्वानों के परस्पर शोध करने पर सामने आ गयी हैं और उनकी कृतियाँ भी प्राप्त हो चुकी हैं, परन्तु अभी बहुत कुछ काम होने को बाक़ी है। संक्षिप्त रूप में यहाँ उनका वर्णन किया जायेगा और उनके एक-आध शेर उदाहरण के लिए प्रस्तुत किये जाएँगे, जिससे यह स्पष्ट हो सके कि उस समय दिल्ली में उर्दू-काव्य का क्या रूप था।

शाह मुबारक 'आबरू' का नाम नज्मुद्दीन था और उपनाम 'आबरू'। वह ग्वालियर के एक प्रसिद्ध सूफ़ी-वंश से संबन्धित थे। वह 'आरज़ू' के शिष्य थे। उनकी मृत्यु सन् १७३४ ई० के लगभग हुई। उन्होंने अपनी कविताओं का संग्रह इकट्ठा कर लिया था, परन्तु अभी कुछ दिन पहले तक उनकी रचनाओं का कुछ ही अंश मिलता था। अब उनके दीवान की कई प्रतियाँ मिल गयी हैं और संग्रह भी प्रकाशित हो गया है। उसके अध्ययन से ज्ञात होता है कि अधिकतर ग़ज़लें ही लिखते थे, वैसे उन्होंने एक मसनवी भी लिखी थी, जिसमें श्रृंगार-रस के नख-शिख वर्णन की रीति पर प्रेमिका की सुन्दरता, छवि और पहनावे का वर्णन किया जाता था। उनको अलंकारों के प्रयोग का बहुत शौक था, इसलिए कभी-कभी उनकी कविता नीरस भी लगती है, मगर दिल्ली की बोलचाल का मज़ा उनके शेरों में मिल जाता है, जैसे—

फिरते थे दश्त-दश्त[१] दिवाने किधर गये।
वे आशिक़ी के हाए ज़माने किधर गये॥

अफ़सोस है कि मुझको वो यार भूल जावे।
वो शौक़ वो मुहब्बत, वो प्यार भूल जावे॥

---

१. जंगल-जंगल।

क़ौल[1] 'आबरू' का था कि न जाऊँगा उस गली।
होकर के बेक़रार देखा आज फिर गया॥

उठ चेत क्यों जुनूँ[2] सती खातिर[3] निचन्त की।
आयी बहार तुझको ख़बर है बसंत की॥

'नाजी' का नाम सैय्यद मुहम्मद शाकिर था। यह नवाब अमीर ख़ाँ के यहाँ सिपाहियों में थे। उनके स्वभाव का झुकाव हास्य और विनोद की ओर बहुत था और कहा जाता है कि हर समय हँसने वाली बातें किया करते थे, जिससे रोते हुए व्यक्ति भी हँस पड़ते थे, लेकिन वह स्वयं न हँसते थे। उनका १७५४ ई० के लगभग युवावस्था में देहान्त हो गया। उन्होंने नादिरशाह के आक्रमण और दिल्ली की तबाही का दृश्य अपनी आँखों से देखा था और उस दृश्य को एक बहुत ही शोकपूर्ण कविता के रूप में प्रस्तुत किया था। उनका काव्य-संग्रह अब नहीं मिलता और न यह पूरी ऐतिहासिक कविता ही प्राप्य है। उनकी काव्य-शैली भी वही है, जो उस समय प्रचलित थी, अर्थात् वह भी अलंकारों का प्रयोग करते थे और अधिकतर ग़ज़ल ही के रूप में अपने विचार प्रस्तुत करते थे। कुछ शेर यह हैं—

आज तो नाजी सजन से कर तू अपना अर्ज़े-हाल[4]।
मरने जीने का न कर बसवास,[5] होनी है सो हो॥

नमकीं-हुस्न[6] देख कर पी का।
रंग गुल[7] का मुझे लगा फीका॥
किया फर्दा[8] का वादा सर्व-क़द[9] ने।
कयामत[10] का जो दिन सुनते थे कब है!

इस युग के प्रसिद्ध कवियों में 'हातिम' को अत्यन्त महत्त्व प्राप्त है, क्योंकि वह केवल एक बड़े कवि ही न थे, कई बड़े कवियों के काव्य-गुरु भी थे। एक लम्बी आयु पाने के कारण उन्होंने भाषा के अनेक परिवर्तनों का अध्ययन भी किया था और अपनी काव्य-रचना में भाषा के बदलते हुए रूपों को जगह दी थी। 'हातिम' का नाम शैख़ जुहुरुद्दीन था। वह दिल्ली में १६९९ ई० में पैदा हुए थे। उन्होंने अपनी किशोरावस्था ही में कविता की देवी के चरणों में अपना सिर झुका दिया था। उस समय दिल्ली में 'वली' का प्रभाव दिन प्रतिदिन बढ़ता जा रहा था। 'हातिम' ने भी सफलतापूर्वक उसका अनुकरण किया। उन्होंने अपना पहला काव्य-संग्रह तैयार कर लिया था, जिसमें पुराने ढंग की कविता की सभी विशेषताएँ पायी जाती थीं, लेकिन जब रंग बदला, तो उन्होंने पुराना ढंग छोड़कर उस भाषा में काव्य-रचना आरम्भ की, जो अधिक प्रभावपूर्ण एवं युक्तसंगत थी। कुछ अपने पुराने संग्रह से लेकर और कुछ नयी रचनाओं को उन्होंने एक दूसरा संग्रह तैयार किया, जिसका नाम 'दीवान-ज़ादा'

---

१. वचन, २. पागलपन, ३. मन, ४. हाल कहना, ५. शंका, ६. लावण्यमयी सुन्दरता, ७. गुलाब, ८. कल, ९. सीधे कद वाला, १०. महाप्रलय।

रखा। इस संग्रह की विशेषता यह है कि इसके आरम्भ में उन्होंने एक भूमिका लिखी है, जिसमें अपनी भाषा एवं काव्य के सम्बन्ध में अपने विचार प्रकट किये हैं। आलोचक की दृष्टि से यह भूमिका बड़ी महत्त्वपूर्ण है, क्योंकि इससे समय की बदलती हुई रुचि और परिस्थितियों का आभास मिलता है। उनकी मृत्यु १७८१ ई० या १७९२ ई० में हुई। 'हातिम' की कविता के अध्ययन से थोड़ा-बहुत उनके जीवन पर भी प्रकाश पड़ता है। साधारणतः उनके यहाँ भी उस युग के दूसरे कवियों की भाँति अधिकतर प्रेम और तसव्वुफ़ के विषय मिलते हैं। अपने संग्रह के अन्त में उन्होंने अपने शिष्यों के नाम भी गिनाये हैं। उसमें सबसे महत्त्वपूर्ण नाम मिर्ज़ा मुहम्मद रफ़ी 'सौदा' का है, जिनका वर्णन आगामी पृष्ठों में किया जायेगा। 'हातिम' ने फ़ारसी में भी कविताएँ लिखी हैं, लेकिन वह आज एक उर्दू कवि के रूप ही में जाने जाते हैं। उनके सम्बन्ध में बहुत सा अनुसन्धान हो चुका है, किन्तु उनका संग्रह अभी तक प्रकाशित नहीं हुआ है। उदाहरण के लिए यह शेर देखिए—

जिसको देखा सो यहाँ दुश्मने-जाँ[1] है अपना।
दिल को जाने थे हम अपना, सो कहाँ है अपना॥

खुप गयी है दिल में 'हातिम' के तेरी बाँकी निगाह।
चलते-चलते टुक बताता जा तेरा क्या नाम है॥

ज़िन्दगी दर्दे-सर हुई 'हातिम'।
कब मिलेगा मुझे पिया मेरा॥

पीरी[2] में 'हातिम' अब न जवानी की याद कर।
सूखे दरख़्त भी कहीं होते हैं फिर हरे।

मिर्ज़ा मज़हर 'जाने-जाँ' ने उर्दू में बहुत कम कविताएँ लिखी हैं, परन्तु एक बहुत बड़े सूफ़ी और विद्वान होने के कारण उन्हें बहुत महत्त्वपूर्ण समझा जाता है। उन्होंने उर्दू में जो कुछ लिखा है, उसका कुछ अंश मात्र ही विभिन्न तज़किरों में पाया जाता है। उन्होंने भाषा को शुद्ध करने और कविता को उन अलंकारों से बचाने की चेष्टा की जो कविता को केवल शब्दों का एक गोरखधंधा बना देते थे। फ़ारसी के विद्वान होने के कारण उनकी भाषा में फ़ारसी शब्दों का प्रयोग बहुत मिलता है। १७९१ ई० के लगभग ८० वर्ष की अवस्था में किसी विरोधी द्वारा उनकी हत्या करने से मृत्यु हो गयी। उर्दू के उस समय के प्रसिद्ध कवियों में कई उनके शिष्य थे, जिनमें 'यक़ीन' सुप्रसिद्ध हैं। उनके कुछ शेर यह हैं—

चली अब गुल के हाथों से लुटा कर कारवाँ अपना।
न छोड़ा हाय बुलबुल ने चमन में कुछ निशाँ अपना॥
ये हसरत रह गयी क्या-क्या मज़े से ज़िन्दगी करते।
अगर होता चमन अपना, गुल अपना, बाग़बाँ अपना॥

---

१ शत्रु, २. बुढ़ापा।

हम गिरफ़्तारों[१] को अब क्या काम हैं गुलशन से लेक[२]।
जी निकल जाता है जब सुनते हैं आती है बहार॥

इस युग के अनेक प्रमुख कवियों में 'मज़मून', 'फ़ुगाँ', 'यकरंग' विशेष हैं, परन्तु इस संक्षिप्त इतिहास में केवल उनके नाम ही दिये जा सकते हैं।

अभी थोड़े-ही समय पूर्व उत्तर-भारत के एक अन्य आदि कवि के बारे में कुछ पता चला है। उनका उपनाम 'फ़ाइज़' और नाम सदरुद्दीन मुहम्मद था। वह दिल्ली के रहने वाले थे और दिल्ली के राज्य-दरबार में उनको एक उच्च स्थान प्राप्त था। धन-सम्पत्ति के अधिकारी होने के साथ-साथ वह बड़े विद्वान भी थे और फ़ारसी में उनकी बहुत-सी पुस्तकें मिलती हैं। प्रो० मसूद हसन रिज़्वी ने उनका उर्दू काव्य-संग्रह अपनी बहुमूल्य भूमिका और शोधपूर्ण टिप्पणियों के साथ प्रकाशित कर दिया है। उनका विचार है कि 'फ़ाइज़' उत्तर-भारत के पहले उर्दू कवि हैं, जिन्होंने अपना संग्रह तैयार किया है। इस संग्रह के अध्यनन से केवल उस समय की कविता और विचारों के बारे में ही ज्ञान प्राप्त नहीं होता, बल्कि उस समय की ऐतिहासिक समस्याओं और घटनाओं का हाल भी मालूम होता है। उन्होंने हर प्रकार की कवितायें लिखी हैं, जिनमें सुन्दरता और मनोभावनाओं का गहरा अध्ययन, दोनों बातें पायी जाती हैं। 'फ़ाइज़' के काव्य में स्थानीय रंग बहुत गहरा है। वह हिन्दू-धर्म के विशेष त्योहारों और महात्माओं का वर्णन भी बड़े मनोरंजक ढंग से करते हैं। उनकी उपमाओं और अलंकारों में भी हिन्दी-काव्य का रंग झलकता है। उस समय के मेलों और त्योहारों का वर्णन उनके यहाँ बहुत सुन्दर ढंग से आया है। सारांश यह कि 'फ़ाइज़' की कविता से उस समय के सांस्कृतिक और सामाजिक जीवन का एक सुन्दर चित्र आँखों के सामने खिंच जाता है। दिल्ली के स्थान का उल्लेख करते हुए कहते हैं—

है इन्दर की मानो सभा जल्वागर[३]।
कि हर नार दिस्ती है रम्भा सों वर[४]॥
कमर पर जो पड़दे हैं समू-सर[५]।
उनीं बोच मिल जाता मूए-कमर[६]॥
ले जाती है ज्यों अप्सरा जी को छल।
कि देख उनको पानी में दिल जाए जल॥
हर एक नार सूरज सी शोभा धरे।
खड़ी हो सूरज की तपस्या करे॥

एक ग़ज़ल के कुछ शेर देखिए—

गाली तेरी मुझ दिलको प्यारी लगे।
दुआ मेरी तुझ मनमें भारी लगे॥

---

१. बन्दियों, २. परन्तु, ३. शोभायमान, ४. बढ़कर, ५. सर के बाल, ६. बाल के एसी कमर।

नहीं तुझसा और शोख़ ऐ मनहरन।
तेरी बात दिल को न्यारी लगे॥
भवाँ तेरी शमशीर ज़ुल्फ़ाँ कमन्द।
पलक तेरी जैसे कटारी लगे॥

इस प्रकार उत्तरी भारत में दिल्ली को उर्दू-साहित्य का केन्द्र बनने का सौभाग्य मिल गया और जैसे-जैसे समय बीतता गया, दक्षिण का साहित्यिक प्रभाव मंद पड़ता गया। मुग़ल राज्य बड़े वेग के साथ पतन की ओर अग्रसर हो रहा था और राजनीतिक क्षेत्र में उसकी शक्ति घटती जा रही थी, परन्तु एक प्रकार से महान् तथा जीवन्त परम्परा रखने के कारण उसमें स्थापित रहने की योग्यता अभी बाक़ी थी। मुहम्मद शाह बादशाह के युग में राज्य-दरबार षड्यंत्रकारियों का अड्डा बन गया था। बादशाह ने अपनी सारी शक्ति बड़े-बड़े अमीरों को सौंप दी थी और स्वयं भोग-विलास को जीवन का लक्ष्य बनाकर हर प्रकार के उत्तरदायित्व से अलग रहना चाहता था। दिल्ली की शोभा इतनी बढ़ गयी कि ऊँचे कर्मचारी दिल्ली से दूर रहना ही नहीं चाहते थे और अधिकांशतः बादशाह के संग रंगरेलियाँ मनाते। अमीरों के आपस के झगड़े और नयी शक्तियों के प्रबल होने के कारण एक विदेशी आक्रमणकारी नादिरशाह को इसका अवसर मिल गया कि वह दिल्ली पर चढ़ आये। अतएव १७३९ ई० में वह एक प्रकोप के समान पंजाब को कुचलता हुआ दिल्ली के द्वार पर आ पहुँचा। मुग़ल बादशाह उसका मुक़ाबिला न कर सका और दिल्ली ख़ून में डूब गयी। कई कवियों और इतिहास लिखने वालों ने इस विनाश का भयंकर चित्रण किया है। नादिरशाह दिल्ली की सारी सम्पत्ति लेकर चला गया। यद्यपि वह घाव थोड़े दिनों में भर आया, परन्तु जो नयी शक्तियाँ जन्म ले चुकी थीं, उनको दबाना और राज्य के विभिन्न भागों को अलग होने से बचाना भी मुगल बादशाह की शक्ति के बाहर था। धीरे-धीरे यही चीज़ उनके लिए घातक सिद्ध हुई।

भारतवर्ष के सांस्कृतिक और सामाजिक ज़ीवन पर दृष्टि डाली जाये तो यह जान पड़ता है कि अब न तो चित्रकला की उन्नति हो रही थी, न वास्तु-कला की। विभिन्न भाषाओं के अन्दर भी अब कोई तुलसी, जायसी, सूर और कबीर पैदा नहीं हो रहे थे। फ़ारसी-भाषा जो उच्चवर्ग की सांस्कृतिक और व्यावहारिक भाषा थी, भारत में उसकी जड़ें भी सूख रही थीं। इसलिए जीवन और सामाजिक चेतना के प्रभाव से उर्दू उन्नति की ओर बढ़ रही थी, लेकिन उसके साहित्य में वह शक्ति नहीं दीख पड़ती थी, जो एक आगे बढ़ते हुए राष्ट्र और प्रगति करती हुई जनता के साहित्य में मिलती है। सामान्तशाही युग में साहित्य राज्य-दरबार के संरक्षण और सहानुभूति पर निर्भर होता है और मुग़ल राज्य ऐसा दुर्बल हो रहा था कि वह उर्दू-साहित्य की प्रगति में किसी प्रकार से सहायक नहीं हो सकता था, फिर भी साहित्य और कला के स्रोत सूखे नहीं थे। मुहम्मद शाह के दरबार में भारतवर्ष की संगीत-कला जीवित थी और किसी सहारे के बिना उर्दू-भाषा साधारण जीवन में अपनी जड़ें फैला रही थीं।

समय वह था कि सिक्ख, जाट, मराठे सभी अपनी शक्ति बढ़ा रहे थे। दूर-दूर के मुग़ल प्रान्त स्वाधीन हो रहे थे। ईस्ट-इन्डिया-कम्पनी एक अमर-बेल की तरह जीवन पर छायी जा रही थी। एकता न होने के कारण उत्तर-पश्चिमी भारत किसी समय भी विदेशी-आक्रमण का निशाना बन सकता था। अत: नादिरशाह के १० वर्ष बाद अहमदशाह अब्दाली ने भारत की ओर रुख़ किया। केन्द्र में बड़े-बड़े जागीरदार प्रभुत्व प्राप्त करने के लिए अपनी-अपनी टोलियाँ बनाये हुए थे। बादशाह उनके हाथ में कठपुतली से अधिक शक्ति न रखते थे। इन सब बातों का परिणाम यह हुआ कि देश की आर्थिक स्थिति ख़राब हो गयी और जनता एक विवशता की हालत में जागीरदारों के शोषण और राजदरबार के कर्मचारियों की लूट का शिकार होने लगी। शाह आलम (१७५९-१८०६ ई०) जब राज-सिंहासन पर बैठे, तो ईस्ट इंडिया कम्पनी और मराठों की शक्ति बहुत बढ़ गयी थी और जाटों ने आगरे के आस-पास लूट-मार मचाकर जनता को भयभीत कर दिया था। रूहेलखंड में रूहेले पठानों का ज़ोर बढ़ रहा था। बादशाह ने विवश होकर अंग्रेज़ी कम्पनी की शरण चाही और दीवानी का सारा कार्य उन्हें सौंपकर इलाहाबाद में उनके एक राजनीतिक पेन्शनर की भाँति रहने लगे। १० वर्ष बाद जब वह मराठों की सहायता से फिर दिल्ली के सिंहासन पर बैठे, तो रूहेले पठानों ने राजमहल पर आक्रमण करके बादशाह की आँखें निकाल लीं और कारागार में डाल दिया। दिल्ली पर एक प्रकार से मराठों का अधिकार था और अभी शाह आलम का राज्य-काल समाप्त भी नहीं हुआ था कि १८०४ ई० में लार्ड लेक ने दिल्ली पर अपना आधिपत्य जमा लिया। इस प्रकार दिल्ली में नाममात्र की मुग़ल बादशाही रह गयी और उसके वास्तविक अधिकारी अंग्रेज़ हो गये।

यहाँ से दिल्ली की कहानी कुछ असाधारण परिस्थितियों के बीच से गुज़रती है, परन्तु ऊपर जो कुछ कहा गया है, उससे उस स्थिति का अनुमान लगाया जा सकता है, जिसमें उर्दू-साहित्य उत्तर-भारत में जन्म लेकर आगे की ओर अग्रसर था। आर्थिक और राजनीतिक स्थितियों का प्रभाव जीवन पर जो कुछ पड़ता है, उसके वर्णन की आवश्यकता नहीं है। यह बात स्पष्ट है कि मुग़ल-राज्य एक बुझते हुए दीपक के समान रात के अंतिम अंधकार से लड़ रहा था, लेकिन उसमें उतनी शक्ति नहीं थी कि वहाँ किसी प्रकार का प्रकाश फैला सकता। इस युग के सभी बड़े कवियों के यहाँ दिल्ली की इस बिगड़ी हुई हालत का चित्र देखा जा सकता है। ऐसी दशा में कि जब लोगों की आर्थिक स्थिति ख़राब हो चुकी थी, बादशाह के हाथ दुर्बल थे और जीवन अज्ञात के भय से तुच्छ मालूम हो रहा था, एक प्रकार का नैतिक पतन भी आरम्भ हुआ। कुछ समय पहले यदि कुछ नहीं था, तो धर्म पर गहरे विश्वास के कारण लोग जीवन की समस्याओं को सहन कर लेते थे। अब एक प्रकार की निराशा और अविश्वास का उद्‌भव हुआ, जिसने जीवन को तत्त्वहीन कर दिया। इसमें संदेह नहीं कि भारत की जनता जिन वर्गों में कई सौ वर्षों से विभाजित थी, उसमें कोई बड़ा परिवर्तन नहीं हुआ था। देश की उत्पादन-प्रणाली बदली नहीं थी, ग्राम्य-जीवन में जो

एक सामूहिक आत्मीयता थी, वह दुर्बल हो गयी थी। किसी प्रकार की वैज्ञानिक जानकारी न होने के कारण उत्पादन के साधनों और जीवन के तौर-तरीकों में ऐसी समानता जड़ पकड़ गयी थी, जो आगे बढ़ाने में असमर्थ थी। बादशाह स्वयं दुर्बल एवं विलासी थे, उनके जागीरदार भी उसी रंग में रँगे हुए थे। सेना के पास न लड़ाई के सामान थे, न साहस और न अनुशासन। सिपाहियों को वेतन भी ठीक से न मिलता था, इसलिए वह जनता पर अत्याचार करके पेट पालते थे। एक मिटते हुए समाज और पतनोन्मुख राज्य में जो बुराइयाँ जन्म ले सकती हैं, वह सबकी सब उस समय के भारत में मौजूद थीं। सबसे बड़ी बात यह थी कि जागीरदारी व्यवस्था में घुन लग चुका था, अब राज्य केवल अपनी परम्पराओं के सहारे जीवित था। जनता की सामूहिक शक्ति, जो बड़ी से बड़ी क्रांति ला सकती है, सोयी हुई पड़ी थी, क्योंकि बहुत दिनों की विवशता ने उन्हें परास्त कर दिया था और अभी तक उनमें उस चेतना का उद्भव नहीं हुआ था, जो उनको अपनी स्थिति बदलने पर मजबूर करती। यह कोई दो-चार वर्ष की बात नहीं थी, बल्कि जागीरदारी के पतन का यह युग शताब्दियों में फैला हुआ था। यद्यपि इस बीच में किसी प्रकार का औद्योगिक विकास नहीं हुआ, फिर भी व्यापार के द्वारा कहीं-कहीं ऐसे लोग पैदा हो रहे थे, जिन्हें मध्यम-वर्ग में गिना जा सकता था।

इस बात को न भूलना चाहिए कि १८वीं शताब्दी में भारतवर्ष के कई भागों में अँग्रेज़ी कम्पनी ने अपनी नींव दृढ़ कर ली थी और वह जीवन के जो साधन अपने साथ लायी थी, उसका प्रभाव भी बंगाल, मद्रास और बम्बई के क्षेत्रों पर पड़ रहा था। जहाँ तक उर्दू-साहित्य का सम्बन्ध है, उसने भी इस प्रभाव को स्वीकार किया, परन्तु हिन्दू-मुस्लिम सभ्यता की पुरानी परिस्थितियाँ स्वयं इतनी दृढ़ थीं कि यहाँ नये विचारों की उन्नति तेज़ी से नहीं हो सकी। यह बात स्पष्ट है कि जब उत्पादन के साधनों में परिवर्तन होता है, तो सांस्कृतिक क्षेत्र में भी उनका प्रकट होना अनिवार्य है, परन्तु ऐसा किसी समान अनुपात से नहीं होता। साहित्य-रचना के नियम एक बार पैदा होकर अपना मार्ग स्वयं आप निर्मित कर लेते हैं और साधारण रूप से बहुत जल्द-जल्द नहीं बदलते। इसके अतिरिक्त जीवन के मूल आर्थिक साधन भी समान रूप से चल रहे थे, इसलिए साहित्य में किसी प्रकार की नव्य प्रवृत्तियों के जन्म लेने का प्रश्न ही नहीं उठता। इस सारे विवाद का अर्थ यह है कि उस समय जो उर्दू-साहित्य उत्पन्न हो रहा था, उसमें जीवन का चित्रण और समस्याओं की व्याख्या तो अवश्य मिलती है, परन्तु जीवन को उन्नतिशील करने वाली शक्ति की कमी है, इसका कारण यह भी है कि उस समय के कवियों का जनसाधारण से सम्पर्क लगभग टूट गया था और अधिकतर नगरों में बसने के कारण उन परिस्थितियों से अपरिचित थे, जो जन-समूह के जीवन में व्याकुलता पैदा करती थीं। इससे यह न समझना चाहिए कि उस समय की उर्दू-काव्य-जीवन से, अलग-अलग थी या केवल कल्पनाओं और स्वप्नों पर निर्भर थी, बल्कि कहने का अभिप्राय यह है कि उस समय के कवि चेतनापूर्वक

जीवन के संघर्ष को पक्षपाती बनकर नहीं देखते थे। वर्ग-विभाजित समाज में प्रत्येक मनुष्य को किसी न किसी श्रेणी में रहना पड़ता है और उसकी विचारधारा उसी वर्ग से तत्त्व और विषय प्राप्त करती है, परन्तु जब वर्गों का विभाजन बहुत स्पष्ट न हो और उत्पादन के साधन बिलकुल आदिम अवस्था में हों, उस समय प्रत्येक कवि पूर्ण रूप से केवल अपने वर्ग के उद्‌देश्यों का प्रचारक नहीं हो सकता। इसलिए इस समय ऐसे कवि भी मिलते हैं, जो साधारणत: मानव-जीवन की सुन्दरता और मानवता के गौरव का वर्णन ऐसी सच्चाई से करते हैं कि उन्हें केवल उच्चवर्ग के विचारों का प्रचारक किसी प्रकार भी नहीं कहा जा सकता।

१८वीं शताब्दी के उर्दू-लेखकों तथा कवियों को इसी पृष्म-भूमि में देखना चाहिये। कुछ का उल्लेख ऊपर हो चुका है, आगामी पृष्ठों में संक्षेप में उनका वर्णन किया जायेगा, जो उर्दू-साहित्य को उन्नति की चरमसीमाओं तक ले गये, परन्तु उनकी चर्चा से पहले यह भी देख लेना आवश्यक है कि उस समय तक उत्तर-भारत में उर्दू-साहित्य की क्या-क्या विशेषतायें थीं। सबसे पहली बात तो यह दीख पड़ती है कि अभी गद्य का विकास बहुत कम हुआ था और पद्य में सबसे अधिक उन्नति ग़ज़ल की हुई थी। यद्यपि मसनवी, मरसिया और दूसरे प्रकार के काव्य-रूपों में रचनाएँ हो रही थीं, परन्तु उनकी प्रगति बहुत धीमी थी। अभी तक कविता राजदरबार से दूर थी, अत: बादशाहों और सम्राटों की प्रशंसा में वह कविताएँ नहीं मिलतीं, जिनको 'क़सी दा' कहा जाता है। जहाँ तक विचारों और विषयों का सम्बन्ध है, उनके यहाँ अधिकतर प्रेम, भक्ति, नैतिकता इत्यादि विषय मिलते हैं। यद्यपि देश पर ईरानी-संस्कृति और फ़ारसी-भाषा का गहरा प्रभाव पड़ रहा था, परन्तु ब्रज-भाषा और दकनी-उर्दू के प्रभाव भी देखे जा सकते हैं। उस समय के कवियों को अलंकारों में यमक और श्लेष से बहुत प्रेम था। कुछ लोगों का विचार है कि यह ढंग उन्होंने हिन्दी-काव्य से लिया था और कुछ कहते हैं कि जब भारत में फ़ारसी-साहित्य का पतन हुआ, तो फ़ारसी कविता केवल शब्दों का एक खेल होकर रह गयी, इसलिए अलंकारों से बहुत काम लिया जाने लगा। व्याकरण और काव्य-शास्त्र की ओर अधिक ध्यान नहीं दिया जाता था, यद्यपि शाह हातिम और मिर्ज़ा मज़हर ने इसकी ओर संकेत किया था। इसके बाद से जिन कवियों का युग आता है, उन्होंने उसी आधार पर एक विशाल भवन तैयार कर दिया और काव्य साहित्य अपने रूप और अवस्था में भी रचनात्मक सुन्दरता की ओर बहुत आगे बढ़ गया।

जिस युग का उल्लेख अब किया जा रहा है, उसमें सैकड़ों कवियों के नाम मिलते हैं, परन्तु इस जगह केवल उन्हीं की चर्चा की जायेगी, जिनका महत्त्व स्थापित हो चुका है, जैसे : 'फ़ुग़ाँ', 'ताबाँ', 'दर्द', 'सौदा', 'सोज़', 'मीर', 'क़ायम' और 'यक़ीन'। इस संदर्भ में इस बात को नहीं भूलना चाहिये कि समय एक अविरल सूत्र है और साहित्य के इतिहास को इस तरह विभाजित नहीं किया जा सकता कि एक युग दूसरे युग से पूर्णतया अलग हो जाये। जिस समय कुछ लेखकों-कवियों का बुढ़ापा

होता है तो कुछ की जवानी, कभी-कभी उन्हें एक ही युग में गिन लिया जाता है और कभी वह अपनी आयु के आधार पर विभाजित कर दिये जाते हैं, इसलिए जब आगे बढ़कर कुछ और कवियों का वर्णन भी होगा, तो यह न समझना चाहिए कि काव्य-धारा में कोई बड़ा परिवर्तन हो गया था, बल्कि अपनी सुविधा के लिए सामयिक क्रम को सामने रखते हुए उन्हें युगों में विभाजित कर दिया गया है।

ऊपर कहा जा चुका है कि शाहआलम बादशाह के राज्य-काल में दिल्ली को अनेक प्रकार की विडम्बनाएँ भोगनी पड़ीं और बादशाह को इलाहाबाद में ईस्ट-इंडिया कम्पनी के एक बन्दी के रूप में लगभग १० वर्ष तक रहना पड़ा। इसका परिणाम यह हुआ कि क़ला-कौशल और साहित्य के क्षेत्र में बड़ी निराशा फैल गयी और कवियों ने जब यह देखा कि दिल्ली में उनके भरण-पोषण की सुविधा नहीं रही, उनका आदर-सत्कार करने वाले बादशाह और अमीर नहीं रह गये हैं तो उन्होंने दूसरे राज-दरबारों की राह ली। कहा जाता है कि इनमें सबसे पहले जिसने अपना घर छोड़कर अवध और अज़ीमाबाद (पटना) के दरबार में शरण ली वह 'फ़ुग़ाँ' थे। उनका नाम अशरफ़ अली ख़ाँ था। 'नदीम' के शिष्य थे। अहमदशाह बादशाह को दूध पिलाने वाली धाय के पुत्र थे और हँसना-हँसाना उनका काम था, लेकिन जब दिल्ली में कोई सहारा न रहा, तो अवध के नवाब शुजाउद्दौला के दरबार में आये और यहाँ से पटना चले गये। उनकी मृत्यु १७७२ ई० में हुई। पटना में महाराजा शिताबराय ने उनका बड़ा सम्मान किया और अपने पास से कहीं जाने नहीं दिया। उनकी भाषा बड़ी शुद्ध, मीठी और सरल है। उनका एक फ़ारसी और उर्दू-संग्रह मिलता है। उर्दू-संग्रह काव्य प्रकाशित हो गया है। कुछ शेर यह हैं—

ज़ख़्मे-दिल तो सिया नहीं जाता।
बिन सिये भी जिया नहीं जाता॥

ऐ 'फ़ुग़ाँ' देखना, समझ लेना।
दे के दिल फिर लिया नहीं जाता॥

उसके विलासो-हिज्र[1] में यों ही गुज़र गयी।
देखा तो हँस दिया, जो न देखा तो रो दिया॥

मीर अब्दुल हई, जिनका उपनाम 'ताबाँ' था, दिल्ली के रहने वाले थे और इतने सुन्दर थे कि बादशाह स्वयं उन्हें देखने के लिए उस रास्ते से गुज़रे जिस पर वह बैठा करते थे! 'ताबाँ' अपने समय के बहुत बड़े कवियों में गिने जाते थे। शराब बहुत पीते थे और उसी के कारण युवावस्था में उनका देहान्त हो गया। उनका काव्य-संग्रह प्रकाशित हो चुका है, जिसके अध्ययन से पता चलता है कि उनकी भाषा सरल एवं सरस थी और ग़ज़ल के लिए, जिस प्रकार के कोमल और भावपूर्ण विचारों की आवश्यकता होती है, वह उनके यहाँ पाये जाते हैं। मीर तक़ी 'मीर' ने उनके सम्बन्ध

---

१. संयोग-वियोग।

में बहुत ठीक कहा है कि यद्यपि उनकी कविता के विषय बहुत सीमित थे, परन्तु उन्होंने बड़ी रंगीनी से उन्हें प्रस्तुत किया है। वैसे तो उन्होंने सभी प्रकार की कविताएँ लिखी हैं, लेकिन उनकी ग़ज़लों को उर्दू-साहित्य के इतिहास में विशेष स्थान प्राप्त है। उदाहरणार्थ निम्नलिखित शेर देखिये—

नहीं कोई दोस्त अपना, यार अपना, मेहरबाँ अपना।
सुनाऊँ किसको ग़म अपना अलम[1] अपना, बयाँ अपना॥

न ताक़त है इशारे की, न कहने की, न सुनने की।
कहूँ क्या मैं, सुनूँ क्या मैं, बताऊँ क्या बयाँ अपना॥

बहुत चाहा कि आवे यार या इस दिल को सब्र आये।
न यार आया, न सब्र आया, दिया मैं जी निदाँ[2] अपना॥

सौदे[3] में गुज़रती है क्या ख़ूब तरह 'ताबाँ'।
दो चार घड़ी रोना, दो चार घड़ी बातें॥

जिन कवियों ने उर्दू ग़ज़ल को ग़ज़ल बनाया उनमें 'दर्द', 'सौदा' और 'मीर' सबसे अधिक महत्त्वपूर्ण हैं। इनमें से प्रत्येक कवि उस समय के जीवन की व्याकुलता और उद्विग्नता को बड़े सुन्दर ढंग से प्रस्तुत करता है। इनके विचार में कविता का जीवन के प्रति कर्तव्य सजगता-पूर्वक उस समय की सामाजिक और आर्थिक समस्याओं को प्रस्तुत करना ही नहीं था, वरन् उस वातावरण का चित्रण करना और इस प्रकार उसका उल्लेख करना था कि जग-बीती आप-बीती का रूप धारण कर सके या जीवन की साधारण भावनाएँ किसी विशेष ऐतिहासिक घटना की ओर संकेत किये बिना सामने आ जायें, यही उनका बड़ा उद्देश्य था। ग़ज़ल की रचना में उन्हें इसका अवसर न मिलता था कि वह समकालीन घटनाओं का वर्णन कर सकें, परन्तु जो व्यक्ति उनके काव्य-संग्रह का गहरा अध्ययन करेगा उसे यह जानने में कुछ भी कठिनाई न होगी कि वह जीवन के सच्चे चित्रकार थे। इस स्थान पर उनकी कविताओं का विश्लेषण नहीं किया जा सकता, परन्तु उनकी उन विशेषताओं का उल्लेख आवश्यक है, जिनसे उनकी रचना-शक्ति का अनुमान लगाया जा सके। कहने का तात्पर्य यह है कि कोई व्यक्ति जो १८वीं शताब्दी की दिल्ली और भारतवर्ष में सामन्ती व्यवस्था के पतन के कारण जन्म लेने वाली अवस्था को भली-भाँति समझना चाहता है, वह इन कवियों की रचनाओं और कल्पनाओं में उसका प्रतिबिम्ब स्पष्ट रूप से देख सकता है।

ख़्वाजा मीर 'दर्द' जो उर्दू के प्रमुख सूफ़ी कवियों में गिने जाते हैं, १७२१ ई० में दिल्ली में पैदा हुए थे। उनके वंश में बहुत दिनों से पीरी-मुरीदी चली आती थी। उनके पिता ख़्वाजा मुहम्मद नासिर 'अनदलीप' स्वयं एक मशहूर सूफ़ी और कवि थे।

---

१. दुःख, २. निदान, ३. उन्मत्तता।

दर्द ने भी जवानी ही से सूफ़ी-मत को अपनाया और सरस्वती के चरणों में अपना सिर झुका दिया। वह बड़े विद्वान और प्रतिभाशाली व्यक्ति थे। तसौव्वुफ़ तो उनका ओढ़ना-बिछौना था, जिसके बारे में उन्होंने फ़ारसी में कई पुस्तकें लिखी थीं। इसके अतिरिक्त वह संगीत-कला से भी पूर्णतया परिचित थे और कविता में निपुण गिने जाते थे। जब दिल्ली की हालत बहुत ख़राब हो गयी और सभी उसे छोड़कर बाहर जाने लगे उस समय भी 'दर्द' ने अपनी चौखट नहीं छोड़ी। उनका एक छोटा-सा काव्य-संग्रह मिलता है, जिसमें फ़ारसी और उर्दू की कविताएँ सम्मिलित हैं। उन्होंने दिल्ली ही में १७८५ ई० में अपने प्राण त्यागे और वहीं दफ़न किये गये।

'दर्द' की अधिकतर कविताएँ ग़ज़ल के रूप में मिलती हैं, जिनमें तसौव्वुफ़ के गूढ़ सिद्धान्त साफ़-सुथरी और सरल भाषा में प्रस्तुत किये गये हैं। उनका उपनाम 'दर्द' है, तो उनकी कविता में भी वही शोकमय और करुणाजनक भावनाएँ मिलती हैं। उनकी भाषा लोचदार, मुलायम और प्रवाहपूर्ण है। दिल्ली की बोलचाल की वह भाषा जो अतिसरल और मीठी थी, 'मीर' के बाद 'दर्द' ही की कविता में मिलती है। उस समय के सभी कवियों-लेखकों ने 'दर्द' को श्रेष्ठ कवि माना है। यह बात भी याद रखने योग्य है कि उनकी मान-मर्यादा केवल उनकी कविता के कारण नहीं थी, बल्कि एक बड़े भक्त और सूफ़ी-फ़कीर होने के नाते भी सहस्त्रों मनुष्य उनसे बँधे हुए थे। वह कभी राज-दरबार में नहीं जाते थे फिर भी राज-दरबार से उनकी ख़ानक़ाह (आश्रम) की सहायता होती थी। उनके छोटे भाई मीर मुहम्मद 'असर' भी कवि थे और कविता में उनके शिष्य थे, उर्दू के अच्छे कवियों में गिने जाते हैं। उनका काव्य-संग्रह भी प्रकाशित हो चुका है और एक मसनवी 'ख़ाबो-ख़याल' बहुत प्रसिद्ध है। उनकी कविता का ढंग भी 'दर्द' से मिलता-जुलता है। 'दर्द' के छोटे-से संग्रह में अधिकतर ग़ज़लें छोटी बहरों में हैं, परन्तु वह ऐसी प्रभावशाली हैं कि मौलाना मुहम्मद हुसैन 'आज़ाद' ने उनके लिए कहा है कि वह तलवारों की तेज़ी नश्तरों में भर देते हैं। उनके कुछ शेर यह हैं—

जग में आकर इधर-उधर देखा।
वही आया नज़र जिधर देखा॥

जान से हो गये बदन ख़ाली।
जिस तरफ़ तूने आँख भर देखा॥

नाला, फ़रयाद, आह और ज़ारी।[1]
आप से हो सका सो कर देखा॥

उन लबों[2] ने न की मसीहाई[3]।
हमने सौ-सौ तरह से मर देखा॥

---

१. रोना-धोना, २. अधर, ३. निरोग करना।

तू बिन कहे घर से कल गया था।
अपना भी तो जी निकल गया था।।

अब दिल को सँभालना है मुश्किल।
अगले दिनों कुछ सँभल गया था।।

मैं सामने से जो मुसकराया।
होंट उसका भी 'दर्द' हिल गया था।।

अह्ले-ज़माने आगे भी थे और ज़माना था।
पर अब जो कुछ है थे तो किसी ने सुना न था।।

वो दिन किधर गये कि हमें भी फ़राग़[१] था।
यानी कभू तो हम में भी दिल था, दिमाग़ था।।
गुज़रा हूँ जिस ख़राबे[२] में कहते हैं वाँ के लोग।
है कोई दिन की बात ये घर था, ये बाग़ था।।

आख़िरी तीन शेरों में दिल्ली के विनाश और जीवन के निस्सार हो जाने का कितना सुन्दर विवरण किया गया है। इनसे वह वातारण पूर्ण रूप से हमारे सामने आ जाता है, जिसमें एक मिटती हुई सभ्यता अपना दुःख प्रकट करती है और भविष्य से अनभिज्ञ होने के कारण निराश हो जाती है।

उस समय के एक और महाकवि मिर्ज़ा मुहम्मद रफ़ी 'सौदा' थे। उनका जन्म १७०६ ई० में हुआ। उनके पिता एक व्यापारी के रूप में ईरान से दिल्ली आये थे और फिर यहीं के हो गये। 'सौदा' स्वभाव ही से एक अमीराना और हँसने-हँसाने वाला दिल रखते थे। राज-दरबार में उनकी पहुँच थी और बड़े जागीरदारों से उनकी मैत्री थी। कहा जाता है कि वह 'शाह हातिम' के शिष्य थे,परन्तु सच यह है कि उन्हें अपने युग के दूसरे विद्वानों से भी प्रेरणा प्राप्त हुई थी। जब अहमदशाह दुर्रानी और मराठों के आक्रमणों से दिल्ली की स्थिति ख़राब हो गयी तो 'सौदा' भी बाहर निकले। सबसे पहले वह फ़र्रुख़ाबाद के नौव्वाब मेहरबान ख़ाँ 'रिन्द' के यहाँ गये और १७७१ के लगभग अवध की राजधानी फ़ैज़ाबाद में पहुँचे। इतिहासों में है कि शुजाउद्दौला ने उनको पत्र लिखकर बुलाया था। जब आसफ़ुद्दौला ने अपनी राजधानी लखनऊ बनायी तो 'सौदा' भी लखनऊ चले आये, यहाँ वह बड़ा संतोषजनक जीवन बिताते थे,क्योंकि उन्हें अवध सरकार से ६ हज़ार रुपये वार्षिक मिलते थे। १७८१ ई० में लखनऊ ही में उनका देहान्त हुआ।

'सौदा' के लखनऊ आने से यहाँ के काव्य-जगत में एक नयी लहर दौड़ गयी। आसफ़ुद्दौला स्वयं उर्दू के अच्छे कवि थे, इसलिए यहाँ बड़े-बड़े मुशाएरे होते रहते

१. अवकाश, २. खँडहर।

थे, जिनमें नौव्वाब और बड़े-बड़े अमीर-उमरा सम्मिलित होते थे। ऐसा जान पड़ता था कि हर ओर से कला-कौशल और कविता के सोते फूट पड़े हैं। कवियों में आपस में चोटें भी चलती थीं और इस प्रकार मुक़ाबिले की वजह से साहित्य की उन्नति हो रही थी। 'सौदा' अधिकतर राज-दरबारों से सम्बन्ध रखते थे, इसलिए उनकी कविता में क़सीदे बहुत मिलते हैं। कुछ क़सीदे तो उन्होंने धार्मिक महापुरुषों और पथ-प्रदर्शकों की प्रशंसा में लिखे हैं और कुछ बादशाहों और नव्वाबों की सराहना में। वह उर्दू के प्रमुख क़सीदा लिखने वाले माने जाते हैं। फ़ारसी में क़सीदा लिखने की जो परम्परा थी, उसे 'सौदा' ने उसका पूरी तरह अनुसरण किया और एक ऐसी भाषा में जो अभी उन्नत नहीं कही जा सकती थी, उसमें ऊँचे और सूक्ष्म-विचार बड़ी सुन्दरता और निपुणता के साथ प्रस्तुत किये। क़सीदे के अतिरिक्त उन्होंने ग़ज़ल, मसनवी, रुबाई, वासोख़्त, मरसिया और हज्व सभी प्रकार के काव्य की रचनाएँ की हैं। 'सौदा' का एक फ़ारसी संग्रह भी मिलता है। गद्य में भी उन्होंने कुछ रचनाएँ की थीं, लेकिन अब उनमें से अधिकतर अप्राप्य हैं।

'सौदा' को विशेषकर एक क़सीदा लिखने वाला समझा जाता है, उनके जीवन ही में यह बात मानी जाने लगी थी कि वह जिस कोटि के क़सीदे लिखते हैं, वैसी ग़ज़ल नहीं लिख पाते। इसकी ओर उन्होंने अपनी कविताओं में संकेत भी किया है, जैसे—

लोग कहते हैं कि 'सौदा' का क़सीदा है ख़ूब।
उनकी ख़िदमत में लिये मैं ये ग़ज़ल जाऊँगा॥

यह बात आज भी मानी जाती है। वह उर्दू-साहित्य के सम्पूर्ण इतिहास में सबसे बड़े क़सीदा लिखने वाले थे, परन्तु उनकी ग़ज़लें भी बहुत अच्छी होती हैं, जो उनके गुरुतत्व को स्थापित कर देती हैं, किन्तु उनमें वह रस और भावना का वह जोश नहीं मिलता, जो उसी युग के दूसरे ग़ज़ल लिखने वालों के यहाँ मिलता है। ग़ज़ल में भी उनकी भाषा क़सीदे की कठिन और फ़ारसी-निष्ठ भाषा के निकट रहती है, इसलिए उसमें वह नम्रता और सरलता नहीं मिलती, जो ग़ज़ल की जान है। क़सीदे के बाद उन्हें सबसे अधिक सफलता हज्व लिखने में प्राप्त हुई है। जिस प्रकार क़सीदे में उनके क़लम से पुष्प-वर्षा होती थी, उसी प्रकार हज्व लिखते समय वह अपने क़लम की नोक विष में बुझा लेते थे और उनकी कविताओं से आग की लपटें निकलने लगती थीं। उनकी अधिकतर हज्वें व्यक्ति से सम्बन्ध रखती थीं, परन्तु कुछ ऐसी भी थीं जिनमें उस समय के पतन और सामाजिक स्थिति का वर्णन बड़े कलात्मक ढंग से किया गया है। ऐसी कविताओं से केवल उस युग की गिरी हुई स्थिति का चित्र ही साकार नहीं होता वरन् एक प्रकार की शोकमय भावना का उद्भव भी होता है, जो सामन्ती युग के नष्ट होने पर उन लोगों के मन में पैदा हो रही थी, जो उससे बँधे हुए थे। 'सौदा' की कविताओं का विश्लेषण विस्तार में किया जाये, तो विशेषकर मुसलमानों के आचार-विचार और जीवन का ख़ाका बहुत सफाई से खींचा जा सकता है। इस सम्बन्ध में उनकी तीन कविताएँ प्रसिद्ध हैं, जिनमें से एक में उन्होंने एक बहुत

ही दुर्बल घोड़े को प्रतीक बनाकर उस युग की दुर्बलता का चित्रण किया है। एक दूसरी कविता में बादशाह से लेकर जनसाधारण तक में जो बुराइयाँ पैदा हो गयी थीं, उनकी तीव्र आलोचना की गयी। कहीं हँसी की ओट में आँसू हैं और कहीं व्यंग्यों के पर्दे में जीवन की प्रबलता का वर्णन। 'सौदा' इसीलिए महाकवि कहे जाते हैं, क्योंकि उन्होंने जिस प्रकार की भी कविताएँ लिखीं उसमें महानता पैदा कर दी है। उनके मरसिये भी अपने युग तक अद्वितीय रहे हैं।

'सौदा' के समय तक उर्दू-भाषा दक्षिण के प्रभाव से दूर हो चुकी थी और फ़ारसी शब्दों का प्रयोग बढ़ रहा था। क़सीदे की भाषा सदैव कठिन होती है, इसलिए 'सौदा' भी फ़ारसी का बहुत प्रयोग करते हैं, साथ ही साथ यह भी है कि वह हिन्दी के सुन्दर शब्द ही नहीं हिन्दुस्तानी विचार और हिन्दुस्तानी जीवन से सम्बन्ध रखने वाली धार्मिक और ऐतिहासिक वस्तुओं को भी काम में लाते थे। अर्जुन, कृष्ण, इन्द्र और इस प्रकार के दूसरे महत्त्व रखने वाले महापुरुषों का नाम भी उनकी कविताओं में आता है। फ़ारसी और हिन्दी शब्दों का मेल उन्होंने जिस प्रकार किया है, उससे अनुमान लगाया जा सकता है कि किस प्रकार भाषा में उन्नति हो रही थी। जो व्यक्ति 'सौदा' की उर्दू-फ़ारसी रचनाओं का गहरा अध्ययन करेगा, वह इसे अवश्य स्वीकार करेगा कि वह केवल एक कवि नहीं थे, बल्कि एक बड़े विद्वान और ज्ञानी विद्वान भी थे, इसी कारण से उनकी कविता के अध्ययन से भाषा के साथ-साथ जीवन की बहुत-सी समस्याओं का अनुमान भी होता है। उन्होंने अपने पश्चात् उर्दू-काव्य पर जो प्रभाव छोड़ा है, वह बहुत व्यापक और गहरा है। इस अवसर पर उनके क़सीदे, हज्व और मरसिये इत्यादि का उदाहरण नहीं दिया जा सकता, केवल ग़ज़लों के कुछ शेर दिये जाते हैं—

जो मज़कूर[1] उससे करता है, कोई ग़मख़ार[2] रोने का।
तो कहता है कि चुप रह, है उसे आज़ार[3] रोने का।।

मैं अपने हाल पर हँसता हूँ वरना हर घड़ी ज़ालिम।
मुहब्बत में तेरी सामाँ किया तैयार रोने का॥

कभू मैं बात बिन रोये नहीं की उससे पर उनने।
न पूछा यूँ सबब क्या है, तेरे हर बार रोने का॥

जब नज़र उसकी आन पड़ती है।
ज़िन्दगी तब ध्यान पड़ती है॥

एक के मुँह से जिस घड़ी निकले।
फिर तो सौ की ज़बान पड़ती है॥

लेकिन इतना कहे कोई मुझसे।
कभू उसके भी कान पड़ती है?

---

१. उल्लेख, २. दु:ख का साथी, ३. बीमारी।

मैं हाल कहूँ किससे, तेरे अह्द[1] में अपना।
रोते हैं कहीं दिल को, कहीं जी की पड़ी है॥

जिस रोज़ किसी और पे बेदाद[2] करोगे।
ये याद रहे हमको बहुत याद करोगे॥

इस युग के एक अन्य प्रसिद्ध कवि 'सोज़' थे, उनका नाम सैय्याद मुहम्मद मीर था। पहले उपनाम 'मीर' रखा था, परन्तु जब मीर तक़ी 'मीर' का नाम भारत के काव्य-जगत् पर छा गया तो 'सोज़' ने अपना उपनाम 'मीर' से बदल कर 'सोज़' कर लिया। दिल्ली ही में साधारण जीवन व्यतीत करते थे, परन्तु जब वहाँ रहना कठिन हो गया, तो फ़र्रुख़ाबाद चले गये, वहाँ से लखनऊ होते हुए मुर्शिदाबाद का रास्ता लिया और जब वहाँ भी सफलता प्राप्त न हुई, तो फिर लखनऊ लौट आये। अबकी बार नौव्वाब आसफ़ुद्दौला ने उनको अपना काव्य-गुरु नियुक्त कर लिया, परन्तु अभी कुछ ही दिन बीते थे कि १७९८ ई० में उनका देहान्त हो गया। 'सोज़' कविता के साथ ही शहसवारी और तीर अन्दाज़ी की कलाओं में भी निपुण थे। संगीत-कला अच्छी तरह जानते थे और सितार बजाने में भी कमाल रखते थे। उनका काव्य-संग्रह बहुत छोटा है और उसमें अधिकतर ग़ज़लें ही हैं। उनकी भाषा बहुत सरल और बोलचाल के निकट है, इसलिए उसमें बहुत मिठास पायी जाती है। ग़ज़ल के लिए जिस प्रकार की भावनाओं की आवश्यकता होती है और उनके उल्लेख के लिए जैसी सरल और रसीली भाषा चाहिए वह दोनों चीज़ें 'सोज़' के यहाँ मिलती हैं। उनके कुछ शेर देखिए—

ले फिरा मैं कहाँ-कहाँ दिल को।
न लगा, ले गया जहाँ दिलको॥

जब तलक आँखें खुली थीं दुःख प देखा किये।
मुँद गयी जब आँख याँ तब 'सोज़' सब आनन्द है॥

रात को नींद है, न दिन को चैन।
ऐसे जीने से ऐ ख़ुदा गुज़रा॥

कहता न था मैं ऐ दिल! इस काम से तू बाज़ आ[3]।
देखा मज़ा न तूने नादान आशिक़ी का॥

इस युग में सबसे प्रसिद्ध एवं सर्वश्रेष्ठ कवि मीर तक़ी 'मीर' थे। उन्होंने अपनी जीवन-कथा आपबीती के रूप में फ़ारसी में लिखी है, जो 'ज़िक्रे-मीर' के नाम सुविख्यात है। इसका अनुवाद उर्दू के अतिरिक्त हिन्दी में भी प्रकाशित हो चुका है। इससे न केवल 'मीर' के बारे में बहुत-सी बातें मालूम होती हैं, बल्कि उस समय की सामाजिक और राजनीतिक स्थिति का पता भी चलता है। वह अकबराबाद (आगरा)

---

१. युग, २. अत्याचार, ३. अलग रह।

में १७२५ ई० में पैदा हुए थे। उनके पिता एक सुविख्यात सूफ़ी-फ़क़ीर थे। बालपन ही से 'मीर' दिन-रात सूफ़ियों और ज्ञानियों के संग उठते-बैठते, उनकी बातें सुनते और सरल जीवन बिताते थे। अभी वह केवल १० वर्ष के थे कि उनके पिता परलोक सिधारे। 'मीर' ने अपनी आत्मकथा में अपने पिता का उल्लेख बड़ी रोचकता और भावुकता से किया है। पिता के बाद सौतेले भाइयों ने उनको इतना कष्ट पहुँचाया कि उसी स्थिति में उन्हें आगरा छोड़ना पड़ा। दिल्ली आकर वह अपने सौतेले मामूँ 'ख़ाने-आरज़ू' के यहाँ ठहरे। जैसा कि ऊपर लिखा जा चुका है ख़ाने-आरज़ू अपने समय के बहुत बड़े विद्वान, अनेक कवियों के गुरु और कवि थे, इसलिए यह बात मानने में संकोच नहीं हो सकता कि 'मीर' ने भी उनसे प्रेरणा ली होगी, परन्तु इस बात को प्रामाणिक रूप से नहीं कहा जा सकता, क्योंकि 'मीर' की उनसे बनती न थी। दिल्ली पहुँचकर 'मीर' ने बहुत से अमीरों के यहाँ नौकरी की। कहीं लड़कों को पढ़ाते थे, कहीं दूसरे काम करते थे, परन्तु कोई समय ऐसा नहीं गुज़रा, जिसमें उनको चैन मिला हो। जैसी दुःख-भरी हालत दिल्ली की थी, वैसा ही जीवन 'मीर' का था। अगर कोई उस पतनशील समाज का काव्यात्मक रूप उसकी सारी शोकपूर्ण गहराइयों के साथ देखना चाहे, तो वह उसे उस समय के इतिहास में न पायेगा बल्कि 'मीर' की कविताओं में उसे स्पष्ट रूप से देख पड़ेगा। उन्होंने स्वयं कहा है—

बरहमी[१] हाल की है सारी मेरे दीवाँ में।
सैर कर तू भी ये मजमुआ[२] परीशानी का॥

दिल्ली की हालत दिन-प्रतिदिन गिरती जाती थी। अनेक कवि दूसरे नगरों की ओर चल पड़े थे। 'सौदा', 'सोज़' और दूसरे कवि लखनऊ जा चुके थे। 'मीर' ने भी जब कठिनाइयाँ बढ़ती देखीं तो लखनऊ की राह पकड़ी और १७८२ ई० में वहाँ पहुँच गये। नौव्वाब आसफ़ुद्दौला ने उनका स्वागत किया और तीन सौ रुपये मासिक वृत्ति स्वीकृत कर दी। 'मीर' अपने स्वभाव से बहुत कोमल हृदय के थे। आत्म-गौरव बहुत था और अपनी मान-मर्यादा की रक्षा के लिए बड़ी से बड़ी आपत्ति सहन करने को तत्पर रहते थे। परिणाम यह हुआ कि नौव्वाब से उनको निर्वाह न हो सका और उन्होंने राज-दरबार जाना छोड़ दिया, फिर भी आसफ़ुद्दौला ने उनकी वृत्ति जारी रखी। १८१० ई० में लखनऊ ही में उनका देहान्त हो गया। छः काव्य-संग्रहों के अतिरिक्त 'मीर' की और भी कई पुस्तकें मिलती हैं जो फ़ारसी में हैं। ज़िक्रे-मीर' (उनकी आत्म-कथा, जिसकी चर्चा ऊपर की पंक्तियों में की जा चुकी है) 'निकातुश-शोअरा' कवियों का तज़किरा, 'फ़ैज़े-मीर' जिसमें उन्होंने अपने पुत्र की शिक्षा के लिए कुछ सूफ़ी-फ़क़ीरों की कहानी बयान की है, यह सब रचनाएँ फ़ारसी-गद्य में हैं, और बड़ा ऐतिहासिक तथा साहित्यिक महत्व रखती हैं। इनके अतिरिक्त एक फ़ारसी काव्य-संग्रह भी मिलता है।

---

१. उथल-पुथल, २. संग्रह।

'मीर' ने अपना जीवन ही दुःख में बिताया था, इसलिए उन्हें उजड़ी हुई दिल्ली का प्रतीक कहा जा सकता है। सूफ़ी पिता ने उन्हें सिखाया था कि जगत में प्रेम के सिवा और कुछ भी नहीं है। प्रेम ही के कारण संसार में जीवन की नदी बह रही है। उन्होंने 'मीर' को संतोष की शिक्षा दी थी, जिसका आदर्श है—संतोषं परम् सुखम्! इसी में उन्हें मानव-कल्याण का पाठ भी मिला था और मनुष्य की श्रेष्ठता का विश्वास भी जागा था। किशोरावस्था में पाठ रूपेण स्मरण की यह समस्त सारी बातें उनके हृदय में जमकर बैठ गयी थीं। फिर जब चारों ओर से दुःख ने आ घेरा और देश दुर्दशा की अन्तिम सीमाओं को छूने लगा, तो 'मीर' के व्यक्तित्व में एक आश्चर्यजनक बाँकपन और सुन्दरता पैदा हो गयी। वह किसी के सामने हाथ फैलाने को मानव का अपमान समझते थे। यही नहीं वह ईश्वर का उपकार भी स्वीकार करना नहीं चाहते थे। साथ-ही-साथ वह प्रेम दृष्टि के भी घायल थे, इसीलिए उनकी कविता में आपबीती का रंग पग-पग पर झलकता है। 'मीर' ने एक ऐसे संसार को अपने हृदय में जन्म दिया था, जिसमें जीवन की सारी शोभाएँ लुप्त हो चुकी थीं। उनकी वाटिका में अगर फूल खिलते थे, तो इसलिए कि मुरझा जायें। यही दुनिया उनके बाहर भी थी, क्योंकि मुग़ल-राज्य इस तरह गिर रहा था कि अब उसके सँभलने की आशा नहीं की जा सकती थी। 'मीर' की कविता में इसके हृदय-विदारक और रोचक चित्र मिलते हैं। कहीं-कहीं तो उस समय की घटनाओं की ओर स्पष्ट संकेत दिखायी पड़ते हैं, परन्तु अधिकतर उस वातावरण का चित्रण किया गया है, जो साम्राज्यवाद के पतन के परिणामस्वरूप पैदा हो रहा था।

'मीर' आज तक ग़ज़ल के सबसे बड़े कवि माने जाते हैं। उनके शेर शर के समान हृदय को बेधते ही चले जाते हैं। सीधी-सादी बोल-चाल की भाषा में इतना रस और इतनी मिठास, इतना विष और इतना कड़वापन, हार्दिक भावनाओं का इतना कोमल चित्रण और भावनाओं का इतना तूफ़ानी जोश काव्य-रचना एक चमत्कार जान पड़ता है। उन्होंने प्रभावपूर्ण मरसिये भी लिखे हैं, किन्तु उनमें ग़ज़लों का शोकमय वातावरण नहीं है। इसी प्रकार उन्होंने मसनवी भी लिखी है, जिसमें उनका प्रेम-आदर्श स्पष्ट हुआ है, किन्तु बादशाह वह ग़ज़ल ही के माने जाते हैं। यहाँ ग़ज़ल ही के कुछ उदाहरण दिये जाते हैं—

हस्ती अपनी हबाब[१] की-सी है।
ये नुमाइश सुराब[२] की-सी है॥

नाज़ुकी उसके लब की क्या कहिए।
पंखड़ी एक गुलाब की-सी है॥

बार-बार उसके दर पर जाता हूँ।
हालत एक इज़्तिराब[३] की-सी है॥

---

१. बुलबुले, २. मरुभूमि जो जल के समान दिखाई दे, अर्थात् धोखा हो, ३. व्याकुलता।

'मीर' उन नीम-बाज़[१] आँखों में।
सारी मस्ती शराब की-सी है॥

दिल वो नगर नहीं कि फिर आबाद हो सके।
पछताओगे, सुनो हो! ये बस्ती उजाड़ के॥

'मीर' के दीनों मज़हब को क्या पूछते हो तुम, उनने तो।
क़शक़ा[२] खैंचा, दैर[३], में बैठा, कब का तर्क इस्लाम किया॥

फ़क़ीराना आये सदा[४] कर चले।
मियाँ ख़ुश[५] रहो हम दुआ कर चले॥

जो तुम बिन न जीने की कहते थे हम।
सो उस अह्द[६] को अब वफ़ा[७] कर चले॥

न मिल 'मीर' अब के अमीरों से तू।
हुए हैं फ़क़ीर उनकी दौलत से हम॥

इब्तदाए-इश्क़[८] है रोता है क्या।
आगे-आगे देखिये होता है क्या॥

क़ामत[९] ख़मीदा,[१०] रंग शिकस्ता[११], बदन[१२] नज़ार[१३]।
तेरा तो 'मीर' ग़म में अजब हाल हो गया॥

इस अवसर पर एक और बात की ओर संकेत करना आवश्यक है। यह जो कहा जाता है कि उर्दू भाषा और साहित्य के निर्माण और विकास में सभी धर्मों और वर्गों के लोगों ने भाग लिया, उसका अर्थ यह है कि जब तक राजनीति ने संस्कृति और भाषा पर धर्म की छाप नहीं लगायी थी, उस समय तक हिन्दू और मुसलमान दोनों उर्दू में लिखते थे और इसमें उन्हें कोई संकोच नहीं होता था। दोनों का आदर होता था और दोनों मुशाएरों में साथ सम्मिलित होते थे। अतएव जिस युग का वर्णन हो रहा है उसी में आनन्दराम 'मुख़लिस', टेकचन्द 'बहार', बिन्द्राबन 'राक़िम', भिखारीलाल 'अज़ीज़', महराब राम 'ताबाँ', बाल मुकुन्द 'हुज़ूर', मंगलसेन 'उलफ़त', सियालकोटीमल 'वारुस्ता', बिन्द्रावन लाल 'ख़ुशगो', खूबचन्द 'ज़का', राय सरबसुख 'दीवाना' आदि जो फ़ारसी के बहुत बड़े विद्वानों में गिने जाते थे, कभी-कभी उर्दू में भी लिखते थे और अपनी कला में निपुण माने जाते थे। इसमें से कई ऐसे हैं, जिनकी रचनायें कला की दृष्टि से श्रेष्ठ होने के साथ ही शब्द-भण्डार की दृष्टि से भी बहुत महत्त्वपूर्ण हैं। इनमें से 'मुख़लिस', 'बहार', 'ख़ुशगो' और 'वारुस्ता' ईरानी विद्वानों की बराबरी करते थे। सरबसुख 'दीवाना' अधिकतर पटना में रहे, वह फ़ारसी और उर्दू दोनों के बड़े कवि माने जाते थे। उनके एक उर्दू और चार फ़ारसी-संग्रहों का पता चलता है। उर्दू-कवियों में दो प्रसिद्ध कवि मीर हैदरअली 'हैराँ' और जाफ़र

---

१. अधखुली, २. तिलक लगाया। ३. मन्दिर। ४. इस्लाम छोड़ दिया। ५. आवाज़। ६. वचन। ७. पूरा। ८. प्रेम का आरम्भ काल। ९. कद। १०. झुका हुआ। ११. उड़ा हुआ। १२. शरीर। १३. जर्जर।

अली 'हसरत' उनके शिष्य थे। यह 'हसरत' वही हैं, जिन्होंने ग़ज़ल में नया रंग पैदा किया और जिसे उनके प्रसिद्ध शिष्य 'जुर्‌अत' ने लखनऊ पहुँचकर खूब चमकाया। इसका उल्लेख आगे के अध्याय में आयेगा। १८वीं शताब्दी के अन्त में और १९वीं के आरम्भ में पटना, अवध और हैदराबाद में भी ऐसे विद्वान हुए और उन्होंने फ़ारसी के अतिरिक्त उर्दू में भी कविताएँ लिखीं। यह सिलसिला इस समय तक चला जा रहा है। इस अध्याय में केवल दिल्ली के १८वीं शताब्दी के प्रसिद्ध कवियों के नाम लिये गये हैं, यदि कोई उनके बारे में अधिक जानना चाहे तो तत्कालीन इतिहास, काव्यसंग्रहों और तज़किरों में बहुत कुछ मिलेगा। प्राचीन कवियों में 'मीर', 'मुसहफ़ी', 'क़ायम' और 'मीर हसन' ने अपने-अपने तज़किरों में उनके नाम बड़े सम्मान से लिये हैं।

उर्दू-कविता का यह युग केवल इसलिए महत्त्वपूर्ण नहीं है कि इसने 'दर्द', 'सौदा' और 'मीर' को जन्म दिया, बल्कि इसी युग में उर्दू-साहित्य की जड़ें पूरी तरह जीवन में फैलीं और महान कवियों ने उस मिटती हुई संस्कृति का चित्रण करके ऐतिहासिक महत्त्व का काम किया। यद्यपि यह कवि पतनोन्मुख युग के कड़ुवेपन और नैराश्य के प्रतीक थे, परन्तु मानव-जाति के गौरव एवं अभिमान का पता भी इनकी कविता से चलता है। जीवन में सब-कुछ हार जाने के बाद भी वह जीवन की प्रशंसा और सुन्दरता की खोज में लगे हुए थे। १८वीं शताब्दी भारत के इतिहास में विचित्र समस्याएँ लायी, परन्तु यह कवि जिनका उल्लेख हुआ, उनसे परिचित न थे। उन्हें यह मालूम नहीं था कि वह सामन्तवादी संस्कृति अपने दिन पूरे कर चुकी है और उसी से गर्भ से एक नया जीवन जन्म लेगा। ईरानी और हिन्दुस्तानी सभ्यताओं के मेल-जोल से, जो जीवन उत्पन्न हुआ था, वह मिट रहा था, परन्तु उसकी मिटती हुई बहार में एक प्रकार की सुन्दरता थी। रोगी शरीर की सुन्दरता भी कभी-कभी बड़ी आकर्षक होती है। यही बातें 'मीर' और 'दर्द' की कविताओं के लिए कही जा सकती हैं। यह भी न भूलना चाहिए कि इन कवियों ने भारत में जन्म लिया था और यही कारण है कि वह अपनी कविता में देश के बाह्य और आन्तरिक जीवन की समस्याओं से दूर नहीं रहते थे। होली, दिवाली, पनघट, स्नान, मालन, जोगन इत्यादि पर उनकी कविताएँ मिलती हैं। सामाजिक, आर्थिक और राजनीतिक पृष्ठभूमि मिलती है, परन्तु वह सामाजिक चेतना नहीं है जो उन्हें बेहतर रास्ता दिखा सकती। यह लोग नास्तिक नहीं थे, परन्तु उनकी विचार-स्वतन्त्रता उन्हें संकीर्णता और साम्प्रदायिकता के निकट भी नहीं आने देती थी। उनके यहाँ धर्म का अर्थ था—आन्तरिक पवित्रता और मानव-प्रेम, जो रहस्यवाद के विचारों से उन्हें मिला था। उसकी कविताओं में दार्शनिक गहराई की जगह भावुकता अधिक पायी जाती है। सारांश यह कि अचेतन में भी वे उस जीवन की समस्त अच्छाइयों और बुराइयों का विश्लेषण कर जाते हैं जिसे उन्होंने केवल देखा ही नहीं था, वरन् उसका अनुभव भी किया था।

अध्याय ४

उर्दू गद्य की प्रारम्भिक रूपरेखा

पिछले अध्यायों के पढ़ने के बाद यह अनुमान लगाना कठिन न होगा कि दूसरे साहित्यों की भाँति उर्दू के आदिकाल में भी गद्य का विकास रुका-रुका-सा रहा। इसके कारण हैं सामाजिक गतिरोध, भावनाओं में आर्थिक स्थिति से उत्पन्न होने वाला ठहराव, बने-बनाये मार्गों को छोड़ने का भय और विचारों के आदान-प्रदान के साधनों की कमी के कारण साहित्य के उस रूप का विकास न हो सका, जिससे ज्ञानवर्धन एवं विचारों का संचार होता है। साहित्यिक दृष्टि से भी गद्य को पद्य के मुक़ाबिले में मान्यता बहुत बाद में प्राप्त होती है। फिर भी उर्दू-भाषा एवं साहित्य के प्रारम्भिक रचना-काल में उसे सूफ़ियों के बोल से जो सहारा मिला, उसे गद्य के विकास का आरम्भ कहा जा सकता है। इसके अतिरिक्त यद्यपि दकनी-उर्दू की रचनाओं में काव्य-साहित्य को ही प्रभुत्व प्राप्त रहा, परन्तु उसी के साथ-साथ गद्य की रूपरेखा भी बनती रही। इसका उल्लेख थोड़ा बहुत पिछले पृष्ठों में भी आ चुका है, किन्तु उसका विस्तार आवश्यक है।

दकनी-उर्दू में ख़्वाजा बन्दानवाज़ गेसूदराज़ (मृत्यु : १४२२ ई०) की कई गद्य-रचनाओं, 'मेराजुल-आशक़ीन', 'शिकारनामा' और 'तिलावतुल-वजूद' का वर्णन करते हुए इस बात की ओर संकेत किया गया था कि इनको साहित्यिक दृष्टि से देखने के बजाय बनती हुई भाषा और हिन्दू-मुस्लिम विचारधारा के सामंजस्य की दृष्टि से देखना चाहिये। इसको रचना की प्रेरणा भी साहित्य से नहीं वरन् अपने धार्मिक विचारों को अपने अनुयायी व्यक्तियों तक पहुँचने की इच्छा से मिली थी। यही बात १५वीं शताब्दी के दूसरे सूफ़ी-लेखकों के सम्बन्ध में भी कही जा सकती है। उस समय के साहित्य की खोज करने वालों और भाषा-शास्त्रियों ने इसमें सन्देह प्रकट किया है कि इन रचनाओं को ठीक उसी युग का माना भी जाये या नहीं, क्योंकि इनकी हस्तलिखित पांडुलिपियाँ तैयार करने वालों ने समय-समय पर शब्दों और उनके उच्चारणों में परिवर्तन कर दिये हैं।

गेसूदराज़ के पुत्र अकबर हुसैन ने भी गद्य में कुछ रचनाएँ की हैं, जो विषय और शैली दोनों में अपने पिता की रचनाओं से मिलती-जुलती हैं, किन्तु एक ही वंश के तीन सूफ़ी-विद्वानों, 'मीरानजी शम्सुल-उश्शक', 'बुरहान-उद्दीन जानम' और 'अमीन-उद्दीन-आला' ने जो महत्त्वपूर्ण कार्य किये, वे न केवल अपने दार्शनिक विचारों के आधार पर, बल्कि साहित्यिक दृष्टि से भी सराहनीय हैं। इन लेखकों की

काव्य-रचना का उल्लेख हो चुका है। संक्षेप में गद्य के लेखकों पर विचार करना भी उचित होगा।

'शम्सुल-उश्शक़' मक्का (अरब) में पैदा हुए थे। ३४ वर्ष की आयु में भारत आये और बीजापुर में रहने लगे। वही उनकी धार्मिक कृतियों का क्षेत्र था। गद्य में उनकी प्रसिद्ध रचना 'शरहे-मरग़बुल-क़ुलूब' है, जो एक अरबी रचना का अनुवाद है। उनके सुपुत्र 'बुरहान-उद्दीन जानम' के अनेक गद्य-लेख भी मिलते हैं, जैसे—'कलमतुल-हक़ायक़', 'हस्त-मसायल' और ज़िक्रे-जली' किन्तु अभी तक केवल 'कलमतुल-हक़ायक़' ही प्रकाशित हो सकी है। इसमें फ़ारसी और दकनी घुली-मिली हुई हैं। उनके बेटे 'अमीन-उद्दीन आला' ने काव्य-रचनाओं और गद्य-लेख से उस परम्परा को जीवित रखा, जो गेसूदराज़ से शुरू हुई थी। वह अपने पिता की मृत्यु के कुछ महीनों के बाद पैदा हुए और अपने अनेक शिष्यों और मुरीदों के साथ सूफ़ी विचारों का प्रचार करते रहे। उनके लेखों पर भी उस समय की भक्ति-विचारधारा का गहरा प्रभाव था। गद्य में उनकी प्रसिद्ध रचना 'गंजे-खफ़ी' है, किन्तु उनकी कई अन्य रचनाओं की खोज भी की जा चुकी है, जो सब की सब सूफ़ी-विचारधारा के प्रचार की दृष्टि से लिखी गयी थीं. 'आला' ने भी अपनी भाषा को 'हिन्दी' और 'दकनी' ही कहा है। जैसा कि स्वाभाविक भी था, उनकी भाषा उनके पूर्वजों से अधिक शुद्ध और सरल है और कुछ साहित्यिक रोचकता भी रखती है। उनके शिष्यों में 'मीरानज़ी ख़ुदानुमा', 'मुहम्मद क़ादिरी नूरदरिया', 'मीरान हुसैनी', 'शाह मुअज़्ज़म' के नाम उल्लेखनीय हैं। इनमें प्रत्येक व्यक्ति की गद्य एवं पद्य रचनाएँ उपलब्ध हो चुकी हैं।

इसमें सन्देह नहीं कि इन लेखकों और इनकी रचनाओं की अपनी विशेषताएँ हैं और साहित्य या संस्कृति का कोई इतिहासकार उनकी ओर से आँखें नहीं बन्द कर सकता, परन्तु ऐसी रचना जिसे साहित्यिक दृष्टि से महत्त्वपूर्ण कहा जा सके, 'मुल्ला वजही' की 'सबरस' है, जो १६३५ ई० में लिखी गयी। यह एक महान पुस्तक है, जो एक प्रसिद्ध फ़ारसी पुस्तक पर आधारित होते हुए भी बिल्कुल नयी सर्जनात्मक कृति कही जा सकती है, क्योंकि लेखक ने अनेक गूढ़ दार्शनिक समस्याओं को साहित्यिक भाषा में इस प्रकार प्रस्तुत किया है कि उसके लेखक की कलात्मक अनुभूति का प्रमाण बन गयी है। गद्य की जिस शैली में रचना की गयी है, हम उसको तुकान्त-गद्य कह सकते हैं। इसमें प्रेम और सौन्दर्य, बुद्धि और हृदय को प्रतीक बनाकर जीवन के सभी नैतिक विषयों पर एक रहस्यमय कथा द्वारा प्रकाश डाला गया है। वास्तव में यह एक सूफ़ियाना पुस्तक है ,परन्तु भाषा-विज्ञान और साहित्य की दृष्टि से इसको आज भी प्रथम श्रेणी की पुस्तकों में गिना जायेगा। 'वजही' ने अपनी पुस्तक में कहीं भी इस बात की ओर संकेत नहीं किया है कि यह कहानी कहाँ से ली गयी है, बल्कि आरम्भ में यह लिखा है कि यह मेरी मौलिक कृति है। उसने बड़े गर्व से यह लिखा है कि—

"आज लगन (तक) कोई इस जहान में, हिन्दुस्तान में, हिन्दी ज़बान में, इस लताफ़त, इस छन्दाँ सों नज़्म और नस्त्र मिलाकर गुलाकर नहीं बोल्या"

और इस दृष्टि से उसका यह दावा कुछ ऐसा ग़लत भी नहीं है कि ऐसी कलात्मक और सुन्दर भाषा में इससे पहले उर्दू या हिन्दी गद्य में कोई पुस्तक नहीं लिखी गयी। 'सबरस' उर्दू और हिन्दी दोनों में प्रकाशित हो चुकी है। उसके अध्ययन से यह बात प्रमाणित हो सकती है कि न केवल कथा-वस्तु की दृष्टि से वरन् विचार, शैली और साहित्यिक कलात्मकता की दृष्टि से भी यह अनोखी और असाधारण कृति है। इसके रहस्यमय विचारों के पीछे प्रेम और नीति, युद्ध और शान्ति, रीति और रिवाज की वही परम्पराएँ हैं, जो मध्य युग के एशिया और भारत में प्रचलित थीं।

दक्षिण में उर्दू-साहित्य के विकास में जो बातें सहायक हुईं, उनका उल्लेख दूसरे अध्याय में किया जा चुका है, परन्तु वह गद्य की उन्नति का युग ही नहीं था, इसलिए पद्य-कृतियों के मुक़ाबिले में गद्य रचनाएँ बहुत कम हैं। अच्छे गद्य का विकास संसार के प्रत्येक साहित्य में उस समय होता है, जब जीवन प्रगति का कुछ मार्ग तय कर लेता है। 'वजही' के बाद उस समय तक भी दक्षिण में गद्य-रचनाएँ की जाती रहीं जब तक कि औरंगज़ेब ने १६८७ ई० में दक्षिणी-भारत को अपने राज्य-क्षेत्र में मिला नहीं लिया। इस बीच में अधिकतर धार्मिक पुस्तकें लिखी गयीं, क्योंकि धर्म उस जीवन का बड़ा अंश होता है, जिसको वैज्ञानिक और औद्योगिक उन्नति के अवसर प्राप्त न हों। इसके अतिरिक्त यह भी हो सकता है कि आरम्भ में विजयनगर के प्रबल हिन्दू-राज्य के सम्मुख अपना गौरव और महत्व सिद्ध करने की दृष्टि से अपने को दृढ़ बनाने के लिये धर्म का सहारा लेना आवश्यक मालूम हुआ हो, पर ऐसा नहीं है कि दूसरे विषयों पर पुस्तकें लिखी ही नहीं गयीं। 'तूतीनामा' के नाम से पंचतन्त्र और हितोपदेश की प्रसिद्ध कहानियों को दकनी-उर्दू में परिवर्तित किया गया। यह कहानियाँ फ़ारसी अनुवादों पर आधारित थीं। इनकी भाषा भी 'सबरस' की भाँति दकनी-उर्दू है, परन्तु वैसी सुन्दर नहीं है।

१८वीं शताब्दी में जब देश का बड़ा भाग एक बार फिर टुकड़े-टुकड़े हो गया, तो दक्षिण में अरकाट, मैसूर और हैदराबाद के राज्य स्थापित हुए और दकनी उर्दू की पुरानी परम्पराओं के कारण अरकाट, मद्रास और मैसूर में उर्दू फैली। यही नहीं, बल्कि मराठी भाषा पर उर्दू ही के द्वारा फ़ारसी का प्रभाव पड़ा, जो इस समय तक बाक़ी है। यही समय था कि उत्तर-भारत में भी उर्दू-साहित्य की जड़ें फैल रही थीं। पिछले अध्यायों में उसके विकास और उन्नति का वर्णन हम कर चुके हैं, यहाँ केवल गद्य-रचना की प्रगति को देखना है।

भाषा-वैज्ञानिकों ने दिल्ली के आसपास की उर्दू-भाषा के सम्बन्ध में जो कुछ लिखा है, उससे ज्ञात होता है कि बोलचाल के लिए यह भाषा एक प्रगतिशील रूप में प्रचलित थी और बहुत पहले से ही आपस के व्यवहार में बहुत-सी ऐसी कहावतें, मुहावरे और वाक्य पैदा हो गये थे, जो जनता से उनके सम्बन्ध का पता देते हैं। इसका

सबसे अच्छा उदाहरण मीर 'जाफ़र ज़टल्ली' की कविताओं और गद्य के छोटे-छोटे टुकड़ों में मिलता है। 'ज़टल्ली' केवल हास्य-रस और मनोरंजन से परिपूर्ण कृतियाँ ही नहीं दे रहे थे, बल्कि अश्लील और निर्लज्ज भावनाओं के प्रकट करने में भी संकुचाते नहीं थे। किसी की प्रशंसा करते थे, किसी की निन्दा। 'ज़टल्ली' औरंगज़ेब और बहादुरशाह प्रथम के युग के कवि हैं। फ़ारसी और बोलचाल की मिली-जुली भाषा में वह अपनी कविताएँ और लेख लिखते थे। उनकी रचनाओं के गहरे विवेचन से उस युग की दुर्दशा का अनुमान लगाया जा सकता है। वह बादशाह से लेकर सेना तक किसी का भय नहीं करते थे और जो कहना चाहते थे, कह डालते थे। भाषा का अध्ययन करने वालों के लिए उनके लेखों और कविताओं का अध्ययन बहुत ही लाभदायक होगा। 'ज़टल्ली' की रचनाओं का संग्रह अनेक बार प्रकाशित हो चुका है, लेकिन अपनी अश्लीलता के कारण बहुत कम पढ़ा जाता है और साहित्य के इतिहासकार भी उसका नाम नहीं लेते।

उर्दू साहित्य के प्रचलित इतिहासों में उर्दू-गद्य का आरम्भ भी मुहम्मद शाही युग (१७१९-१७४८ ई०) से माना जाता है और सबसे पहली पुस्तक 'फ़ज़ली' की 'करबल कथा' समझी जाती है। फ़ज़ली का नाम फ़ज़ल अली था। उन्होंने अपना यह ग्रन्थ १७३१ ई० में तैयार किया, फिर स्वयं १७४७ ई० में उसमें संशोधन किये। मुल्ला हुसैन वाइज़ काशिफ़ी द्वारा लिखित प्रसिद्ध फ़ारसी-पुस्तक 'रौज़तुश्शुहदा' मुहर्रम में होने वाली धार्मिक-सभाओं में बहुत पढ़ी जाती थी, परन्तु फ़ारसी में होने के कारण बहुत से लोगों की समझ में नहीं आती थी, इसलिए 'फ़ज़ली' ने उसे उर्दू में परिवर्तित करके 'करबल-कथा यानी दह मजलिस' रखा जो १७३२-३३ की रचना है। पहले भ्रम था कि उक्त पुस्तक नष्ट हो गयी है, परन्तु अब यह हेमबर्ग (जर्मनी) से खोज निकाली गयी है और बड़े शोधपूर्ण ढंग से प्रकाशित हो गयी है। इसमें करबला की शोकपूर्ण घटना और इमाम हुसैन का बयान ऐतिहासिक और धार्मिक दृष्टि से किया गया है। 'फ़ज़ली' उस समय तक उर्दू की किसी गद्य-रचना से परिचित न थे, वह अपनी रचना को प्रथम रचना समझते थे। 'फ़ज़ली' का एक उर्दू मरसिया भी उपलब्ध है। कई विद्वानों ने यह संदेह प्रकट किया है कि 'फ़ज़ली' भी दक्षिण के रहने वाले थे, क्योंकि एक-आध मुहावरे उनके यहाँ भी वही मिलते हैं जो दकनी उर्दू में पाये जाते हैं, परन्तु इसे कोई निश्चयात्मक प्रमाण नहीं कहा जा सकता। उनकी शैली दक्षिणी लेखकों की शैली से भिन्न है। अगर वह दक्षिण-वासी होते, तो उन्हें वहाँ की रचनाओं और अनुवादों का ज्ञान अवश्य होता। 'फ़ज़ली' की भाषा में फ़ारसी-अरबी के शब्द बहुत आते हैं, इसका कारण यह हो सकता है कि एक धार्मिक ग्रन्थ में उन शब्दों का प्रयोग अनिवार्य था, जिनको उसके पाठक जानते रहे होंगे। इस सम्बन्ध में सबसे अधिक विचारणीय बात यह है कि उत्तरी भारत में जो उर्दू विकसित हो रही थी, वह दिल्ली से निकट होने और ईरानी भाषा और साहित्य से प्रभावित होने के कारण आसानी से फ़ारसी-अरबी शब्दों को स्वीकार कर लेती थी, क्योंकि

सिकन्दर लोदी और टोडरमल की आज्ञानुसार सरकारी कर्मचारियों का फ़ारसी जानना आवश्यक था। इसमें सन्देह नहीं कि इसका प्रभाव बोल-चाल की भाषा पर पड़ा होगा।

शाही और जागीरदारी जीवन में काव्य को जो महत्ता प्राप्त होती है, वह गद्य को नहीं होती, फिर समय भी वह था, जो पतन की ओर अग्रसर था। उदार विचारों का युग समाप्त हो चुका था और अगर कोई कभी किसी गंभीर विषय पर कुछ लिखना भी चाहता था तो फ़ारसी में लिखता था। फिर भी उर्दू साधारण जीवन में अपनी जगह बनाती और आवश्यकताओं के प्रकट करने में अपना काम करती रही। मिर्ज़ा 'सौदा' ने जब अपने मरसियों का संग्रह तैयार किया तो उस पर उर्दू में एक भूमिका लिखी। उनकी गद्य-रचना का यह नमूना उनके संग्रह के साथ बारम्बार प्रकाशित हो चुका है। इसमें फ़ारसी-अरबी के शब्द बहुत हैं और फ़ारसी गद्य के अनुसरण में इसका गद्य भी तुकान्त है। 'सौदा' ने मीर तक़ी 'मीर' की एक सुविख्यात मसनवी 'शोलए-इश्क़' को भी पद्य से गद्य में परिवर्तित किया, परन्तु अब उसकी पाण्डुलिपि भी नहीं मिलती। इसलिए यह नहीं कहा जा सकता कि कहानी लिखते समय 'सौदा' किस प्रकार की गद्य-रचना करते थे।

१८वीं शताब्दी के अन्त से कुछ वर्ष पूर्व दिल्ली में क़ुरान शरीफ़ के दो अनुवाद हुए। शाह रफ़ीउद्दीन और शाह अब्दुल क़ादिर दिल्ली के एक प्रसिद्ध विद्वान् और धर्मगुरु शाह वलीउल्लाह के पुत्र थे और अपने पिता की भाँति धर्म-प्रचार में लगे हुए थे। शाह रफ़ीउद्दीन ने क़ुरान का अनुवाद १७८६ ई० में और शाह अब्दुल क़ादिर ने १७९० में किया। इन अनुवादों का उद्देश्य इसके सिवा और कुछ न था कि जो लोग अरबी नहीं जानते वे भी इसका पाठ ज्ञान पूर्वक कर सकें। दोनों अनुवादों की भाषा ऐसी है, जिसे बहुत सरल एवं सुगम नहीं कह सकते, परन्तु यह प्रारम्भिक यत्न थे और इनका महत्त्व साहित्यिक से अधिक ऐतिहासिक के रूप में है। बाद में क़ुरान-शरीफ़ के बहुत से अच्छे-अच्छे अनुवाद उर्दू में हुए, जिनको उर्दू-साहित्य में भी ऊँचा स्थान दिया जाता है।

१६वीं-१७वीं शताब्दी में उर्दू सारे भारतवर्ष में फैल रही थी और अब जो प्राचीन साहित्यिक रचनाओं की खोज की जा रही है, जो अनेक प्रदेशों में उसके अनुपम चिह्न मिलने लगे हैं। बिहार का प्रदेश इसमें पीछे नहीं है, वहाँ भी पद्य एवं गद्य की रचनाएँ १७वीं शताब्दी से मिलने लगी हैं। यह अवश्य है कि इस प्रकार की रचनाएँ अधिकांशतः धार्मिक और सूफ़ियाना हैं, किन्तु शाह अमाद फुलवारी की गद्य-रचना 'सीधा रस्ता' (१६७० ई०) ज़हुर के 'रिसालए-निमाज़' और मुहम्मद इसहाक़ के रिसालए-मुअय्यना' को अवश्य महत्त्व देना चाहिए, क्योंकि इनसे बिहार में उर्दू-भाषा के विकास का पता चलता है। वहाँ के कवियों ने, जिनमें हिन्दू और मुसलमान दोनों हैं, मरसिया और ग़ज़ल की श्रेष्ठ रचनाएँ छोड़ी हैं। उनमें शाह आयत-उल्लाह जौहरी (मृत्यु : १७९५ ई०), 'जोसिश' (मृत्यु : १८०० ई०), 'तपाँ' और ग़ुलाम

रासिख़ (मृत्यु : १८२३ ई०) पर शोध-कार्य भी हो चुके हैं और उर्दू साहित्य के इतिहास में महत्त्वपूर्ण स्थान दिया जा चुका है।

उत्तरी भारत में यह युग अत्यन्त रचनात्मक दीख पड़ता है। धार्मिक रचनाओं के अतिरिक्त १७७५ ई० के लगभग एक फ़ारसी कथा-ग्रन्थ का अनुवाद मीर हुसैन अता 'तहसीन' ने किया, जिसे उस युग की श्रेष्ठ रचनाओं में गिना जाता है। ग्रन्थ का नाम 'नौ-तर्ज़े मुरसा' है और फ़ारसी के 'क़िस्सए-चहारदरवेश' से उर्दू में परिवर्तित किया गया है। कहा जाता है कि इस ग्रन्थ के लेखक 'अमीर ख़ुसरो' थे, परन्तु यह बात उचित नहीं दीखती क्योंकि जिन विद्वानों ने 'अमीर ख़ुसरो' की रचनाओं का गवेषणात्मक अध्ययन किया है, उनको इस नाम की कोई पुस्तक अमीर 'ख़ुसरो' के यहाँ नहीं मिली। वास्तव में इसके लेखक मुहम्मद मासूम थे, जिन्होंने इसे हिन्दुस्तानी-फ़ारसी में लिखा था। 'तहसीन' इटावा के रहने वाले थे। एक अँगरेज़ी फ़ौजी अफ़सर के मीर मुंशी थे, उसके संग कलकत्ते में रहे। जब वह अपने देश चला गया, तो तहसीन पटना होते हुए फ़ैज़ाबाद पहुँचे और वहाँ नौव्वाब शुजाउद्दौला के दरबार से उनका सम्बन्ध हो गया।

'तहसीन' को फ़ारसी की अच्छी जानकारी थी और फ़ारसी में भी अनेक पुस्तकें लिख चुके थे, परन्तु वह उर्दू-साहित्य के इतिहास में अपने इसी अनुवाद के कारण जीवित हैं, जिसका उल्लेख ऊपर हुआ है। 'नौ-तर्ज़े-मुरस्सा' की शैली कठिन फ़ारसी-अरबी शब्दों से भरी हुई है। अलंकारों का इतना प्रयोग किया गया है कि साधारण बोल-चाल की भाषा का जानने वाला उसे समझ नहीं सकता। कहीं-कहीं तो वाक्य के वाक्य फ़ारसी हैं केवल क्रिया के रूप में आने वाले शब्दों का अनुवाद कर दिया गया है। पूरी पुस्तक तो नहीं परन्तु इसका अधिकांश इसी विचित्र शैली में लिखा गया है। यह रचना कई बार प्रकाशित हो चुकी है।

इस समय तक दिल्ली और अवध में उर्दू के दो केन्द्र बन चुके थे और इन स्थानों पर काव्य-रचना के साथ-साथ गद्य पर भी ध्यान दिया जा रहा था। उर्दू के कई शब्दकोश भी लिखे गये, जिनसे भाषा के विकास का पता चलता है। इस सम्बन्ध में यूरोप के जिन विद्वानों ने काम किया, वह भी बहुत महत्त्वपूर्ण हैं, किन्तु इसका उल्लेख गद्य के विकास से सम्बन्धित एक दूसरे अध्याय में होगा। यहाँ कुछ अन्य रचनाओं का वर्णन उचित होगा, जो गद्य के विकास की कड़ी कही जा सकती है। अदबयाते-उर्दू, हैदराबाद के पुस्तकालय में एक ग्रंथ है, जिसमें तैमूर के भारत पर आक्रमण करने से लेकर १७८० ई० तक की ऐतिहासिक घटनाओं का उल्लेख है। ऐसा जान पड़ता है कि लेखक ने पहले किसी फ़ारसी इतिहास का अनुवाद किया और फिर अपनी ओर से अंग्रेज़ों और हैदरअली की मैसूर युद्ध की कहानी उसमें जोड़ दी। इस प्रकार का एक और ग्रन्थ 'बहादुर नामा' मिलता है, जिसमें श्रीरंगपट्टम का इतिहास टीपू सुल्तान के युग तक बयान किया गया है। इसका रचना-काल १७९८ ई० है। इसके

लेखक का नाम भी पाण्डुलिपि में नहीं है। अनुमान है कि यह भी किसी फ़ारसी रचना का अनुवाद है।

इस अध्याय को वेल्लोर के एक महान् फ़ारसी-उर्दू लेखक और कवि मुहम्मद बाक़र 'आगाह' के वर्णन पर समाप्त करना उचित होगा, जिनका देहान्त १८०५ ई० में हुआ। उनकी रचनायें तीस से अधिक हैं, जिनमें कम-से-कम पंद्रह उर्दू-भाषा में हैं। इनमें अधिकतर कविताएँ हैं, लेकिन उनकी विशेषता यह है कि उनकी भूमिकाएँ प्रायः उर्दू गद्य में लिखी गयी हैं। केवल एक सम्पूर्ण पुस्तक 'रियाज़ुस्सियर' उर्दू गद्य में है। उनकी गद्य-शैली रोचक है और उन्होंने साहित्य चिन्तन के सम्बन्ध में बहुत-सी जानकारी एकत्र कर दी है। उनके विचारों के आधार पर उस समय की साहित्यिक परम्पराओं पर तेज़ रोशनी पड़ती है।

लगभग साढ़े-तीन सौ वर्ष के गद्य की यह कहानी इसका खुला हुआ प्रमाण है कि काव्य के मुक़ाबिले में गद्य-साहित्य बहुत कम है और जो कुछ है, उसमें भी अधिकतर धार्मिक, नैतिक और सूफ़ियाना विचार पाये जाते हैं। आलोचनात्मक दृष्टि से देखा जाये तो वह भी इन शताब्दियों की सामाजिक एवं सांस्कृतिक चेतना के समझने में सहायक होंगे। जो कथाएँ और ऐतिहासिक पुस्तकें लिखी गयी हैं, उनके माध्यम से भी उस युग के जीवन का अनुमान किया जा सकता है। यह कहना अनुचित न होगा कि पद्य और गद्य का समस्त साहित्य जीवन को एक ही ओर ले जा रहा था और आर्थिक पतन के बाद भी जीवन के शाश्वत मूल्यों में आस्था को संचालित कर रहा था।

अध्याय ५

अवध का साहित्य-जगत

उर्दू-साहित्य के कुछ इतिहासकारों ने इतिहास की इस साधारण घटना को कि दिल्ली राज्य का पतन हुआ तो अवध में थोड़े समय के लिए बहार आयी, इस प्रकार से बढ़ा-चढ़ाकर लिखा है, जैसे किसी चमत्कार से उर्दू-साहित्य का रंग-रूप अकस्मात् ही बदल गया और जो दिल्ली में था, अवध में सब कुछ उसके विपरीत हुआ, किन्तु भाषा के प्रयोग, नयी शैली के विकास और जीवन-भोगने के व्यवहार का अन्तर था, कोई क्रान्तिजनक परिवर्तन नहीं था, जैसा कि इस अध्याय के पढ़ने से ज्ञात होगा।

पिछले पृष्ठों में दिल्ली की तबाही और परिणामस्वरूप वहाँ के कवियों के इधर-उधर चले जाने का उल्लेख हो चुका है। दिल्ली का केन्द्र केवल साहित्यिक केन्द्र नहीं था, बल्कि राजनीतिक दृष्टि से भी उसी को सबसे अधिक महत्त्व प्राप्त था, जब उसकी केन्द्रीय सामाजिक स्थिति बदली तो छोटे-छोटे बहुत से राज-दरबार पैदा हो गये और वही अपनी-अपनी जगहों पर साहित्यिक केन्द्र भी बन गये। यह बात स्पष्ट है कि उस सामन्तवादी स्थिति में जो छोटे-छोटे केन्द्र बन रहे थे, उनकी रूपरेखा भी सामन्तवादी ही हो सकती थी। अवध, फ़र्रुख़ाबाद, टांडा, अज़ीमाबाद, मुर्शिदाबाद, हैंदराबाद और बाद में रामपुर के राज-दरबार पैदा हुए, जिनमें से कुछ तो थोड़े दिन अपनी बहार दिखाकर खत्म हो गये, कुछेक ने ऐतिहासिक और सांस्कृतिक महत्त्व प्राप्त किया। १७२४ ई० के लगभग अवध-राज्य की नींव पड़ी, परन्तु उसको वास्तविक महत्त्व शुजाउद्दौला के युग में हासिल हुआ। आरम्भ में अवध के नौव्वाब वजीरों की राजधानी फैज़ाबाद में थी और वह लोग दिल्ली के मुग़ल-साम्राज्य के अधीन एक वज़ीर की पदवी रखते थे, यद्यपि यथार्थ रूप में वह स्वाधीन थे। शुजाउद्दौला ने १७५४ से १७७५ ई० तक राज्य किया। प्लासी, पानीपत और बक्सर की लड़ाइयों में भाग लेकर शुजाउद्दौला ने अवध को भारत के इतिहास में जगह दिला दी थी और फैज़ाबाद को दिल्ली का एक छोटा-सा नमूना बनाने के लिए कवियों, कलाकारों और अन्य दूसरे लोगों को बुलाकर वहाँ बसा रहे थे। नौव्वाब आसफ़ुद्दौला (१७७५-१७९७ ई०) अवध की महिमा के जन्मदाता कहे जा सकते हैं। उनमें अपने पिता की सूझ-बूझ और वीरता तो न थी, परन्तु एक विशाल राज्य का शृंगार करके उसे सुन्दर और लोकप्रिय बनाने की योग्यता अवश्य थी। कुछ तो ईस्ट-इंडिया कम्पनी के दबाव के कारण और कुछ दूसरे कारणों से उन्होंने अपनी राजधानी फ़ैजाबाद से हटाकर लखनऊ कर ली और उसमें अनेक बड़े-बड़े भवन बनाकर उसे वाटिकाओं

और बगीचों का नगर बना दिया। आसफ़ुद्दौला के बाद उनके भाई सआदत अली खाँ सिंहासन पर विराजमान हुए और १६ वर्ष राज्य करने के बाद १८१४ ई० में परलोक सिधारे। इनके पश्चात् गाज़ीउद्दीन हैदर नौव्वाब हुए। उन्होंने ईस्ट-इण्डिया-कम्पनी की सहायता से बादशाह की पदवी ग्रहण कर ली और दिल्ली दरबार से वह नाममात्र का नाता भी तोड़ लिया, जो लगभग १०० वर्ष से चला आ रहा था। इसी तरह यह राज्य १८५६ ई० तक चलता रहा, जब अंग्रेज़ों ने इस पर अधिकार प्राप्त करके अवध के अन्तिम बादशाह वाजिद अली शाह को कलकत्ते में नज़रबन्द कर दिया।

यहाँ अवध-राज्य का इतिहास लिखना ध्येय नहीं है, केवल यह दिखाना है कि जब वहाँ एक छोटे पैमाने पर एक नया राज्य स्थापित हुआ तो थोड़े ही समय में उसने बहुत बड़े साहित्यिक केन्द्र का रूप धारण कर लिया और कुछ ऐसी ऐतिहासिक सामग्री एकत्र हो गयी कि अवध में उर्दू-साहित्य एक नये रंग से विकसित हुआ। शुजाउद्दौला स्वयं कवि तो नहीं थे, परन्तु कवियों का बड़ा आदर-सत्कार करते थे और पत्र लिख-लिखकर कवियों को अपने दरबार की शोभा बढ़ाने के लिए आमंत्रित करते थे। अतः जो कविगण दिल्ली में बेरोज़गार हो रहे थे, इस नये उभरते हुए राज्य की ओर खिंचे आ रहे थे। आसफ़ुउद्दौला स्वयं एक अच्छे कवि थे और उनका काव्य-संग्रह देखने योग्य है। उन्होंने दिल्ली के प्रसिद्ध कवि 'मीरसौज़' को अपना गुरु भी बना लिया था। इसी प्रकार ग़ाज़ीउद्दीन हैदर, नसीरुद्दीन हैदर और वाजिद अली शाह भी कविताएँ लिखते थे और वाजिद अली शाह तो लगभग १०० पुस्तकों के लेखक हैं, जिनमें गद्य और पद्य, फ़ारसी और उर्दू सभी प्रकार की रचनाएँ शामिल हैं।

इस बात का अनुमान ठीक से नहीं लगाया जा सकता कि दिल्ली के कवियों के आने से पहले अवध में उर्दू-भाषा की क्या हालत थी, परन्तु यह बात स्पष्ट है कि जब शुजाउद्दौला के युग में दिल्ली के बड़े-बड़े कवियों में 'सौदा', 'सोज़', 'फ़ुग़ाँ' 'ज़ाहिक' इत्यादि आये, तो यहाँ अपरिचित न थे। मुशाएरों में उनका सम्मान होता था, परन्तु यह भी याद रखना चाहिए कि उस समय तक लखनऊ में साहित्य का कोई स्पष्ट रूप न था। आसफ़ुद्दौला के युग में हर प्रकार के कला-कौशल और साहित्य की उन्नति हुई। वह ख़ुद भी मुशाएरों में शामिल होते थे। जनता के त्योहारों में भाग लेते थे और देश के कला-कौशल को बढ़ावा देते थे, उनके होली खेलने का चित्र मीर तकी 'मीर' ने बड़ी सुन्दरता से खींचा है। दिल्ली से जो कवि आ रहे थे, उसमें से अधिकांश ऐसे थे, जो अपनी आयु का बड़ा हिस्सा वहीं व्यतीत कर चुके थे और यहाँ आकर वह पूरी तरह यहाँ के जीवन में घुलमिल न सके, परन्तु १९वीं शताब्दी के आरम्भ में अवध का दरबार पूरे तौर से स्थापित हो चुका था और वहाँ का जीवन नवीन साँचे में ढल रहा था। इसलिए जो भी कवि बाहर से आये, उन्होंने लखनऊ के जीवन से प्रभाव लिया और साथ ही यहाँ के साहित्य को प्रभावित भी किया। इनमें से

'मुसहफ़ी', 'जुर्अत', 'मीर हसन' और 'इन्शा' को सर्वाधिक महत्त्व प्राप्त है। उर्दू-साहित्य का छोटे से छोटा इतिहास भी देखा जाये, तो उसमें लखनऊ साहित्य-केन्द्र और दिल्ली साहित्य-केन्द्र की विभिन्नताओं का उल्लेख मिलेगा, वास्तव में यह केन्द्र क्या थे, इसका वर्णन आगे आयेगा, परन्तु यह बात याद रखना चाहिए कि शैलियों की विभिन्नता जितनी भी अधिक रही हो, विचारधारा में कोई विचित्र भेद नहीं दीख पड़ता।

अवध के एक साहित्यिक केन्द्र बनने का यह अर्थ नहीं है कि दिल्ली में शायरी का बाज़ार ठण्डा पड़ गया था, बल्कि कुछ दिनों के लिए लखनऊ में दिल्ली ही के कई बड़े-बड़े कवि एकत्र हो गये और यहाँ के राजदरबार और नगर में शेर-शायरी की ऐसी धूम मची कि उसके सामने दिल्ली की शोभा कुछ दिनों के लिए मन्द पड़ गयी। दिल्ली के प्रसिद्ध कवियों में से एक कवि 'ज़ाहिक' फ़ैजाबाद में आये थे। साहित्य-क्षेत्र में उनसे और 'सौदा' से बराबर जंग छिड़ी रहती थी। भाषा के सम्बन्ध में उनको बड़ा महत्त्व प्राप्त था और शुद्ध शब्दों के प्रयोग के सम्बन्ध में उनके निर्णय सर्वमान्य होते थे। उनके बेटे मीर 'हसन' भी उनके साथ थे और कविता में अपने पिता से अधिक नाम पैदा कर रहे थे। हसन का पूरा नाम मीर ग़ुलाम हसन था। वे लगभग १७३६ ई० में पैदा हुए और १७८६ ई० में उनकी मृत्यु हुई। फैज़ाबाद उनको बहुत पसन्द था और वहाँ अपने पिता के साथ रहते थे, परन्तु जब लखनऊ को राजधानी बनाया गया, तो 'मीर हसन' भी लखनऊ चले आये और थोड़े-ही दिनों में वहीं उनकी मृत्यु हो गयी। मीर 'हसन' फ़ारसी के भी बड़े विद्वान थे और उन्होंने उर्दू-कवियों के बारे में एक तज़किरा लिखा है, जो इतिहास और आलोचना की दृष्टि से बहुत महत्त्वपूर्ण है। उनका काव्य-संग्रह पूरा अभी तक प्रकाशित नहीं हुआ, पर उनकी प्रसिद्ध मसनवियाँ और ग़ज़लों का संग्रह कई बार प्रकाशित हो चुका है। वह अपनी एक मसनवी 'सेहरुल-बयान' की वजह से अमर हो गये हैं, इसको कभी-कभी केवल 'मसनवी मीर-हसन' भी कहा जाता है और एकआध-बार 'बेनज़ीर और बद्रे-मुनीर' की कहानी भी। इसके अतिरिक्त उनकी एक और मसनवी 'गुलज़ारेएरम' बहुत प्रसिद्ध है, क्योंकि इसमें उन्होंने बड़े सुन्दर और आकर्षक रूप में फैज़ाबाद की प्रशंसा और लखनऊ की निन्दा करते हुए अपनी यात्रा का उल्लेख किया है, परन्तु वास्तव में उनकी ख्याति का कारण 'सेहरुल-बयान' है। इसी की बदौलत उनको सर्वश्रेष्ठ मसनवी-कवि समझा जाता है। इसमें एक राजकुमार बेनज़ीर और एक राजकुमारी बद्रे-मुनीर की प्रेम-कहानी का वर्णन किया गया है, जो बिल्कुल नयी तो नहीं कही जा सकती, परन्तु मीर 'हसन' ने उस कहानी को अपनी रुचि के अनुसार जहाँ-तहाँ बदल लिया है। इससे उस युग के जीवन पर बड़ा गहरा प्रकाश पड़ता है। जन्म-उत्सव, विवाह और अन्य दूसरे अवसरों का चित्रण ऐसी सुन्दरता से किया जाता है कि पढ़ने वाले के सन्मुख वह युग जीवित हो जाता है, जिसका उल्लेख है। प्रकृति, मनुष्य-जाति और सभ्यता सभी के चित्रण अनुपम और आकर्षक हैं। यद्यपि

इस कहानी में अलौकिक जीवन का वर्णन भी बहुत किया गया है, परन्तु उसकी ओट में वह वास्तविकता छिपी हुई है, जिससे किसी सभ्यता के समझने में सहायता मिलती है। 'मीर हसन' को स्वयं इस पर गर्व था और उन्होंने अपने जीवन का बड़ा भाग इस पर व्यय किया था। उन्होंने मरसिया और क़सीदा भी लिखा है, परन्तु उनमें उन्हें कुछ अधिक सफलता प्राप्त नहीं हुई। मसनवी के बाद उनकी ग़ज़लें साहित्यिक महत्त्व रखती हैं। उनकी ग़ज़लों में सादगी, घुलावट और करुणा के वही रंग मिलते हैं जो 'मीर' के यहाँ पाये जाते हैं। उनकी भाषा सरल और बोलचाल की भाषा के निकट थी। मसनवी में से उदाहरण देना तो बहुत कठिन है, ग़ज़ल के कुछ शेरों से उनकी काव्य-रचना का अनुमान किया जा सकता है। उदाहरण के लिए कुछ शेर प्रस्तुत हैं—

तू रहा दिल में दिल रहा तुझमें।
तिस प तेरा मिलाप हो न सका॥
हँसना और बोलना तो एक तरफ़।
सामने उसके मैं तो रो न सका॥

दिल ग़म से तेरे लगा गये हम।
किस आग से घर जला गये हम॥
खोया गया उसम गौ दिल अपना।
पर यार तुझे तो पा गये हम॥

बस गया जब से यार आँखों में।
तब से फूली बहार आँखों में॥
गुल हुए जाते हैं चिराग़ की तरह।
हमको टुक जल्द आन कर देखो॥

शैख़ क़लन्दर बख्श 'जूर्अत' भी दिल्ली से फ़ैजाबाद आये थे और वहीं शिक्षा प्राप्त की। 'जूर्अत' दिल्ली ही के प्रसिद्ध कवि 'हसरत' के शिष्य थे। कहा जाता है कि 'हसरत' की कविता में जो अश्लीलता और रंगीनी पायी जाती थी उसे 'जूर्अत' ने केवल ग्रहण ही नहीं किया, बल्कि उसमें बहुत आगे बढ़ गये। जिस समय वह लखनऊ आये यहाँ मिर्जा सुलैमाँ-शिकोह का दरबार गर्म था। सुलैमाँ-शिकोह दिल्ली के बादशाह शाहआलम के बेटे थे और आसफ़ुद्दौला के राज्यकाल में लखनऊ चले आये थे। वह खुद भी कवि थे और कवियों का बड़ा आदर सत्कार करते थे, इस वजह से दिल्ली से जो कवि आते थे, पहले उन्हीं का संरक्षण ढूढ़ते थे। 'जुर्अत' भी उन्हीं के दरबारी बन गये। कहा जाता है कि 'जूर्अत' दोनों आँखों से अन्धे थे और कविता के अतिरिक्त संगीत और ज्योतिषशास्त्र में भी निपुण थे। सितार बजाने में भी कमाल रखते थे। सुलैमी-शिकोह के दरबार में प्रथम स्थान प्राप्त करने के लिए 'जूर्अत', इन्शा और मुसहफ़ी में चोटें चला करती थीं। १८१० ई० में उनका देहान्त हो गया।

'जुर्अत' कुछ बहुत शिक्षित व्यक्ति न थे, परन्तु भाषा के प्रयोग में निपुण थे और प्रेम की भावनाओं को ऐसे ढंग से प्रस्तुत करते थे कि उसमें एक प्रकार की अश्लीलता का रंग झलकने लगता था यह रंग धीरे-धीरे लखनऊ में अपना स्थान बनाने लगा था जो बाद में लखनऊ की विशेषताओं में गिना जाने लगा। 'जुर्अत' का काव्य-संग्रह हर प्रकार की कविताओं से भरा हुआ है। अधिकतर तो ग़ज़लें हैं, पर मसनवी इत्यादि भी पायी जाती हैं। उनकी ग़ज़लें बहुधा एक ही भावना के अधीन लिखी गयी हैं। इसलिए जो चित्र वह बनाना चाहते हैं वह सुन्दरता के साथ बन जाता है। मनोभावनाओं को प्रस्तुत करने में उन्होंने केवल शृंगार-रस को अपनाया और उसी को वह विचित्र प्रकार से प्रस्तुत करते थे।

और उदाहरण के लिए कुछ शेर और देखिये—

बात ही औव्वल तो वो करता नहीं मुझसे कभी।
और जो बोले भी हैं कुछ मुँह से तो शरमाया हुआ॥
है क़लक़[1] से दिल की ये हालत मेरी अब तो कि मैं।
चारसू फिरता हूँ अपने घर में घबराया हुआ॥

लगजा गले से ताब अब ऐ नाज़नीं[2] नहीं।
है-है ख़ुदा के वास्ते, मतकर 'नहीं-नहीं'॥

परी-सा जो मुखड़ा दिखा कर चले।
मुझे तुम दिवाना बना कर चले॥

आये जो मेरे पास तो मुँह फेर के बैठे।
ये आज नया आपने दस्तूर[3] निकाला॥

इस युग के एक बहुत बड़े कवि और लेखक 'इन्शा' थे। वह भी मुग़ल शहज़ादे सुलेमाँ-शिकोह के दरबारियों में थे। इन्शाअल्लाह खाँ का जन्म १७५६ ई० के लगभग मुर्शिदाबाद में हुआ। १६-१७ वर्ष की आयु में अपने पिता माशा-अल्लाह खाँ के साथ फ़ैजाबाद आये, वहाँ से १७७९ ई० के लगभग दिल्ली पहुँचे। माशाअल्लाह खाँ बड़े विद्वान भी थे और एक बड़े कुल से भी सम्बद्ध थे। इसलिए जहाँ गये उनका स्वागत तथा आदर-सत्कार हुआ। इन्साअल्लाह खाँ को उच्चकोटि की शिक्षा मिली थी, अपने स्वभाव में तेज़ और तीव्र बुद्धि एवं व्यक्तित्व रखते थे। वह भी प्रत्येक स्थान पर सम्मानित हुए। लगभग १८ वर्ष दिल्ली में रहकर दूसरे कवियों की भाँति 'इन्शा' भी लखनऊ चले आये और अपनी असाधारण प्रतिभा के कारण हाथों-हाथ लिये गये उनके जीवन में मुर्शिदाबाद, फ़ैजाबाद, दिल्ली और लखनऊ सबका महत्त्व है, क्योंकि उन्होंने हर जगह अपना झण्डा ऊँचा रखा।

---

१. दुःख, २. सुन्दर कोमल नारी, ३. ढंग, नियम।

साधारणतः साहित्य के इतिहासकारों ने उनके मुर्शिदाबाद के रहने को कुछ महत्त्व नहीं दिया है, परन्तु यह नहीं भूलना चाहिए कि १८वीं शताब्दी का बंगाल दिल्ली से बहुत विभिन्न था। अंग्रेज़ी-भाषा और सभ्यता का प्रभाव वहाँ के जीवन पर पड़ रहा था और एक प्रकार की नव-जागरण की झलक पैदा हो चुकी थी। 'इन्शा' बड़े विद्वान और तीव्र बुद्धि रखने वाले पुरुष थे, कई भाषाएँ जानते थे और जीवन को एक खेल का मैदान समझ कर प्रत्येक क्षण उसमें कूद पड़ने को तत्पर रहते थे। वह शाह आलम बादशाह के समय में दिल्ली आये थे, जहाँ उनका बड़ा सम्मान हुआ, परन्तु समय वह था कि शाह आलम की आँखें निकाली जा चुकी थीं और दरबार एक श्मशान की तरह सूना हो रहा था। 'इन्शा' अपनी हँसी-दिल्लगी की बातों से जीवन को सहनशील बनाने की चेष्टा करते थे, लेकिन जो अँधेरा छा चुका था, वह दूर न हुआ। कवियों में आपस में झगड़े होते रहते थे और 'इन्शा' उसमें एक पक्षधर में सम्मिलित होते। जब यह झगड़े बहुत बढ़े, तब 'इन्शा' लखनऊ चले आये और कुछ समय बाद जब सुलेमाँ-शिकोह आ गये, तो वह भी उन्हीं के दरबार में दाख़िल हो गये। लखनऊ में 'जुर्अत', 'मुसहफ़ी' और अन्य कवि पहले से अपनी धाक जमाये हुए थे, 'इन्शा' किसी से पीछे रहने वाले न थे, इसलिए उनके आने से शेर-शायरी का रंग और चमक उठा। मुशाएरों में मुक़ाबिले होते, चोटें चलतीं, स्वाँग बनते और हास्य बढ़कर व्यंग्य और निन्दा में परिवर्तित हो जाता। उस समय की पुस्तकों में इनका बड़ा रोचक वर्णन मिलता है। यहाँ उनका उल्लेख केवल इसलिए किया जाता है कि कविता में जो एक प्रकार की बनावट और उथलापन आ रहा था उसका विश्लेषण किया जा सके। लखनऊ के जीवन में विलास और भोग को जो भावनाएँ उत्पन्न हो रही थीं उनका प्रभाव उस समय की शाएरी में पूरी तरह देखा जा सकता है।

अभी बहुत दिन नहीं बीते शाएरी कि 'इन्शा' अपनी शायरी चुटकलों और बातों से केवल दरबार ही की जान नहीं बन गये, बल्कि पूरे काव्य-जगत के प्रमुख व्यक्तियों में गिने जाने लगे। लखनऊ में नौव्वाब सआदत अली ख़ाँ का राज्य था। 'इन्शा' वहाँ भी पहुँच गये और अपनी बातों से नौव्वाब को ऐसा मोहित किया कि उनकी नाक का बाल बन गये। दिन-रात साथ रहते और 'इन्शा' को वह मर्यादा प्राप्त हुई जो मुश्किल ही से उस समय के किसी और कवि को हुई होगी। कहा जाता है कि कभी-कभी उनका हास्य नौव्वाब को भी काट कर रख देता था। धीरे-धीरे उनका हृदय 'इन्शा' की ओर से फिरने लगा। इसमें दूसरे कवियों और दरबारियों ने भी सहायता की। इसके अतिरिक्त उनका जवान पुत्र उनकी कमर तोड़ गया और अन्त में 'इन्शा' एक प्रकार की उन्मादपूर्ण अवस्था में पहुँच गये। वह जीवन में जितना हँसते-हँसाते थे, अन्तिम अवस्था में उतना ही दुःखी होना पड़ा और इसी दशा में उन्होंने १८१७ ई० में अपने प्राण त्याग दिए।

'इन्शा' का काव्य-संग्रह प्रकाशित हो चुका है, जिसमें उनकी बहुत-सी रचनाएँ सम्मिलित नहीं हैं। उसके अध्ययन से पता चलता है कि वह फ़ारसी 'तुर्की' पश्तो,

पंजाबी, मारवाड़ी, काश्मीरी और हिन्दी इत्यादि अच्छी तरह जानते थे, कभी-कभी अंग्रेज़ी शब्दों का भी प्रयोग करते थे। उनके इस संग्रह में भी सभी प्रकार की कविताएँ मिलती हैं। कुछ कविताएँ तो ऐसी हैं, जो उनसे पहले उर्दू में, देखने में भी नहीं आती हैं,—जैसे बिना बिन्दियों की कविताएँ। उर्दू में ऐसे अक्षर बहुत कम हैं, जिन पर बिन्दु न हो, परन्तु उन्होंने गद्य और पद्य दोनों में ऐसी लम्बी-लम्बी रचनाएँ की हैं जिनमें एक बिन्दु भी नहीं आता। इसके अतिरिक्त उन्होंने स्त्रियों की भाषा में भी कुछ कविताएँ लिखी हैं, उनको 'रेख़्ती' कहा जाता है, इसका वर्णन आगे आयेगा। उनकी बहुत-सी रचनाएँ फ़ारसी में भी हैं। कविता की दृष्टि से देखा जाये तो 'इन्शा' की काव्य-रचनाओं में गम्भीरता और चिन्तनशीलता का अभाव है, जो किसी भी उत्कृष्ट-साहित्य के लिए आवश्यक है। इसीलिए उनकी ग़ज़लें हलकी जान पड़ती हैं। कला और साहित्य की दृष्टि से उनके क़सीदे सराहनीय हैं। इसमें संदेह नहीं कि वह एक बहुत बड़े कवि थे। उनके विचारों में विविधता और उनकी शैली में नवीनता है, लेकिन वह उनके ज्ञान एवं विद्वत्ता के स्तर के अनुसार नहीं दीखती। उनके लिए यह ठीक कहा गया है कि अगर वह कविता न कहते, तो उनके ज्ञान पर इतना बुरा प्रभाव न पड़ता और अगर वह दरबार के एक कवि न बन जाते तो, उनकी कविता इस प्रकार से गम्भीरता से वंचित न होती।

'इन्शा' की सबसे महत्त्वपूर्ण रचना 'दरिया-ए-लताफ़त' है, जो भाषा-विज्ञान, व्याकरण, काव्य-शास्त्र और अन्य विषयों का एक बड़ा कोश है। इस किताब के अध्ययन से उनकी जानकारी और गहराई का अनुमान मिलता है। उस समय उर्दू-भाषा का जो रंग रूप था, जिस प्रकार वह विभिन्न लोगों में प्रचलित थी, जिस तरह वह उस समय की सामाजिक परिस्थिति में विकसित हो रही थी, उस पर 'इन्शा' ने बड़ी गम्भीरता से प्रकाश डाला है। यह पुस्तक फ़ारसी में है, लेकिन इसमें उर्दू गद्य और पद्य के जो उदाहरण दिये गये हैं, उनसे 'इन्शा' की भाषा-विज्ञान की जानकारी मालूम होती है। उनकी एक और महत्त्वपूर्ण गद्य-रचना, रानी केतकी और कुँवर उदयभानु की कहानी है, जो उर्दू के अतिरिक्त नागरी-लिपि में प्रकाशित हो चुकी है और जिसका वर्णन आगे के अध्याय में आयेगा। 'इन्शा' की कविता के इतने विभिन्न रंग हैं कि सबके उदाहरण नहीं दिये जा सकते, केवल कुछ ग़ज़लों के शेर दिये जाते हैं। उनकी बहुत प्रसिद्ध ग़ज़ल, जो उनकी अन्तिम ग़ज़ल कही जाती है, उनकी दूसरी ग़ज़लों से अलग है—

कमर बाँधे हुए चलने को याँ सब यार बैठे हैं।
बहुत आगे गये बाक़ी जो हैं तैयार बैठे हैं॥
न छेड़ ऐ निकहते-बादे-बहारी[१], राह लग अपनी।
तुझे अठखेलियाँ सूझी हैं हम बेज़ार[२] बैठे हैं॥

१. बहार की हवा की सुगन्ध, २. उचाट हृदय।

तसौव्वुर[१] अर्श[२] पर है और सर है पा-ए-साक़ी[३] पर।
ग़रज़ कुछ और धुन में इस घड़ी मयख़ार[४] बैठे हैं॥
ये अपनी चाल है उफ़तादगी[५] से अब, कि पहरों तक।
नज़र आया जहाँ पर साया-ए-दीवार बैठे हैं॥
भला गर्दिश[६] फ़लक[७] की चैन देती है किसे 'इन्शा'।
ग़नीमत है कि हम-सूरत[८] यहाँ दो चार बैठे हैं॥

झिड़की सही, अदा सही, चीं-बर-जबीं सही।
सब कुछ सही, पर एक नहीं की नहीं सही॥

ये जो महन्त बैठे हैं राधा के कुण्ड पर।
औतार बन के गिरते हैं परियों के झुण्ड पर॥

ले के मैं ओढ़ूँ-बिछाऊँ लपेटूँ, क्या करूँ।
रूखी-फीकी ऐसी-सूखी मेहरबानी आपकी।।

लगी है मेंह की झड़ी बाग़ में चलो झूलें।
कि झूलने का मज़ा भी इसी बहार में है।।

'इन्शा' के मित्रों में एक सआदत यार ख़ाँ दिल्ली के सैनिक थे, उनका उपनाम 'रंगीन' था। उन्हें इधर-उधर घूमने-फिरने का बहुत शौक़ था, बड़े-बड़े अमीरों और नौव्वाबों के दरबार में उनका आदर होता था। अन्त में नौकरी छोड़कर घोड़ों का व्यापार करने लगे थे। इस सम्बन्ध में भी इधर-उधर बहुत आना-जाना रहता था, जब लखनऊ आते थे, तो 'इन्शा' का हर घड़ी का साथ रहता था। जैसा उनका उपनाम था वैसा ही रंगीन स्वभाव भी था। चूँकि उनको एक विलासपूर्ण जीवन व्यतीत करने का अवसर प्राप्त था, इसलिए वह शेर-शाएरी में अपना अधिक समय बिताते थे। हँसने-हँसाने वाले आदमी थे, विचारों में कोई गम्भीरता नहीं थी, लेकिन उनकी कविताएँ और पुस्तकें बड़ी संख्या में हैं। कई रचनाएँ फ़ारसी में भी हैं। १८३४ ई० के लगभग उनका देहान्त हुआ। उनकी पुस्तकों में चार काव्य-संग्रह, कई मसनवियाँ तथा एक किताब 'मजलिसे-रंगीं' के नाम से प्रसिद्ध है, जिसमें उन्होंने शाएरों, मुशाएरों और उनके साहित्यिक जमघटों का उल्लेख किया है। इस पुस्तक से उस समय के जीवन पर भी अच्छा प्रकाश पड़ता है। 'रंगीन' के चारों काव्य-संग्रह एक साथ भी प्रकाशित हुए हैं, जिनमें हर प्रकार की कविताएँ मिलती हैं। उनकी ग़ज़लें कोई विशेषता नहीं रखतीं और सच यह है कि 'रंगीन' को जो कुछ महत्त्व उर्दू साहित्य में प्राप्त है, वह इसलिए है कि उन्होंने स्त्रियों की बोलचाल में और उन्हीं के जीवन से सम्बन्ध रखने वाली समस्याओं पर बहुत-सी कविताएँ लिखीं और यह दावा किया कि वही इस

---

१. ध्यान, २. आकाश, ३. मधुबाला का पाँव, ४. शराबी, ५. लड़खड़ाहट,
६. चक्कर, ७. आकाश, ८. अपनी शक्ल वाले।

शैली के जन्मदाता हैं। रंगीन ने इस कविता को 'रेख़्ती' के नाम ने सम्बोधित किया है। 'इन्शा' की चर्चा करते हुए भी इसकी ओर संकेत किया जा चुका है। निश्चित रूप से यह नहीं कहा जा सकता कि 'रेख़्ती' का आरम्भ 'इन्शा' के हाथ से हुआ या 'रंगीन' के। 'इन्शा' ने अपना और 'रंगीन' का नाम एक-साथ लिखा है। कुछ लोगों का विचार है कि दक्षिण के प्रसिद्ध कवि 'हाशिमी बीजापुरी ने पहले-पहल 'रेख़्ती' लिखी। 'रेख़्ती' केवल स्त्रियों की भाषा में कुछ लिखने का नाम नहीं है, बल्कि उन्हीं के जीवन से सम्बन्ध रखने वाले हालात इस प्रकार बयान किये जाते हैं कि पारिवारिक जीवन में जो वेदना, घुटन और प्रतिबन्ध हैं, उनका चित्र आँखों के सामने खिंच जाये। इसमें उनके यौन सम्बन्धी जीवन का वर्णन करने में कभी-कभी अश्लीलता भी स्पष्ट होने लगती है, जो 'रेख्ती' की एक विशेषता भी है।

'रेख़्ती' को उर्दू साहित्यकारों ने कुछ अधिक महत्त्व नहीं दिया है, क्योंकि उसमें उच्च नैतिक सिद्धान्तों के बदले घृणा से भरे हुए जीवन को सामने लाने की चेष्ठा की जाती थी। एक मिटते हुए सामन्ती समाज में स्त्री का कोई स्थान नहीं होता, उसका सुख और दुःख नहीं समझा जाता। उसके जीवन का एक-एक क्षण पुरुषों के इशारों पर निर्भर होता है, लेकिन गहरी दृष्टि से देखा जाये, तो इस अवस्था में स्त्रियों के सीने में बड़े-बड़े तूफ़ान उठते होंगे, उनकी भी कुछ भावनाएँ होंगी जिनकी ओर पुरुषों ने ध्यान न दिया होगा, इसलिए अगर 'रंगीन' और 'इन्शा' ने अवध के उस विलास-युक्त समाज़ में स्त्री की ओर भी देखा और उसका वर्णन किया तो इसे ऐतिहासिक महत्त्व अवश्य ही देना चाहिए। इसमें संदेह नहीं कि ये कवि अपने सामने कोई ऊँचा आदर्श नहीं रखते थे, न उनका कोई बड़ा उद्देश्य था। वे महिला-समाज के उद्धार के लिये भी प्रयत्नशील नहीं थे, परन्तु अवचेतन रूप में उनके जीवन का चित्रण करने में सफल हुए और उससे एक बड़ी कमी पूरी हुई। यह भी ठीक है कि अश्लीलता के कारण उनका साहित्यिक महत्त्व कम हो जाता है। ऐसा जान पड़ता है कि दुराचार और वासना का प्रचार किया जा रहा है, लेकिन इसको क्या किया जाये कि उस समय के जीवन में यह भ्रष्टाचार मौजूद था। अगर उसकी ओर किसी ने नहीं देखा था, तो इससे यह न समझना चाहिए कि स्त्री-जीवन की समस्याएँ प्रस्तुत किये जाने योग्य नहीं थीं। 'रंगीन' इस जीवन से परिचित थे, इसलिए उन्होंने ऐसी कविताएँ लिखीं। उदाहरण के लिए कुछ शेर दिये जाते हैं—

चलो चलकर क़ुतुब साहब में झूलें डाल कर झूला।
दुगाना[१] मेंह बरसता है, महीना है ये सावन का॥

कोई पीस कर ख़ूब-सी लाल मिर्चें।
तेरे दोनों दीदों में भर जाये आतूँ[२]॥

---

१. सख़ी-सहेली, २. दाई।

नन्हें से कलेजे को क्या इसके हुआ लोगो।
कुछ इन दिनों रहती है दिलगीर[१] मेरी छूछू[२]॥

जो तेरे पास से आता है, मैं पूछूँ हूँ यही।
क्यों जी कुछ ज़िक्र हमारा भी वहाँ रहता है॥

इस युग के एक प्रसिद्ध कवि 'मुसहफ़ी' भी हैं। इनका नाम शैख़ ग़ुलाम हमदानी था, अमरोहे के रहने वाले थे और युवावस्था ही में दिल्ली चले आये थे। दिल्ली में उस समय शेर-शायरी की धूम थी। 'मुहसफ़ी' भी मुशाएरों में जाते और दिल्ली के साहित्यिक जीवन में भाग लेते थे। नौकरी की खोज में इधर-उधर फिरे और अन्त में लखनऊ चले आये। लखनऊ में मिर्ज़ा सुलैमाँशिकोह के दरबार में नौकर हो गये। यहीं 'इन्शा' से उनकी साहित्यिक प्रतिद्वन्द्वता भी रहती थी। यह बताना तो असम्भव है कि झगड़ा आरम्भ किधर से हुआ, लेकिन यह बात स्पष्ट है कि राजदरबार में अपने स्थान को सुरक्षित रखने और अपने को श्रेष्ठ सिद्ध करने के लिए कवियों को भी एक-दूसरे को नीचा दिखाने की चेष्टा करनी पड़ती थी। ये झगड़े इतने बढ़ गये थे कि कभी-कभी वे बड़ा गंदा और अश्लील रूप धारण कर लेते थे। एक-दूसरे की निन्दा करने में सभी साधनों का प्रयोग किया जाता था और चूँकि ये लोग लखनऊ के प्रमुख कवि थे, इसलिए यहाँ के अन्य लोग भी उसमें सम्मिलित होकर आनन्द प्राप्त करते थे। उर्दू-साहित्य की अनेक पुस्तकों में यह कहानी बड़े रोचक शब्दों में कही गयी है, जिसमें सच-झूठ इस प्रकार मिल गये हैं कि उनको अलग-अलग नहीं किया जा सकता है। हम अधिक से अधिक यह कह सकते हैं कि कविता को इस नीचे स्तर पर खींच लाना उचित न था, परन्तु सामाजिक जीवन में आमोद-प्रमोद और विलास को इस प्रकार अधिकार प्राप्त हो गया था कि उसमें यह अनुचित बातें भी उचित हो गयी थीं। इसका परिणाम यह हुआ कि 'इन्शा' और 'मुसहफ़ी और ऐसे ही दूसरे कवि हमारे हृदय में सम्मान की वही भावनाएँ जाग्रत नहीं करते जो 'मीर', 'सौदा', 'दर्द' और दूसरे कवियों के लिए पैदा होती हैं। सारा दोष उस समय के राजदरबार पर डाला जा सकता है, परन्तु ये बड़े कवि थे और इसे देखते हुए यह कहा जा सकता है कि उन्हें गम्भीरता और धैर्य से काम लेना चाहिये था। 'मुसहफ़ी की मृत्यु १८२४ ई० में हुई और उन्होंने बहुत से शिष्य छोड़े, जिन्होंने बड़ा नाम पैदा किया।

'मुसहफ़ी' के आठ काव्य-संग्रह मिलते हैं। वह सब के सब अभी तक प्रकाशित नहीं हुए हैं। इनमें अधिकतर ग़ज़लें हैं, लेकिन उनके अतिरिक्त क़सीदे, मसनवी इत्यादि भी मिलते हैं। 'मुसहफ़ी' ने फ़ारसी में तीन और किताबें लिखी हैं, जिनमें फ़ारसी तथा उर्दू के कवियों के जीवन-चरित्र और उनकी रचनाओं पर आलोचना की गयी है। उर्दू-साहित्य के इतिहास में इनको बड़ा महत्त्व प्राप्त है, क्योंकि उनसे केवल बहुत-से कवियों के बारे ही में हमें ज्ञान प्राप्त नहीं होता वरन् उस समय के

---

१. दुःखी, २. दाई, खिलाई।

जीवन पर भी प्रकाश पड़ता है। उनके नाम हैं 'अक़्देसुरैया', 'तज़किर-ए-हिंदी' और 'रियाज़ुल-फ़ुसहा'। इनमें 'मुसहफ़ी' ने अपने हालात भी लिखे हैं जिनसे मालूम होता है कि उन्होंने फ़ारसी में भी कई संग्रह एकत्र कर लिए थे, परन्तु उनका अधिकांश संग्रह नष्ट हो गया।

'मुसहफ़ी' उर्दू के श्रेष्ठ कवियों में गिने जाते हैं। उनकी ग़ज़लों में भावुकता, सादगी और कलात्मक निपुणता पायी जाती है। उनकी एक त्रुटि जिसकी ओर संकेत करना आवश्यक है, यह थी कि वह बहुधा बड़े-बड़े फ़ारसी और उर्दू कवियों की शैलियों को अपनाने की चेष्ठा करते थे। इसका परिणाम यह हुआ कि स्वयं उनका कोई रंग अपनी विशेषताओं के साथ सामने नहीं आता। उनकी कविताओं में 'मीर', 'सौदा', 'जुर्अत' और 'इन्शा' सभी के रंग मिलते हैं, फिर भी इसमें संदेह नहीं कि उनको उर्दू के महान कवियों की पंक्ति में जगह मिलती रहेगी। उनके कुछ शेर उदाहरण के लिए प्रस्तुत हैं—

सोते ही हम रह गये अफ़सोस हाय।
क़ाफ़िला यारों का सफ़र कर गया॥
क़िस्सा कहूँ क्या दिले-बीमार का।
इश्क की तप[१] थी न बचा मर गया॥

तेरे कूचे[२] हर बहाने मुझे दिन से रात करना।
कभी इससे बात करना कभी उससे बात करना॥

मैं एतमाद[३] करूँ किसकी आशनाई[४] पर।
कोई किसी का ज़माने में आशना भी है?॥

क्या जानते थे हम कि ख़फ़ा होंगा बाग़बाँ।
गुलशन में ले गयी थी नसीमे-सहर[५] हमें॥

जो सैर करनी है करले, कि जब ख़िज़ाँ[६] आयी।
न गुल[७] रहेगा चमन में, न ख़ार[८] ठहरेगा॥

यही है लूट तो दस्ते-जुनूँ[९] के हाथों से।
न एक मेरे गरीबाँ[१०] में तार[११] ठहरेगा॥

यहाँ तक जिन कवियों का उल्लेख हुआ, उनकी आयु का बड़ा भाग कहीं और बीता, लेकिन अपने जीवन के अन्तिम क्षणों में ये लोग लखनऊ के हो रहे। उर्दू-साहित्य के इतिहासकार इन कवियों को दिल्ली और लखनऊ दोनों में गिनते हैं। इन लोगों की रचनाएँ दिल्ली के रंग से थोड़ा-बहुत हटी हुई हैं, परन्तु यह नहीं कहा जा

१. ज्वर, २. गली, ३. विश्वास, ४. मित्रता, ५. सुबह की हवा, ६. पतझड़, ७. फूल, ८. काँटा, ९. उन्मत्तता, १०. गले, ११. धागा।

सकता कि ये कवि लखनऊ-केन्द्र के कवि थे। हाँ, यह बात अवश्य है कि इन्होंने काव्य रचना को जिस डगर पर डाल दिया था, वह एक नयी दिशा का पता देता है। जिन कवियों का वर्णन हुआ है, उनके अतिरिक्त बहुत से और कवियों के नाम मिलते हैं, जो दिल्ली से लखनऊ आये। लखनऊ में पहले से कोई बना-बनाया रंग मौजूद नहीं था, इन कवियों ने नयी सामाजिक स्थिति तथा एक ऐसा वातावरण पैदा कर दिया, जिससे लखनऊ-केन्द्र में कुछ नवीन विशेषताएँ उत्पन्न हो गयीं। उन्हीं को कभी-कभी 'लखनऊ-स्कूल' कहा जाता है।

इस विषय पर बहुत वाद-विवाद हो चुका है कि दिल्ली और लखनऊ की काव्य-रचना में क्या विशेष अन्तर है। बहुत से लिखने वाले बहुत सोच-विचार किये बिना दोनों को एक-दूसरे से सर्वथा भिन्न सिद्ध करते हैं। वे यह नहीं सोचते कि सामन्ती पतन का जो युग दिल्ली में था, वही साधारण अन्तर के साथ लखनऊ में भी था। जीवन के जो मूल सिद्धान्त एक जगह माने जाते थे वही दूसरी जगह भी माने जाते थे। साहित्य, इतिहास, दर्शन-शास्त्र की जो परम्पराएँ एक जगह आदर की दृष्टि से देखी जाती थीं, वही बात दूसरे स्थान पर भी थी। जो आर्थिक और सामाजिक स्थिति, वर्गों का जो आधार दिल्ली में था, लगभग वही लखनऊ में भी था, इसलिए कविता के क्षेत्र में कोई विशेष परिवर्तन होना असम्भव था। काव्य जीवन का प्रतिबिम्ब होता है और अगर जीवन के मूल-आधारों में परिवर्तन नहीं हुआ तो साहित्य में भी नहीं हो सकता था। इससे यह निष्कर्ष निकाला जा सकता है कि शैली और विचार-दृष्टि में जो नवीनता लखनऊ में उत्पन्न हुई, वह कुछ ऐसे कारणों से हुई जो इतने महत्त्वपूर्ण और गहरे नहीं थे कि वे साहित्य की धारा को बिल्कुल ही मोड़ देते।

साधारण रूप में यह कहा जा सकता है कि दिल्ली का मुग़लराज्य शताब्दियों की उन्नति और प्रतिभा के बाद क्षयरोग-ग्रस्त प्राणी की तरह धीरे-धीरे अपनी मृत्यु की ओर जा रहा था। ऐसा जान पड़ता था कि अब कोई शक्ति नहीं है, जो उसे इस विनाश से बचा सकेगी, इसलिए वहाँ के कवियों की भावना नैराश्य-पूर्ण थी और हृदय की गहराई से उत्पन्न होती थी। लखनऊ में यह बात नहीं थी, यहाँ नया-नया राज्य स्थापित हुआ था, जो बाह्य-रूप से उन्नति की ओर बढ़ रहा था। दिल्ली के मुक़ाबले में यहाँ शान्ति भी अधिक थी और लोग एक प्रकार से अच्छी आर्थिक दशा में थे। उस समय के कवि और अन्य कलाकार इतिहास की गति से अनभिज्ञ थे। वे नहीं जानते थे कि जो घुन दिल्ली को खा रहा है, वही लखनऊ को भी खा रहा है। इसलिए वे इस चढ़ते हुए सूर्य के प्रकाश में खो गये और सुन्दरता के बाह्य रूप के पुजारी बनकर अपनी कविता को उन्होंने वह सुन्दरता नहीं दी, जो हार्दिक भावों के प्रकट करने के लिए आवश्यक होती है। इसके अतिरिक्त यह बात भी थी कि कवियों को जो संरक्षण और सम्मान दिल्ली में नहीं मिल रहा था, वह अब लखनऊ में प्राप्त था। इसलिए यह बात स्वाभाविक थी कि वे यहाँ के जीवन में घुल-मिल जाएँ और

समस्याओं को एक नयी दृष्टि से देखें। इसमें सन्देह नहीं कि यह दृष्टि एक प्रकार की बनावट रखती थी और गम्भीर से गम्भीर विषय को केवल ऊपर ही से देखती थी। इसका प्रभाव भी उस समय के साहित्य पर देखा जा सकता है। एक तीसरी बात जिसकी ओर संकेत करना आवश्यक है, यह है कि लखनऊ के नौव्वाब और बादशाह मुसलमानों के उस समुदाय से सम्बन्ध रखते थे, जिन्हें शीआ कहा जाता है। उनकी विचार-दृष्टि और कुछ रीति-रिवाज दूसरे मुसलमानों से अलग थे। वे मुसलमानों के नबी, उनकी सुपुत्री, उनके चचेरे भाई और दामाद हज़रत अली और दो नाती इमाम हसन और इमाम हुसैन से असाधारण प्रेम रखने के कारण उनके जन्म और मृत्यु से सम्बन्धित दिवस बड़े उत्साह, जोश और धूम-धाम से मनाते हैं। विशेषकर इमाम हुसैन की शोक-प्रद शहादत की याद में प्रत्येक वर्ष के कई महीने शोक और विलाप में व्यतीत करते हैं। अपने लौकिक जीवन को भी किसी-न-किसी प्रकार से उन्हीं महान पुरुषों के जीवन से सम्बन्धित करके अपने दु:ख और सुख के हर अवसर पर उन्हें याद करते और उससे नैतिक बल प्राप्त करने की चेष्टा करते हैं। साहित्य के कई रूप इसी धार्मिकता के परिणामस्वरूप विकसित हुए थे, जैसे मर्सिया, नौहा, सलाम इत्यादि।

ये सारी बातें साहित्य को एक नवीन मार्ग पर चलने के लिए पर्याप्त हैं। एक बात जिसने इस नवीनता को प्रकट करने में सबसे अधिक भाग लिया, वह भाषा की भिन्नता थी। इस प्रश्न को भी लोगों ने बहुत बढ़ा-चढ़ाकर प्रस्तुत किया है, परन्तु इसमें भी सन्देह नहीं कि लखनऊ की बोलचाल की हिन्दुस्तानी पर अवधी की नम्रता और मीठेपन का प्रभाव भी पड़ा था। जिस प्रकार यहाँ की सभ्यता में एक प्रकार की सूक्ष्म सुन्दरता पायी जाती है, उसी प्रकार यहाँ की बोलचाल में भी कोमलता का आभास होता है। कुछ शब्दों की ध्वनि, कुछ स्त्रीलिंग और पुल्लिंग, कुछ मुहावरे एक दूसरे से विभिन्न हैं और साहित्य का कोई आलोचक जो गहरी दृष्टि से दिल्ली और लखनऊ की कविता को देखना चाहता है, इनसे आँखें नहीं मूँद सकता। इस प्रकार लखनऊ और दिल्ली की कविता में कई रंग में झलकियाँ मिलती हैं, परन्तु इसका यह अर्थ नहीं है कि जो त्रुटियाँ लखनऊ में थीं, वे दिल्ली में नहीं पायी जाती थीं या जो विशेषताएँ दिल्ली में मिलती हैं, उनसे लखनऊ का समस्त साहित्य वंचित था। हम केवल यह कह सकते हैं कि कुछ भावनाएँ और उन भावनाओं के प्रकट करने का ढंग एक जगह कम और भिन्न है, दूसरी जगह अधिक। सम्भवत: यह बात सच है कि विचारधारा में अधिक अन्तर न होते हुए भी शैलियों का अन्तर कभी-कभी एक मौलिक भेद का रूप धारण कर लेता है, जिसे एक-दूसरे की प्रतिद्वन्द्वता ने और रूढ़ बना दिया।

विस्तार में न जाते हुए भी इस विश्लेषण से उस साहित्यिक वाद-विवाद का थोड़ा बहुत अनुमान लगाया जा सकेगा, जिसे 'दिल्ली-स्कूल' और 'लखनऊ-स्कूल' का झगड़ा कहा जाता है। जिन विशेषताओं की ओर संकेत किया गया है, उनके लिए

एक वातावरण पहले ही बन चुका था। थोड़ा समय और बीत जाने पर वह बिल्कुल स्पष्ट होकर सामने आ गया और सहस्त्रों कवियों ने अपने-अपने ढंग से उसे विकसित करने का यत्न किया। कहा जाता है कि १९वीं शताब्दी के आरम्भ में लखनऊ के कोने-कोने में मुशाएरे होते थे और कविता की भावनाएँ हर श्रेणी के लोगों में इस प्रकार बस गयी थीं कि अनपढ़ लोग तक काव्य की रचना कर लेते थे और कविता की सुन्दरता से आनन्द प्राप्त कर सकते थे। इस संक्षिप्त इतिहास में केवल प्रथम श्रेणी के साहित्यकारों ही का परिचय दिया जा सकता है।

जब लखनऊ-केन्द्र की कविता का उल्लेख किया जाता है, तो सबसे पहले 'नासिख़' और 'आतिश' के नाम हमारे सामने आते हैं। वास्तव में लखनऊ-केन्द्र को जो व्यक्तित्व और महत्ता प्राप्त है, वह इन्हीं दो कवियों और विशेषकर 'नासिख़' का प्रदान किया हुआ है। उन्हें एक प्रकार से 'साहित्यिक-अधिनायक' कहा जा सकता है, क्योंकि साहित्य-जगत में उनकी अधीनता केवल लखनऊ ही के लोग स्वीकार नहीं करते थे; बल्कि दिल्ली के बड़े-बड़े साहित्यकार भी उनका लोहा मानते थे।

'नासिख़' का नाम इमामबख़्श था। उनका जन्म फ़ैज़ाबाद में हुआ था। इस बात में आलोचकों में बड़ा मतभेद है कि वे किस वंश से सम्बन्ध रखते थे। इसकी ओर संकेत करना इसलिए आवश्यक हो जाता है कि उनके विरोधी कवियों ने इसी की आड़ में उनकी निन्दा करने के अवसर ढूँढ़े हैं। 'नासिख़' ने थोड़े ही समय में इतना नाम पैदा कर लिया कि लखनऊ के बड़े-बड़े राज्याधिकारी तथा अमीर उनके शिष्य बन गये। 'नासिख़' ने कभी राज-दरबार से अपना नाता नहीं जोड़ा, परन्तु उनके चारों ओर राज-दरबार का ही वातावरण था। इसलिए वे इस बात पर मजबूर होते थे कि दरबार के नियमों का पालन करें। जब वे अपने आत्माभिमान के कारण ऐसा न कर सके, तो उन्हें लखनऊ छोड़ना पड़ा। उन्होंने कुछ समय इलाहाबाद में भी बिताया, वहाँ वे दाएरशाह-अजमल में रहते थे और अपनी कविता में अनेक स्थलों पर इसकी चर्चा की है, जैसे—

हिर फिर के दाएरे ही में रखता हूँ मैं क़दम।
आयी कहाँ से गरदिशे-परकार पाँव में॥
तीन त्रिवेनी वो दो आँखें मेरी।
अब इलाहाबाद भी पंजाब है॥

इसी तरह उन्हें लखनऊ छोड़कर फ़ैज़ाबाद, बनारस और कानपुर में भी रहना पड़ा, परन्तु उन्होंने कभी बादशाह की सराहना में कोई कविता नहीं लिखी।

'नासिख़' जैसे कविता में अपने रंग में एक थे, उसी प्रकार उनका जीवन भी कुछ विचित्र था। कहा जाता है कि वह बहुत मोटे-ताजे और भद्दे शरीर के थे। व्यायाम का बहुत शौक था। रंग काला था और पारिवारिक जीवन के झमेलों से मुक्त रहने की इच्छा से उन्होंने विवाह भी नहीं किया था। खाना दिन-रात में केवल एक ही बार

खाते थे, लेकिन वह पाँच सेर के लगभग होता था। हर काम के लिए उनका समय नियत था। जिस फल का मौसम होता उसे जी भर के खाते थे। चूँकि बहुत से अमीर लोग उनके शिष्य थे, इसलिए इन्हें जीवन में कभी खाने पीने की तकलीफ़ नहीं हुई। नौव्वाब आग़ामीर, जिनकी ड्योढ़ी लखनऊ में अब भी प्रसिद्ध है, उनका बहुत आदर करते थे। कहा जाता है कि ग़ाज़ीउद्दीन हैदर ने उनको कविराय की पदवी देनी चाही तो उन्होंने यह कहकर उसे स्वीकार नहीं किया कि इतने छोटे से बादशाह की दी हुई पदवी लेकर क्या करूँगा। 'नासिख़' का यश दूर-दूर फैला और महाराजा चंदूलाल 'शादाँ' जो निज़ामे-दकन के दीवान थे, दस-बारह हजार रुपया भेजकर उन्हें हैदराबाद बुलाना चाहते थे, लेकिन ये इसके लिए तैयार न हुए और हैदराबाद नहीं गये। १८३८ ई० में उनकी मृत्यु हुई।

'नासिख़' ने तीन काव्य-संग्रह छोड़े हैं, जिनमें से दो बहुत प्रसिद्ध हैं। उन्होंने एक मसनवी भी धार्मिक विषय पर लिखी, जिसका नाम 'सिराज-नज़्म' है। कहा यह जाता है कि उन्होंने व्याकरण और काव्य-शास्त्र के सम्बन्ध में भी छोटी-छोटी पुस्तकें लिखी थीं, परन्तु निश्चित रूप में उनका पता नहीं चलता। 'नासिख़' एक ग़ज़ल लिखने वाले कवि थे और उन्होंने जो शैली चलायी थी, उसी के कारण उन्हें बहुत बड़े कवियों में गिना जाता है। ग़ज़ल में जो भावुकता और हार्दिक वेदना का अंश होता है, वह 'नासिख़' के यहाँ बहुत कम है। वह भाषा के एक बहुत बड़े पंडित और काव्य-शास्त्र के निपुण विद्वान माने जाते हैं। विचार-क्षेत्र में वे बहुत से कवियों से पीछे हैं, किन्तु इस भाषा के प्रयोग में उन्हें प्रथम स्थान दिया जाता है। उनकी कविता में बड़ी बनावट और अलंकारों का अधिक प्रयोग पाया जाता है। इसलिए उनकी ग़ज़लें बहुधा रूखी-फीकी और नीरस होती हैं। अगर कविता केवल शब्दों के शुद्ध प्रयोग का नाम होता, तो 'नासिख़' से बड़े बहुत कम कवि निकलते, लेकिन भावनाओं की कमी और गंभीरता के न होने से उनकी कविता हृदय पर कोई स्थाई प्रभाव नहीं छोड़ती। इसका यह अर्थ नहीं है कि उनकी कविता अच्छे शेरों से एकदम ख़ाली है, बल्कि सच यह है कि किसी प्रकार की स्पष्ट त्रुटि न होते हुए भी उनकी कविता बेजान-सी जान पड़ती है। भाषा के सम्बन्ध में उन्होंने जो कुछ किया उससे भाषा को लाभ भी हुआ और हानि भी। हानि यह हुई कि उसके विकास की दिशायें सीमित हो गयीं और कवियों का पूरा ध्यान विचार के बदले शब्दों और अलंकारों पर केन्द्रित हो गया, और लाभ यह हुआ कि भाषा के प्रयोग में एक प्रकार की समानता आ गयी और एक ऐसा नियम प्रतिपादित हो गया जिससे विमुख होना काव्यशास्त्र के सिद्धान्तों के विरुद्ध ठहरा। संक्षेप में हम यह कह सकते हैं कि 'नासिख़' एक कवि के रूप में असफल हैं, क्योंकि वे भावनायें जो कविता को प्रभावशाली बनाती हैं, बुझी-बुझी और दबी-दबी-सी हैं। इसके विरुद्ध भाषा, मुहावरे और अलंकार सारी कविता पर इस प्रकार छाये हैं कि वही उनकी रचनाओं का मूल अंग जान पड़ते हैं। उदाहरण के लिये ये शेर देखिये—

आज होता है दिला[१]! दर्द जो मीठा मीठा।
ध्यान आता है तुझे किसके लबे-शीरीं[२] का॥

सैकड़ों आहें करूँ पर ज़िक्र क्या आवाज़ का।
तीर जो आवाज़ दे, है नक़्स[३] तीरअँदाज़ का॥
नाज़नीनों[४] से करूँ क्या रब्त[५] मैं नाज़ुक-मिज़ाज।
बोझ उठ सकता नहीं मुझसे किसी के नाज़ का॥

तुर्फ़ा-गुल[६] इस बाग़ में है और शबनम[७] है अजीब।
हँस के बैठा जो तेरी महफ़िल में वो रो कर उठा॥
बात जिन नाज़ुक मिज़ाजों से न उठती थी कभी।
बोझ उनसे सैकड़ों मन ख़ाक का क्योंकर उठा॥

रश्क[८] से नाम नहीं लेते कि सुन ले न कोई।
दिल ही दिल में उपे हम याद किया करते हैं॥

वो नहीं भूलता जहाँ जाऊँ।
हाय मैं क्या करूँ कहाँ जाऊँ॥

किसी का कब कोई रोज़े-सियह[९] में साथ देता है।
कि तारीकी[१०] में साया भी जुदा रहता है इन्साँ से॥

'नासिख़' की भाँति प्रसिद्ध और उतने ही महत्त्वपूर्ण लखनऊ के दूसरे कवि ख़्वाजा हैदर अली थे, जिनका उपनाम 'आतिश' था। उनका परिवार दिल्ली के सुफ़ियों का परिवार था। 'आतिश' के पिता दिल्ली से फ़ैज़ाबाद चले आये थे और वहीं 'आतिश' ने जन्म लिया। बालपन ही में पिता ने साथ छोड़ दिया और 'आतिश' को अपने पैरों पर आप खड़ा होना पड़ा। एक स्वच्छन्द और स्वतन्त्र जीवन व्यतीत करने का अवसर मिला, तो "आतिश' कुछ अधिक शिक्षा प्राप्त न कर सके और फ़ौजी छाउनी के सिपाहियों और उनके लड़कों के साथ खेल-कूदकर तलवार चलाना और निर्भीक जीवन व्यतीत करने का गुर सीख गये। उनके स्वभाव में एक प्रकार की स्वतंत्रता और बाँकपन पैदा हो गया था, साथ ही कुछ तो सूफ़ी घराने से सम्बन्ध रखने और कुछ स्वतंत्र जीवन बिताने के कारण एक प्रकार का संतोष और आत्माभिमान पैदा हो गया था, जिसकी झलक उनकी शायरी में क़दम-क़दम पर दिखायी देती है। फ़ैज़ाबाद में एक नौव्वाब के यहाँ तलवार चलाने वालों में नौकर हो गये थे और उन्हीं के साथ लखनऊ आ गये। उस समय का लखनऊ शेर-शायरी का केन्द्र था। 'इन्शा' और मुसहफ़ी' का बोलबाला था और हर जगह इन्हीं की चर्चा थी। 'आतिश' भी 'मुसहफ़ी' के शिष्य हो गये, किन्तु किसी बात पर उनसे अप्रसन्न होकर

---

१. ऐ दिल, २. मीठे अधर, ३. त्रुटि, ४. कोमल प्रेमिकाएँ, ५. सम्बन्ध,
६. अनोखा फूल, ७. ओस, ८. डाह, ९. बुरे दिन, १०. अँधेरा।

नाता तोड़ लिया। उनके अन्दर स्वयं कविता के ऐसे तत्त्व थे कि थोड़े ही समय में वे लखनऊ के मुशायरों में चमक उठे और उनका नाम भी बड़े कवियों में लिया जाने लगा। बहुत से लोग उनके शिष्य हो गये, परन्तु पर वे राज-दरबार और अमीरों से अलग-थलग एक संतुष्ट जीवन बिताते थे। कहा जाता है कि अवध के राजदरबार से उनको अस्सी रुपये महीना मिलता था, लेकिन वह उसे दीन और आश्रितों में बाँट देते थे।

'आतिश' का स्वभाव भी अत्यन्त आकर्षण रखता था। उनकी आवश्यकताएँ बहुत कम और इच्छाएँ न होने के बराबर थीं। बड़े लोगों से कभी मिलते न थे। दरिद्र और दीन भाइयों के साथ बैठकर प्रसन्न होते थे। एक लम्बा गेरुआ वस्त्र पहनते, हाथ में मोटा डंडा और कमर में तलवार लटकती रहती थी। भाँग पीने का शौक़ था। कभी-कभी अपनी कविता में इसका उल्लेख किया है। लोगों ने 'नासिख़' से मनमुटाव पैदा करा दिया था, लेकिन उसने कभी कोई गन्दा रूप धारण नहीं किया। १८४६ ई० में उनका देहान्त हो गया।

'आतिश' की कविता एक प्रकार से लखनऊ के उस रंग से मिलती-जुलती है, जिसको 'नासिख़' ने प्रचलित किया था। इसका अर्थ यह है कि उनकी कविता भी अलंकारों से भरी हुई है और कभी-कभी तो ऐसा जान पड़ता है कि यह भी भाव-शून्य होकर केवल शब्दों और अलंकारों के लिए शेर लिखते थे, लेकिन अगर ऐसी शायरी को अलग कर लिया जाये तो 'आतिश' का दूसरा रंग जिसमें भावनाओं और कल्पनाओं का ज़ोर है, बोलचाल की शुद्ध-भाषा में बड़े प्रवाह के साथ मुखर हो उठता है, और भाषा की सुन्दरता के साथ-साथ करुणा की अपार धारायें मन को आन्दोलित कर देती हैं। 'आतिश' के जीवन में जो स्वच्छन्दता, निर्भीकता और सरलता थी वही उनकी काव्य-रचना में भी दीख पड़ती है। उन्होंने बहुत अधिक कविताएँ नहीं लिखीं। केवल उनके दो छोटे-छोटे काव्य-संग्रह प्रकाशित हुए हैं। उनमें ग़ज़लों के सिवा और कुछ नहीं है, लेकिन इन्हीं ग़ज़लों में वह तसौव्वुफ़ के सूक्ष्म भाव और प्रेम के गहरे से गहरे विचार प्रकट करते हैं। उनके यहाँ नैतिक सिद्धान्तों का उल्लेख बार-बार आता है, जिनसे पता चलता है कि वे जीवन में संघर्ष और सुन्दरता की खोज को मानव जीवन का कर्तव्य समझते थे। यद्यपि नासिख़ भाषा के बहुत बड़े पण्डित थे, परन्तु यह बात पूरे विश्वास से कही जा सकती है कि 'आतिश' की भाषा उनसे अधिक मनोहर और रोचक ढंग से प्रस्तुत हुई है। 'आतिश' का विचार था कि कविता एक कला है, जिसमें शब्दों का सुन्दर से सुन्दर प्रयोग होना चाहिए, इसीलिए उनके यहाँ कला के साथ भावनाएँ इस प्रकार सम्मिलित हैं कि उन्हें अलग नहीं किया जा सकता है। उदाहरण के लिए ये शेर देखिए—

ज़मीने-चमन गुल खिलाती है, क्या-क्या।
बदलता है रंग आसमाँ कैसे-कैसे॥

न गोरे-सिकन्दर[१] न है क़ब्रे दारा।
मिटे नामियों के निशाँ कैसे-कैसे॥
बहारे-गुलिस्ताँ की है आमद-आमद।
खुशी फिरते हैं बाग़बाँ कैसे-कैसे॥

बुतख़ाना[२] खोद डालिये मस्जिद को ढाइये।
दिलको न तोड़िये ये ख़ुदा का मुक़ाम है॥
दिल की कुदूरतें[३] अगर इन्साँ से दूर हों।
सारे निफ़ाक़[४] गब्रो-मुसलमाँ[५] से दूर हों॥
नामर्द और मर्द में इतना ही फ़र्क़ है।
वो नान[६] के लिए मरे ये नाम के लिए॥

मेरे सनम[७] का किसी को मकाँ नहीं मालूम।
ख़ुदा का नाम सुना है निशाँ नहीं मालूम॥
अख़ीर हो गये ग़फ़लत[८] में दिन जवानी के।
बहारे-उम्र हुई कब ख़िज़ाँ नहीं मालूम॥
खुली है ख़ाना-ए-सय्याद[९] में हमारी आँख।
क़फ़स[१०] को जानते हैं, आशियाँ[११] नहीं मालूम॥
हम क्या कहें, किसी से, क्या है तरीक़[१२] अपना।
मज़हब नहीं है कोई मिल्लत नहीं है कोई॥
सर शम्अ-साँ[१३] कटाइए पर दम न मारिये।
मंज़िल हज़ार सख़्त[१४] हो हिम्मत ना हारिये॥

'नासिख़' और 'आतिश' की काव्य-रचना का गहरा अध्ययन किया जाये, तो प्रकट होगा कि जहाँ तक लखनऊ की काव्य-धारा का सम्बन्ध है, दोनों में कई प्रकार की समानताएँ मिलती हैं, लेकिन उनके मूल तत्वों को देखा जाये तो उनमें बड़ा मतभेद है। उर्दू-साहित्य के प्रत्येक इतिहास में उनकी तुलना की गयी है, जिसके देखने से मालूम होता है कि एक की कविता बनावट और अलंकारों पर आधारित है और दूसरा भावनाओं को इस प्रकार प्रस्तुत करता है कि अच्छे शब्द और अलंकार के प्रयोग से उसकी कविताओं की सुन्दरता और प्रभाव में वृद्धि हो जाती है। 'आतिश' सूफ़ी-मत के बहुत निकट थे, लखनऊ के कवियों ने तसौव्वुफ़ को कोई स्थान नहीं दिया था, इसलिए 'आतिश' की ध्वनि लखनऊ काव्य क्षेत्र में कुछ नयी-नयी-सी जान पड़ती है। उनके यहाँ संसार को ठुकरा देने, संघर्ष करके आगे बढ़ने और स्वतंत्र जीवन व्यतीत करने की भावना प्रबल है कि वे केवल लखनऊ ही में नहीं समस्त उर्दू-काव्य में

---

१. सिकन्दर की कब्र, २. मन्दिर, ३. मनमुटाव, ४. झगड़े, ५. मुसलमान तथा अमुस्लिम, ६. रोटी, ७. मूर्ति अर्थात् ईश्वर, ८. अचेतना, ९. शिकारी का घर, १०. पिंजरा, ११. घोंसला, १२. पथ, १३. दीपक के समान, १४. कठिन।

अपना एक उच्च स्थान बना लेते हैं। इन दोनों महान् कवियों के बहुत से शिष्य थे, जिन्होंने उनकी चलायी हुई परम्पराओं को प्रबल किया। यह बात याद रखने योग्य है कि इस समय तक 'नासिख़' की काव्य-परम्परा से सम्बन्ध रखने वाले उसी प्रकार भाषा की शुद्धता पर जोर देते रहे हैं, जैसा स्वयं 'नासिख़' ने किया, लेकिन इसके विपरीत 'आतिश' के शिष्यों में कई ऐसे हुए हैं, जिन्होंने भाषा के साथ-साथ विषय और विचारों पर भी जोर दिया।

नासिख़ के शिष्यों में प्रसिद्ध नाम ये हैं—'वजीर', 'बर्क़', 'रश्क', 'बह्र', 'मुनीर' और 'मेह्र' इत्यादि। इसी प्रकार 'आतिश' के शिष्यों में प्रमुख हैं, 'रिन्द', 'सबा', 'नसीम', 'ख़लील', 'शौक़' इत्यादि। फिर इन शिष्यों के शिष्य चलते रहे और यह क्रम इस समय तक जारी है। इनमें से हर-एक का उल्लेख इस संक्षिप्त पुस्तक में नहीं किया जा सकता, परन्तु दो-चार के बारे में कुछ लिखना आवश्यक जान पड़ता है क्योंकि इसी से लखनऊ काव्य-परम्परा की पूरी स्थिति समझ में आ सकेगी। इससे यह बात भी स्पष्ट हो सकेगी कि इन दोनों श्रेष्ठ कवियों के शिष्यों ने जो काव्य-धारा चलायी थी, वह चलती तो रही परन्तु उसमें कुछ विशेष वृद्धि उस समय तक न हो सकी, जब तक कि मीर 'अनीस', मिर्ज़ा, 'दबीर' ने और अनेक प्रमुख कवियों ने मरसिया की कला को जमीन से उठाकर आसमान पर नहीं पहुँचा दिया।

'नासिख़' के प्रसिद्ध शिष्य 'वज़ीर' लखनऊ के रहने वाले थे और एक उच्च-कुल से सम्बन्ध रखते थे। उन्होंने अपना समस्त जीवन संसार से विरक्त रहकर अपने ढंग से बिता दिया। कहा जाता है कि वाजिद अली शाह ने दो दफ़ा बुलाया लेकिन वे टाल गये। 'नासिख़' के रंग में बहुत अच्छी कविताएँ लिखते थे। उनके भी बहुत से शिष्य थे और वे लोग भी उस शैली को प्रचलित करने में लगे हुए थे, जिसे 'नासिख़' चलाना चाहते थे। उन्होंने अपना कोई काव्य-संग्रह संकलित नहीं किया, लेकिन जब १८५३ ई० में उनकी मृत्यु हो गयी तो उनके शिष्यों ने उनकी ग़जलें एकत्र करके प्रकाशित कर दीं और उसका नाम 'दफ़्तरेफ़साहत' रक्खा। उनके कुछ शेर ये हैं—

जब ख़फ़ा होता है तो यूँ दिल को समझाता हूँ मैं।
आज है ना-मेहरबाँ कल मेहरबाँ हो जायेगा॥

थाम लूँ दिल को जरा हाथों से।
आप पहलू से न उठ जाइयेगा॥

जो कहता हूँ तेरा बीमार हूँ मैं।
तो क्या कहता है कुछ अपनी दवा कर॥

नहीं उठने के क़ातिल की गली से।
कि हम बैठे हैं सर से हाथ उठाकर॥

तिरछी नज़रों से न देखो आशिक़े-दिलगीर को।
कैसे तीर अंदाज हो, सीधा तो कर लो तीर को॥

'रश्क' भी 'नासिख़' के प्रमुख शिष्यों में थे। उन्होंने भाषा को शुद्ध करने, शब्दकोश तैयार करने और अपने गुरु के बताये हुए सिद्धान्तों का प्रचार करने में बड़ा नाम पैदा किया। उनके दो काव्य-संग्रह भी प्रकाशित हो चुके हैं, लेकिन वे बहुत रूखी-फीकी कविताओं से भरे हुए हैं। 'रश्क' केवल यह देखते थे कि उनके शब्द और मुहावरे ठीक हैं या नहीं, उन्हें इसकी चिन्ता न थी कि कविताओं में कुछ मज़ा भी होना चाहिए। उनकी मृत्यु १८६७ ई० में हुई। 'रश्क' ने भी बहुत से शिष्य छोड़े जिनमें 'मुनीर' और 'जलाल' प्रमुख हैं।

'आतिश' के शिष्यों में नौव्वाब सैय्यद मुहम्मद खाँ 'रिन्द' और पंडित दयाशंकर 'नसीम' बहुत बड़े कवियों में गिने जाते हैं। 'रिन्द' अवध के शाही परिवार से सम्बन्ध रखते थे। उन्होंने फ़ैज़ाबाद में अपने बचपन और जवानी के दिन बड़े सुख-चैन से बिताये, उसके बाद लखनऊ चले आये। यहाँ भी उनका जीवन राज-दरबार से सम्बन्धित होने के कारण विलास-पूर्वक कटता रहा। 'आतिश' को अपनी कविता दिखाते थे और अन्त में उन्हीं की तरह सादा जीवन बसर करने लगे थे। उन्होंने १८५७ ई० में मृत्यु पायी। उनकी भाषा साफ़-सुथरी है और कविता में भावनाओं की कमी नहीं। उन्होंने दो काव्य-संग्रह तैयार किये थे, जो प्रकाशित हो चुके हैं। उनके कुछ शेर ये हैं—

हज़ार बार किया मेरा इम्तिहाँ उसने।
बस आज़मा चुका, अब आज़मायेगा फिर क्या॥

मैं भला क्यों कर कहूँ तुमको बुरा।
आप ने जो कुछ किया अच्छा किया॥

वादे पे तुम न आये तो कुछ हम न मर गये।
कहने को बात रह गयी दिन तो गुज़र गये॥

धूप दिन की, ओस शब[1] की खाइये।
आस्ताने यार[2] पर मर जाइये॥

पड़ गयी जान किस अज़ाब[3] में हाय।
चाहना भी बड़ी मुसीबत है॥

न ख़ुलवाओ मेरी ज़बाँ, चुप रहो।
कोई बात मुँह से निकल जायेगी॥

पंडित दयाशंकर कौल, जिनका उपनाम 'नसीम' था, एक अच्छे कश्मीरी परिवार से सम्बन्ध रखते थे। १८११ ई० में पैदा हुए थे और बालपन ही से कविताएँ लिखते थे। उर्दू के साथ-साथ फ़ारसी के भी विद्वान थे और अमजद अली बादशाह की सेना में बख़्शी के पद पर नियुक्त थे। वे 'आतिश' के प्रसिद्ध शिष्यों में गिने जाते हैं। उन्होंने ग़ज़लें भी लिखी हैं पर वास्तव में वे अपनी सुविख्यात और अमर मसनवी 'गुलज़ारे-

१. रात, २. प्रेमिका की चौखट, ३. जंजाल, मुसीबत।

नसीम' की वजह से प्रसिद्ध हैं। उन्होंने कुल ३२ वर्ष की आयु पायी और १८४३ ई० में लखनऊ में ही परलोक सिधारे। कहा जाता है कि उन्होंने 'अल्फ़-लैला' की कुछ कहानियों का अनुवाद भी उर्दू में किया था।

'गुलज़ारे-नसीम' उर्दू की प्रसिद्ध मसनवी है, जिसका नाम मीर 'हसन' की मसनवी के बाद लिया जाता है। कहते हैं कि जब उन्होंने यह कविता लिखी तो बहुत लम्बी थी। लिखकर ज़िस समय अपने काव्य-गुरु 'आतिश' को दिखायी तो उन्होंने उसे पढ़कर कहा—'बेटा, भला इतनी लम्बी कविता कौन पढ़ेगा, या तो तुम पढ़ोगे कि तुमने लिखी है या मैं पढ़ूँगा कि मैं तुम्हारा गुरु हूँ, जाओ इसे संक्षिप्त कर डालो।' इस आदेश के अनुसार 'नसीम' ने उसे संक्षिप्त किया और आज वह उर्दू साहित्य-कोश में अनमोल कृति की मान्यता प्राप्त कर चुकी है। इस मसनवी में गुल-बकावली की प्रसिद्ध कहानी लिखी गयी है। गद्य में यह कहानी फ़ोर्ट विलियम कालेज के लेखक निहालचन्द लाहौरी ने पहले ही फ़ारसी से उर्दू में अनूदित कर दी थी। 'नसीम' ने इसमें बहुत-से अलंकारों का प्रयोग किया है और हार्दिक भावनाओं को भी बड़ी सुन्दरता से प्रस्तुत किया है। इस मसनवी से उदाहरण देना कठिन है, क्योंकि मसनवी एक क्रमबद्ध कविता होती है, जिसके भागों को अलग करके पढ़ने से अधिक आनन्द प्राप्त नहीं हो सकता। उनकी ग़ज़लों से उदाहरण दिये जा सकते हैं—

नाम मेरा सुनते ही शर्मा गये।
तुमने तो ख़ुद आपको रुस्वा[१] किया॥

गर यही है इस गुलिस्ताँ की हवा।
शाख़े-गुल[२] एक रोज़ झोका खायेगी॥

रूहे-रवानो-जिस्म[३] की सूरत मैं क्या कहूँ।
झोंका हवा का था, इधर आया उधर गया॥

अब दर्दे-जिगर हो के निकलता है दहन[४] से।
वो जोश जो बरसों मेरे सीने में निहाँ[५] था॥

जब हो चुकी शराब तो मैं मस्त मर गया।
शीशे के ख़ाली होते ही पैमाना भर गया॥

उस समय अवध में (बल्कि सारे देश में) ग़ज़ल ही लोकप्रिय थी। क़सीदे बहुत कम लिखे जाते थे। हज्वों (निन्दा) का बाज़ार ठंडा पड़ चुका था। मसनवी भी बहुत नहीं लिखी जा रही थी, परन्तु इसी युग में मरसिये ने सबसे अधिक उन्नति की। इसका सबसे बड़ा कारण तो यह था कि लखनऊ-राज्य शिक्षा-धर्म का अनुसरण करता था और इसलिए मुहर्रम और दूसरे त्योहार बड़े उत्साह से मनाता था। यहाँ के बड़े-

१. बदनाम, २. फूल की डाली, ३. प्राण और शरीर, ४. मुख, ५. गुप्त।

बड़े अमीर, जागीरदार चाहे वे हिन्दू हों या मुसलमान, किसी-न-किसी रूप में उनमें अवश्य सम्मिलित होते थे। अवध की सभ्यता में आरम्भ ही से यह विशेषता देख पड़ती है कि यहाँ कई त्योहारों में हिन्दू और मुसलमान दोनों मिल-जुलकर भाग लेते थे। मुहर्रम में शोकसभाएँ (मजलिसें) सहस्त्रों की संख्या में होती थीं और उनमें मरसिये पढ़े जाते थे इसलिए मरसिये की बड़ी उन्नति हुई। इस सम्बन्ध में एक बात और कही जा सकती है वह यह कि लखनऊ की कविता में जो बनावट और एक प्रकार की गिरावट थी उसकी प्रतिक्रिया आवश्यक रूप में हो रही थी और मरसिया ही कविता का एक ऐसा रूप था, जिसमें जीवन के नैतिक और उत्कृष्ट मूल्यों का प्रचार किया जा सकता था। अतः इससे अधिक उचित समय मरसिये की उन्नति के लिए नहीं मिल सकता था। कला के विकास के लिए एक वातावरण का होना ज़रूरी है और वह वातावरण मरसिये के लिए लखनऊ में मौजूद था।

मरसिया साधारणतः उस कविता को कहते हैं, जिसमें किसी धार्मिक या राष्ट्रीय नेता या किसी प्रिय व्यक्ति की मृत्यु पर शोक प्रकट किया गया हो और उसकी अच्छाइयों का उल्लेख इस प्रकार से किया जाये कि सुनने वाले भी प्रभावित हों। उर्दू में अधिकतर मरसिये इमामा हुसैन (और उनके साथियों) के बारे में लिखे गये हैं, जो मुसलमानों के रसूल के नाती थे और जिनको नाम-मात्र के एक मुसलमान बादशाह यज़ीद ने कर्बला की रणभूमि में तीन दिन का भूखा-प्यासा बड़ी निर्दयता के साथ मार डाला। उनके साथ केवल ७२ व्यक्ति थे, जिसमें ८० वर्ष के बूढ़े और छः महीने के बच्चे भी सम्मिलित थे। वे सबके सब भूखे-प्यासे ही मारे गये और इमाम हुसैन ने अपने आदर्श के लिए एक बहुसंख्यक सेना से अन्तिम समय तक बड़ी वीरता से लड़कर अपने प्राणों की आहुति दे दी थी। उनकी शहादत के बाद उनके खेमों-डेरों में आग लगा दी गयी और आदरणीय महिलाओं को बन्दी बनाकर नगर-नगर फिराया गया। मरसिये में इसी घटना को बड़े रोचक और हृदय-विदारक रूप से प्रस्तुत किया जाता है।

उर्दू में मरसिये दक्षिण ही से मिलने लगते हैं, परन्तु उनमें कोई साहित्यिक सुन्दरता नहीं थी, वह केवल अपना शोक प्रकट करने और इमाम हुसैन के प्रति श्रद्धांजलि अर्पित करने के लिए लिखे जाते थे। इसी प्रकार दिल्ली काव्य रचना के आरम्भिक काल में जो मरसिये लिखे गये, वे भी कोई साहित्यिक महत्त्व नहीं रखते, परन्तु मिर्ज़ा सौदा ने मरसियों का एक पूरा संग्रह तैय्यार किया और इस बात को सजगता-पूर्वक अपने सामने रखा कि मरसिये में साहित्यिक सुन्दरता का होना आवश्यक है। उसके बाद से लखनऊ में मरसिया-काव्य का एक महत्त्वपूर्ण रूप धारण कर गया और बहुत से कवि धार्मिक पुण्य प्राप्त करने और कविता को नयी सीमाओं तक ले जाने के लिए मरसिये लिखने लगे। इनमें 'दिलगीर', 'फ़सीह', 'ख़लीक़' और 'ज़मीर' बहुत प्रसिद्ध हैं। 'ख़लीक़', मीर 'हसन' के पुत्र थे, उनके घर में चार पीढ़ियों से मरसिये लिखे जाते थे, उन्होंने भी बड़े श्रेष्ठ मरसिये लिखे। मीर 'ज़मीर' ने

पहले-पहल मरसिये को कलात्मक रूप से प्रस्तुत किया और उसमें कुछ ऐसे अंश बढ़ाये, जिनसे वह केवल एक शोकमय काव्य नहीं रह गया, बल्कि एक विशाल और व्यापक महाकाव्य बन गया, जिसमें क्रमिक ढंग से कर्बला की दुर्घटना का उल्लेख होने लगा। उन्होंने स्वयं इसका दावा किया है कि सबसे पहले उन्होंने मरसिये को यह रूप दिया। मीर 'ज़मीर' के मरसियों के संग्रह प्रकाशित हो चुके हैं और उनके अध्ययन से प्रकट होता है कि वह पहले कवि थे, जिन्होंने अपना सारा जीवन केवल मरसिया लिखने ही में व्यतीत किया। आरम्भ में उन्होंने ग़ज़ल और मसनवियाँ भी लिखीं, किन्तु मूलतः वे मरसिया के ही कवि थे। मीर 'ज़मीर' के बाद दो बहुत ही बड़े मरसिया लिखने वाले कवि हुए, मीर बबर अली 'अनीस' और मिर्जा सलामत अली 'दबीर'। ये दोनों उर्दू-मरसिये के सूर्य और चन्द्रमा कहे जाते हैं और इन्होंने मरसिये का एक ऐसा विशाल भवन तैय्यार कर दिया, जिसमें फिर कोई वृद्धि न हो सकी।

मीर 'अनीस' जो मीर ख़लीक़ के सुपुत्र थे, उनका जन्म फ़ैजाबाद में १८०४ ई० के लगभग हुआ, परन्तु जल्दी ही अपने बाप के साथ लखनऊ चले गये। ख़लीक़ स्वयं एक बड़े कवि और मरसिया लिखने वाले थे, इसलिए 'अनीस' को बहुत ही उचित वातावरण मिला। उन्होंने भी ग़ज़लों से अपनी काव्य-रचना का प्रारम्भ किया किन्तु उनके पिता ने उन्हें ग़ज़लें कहने से रोक दिया, क्योंकि उनकी इच्छा थी कि 'अनीस' केवल मरसिये लिखें। मीर 'अनीस' ने उस समय की रीति के अनुसार फ़ारसी-अरबी पढ़ी थी और धार्मिक ग्रन्थों का अवलोकन भी किया था। इसके अतिरिक्त वे घोड़े की सवारी, व्यायाम, शस्त्रविद्या से भली-भाँति परिचित थे। उनका स्वभाव नर्म था, पर एक विशेष प्रकार की उदारता और आत्माभिमान भी उनमें मिलता है। वे अपने सिद्धान्तों को बहुत दृढ़ रखते थे और किसी के सामने सिर झुकाने को बहुत बुरा समझते थे। सन्तोष और नम्रता को प्रिय रखते थे, इसलिए किसी बड़े से बड़े सज्जन का भय उनके हृदय में न था। उन्होंने अपनी आयु का अधिकतर भाग लखनऊ में ही व्यतीत किया। उनका विचार था कि उनकी कविता का सबसे अधिक आदर लखनऊ ही के लोग कर सकते हैं, जिनकी नस-नस में काव्य-रचना को परखने और सुन्दरता से आनन्द प्राप्त करने की भावना रची हुई है। लखनऊ के बाहर वे केवल इलाहाबाद, बनारस, पटना और हैदराबाद गये, जहाँ उनका बड़ा आदर-सत्कार हुआ। उन्होंने लखनऊ ही में १८७४ ई० में समाधि पाई।

कहा जाता है कि बचपन में मीर 'अनीस' ने एक-आध ग़ज़लें भी लिखी थीं, किन्तु उनकी महानता के चिह्न उनके मरसियों में ही मिलते हैं। थोड़े से सलाम और रूबाइयाँ भी मिलती हैं। उनकी रचनाओं का संग्रह पाँच भागों में प्रकाशित हो चुका है और कुछ भाग ऐसा भी है जो उनके परिवार के पास सुरक्षित है और अभी प्रकाशित नहीं हुआ। मीर 'अनीस' के काव्य में वे सब विशेषताएँ पायी जाती हैं, जो एक महान कलाकार के लिए आवश्यक हैं। मरसियों में हर प्रकार के लोगों का चरित्र-चित्रण होता

है, उनमें अच्छे और बुरे, साथी और शत्रु, बूढ़े, जवान और बालक, महिला और पुरुष, दोस्त और नातेदार सभी होते हैं। उनके एक-दूसरे से सम्बन्ध कहीं बड़े जटिल हैं और कहीं सरल, उनके स्वभाव और व्यवहार में भिन्नता है, लेकिन मीर 'अनीस' का कमाल यह है कि वे इनमें से प्रत्येक का उल्लेख उसी के स्वभाव के अनुसार करते हैं जिसे देखकर ऐसा मानना पड़ता है कि वह मानव-मनोविज्ञान के बड़े पंडित थे। उनके पास शब्दों का एक ऐसा बड़ा और अद्‌भुत भण्डार था कि वे मिलती-जुलती भवनाओं और जटिल हालतों का चित्रण बिलकुल ठीक-ठीक कर सकते थे। उनके लिए कठिनाई यह थी कि वे धार्मिक और ऐतिहासिक विषय पर कविताएँ लिखते थे और उसमें अपनी ओर से घटाने-बढ़ाने को वे पाप समझते थे। इसके अतिरिक्त उनकी दृष्टि में इमाम हुसैन और उनके साथी दैवी गुणों से परिपूर्ण थे, इसलिए वे बहुत सोच-समझकर उनके सम्बन्ध में वे बातें कह सकते थे, जिनकी चर्चा इतिहास के पन्नों में नहीं थी, मगर उनकी निरीक्षण-शक्ति इतनी प्रबल थी कि वे उन घटनाओं का विवरण भी कर सकते थे जो उस स्थिति में सम्भव थीं। यही कवि की विचार-शक्ति की परीक्षा होती है और मीर 'अनीस' इसमें निपुण जान पड़ते हैं। उन्होंने प्रकृति का वर्णन भी बड़ी सुन्दरता से किया है और भावनाओं के प्रकट करने में तो दुनिया के बहुत कम कवि उनके बराबर रखे जा सकते हैं। उनके मरसिये नैतिक और उदार भावनाओं का एक बहुत बड़ा कोश है, जिनके अध्ययन से मनुष्य के भीतर आत्मगौरव के पवित्र भाव जाग उठते हैं। मरसिया वास्तव में शोक प्रकट करने और सुननेवालों में करुण भावना पैदा करने के लिए लिखा जाता था। मीर 'अनीस' के मरसिया इस दृष्टि से भी बड़े महत्त्वपूर्ण हैं। कैसा ही व्यक्ति उन्हें पढ़े, प्रभावित हुए बिना नहीं रह सकता।

'अनीस' को भाषा-प्रयोग में बड़ी निपुणता प्राप्त थी। उस समय लखनऊ में अलंकारों का प्रयोग कभी-कभी बड़े अनुचित ढंग से होता था, लेकिन मीर 'अनीस' ने अपनी कविता को इससे बचाने की चेष्टा की। उनकी भाषा बहुत सरल, मीठी और शुद्ध थी। इसके अतिरिक्त वे उसे समय, स्थान और स्थिति के अनुकूल बनाने में कमाल रखते थे। उनके सम्बन्ध में यह कहा जाता है कि उन्होंने जिस दृश्य का चित्रण किया है, वह आदर्शवादी होते हुए भी वास्तविकता के बहुत निकट रहता है। उनका विषय-वस्तु जैसा गम्भीर और उच्च था, उसके लिए उन्होंने वैसी ही शैली का प्रयोग भी किया। उदाहरण देना इसलिए लाभदायक नहीं होगा कि जब तक कोई उस पृष्ठभूमि से परिचित न हो, जिसमें मरसिये लिखे जाते हैं, उस समय तक दो-चार छन्दों से न तो आनन्द प्राप्त होगा और न आलोचना में सहायता मिलेगी।

मरसिये के दूसरे कवि जो उतने ही महत्त्वपूर्ण समझे जाते हैं, वे मिर्ज़ा सलामत अली 'दबीर' थे। उनकी जन्म-भूमि दिल्ली थी। उनके पिता लखनऊ चले आये थे और 'दबीर' का समस्त जीवन यहीं व्यतीत हुआ। मिर्ज़ा 'दबीर' ने अच्छी शिक्षा प्राप्त की थी और उस समय जिन विषयों का पढ़ना आवश्यक था, उन सबमें निपुण थे। वे

बाल-पन ही से धर्म और कविता दोनों को प्रिय रखते थे, इसलिए उन्होंने काव्य-रचना के लिए मरसिये को ही पसन्द किया और मीर 'ज़मीर' के शिष्य हो गये। थोड़े ही समय में लखनऊ में और लखनऊ के बाहर उनका यश फैल गया। अवध के राजदरबार में भी उनका सम्मान होता था। जिस समय उनके सुयश का सूर्य उत्कर्ष पर पहुँच चुका था, मीर 'अनीस' का नाम भी चमका और दोनों में मुक़ाबिले होने लगे, मिर्ज़ा 'दबीर' भी लखनऊ के बाहर जाना पसन्द नहीं करते थे, उनका भी यही विचार था कि उनकी कविता से पूरा आनन्द यहीं के लोग उठा सकते हैं, लेकिन १८५७ ई० के विप्लव के बाद मुर्शिदाबाद और पटना गये। सन् १८७५ ई० में लखनऊ ही में मिर्ज़ा 'दबीर' का देहान्त हुआ।

मिर्ज़ा 'दबीर' के लिए कहा जाता है कि उन्होंने लगभग तीन हज़ार मरसिये लिखे, जिसका अधिकतर भाग लखनऊ की कविता से प्रभावित है। उनके विचार बड़े उदार और शैली बड़ी जटिल थी, उसमें अलंकारों के बाहुल्य से और भी जटिलता पैदा हो जाती थी। इसमें सन्देह नहीं कि मिर्ज़ा 'दबीर' बड़े विद्वान थे और कर्बला की शोक-पूर्ण घटना को बड़े विस्तार से जानते और बयान कर सकते थे, परन्तु उन्होंने कला के उन सूक्ष्म यंत्रों से अधिक काम नहीं लिया, जिनका प्रयोग मीर 'अनीस' ने किया था। अपने समय में तो उन्होंने लोगों को बहुत प्रभावित किया, परन्तु जब बाद में अलंकारों का कौतुक समाप्त हुआ तो उनकी कविता बड़ी बनावटी जान पड़ने लगी। मरसिये के लिए जो गम्भीरता और भव्यता आवश्यक है वह 'दबीर' के यहाँ नहीं मिलती। जब कविता के सुनने वाले शब्दों के अर्थ और अलंकारों में निहित भेद खोजने में लग जायें, तो उसका प्रभाव अवश्य ही कम होगा। यही बात मिर्ज़ा 'दबीर' की कविताओं में भी पायी जाती है। चूँकि 'अनीस' और 'दबीर' के विषय एक थे, समय एक था, काव्य-रूप एक था, इसलिए हर आलोचक उनकी तुलना करने लगता है। लखनऊ में तो दो दल बन गये थे, जो 'अनीसिये' और 'दबीरिये' कहलाते थे और इनमें आपस में खूब चोटें चला करती थीं; लेकिन आज का आलोचक बिना किसी कठिनाई के यह निर्णय कर सकता है कि कविता और कलात्मकता की दृष्टि से 'दबीर', 'अनीस', की महानता को नहीं पहुँचते। भाषा, शैली और वास्तविकता किसी दृष्टि से भी देखा जाये, 'अनीस' संसार के महान कवियों में गिने जायेंगे। 'दबीर' के यहाँ से भी उदाहरण देना बहुत कठिन है, क्योंकि उनकी अधिकतर कविताएँ कठिन, फ़ारसी-अरबी शब्दों और अलंकारों से भरी हुई हैं। मीर 'अनीस' और मिर्ज़ा 'दबीर' की शैली का अन्तर निम्नलिखित उदाहरणों से स्पष्ट हो जायेगा, अर्थ एक ही है, शैली दो—

'दबीर'—जेरे-क़दमे-वालिदा फ़िरदौसे-बरीं है।
'अनीस'—सुनते हैं माँ के पाँव के नीचे बिहिश्त है।
'दबीर'—जिस तर्ह ज़लजले में कोई साहबे मकाँ।
'अनीस'—जैसे कोई भूचाल में घर छोड़ के भागे।

लखनऊ में मरसिये की जो उन्नति हुई, उसने सम्पूर्ण उर्दू-काव्य की सीमाओं को विस्तृत कर दिया और लखनऊ में जो पतन आरम्भ हो चुका था, उसको रोककर काव्य-रचना के नये द्वार खोल दिये। बहुत से आलोचकों का विचार है कि मरसिये में जो शैली अपनाई गयी, उससे आधुनिक काव्य-धारा को भी प्रेरणा मिली, लेकिन यह कुछ बहुत ठीक नहीं है, क्योंकि आधुनिक काव्य-रचना जिन समस्याओं के फलस्वरूप लिखी गयी है, वह मरसिया लिखने वालों के सामने नहीं थी। नयी कविता में एक नयी चेतना का उद्‌भव दीख पड़ता है। मरसिये में जो नवीनता है वह चेतना की नवीनता नहीं है बल्कि विषय के प्रस्तुत करने के ढंग और शैली की नवीनता है।

मीर 'अनीस' और मिर्ज़ा 'दबीर' के बाद भी मरसिये लिखे जाते रहे। 'अनीस' के दो भाई 'मूनिस' और 'उन्स' भी बहुत बड़े कवि थे, जिन्होंने भी मरसिये ही लिखे। मीर 'अनीस' के तीन पुत्र मरसिये ही लिखते थे, जिनमें 'नफ़ीस' को लगभग वही महत्त्व दिया जाता है, जो 'अनीस' को प्राप्त है। इस वंश में आज तक मरसिये लिखने वाले चले आ रहे हैं, परन्तु सामाजिक, धार्मिक और राजनीतिक परिस्थितियों के बदल जाने के कारण अब साहित्य में मरसिये का वह स्थान नहीं रह गया है। इसी प्रकार मिर्ज़ा 'दबीर' के पुत्र 'औज' भी बड़े प्रसिद्ध मरसिया लिखने वाले हुए हैं। इस परिवार में भी आज तक मरसिया लिखा जा रहा है और यह बात सबसे ज्यादा दिलचस्प है कि दोनों कुल अपने-अपने पूर्वजों की प्रथा का निरन्तर पालन कर रहे हैं। इन लोगों के अतिरिक्त अन्य प्रसिद्ध मरसिया लिखने वाले कवि भी हुए हैं, जैसे 'इश्क़', 'तअश्शुक़', 'रशीद', 'आरिफ़' और 'वहीद' इत्यादि। 'इश्क़' और 'तअश्शुक़' दोनों भाइयों ने मरसिये में नयी डगर निकाली। उन्होंने मरसिये की बनावट में तो कोई परिवर्तन नहीं किया, किन्तु भाषा के कुछ ऐसे नियमों का पालन किया, जो 'अनीस', 'दबीर' और उनके अनुयायी स्वीकार नहीं करते थे। 'तअश्शुक़' ग़ज़ल के भी अच्छे कवि थे और उनके मरसिये पर ग़ज़ल के रसीलेपन का प्रभाव स्पष्ट दिखायी दे जाता है, किन्तु वह उनके वीर रस सम्बन्धी भावों को मंद नहीं करता। 'अनीस' और 'तअश्शुक़' दोनों से प्रभावित होने वाले मरसिया-कवियों में प्यारे साहब 'रशीद' का स्थान भी ऊँचा है। कुछ ही समय के भीतर इतने मरसिया लिखने वालों का एकत्र हो जाना साहित्य के इतिहास की विचारणीय घटना है। इन सबके परिवार में इस समय तक ऐसे कवि मौजूद हैं, जो मरसिया की परम्परा को जीवित रखे हुए हैं।

अगर लखनऊ काव्य केन्द्र की विशेषताओं को संक्षिप्त रूप में देखा जाये तो प्रतीत होगा कि यहाँ काव्य-रचना का आरम्भ उन्हीं कवियों के हाथों हुआ, जो दिल्ली से यहाँ आये थे, लेकिन कुछ समय बीतने के बाद यहाँ की सामाजिक और आर्थिक स्थिति में कुछ ऐसे छोटे-मोटे परिवर्तन हुए जिनमें यहाँ की भाषा और साहित्य दोनों का दिल्ली से पृथक रूप स्थापित हो गया। आरम्भ में तो यह परिवर्तन अनजान और अचेत रूप से हुआ होगा, लेकिन बाद में यहाँ के कवियों और लेखकों ने जागरुकता-

पूर्वक अपने रंग को दिल्ली से अलग करने की चेष्टा की और इसमें उनको सफलता भी मिली। अवध के समस्त जीवन और सभ्यता में एक विशेष प्रकार की लचक, कोमलता तथा सूक्ष्मता पैदा हो गयी, जिसने बाह्य सुन्दरता और उसके वर्णन को बनावट के रंग में रँग दिया और लिखने वालों ने एक ऐसा शब्दाडम्बर खड़ा कर दिया कि जीवन की समस्याओं और विषयों की गम्भीरता उसी में डूबकर रह गयी। इसमें सन्देह नहीं कि लखनऊ ने भाषा को सुन्दर और लचकदार बनाने में बड़ा काम किया पर उसका एक अनिवार्य परिणाम यह हुआ कि बहुत से कवियों ने केवल शब्दों के प्रयोग को कविता समझ लिया और अलंकारों के प्रयोग को अपनी समस्त शक्ति समर्पित कर दी। कुछ कवि और विशेषकर मरसिया लिखने वाले ऐसे अवश्य हुए, जिन्होंने अपनी नौका इसी समुद्र में चलाकर भी गम्भीर और महान काव्य की रचना की और अपने दामन को उन बुराइयों से बचा लिया, जिनके लिए लखनऊ बदनाम हो रहा था।

ऊपर के पृष्ठों में यह बात स्पष्ट की जा चुकी है कि लखनऊ और दिल्ली का झगड़ा आलोचकों ने जिस प्रकार से प्रस्तुत किया है, उसका वह रूप नहीं है, क्योंकि भारत की राजनीतिक स्थिति जिस प्रकार से बदल रही थी, उसमें दिल्ली और लखनऊ में कोई अन्तर नहीं था। आर्थिक ढाँचा भी जैसा का तैसा था। केवल ऊपरी तौर से और स्थायी परिवर्तन हुए थे, जो साहित्य के आधार को नहीं बदल सकते थे। अभी तक वह परिपाटियाँ प्रबल थीं, जिनको सामन्तवादी सभ्यता ने जन्म दिया था। यद्यपि भारत के जीवन में यूरोप के विचार प्रवेश कर रहे थे, परन्तु साधारण जीवन उससे प्रभावित नहीं हो रहा था और अधिकतर लोग अपने अतीत से ही चिपटे हुए थे।

अध्याय ६

'नज़ीर' अकबराबादी और एक विशेष परम्परा

यहाँ तक पढ़ लेने के बाद इस संक्षिप्त इतिहास के पाठक ने इस बात का अनुभव अवश्य किया होगा कि यद्यपि उर्दू पर फ़ारसी-भाषा और उसी के साथ-साथ ईरानी विचारों का प्रभाव पड़ा, किन्तु उर्दू-साहित्य में फिर भी स्थानीय रंग इतना गहरा रहा है कि उसे दबाया नहीं जा सकता। यह समझना कुछ कठिन नहीं है कि उस विदेशी प्रभाव के बहुत से ऐतिहासिक कारण हैं, जो समय की परिस्थितियों का परिणाम थे। उन पर किसी का अधिकार नहीं था, परन्तु सबसे अधिक विचारणीय बात यह है कि इस अनेकरूपता में भी भारतीय सभ्यता एक प्रकार की एकरूपता से सम्बद्ध थी, जो समय के साथ-साथ और स्पष्ट होती जा रही है। १८वीं शताब्दी के अन्त और १९वीं शताब्दी के प्रारम्भ में जागीरदारी व्यवस्था का पतन और नयी शक्तियों का उभरना नयी समस्याएँ पैदा कर रहा था और राजनीतिक परिवर्तनों ने संस्कृति की बाढ़ को रोक दिया था। इसलिए उसके किसी अंग में प्रगति नहीं दीख पड़ती। केवल राजदरबार और राजधानी या इससे थोड़ा आगे बढ़कर कुछ प्रमुख नगर ही साहित्य, कला और संस्कृति का केन्द्र बने हुए थे। ऐसा हर देश में और हर युग में होता है। भाषा इस प्रकार साहित्यिक होकर सीमित हो जाती है। यही नहीं, बल्कि साहित्य में भी कुछ विशेष बातें स्वीकार कर ली जाती हैं और उन्हें तोड़ने की चेष्टा करने वाले को भी उसके समय में महत्त्व नहीं दिया जाता।

उर्दू बोलचाल की भाषा के रूप में विकसित हुई, परन्तु जब उसने साहित्य में एक स्थान ग्रहण कर लिया, तो उसके नाप-तौल के पैमाने बदल गये और केन्द्रों में सीमित हो जाने के कारण उसका सम्बन्ध थोड़ा-बहुत जन-साधारण से टूट गया। साहित्य पर तो अवश्य ही इसका गहरा प्रभाव पड़ा। जैसा कई स्थानों पर संकेत किया जा चुका है उस समय सामाजिक और आर्थिक जीवन की मूल धाराएँ दो थीं—एक ओर जनसमूह था जिनमें अधिकतर किसान और बिल्कुल नीचे की श्रेणी के धंधे करने वाले थे, दूसरी ओर बादशाह, जागीरदार, सेना के बड़े कर्मचारी और दरबार से सम्बन्ध रखने वाले लोग थे, जिन्हें उच्चवर्ग कहा जाता है। मध्यवर्ग ठीक से पैदा नहीं हुआ था, अधिक से अधिक यह कह सकते हैं कि जो लोग मध्यम वर्ग में हो सकते थे, वे भी मानसिक रूप में सामन्ती जीवन से प्रभावित थे। इसलिए साहित्य में भी दो रंग हो जाते हैं, जो कभी किसी बड़े लेखक की रचनाओं में व्यापक रूप से मिलते दीख पड़ते हैं। इसका यह अर्थ नहीं है कि समस्त लेखक केवल उच्चवर्ग के लोगों की भावनाओं का चित्रण करते थे, बल्कि सत्य यह है कि उनकी चेतना सामन्तवादी युग के विचारों, नैतिक

सिद्धान्तों, शिक्षा-सम्बन्धी नियमों से बनती थी और वह उन्हीं परम्पराओं का पालन करना अपना कर्तव्य समझते थे। फिर भी जहाँ कहीं मानव की भलाई और दलित लोगों के प्रति न्याय का प्रश्न उठता था, ये कवि सारे बंधनों को तोड़ देते थे। वे धर्म, राजनीतिक परम्पराओं और आर्थिक भेदभावों का विरोध करते थे, क्योंकि उन्हीं की सहायता से मनुष्य को जातियों और वर्गों में बाँटा जाता था। ये बातें कुछ तो तसौव्वुफ़ की उदार और व्यापक दृष्टि का परिणाम कही जा सकती हैं और कुछ व्यक्ति और समाज के बीच नैतिक सम्बन्ध स्थापित करने की चेष्टा में पैदा हुई। इस परम्परा को चलाने में सभी महान कवियों के नाम लिए जा सकते हैं। मुहम्मद 'क़ुली क़ुतुबशाह', 'वली', 'सिराज', 'मीर', 'दर्द', 'आतिश', 'ग़ालिब' और अन्य कवि इसी परम्परा का पालन करते थे। उच्च काव्य-साहित्य की यह विशेषता सभी भाषाओं में पायी जाती है, क्योंकि मनुष्य के विरुद्ध अन्याय का अनुभव सहृदय कवियों को पहले होता है और वह एक विशेष वर्ग-विभाजित समाज में रहते हुए भी साधारण जीवों के प्रति उदार भाव प्रकट करने का साहस रखते हैं।

इसमें सन्देह नहीं कि उर्दू में अच्छा लोक-साहित्य जन्म नहीं ले सका, इसका सबसे बड़ा कारण यह है कि उर्दू-भाषा का आरम्भ उस समय हुआ जब भारतीय संस्कृति एक विशेष रूप धारण कर चुकी थी, कई भाषाओं के साहित्य प्रचलित थे और जब उर्दू एक नयी भाषा के रूप में उभरी, तो उसके सम्मुख साहित्य के अच्छे नमूने मौजूद थे, उसने उन्हीं की राह ग्रहण कर ली। जब तक वह बोलचाल के काम में लायी जाती रही, उसने जनता के विचारों और व्यवहारों के आधार पर प्रगति की और बहुत से मुहावरे जो जीवन की साधारण समस्याओं से सम्बन्ध रखते थे, प्रचलित हो गये। प्रारम्भिक अवस्था में उर्दू-साहित्य में सादगी थी, परन्तु जैसे-जैसे समय बीतता गया साहित्यिक भाषा में फ़ारसी-अरबी शब्दों से मदद ली जाने लगी और अधिकतर उन विचारों की चर्चा होने लगी जो भारतीय जनमानस के जीवन से प्रत्यक्ष रूप से सम्बन्ध नहीं रखते थे। ग्राम-जीवन और नगर-जीवन में अन्तर पैदा हो चुका था और नगरों में भी लोग अपनी ही श्रेणी के लोगों से मिलते थे और इस बात को मर्यादा की रक्षा के लिए आवश्यक समझते थे। इस प्रकार उर्दू-काव्य लोक-साहित्य से दूर होता चला गया।

उर्दू-काव्य का अध्ययन करते समय एक और दिशा में ध्यान देना उपयुक्त होगा। उर्दू के अधिकतर कवि न केवल फ़ारसी-भाषा और उसके काव्य-शास्त्र के ज्ञाता थे, वरन् उनमें से बहुत-से ऐसे थे, जो फ़ारसी को उर्दू से श्रेष्ठ समझते थे और उसी भाषा में लिखने को सभ्यता का चिह्न जानते थे। उनमें से कुछ हिन्दी से भी परिचित थे, लेकिन यह नहीं कहा जा सकता कि वे हिन्दी काव्य-शास्त्र के विद्वान थे, इसलिए वे अपनी काव्य-रचना में फ़ारसी-काव्यशास्त्र और काव्य-आलोचना से प्रेरणा लेते थे। फ़ारसी काव्य-आलोचना पर अरस्तू का गहरा प्रभाव पड़ा था और इसी के कारण फ़ारसी-आलोचक भी इस सिद्धान्त को मानने लगे कि काव्य तथा इतिहास में प्रस्तुत

होने वाली घटनाओं में अन्तर होना चाहिए। इतिहास में विशेष घटनाओं का बयान होगा और कविता में सार्वजनिक और साधारण घटनाओं का। यही कारण है कि ग़ज़ल में, जो उर्दू और फ़ारसी काव्य-साहित्य की सबसे लोकप्रिय विधा है, ऐसे भावों और अनुभवों का वर्णन होता है, जो एक ही प्रकार की बहुत-सी घटनाओं पर आधारित हो सकती है। उर्दू-काव्य की इस विशेषता को ध्यान में रखने से कई बातों के समझने में सहायता मिलेगी और यह बात भी स्पष्ट हो सकेगी कि विशेष घटनाओं और विषयों पर अधिक कविताएँ क्यों नहीं लिखी गयीं। काव्य-साहित्य को अधिक से अधिक विश्व-व्यापी और अलौकिक प्रकट करने के लिए उन्होंने यह राह पकड़ी थी। इसके सामाजिक और आर्थिक कारणों को समझना कुछ ऐसा कठिन नहीं है, लेकिन सबसे बड़ी बात यह थी कि बहुत से कवि पूरी तरह जनता के साधारण जीवन से परिचित भी न थे जिनको इसका थोड़ा-बहुत अनुभव था और जिस प्रकार का अनुभव था, उसका उल्लेख उन्होंने किसी न किसी प्रकार से अवश्य किया है।

ऐसे ही एक कवि 'नज़ीर' अकबराबादी हैं, जो अपना समकक्षी नहीं रखते। 'नज़ीर' का जन्म दिल्ली में १७४० ई० में हुआ, परन्तु उनका समस्त जीवन आगरा (अकबराबाद) में बीता, वही आगरा जो मुग़ल सम्राट अकबर की राजधानी रह चुका था और जिसके चारों ओर कृष्ण-भक्ति का वह वैष्णव आन्दोलन फैला हुआ था, जिसने सूरदास और मीराबाई के गीतों और भजनों को जन्म दिया था, जहाँ विशाल क़िला और ताजमहल खड़े किये गये थे, जहाँ की वायु में राधा-कृष्ण के प्रेम और भक्ति के गीत गूँज रहे थे, जहाँ से निकट ही मथुरा और वृन्दावन के मेलों और त्योहारों में सम्मिलित होकर जनता के दिल की धड़कन तेज़ हो जाती थी। इन परम्पराओं के साथ-साथ यह भी याद रखना चाहिए कि नयी आर्थिक स्थिति में भारत दीन होता जा रहा था, व्यापारी और धंधे करने वाले बेकार हो रहे थे, देश की सम्पत्ति समुँद्र पार जा रही थी और ग्रामीण-जीवन का वह ढाँचा टूट-फूट रहा था, जो शताब्दियों से देश के जीवन को बाँधे हुए था। 'नज़ीर' की आयु इसी आगरे में कटी, उसके कण-कण से उन्हें प्रेम था। वे स्वयं कहते हैं;

आशिक़ कहो, असीर कहो, आगरे का है।
मुल्ला कहो, दबीर कहो, आगरे का है॥
मुफ़लिस कहो, फ़कीर कहो, आगरे का है।
शायर कहो, 'नज़ीर' कहो, आगरे का है॥

इसलिए उनकी कविता में वही जीवन साँस लेता जान पड़ता है, जो आगरे में और उसके चारों ओर था।

'नज़ीर' का नाम वली मुहम्मद था। रीति के अनुसार उन्होंने फ़ारसी-अरबी पढ़ी थी, लेकिन उन्हें बड़ा विद्वान नहीं कहा जा सकता। उन्होंने जीवन का बड़ा भाग लड़कों को पढ़ाने में बिताया। अन्त में लाला विलासराय के लड़कों को १७) रुपया

मासिक पर फ़ारसी पढ़ाने लगे थे। एक समय का भोजन उन्हीं के यहाँ करते थे। युवावस्था में जीवन के आमोद-प्रमोद, विलास और हास्य सब में भाग लिया। खेल-कूद, पतंगबाज़ी, तैराकी, व्यायाम, कुश्ती, कबूतरबाज़ी सभी मनोरंजनों से जी बहलाते रहे थे। मुसलमानों और हिन्दुओं के त्योहारों, विशेषकर होली, दीवाली, राखी, कृष्ण-जन्मोत्सव में अवश्य भाग लेते थे। आगरा के बाहर नहीं जाते थे, मगर मथुरा और वृन्दावन के मेलों में जाये बिना न रहते। कहा जाता है कि उन्हें अवध और भरतपुर के राज-दरबार से निमंत्रण मिले, परन्तु उन्होंने आगरे को छोड़ना स्वीकार नहीं किया और लाभ अथवा शान्ति के जीवन को ठुकरा दिया। देखने में तो यह एक साधारण-सी बात है, लेकिन वास्तव में यह जन-जीवन से प्रेम की वह रुचि है जो दरबार से बँध जाने के बाद समाप्त हो जाती।

'नज़ीर' ने एक लम्बी आयु पायी। उसमें उन्होंने सुख भी भोगे और जीवन के कष्ट भी सहे। उसमें वे प्रेम की पेंगों में भी झूले और भक्तों के ऐसा जीवन भी बिताया। आगरे के बड़े-बड़े लोग उनका आदर-सम्मान करते थे और जनता के शोषित वर्गों से उनकी अत्यन्त आत्मीयता थी। जनता से उनका ऐसा घनिष्ठ सम्बन्ध था कि उनके यहाँ ऊँच-नीच, हिन्दू-मुस्लिम, बड़े-छोटे का भेद-भाव मिट गया था। उनके स्वभाव में ऐसी सरलता और व्यवहार में ऐसी स्वच्छंदता पायी जाती थी कि सभी उनके मित्र थे। भिखारी और ख़ोमचेवाले भी उनसे अपने लिए कविताएँ लिखा लेते थे। आगरे के मुहल्ला ताजगंज में रहते थे, वहीं १८३० ई० में उनकी मृत्यु हुई और घर ही के अन्दर उनकी समाधि बनी। 'नज़ीर' ऐसे सत्पुरुष थे कि उनकी मृत्यु के बाद बहुत से लोगों ने उन्हें बड़ा सूफ़ी-फ़कीर समझा और बहुत दिनों तक उनकी समाधि पर हर वर्ष मेला लगता रहा। उनके पुत्र ख़लीफ़ा गुलज़ार अली 'असीर' भी कवि थे। उनके कई शिष्य भी थे, जिनमें 'बातिन' नामक एक शिष्य ने कवियों का एक तज़किरा भी लिखा है, जिसमें 'नज़ीर' का उल्लेख विशेष प्रकार से किया गया है।

'नज़ीर' के दो काव्य-संग्रह प्रकाशित हो चुके हैं। एक में उनकी कविताएँ हैं और उसका नाम 'कुल्लियाते-नज़ीर' है। यह संग्रह बार-बार छप चुका है। हिन्दी में भी उसके कुछ भाग प्रकाशित हो चुके हैं। दूसरा संग्रह अभी कुछ वर्ष पहले प्राप्त हुआ। उसमें केवल ग़ज़लें हैं। उसे भी प्रकाशित कर दिया गया है। अनुमान है कि अभी उनकी बहुत-सी कविताएँ लोगों के पास इधर-उधर हैं, मगर विश्वस्त रूप से इस सम्बन्ध में कुछ कहना सम्भव नहीं है। दूसरा संग्रह मिलने से यह तो हुआ कि हम 'नज़ीर' क़ी ग़ज़लों के बारे में भी बहुत कुछ कह सकते हैं, लेकिन आज भी उन्हें भारतीय साहित्य में जो गौरव प्राप्त है वह पहले संग्रह के कारण है, क्योंकि उसमें भारतीय जीवन अपनी समस्त अच्छाइयों और बुराइयों के संग जीवित हो उठा है। इस संग्रह का एक भाग कृष्ण जी, महादेव जी, भैरों जी इत्यादि पर लिखी हुई कविताओं से भरा हुआ है। 'नज़ीर' से पूर्व अधिकतर कवि साधारण विषयों पर लिखने और जनता के जीवन का चित्रण करने में संकोच करते थे, परन्तु 'नज़ीर' ने उच्च वर्ग के

विचारों में एक ऐसा चोर-दरवाजा बना दिया, जिसमें से होकर जनता का जुलूस साहित्य-भवन में घुस आया। कविता की इस महान-परम्परा के साथ 'नज़ीर' अकबराबादी का नाम सदैव जीवित रहेगा। वास्तव में तो यह वही परम्परा थी, जिसे 'अमीर ख़ुसरो' ने जन्म दिया था, परन्तु बीच में जीवन से उसका वह पहला-सा घनिष्ठ सम्बन्ध नहीं रह गया था। 'नज़ीर' ने उसे प्रबल, व्यापक और लोकप्रिय बनाया। 'अमीर ख़ुसरो' के पश्चात् भक्त-कवियों ने, गोलकुण्डा के 'क़ुली क़ुतुबशाह' ने, दिल्ली के 'फ़ाइज' ने उसे विनाश से बचाया था, 'नज़ीर' ने उसे आकाश तक ऊँचा उठा दिया।

एक हिन्दी लेखक ने 'नज़ीर' की उदार-हृदयता और उर्दू-साहित्य की एक नयी धारा निकालने की प्रशंसा करते हुए लिखा है कि[१] "....उस शुष्क और उजाड़ संगम पर आकर 'नज़ीर' ने अज़ान भी दी और शंख भी फूँका। तसबीह भी ली और जनेऊ भी पहना। मुहर्रम में रोये, तो होली में भड़ुवे भी बने। रमज़ान में रोज़े रखे और सलूनों पर राखी बाँधने को मचल पड़े। शब्बरात पर महताबियाँ छोड़ीं तो दीवाली पर दीप सजाये। नबी, रसूल, वली, पीर, पैग़म्बर के लिए जी भरकर लिखा, तो कृष्ण, महादेव, नरसी, भैरों और नानक पर भी श्रद्धांजलि चढ़ायीं। गुलो-बुलबुल पर कहा तो आम और कोयल को पहले याद रखा। पर्दे के साथ बसन्ती साड़ी भी याद रही और तो और गर्मी, बरसात और सर्दी पर भी लिखा। बच्चों के लिए रीछ का बच्चा, कौआ और हिरन, गिलहरी का बच्चा, तरबूज़, पतंगबाज़ी, बुलबुलों की लड़ाई, ककड़ी, तैराकी, तिल के लड्डू पर लिखने बैठे, तो बच्चे बन गये। हर एक बालक गली-कूचे में गाता फिर रहा है। जवानों और बुड्ढों को नसीहत देने बैठे, तो लोग वज्द में आ गये। मानो क़ुरान, हदीस, वेद, गीता, उपनिषद्, पुराण सब घोलकर पी जाने वाला कोई सिद्धपुरुष बोल रहा है।"

यह कहना ठीक नहीं होगा कि 'नज़ीर' के यहाँ उर्दू-काव्य की वह परम्पराएँ बिल्कुल नहीं हैं, जिन्हें सामन्तवादी सभ्यता और ईरानी प्रभावों ने जन्म दिया था और न यही कहना ठीक होगा कि आधुनिक युग की वास्तविकता और राष्ट्रीय चेतना का उद्भव 'नज़ीर' की काव्य-रचना में देखा जा सकता है, क्योंकि ये दोनों बातें सम्भव नहीं थीं, परन्तु उनकी कविता में जो सच्चाई, जो देश-भक्ति, साधारण जन-जीवन का जो ज्ञान, मानव का जो प्रेम, जो सहृदयता और सहजता मिलती है, वह इससे पूर्व किसी कवि के यहाँ नहीं मिलती थी। उनकी कविताओं का अध्ययन करते ही ऐसा ज्ञात होता है कि हम पैर जमाये पृथ्वी पर खड़े हैं, हमारे चारों ओर हर प्रकार के मनुष्य बेखटके चल-फिर रहे हैं, अपने देश के जाड़े, गर्मी, बरसात आते हैं और हम इन जानी-बूझी ऋतुओं का आनन्द उठाने लगते हैं, भिन्न-भिन्न दलों और जातियों के लोग, अन्य धर्मों और वर्गों से सम्बन्ध रखने वाले, जानवर, पंछी सब प्रस्तुत हैं और सारा वातावरण वह है जिसमें हम रहते हैं। इन छोटे-छोटे विषयों पर जीवित कविताएँ

---

१. शेर-ऐ-शायरी—अयोध्या प्रसाद गोयलीय, १९४८ ई०।

लिखना किसी साधारण या छोटे कवि के बस की बात नहीं है। 'नज़ीर' के अनुभव का क्षेत्र इतना विस्तृत है कि वह भारतीय जीवन के बारे में सभी कुछ जानते हुए जान पड़ते हैं। यह ठीक है कि 'नज़ीर' के पास कोई गहरी दार्शनिक दृष्टि नहीं है, परन्तु वे जीवन की समस्याओं में इस प्रकार से प्रवेश किये हुए हैं कि उन्हें सब बातें अपने आप मालूम हैं। वे दरिद्रता के कारण, जीवन और धर्म के संबंध, वर्गों की विभिन्नता, मानवता की आवश्यकताएँ सब कुछ जानते हैं और यह देखकर आश्चर्य होता है कि उनकी सीधी-सादी कविताओं में ये सारी बातें कैसे समा गयी हैं। जब वे तैराकी, बरसात, आँधी, अँधेरी रात, आटा-दाल इत्यादि पर लिखते हैं, तो यह अनुमान नहीं होता कि ये बातें केवल उनके मुख से निकल रही हैं, बल्कि इनको उन्होंने हर स्थान और हर दृष्टि से देखा है। उन्होंने जीवन को जैसा देखा और पाया था, वैसा ही उसका चित्रण कर दिया, परन्तु प्रत्येक स्थान पर उनका दृष्टिकोण जनता का दृष्टिकोण रहा है। यह बिल्कुल स्पष्ट है कि वे देश की आर्थिक समस्याओं को वैज्ञानिक रूप से नहीं जानते थे, वर्गों के आन्तरिक संघर्ष का कोई विशेष ज्ञान नहीं रखते थे, परन्तु एक सच्चे मानव-प्रेमी होने के नाते वे जनता के दुःख-सुख का अनुमान लगा लेते थे, क्योंकि वे उन्हीं में से एक थे।

'नज़ीर' की कविताओं का अध्ययन करते समय उनकी भाषा पर विशेष रूप से ध्यान देना चाहिए, क्योंकि उनकी भाषा आगरा की बोलचाल की भाषा के बहुत निकट है। उसमें खड़ी बोली और ब्रज का मेल है। एक-आध कविताओं से यह भी पता चलता है कि वे अरबी, फ़ारसी के अतिरिक्त ब्रज, अवधी और पंजाबी भी जानते थे। संक्षेप में हम कह सकते हैं कि सारे महान कवियों की भाँति भाषा का प्रयोग नज़ीर के व्यक्तित्व का भी पता देता है। कला की दृष्टि से उनकी काव्य-रचना में त्रुटियाँ हैं, विचार की दृष्टि से नाना प्रकार की जटिल विषमताएँ हैं, पर उनकी सच्चाई और मानव-प्रेम सब पर पर्दा डाल देते हैं और उनकी कविताएँ पढ़ते हुए बन्द और रुँधे हुए स्थान से निकल कर हम खुली हुई वायु में आ जाते हैं। उदाहरण के लिए कुछ कविताओं के अंश दिये जाते हैं—

दुनिया में बादशाह है, सो है वो भी आदमी।
और मुफ़लिसो-गदा[१] है, सो है वो भी आदमी।।
'ज़रदार[२], बेनवा[३] है, सो है वो भी आदमी।
नेमत[४] जो खा रहा है, सो है वो भी आदमी।।
टुकड़े जो माँगता है, सो है वो भी आदमी।।

मस्जिद भी आदमी ने बनायी है, याँ मियाँ।
बनते हैं आदमी ही इमाम[५] और ख़ुतबा-खाँ[६]॥

---

१. दीन-दरिद्र, २. धनवान, ३. ग़रीब, ४. ईश्वर की दी हुई अच्छी-अच्छी चीज़ें,
५. नमाज़ में अगुवायी करने वाला, ६. नमाज़ में व्याख्यान देने वाला।

पढ़ते हैं आदमी ही क़ुरान और नमाज़ याँ।
और आदमी ही उनकी चुराते हैं जूतियाँ॥
जो उनको ताड़ता है, सो है वो भी आदमी॥

याँ आदमी पे जान को वारे है आदमी।
और आदमी पे तेग़[१] को मारे है आदमी॥
पगड़ी भी आदमी की उतारे है आदमी।
चिल्ला के आदमी को पुकारे है आदमी॥
और सुन के दौड़ता है, सो है वो भी आदमी॥
('आदमी नामा')

बादल हवा के ऊपर हो मस्त छा रहे हैं।
झड़ियों की मस्तियों से धूमें मचा रहे हैं॥
पड़ते हैं पानी हर जा जल-थल बना रहे हैं।
गुलज़ार भीगते हैं, सब्ज़ें नहा रहे हैं॥
क्या-क्या मची हैं, यारो, बरसात की बहारें॥

मारे हैं मौज डाबर, दरया उमँड़ रहे हैं।
मोरो-पपीहे, कोयल क्या-क्या उमँड़ रहे हैं॥
झड़ कर रही हैं चिड़ियाँ नाले उमँड़ रहे हैं।
बरसे हैं मेंह झड़ाझड़ बादल घुमँड़ रहे हैं॥
क्या-क्या मची हैं यारो, बरसात की बहारें॥
('बरसात की बहार')

बेरोज़गारी ने ये दिखायी है मुफ़लिसी।
कोठे की छत नहीं है, ये छायी है मुफ़लिसी॥
दीवारो-दर के बीच समायी है मुफ़लिसी।
हर घर में इस तरह से फिर आयी है मुफ़लिसी॥
पानी का टूट जावे है, जूँ एकबार बन्द॥

अब आगरे में जितने हैं सब लोग हैं तबाह।
आता नज़र किसी का नहीं एक दम निबाह॥
माँगो अज़ीज़ों ऐसे बुरे वक़्त से पनाह।
वो लोग एक कौड़ी के मुहताज अब हैं आह॥
कस्बो-हुनर के याद हैं, जिनको हज़ार बन्द॥

---

१. तलवार।

सर्राफ़, बनिये, जौहरी और सेठ, साहूकार।
देते थे सब को नक़्द सो खाते हैं अब उधार।
बाज़ार में उड़े है पड़ी ख़ाक बेशुमार।
बैठे हैं यूँ दुकानों पर अपनी दुकानदार॥
जैसे कि चोर बैठे हों क़ैदी क़तारबन्द॥

क़िस्मत से चार पैसे जिन्हें हाथ आते हैं।
अलबत्ता रूखी-सूखी वो रोटी पकाते हैं।
जो ख़ाली आते हैं, वों क़रज लेके जाते हैं॥
यूँ भी न पाया कुछ तो फ़क़त ग़म को खाते हैं॥
सोते हैं कर किवाड़ को इक आह मार बन्द॥

जितने हैं आज आगरे में कारख़ाना-जात।
सब पर पड़ी हैं आन के रोज़ी की मुश्किलात॥
किस-किस के दुःख को रोइये और किसकी कहिये बात।
रोज़ी के अब दरख़्त का मिलता नहीं है पात॥
ऐसी हवा कुछ आ के हुई एक बार बन्द॥
('शहरे आशोब')

जब आदमी के हाल पे आती है मुफ़लिसी।
किस-किस तरह से उसको सताती है मुफ़लिसी॥
प्यासा तमाम रोज़ बिठाती है मुफ़लिसी।
भूखा तमाम रात सुलाती है मुफ़लिसी॥
ये दुःख वो जाने जिस पे कि आती है मुफ़लिसी॥

मुफ़लिस की कुछ नज़र नहीं रहती है आन[१] पर।
देता है अपनी जान वो एक-एक नान पर॥
हर आन[२] टूट पड़ता है रोटी के ख़ान[३] पर।
जिस तरह कुत्ते लड़ते हैं इक उसतख़ान[४] पर॥
वैसा ही मुफ़लिसों को लड़ाती है मुफ़लिसी॥
('मुफ़लिसी')

है रीति जनम की यों होती, जिस घर में बाला होता है।
उस मंडल में हर मन भीतर, सुख-चैन दुबाला होता है॥
सब बात व्यथा की भूले है, जब भोला-भाला होता है।
आनन्द मंडली बाजत है नित भवन उजाला होता है॥

---

१. मर्यादा, २. क्षण, ३. टोकरी या लगन, ४. हड्डी।

यूँ नेक नछत्तर लेते हैं, इस दुनिया में संसार जनम।
पर उनके और ही लच्छन हैं, जब लेते हैं औतार जनम॥

शुभ साअत से यूँ दुनिया में औतार गर्भ में आते हैं।
जो नारदमुनि है ध्यान भली सब उसका भेद बताते हैं॥
वो नेक महूर्त से जिसदम़ इस सृष्टि में जनमे जाते हैं।
ज़ो लीला रचनी होती है वो रूप ये दिखला जाते हैं॥

यूँ देखने में और कहने में वो रूप तो बाले होते हैं।
पर बाले ही पन में उनके उपकार निराले होते हैं॥

('जनम कन्हैयाजी')

यहाँ 'नज़ीर' की इससे अधिक कविताएँ देना सम्भव नहीं है, परन्तु इस अध्याय को समाप्त करने से पूर्व यह कहना आवश्यक है कि 'नज़ीर' की काव्य-रचना का उल्लेख अलग से एक अध्याय में इसीलिए किया गया है कि थोड़ा-बहुत रीतिगत का अनुसरण करने के बाद भी 'नज़ीर' ने अपनी शैली सबसे अलग बनायी। वे न दिल्ली के केन्द्र में रखे जा सकते हैं और न लखनऊ-केन्द्र में। वे स्वयं नयी परिपाटियों के जन्मदाता हैं और किसी बनाये पथ पर चलने के बदले अपना पथ आप बनाने वाले हैं। यह विशेषता उन्हें इसलिए प्राप्त हुई थी कि उन्होंने जीवन के समझने में किसी दर्शन या परम्परा का सहारा नहीं लिया, बल्कि उसमें स्वयं डूब गये और वही लिखा जो किसी और ने नहीं लिखा था। इसका परिणाम यह हुआ कि उनके समय में आलोचकों ने उनको कोई महत्त्व नहीं दिया और वह शैली प्रचलित न हो सकी जिसे 'नज़ीर' ने अपनाया था, परन्तु आज उनका प्रभाव स्वीकार किया जा रहा है। उर्दू के महान कवि 'जोश' मलीहाबादी और प्रसिद्ध कवि 'इहसान दानिश' केवल उनके बड़प्पन को ही नहीं मानते, बल्कि उनसे प्रभावित भी हैं। आज के आलोचक उन्हें काव्य-मर्यादा की उत्तम श्रेणी का पोषक मानते हैं। इसका कारण यह है कि आधुनिक दृष्टि से कविता और जीवन में जिस सम्बन्ध की खोज की जा रही है, उसके सुन्दर उदाहरण 'नज़ीर' के यहाँ मिलते हैं और वह परम्परा दिव्य होकर पथ-प्रदर्शन करती है, जिस पर चले बिना साहित्य एक छोटे से क्षेत्र में सीमित होकर रह जायेगा।

अध्याय ७

दिल्ली की अन्तिम प्रतिभा

जब हमने दिल्ली की काव्य-धारा की व्याख्या करते हुए अवध के काव्य-क्षेत्र की गतिविधियों की चर्चा की थी, तो यह इसलिए नहीं था कि दिल्ली में काव्य-जगत सूना और अँधेरा हो गया। नहीं, बल्कि हमें इतिहास की उस गति का आभास कराना था, जो स्थितियों के बदलने पर कहीं की शोभा घटा देती है और साथ ही साथ कहीं के आकर्षण में विस्तार कर देती है। आपको स्मरण होगा कि १८वीं शताब्दी की दिल्ली की चर्चा करते हुए बार-बार इस बात की ओर संकेत किया गया था कि भारत की यह महानगरी सहस्त्रों सम्राटों की राजधानी रह चुकी थी, परन्तु जब इसकी शोभा समाप्त हो गयी, दिन-प्रति-दिन आर्थिक कठिनाइयाँ बढ़ने लगीं, तो उसके कवि और कलाकार दूसरे सुरक्षित स्थानों को चले जाने पर बाध्य हुए थे। शायद 'मीर' ने दिल्ली को ही 'दिल' बना कर कहा था—

दिल की वीरानी का क्या मज़कूर है।
ये नगर सौ मरतबा लूटा गया॥

मगर दिल्ली मिट-मिट कर बसती और मर मर कर जी जाती थी। हर पतझड़ के बाद उसमें बहार आ जाती थी। कई दफ़ा तो यह हुआ कि उसकी मिटती हुई शोभा उसकी उन्नति के दिनों की शोभा से अधिक आकर्षक प्रतीत हुई। उस समय भी जब दिल्ली के कवि अवध की ओर जा रहे थे, वहाँ कवियों की मधुर वाणी गूँज रही थी। हाँ, यह बात अवश्य है कि लोगों की आँखें अवध पर जमी हुई थीं और ऐसा जान पड़ता था कि अब यहाँ अनन्त सन्नाटा हो जायेगा, परन्तु जैसे अस्थायी शान्ति के बाद तूफ़ान आता है, उसी प्रकार दिल्ली में कविता के सोते फूट बहे और एक महान् युग का प्रारम्भ हुआ। इसका यह अर्थ नहीं है कि मरता हुआ मुग़ल-राज्य सँभल गया था बल्कि सामन्तवादी मुग़ल-सभ्यता की सुन्दरता इसी पतनशील युग में अपनी अन्तिम बहार दिखा रही थी। 'ज़ौक़', 'मोमिन', 'ज़फ़र', और 'ग़ालिब' जो उर्दू साहित्य के रत्नों में गिने जाते हैं, इसी युग के कवि थे। उन्होंने एक बार फिर बुझते हुए दीपक की शिखा तेज़ कर दी और उन परम्पराओं को और अधिक प्रबल और व्यापक बना दिया, जिन्हें 'मीर', 'सौदा' और 'दर्द' ने सहारा देकर आगे बढ़ाया था।

दिल्ली के पुराने कवियों में एक कवि 'शाह नसीर' थे, जिन्होंने इसी युग में नाम पैदा किया, इसलिए उनका परिचय यहीं दिया जाता है। 'शाह नसीर' दिल्ली के रहने वाले थे और बालपन से ही काव्य-रचना करते थे, थोड़े ही समय में बहुत प्रसिद्ध हो

गये और शाहआलम बादशाह के दरबार में उनकी पहुँच हो गयी, जहाँ उनका बड़ा आदर होने लगा। जब राज्य की आर्थिक स्थिति बिगड़ने के कारण इसमें कमी हुई, तो उनको भी बाहर निकलना पड़ा। रोज़गार की खोज में वह दो दफ़ा लखनऊ और चार दफ़ा हैदराबाद गये। जब पहली दफ़ा लखनऊ गये थे, तो वहाँ 'इन्शा', 'मुसहफ़ी' और 'जुरअत' की छेड़छाड़ चल रही थी, 'शाह नसीर' ने भी उसमें भाग लिया और जब दूसरी दफ़ा वहाँ पहुँचे तो 'नासिख़' का बोलबाला था, इनकी कुछ न चल सकी। हैदराबाद के दीवान चन्दूलाल 'शादाँ' ने, जो स्वयं उर्दू के कवि और कवियों के प्रेमी थे और उनकी सहायता करते रहते थे, 'शाह नसीर' को अपने पास बुला लिया। उनके हैदराबाद जाने के फलस्वरूप वहाँ उर्दू-कविता की चर्चा एक दफ़ा फिर बड़े उत्साह से हुई और उन्होंने बहुत से शिष्य एकत्र कर लिये। वहीं से उनका काव्य संग्रह भी प्रकाशित हुआ और वहीं १८३५ ई० में देहान्त भी हो गया।

'शाह नसीर' की भाषा कठिन और शैली बनावटी है। उनके यहाँ अलंकारों की भरमार होती है। नयी-नयी उपमाएँ गढ़ने में वे सबसे आगे थे और कभी-कभी तो ये उपमाएँ इतनी पेचदार होती थीं कि उनका समझना कठिन जान पड़ता है। कहा जाता है कि उन पर लखनऊ की काव्य-रचना का प्रभाव पड़ा था, परन्तु यह बात कुछ बहुत ठीक नहीं, क्योंकि आरम्भ ही से उनकी कविता में वही रंग था। उनकी कल्पना-शक्ति प्रबल थी, लेकिन उनके विचारों में कोई गहरायी नहीं होती थी। अपने समय में वे बड़े कवियों में गिने जाते थे, परन्तु आज उनकी शैली ऐसी बनावटी और उनकी रचनाएँ ऐसी निस्सार जान पड़ती हैं कि उन्हें ऐतिहासिक महत्त्व मात्र ही दिया जा सकता है। उनके शिष्यों में 'ज़ौक़' सबसे अधिक प्रसिद्ध हैं।

सच पूछा जाये तो इस युग का महत्त्व युग-प्रवर्तक कवियों—विशेषकर 'ग़ालिब', 'मोमिन' और 'ज़ौक़' पर निर्भर है। इनमें से 'ग़ालिब' को सबसे ऊँचा स्थान दिया जाता है, परन्तु कुछ लोग 'मोमिन' की उर्दू ग़ज़लों पर मुग्ध हैं, एकाध 'ज़ौक़' को भी सबसे बड़ा कवि मानते हैं।

'मोमिन' का नाम मोमिन ख़ाँ और पेशा हकीमी था। वे दिल्ली के एक उच्च परिवार में १८०० ई० में पैदा हुए और वहीं शिक्षा प्राप्त की, जिसका आधार साहित्यिक और धार्मिक था। वे ज्योतिष, गणित और काव्य रचना में निपुण थे। उन्हें शतरंज से बहुत प्रेम था और संगीत-कला से भी परिचित थे। एक खाते-पीते परिवार से सम्बन्ध रखने के कारण उनके जीवन में भोग-विलास की भी कमी न थी, इसीलिए उन्होंने अपनी कविता को पेट पालने का साधन नहीं बनाया। वे राज-दरबार से दूर रहे और एक के अतिरिक्त किसी धनवान की प्रशंसा में कविताएँ नहीं लिखीं। एक दफ़ा पटियाला के महाराजा ने उनको एक हथिनी भेंट की तो उनकी प्रशंसा में एक क़सीदा अवश्य लिखा। कुछ क़सीदे धार्मिक नेताओं की सराहना में भी लिखे हैं। 'मोमिन' ने शृंगार और प्रेम-रस में डूबी हुई कुछ मसनवियों की रचना भी की है, जिनमें प्रेम-कहानियाँ बड़ी भावुक तथा कभी-कभी बड़े नग्न ढ़ग से बयान की गयी हैं। कहा

जाता है कि युवावस्था में 'मोमिन' प्रेम-तरंगों में खूब झूले थे, यह उसी का प्रभाव है। अन्त में वे धार्मिक जीवन बिताने लगे थे। १८५१ ई० में उनका देहान्त हुआ।

'मोमिन' की रचनाओं में उनके उर्दू काव्य-संग्रह के अतिरिक्त एक फ़ारसी काव्य-संग्रह और फ़ारसी-गद्य में एक पुस्तक मिलती है, परन्तु 'मोमिन' की ग़ज़लों ने ही उनको कवियों में उच्च स्थान दिलाया है। वे प्रेम और उससे सम्बन्धित भावनाओं से भरी हुई हैं और कहा जा सकता है कि उन्होंने इस सीमित क्षेत्र में भावनाओं का चित्रण जिन नये-नये ढंगों से प्रस्तुत किया है, वह दूसरे कवि नहीं कर सके हैं। उनकी भावनाओं और विचारों में सच्चाई अवश्य है, परन्तु गहराई नहीं है। एक दृष्टि से कविता में वे उस परम्परा का पालन करते हैं, जिसे 'जुर्‌अत' ने प्रचलित किया था। इसका अर्थ यह है कि प्रेम के सम्बन्ध में वे भी कहीं-कहीं अश्लीलता की ओर झुके हुए हैं। ऐसा जान पड़ता है कि यह प्रेम-भावना उनके लिए कामना-पूर्ति की एक साधारण उपलब्धि है, जिनमें उदारता और पवित्रता नहीं पायी जाती। कहा जाता है कि युवावस्था में उन्हें किसी वेश्या या ऐसी ही बाज़ारू स्त्री से प्रेम हो गया था और उसी का प्रभाव उनकी ग़ज़लों पर मिलता है।

'मोमिन' की भाषा अधिकतर फ़ारसी-निष्ठ है और अलंकारों के प्रयोग के कारण कठिन भी जान पड़ती है। उनकी शैली उर्दू के दूसरे कवियों से विभिन्न है, क्योंकि वे मनोभावनाओं के साधारण प्रकटीकरण में कोई ऐसी जटिलता पैदा कर देते हैं कि उसका समझना दुष्कर हो जाता है और कभी-कभी अपनी ओर से बहुत कुछ जोड़ने पर ही अर्थ निकलता है। फिर भी इसमें सन्देह नहीं कि उनकी ग़ज़लों में बड़ी सुन्दरता और रस पाया जाता है। उदाहरण के लिए ये शेर देखिए—

सहर[१] से शाम तक तुझ बिन यही हालत रखी दिल ने।
न मुझको चैन देता था न आप आराम लेता था॥
न मानूँगा नसीहत,[२] पर न सुनता मैं तो क्या क़रता।
कि हर-हर बात पर नासेह[३] तुम्हारा नाम लेता था॥

कुछ क़फ़स[४] में इन दिनों लगता है जी।
आशियाँ[५] अपना हुआ बरबाद क्या?॥

जाने दे चारागर[६] शबे-हिज्राँ[७] में मत बुला।
वो क्यों शरीक हो मेरे हाले-तबाह[८] में॥

असर उसको ज़रा नहीं होता।
रंज राहत-फ़िज़ा[९] नहीं होता॥

तुम हमारे किसी तरह न हुए।
वरना दुनिया में क्या नहीं होता॥

---

१. प्रातःकाल, २. उपदेश, ३. उपदेशक, ४. पिंजड़ा, ५. घोसला, ६. वैद्य, ७. विरह की रात, ८. दुर्दशा, ९. सुखदायी।

तुम मेरे पास होते हो गोया[१]।
जब कोई दूसरा नहीं होता॥

बर्क़[२] का आसमान पर है दिमाग़[३]।
फूँक कर मेरे आशियाने को॥

ये हालत है, तो क्या हासिल बयाँ से।
कहूँ कुछ और कुछ निकले ज़बाँ से॥
वो आये हैं पशीमाँ[४] लाश पर अब।
तुझे ऐ ज़िन्दगी लाऊँ कहाँ से॥

इस युग के प्रसिद्ध कवियों में शैख़ मुहम्मद इब्राहीम 'ज़ौक़' भी थे। इनका जन्म १७८९ ई० में हुआ। वे एक गरीब सिपाही के पुत्र थे। जिस समय शिक्षा प्राप्त कर रहे थे, तभी से शेर कहने का शौक़ पैदा हुआ। उन दिनों दिल्ली में 'शाह नसीर' का बोलबाला था, 'ज़ौक़' उन्हीं के शिष्य हो गये। 'शाह नसीर' ने उनका नाम फैलते देखा तो उन्हें इस भय से टालना शुरू किया कि कहीं वे उनसे आगे न बढ़ जायें। यह देखकर 'ज़ौक़' उनसे अलग हो गये और थोड़े ही समय में उनका यश फैल गया, यहाँ तक कि बहादुर शाह 'ज़फ़र' ने, जो उस समय मुग़ल बादशाह के उत्तराधिकारी थे, 'ज़ौक़' को बुलाकर अपना उस्ताद बना लिया। उस समय 'ज़ौक़' की उम्र केवल २० वर्ष की थी। उसी आयु में उन्होंने बादशाह की प्रशंसा में जो कविता लिखी उस पर उनको 'ख़ाक़ानी-ए-हिन्द' की उपाधि मिली। जब बहादुर शाह बादशाह हुए, तो उन्होंने 'ज़ौक़' को अपने राज्य का कविराय नियुक्त कर दिया और उनकी तनख़ाह, जो आरम्भ में केवल चार रुपए थी, सौ रुपये तक पहुँच गयी। उन्होंने बहुत से क़सीदे लिखे, जिन पर उनको गाँव भी जागीर में मिले और अन्य पुरस्कार भी। १८५४ ई० में उनका देहान्त हो गया।

दिल्ली के अनेक कवि उनके शिष्य थे, जैसे 'ज़फ़र', 'आज़ाद', 'दाग़', 'अनवर', 'ज़हीर', 'मारूफ़' और 'वीरान'। वे सदैव दिल्ली ही में रहे, महाराजा चन्दूलाल ने उनको भी हैदराबाद आने के लिए आमंत्रित किया था, परन्तु वे नहीं गये। उनका प्रसिद्ध शेर है—

गर्चे है मुल्के-दकन में इन दिनों क़द्रे-सुख़न[५]।
कौन जावे 'ज़ौक़' पर दिल्ली की गलियाँ छोड़कर॥

'ज़ौक़' का केवल एक ही उर्दू काव्य-संग्रह मिलता है, जिसमें अधिकतर क़सीदे और ग़ज़लें हैं। 'सौदा' के पश्चात् उनको उर्दू का सबसे बड़ा क़सीदा लिखने वाला समझा जाता है। आलोचकों ने दोनों के क़सीदों की तुलना भी की है, परन्तु यह बात

---

१. इसके दो अर्थ हैं—बात करने वाला और जैसे-कि, २. बिजली, ३. मस्तिष्क, ४. लज्जित, ५. काव्य-रचना का सम्मान।

सभी स्वीकार करते हैं, कि वह 'सौदा' के बराबर नहीं पहुँचते। 'ज़ौक़' के अधिकतर क़सीदे बादशाहों की प्रशंसा में हैं और चूँकि वह विद्वान और ज्ञानी थे, इसलिए उनके क़सीदे उच्च-कोटि के जान पड़ते हैं, परन्तु केवल निर्बल बादशाहों की प्रशंसा का एक झूठा पोट होने के कारण उनमें अधिक शक्ति नहीं है। फ़ारसी और उर्दू के कई बड़े-बड़े कवियों ने क़सीदे को ही काव्य-रचना में निपुणता की कसौटी क़रार दिया है, परन्तु भावनाओं की दृष्टि से क़सीदा को काव्य का एक कृत्रिम रूप ही कहना उचित तथा युक्तिसंगत है, उसमें विचार से विचार पैदा करने का प्रयत्न किया जाता है, ऐसी स्थिति में शब्दों के प्रयोग पर बहुत ध्यान देना पड़ता है। क़सीदे में मनोभावनाओं का कोई महत्त्व प्राप्त नहीं होता, यही कारण है कि क़सीदा लिखने वाले कवियों की ग़ज़ल में भी भावुकता का वह जोश और हार्दिक व्याकुलता का वह चित्रण नहीं पाया जाता, जो ग़ज़ल के लिए आवश्यक है।

कई आलोचकों ने 'ज़ौक़' की भाषा की सरलता, उनके स्वभाव की नम्रता और उनकी प्रतिष्ठा को मिलाकर उन्हें 'ग़ालिब' से भी बड़ा कवि कहा है, परन्तु यह विचार ठीक नहीं है। 'ज़ौक़' की कला बहुत कुछ शब्दाडम्बर और अलंकारों के प्रयोग पर निर्भर है। कविता का मूल तत्त्व, जिसका सम्बन्ध भावनाओं से है, उनके यहाँ बहुत कम है। उनकी कविता हृदय में धड़कन और गर्मी नहीं पैदा करती, लेकिन इसका यह अर्थ नहीं है कि उनकी समस्त काव्य-रचना इसी ढंग की है। वे माने हुए उस्ताद थे, भाषा पर उनका बड़ा अधिकार था, जीवन की साधारण समस्याओं को नैतिक रूप देकर प्रस्तुत करते थे और काव्य-शास्त्र के बहुत बड़े पंडित थे। उनकी अच्छी कविताएँ देखी जायें, तो यह स्पष्ट हो जायेगा कि उनके जीवन की सरलता और सहृदयता उनकी रचनाओं में पायी जाती है। उर्दू-भाषा को उसके शुद्ध रूप में देखने वाले 'ज़ौक़' की रचनाओं में अवश्य आनन्द प्राप्त करेंगे। 'ज़ौक़' के कुछ शेर ये हैं—

कहते हैं आज 'ज़ौक़' जहाँ[१] से गुज़र गया।
हक़[२] मग़फ़िरत[३] करे अजब आज़ाद-मर्द[४] था॥

किसी बेकस[५] को ऐ बेदादगर[६] मारा तो क्या मारा।
जो आप ही मर रहा हो उसको गर मारा तो क्या मारा॥

गया शैतान मारा एक सिजदे के न करने से।
अगर लाखों बरस सिज्दे में सर मारा तो क्या मारा॥

अब तो घबरा के ये कहते हैं कि मर जायेंगे।
मरके भी चैन न पाया तो किधर जायेंगे॥

---

१. संसार, २. ईश्वर, ३. मुक्ति, ४. स्वतन्त्र पुरुष, ५. लाचार, ६. अत्याचारी।

आदमीयत[१] और शय[२] है इल्म[३] है कुछ और चीज़।
कितना तोते को पढ़ाया पर वो हैवाँ[४] ही रहा॥

किया हमने सलाम ऐ इश्क़ तुझको।
कि अपना हौसला[५] इतना न पाया॥

ऐ शम्अ[६]! तेरी उम्रे-तबीई[७] है रात भर।
हँस कर गुज़ार, या इसे रोकर गुज़ार दे॥

एहसान[८] नाख़ुदा[९] का उठाये मेरी बला।
किश्ती ख़ुदा पे छोड़दूँ, लंगर को तोड़ दूँ॥

उलफ़त[१०] का नशा जब कोई मर जाये तो जाये।
ये दर्दे-सर ऐसा है कि सर जाये तो जाये॥

तुम भूल कर भी याद नहीं करते हो कभी।
हम तो तुम्हारी याद में सब कुछ भुला चुके॥

इसी युग में नहीं, बल्कि समस्त उर्दू-साहित्य के इतिहास में सबसे महान् व्यक्तित्व मिर्ज़ा 'ग़ालिब' का माना जाता है। पद्य और गद्य दोनों ही में उनको महानता प्राप्त है। वे फ़ारसी के भी उतने ही बड़े लेखक थे, जितने बड़े उर्दू के। उनमें और उनके काव्य में मुग़ल-सभ्यता की समस्त अच्छाइयाँ और बुराइयाँ सिमट आयी थीं और वे उसका एक जीता-जागता प्रतीक थे। जिस दृष्टि से भी देखा ज.ये, वे एक प्रतिभा-सम्पन्न व्यक्ति और एक महान लेखक थे, यही कारण है कि पुराने और नये सभी आलोचकों ने उन पर बहुत-सी पुस्तकें और बहुत-से निबन्ध लिखे हैं और अपने ज्ञान और चेतना के दर्पण में उनका चित्र देखने की चेष्टा की है।

'ग़ालिब' का नाम ख़्वाजा असद उल्लाह खाँ था, लेकिन अपने घर पर मिर्ज़ा नौशाह के नाम से पुकारे जाते थे। उन्हें मुग़ल-राज्य की ओर से 'नज्मुद्दौला', 'दबीरुलमुल्क' और 'निज़ाम-जंग' की उपाधि भी प्राप्त थी। उनका जन्म १७९७ ई० में आगरा में हुआ था। अभी वे केवल पाँच वर्ष के थे कि पिता परलोक सिधारे, जो महाराजा अलवर की सेना में उच्च पदाधिकारी थे। अब 'ग़ालिब' अपने चचा के पास चले गये, परन्तु वे भी चार वर्ष बाद मर गये और 'ग़ालिब' अपने ननिहाल में रहने लगे। उनकी आरम्भिक युवावस्था बड़े आनन्द और विलास में बीती। अभी वे केवल १३ वर्ष के थे कि दिल्ली के एक बड़े कुल में उनका विवाह हो गया, जिसके लिए 'ग़ालिब' ने स्वयं लिखा है कि संसार के कारागार में आये अभी १३ वर्ष हुए थे कि पैरों में बेड़ी डाल दी गयी। विवाह के बाद वे दिल्ली में रहने लगे। अपने फ़ारसी और

---

१. मानवता, २. चीज, ३. विद्या, ४. पशु, ५. साहस, ६. दीपक, ७. स्वाभाविक जीवन-काल। ८. कृतज्ञता। ९. खेवनहार। १०. प्रेम।

उर्दू पत्रों में उन्होंने अपने बालपन, आगरे के जीवन, विवाह, अपने कुल, अपनी शिक्षा इत्यादि का वर्णन बड़े रोचक शब्दों में किया है।

'ग़ालिब' ने कविता लिखना आगरे में ही प्रारम्भ कर दिया था, जिसमें फ़ारसी बहुत होती थी। उन्हें फ़ारसी-भाषा से हार्दिक लगाव था और संयोगवंश ऐसा हुआ कि ईरान का एक पारसी, अब्दुस्समद, आगरे आया और 'ग़ालिब' ने फ़ारसी-भाषा की शिक्षा और ज्ञान प्राप्त किया[१]। दिल्ली पहुँच कर उनको वहाँ के उच्च और शिक्षित वर्ग के लोगों में उठने-बैठने का अवसर मिला। वे स्वयं तुर्किस्तान के सलजूक़ बादशाहों के वंश से सम्बन्ध रखते थे और इस वंश-परम्परा पर उन्हें अत्यन्त गर्व भी था। उनका विचार था कि उनकी नस-नस में बड़े-बड़े सम्राटों और विजयी सैनिकों का रक्त दौड़ रहा है, इसलिए वे अपने आदर और सम्मान के प्रति केवल काव्य-रचना को आधार नहीं बनाना चाहते थे, वरन् यह भी प्रकट करते रहते थे कि किसी समय उनका सम्बन्ध उच्चवर्ग से रह चुका है। यह बात निश्चित रूप से नहीं कही जा सकती कि उन्होंने कितनी शिक्षा प्राप्त की थी, परन्तु उनके लेखों को पढ़कर यह बात स्पष्ट हो जाती है कि वे उन समस्त विद्याओं से भली-भाँति परिचित थे, जो कई शताब्दियों से मुसलमानों में प्रचलित थीं, इसलिए कुछ ही समय में उन्होंने दिल्ली के कवियों और विद्वानों में अपना स्थान बना लिया।

दिल्ली में 'ग़ालिब' को बहुत-सी कठिनाइयों का सामना करना पड़ा, जिनमें आर्थिक संकट सर्वव्यापी था। उनके चचा को जो पेंशन मिलती थी, वह भी कई नातेदारों में बँट गयी थी और 'ग़ालिब' को उसका जो भाग मिलना चाहिये था, कई कारणों से वह भी नहीं मिल रहा था। इसके लिए 'ग़ालिब' को ३० वर्ष की आयु में कलकत्ता जाना पड़ा और वहाँ लगभग दो वर्ष रहकर उन्होंने अपना हक़ प्राप्त करने की कोशिश की। कलकत्ते की यात्रा उनके लिए अनेक प्रकार से महत्त्वपूर्ण सिद्ध हुई। उन्होंने लखनऊ, बनारस और कलकत्ते के कवियों और लेखकों का परिचय प्राप्त किया। वहाँ के साहित्यिक वाद-विवाद में भाग लिया और कलकत्ते के उस नये जीवन का अनुभव किया, जो ईस्ट-इंडिया कम्पनी के बंगाल पर अधिकार प्राप्त कर लेने के फलस्वरूप पैदा हो रहा था। उस समय के सभी कवियों में केवल एक 'ग़ालिब' ही थे, जो जीवन की इस नयी धारा से परिचित थे। उसका प्रभाव उनके विचारों पर भी देखा जा सकता है। कलकत्ते में जो नवजागरण पैदा हो रहा था, उसको केवल उन्होंने देखा ही नहीं, समझने का प्रयास भी किया। पेंशन-प्राप्ति की दृष्टि से उनकी यह यात्रा असफल रही, परन्तु इस यात्रा के फलस्वरूप उन्हें सारे देश में फैली हुई साहित्यिक प्रवृत्तियों का अनुभव हो गया।

१८५० ई० के लगभग वे मुग़ल-दरबार में इस काम के लिए नियुक्त किये गये कि मुग़ल-वंश का एक इतिहास फ़ारसी भाषा में लिख दें। उसका एक भाग उन्होंने शुद्ध-

---

१. 'ग़ालिब' ने स्वयं इसकी ओर संकेत किया है, परन्तु कई विद्वान इसे स्वीकार नहीं करते।

फ़ारसी में लिख भी डाला, जो 'मेहरे-नीमरोज़' के नाम से उनके जीवन ही में प्रकाशित भी हो गया था। जब 'ज़ौक़' की मृत्यु हो गयी तो 'ग़ालिब' ही बहादुरशाह 'ज़फ़र' के काव्य-गुरु भी नियुक्त हुए, परन्तु दो वर्ष के अन्दर ही वह विद्रोह हो गया, जिसको ग़दर कहा जाता है। 'ग़ालिब' के लिए जीवन फिर संकटों से भर गया। घर के अन्दर बन्द रहकर उन्होंने फ़ारसी में अपनी एक डायरी भी लिखी, जिससे उस घटना के बारे में बहुत-सी बातें मालूम होती हैं। उस समय 'ग़ालिब' ने जो पत्र अपने शिष्यों और मित्रों को लिखे हैं, उनसे अनुमान लगाया जा सकता है कि उन्हें भारत की उस दुर्दशा पर कितना दुःख था, परन्तु उनसे यह भी जान पड़ता है कि उन्हें सामन्तवादी युग के मिटने का विश्वास था और मुग़ल-राज्य के समाप्त होने का उनको बहुत दुख नहीं हुआ, जैसे उन्हें मालूम हो कि यह दीपक अवश्य ही बुझेगा।

इसके बाद १८५९ ई० में उनका सम्बन्ध रामपुर के राज-दरबार से हो गया और वहाँ से उनकी मृत्यु के समय तक सौ रुपये महीने मिलते रहे, जिससे उन्हें आर्थिक रूप में कुछ राहत मिल गयी थी। उनके शिष्य और मित्र भी सहायता करते रहते थे और वे अपनी आवश्यकताओं को उनसे छिपाते भी नहीं थे। ७३ वर्ष की आयु पाकर फ़रवरी १८६९ ई० में 'ग़ालिब' का स्वर्गवास हो गया।

मिर्ज़ा ग़ालिब' में कुछ विचित्र विशेषताएँ ऐसी एकत्र हो गयी थीं, जो बहुत कम लेखकों में मिलती हैं। उनकी बुद्धि की तीव्रता, बात में बात निकालने की शक्ति, उनका हास्यप्रिय स्वभाव, जीवन की कठिनाइयों को सहन करने की शक्ति, विद्वत्ता एवं पाण्डित्य, सहृदयता, आत्माभिमान और नम्रता, नयी बातें स्वीकार करने की शक्ति, मित्रता का निर्वाह और प्रिय बन जाने का ढंग—ये सारी बातें ऐसी थीं, जो उनके व्यक्तित्व को महान और लोकप्रिय बनाती थीं। बादशाह से लेकर डाक के हरकारे तक सब उनको भली-भाँति जानते थे। उनमें, जो त्रुटियाँ थीं, वे उन पर पर्दा नहीं डालते थे। शराब पीते थे, धर्म के बाह्य संस्कारों की हँसी उड़ाते थे, परन्तु मानव-प्रेम से उनका हृदय भरा हुआ था। वे मानव की सूक्ष्म भावनाओं, उनके दुख-सुख और उनकी आवश्यकताओं को समझते थे और अपनी कविताओं में जीवन की जटिल समस्याओं को ऐसे सुन्दर रूप में प्रस्तुत करते थे कि पढ़ने या सुनने वाला भी अपने मन की गूँज अनुभव करने लगता था। अपने देशवासियों के अतिरिक्त उनकी मैत्री अँगरेजों से भी थी और उनमें से अनेक व्यक्ति उनके शिष्य थे। उनकी दृष्टि में संकीर्णता नाम को भी न थी और वे किसी जाति या धर्म के लोगों से भेद-भाव नहीं बरतते थे। उनकी कविताएँ ऐसे ही भावनाओं से भरी हुई हैं।

'ग़ालिब' की बहुत-सी रचनाएँ उपलब्ध हो चुकी हैं। इस दृष्टि से उन्हें यह सौभाग्य प्राप्त है कि उनकी छोटी रचनाएँ खोज-खोजकर निकाली जा रही हैं और उनके बारे में पुस्तकों पर पुस्तकें और निबन्ध पर निबन्ध लिखे जा रहे हैं। उर्दू में उनका काव्य-संग्रह और पत्रों के कई संग्रहों के अतिरिक्त दो-तीन छोटी-छोटी पुस्तकें

और मिलती हैं। फ़ारसी में गद्य के कई संग्रह और कई पुस्तकें हैं। उन्होने अपना पहला उर्दू काव्य-संग्रह केवल २१ वर्ष की आयु में तैय्यार कर लिया था। यहाँ हम केवल उनको एक उर्दू-कवि के रूप में देख रहे हैं, नहीं तो बड़े विस्तार में जाना पड़ेगा, जो इस पुस्तक के लिए उचित नहीं है।

'ग़ालिब' की उर्दू कविता कई शैलियों में मिलती हैं। प्रारम्भिक जीवन में उन्हें फ़ारसी-भाषा की मिठास की ऐसी चाट पड़ गयी थी कि उन्होंने उर्दू को भी फ़ारसी ही के साँचे में ढाल लिया था। उस समय उनका विचार था कि उर्दू-भाषा में इतनी शक्ति नहीं है कि वह जटिल दार्शनिक विचारों का वहन कर सके। उन्होंने एक फ़ारसी शेर में स्वयं कहा है कि यदि कोई मेरी कविता से आनन्द उठाना चाहता है तो वह मेरी फ़ारसी कविताएँ पढ़े, उर्दू काव्य तो निस्सार और नीरस है, लेकिन 'ग़ालिब' का यह विचार ठीक नहीं सिद्ध हुआ। जिस उत्साह से उनकी उर्दू-रचनाएँ पढ़ी जाती हैं, फ़ारसी की नहीं पढ़ी जातीं। उनका फ़ारसी का यह प्रेम एक और रूप में प्रकट हुआ। उन्होंने उर्दू में भी एक प्रसिद्ध फ़ारसी कवि 'बेदिल' का अनुकरण करने की चेष्टा की। उस समय उनकी कविताओं का बहुत थोड़ा-सा भाग साधारण लोगों की समझ में आता था, २५ वर्ष की आयु तक पहुँचते-पहुँचते उन्होंने अपनी शैली में परिवर्तन किया। केवल कल्पनाओं से हटकर वे जीवन की उन समस्याओं की ओर आये, जिनका उन्हें वास्तविक अनुभव था। बहुत थोड़े समय में उनकी काव्य-रचना में कलात्मक दक्षता पैदा हो गयी। उनकी उपमाएँ और उत्प्रेक्षाएँ नयी होती थीं, उनकी कल्पना-शक्ति इतनी प्रबल थी कि वे बेजोड़ वस्तुओं और अनमिल विषयों में भी समानता और सम्बन्ध ढूँढ़ लेते थे। जितना समय बीतता गया, उतना ही 'ग़ालिब' के काव्य में दार्शनिक गहरायी और कलात्मक सुन्दरता बढ़ती गयी।

इसमें सन्देह नहीं कि वे सर से पाँव तक सामन्तवादी सभ्यता के रंग में डूबे हुये थे और उसकी अच्छाइयाँ-बुराइयाँ सब उनमें भी मौजूद थीं, लेकिन उनकी आँखें तो खुली हुई थीं और निरीक्षण-शक्ति से काम लेकर वे जीवन से ऐसी सच्चाइयाँ ढूँढ़ निकालते थे, जो दूसरों को नहीं देख पड़ती थीं। बदलती हुई दुनिया को देखकर उन्हें यह विश्वास हो गया था कि यह समय बदल जायेगा, परन्तु इतिहास का कोई दार्शनिक दृष्टिकोण न होने के कारण वे भविष्य-निर्माण के बारे में कुछ नहीं बता सकते थे। वे स्वयं उस पतनशील सभ्यता के एक प्रतीक थे और अत्यन्त सुन्दरता रखने के बावजूद निराशा और भय की एक हल्की-सी घटा उनकी कविताओं पर छायी हुई थी। उनकी रचनाओं में नैराश्य की भावना कम नहीं है, परन्तु वे इस बात का प्रचार करते थे कि जीवन से उसका सारा रस निचोड़ लेना चाहिए।

जैसा कि कहा जा चुका है उनमें संकीर्णता नाममात्र को भी न थी। धर्म का भेदभाव उनके विचारों में कोई महत्त्व नहीं रखता था। वे सहानुभूति और मानव-प्रेम को सबसे

बड़ा धर्म समझते थे। उनके यहाँ शैख़ और ब्राह्मण में कोई अन्तर न था। उनका विचार था कि अपने-अपने ढंग से सच्चाई का पथ खोजने वाले और विश्वासपूर्वक अपने विचारों पर दृढ़ रहनेवाले एक ही होते हैं, चाहे वे किसी धर्म से सम्बन्ध रखते हों। उनके मित्रों और शिष्यों में हिन्दू और ईसाई भी थे, जिनसे उन्हें उतना ही प्रेम था जितना मुसलमानों से। मगर इसका यह अर्थ नहीं है कि वे धर्म और सभ्यताओं की उन सीमाओं को तोड़ चुके थे, जो किसी-न-किसी प्रकार से धार्मिक नैतिकता पर अवलम्बित थीं। उनके इन विचारों को तसौव्वुफ़ से आन्तरिक सम्बन्ध रखने का परिणाम भी कह सकते हैं।

'ग़ालिब' की काव्य-रचना में कल्पना और दर्शन का ऐसा सामंजस्य है कि उनके विचार जटिल और कठिन होते हुए भी हृदय पर तीर की तरह जाकर बैठ जाते हैं। उन्होंने गद्य और पद्य दोनों में अपनी राह अलग निकाली थी। इस दृष्टि से जैसे उनका जीवन एक प्रकार की विचित्रता रखता था, उसी प्रकार उनकी रचनाएँ भी नवीनता से भरी हुई थीं। उर्दू में उन्होंने कुछ क़सीदे और अधिकतर ग़ज़लें लिखी हैं। उर्दू क़सीदे ईरानी कवियों के लिखे हुए क़सीदों के ढंग पर लिखे जाते थे और उनकी रीति में परिवर्तन अनुचित समझा जाता था, परन्तु 'ग़ालिब' ने अपने क़सीदों में नया रंग पैदा किया और ग़ज़लों में कई प्रकार के प्रयोग करने के बाद अपना मार्ग आप बना लिया, जो अनुपम है। उनका उर्दू-दीवान (काव्य-संग्रह) बहुत संक्षिप्त है, क्योंकि अपने मित्रों की सलाह से उसमें से वे कविताएँ निकाल दीं, जो फ़ारसी-निष्ठ होने के कारण बहुत कठिन हो गयी थीं। इस संग्रह के सम्बन्ध में एक आलोचक ने कहा है कि इसमें मुश्किल से सौ पन्ने होंगे, मगर क्या है जो इसमें विद्यमान नहीं है, कौन-सा ऐसा राग है जो जीवन के इन तारों में प्रत्यक्ष अथवा परोक्ष रूप से मौजूद नहीं है। उनकी विशेषताओं में वास्तविकता, शैली की सुन्दरता, ताज़गी, दार्शनिक गहरायी, भावात्मक अनुभूति और नवीनता सब इस प्रकार से मिली-जुली हैं कि कोई दूसरा कवि उनके बराबर नहीं लाया जा सकता। इस समय तक उन पर जो कुछ लिखा गया है, उसमें से दो-एक को छोड़कर सब उनकी प्रशंसा से भरा हुआ है, परन्तु अभी तक बहुत कम आलोचकों ने उनको सामन्तवादी सभ्यता के पतन का विश्लेषण करने वाले आलोचक-कवि के रूप में प्रस्तुत किया है। जीवन को उल्लास और विलास के साथ व्यतीत करने की इच्छा उनमें प्रबल थी, परन्तु वह युग उसमें बाधक था, इसलिए व्यक्तित्व और पतनशील समाज के संघर्ष के बड़े सुन्दर चित्र उनकी रचनाओं में मिल जाते हैं। यह ठीक है कि उनकी कविता कोई दार्शनिक आदर्श नहीं प्रस्तुत करती, लेकिन जीवन की प्रबलता, महानता और सुन्दरता के गीत गाकर जीवन से प्रेम करना अवश्य सिखाती है। इसलिए कोई भी व्यक्ति जो जीवन की गहराइयों को समझना और उनमें प्रवेश करना चाहता है, उसे 'ग़ालिब' की कविता में बहुत कुछ मिलेगा। उदाहरण के लिए उनके कुछ शेर दिये जाते हैं—

ये न थी हमारी क़िस्मत जो विसाले-यार[१] होता।
अगर और जीते रहते यही इनतिज़ार होता॥
ये कहाँ की दोस्ती है की बने हैं दोस्त नासेह[२]।
कोई चारा-साज़[३] होता, कोई ग़म-गुसार[४] होता॥
किससे महरूमी-ए-क़िस्मत[५] की शिकायत कीजे।
हमने चाहा था कि मर जायें सो वो भी न हुआ॥

ज़िन्दगी यूँ भी गुज़र ही जाती।
क्यों तेरा राहग़ुज़र[६] याद आया॥
कोई वीरानी-सी[७] वीरानी है।
दश्त[८] को देख के घर याद आया॥

वो आयें घर में हमारे ख़ुदा की क़ुदरत[९] हैं।
कभी हम उनको कभी अपने घर को देखते हैं।।
नज़र लगे न कहीं उनके दस्तो-बाज़ू[१०] को।
ये लोग क्यों मेरे ज़ख़्मे-जिगर[११] को देखते हैं॥

नींद उसकी है, दिमाग़ उसका है, रातें उसकी हैं।
तेरी ज़ुल्फ़ें जिसके बाज़ू परपरीशाँ[१२] हो गयीं॥
रंज से ख़ूगर[१३] हुआ इन्साँ तो मिट जाता है रंज।
मुशकिलें इतनी पड़ीं मुझपर कि आसाँ हो गयीं॥

इस सादगी पे कौन मर जाये ऐ खुदा।
लड़ते हैं और हाथ में तलवार भी नहीं॥
मिलना अगर नहीं तेरा आसाँ तो सहल है।
दुश्वार[१४] तो यही है कि दुश्वार भी नहीं॥

क़ैदे-हयातो-बन्दे-ग़म[१५] अस्ल[१६] में दोनों एक हैं।
मौत से पहले आदमी ग़म से नजात[१७] पाये क्यों॥
ज़िन्दगी अपनी जब इस शक्ल के गुज़री 'ग़ालिब'।
हम भी क्या याद करेंगे कि ख़ुदा रखते थे॥

---

१. प्रेमिका से मिलन, २. उपदेशक, ३. चिकित्सा करने वाला, ४. दुःख का साथी, ५. दुर्भाग्य, ६. पथ, ७. उजाड़पन, ८. मरुभूमि, ९. ईश्वर की लीला, १०. हाथ और बाँह, ११. हृदय का घाव, १२. बिखर जाना, १३. अभ्यस्त, १४. दुष्कर, १५. जीवन की क़ैद और दुःख की क़ैद, १६. वास्तव, १७. मुक्ति।

पूछते हैं वो कि ग़ालिब' कौन है?
कोई बतलाओ कि हम बतलाएँ क्या॥

गो हाथ को जुम्बिश[१] नहीं आँखों में तो दम[२] है।
रहने दो अभी साग़रो-मीना[३] मेरे आगे॥
हमको मालूम है जन्नत[४] की हक़ीक़त लेकिन।
दिल के ख़ुश रखने को 'ग़ालिब' ये ख़याल अच्छा है॥
हज़ारों ख़्वाहिशें ऐसी कि हर ख़्वाहिश पे दम निकले।
बहुत निकले मेरे अरमान[५] लेकिन फिर भी कम निकले॥

'ग़ालिब' को १९वीं शताब्दी के प्रतिनिधि कवि के रूप में प्रस्तुत किया जा सकता है। यद्यपि दूसरे कवियों ने भी जीवन के उन दुःखों का उल्लेख किया है, जो एक मिटती हुई सभ्यता दान करती है, परन्तु उनकी अनुभूति के स्तर और 'ग़ालिब' की कलात्मक अनुभूति में बड़ा अन्तर है, जो उनके समस्त काव्य में फैला हुआ है। महान् मुग़ल-वंश के अन्तिम दिन आ चुके थे और आख़री बादशाह बहादुर शाह 'ज़फ़र' का राज्यकाल था, उस समय कुछ बड़े कवियों ने अपनी रचनाओं से यह सिद्ध कर दिया कि एक पुरानी और उच्च कोटि की सभ्यता का दीप बुझते-बुझते भी अपनी अन्तिम प्रतिभा दिखा जाता है। बहादुरशाह का जीवन एक नाम-मात्र बादशाह का जीवन था, बादशाहत की शान-शौकत खोकर उन्होंने काव्य-संसार में अपने लिए एक ऊँचा स्थान बना लिया था और एक असफल बादशाह होते हुए भी वह एक सफल कवि बन गये। युवावस्था में ही उन्होंने कविता में नाम पैदा कर लिया था। बारी-बारी से 'शाह नसीर', 'ज़ौक़' और 'ग़ालिब' को उन्होंने उस्ताद बनाया। १८५७ ई० के विद्रोह में राज्य से हांथ धोया और उन्होंने एक बन्दी के रूप में अपने जीवन के अन्तिम दिन रंगून में बिता दिये और वहीं १८६८ ई० में उनका देहान्त हुआ।

'ज़फ़र' के चार काव्य-संग्रह प्रकाशित हुए हैं। कहा जाता है कि पाँचवाँ संग्रह ग़दर में नष्ट हो गया। कुछ आलोचकों का विचार है कि वह स्वयं कविताएँ नहीं लिखते थे, बल्कि 'ज़ौक़' उनके लिए लिख दिया करते थे, परन्तु यह बात कुछ बहुत ठीक नहीं मालूम होती, क्योंकि उनकी कविताओं में दुःख और करुणा की जो अनन्त भावना पायी जाती है, वह उनके आत्म-जीवन की कथा प्रतीत होती है। 'ज़फ़र' बहुत जल्द कविताएँ लिख लिया करते थे और कठिन से कठिन मात्रिक और वार्णिक छन्दों में गतिपूर्ण रचनाएँ कर सकते थे। उनकी विचारधारा वैसे तो पुरानी रीति पर ही चलती है, पर जहाँ-कहीं वह स्वयं अपनी व्यक्तिगत स्थिति का चित्रण करते हैं, वहाँ वही भावपूर्ण अभिव्यक्ति और सच्चाई पायी जाती है, जो एक अच्छे कवि की विशेषता है। तसौव्वुफ़ और नैतिक आदर्शों के अतिरिक्त शृंगार-रस से भी उनके संग्रह भरे हुए

१. हिलाने की शक्ति, २. जान, ३. प्याला और बोतल, ४. स्वर्ग, ५. इच्छाएँ।

हैं। उन्होंने कुछ धार्मिक कविताएँ भी लिखी हैं, परन्तु उनको जो कुछ मान प्राप्त है, वह एक गज़ल के कवि होने के नाते ही है।

'ज़फ़र' की भाषा दिल्ली की बोलचाल की शुद्ध भाषा थी। वह हिन्दी शब्दों का प्रयोग बड़ी सुन्दरता से करते थे और हिन्दी में गीत और ठुमरियाँ संगीत-कला के नियमानुसार रचते थे। उनकी कविता में उपदेश, संसार के त्याग की भावना और जीवन का तुच्छ होना भी मिलता है। यद्यपि वह प्रथम श्रेणी के कवि नहीं कहे जा सकते, क्योंकि उनके यहाँ कोई नवीनता या दार्शनिक गहरायी नहीं है, परन्तु उनकी काव्य-रचना का एक बड़ा भाग उनके जीवन का चित्र होने के कारण वास्तविक भावनाओं से भरा हुआ है। उनके कुछ शेर देखिए—

> न किसी की आँख का नूर हूँ, न किसी के दिल का क़रार हूँ।
> जो किसी के काम न आ सके, मैं वो एक मुश्ते-ग़ुबार[१] हूँ॥
> पए-फ़ातिहा[२] कोई आये क्यों, कोई चार फूल चढ़ाये क्यों।
> कोई शम्अ लाके जलाये क्यों, मैं तो बेकसी[३] का मज़ारा[४] हूँ॥
> न 'ज़फ़र' किसी का हबीब[५] हूँ, न 'ज़फ़र' किसी का रक़ीब[६] हूँ।
> जो बिगड़ गया वो नसीब हूँ, जो उजड़ गया वो दयार[७] हूँ॥

> ठंडी-ठंडी कोई साँस है आती-जाती।
> दिल में है आग मेरे और लगाती जाती॥

इस युग में दिल्ली की मरती हुई आत्मा जाग उठी थी और असंख्य कवि शोकमय सुरों में अपने गीत गा रहे थे। इन कवियों की आवाज से समय की आवाज़ भी सुनी जा सकती है। मुग़ल राज्य, जो एक प्रतीक के समान लोगों के मन में अपना स्थान बनाये हुए था, वह भी मिट गया था, मगर जो कवि देश की बदलती हुई आर्थिक और सामाजिक स्थिति को नहीं समझ सके थे, अपना ही राग अलापे जा रहे थे। इस अध्याय में दिल्ली के केवल उन कवियों का उल्लेख हुआ है, जो किसी-न-किसी दृष्टि से उर्दू-साहित्य के अनमोल रत्नों में गिने जाते थे और बड़ा ऊँचा स्थान रखते थे। ये कवि एक ओर तो उन परम्पराओं का पालन करते थे, जो दिल्ली में लगभग डेढ़ सौ वर्षों से प्रचलित थी, दूसरी ओर उनमें एक विशेष प्रकार की नवीनता थी, जो उनको प्राचीन कवियों से अलग करती है। उनके हाथों में उर्दू-भाषा मँजकर शुद्ध, साफ़ और सुडौल हो गयी थी। विषयों की व्यापकता बढ़ गयी और गज़ल 'मोमिन' और 'ग़ालिब' के हाथ में पहुँच कर व्यक्तिगत अनुभूतियों और हार्दिक संवेदनाओं का जीता जागता प्रतिबिम्ब बन गयी थी। दिल्ली के यह कवि थोड़ा-बहुत लखनऊ की भाषा-सम्बन्धी क्रान्ति से प्रभावित हुए थे और जो आलोचक भी दोनों स्थानों के समकालीन

---

१. मुट्ठी भर मिट्टी, २. समाधि पर श्रद्धांजलि भेंट करने के लिए, ३. जिसका कोई नहीं, ४. समाधि, ५. मित्र, ६. प्रतिद्वन्द्वी, ७. बसती।

कवियों का एक साथ अध्ययन करेगा उसे इस प्रभाव का अनुमान लगाना कठिन न होगा।

सारांश यह कि दिल्ली में 'सौदा', 'दर्द' और 'मीर' ने जो दीप जलाया था, उसे इस युग के कवियों ने और दिव्य कर दिया। विशेष कर 'ग़ालिब' ने जीवन की बुझती हुई राख को कुरेद कर ऐसी चिनगारियाँ निकालीं, जिनमें ज्वालामुखी की गर्मी और प्रकाश देखा जा सकता है। उनके मधुर रागों में एक ऐसी करुणा का अनुभव होता है, जो एक नाश होती हुई संस्कृति ही प्रदान कर सकती थी।

अध्याय ८

उर्दू-गद्य : फोर्टविलियम कालेज में और उसके बाद

गद्य के विकास के लिए जिस प्रकार का वातावरण होना चाहिए, वह धीरे-धीरे भारत में उत्पन्न हो रहा था। १८वीं शताब्दी का अन्त होते-होते इतिहास ने करवट बदली थी और जीवन की रूपरेखाएँ नयी सीमाओं की ओर बढ़ रही थीं। मुग़ल-राज्य की दुर्बलता के कारण उसके खंडहर पर नई शक्तियाँ नये राजमहल खड़े कर रही थीं, परन्तु सबकी सब जागीरदारी के आर्थिक नियमों पर आधारित थीं, किन्तु एक विदेशी शक्ति व्यापार की राह से देश पर छायी जा रही थी। इसके प्रवेश ने नयी आर्थिक समस्याओं को जन्म देकर जीवन में नये संकट और विचारों में नयी धाराएँ उत्पन्न कर दी थीं। ईस्ट-इंडिया कम्पनी के कर्मचारियों की कूटनीति के मुक़ाबिले में भारत के दुर्बल और भ्रष्ट राजा या अमीर न ठहर सके। व्यापार के प्रसाद की छत्र-छाया में ब्रिटिश-राज्य के पोषित पूँजीपतियों ने वह जाल बिछाया, जिसमें न केवल भारत की सम्पत्ति फँस कर रह गयी, बल्कि समस्त जीवन ही अपने केन्द्र से हट गया।

इस नये वातावरण में अंग्रेजों ने ऐसा जादू किया कि भारतीय स्वभाव की आत्मसात् तथा सामंजस्य प्रवृत्तियाँ दब-सी गयीं। होने को तो देश में शुजाउद्दौला, अलीवर्दी खाँ, हैदरअली, मराठे, निज़ाम, मुग़ल, राजपूत, सिख, रूहेले और जाट सभी थे, परन्तु ये कभी किसी उद्देश्य पर एकमत न हो सके, वरन् एक-दूसरे से युद्ध करके दुर्बल होते गये या अंग्रजों ने उन्हें परास्त कर दिया। अभी १८वीं शताब्दी अपने अन्तिम दशक में थी कि बंगाल, बिहार, उड़ीसा, मद्रास, बम्बई और दक्षिण-भारत के कुछ भाग, सब किसी न किसी रूप में अंग्रेजों के अधीन हो गये। जो प्रदेश नाममात्र को स्वाधीन और स्वतन्त्र थे, वे भी किसी न किसी प्रकार उनके आश्रय में थे। सत्य यह है कि दुर्बल होते-होते सामन्ती व्यवस्था को नयी और एक दृष्टि से प्रगतिशील जीवन-नीति के सामने सिर झुकाना ही पड़ा।

जब अंग्रेजों ने अपना राज्य यहाँ स्थापित कर लिया, तो जीवन के विभिन्न क्षेत्रों में भी उन्होंने हाथ डालना प्रारम्भ किया। अगर उनकी शिक्षा-सम्बन्धी नीति का गहरा अध्ययन किया जाये, तो मालूम होगा कि राजनीतिक उद्देश्यों की पूर्ति के लिए उन्होंने विशेष रूप से शिक्षा पर नियन्त्रण रखने का विचार किया। इसी के साथ-साथ कुछ ज्ञानार्जन और कुछ राजनीतिक दृष्टि से यहाँ की भाषाओं पर भी ध्यान दिया। जब ईस्ट-इंडिया कम्पनी ने भारत में अपना काम शुरू किया और कुछ समय बीतने के बाद

उनका प्रभाव-क्षेत्र भी बढ़ गया, तो उन्होंने भारत की धार्मिक स्थिति पर भी विचार किया, परन्तु इस पर दृढ़ रहे कि यहाँ के अन्य धर्मों और धार्मिक व्यवहारों में हस्तक्षेप न किया जाये, मगर यह नीति बहुत दिनों तक न चली और १९वीं शताब्दी में ईसाई धर्म-प्रचारकों को केवल इसी बात की स्वाधीनता प्राप्त नहीं हुई कि वह अपने धर्म का प्रचार करें, बल्कि हिन्दू-मुसलमानों को लड़ाने और मसीही हो जाने पर उनको लाभ पहुँचाने की नीति पर चलना भी एक साधारण बात हो गयी। इस सम्बन्ध में योरुप के कुछ लेखकों और विद्वानों ने भी उर्दू की ओर ध्यान दिया। योरुप और भारत के आर्थिक और सांस्कृतिक सम्पर्क का उल्लेख दूसरे अवसर पर किया जायेगा, यहाँ केवल इतना ही देखना है कि उर्दू की उन्नति के सिलसिले में उनसे कितनी और किस प्रकार की सहायता मिली और इस सहायता का मुख्य उद्देश्य भारत की सेवा करना था या राजनीतिक कूटनीति ने एक अन्य रूप धारण किया था।

सबसे पहले एक डच लेखक जोशुआ-केटलर ने १७१५ ई० में हिन्दुस्तानी की एक व्याकरण लिखी। यह पुस्तक लैटिन-भाषा में है, परन्तु इसमें कुछ उदाहरण ऐसे भी दिये गये हैं, जो उर्दू में हैं। केटलर ईस्ट-इंडिया कम्पनी के कर्मचारी होने के नाते सूरत, लाहौर, दिल्ली और आगरा में रहा; इसलिए उसे उर्दू-भाषा का परिचय प्राप्त करने का अवसर मिला। यह केवल इस बात की ओर संकेत मात्र है कि बाहर से आने वालों ने उस समय कुछ अपने व्यावहारिक सम्बन्धों के लिए और कुछ धर्म-प्रचार के लिए भारतीय भाषाओं का अध्ययन प्रारम्भ कर दिया था।

इसी प्रकार कई और योरुपवासियों ने व्याकरण और शब्दकोश इत्यादि की रचनाएँ कीं, जिनका उद्देश्य उस भाषा को सीखना था, जो सारे देश में सामान्य रूप से समझी जाती थी। पादरी बेन्जिमन शुल्ज़ ने १७४४ ई० में एक और व्याकरण लिखी और १७४८ ई० में बाइबिल का अनुवाद उर्दू में किया। अन्य लेखकों ने उर्दू-अक्षरों और लिपि पर छोटे-छोटे लेख लिखे। इस सम्बन्ध में मिल, फ़्ट्ज़, बेलीगाटी, हेडले और डफ़ के नाम आदर से लिये जा सकते हैं, परन्तु सबसे महत्त्वपूर्ण नाम डाक्टर जान गिलक्रुस्ट का है। उन्होंने १७८५ ई० से उर्दू के बारे में लिखना आरम्भ किया और यह सिलसिला लगभग बीस वर्ष तक चलता रहा। हिन्दुस्तानी भाषा के जानकार के रूप में उनका यश इतना फैल गया था कि जब कलकत्ते में फ़ोर्ट-विलियम कालेज स्थापित हुआ तो, वही हिन्दुस्तानी-भाषा के प्रोफ़ेसर नियुक्त किये गये और उनकी देख-रेख में उर्दू के कुछ महत्त्वपूर्ण ग्रन्थ लिखे गये, जिनका सविस्तार वर्णन आगे आएगा।

गिलक्रुस्ट, ईस्ट-इंडिया कम्पनी में एक कर्मचारी थे। वह १७८३ ई० में भारत पहुँचे, उनको हिन्दुस्तानी भाषा से दिलचस्पी पैदा हो गयी और उन्होंने बोल-चाल, व्याकरण, शब्दकोश इत्यादि पर अंग्रेजी और उर्दू में कई पुस्तकें लिखीं। १८०४ ई० में वह स्वदेश लौट गये और वहाँ कम्पनी के उन कर्मचारियों को उर्दू सिखाने लगे, जो यहाँ भेजे जाते थे। जब लन्दन में ओरियंटल इंस्टीट्यूट स्थापित हुआ तो गिलक्रुस्ट उसमें उर्दू के अध्यापक नियुक्त किये गये। इस शिक्षालय के बन्द हो जाने के पश्चात्

भी वह लोगों को उर्दू पढ़ाते रहे। उनका देहान्त १८४१ ई० में पेरिस में हुआ। गिलक्रस्ट ने जो ग्रन्थ लिखे हैं, उनकी संख्या एक दर्जन तक पहुँचती है, लेकिन उनमें महत्त्व कुछ ही को प्राप्त है, जैसे, 'अंग्रेज़ी-हिन्दुस्तानी डिक्शनरी' (१७९० ई०), 'हिन्दुस्तानी ग्रामर' (१७९६ ई०), 'ओरियंटल लिंगुइस्ट' (१७९८ ई०), 'क़ससे-मशरिक़ी' (१८०३ ई०), 'रहनुमा-ए-ज़बाने-उर्दू' (१८०४ ई०), 'क़वाइदे-उर्दू' (१८०९ ई०) और 'अंग्रेज़ी बोलचाल' (१८२० ई०)। १९वीं शती में और बहुत-से अंग्रेज़ों ने भाषा पर काम किया और ऐसे शब्दकोश तैय्यार किये, जो आज भी महत्त्व रखते हैं। इस सम्बन्ध में टेलर, रोबेक, शेक्सपियर, फ़ार्ब्स और फ़ेलन के नाम उल्लेखनीय और आदरणीय हैं। जो विद्वान भी हिन्दुस्तानी भाषा के शब्दकोश पर काम करेगा, उसे इन लेखकों की कीर्ति से बड़ी सहायता मिलेगी। इनमें फ़ेलन ने चार शब्दकोश तैय्यार किये। इस काम में उनके सहायक लाला फ़क़ीरचन्द, लाला चिरंजीलाल, ठाकुरदास, लाला जगन्नाथ और मिस्टर वाटलिंग थे। फ़ेलन ने दिल्ली-वासी मौलवी करीमुद्दीन के साथ मिलकर कवियों का एक तज़किरा भी लिखा जिसका अधिकतर भाग, फ्रान्सीसी विद्वान गार्सां द-तासी की फ्रान्सीसी रचना पर आधारित था। इस प्रकार बहुत-से योरोपियन विद्वानों और लेखकों ने उर्दू को भारत की राष्ट्रभाषा और उसके साहित्य को मनोरंजक समझ कर उसमें रचनाएँ कीं।

१९वीं शताब्दी आने से पहले ही भारतवर्ष के बड़े भाग पर अंग्रेज़ी प्रभुत्व की छाया मँडराने लगी थी। क्लाइव की चालबाज़ी से मुग़ल सम्राट शाहआलम ने बंगाल और बिहार की भूमिकर एकत्र करने का अधिकार ईस्ट-इंडिया कम्पनी को सौंप दिया था और उनके लिए आवश्यक हो गया था कि वह यहाँ की भाषाएँ सीखें, जिससे कि उन्हें राज करने में सुविधा हो। जो अंग्रेज़ी कम्पनी के कर्मचारी होकर आते, उनके लिए हिन्दुस्तानी-भाषा के सीखने का कोई उचित प्रबन्ध नहीं था। लार्ड वेलेज़ली ने कम्पनी के डाइरेक्टरों से आज्ञा लेकर ४ मई, १८०० ई० को कलकत्ते में फ़ोर्ट विलियम कालेज की नींव डाली। इस कालेज का उद्देश्य यह था कि नये अंग्रेज़ी कर्मचारियों को भारतीय भाषाओं की शिक्षा दी जाये यहाँ हमारा सम्बन्ध केवल उर्दू से है, इसलिये उन अन्य भाषाओं की चर्चा की आवश्यकता नहीं है, जो वहाँ सिखायी जाती थीं। यह भी समझ लेना चाहिये कि उस समय तक अंग्रेज़ अधिकतर फ़ारसी पढ़ते थे, क्योंकि वही राजभाषा थी, परन्तु जब उन्होंने यह देखा कि सारे देश में हिन्दुस्तानी प्रचलित है, तो उन्होंने फ़ारसी छोड़कर उर्दू की ओर ध्यान दिया। कालेज में शिक्षा योजना तो बहुत प्रशस्त थी, परन्तु कम्पनी ने उसके चलाने का बोझ उठाना स्वीकार नहीं किया। इसलिए उसका काम भाषाओं की शिक्षा तक सीमित रहा।

डाक्टर जॉन-गिलक्रस्ट उर्दू-भाषा में जो कुछ भी था, उससे थोड़ा-बहुत परिचित थे। उन्होंने देखा कि इसमें कविता तो अधिक मात्रा में है किन्तु गद्य में बहुत कम है। अधिकतर गद्य केवल धर्म सम्बन्धी था, विदेशी कर्मचारियों को इस प्रकार की किन पुस्तकों की सहायता से शिक्षा दी जा सकती थी, इसलिए उन्होंने शिक्षा के साथ

साहित्य-निर्माण का एक विभाग भी खोल लिया और ढूँढ़-ढूँढ़कर उसमें ऐसे लोग रखे जो उनके निर्देशानुकूल गद्य में रचनाएँ कर सकें। उन्होंने इसका आयोजन भी किया कि जो पुस्तकें कालेज के निरीक्षण में लिखी जायें, उनके प्रकाशित करने के लिये एक प्रकाशन संस्था भी खोली जाये। कदाचित् भारत की यही पहली साहित्यिक प्रकाशन संस्था है, जो कलकत्ता में स्थापित की गयी।

फ़ोर्ट-विलियम कालेज में जो साहित्यकार एकत्र हो गये थे, उन्होंने अपना कर्तव्य परमनिष्ठा से पूरा किया। इसमें संदेह नहीं कि वह जिस उद्देश्य से बुलाये गये थे, वह शुद्ध रूप में साहित्यिक नहीं था, क्योंकि वहीं से उर्दू-हिन्दी मतभेद ने एक प्रकार का राजनीतिक रूप धारण कर लिया, परन्तु इस कालेज में जो गद्य-रचना हुई, वह विचारणीय है। कुछ लेखकों का अनुमान है कि वहाँ की रचनाओं से उर्दू-साहित्य का कुछ अधिक लाभ नहीं हुआ। उनका यह विचार कुछ ऐसा ग़लत भी नहीं है, क्योंकि उससे साधारण उर्दू पढ़ने वाले बहुत दिनों तक अपरिचित रहे और वहाँ के ग्रन्थ केवल वहीं के काम आते रहे, तथापि उन पर ध्यान न देना ठीक न होगा। कालेज में उर्दू-लेखकों की संख्या जो भी रही हो, उनमें से लगभग पन्द्रह ऐसे अवश्य हैं, जिनके नाम और काम को महत्त्व प्राप्त हो चुका है। सबसे पहला नाम 'मीर अम्मन' का सामने आता है, क्योंकि उनकी रचना सबसे अधिक विख्यात और लोकप्रिय है।

मीर अम्मन महानगरी दिल्ली के रहने वाले थे, उनका नाम मीर अमान था। कलकत्ता आने से पहले कवि या लेखक के रूप में उन्हें कोई ख्याति प्राप्ति न थी। अब भी उनके जीवन-चरित्र के बारे में बहुत कम मालूम है। अपनी जीवनी, जितनी उन्होंने अपनी सुप्रसिद्ध पुस्तक 'बाग़ो-बहार' की भूमिका में लिख दी है उसी से उनके बारे में जानकारी होती है। जब दिल्ली की स्थिति बिगड़ी तो मीर अम्मन पटना पहुँचे। कुछ समय वहाँ बिताने के बाद कलकत्ता गये। वहाँ दो वर्ष यूँ ही बीत गये। फिर १८०१ ई० में मीर बहादुर अली हुसैनी के अनुमोदन से जॉन गिलकृस्ट से भेंट हुई और मीर अम्मन फ़ोर्ट-विलियम कालेज के साहित्य-निर्माण विभाग में नौकर रख लिये गये। यहाँ तीन वर्षों के बीच में उन्होंने दो पुस्तकें 'बाग़ो-बहार' और 'गँजे-ख़ूबी' लिखीं, जिनमें 'बाग़ो-बहार' ने बड़ा यश प्राप्त किया है। यह पता नहीं कि १८०३ ई० के बाद मीर अम्मन का क्या हुआ और उन्होंने कुछ और भी लिखा या नहीं?

'बाग़ो-बहार' के प्रारम्भ में मीर अम्मन ने रीति-अनुसार कहानी लिखने का कारण भी लिखा है। उन्होंने भी हुसैन अता 'तहसीन' की भाँति यही कहा है कि यह 'अमीर ख़ुसरौ' की 'चहार-दरवेश' पर आधारित है, किन्तु जैसा कि कहा जा चुका 'ख़ुसरौ' की कोई रचना इस नाम से सम्बोधित नहीं है, परन्तु यह विश्वासपूर्वक कहा जा सकता है कि फ़ारसी में यह कहानियाँ उस समय बहुत प्रचलित थीं, क्योंकि थोड़े दिनों के बीच में उसके तीन अनुवाद उर्दू-भाषा में हुए। कई लेखकों का विचार है कि मीर अम्मन ने इसका अनुवाद फ़ारसी से नहीं किया, बल्कि तहसीन की पुस्तक को सामने रखकर उसे बोलचाल की सरल भाषा में लिख दिया है। मीर अम्मन ने लिखा

है कि "...जॉन गिलकृस्ट साहब ने लुत्फ़ से फ़रमाया कि क़िस्से को ठेठ हिन्दुस्तानी गुफ़्तगू में, जो उर्दू के लोग, हिन्दू-मुसलमान, औरत-मर्द, लड़के बाले ख़ासो-आम आपस मे बोलते चालते हैं, तरजुमा करो। मुवाफ़िक़ हुक्म-हुजूर के मैंने भी उसी मुहावरे से लिखना शुरू किया, जैसे कोई बातें करता है।" अनुवाद करते समय मीर अम्मन ने फ़ारसी पुस्तक भी देखी, परन्तु इसमें संदेह नहीं कि उन्होंने अधिकतर 'तहसीन' की 'नौतर्ज़-मुरस्सा' ही का अनुसरण किया है। कहानी एक ही है, परन्तु दोनों की शैलियाँ इतनी विभिन्न हैं कि दो पुस्तकें जान पड़ती हैं। मीर अम्मन ने वास्तव में 'ठेठ हिन्दुस्तानी' भाषा का प्रयोग किया है और इसी ने उसको अतिसुन्दर और लोकप्रिय बना दिया है। अनुवाद होने पर भी यह स्वयं मीर अम्मन की रचना मालूम पड़ती है। इसके अनुवाद हिन्दी तथा योरोपीय भाषाओं में भी हो चुके हैं और आलोचकों ने इसकी सराहना की है। इसकी एक विशेषता यह भी है कि इसके पाठ से भारतीय जीवन की सामाजिक स्थिति और विशेषकर मुसलमानों के सांस्कृतिक जीवन के बारे में बहुत-सी बातें ज्ञात होती हैं और जागीरदारी समाज की रीति-नीति, खाना-पीना, वस्त्राभूषण, नैतिक विचार, प्रत्येक विषय पर प्रकाश पड़ता है। इसमें संस्कृत और भाषा के शब्द इस सुन्दरता से लिए गये हैं कि जैसे अँगूठी पर नग जड़ दिया गया हो। मीर अम्मन की 'बाग़ो-बहार' उन रचनाओं में से है, जो एक बार जन्म लेकर फिर नहीं मरती। उनकी दूसरी पुस्तक 'गँजे-ख़ूबी' है और फ़ारसी की एक विख्यात पुस्तक 'अख़लाके-मुहसिनी' का अनुवाद है। यह ग्रन्थ फ़ोर्टविलियम कालेज से प्रकाशित नहीं हुआ, बल्कि बाद में बम्बई से छपा। अभी कुछ समय पूर्व दिल्ली विश्वविद्यालय से इसका एक बहुत अच्छा संस्करण प्रकाशित हुआ है।

फ़ोर्टविलियम कालेज के लेखकों में हैदर बख़्श हैदरी ने सबसे अधिक पुस्तकें लिखी हैं, परन्तु सबकी सब प्रकाशित नहीं हो सकी हैं। हैदरी रहने वाले तो दिल्ली के थे, किन्तु उनके जीवन का बड़ा भाग बनारस में बीता। पता नहीं कि वहाँ भी उन्होंने कुछ लिखा था या नहीं, परन्तु जब फ़ोर्टविलियम कालेज खुला और वहाँ लेखकों की माँग हुई तो, हैदरी भी कलकत्ता पहुँचे और वहाँ नौकर हो गये। वहाँ उन्होंने कई फ़ारसी-ग्रन्थों के अनुवाद किये और मौलिक पुस्तकें भी लिखीं। १८१४ ई० में फिर बनारस चले आये और वहीं १८२३ में परलोक सिधारे।

हैदरी की रचनाओं में 'क़िस्सा-ए-मेहरो-माह', 'लैला मजनूँ', 'हफ़्त पैकर', 'तारीख़े-नादिरी', गुलशने-हिन्द', 'तोता कहानी', आराइशे-महफ़िल', 'गुले-मग़फ़िरत', के नाम लिये जा सकते हैं, परन्तु इनमें सबसे अधिक प्रसिद्ध अन्तिम तीन पुस्तकें हैं। 'तोता कहानी' १८०१ ई० में लिखी गयी। यह कोई नयी पुस्तक नहीं है, बल्कि दकनी-उर्दू में लिखे हुए मुहम्मद क़ादरी के 'तूती-नामा' को सरल, शुद्ध और प्रचलित उर्दू में लिख दिया गया है। यह ग्रंथ बहुत पसन्द किया गया और कई बार प्रकाशित हो चुका है। फ़ार्ब्स ने लन्दन से उसका एक सुन्दर संस्करण प्रकाशित किया और स्माल ने उसका अंग्रेज़ी अनुवाद भी किया। हैदरी की रचनाओं में आराइशे-

महफ़िल', सबसे अधिक लोकप्रिय है। इसमें अरब के प्रसिद्ध दानी महापुरुष हातिमताई की सात कल्पनात्मक यात्राओं की कहानी बड़े रोचक ढंग से लिखी गयी है। यह पुस्तक भी एक फ़ारसी ग्रन्थ पर आधारित है, मगर हैदरी ने अपनी ओर से बहुत से परिवर्तन कर दिये हैं। यह किताब भी गिलक्रस्ट के कहने पर १८०२ ई० में लिखी गयी। इसकी भाषा सरल और मधुर है इसलिए यह पुस्तक भी कई बार प्रकाशित हो चुकी है। 'गुले-मग़फ़िरत', वही है जो 'फ़ज़ली' की 'करबल-कथा' है, क्योंकि यह भी मुल्ला हुसैन वाइज़ 'काशिफ़ी' की 'रौज़तुश-शुहदा' का अनुवाद है। कदाचित् यह ग्रन्थ कालेज के लिए नहीं लिखा गया था, परन्तु १८१२ ई० में कलकत्ते ही से प्रकाशित हुआ। १८४५ में इसका एक अनुवाद एक फ्रान्सीसी ने अपनी भाषा में किया। हैदरी कवि भी थे और उनकी कविताओं में ग़ज़ल, क़सीदे, मरसिये सभी हैं, पर उनका नाम उनकी गद्य-रचनाओं के कारण रौशन है। उनकी भाषा सरल होते हुए भी मीर अम्मन की भाषा से भिन्न थी, क्योंकि मीर अम्मन फ़ारसी-अरबी शब्दों के मुक़ाबले में हिन्दी-शब्दों का अधिक प्रयोग करते थे और हैदरी फ़ारसी की ओर झुकते थे।

इस कालेज के एक और लेखक मीर शेरअली 'अफ़सोस' थे और वहाँ नियुक्त किये जाने से पहले ही काफ़ी यश प्राप्त कर चुके थे। दिल्ली, पटना, लखनऊ की साहित्यिक सभाओं और गोष्ठियों में सम्मिलित होते थे। 'मीर', 'सौदा', 'मीर हसन', 'जुर्अत' और 'इन्शा' का युग था, मुशाएरे होते थे और 'अफ़सोस' भी इनमें अपनी ग़ज़ल पढ़ते थे। १८०१ ई० में कलकत्ता पहुँचकर उन्होंने गिलक्रस्ट की इच्छानुसार फ़ारसी के दो ग्रंथों का अनुवाद किया। १८०२ ई० में 'शैख़ सादी' की सुविख्यात पुस्तक 'गुलिस्ताँ' को 'बाग़े-उर्दू' के नाम से उर्दू में परिवर्तित किया। हैदरी की भाषा कहीं-कहीं फ़ारसी से बोझिल है। 'अफ़सोस' की दूसरी पुस्तक 'आराइशे-महफ़िल', जो मुन्शी सुजानराय के फ़ारसी इतिहास 'ख़ुलासतुत-तवारीख़' का उर्दू अनुवाद है। मेजर हेंरीकोर्ट और जॉन शेक्सपियर ने इसका अनुवाद अंग्रेज़ी में किया। यह पुस्तक बार-बार प्रकाशित हो चुकी है। यह आश्चर्य की बात है कि फ़ोर्टविलियम कालेज में एक ही समय में जो पुस्तकें लिखी गयीं, उनमें से दो-तीन के नाम दो-दो लेखकों ने एक ही रखे हैं। 'आराइशे-महफ़िल' हैदरी की किताब का नाम है और अफ़सोस के अनुवाद का भी। हैदरी की दूसरी पुस्तक का नाम 'गुलशने-हिन्द' है, उसी समय मिर्ज़ा अली 'लुत्फ़' ने भी अपनी पुस्तक का नाम 'गुलशने-हिन्द' रखा। इसका एक कारण यह था कि उर्दू-फ़ारसी में कभी-कभी अक्षरों की गिनती के हिसाब से नाम रखे जाते थे और बहुधा ऐसा होता था कि वर्ष का सन् निकालने में वही शब्द एक से अधिक लेखकों के यहाँ निकल आते थे। ऐसे नामों को 'तारीख़ी-नाम' कहा जाता है।

मिर्ज़ा अली 'लुत्फ़' दिल्ली के रहने वाले थे। दिल्ली के विघटन के बाद 'लुत्फ़' लखनऊ आये, पटना गये और वहाँ से कलकत्ता पहुँचे। गिलक्रस्ट से भेंट हुई तो

उन्होंने उर्दू-कवियों का एक तज़किरा लिखने का अनुरोध किया। 'लुत्फ़' ने अली इब्राहीम खाँ की फ़ारसी-पुस्तक 'गुलज़ारे-इबराहीम' को सामने रखकर उर्दू में 'गुलशने-हिन्द' लिख दी। इसकी भाषा कठिन और पेचदार है, परन्तु इससे समकालीन कवियों के सम्बन्ध में कई नयी बातें मालूम हो जाती हैं। यह पुस्तक कलकत्ते से प्रकाशित न हो सकी और इसकी पाण्डुलिपि ही खो गयी, १९०६ ई० में यह हुआ हैदराबाद की एक नदी में बहता हुआ मिला और वहीं से प्रकाशित हुई। लुत्फ़ कलकत्ते से हैदराबाद चले गये थे और वहीं १८२२ ई० में उनका देहान्त हो गया।

एक अन्य दिल्लीवासी मीर बहादुर अली हुसैनी कालेज के साहित्य निर्माण विभाग में नौकर थे। उन्होंने मीर हसन की सुविख्यात मसनवी, 'किस्स-ए-बेनज़ीरो-बद्रे-मीनुर' को गद्य में लिखा और उसका नाम 'नस्त्रे-बेनज़ीर' रख़ा। हुसैनी की दूसरी रचना जो बहुत लोकप्रिय है, गल्पों का एक संग्रह 'अख़लाक़े-हिन्दी' है। यह गल्प संस्कृत की नैतिक गुणों से भरी हुई कहानियों पर आधारित हैं और उर्दू में फ़ारसी से परिवर्तित किये गये हैं। यह पुस्तक १८०३ ई० में कलकत्ते में प्रकाशित हुई। उनकी तीसरी पुस्तक 'तारीख़े-आसाम' है, यह भी एक फ़ारसी-पुस्तक का अनुवाद है। इसका भाषान्तर फ्रांसीसी में भी हुआ। हुसैनी ने गिलक्रस्ट की एक व्याकरण को भी संक्षिप्त करके सरल भाषा में लिखा और यह पुस्तक १८१६ ई० में कलकत्ते से प्रकाशित हुई।

मज़हर अली ख़ाँ 'विला' भी दिल्ली के रहने वाले विद्वानों के एक परिवार से सम्बन्ध रखते थे। संस्कृत, फ़ारसी और हिन्दी जानते थे। कविताएँ भी लिखते थे, परन्तु उनके बारे में कुछ मालूम नहीं। 'विला' १८०२ ई० में कलकत्ता गये और वहाँ कालेज के लिए कई पुस्तकें लिखीं, जिनमें 'माधवानल और काम कुंडला', 'बैताल पचीसी' और 'तारीख़े-शेरशाही' प्रसिद्ध हैं। 'माधवानल' और 'काम कुंडला' मोतीराम कविशेर द्वारा लिखित ब्रज में मौजूद थी, 'विला' ने उसे उर्दू का लिबास पहनाया। 'बैताल-पचासी' एक प्रसिद्ध पुस्तक है। कहा जाता है कि बादशाह मुहम्मदशाह के युग में किसी ने उसे ब्रज-भाषा में लिखा और उसी से 'विला' ने उसे उर्दू में ले लिया। इसके अनुवाद में उनके सहायक लल्लू लालजी थे, जिनका उल्लेख आगे आयेगा। अनुवाद हो जाने पर भी इसमें ब्रज-भाषा के शब्द रह गये हैं और बहुत सुन्दर मालूम होते हैं। इस पुस्तक के न जाने कितने संस्करण निकल चुके हैं। यह उस समय की उर्दू का एक बहुत मनोहर नमूना है। 'विला' ने 'तारीख़े-शेरशाही' का अनुवाद फ़ारसी से किया था। गार्साँ-द-तासी ने उसका फ्रांसीसी भाषान्तर १८६५ ई० में प्रकाशित किया।

मिर्ज़ा काज़िम अली 'जवान' भी फ़ोर्टविलियम कालेज में नौकर थे। दिल्ली ही के रहने वाले थे और कलकत्ता आ गये थे। १८०१ ई० में गिलक्रस्ट के अनुरोध पर कालिदास की अमरकृति 'अभिज्ञान शाकुन्तल' का उर्दू-अनुवाद 'शकुन्तला-नाटक' के नाम से किया। संस्कृत से यह नाटक ब्रजभाषा में परिवर्तित हो चुका था। उसके लेखक

का नाम 'निवाज' था। इस अनुवाद में भी लल्लूलाल जी ने 'जवान' की सहायता की, परन्तु यह याद रखना चाहिये कि यह कृति नाटक के रूप में नहीं बल्कि कथा के रूप में लिखी गयी है। 'जवान' ने और पुस्तकें भी लिखीं और उनके अतिरिक्त लल्लूलाल जी को 'सिंहासन-बत्तीसी' के लिखने में सहायता की और कई दूसरे लेखों की भाषा शुद्ध की।

निहालचन्द लाहौरी इस कालेज के एक अन्य लेखक थे। वह भी दिल्ली ही के रहने वाले थे, परन्तु पंजाब में रहने लगे थे, इसलिए लाहौरी कहे जाने लगे। उन्होंने १८०३ ई० में गिलक्रस्ट के कहने पर 'गुल-बकावली' की प्रसिद्ध कहानी को फ़ारसी से उर्दू में अनूदित किया। यह कहानी भारत की लोक-कथाओं में थी, जिसे इज़्ज़-तुल्लाह बंगाली ने फ़ारसी में लिख लिया था। निहालचन्द ने उसे सरल, शुद्ध और मधुर उर्दू में लिखकर उसका नाम 'मज़हबे-इश्क' रखा। इसका पहला संस्करण १८०४ ई० में हुआ और उसके पश्चात् न जाने कितनी बार विभिन्न प्रकाशन-संस्थाओं से प्रकाशित हुआ। यही वह कहानी है, जिसको पंडित दयाशंकर 'नसीम' ने १८३८ ई० में अपनी प्रसिद्ध मसनवी 'गुलज़ारे-नसीम' के रूप में प्रस्तुत किया। इस पद्य-रचना के आगे लोग 'मज़हबे-इश्क़' को भूल गये।

लाहौर के एक कवि बेनीनरायण 'जहाँ' भी फ़ोर्टविलियम कालेज में उस समय पहुँचे, ज़ब गिलक्रस्ट वहाँ से जा चुके थे, परन्तु उन्होंने कालेज के लिए दो ग्रंथ तैयार किये। एक तो प्रेम-कथा थी, जिसका नाम 'चार गुलशन' था और दूसरा ग्रंथ कवियों का एक तज़किरा था, जो कप्तान रोबक के अनुरोध पर लिखा गया और १८१४ ई० में समाप्त हुआ। इसमें १२५ कवियों का संक्षिप्त हाल है और 'जहाँ' ने अपनी कविताओं का बड़ा भाग भी इसमें एकत्र कर दिया है। कदाचित् इसीलिए इसका नाम 'दीवाने-जहाँ' रक्खा है।

गुजरात के एक ब्राह्मण परिवार के लल्लूलाल जी, जिन्हें आधुनिक हिन्दी-गद्य का जन्मदाता कहा जाता है, फ़ोर्टविलियम कालेज में हिन्दी पुस्तकें लिखने के लिए नियुक्त किये गये थे। उन्होंने 'प्रेम सागर', 'राजनीति' और कुछ दूसरी पुस्तकें हिन्दी में लिखीं। यही वह हिन्दी थी जो खड़ी बोली पर आधारित थी। इन ग्रन्थों का बड़ा महत्त्व है क्योंकि उनके अध्ययन से हिन्दी-गद्य में उस नयी परम्परा का संचार हुआ, जो थोड़े से अन्तर के साथ उर्दू से सम्बद्ध था। हिन्दी-साहित्य के इतिहासकारों ने इसका उल्लेख विस्तार से किया है। यहाँ उसकी ओर संकेत मात्र करना ही पर्याप्त होगा। लल्लूलाल जी उर्दू भी जानते थे, उन्होंने काज़िम अली 'जवान' की सहायता से उर्दू में 'सिंहासन बत्तीसी' लिखी और यह पुस्तक उर्दू तथा हिन्दी दोनों लिपियों में प्रकाशित हुई।

इन लेखकों के अतिरिक्त अमानतुल्लाह 'शैदा', हफ़ीज़ुद्दीन, इकराम अली, ख़लील अली 'अश्क' और मिर्ज़ाजान 'तपिश' ने भी कई पुस्तकें लिखीं और थोड़े ही समय में फ़ोर्टविलियम कालेज के संरक्षण में उर्दू-गद्य के भण्डार में बड़ी पूँजी एकत्र

हो गयी। अब यदि हम इस कालेज में लिखी गयी पुस्तकों और उर्दू-गद्य के विकास का विवेचन करें, तो हमें कई बातों को दृष्टि में रखना पड़ेगा। पहली बात तो यही है कि अंग्रेज़ों ने यह कालेज विदेशियों के लाभ के लिए स्थापित किया था और यहाँ उसी ढंग के ग्रन्थ लिखाये गये, जो उनके काम के मुताबिक़ थे। इन ग्रन्थों में समकालीन स्थिति या जनता की दुर्दशा और स्वतन्त्रता के स्वप्नों के सम्बन्ध में कुछ ढूँढ़ना व्यर्थ होगा। उनका पहला उद्देश्य यही था कि अँगरेज उर्दू-भाषा सीख जायें, यह दूसरी बात है कि उनमें की कुछ पुस्तकें उच्चकोटि की रचनाएँ सिद्ध हुईं और गद्य-साहित्य के विकास में उनका महत्त्व स्थापित हो गया। दूसरी बातें जिनको ध्यान में रखना आवश्यक है, यह है कि फ़ोर्टविलियम कालेज के अधिकारियों ने अनुवाद पर ज़ोर दिया और गम्भीर विषयों पर पुस्तकें नहीं लिखाईं। इनका सम्बन्ध कुछ तो उस उद्देश्य से स्पष्ट है जिसको सम्मुख रखकर किताबें लिखाई जाती थीं और कुछ उस समय की राजनीतिक और सामाजिक स्थिति की व्याख्या करती हैं। यह भी याद रखना चाहिए कि यह पुस्तकें अधिकतर कालेज के अन्दर सीमित रहीं और बाहर के लोग उनके सम्बन्ध में अधिक जानकारी प्राप्त न कर सके। इसलिए यह कहा जा सकता है कि इस गद्य-रचना ने साधारणत: उर्दू-गद्य के विकास पर कोई गहरा प्रभाव नहीं डाला। यह अवश्य हुआ कि कुछ साधारण लेखक जो दिल्ली और लखनऊ के वातावरण में केवल रीति-गति पर चलने वाले कवि होकर रह जाते, नये वातावरण में एक नवीन गद्य-शैली के जन्मदाता बन गये। इस प्रकार फ़ोर्टविलियम कालेज का एक विशेष महत्त्व है, जिससे विमुख नहीं हुआ जा सकता।

फ़ोर्टविलियम कालेज के बाहर भी उर्दू-गद्य में काम हो रहा था। धीरे-धीरे उनके बारे में हमारी जानकारी बढ़ रही है और ऐसा ज्ञात होता है कि उनमें से कुछ बहुत महत्त्वपूर्ण हैं। इस संक्षिप्त इतिहास में उनका उल्लेख संक्षिप्त ही में किया जा सकता है।

मीर तक़ी 'मीर' के एक नातेदार मुहम्मद हुसैन 'कलीम', जो अपने युग के प्रसिद्ध कवि थे, उन्होंने तसौव्वुफ़ के बहुत ही महत्त्वपूर्ण तथा गम्भीर ग्रन्थ 'फ़ुसूसुल-हेकम' का उर्दू में अनुवाद किया। विन्द्रावन, हकीम मुहम्मद शरीफ़, मौलवी करीमुद्दीन इत्यादि ने भी गद्य में पुस्तकें लिखीं। सच तो यह है कि न जाने कितनी पुस्तकें लिखी गयी होंगी, परन्तु हम तक बहुत कम पहुँची हैं, क्योंकि उस समय तक भारतवर्ष में प्रेस न होने के बराबर थे और हस्त-लिखित पुस्तकें लुप्त हो जाती थीं। फिर भी जो ग्रन्थ उपलब्ध हैं, उनके नाम लिये जा सकते हैं। लखनऊ में काव्य के साथ-साथ गद्य का विकास भी हो रहा था। मुहम्मद बख़्श 'महजूर' ने कई कथाएँ लिखीं, जिनमें 'गुल्शने-नौबहार' और 'नौरतन' ख्याति प्राप्त कर चुकी हैं। इसी प्रकार 'हक़ीक़त' की कृतियाँ 'जज़्बे-इश्क़' और 'तिशना' की रचना 'हफ़्त-सय्याह' भी अपने ज़माने में मशहूर थीं, परन्तु १९वीं शताब्दी के आरम्भ में लिखित पुस्तकों में इन्शा-अल्लाहख़ाँ 'इन्शा' की रचना 'रानी केतकी और कुँवर उदयभान की कहानी' एक विशेष महत्त्व

रखने वाली पुस्तक है, जिसे हिन्दी और उर्दू दोनों के आलोचक अपनाते हैं। 'इन्शा' की चर्चा लखनऊ केन्द्र की काव्य-रचना के सिलसिले में आ चुकी है। यहाँ केवल यह बताना है कि उन्होंने यह कहानी ऐसी हिन्दुस्तानी-भाषा में लिखी, जिसमें फ़ारसी-अरबी के शब्दों का बहिष्कार किया है फिर भी सारी कथा बड़े महत्त्वपूर्ण गद्य में लिखी गयी है। यह पुस्तक देवनागरी लिपि में भी प्रकाशित हो चुकी है और अगर किसी और कारण से नहीं तो भाषा की दृष्टि से पढ़ने की चीज़ है। 'इन्शा' की बुद्धि की तीव्रता, उनकी कल्पना शक्ति और विचार की नवीनता इस पुस्तक में पूर्णतया स्पष्ट हो जाती है। 'इन्शा' की दूसरी महत्त्वपूर्ण रचना 'दरिया-ए-लताफ़त' है, जो फ़ारसी में है, परन्तु इसमें उर्दू-गद्य के बहुत से उदाहरण मिलते हैं। इस पुस्तक का एक विशेष महत्त्व भी है और भारतीय लेखक द्वारा लिखित इसको उर्दू का पहला व्याकरण समझा जाता है। मगर यह याद रखना चाहिए कि यह केवल एक व्याकरण नहीं है, बल्कि भाषा-विज्ञान का एक बड़ा कोश भी है और इससे अब तक लाभ उठाया जा रहा है। इसमें उस समय की भाषा के रोचक उदाहरण दिये गये हैं और विभिन्न स्थानों की बोलियों के अन्तर को विवेकपूर्ण स्पष्ट किया गया है। कुछ समय पूर्व 'इन्शा' की एक और पुस्तक 'सिल्के-गुहर' प्राप्त हुई है। इसमें भी एक कहानी कही गयी है, परन्तु इसकी विशेषता केवल यह है कि इसमें उन अक्षरों का प्रयोग नहीं किया गया है जिन पर बिन्दु होते हैं। यह एक प्रकार का काव्य-अलंकार था, जिसका प्रयोग 'इन्शा' ने गद्य में भी किया।

भारतवर्ष में वहाबी आन्दोलन के एक नेता मौलवी इस्माईल थे। यह आंदोलन सिखों और अँगरेज़ों के विरुद्ध १९वीं शती के आरम्भ में काफ़ी महत्त्व ग्रहण कर गया था। वह लोग इस्लाम धर्म में एक विशेष प्रकार का सुधार चाहते थे और अपने विचारों के प्रचार में बड़े उत्साह और उल्लास का प्रदर्शन करते थे। इस सम्बन्ध में फ़ारसी और उर्दू में उनकी रचनाएँ भी मिलती हैं। मौलवी इस्माईल ने उर्दू में एक पुस्तक 'तक़वियतुल-ईमान' लिखी, जो धार्मिक कारणों से बहुत प्रसिद्ध हुई, किन्तु उसकी भाषा में किसी प्रकार का साहित्यिक तत्व नहीं है।

इस युग की सबसे महत्त्वपूर्ण गद्य रचना मिर्ज़ा रजब अली बेग 'सुरूर' की पुस्तक 'फ़साना-ए-अजाएब' है। 'सुरूर' लखनऊ के सबसे पहले गद्य-लेखक समझे जाते हैं। वह १७८७ ई० में पैदा हुए और लखनऊ ही में प्रचलित शिक्षा में निपुणता प्राप्त की। वह कविताएँ भी लिखते थे और आदर की दृष्टि से देखे जाते थे। अवध के बादशाह ग़ाज़ीउद्दीन हैदर ने किसी बात पर रुष्ट होकर उन्हें लखनऊ से निकाल दिया और 'सुरूर' कानपुर चले गये, वहीं अपने मित्र हकीम असदअली के अनुरोध पर 'फ़साना-ए-अजाएब' लिखा। जब वाजिद अलीशाह गद्दी पर बैठे तो, उन्होंने 'सुरूर' को क्षमा दे दी और लखनऊ बुलाकर उनको दरबार का कवि नियुक्त कर दिया। ग़दर होने पर 'सुरूर' को लखनऊ छोड़ना पड़ा। १८५९ ई० के बाद से वह अपने अन्य गुणों के कारण महाराजा बनारस, महाराज अल्वर और महाराजा पटियाला के यहाँ सम्मान के साथ

रहे। १८६३ ई० में आँखों की चिकित्सा के लिए कलकत्ते गये। वहाँ से लौटकर १८६७ ई० में उनका स्वर्गवास हो गया।

'सुरूर' की कई रचनाएँ मिलती हैं, जिनमें सर्वप्रथम और श्रेष्ठतम ''फ़िसाना-ए-अजाएब' है। यह कहानी १८२४ ई० में लिखी गयी और जैसा कि उस समय की कहानियों में होता था, यह कहानी भी अस्वाभाविक बातों से भरी हुई है। इस पर 'पद्मावत' और 'अल्फ़लैला' का प्रभाव स्पष्ट देख पड़ता है। कुछ लोगों ने इसको प्राचीन कथाओं और आधुनिक उपन्यास के बीच की कड़ी कहा है, परन्तु वास्तव में पुरानी कहानियों की भाँति इसमें भी कुछ नैतिक गुणों के प्रचार और विभिन्न प्रकार की असम्भव घटनाओं के कल्पनात्मक वर्णन से मनोरंजन पैदा करने की चेष्टा की गयी है। इसकी शैली बड़ी रंगीन और पेचदार है और प्रायः सभी वाक्य तुकान्तक हैं। इसमें मीर अम्मन की सरल भाषा की हँसी उड़ायी गयी है। लेखक की दृष्टि में सीधी-सादी गद्य रचना कोई कला नहीं रखती, उसे अलंकारपूर्ण होना चाहिए। 'सुरूर' का कमाल यह है कि वह हर घटना के अनुसार शब्द ढूँढ़ निकालते हैं और आवश्यक हो तो हिन्दी-शब्दों का प्रयोग भी कलात्मक रूप में करते हैं। इस पुस्तक से लखनऊ की सभ्यता के बारे में बड़ी जानकारी प्राप्त होती है। जन्म, मृत्यु, विवाह के संस्कारों, रहन-सहन और प्रचलित ज्ञान के सम्बन्ध में बहुत-सी बातें बड़ी सुन्दरता से इस पुस्तक में बयान की गयी हैं, परन्तु कहानी के वास्तविक जीवन से दूर होने के कारण आज के पाठक को साधारणतः इसमें रस नहीं मिलता। फिर भी यह रचना उर्दू-साहित्य की महान रचनाओं में है और बीसों बार प्रकाशित हो चुकी है।

'फ़िसाना-ए-अजाएब' के अतिरिक्त 'सुरूर' ने और कई रचनाएँ तैय्यार कीं, जिनमें से कुछ यह हैं। 'सुरूरे-सुल्तानी', 'शररे-इश्क़', 'शिगूफ़ा-ए-मुहब्बत', 'गुलज़ारे-सुरूर', 'शबिस्ताने-सुरूर' और 'इन्शाए-सुरूर'। 'सुरूरे-सुल्तानी' १८४७ ई० में वाजिद अलीशाह की आज्ञा से लिखी गयी। यह एक फ़ारसी पुस्तक का अनुवाद है और 'फ़िसाना-ए-अजाएब' की शैली में लिखी गयी है। 'शररे-इश्क़' में पंछियों के प्रेम की कहानी बड़े रोचक ढंग से कही गयी है। इसकी रचना १८५६ में हुई। इसी वर्ष 'शिगूफ़ा-ए-मुहब्बत' भी लिखी गयी। यह भी एक प्रेम कहानी है जिसे मेहरचन्द खत्री इससे पहले लिख चुके थे। 'सुरूर' ने इसे अपने ढंग से लिखा। 'गुलज़ारे-सुरूर' एक धार्मिक पुस्तक का अनुवाद है जिस पर मिर्ज़ा 'ग़ालिब' ने प्रस्तावना भी लिखी थी। 'शबिस्ताने-सुरूर' में 'अल्फ़लैला की कुछ कहानियों का अनुवाद है और 'इन्शा-ए-सुरूर' उनके पत्रों का संग्रह है, जो उनकी मृत्यु के पश्चात् सम्पादित हुए।

इसी समय अवध में एक और रचनाएँ की गयीं, जो महत्त्व रखती हैं। फ़क़ीर मुहम्मद खाँ 'गोया' शाही सेना में रिसालदार थे और बड़े प्रतिभाशाली व्यक्ति समझे जाते थे। वह उस समय के अच्छे कवि थे और 'नासिख़' को अपनी रचनाएँ दिखाते थे। १८५० ई० में उनका देहान्त हुआ। 'गोया' ने १८३५ ई० में फ़ारसी की प्रसिद्ध पुस्तक 'अनवारे-सुहैली' का अनुवाद 'बोस्ताने-हिक्मत' के नाम से किया। इसमें भी

हितोपदेश और पंचतंत्र की कहानियाँ हैं। 'गोया' का अनुवाद बहुत सरल और सादा तो नहीं है, परन्तु इसकी भाषा 'सुरूर' की भाषा के समान अलंकारों और उपमात्रों से भरी हुई भी नहीं है। इसके दो वर्ष बाद नीमचन्द खत्री ने एक फ़ारसी कहानी का अनुवाद 'क़िस्सा-ए-गुलो-सनोबर' के नाम से किया और प्रकाशित हुआ। कुछ दूसरे लेखकों के नाम भी मिलते हैं, परन्तु यहाँ उसका उल्लेख नहीं किया जा सकता।

उर्दू-गद्य के विकास की कहानी अधूरी रह जायेगी, यदि दिल्ली कालेज और उससे सम्बन्धित 'देहली वर्नाकुलर ट्रांसलेशन सोसाइटी' का वर्णन न किया जाये, क्योंकि यदि फ़ोर्टविलियम कालेज में गल्प, इतिहास और धार्मिक पुस्तकों के अनुवाद हुए तो इस सोसाइटी ने गणित, विज्ञान, ज्योतिष, तर्क एवं दर्शन को भी अनुवाद योजना में सम्मिलित कर लिया। १८०४ ई० के पश्चात् दिल्ली एक प्रकार से ईस्ट-इंडिया कम्पनी के प्रभाव-क्षेत्र में आ चुकी थी और वहाँ भी अंग्रेजों ने वही जाल बिछाना प्रारम्भ कर दिया था, जो उन्होंने और स्थानों पर बिछाया था। दिल्ली हिन्दू-मुस्लिम संस्कृति का प्राचीन केन्द्र थी, जहाँ दोनों मिल-जुलकर प्रेमपूर्वक रहते थे, लेकिन सारे देश में जो नवीन स्थिति पैदा हो रही थी, उसका प्रभाव यहाँ पड़ना भी स्वाभाविक था। प्राचीन परम्पराओं का यह नगर आसानी से सब कुछ स्वीकार नहीं कर सकता था, परन्तु जीवन की आवश्यकताओं ने नये प्रकार के शिक्षालय खोलने पर बाध्य किया। १८२५ ई० दिल्ली कालेज स्थापित हुआ, जिसमें प्रत्येक विषय की उच्च शिक्षा दी जाती थी और शिक्षा का माध्यम उर्दू-भाषा थी। सरकारी रिपोर्टों से पता चलता है कि यह योजना बहुत सफल सिद्ध हुई। १८२८ ई० में इस कालेज में अंग्रेज़ी कक्षा भी खोल दी गयी। दिल्लीवासियों ने इसका कड़ा विरोध किया और उसे इस आज्ञा में संशोधन करना पड़ा।

यह वह समय था कि शिक्षा का माध्यम अंग्रेज़ी और कार्यालयों की भाषा—उर्दू घोषित की जा चुकी थी, परन्तु इस कालेज में सारी शिक्षा उर्दू-भाषा के माध्यम से ही दी जा रही थी। जो एजूकेशन कमीटी कालेज का प्रबन्ध चलाती थी, वह कुछ पुस्तकों के अनुवाद उर्दू में करा चुकी थी कि १८४१ ई० में 'देहली वर्नाकुलर ट्रांसलेशन सोसाइटी' की स्थापना हुई, जिसके संरक्षण में सवा-सौ से अधिक ग्रन्थ तैय्यार हुए। यह सोसाइटी अधिकतर जनता की सहायता से चलती थी और कभी-कभी सरकारी सहायता भी मिल जाती थी। जिन ग्रन्थों का यहाँ अनुवाद हुआ, या जो पुस्तकें यहाँ लिखायी और छपायी गयीं, उनकी सूची नहीं दी जा सकती, परन्तु कुछ पुस्तकों और विषयों के नाम दिये जाते हैं, जिससे इस सोसाइटी के महत्त्व का अनुमान लगाया जा सकेगा। रामायण, महाभारत, लीलावती, धर्मशास्त्र, शकुन्तला, रघुवंश इत्यादि के अनुवाद तथा 'सौदा', 'मीर', 'दर्द', 'जुर्अत' इत्यादि के काव्य-संग्रह और भारत, ईरान, यूनान, इंग्लैण्ड, रोम के इतिहास, गणित इत्यादि। इनके अतिरिक्त विज्ञान के सभी विभागों पर पुस्तकें, भूगोल, गल्प, कवियों के तज़किरे और धार्मिक ग्रन्थ, सभी प्रकार की पुस्तकें इस सोसाइटी ने तैय्यार करायीं। अनुवाद अधिकतर अंग्रेज़ी, फ़ारसी,

अरबी और संस्कृत भाषाओं से होते थे। दु:ख इस बात का है कि इनमें के अधिकतर ग्रन्थ अब नहीं मिलते, केवल इंडिया आफ़िस लाइब्रेरी (लन्दन) में उनका बड़ा भाग मौजूद है। अनुवादकों को धर्मनरायन, अयोध्याप्रसाद, हरिवर्मनलाल, शीतल प्रसाद, कालीराम, वजीर अली, गुलाम अली, मुहम्मद अहसन और रामचन्द्र के नाम मिलते हैं। इनमें मास्टर रामचन्द्र को सबसे अधिक महत्त्व प्राप्त है।

रामचन्द्र दिल्ली कालेज के पढ़े हुए थे, और शिक्षा समाप्त करने के बाद इसी कालेज में यूरोपियन विज्ञान के अध्यापक हो गये। उन्हें गणित से विशेष लगाव था और उन्होंने गणित के कई ग्रन्थों का अनुवाद किया था। गणित ही की उनकी एक रचना का इंग्लैण्ड में स्वागत किया गया। रामचन्द्र ने कई साहित्यिक पुस्तकें भी लिखी हैं जिनमें 'अजाएबे-रोज़गार' और 'तज़किरतुलकामिलीन' बहुत प्रसिद्ध हैं। वह ईसाई हो गये थे और इस कारण कुछ दिनों के लिए दिल्ली के हिन्दू-मुसलमानों में उनका सम्मान बहुत कम हो गया था, परन्तु यह स्थिति उनकी योग्यता और ज्ञान के सामने क़ायम न रह सकी। मास्टर रामचन्द्र को बदली हुई स्थिति का पूरा अनुभव था, इसलिए उन्होंने 'फ़वायदुन्नाज़री' और 'मुहिब्बे-हिन्द' की पत्रिकायें भी प्रकाशित कीं और वैज्ञानिक विचारों को फैलाने का यत्न किया। यह कहना असंगत न होगा कि रामचन्द्र एक प्रगतिशील विचारक थे, जिनके लेखों ने नये विचारों के लिए रास्ता साफ किया। इसी समय के कुछ और लेखक हैं, उनका उल्लेख सुविधा के लिए आगे के अध्याय में किया जायेगा।

यह उर्दू-गद्य की प्रगति की एक संक्षिप्त रूपरेखा है। इसके अध्ययन से ज्ञात होगा कि यद्यपि इसका आरम्भ १५वीं शताब्दी में हो चुका था, परन्तु इसका सर्वव्यापक और बहुमुखी विकास १९वीं शती के पूर्वार्द्ध में सम्पन्न हो सका। जो आलोचक दिल्ली कालेज के पाठ्यक्रम को ध्यानपूर्वक देखेगा, उसे यह देखकर आश्चर्य होगा कि विज्ञान और दूसरे विषय उर्दू में किस प्रकार पढ़ाये जाते रहे होंगे और जो उसकी सफलता का हाल रिपोर्टों में पढ़ेगा, उसे ज्ञात होगा कि उर्दू-भाषा में इतनी शक्ति उसी समय आ चुकी थी कि वह उच्च्च-शिक्षा का माध्यम बन सके।

उर्दू-गद्य किस प्रकार पूर्णतया जीवन संघर्ष में सहयोग दे रहा था, यह चर्चा आगे के अध्यायों में आयेगी।

अध्याय ९

नयी धारा से पहले : पद्य और गद्य

उर्दू-भाषा का विकास भारत के जिन सामाजिक और राजनीतिक उद्देश्यों पर आधारित था, उसके प्रभाव में वह बड़े वेग के साथ लोकप्रिय होती जा रही थी। अब वह केवल दिल्ली और लखनऊ के केन्द्रों में सीमित नहीं थी, बल्कि अपने नये-नये केन्द्र बनाती जा रही थी। राजनीतिक पतन के कारण, जो परिवर्तन देश में हो रहे थे, उनका दार्शनिक और ऐतिहासिक अनुभव बहुत थोड़े से लोग कर सकते थे। कवि और लेखक पुरानी परम्पराओं से चिमटे हुए, उसी सभ्यता की आदर्शवादी कल्पनाएँ प्रस्तुत कर रहे थे, जो संघर्षों के बीच छिन्न-भिन्न हो रही थी। भारत में अंग्रेजी राज्य के स्थापित होने, नयी आर्थिक और सामाजिक स्थिति के जन्म लेने के कारण, जो नयी लहर १९वीं शताब्दी के मध्य में उठी थी, उसका उल्लेख आगे आयेगा, इस अध्याय में तूफ़ान से पहले की उस दशा को देखना है, जो एक प्रकार के शैथिल्य और गतिरोध का पता देती है। परिपाटियों में जो शक्ति होती है, उसका इस समय से अच्छा उदाहरण और कहीं नहीं मिल सकता, क्योंकि वही लोग जो स्थिति के परिवर्तित होने का अनुभव कर सकते थे, साहित्य में किसी बड़े परिवर्तन को पसन्द नहीं करते थे।

दिल्ली और लखनऊ के केन्द्र तो थे ही, रामपुर और हैदराबाद में भी बड़े-बड़े साहित्यिक केन्द्र स्थापित हुए। एक दरबार से दूसरे दरबार तक कोई बड़ा अन्तर नहीं होता, इसलिए साहित्य की शैलियों में जो नवीनता आयी, उससे यह नहीं समझना चाहिए कि साहित्य के मूलाधारों में कोई परिवर्तन हो रहा था। दिल्ली में 'ग़ालिब', 'ज़ौक़' और 'मोमिन', के शिष्य और लखनऊ में 'आतिश' और 'नासिख़' की शैलियों से सम्बन्ध रखने वाले कवि कुछ तो पुरानी ही पद्धतियों का अनुसरण करते रहे और कुछ नयी स्थिति को समझकर नये पथ की खोज में निकल पड़े। सन् १८५७ ई० के विद्रोह के कारण दिल्ली और लखनऊ के राज्य समाप्त हो चुके थे। वाजिदअली शाह मटियाबुर्ज (कलकत्ता) में बन्दी जीवन भोग रहे थे, परन्तु लखनऊ के कई कवि उस स्थिति में भी उनके साथ थे। बहादुरशाह 'ज़फ़र' रंगून में पड़े हुए थे, जो हिन्दुस्तानी भाषाओं के क्षेत्र से बहुत दूर था। हैदराबाद में कवियों का बड़ा आदर सत्कार होता था और अच्छे-अच्छे वेतन पर कवि वहाँ बुलाये जाते थे। पुरानी परम्पराओं के कारण वहाँ उर्दू-भाषा के विकास के लिए ज़मीन तैय्यार थी। रामपुर के नौव्वाब स्वयं काव्य रचना करते थे और साहित्यकारों, कलाकारों और विद्वानों को बुलाकर अपनी राज्य-सभा की शोभा बढ़ाते थे। उनके अतिरिक्त पटना, मुर्शिदाबाद, टाँड़ा, टोंक, भोपाल, मँगरौल और अलवर इत्यादि भी कवियों को अपनी ओर खींच रहे थे। इस अवसर पर सारे कवियों

और साहित्यकारों के नाम देकर पूरी स्थिति को सामने लाना असम्भव है। केवल प्रमुख कवियों का वर्णन करके यह बताया जा सकता है कि उर्दू साहित्य किस प्रकार देश के कोने-कोने में पहुँच रहा था और उसके विकास में सभी समुदाय और धर्म के लोग भाग लेते थे।

काव्य-रचना के साथ-साथ सहज रूप में गद्य साहित्य का विकास भी हो रहा था, क्योंकि उर्दू साधारणत: देश की राष्ट्र भाषा समझी जाने लगी थी और अंग्रेजी राज्य ने सन् १९३५ ई० में फ़ारसी को निकालकर उर्दू को सरकारी भाषा घोषित कर दिया था, जिसका सबसे अधिक प्रभाव प्रेस पर पड़ा। बहुत से नये-नये प्रेस खुल गये और पत्रिकाएँ प्रकाशित होने लगीं। यद्यपि इससे बहुत पहले गद्य की रचनाएँ बड़ी संख्या में तैयार हो चुकी थीं, परन्तु उनको प्रकाशित करने की सुविधा न होने के कारण उनका प्रचार रुका हुआ था। कविताएँ जल्द एक स्थान से दूसरे स्थान पर पहुँच जाती थीं, परन्तु गद्य के लेख हस्तलिखित रूप में एक ही जगह पड़े रह जाते थे, अधिकतर धार्मिक महत्त्व की रचनाओं की नक्ल की जाती थी। प्रेस स्थापित हो जाने के कारण गद्य के विकास को सहायता मिली।

भारतवर्ष के लिए यह युग विचित्र समस्याओं का युग था। एक ओर उस नवीनता का उद्भव हो रहा था, जो नयी आर्थिक स्थिति से उत्पन्न हो रही थी और दूसरी ओर वही रीति-गति पर चलने वाला भारत था, जिसका ग्राम्य-जीवन अभी सोया हुआ था और नगर-जीवन नये और पुराने के बीच अपना पथ टटोल रहा था। इस युग का विश्लेषण इसलिए भी आसान नहीं है कि देश का सामन्ती युग मिटकर भी मिटा नहीं था और नव-जागरण केवल अभी कुछ लोगों के बौद्धिक क्षितिज को छू सका था। इसलिए नयी और पुरानी लहरें समानान्तर चल रही थीं। नयी लहर का विस्तृत उल्लेख आगामी अध्याय में होगा, यहाँ उस क्रम को जोड़े रखने मात्र की चेष्टा की जायेगी, जो कई शताब्दियों से चला जा रहा था। दिल्ली में 'ग़ालिब', 'मोमिन' और 'ज़ौक़' के शिष्य 'शेफ़्ता', 'महरूह', 'नसीम', 'ज़हीर', 'अनवर', 'सालिक' और 'दाग़' इत्यादि और लखनऊ में वाजिदअली शाह 'अख़्तर', 'मुनीर', 'असीर', 'शौक़' 'क़लक़', 'अमानत', 'जलाल', 'अमीर मीनाई' इत्यादि उसी मार्ग पर चल रहे थे, जो उनके उस्तादों ने निर्मित किया था। उनकी चेतना में कोई नयापन नहीं है, लिखने का ढंग अवश्य नया है। इन कवियों ने क़सीदा, मसनवी, ग़ज़ल और मरसिया इत्यादि सभी काव्य-रूपों को विकसित किया, परन्तु इनका बड़ा भाग रीतिकाल की शिथिलता और सामाजिक कुण्ठा का शिकार हो गया है। इन्हीं में से कई कवि रामपुर, हैदराबाद और दूसरे राजदरबारों में पहुँचे और उनके प्रभाव में काव्य-रचना को बढ़ावा मिला। संक्षिप्त में इनका उल्लेख किया जाता है, क्योंकि विस्तार में जाने से यह अध्याय बहुत बढ़ जायेगा और कोई नवीन विचारधारा सामने नहीं आयेगी।

नौव्वाब मुहम्मद मुस्तफ़ा ख़ाँ 'शेफ़्ता' उर्दू में 'मोमिन' और फ़ारसी में 'ग़ालिब' के शिष्य थे। इनके पिता को बहुत बड़ा इलाक़ा अंग्रेजी सरकार से मिला था, इस वजह से

उनका परिवार बड़े सम्मान और आदर की दृष्टि से देखा जाता था। 'शेफ़्ता' ने दिल्ली के बड़े-बड़े विद्वानों से शिक्षा प्राप्त की थी और वहाँ के सभी उच्च श्रेणी के विद्वानों से उनकी मैत्री थी। ग़दर में अंग्रेज़ों ने उनको गिरफ़्तार कर लिया था, परन्तु बाद में वह निर्दोष सिद्ध हुए और छोड़ दिये गये। उनके ज्ञान एवं विद्वत्ता को 'ग़ालिब' के ऐसा कवि भी स्वीकार करता था। उन्होंने अपना काव्य-संग्रह २१ वर्ष की आयु में तैय्यार कर लिया था। ३३ वर्ष की अवस्था में हज करने गये और वहाँ से आकर काव्य-रचना बहुत कम कर दी। सन् १८६९ ई० में उनका देहान्त हुआ।

उर्दू-काव्य संग्रह के अतिरिक्त 'शेफ़्ता' का एक फ़ारसी काव्य-संग्रह और फ़ारसी ही में कुछ पुस्तकें भी हैं, जिनमें गुलशने-बेख़ार' सबसे अधिक प्रसिद्ध है। इसमें उर्दू-कवियों की जीवनी और उनकी रचनाओं की आलोचना संक्षेप में बड़े सुन्दर ढंग से की गयी है। इसके अध्ययन से 'शेफ़्ता' की आलोचनात्मक शक्ति का पता चलता है। इस संदर्भ में यह बात आश्चर्यजनक है कि वह एक अच्छे कवि होने पर भी कभी बहुत लोकप्रिय न हो सके और अधिकतर लेखक उनको कवि से बड़ा आलोचक मानते रहे हैं। जहाँ तक उर्दू-काव्य का सम्बन्ध है उन्होंने अधिकतर ग़ज़लें लिखी हैं, जो सच्ची भावनाओं और प्रभावशाली विचारों से ओत-प्रोत हैं, वह मनोभावनाओं का कल्पनात्मक चित्र बड़ी सुन्दरता से प्रस्तुत करते हैं। उन्हें स्वयं इस बात पर गर्व था कि वह अतिशयोक्ति से काम नहीं लेते, तथापि उनकी कवितायें हृदयंगम हो जाती हैं। 'ग़ालिब', 'मोमिन' और 'हाली' सभी काव्य के सम्बन्ध में उनकी सूझ-बूझ के प्रशंसक थे। कुछ शेर उदाहरण के लिए दिये जाते हैं—

शायद इसी का नाम मुहब्बत है 'शेफ़्ता'।
एक आग-सी है सीने के अन्दर लगी हुई॥

वो 'शेफ़्ता', कि धूम थी हज़रत के ज़ुहद[१] की।
मैं क्या कहूँ कि रात मुझे किस के घर मिले॥

हज़ार दाम[२] से निकला हूँ एक जुम्बिश[३] में।
जिसे ग़ुरूर हो, आये करे शिकार मुझे॥

इज़हारे-इश्क़[४] उससे न करना था 'शेफ़्ता'।
ये क्या किया कि दोस्त को दुश्मन बना दिया।।

किसलिए लुत्फ़[५] की बातें हैं फिर।
क्या कोई और सितम[६] याद आया॥

'मजरूह', जिनका नाम मीर मेहदी था, 'ग़ालिब' के अत्यन्त प्रिय शिष्य थे। पानीपत में रहते थे, परन्तु ज़्यादा समय दिल्ली में बीतता था। 'ग़ालिब' ने उनके नाम बहुत से पत्र लिखे हैं, जिनमें दोनों की मैत्री और सम्बन्ध का पता चलता है। ग़दर के

---

१. पवित्रता, २. जाल, ३. तड़प, ४. प्रेम प्रकट करना, ५. कृपा, ६. अत्याचार।

कुछ दिन बीतने के बाद वह महाराजा अलवर के यहाँ नौकर हो गये और अन्तिम आयु में रामपुर चले आये, वहीं अपना काव्य-संग्रह सम्पादित किया, जो १८९२ ई० में प्रकाशित हुआ, 'मजरूह' ने एक लम्बी आयु पायी और बहुत बूढ़े होकर १९०२ ई० के लगभग परलोक सिधारे। उनकी भाषा दिल्ली की शुद्ध बोलचाल की भाषा है, परन्तु वह उसी सरल भाषा में अच्छे-अच्छे शेर लिख लेते थे। मौलाना 'हाली', जो उर्दू के प्रारम्भिक आलोचकों में महत्त्व रखते हैं, वे 'मजरूह' के काव्य के अत्यन्त प्रशंसक थे। उदाहरणार्थ 'मजरूह' के ये शेर देखिये—

सब्र के फ़ायदे बहुत हैं वले[1]।
दिल ही बस में नहीं तो क्या कीजे॥

दिल को कोई बचा सके क्योंकर।
उसके अन्दाज़ हैं कयामत के॥

दिल ही समझे हैं कुछ तड़प को मेरे।
बर्क़[2] में लुत्फ़े-इज़्तराब[3] कहाँ॥

'नसीम', जिनका नाम असग़र अली ख़ाँ था, दिल्ली के रहने वाले थे और 'मोमिन' के मुख्य शिष्यों में गिने जाते थे। खाते-पीते परिवार से सम्बन्ध रखते थे और बड़े-बड़े कवि-सम्मेलन आयोजित करते थे। पिता की मृत्यु के बाद भाइयों से अनबन हो गयी और वह लखनऊ चले आये, यहाँ बड़ा नाम पैदा किया और बहुत से शिष्य एकत्र कर लिए। ग़दर के समय लखनऊ ही में थे और अपनी जन्मभूमि से दूर दीनता का जीवन भोग रहे थे। नवलकिशोर प्रेस में 'अल्फ़लैला' की कहानियों को पद्यात्मक रूप में परिवर्तित करने के लिए नौकर हो गये थे, मगर उसे पूरा न कर सके और बाद में मुंशी तोताराम ने उसे सम्पन्न किया। लखनऊ में रहकर वह बड़े गर्व से दिल्ली की भाषा और काव्य-शैली का प्रचार करते थे, परन्तु आलोचकों का विचार है कि उन पर लखनऊ की भाषा और शैली का भी प्रभाव पड़ा था। उनकी काव्य-शैली पर 'मोमिन' का स्पष्ट प्रभाव देखा जा सकता है। उनका काव्य-संग्रह प्रकाशित हो चुका है, परन्तु साधारणतः लोग उनसे परिचित नहीं हैं। उनके एक शिष्य अमीरुल्लाह 'तसलीम' को उनसे अधिक ख़्याति मिली। उनके दो शेर यह हैं—

नाम मेरा सुनते, ही शर्मा गये।
तुमने तो ख़ुद आपको सवा[4] किया॥

जब देखिए क़रार[5] नहीं एक हाल पर।
मेरा-सा अब तो हाल आ रोज़गार का[6]

---

१. परन्तु, २. बिजली, ३. व्याकुलता का आनन्द, ४. निन्दित, ५. स्थिर, ६. ज़माना, युग, संसार।

दिल्ली ही के एक और कवि 'ज़हीर' थे। १४ वर्ष की आयु में 'ज़ौक़' के शिष्य हो गये थे और ग़दर के ज़माने तक दिल्ली ही में रहे, उसके बाद जीविका की खोज में मारे-मारे फिरे, चार वर्ष रामपुर में, चार वर्ष अलवर में, १९ वर्ष जयपुर में, १५ वर्ष टोंक में और अंतिम दिनों में हैदराबाद में रहे। 'ज़हीर' साधारणतया ग़ज़लें लिखत थे, परन्तु जो कवि इतने दरबारों की सेवा कर चुका हो, उसके लिए क़सीदा लिखना अनिवार्य है। 'ज़हीर' ने बहुत से क़सीदे और अन्य प्रकार की कविताएँ भी लिखीं, परन्तु उन्होंने ग़ज़लों ही के कारण ख्याति प्राप्त की। उन्होंने अपने चार संग्रह तैयार कर लिए थे, जिनमें से तीन प्रकाशित हो चुके हैं।

'ज़हीर' थे तो 'ज़ौक़' के शिष्य, परन्तु उनकी कविता में 'मोमिन' का रंग झलकता है। 'मोमिन' की भाँति ही वह भी भावात्मक अनुभूतियों तथा प्रयोगों को बड़ी सुन्दरता और कोमलता से प्रस्तुत करते हैं। उनकी भाषा फ़ारसी-निष्ठ होते हुए भी सहज है। 'ज़हीर' ने गद्य में ग़दर का आँखों देखा हाल 'दास्ताने-ग़दर' के नाम से लिखा है, जिसका ऐतिहासिक महत्त्व बहुत है। 'ज़हीर' के छोटे भाई 'अनवर' भी एक अच्छे कवि थे, पहले 'ज़ौक' को अपनी कवितायें दिखाते थे, फिर 'ग़ालिब' के शिष्य हो गये। दिल्ली के बड़े अच्छे और लोकप्रिय कवि माने जाते थे। ग़दर के बाद वह भी जयपुर चले गये परन्तु युवास्था में ही उनका देहांत हो गया। कहा जाता है कि उनके भी दो काव्य-संग्रह थे, जो नष्ट हो गये मगर 'खुमख़ाना-ए-जावेद' के प्रसिद्ध लेखक लाला श्रीराम ने उनकी कविताओं को खोजकर एकत्र किया और एक छोटा-सा संग्रह प्रकाशित करा दिया। उनकी ग़ज़लों पर भी 'ज़हीर' की भाँति 'मोमिन' और 'ग़ालिब' का प्रभाव अधिक मालूम होता है।

वैसे तो दिल्ली कवियों से भरी हुई थी और सहस्त्रों कवि साहित्य-सर्जना में लगे हुए थे, परन्तु उसके अंतिम युग में जो ख्याति 'दाग़' को मिली, वह किसी और को नहीं। 'दाग़' का नाम नौव्वाब मिर्ज़ा ख़ाँ था। वह फ़िरोज़पुर के प्रसिद्ध अमीर नौव्वाब शमसुद्दीन के पुत्र थे। अभी केवल छः वर्ष के थे कि उनके पिता का देहान्त हो गया, और विधवा माता ने दिल्ली के अंतिम बादशाह बहादुर शाह 'ज़फ़र' के पुत्र मिर्ज़ा फ़ख़रू से विवाह कर लिया। इस प्रकार 'दाग़' का ग़दर तक का जीवन राजभवन में बीता। वहीं उन्होंने शिक्षा प्राप्त की और वहीं काव्य-रचना प्रारम्भ की। दिल्ली के किले में उस समय 'ज़ौक' का बोल बाला था। बादशाह, शहज़ादे और शहज़ादियां सब उन्हीं के शिष्य थे, इसलिए 'दाग़' भी अपनी कविताएँ उन्हीं को दिखाने लगे। जब ग़दर में मुग़ल परिवार का विनाश हो गया तो 'दाग़' अपने परिवार को लेकर रामपुर चले आये। वहाँ उन्हें एक नौकरी दे दी गयी और २४ वर्ष तक बड़ी शान से वहीं अपना जीवन बिताया। रामपुर में उनका ऐसा आदर सत्कार हुआ और भोग-विलास के ऐसे अवसर मिले कि वह उसको 'आरामपुर' कहते थे। रामपुर के नौव्वाब कल्बे-अली ख़ाँ, जो 'दाग़' को बहुत प्रिय रखते थे, जब सन् १८८६ ई० में चल बसे, तो 'दाग़' भी वहाँ से निकल पड़े। कुछ दिन लखनऊ, पटना और कलकत्ता में रहे,

कुछ समय दिल्ली में बिताया, हर जगह उनका सम्मान किया गया, परन्तु वह सन् १८८८ ई० में हैदराबाद चले गये। इसी बीच में वह जहाँ कहीं भी गये, वहाँ उनके बहुत से शिष्य हो गये। आरम्भ में हैदराबाद में उनकी कुछ अधिक पूछ-ताछ न हुई और वह दिल्ली लौट आये, परन्तु १८९१ ई० में हैदराबाद के निज़ाम महबूब अली ख़ाँ ने उन्हें बुला भेजा और एक हज़ार रुपये मासिक वेतन नियुक्त किया गया। १९०५ ई० तक वह हैदराबाद ही में रहे और वहीं उनकी मृत्यु हुई। हैदराबाद के दरबार से उनको कई उपाधियाँ भी मिलीं। 'दाग़' को जो सम्मान हैदराबाद में प्राप्त हुआ, वह विरला ही किसी कवि को मिला होगा।

'दाग़' केवल एक कवि ही न थे, बल्कि बड़े हँसमुख, उदार-प्रकृति तथा मानव-प्रेमी भी थे। वह मित्रों के साथ नम्रता का व्यवहार करते, परन्तु धन-सम्पत्ति वालों के सम्मुख स्वाभिमानी बन जाते थे, इसी कारण से जब उर्दू-कविता का रंग बदल रहा था, उस समय भी वह बड़े आदर की दृष्टि से देखे जाते थे। उनके सहस्त्रों शिष्यों में अनेक तो ऐसे थे जो केवल पत्र-व्यवहार करके अपनी कविताएँ उनसे ठीक करा लिया करते थे। उनके प्रसिद्ध शिष्यों में डॉक्टर 'इक़बाल', दकन के निज़ाम, 'सायल', (जो उनके दामाद भी थे), 'बेख़ुद', 'अहसन', 'नूह' नारवी, 'आग़ा शाएर', 'सीमाब' अकबराबादी, बहुत प्रसिद्ध हैं और इनमें से अनेक की गणना उस्तादों में होती थी।

'दाग़' ने अपनी ग़ज़लों के चार संग्रह तैयार किये थे, जिनके नाम हैं, 'गुलजारे-दाग़', 'आफ़ताबे-दाग़', 'महताबे-दाग़' और 'यादगारे-दाग़'। इनके अतिरिक्त उनकी एक मसनवी 'फ़रियादे-दाग़' और पत्रों का एक संग्रह 'इन्शा-ए-दाग़' भी प्रकाशित हो चुके हैं। उनके काव्य-संग्रहों में क़सीदों और छोटी-छोटी कविताओं को छोड़कर अधिकतर ग़ज़लें हैं और वह ग़ज़ल ही के एक बड़े कवि माने जाते हैं। 'दाग़' के पहले दो संग्रह 'गुलज़ारे-दाग़' और 'आफ़ताबे-दाग़' रामपुर ही में प्रकाशित हो चुके थे। इनमें जो ग़ज़लें हैं, वह बड़ी रंगीन, मधुर और भावपूर्ण हैं, उनमें चुलबुलापन और छेड़छाड़, विनोद और हास्यरस फूटा पड़ता है। उनके अध्ययन से यह ज्ञात होता है कि किसी निश्चिन्त युवक ने जो जीवन के आमोद-प्रमोद और विलास में डूबा है, अपने हार्दिक भावों का चित्रण बड़े स्पष्ट रूप से किया है। दिल्ली की बोलचाल की भाषा तथा मुहावरों का सुन्दर प्रयोग और प्रेम भाव का खुला-खुला वर्णन 'दाग़' से अधिक और किसी के यहाँ नहीं मिल सकता। 'दाग़' में गम्भीरता नहीं है। वह अपनी मनोभावनाओं को छिपाना नहीं जानते। प्रेम और शृंगार के अतिरिक्त दूसरी भावनाओं का उल्लेख उनके यहाँ बहुत कम है। बाद की कविताओं में कहीं-कहीं तसौव्वुफ़, नैतिक सिद्धान्त और जीवन की अन्य समस्याओं पर भी कुछ विचार मिल जाते हैं, परन्तु वहाँ 'दाग़' की अपनी शैली नहीं रह जाती। उनकी भावात्मक अभिव्यक्ति में भी गहराई नहीं है और कभी-कभी तो ऐसा जान पड़ता है कि वह केवल किसी वाक्य या मुहावरे के लिए शेर लिखते थे। उर्दू के आलोचकों ने 'दाग़' का मूल्यांकन

करने में बहुत मतभेद किया है, परन्तु सच यह है कि 'दाग़' जिस सामाजिक पतन और भ्रष्ट वातावरण में अपना जीवन व्यतीत कर रहे थे उसमें दार्शनिक तत्त्व, गूढ़-ज्ञान और ऊँचे आदर्श के लिए स्थान ही नहीं था। उनकी सबसे बड़ी विशेषता यह है कि उन्होंने निराशावादिता के विरुद्ध एक प्रकार की आशावादिता का प्रचार किया और जीवन को आत्मघात से बचाने के लिए मनोरंजन और ठटोल की ओर संकेत किया। उस निराशावादी युग में प्रेम की भावनाओं को आदर्शवादी होने से बचा लेना एक बड़ा काम था और 'दाग़' जो वास्तविक जीवन में प्रेम के खेल खेल चुके थे, इसमें सफल हुए। वह उर्दू के उन लोकप्रिय कवियों में हैं, जिनकी ग़ज़लें सभी प्रकार के लोग पढ़ते और आनन्द उठाते हैं। उनकी लोकप्रियता का मर्म, उनके सामान्य और साधारण विचारों को सरल, शुद्ध, मधुर और भावपूर्ण भाषा में प्रकट कर देने में है। कला की दृष्टि से यह बात प्रत्येक कवि को प्राप्त नहीं होती और 'दाग़' चाहे कुछ भी न हों, एक बड़े कलाकार अवश्य हैं। उदाहरण के लिए उनके कुछ शेर प्रस्तुत हैं—

शबे-वस्ल[१] ज़िद[२] में बसर हो गयी।
नहीं होते-होते सहर हो गयी॥

लगाते हैं दिल उससे, अद हार-जीत।
इधर हो गयी या उधर हो गयी॥

बुरे हाल से या भले हाल से।
तुम्हें क्या, हमारी बसर हो गयी॥

इधर आईना है उधर दिल है।
जिसको चाहा उठा के देख लिया॥

बुत को बुत और ख़ुदा को जो ख़ुदा कहते हैं।
हम भी देखें तो उसे देखके क्या कहते हैं॥
हम तसौव्वुर[३] में भी जो बात जरा कहते हैं।
सब में उड़ जाती है, ज़ालिम इसे क्या कहते हैं॥
पहले तो 'दाग़' की तारीफ़[४] हुआ करती थी।
अब ख़ुदा जाने वो क्यों उनको बुरा कहते हैं॥

'दाग़' का नाम सुन के वो बोले।
आदमी का ये नाम होता है?॥
न जाना कि दुनिया से जाता है कोई।
बहुत देर की मेहरबाँ आते-आते॥

---

१. मिलन की रात, २. हठ, ३. कल्पना, ४. प्रशंसा।

पयामी[1] कामयाब आये न आये।
ख़ुदा जाने जवाब आये न आये॥
शुमार[2] अपनी ख़ताओं[3] का बता दूँ।
तुम्हें शायद हिसाब, आये न आये॥
पियूँगा आज साक़ी सेर होकर।
मयस्सर फिर शराब, आये न आये॥

इतनी ही तो कसर हैं तुम में।
कहना नहीं मानते किसी का॥

लखनऊ के जन-जीवन के अंग-अंग में काव्य-रस घुल चुका था। यद्यपि बड़े कवियों का जन्म लेना बन्द हो चुका था, परन्तु 'आतिश' और 'नासिख़' के शिष्य और इन शिष्यों के शिष्यों ने काव्य में शब्दों के बाहुल्य को प्रधानता दे रखी थी इसमें से कभी-कभी वास्तविक जीवन से सम्बन्ध रखने वाली रचनाएँ भी उत्पन्न हो जाती थीं। बात यह थी कि अवध के नौव्वाब और बादशाह उस भारतीय रंग में डूब चुके थे, जहाँ एक सामान्य सभ्यता जन्म लेती है। यहाँ के हिन्दू-मुसलमान सभी बड़ी उत्सुकता से सांस्कृतिक जीवन के प्रदर्शन में भाग लेते थे। अगर मुसलमान होली और दीवाली मनाते थे, तो हिन्दू मुहर्रम के त्योहार में सच्चे दिल से भाग लेते थे। इसका एक बड़ा कारण यह मालूम होता है कि अवध के बादशाहों ने हिन्दू मुसलमानों में कभी भेदभाव नहीं किया और ऊँचे से ऊँचे पद पर हिन्दुओं को भी उसी प्रकार रखा, जैसे मुसलमानों को। इसमें सन्देह नहीं कि दोनों के धार्मिक जीवन में बड़ा अन्तर था, परन्तु रहन-सहन, रीति-नीति और आहार-व्यवहार में ऐसी समानता पैदा हो रही थी, जो इन्हें एक परिवार के रूप में संगठित कर रही थी। आसिफ़ुद्दौला के होली खेलने पर कई कवियों और लेखकों ने रचनाएँ की हैं। हिन्दू लेखकों ने मुसलमान धर्म और जीवन के बारे में अपने विचार प्रकट किये हैं। राजा टिकैतराय, महाराजा झाऊलाल, राजा नवलराय, राजा ख़ुशहाल राय, टीकाराम 'तसल्ली', मंगलसेन 'उलफ़त', कुंवरसेन 'मुज़तर' बख़्शी भोलानाथ आदि यहाँ के जीवन पर उसी प्रकार छाये हुए थे, जिस प्रकार कोई मुसलमान हो सकता था। यहाँ के जीवन का विस्तार में अध्ययन किया जाये, तो उन स्रोतों का पता मिल सकेगा, जिन्होंने यह स्थिति पैदा की थी।

बादशाह स्वयं कला-कौशल और साहित्य में इतनी दिलचस्पी लेते थे और विद्वानों का संरक्षण और आदर इस प्रेम से करते थे कि उन्हें बढ़ावा मिलता था, परन्तु दुर्भाग्य से सारा जीवन भ्रष्टाचार से भरा हुआ था। आगे बढ़ने के सारे रास्ते बन्द थे, इसलिए यह कवि और लेखक अंधेरे में अपनी कल्पनाओं के सहारे जी रहे थे। सआदत अलीख़ाँ, ग़ाज़ीउद्दीन हैदर, नसीरुद्दीन हैदर सब स्वयं कवि थे और उनके

१. दूत, २. संख्या, ३. अपराधों।

दरबारों में कवियों का सम्मान होता था। ग़ाज़ीउद्दीन हैदर और नसीरुद्दीन हैदर के युग में विज्ञान की किताबों के अनुवाद भी हुए, नये छापेख़ाने खुले और विज्ञान की एक प्रयोगशाला खोली गयी, जिसमें ज्योतिष और दूसरे विज्ञानों पर काम होता था। मुहम्मद अलीशाह और अमजद अलीशाह भी विद्वानों का सम्मान करते थे, परन्तु उनको धर्म से विशेष प्रेम था, अतएव धार्मिक साहित्य को उनके युग में ख़ूब प्रोत्साहन मिला।

१८४७ ई० में वाजिदअली शाह २० वर्ष की आयु में अवध के राजसिंहासन पर बैठे। उनके युग और जीवन के बारे में बहुत-सी भ्रम फैलाने वाली बातें मशहूर हो गयी हैं, जिन्हें इतिहास के विद्वानों ने मिथ्या घोषित कर दिया है, किन्तु यहाँ उनके उल्लेख का अवसर नहीं, परन्तु इतना जानना आवश्यक है कि अवध के इस अंतिम बादशाह ने बहुत-सी बाधाओं के होते हुए भी कला-कौशल की उन्नति में भाग लिया। उस समय के संकट को देखते हुए, इसे भोग-विलास भी कहा जा सकता है, परन्तु सच यह है कि वाजिदअली शाह को साहित्य और कला-कौशल से हार्दिक प्रेम था। यहाँ तक कि मटियाबुर्ज में बंदी बना दिये जाने के बाद भी वह उनसे दिलचस्पी लेते रहे। वाजिदअली शाह का उपनाम 'अख़्तर' था। फ़ारसी और उर्दू-गद्य और पद्य में लगभग उन्होंने सौ पुस्तकों की रचनाएँ कीं। इनके अतिरिक्त अवधी में दादरे और ठुमरियाँ भी लिखीं। उनके छः काव्यसंग्रह, बहुत-सी मसनवियाँ, मरसियों के कई संग्रह और क़सीदे मिलते हैं। संगीत, कला और सैनिक संगठन पर भी उन्होंने कई पुस्तकें लिखीं।

वाजिदअली शाह 'अख़्तर' की काव्य-रचना की कोई ऐसी विशेषता नहीं है, जो उनको उस समय के लखनऊ के साधारण रंग से अलग कर सके। यह बात अवश्य है कि उनकी ग़ज़लें और मस्नवियाँ आपबीती का प्रतिबिम्ब होने के कारण बड़ी रोचक और प्रभावशाली हो गयी हैं। उनके पत्रों और दूसरी रचनाओं के अध्ययन से कभी-कभी उस समय की राजनीतिक स्थिति का पता भी चल जाता है। 'अख़्तर' को बड़ा कवि नहीं कहा जा सकता, परन्तु उनकी सभी रचनाओं का अध्ययन करने के बाद यह मानना पड़ता है कि उनमें एक कलाकार की आत्मा थी, जिसे अवकाश मिलता तो कोई महत्त्वपूर्ण कार्य भी कर सकती थी।

लखनऊ की काव्य-रचना का साधारण रूप वही था, जो उससे कुछ दिन पहले रह चुका था, फिर भी कुछ कवियों ने उन परम्पराओं को शक्ति प्रदान करके लोकप्रिय बनाया, जो पतन की ओर बड़े वेग से अग्रसर थीं। यहाँ के प्रसिद्ध कवियों में 'मुनीर' शिकोहाबादी थे, जो 'नासिख़', 'रश्क' और 'दबीर' के शिष्य थे और हर तरह की कविताएँ बड़ी सुविधा से लिख सकते थे। १८५७ ई० के संघर्ष में, जिसको ग़दर कहा जाता है, उनको भी बाग़ी समझकर काले पानी की सज़ा दी गयी और जब एक लम्बी सज़ा काटकर वह लौटे, तो थोड़े दिनों के बाद १८८१ ई० में उनका देहान्त हो गया। उनके विचार जो कुछ भी रहे हों, परन्तु उनकी काव्य-रचना परिपाटी और

रीति में इस प्रकार घिरी हुई थी कि उसमें उनके प्रगतिशील विचारों का पता नहीं चलता। उस समय के दूसरे कवियों की भाँति वह भी शब्दों, मुहावरों और अलंकारों के चक्कर में फँसे हुए थे। कविताओं के तीन संग्रहों के अतिरिक्त एक मसनवी 'मेराजुल-मज़ामीन' भी लिखी है, जिसमें धार्मिक नेताओं के चमत्कारों का उल्लेख बड़ी सुन्दरता से किया है। एक स्थान पर बनारस की सुब्ह का ऐसा सुन्दर चित्र खींचा है, जो उर्दू-काव्य में सदैव अपना स्थान बनाए रखेगा। उनकी ग़ज़लों के कुछ शेर यह हैं—

गयी चोर की तरह छिप कर जवानी।
दग़ा देके घर से ये मेहमान निकला॥

वो बेख़बर हैं शर्म से, हम पायमाल[१] हैं।
हैरत[२] है काम आयेगी नीची निगाह कब॥

ग़ुर्बत[३] में किससे चश्मे-करम[४] की उम्मीद हो।
आँखें चुरा रहा है ज़माना ग़रीब[५] से॥

सबको इबरत[६] हो गयी मेरी मुसीबत देखकर।
हमसे ऐ बुत तू फिरा, तुझसे ख़ुदायी फिर गयी॥

की तर्क[७] मैंने शैख़ो-बरहमन की पैरवी[८]।
दैरो-हरम[९] में मुझको तेरा नाम ले गया॥

लखनऊ के इस युग में एक ऐसी कविता भी मसनवी के रूप में लिखी गयी, जो सदैव मानव-हृदय को प्रभावित करती रहेगी। हकीम तसद्दुक हुसैन, जो नौव्वाब मिर्जा के नाम से संबोधित किये जाते थे और कविताओं में अपना उपनाम 'शौक़' लिखते थे, लखनऊ के एक अच्छे कवि गिने जाते थे। उन्होंने ग़ज़लें भी लिखी हैं लेकिन ग़ज़लों से अधिक वह अपनी मसनवियों के लिए प्रसिद्ध हैं। विशेषकर उनकी मसनवी 'ज़हरे-इश्क' सहस्त्रों बार प्रकाशित होकर लोगों को तड़पा चुकी है। 'शौक़' 'आतिश' के शिष्य थे, परन्तु 'ज़हरे-इश्क' उस युग के साधारण रंग से बिल्कुल अलग है। इसमें प्रेम की एक सच्ची कहानी बड़े सुन्दर, रोचक, सरल और भावुक ढंग से कही गयी है। प्रेम की जिन भावनाओं का चित्रण इस मसनवी में किया गया है, वह सदा-बहार हैं। इसकी वास्तविकता और सादगी दो ऐसे गुण हैं, जो उस समय की और कविताओं में इस मात्रा में नहीं पाये जाते हैं। इसमें वह वातावरण भी है, जो एक विलासयुक्त और पतनशील समाज में प्रगट होता है और वह सच्चाई भी है जो अमर है। कुछ आलोचकों ने इसे अश्लील भी बताया है, लेकिन उनकी भूल ही है क्योंकि ऐसा कहना अश्लीलता और वास्तविकता के अन्तर को भुला देना ही है। यह कृति

---

१. पददलित, २. आश्चर्य, ३. यात्रा की स्थिति, ४. कृपा की दृष्टि, ५. यात्री और दरिद्र, ६. उपदेश के साथ आश्चर्य भी, ७. छोड़ना, ८. अनुसरण, ९. मन्दिर और काबा।

उर्दू की उन जीवित रहने वाली पुस्तकों में है, जो अपने साहित्यिक सौंदर्य के कारण सदैव आकर्षित करती रहेंगी। यह एक सुयोजित कहानी है। उदाहरण के लिए कुछ शेर लेने से इसकी विशेषताओं का अनुभव नहीं किया जा सकेगा।

इस समय लखनऊ में सैकड़ों छोटे-बड़े कवि मौजूद थे, एक विस्तृत इतिहास में उनमें से बहुत से जगह पायेंगे, परन्तु यहाँ दो-चार का ही उल्लेख हो सकता है। 'असीर', 'अमानत', 'क़लक़', 'ज़की', 'क़ाज़ी' 'अख़तर', तअश्शुक़', 'रशीद', 'अमीर', और 'जलाल' इत्यादि अपने-अपने स्थान पर बड़ा महत्त्व रखते हैं। यहाँ केवल 'अमीर', 'जलाल' और 'अमानत' के बारे में कुछ बातें लिखना आवश्यक प्रतीत होता है।

मुंशी अमीर अहमद 'अमीर' मीनाई १८२८ ई० में लखनऊ में पैदा हुए और यहीं शिक्षा प्राप्त की। उस समय जो उच्चकोटि की शिक्षाएँ प्रचलित थीं, उन सब में 'अमीर' निपुण थे। यहाँ के बड़े-बड़े विद्वानों और धार्मिक नेताओं से उनका सम्बन्ध था। वह बालपन ही से कविताएँ लिखते थे और यहाँ के प्रसिद्ध कवि 'असीर' के शिष्य थे। 'असीर' ही के द्वारा लखनऊ के दरबार तक पहुँच हुई, परन्तु यह वाजिदअली शाह का अंतिम युग था और अभी ४ वर्ष भी बीतने न पाये थे कि ग़दर हो जाने के कारण दरबार से उनका सम्बन्ध टूट गया। उन्होंने दो ग्रंथ बादशाह के कहने पर लिखे थे, इससे उनका नाम दूर-दूर फैला और उनको पुस्कार इत्यादि भी प्राप्त हुए। कुछ दिन बेकार रहने के बाद उन्होंने रामपुर की राह ली, जहाँ के नौव्वाब यूसुफ़ अली ख़ाँ लखनऊ और दिल्ली के कवियों के अंतिम आश्रयदाता बने हुए थे। रामपुर में 'अमीर' मीनाई का समय बड़ी शांति और सुख से बीता। नौव्वाब ने उनको अपना उस्ताद भी बना लिया। एक विद्वान्, लेखक, कवि और महान् व्यक्ति होने के नाते छोटे-बड़े सभी उनका आदर करते थे। इस प्रकार ४३ वर्ष उन्होंने रामपुर में बिताये। १९०० ई० में निज़ाम हैदराबाद ने 'दाग़' के कहने पर इनको अपने दरबार में बुला लिया। 'अमीर' मीनाई वहाँ गये तो ज़रूर, लेकिन कुछ महीने भी न बीते थे कि हैदराबाद में उनकी मृत्यु हो गयी।

'अमीर' मीनाई के व्यक्तित्व को सभ्यता, गम्भीरता और परोपकार की मूर्ति कहा जा सकता है। सच्चाई और सहानुभूति उनमें कूट-कूट कर भरी हुई थी। वह कभी किसी की निन्दा न करते थे। विद्या, शिक्षा और अन्य गुणों के साथ उनमें इतनी नम्रता थी कि नौव्वाब से लेकर छोटे-छोटे कर्मचारियों तक सभी उनके पास बैठकर आनन्द प्राप्त करते थे। अनेक लोगों के साहित्यिक प्रश्नों का उत्तर बड़ी प्रसन्नता से देते थे और कट्टर-पंथी हुए बिना, अपने धर्म का पालन सच्चे हृदय से करते थे। उनके शिष्य सैकड़ों से ज्यादा बताये जाते हैं, लेकिन इनमें रामपुर के नौव्वाबों के अतिरिक्त 'रियाज़' 'जलील', 'वसीम', 'मुहसिन', 'सफ़दर', 'दिल', 'मुज़तर', 'हफ़ीज', 'आह', 'अतख़र' और 'क़मर' इत्यादि प्रसिद्ध हैं। इनमें से कोई तो स्वयं बहुत बड़े

कवियों में गिने जाते हैं। 'अमीर' मीनाई के पुत्रों ने भी काव्य रचना की है और उनके परिवार के लोग अब तक उर्दू-साहित्य की सेवा में लगे हुए हैं।

'अमीर' मीनाई ने गद्य और पद्य दोनों में बहुत-सी पुस्तकें लिखी हैं। कहा जाता है कि उनकी कुछ रचनाएँ ग़दर में और कुछ घर में आग लग जाने के कारण नष्ट हो गयीं फिर भी जो मौजूद हैं उनकी संख्या २० से ऊपर पहुँचती है। सबसे अधिक ख्याति-प्राप्त तो इनकी ग़ज़लों के दो संग्रह हैं, जिनके नाम 'मिरातुल-ग़ैब' और 'सनमख़ाना-ए-इश्क' हैं। एक तीसरा संग्रह भी है, जो अब तक प्रकाशित नहीं हो सका। उन्होंने बहुत-सी धार्मिक कविताएँ भी लिखी हैं, जिनमें अधिकतर इस्लामी पैग़म्बर के अभिनन्दन में हैं। प्रेमरस से भरी हुई कई मसनवियाँ और अन्य कविताएँ भी हैं। गद्य में 'इन्तख़ाबे-यादगार', कवियों का एक तज़किरा है, जिसमें रामपुर के दरबार से सम्बन्ध रखने वाले कवियों और लेखकों की जीवन-कथा और रचनाओं के उदाहरण दिये गये हैं। उनकी सबसे महत्त्वपूर्ण कृति वह प्रसिद्ध शब्दकोश है, जिनके केवल दो भाग 'अमीरुल्लुग़ात' के नाम से प्रकाशित हुए थे। 'अमीर' मीनाई ने यह शब्दकोश बड़े विस्तृत ढंग से लिखने की योजना बनायी थी। प्रकाशित भागों में केवल पहले अक्षर 'अलिफ़' से आरम्भ होने वाले शब्द दिये गये हैं। सच यह है कि 'अमीर' मीनाई के ज्ञान का अनुमान उनकी कविताओं से नहीं वरन् इस शब्द-कोश से लगाया जा सकता है। उनके कई शिष्यों ने उनका जीवन-चरित्र लिखा है, जिससे उनके बारे में बहुत-सी बातें मालूम हो जाती हैं।

जैसा कि कहा जा चुका है, वह एक बड़े विद्वान् और रोचक स्वभाव के व्यक्ति थे, लेकिन काव्य-संसार में उनका नाम केवल उनकी ग़ज़लों के कारण जीवित है। अपने जीवन का बड़ा भाग रामपुर में व्यतीत करने पर भी 'अमीर' मीनाई लखनऊ के कवियों में गिने जाते हैं और उसी दृष्टि से 'दाग़' से, जो दिल्ली के कवि थे, उनकी तुलना की जाती है। अब तक लखनऊ के शायरों और शायरी की जो चर्चा की जा चुकी है, उससे यह बात स्पष्ट हो गयी होगी कि लखनऊ की शायरी से तात्पर्य किन विशेषताओं की ओर संकेत करना होता है, इसलिए यहाँ उनके दुहराने की आवश्यकता नहीं फिर भी इतना कहना आवश्यक है कि धीरे-धीरे लखनऊ और दिल्ली की शैलियों का अन्तर मिट रहा था और रामपुर में दोनों केन्द्रों के कवि एकत्र होकर एक नयी शैली को जन्म दे रहे थे, जो अपनी अनुभूति-दृष्टि से लखनऊ के निकट थी। 'अमीर' मीनाई की ग़ज़लों का पहला दीवान 'मिरातुल-ग़ैब' लखनऊ के बिगड़े हुए रंग का नमूना है। इसमें वास्तविक भावनाओं के स्थान पर बनावटी अनुभूतियाँ और अलंकारों की भरमार है, लेकिन दूसरे संग्रह सनमख़ाना-ए-इश्क़ में उनकी कविता नयी दिशाओं में प्रवेश करती है। इसमें मधुर, सरल और सुन्दर ग़ज़लें बड़ी संख्या में मिलती हैं। साधारण भावुकता भी गंभीर हो गयी है और अलंकारों के प्रयोग में पिछली-सी बनावट नहीं है। कहा जाता है कि यह दूसरा संग्रह 'दाग़' की रचना-शैली से प्रभावित होकर संकलित किया गया था। 'अमीर' मीनाई की कविता में

कहीं-कहीं तसौव्वुफ़ भी मिलता है, नैतिक उपदेशों को भी उन्होंने अपने विचारों में जगह दी है, परन्तु प्रेमरस में डूबी हुई ग़ज़लों में जो मज़ा और आनन्द मिलता है, वह उनकी दूसरी कविताओं में नहीं मिलता। विद्वान होने के कारण वह भाषा-विज्ञान, काव्य-शास्त्र और शब्दों के शुद्ध प्रयोग में निपुण थे और जिस प्रकार 'दाग़' को दिल्ली की भाषा के लिए अधिकारी माना जाता है, उसी प्रकार 'अमीर' मीनाई को लखनऊ के लिए। उस समय की समस्त काव्य-रचनाएँ दार्शनिक गंभीरता से वंचित थीं, तो 'अमीर' मीनाई के यहाँ किसी प्रकार की गहरायी कैसे पैदा हो सकती थी, जबकि वह लखनऊ, रामपुर और हैदराबाद के दरबारी वातावरण से कभी बाहर न निकल सके। उन्होंने अपने पत्रों में भी, जिनका संग्रह प्रकाशित हो चुका है, अपने विचार प्रकट किये हैं और काव्य-रचना के बारे में अपने आदर्शों को स्पष्ट किया है। उनसे यही प्रतीत होता है कि वह परम्परागत रीति-गति से बाहर कुछ और सोच ही नहीं सकते थे। उनके कुछ शेर उदाहरण के लिए यहाँ दिये जाते हैं—

आयी सहर[१] इधर कि उधर शाम हो गयी।
दो-दो घड़ी को होने लगे दिन विसाल[२] के॥

उनको आता है प्यार पर ग़ुस्सा।
हमको ग़ुस्से पर प्यार आता है॥

मैं जाग रहा हूँ हिज्र[३] की शब[४]।
पर मेरा नसीब सो रहा है॥

तीर खाने की हवस[५] है तो जिगर पैदा कर।
सरफ़रोशी[६] की तमन्ना है तो सर पैदा कर॥

लचक है शाख़ों[७] में जुम्बिश[८] हवा से फूलों में।
बहार झूल रही है ख़ुशी से झूलों में॥

क्या कहें इश्क़ में क्या मिलता है।
बुत[९] के मिलने से ख़ुदा मिलता है॥

जो निगाह की थी ज़ालिम फिर तो आँख क्यों चुरायी।
वही तीर क्यों न मारा जो जिगर के पार होता॥

हम चले दैर[१०] से काबे[११] को, तो वो बुत बोला।
जाके ले लीजिये काबे में ख़ुदा रक्खा है॥

---

१. प्रातःकाल, २. मिलन, ३. विरह, ४. रात, ५. इच्छा, ६. बलिदान, ७. डालियों, ८. हिलना, ९. मूर्ति अर्थात् प्रेमिका, १०. मंदिर, ११. मक्के का पवित्र स्थान जहाँ मुसलमान हज को जाते हैं।

लखनऊ के एक और प्रसिद्ध कवि सैय्यद ज़ामिन अली 'जलाल' हैं। वह हकीम असग़र अली के पुत्र थे, जो रामपुर दरबार में कथा-कहानी सुनाने पर नौकर थे। 'जलाल' ने फ़ारसी-अरबी की शिक्षा प्राप्त करके लखनऊ ही में हकीमी आरम्भ की। बालपन ही से कविताएँ लिखते थे और 'नासिख़' के प्रसिद्ध शिष्य 'रश्क' को अपनी कविताएँ दिखाते थे। थोड़े ही समय में उन्होंने बड़ा यश प्राप्त कर लिया और उस्ताद माने जाने लगे। ग़दर के पश्चात् नौव्वाब यूसुफ़ अली ख़ाँ ने उन्हें रामपुर में बुला लिया। 'जलाल' के स्वभाव में उनकी बढ़ी हुई भावुकता ने उन्हें कई दफ़ा नौकरी छोड़ने पर मजबूर किया, पर नौव्वाब ने प्रत्येक बार उनको बुलाकर फिर अपने यहाँ नियुक्त कर लिया। इस तरह वह लगभग २० वर्ष तक रामपुर में रहे और रामपुर दरबार के चार प्रसिद्ध कवियों में गिने जाने लगे, जिनमें से और तीन कवि 'दाग़', 'अमीर' और 'तसलीम' थे। १८८७ ई० के लगभग रामपुर से चले आये और कुछ दिन मंगरौल में रहे। वहाँ से लौटकर फिर लखनऊ आये और सन् १९०० ई० में उनका देहान्त हो गया। जलाल १९वीं शताब्दी के अच्छे कवियों में गिने जाते हैं। उनकी कविताओं के चार संग्रह और कई शब्द-कोश प्रकाशित हो चुके हैं। वह काव्य-शास्त्र और भाषा विज्ञान के बहुत बड़े पंडित समझे जाते थे। इस बात पर उस समय के दूसरे कवियों और लेखकों से उनका वाद-विवाद भी होता रहता था। उनमें अहं और आत्म-प्रशंसा की भावनाएँ इतनी प्रबल थीं कि वह अपने सामने न किसी अन्य दूसरे कवि को कवि और न किसी दूसरे लेखक को लेखक समझते थे, लेकिन ऐसा नहीं है कि भाषा के सम्बन्ध में जो कुछ उन्होंने लिखा है वह सब ठीक ही है। उनकी काव्य-रचना का कुछ भाग बड़ी उच्चकोटि की कविताओं में रखा जा सकता है। उनकी काव्य-शैली लखनऊ के साधारण रंग से कुछ अलग थी। शब्दों और अलंकारों के साथ-साथ वह भावनाओं के प्रस्तुत करने की चेष्ठा भी करते थे। इसीलिए कुछ आलोचकों का विचार है कि उन पर दिल्ली के कवियों का प्रभाव भी पड़ा था। उनके कुछ शेर उदाहरण के लिए नीचे दिये जाते हैं—

एक क़दम जाना जिधर दुश्वार[1] था।
शौक़ लेकर सैकड़ों मंज़िल गया॥

तुम लाख छिपो हमसे मगर छिप नहीं सकते।
जो दिल में है आँखों से निहाँ[2] हो नहीं सकता॥

तेरे दर पर जो आ पड़े हैं उन्हें।
भूलकर याद घर नहीं आता॥
ख़ुद चले आये वो, न जायें जो हम।
सब्र ही तो मगर नहीं आता॥

---

१. दुश्कर, २. लुप्त, छिपना।

आ निकलते ही जिसके ख़्वाब[१] में तुम।
ख़्वाब[२] उसे रात भर नहीं आता॥

लखनऊ के कवियों का यह उल्लेख समाप्त करने से पहले 'अमानत' का नाम लेना आवश्यक प्रतीत होता है। 'अमानत' का नाम आग़ा हसन था, लेकिन वह प्रारम्भ में केवल मरसिये लिखते थे, लेकिन बाद में ग़ज़लें भी लिखने लगे। केवल २० वर्ष की आयु में किसी रोग के कारण बोलने की शक्ति लुप्त हो गयी थी। १० वर्ष के बाद आप ही आप बोलने लगे, परन्तु हकलाहट बाक़ी रही। धार्मिक लोगों का विश्वास है कि जब वह करबला-यात्रा करने के लिए गये थे, तो वहीं यह शक्ति उन्हें वापस मिली। वह १८५८ ई० में परलोक वासी हुए। 'अमानत' की ग़ज़लों का संग्रह, एक 'वासोख़्त' और कुछ मरसिये प्रकाशित हो चुके हैं, परन्तु जिस पुस्तक ने उनको अमर बनाया, वह 'इन्दर-सभा'[३] नाटक है। 'अमानत' की ग़ज़लों में शब्दों और अलंकारों के अतिरिक्त कुछ नहीं होता। वह अलंकारों का प्रयोग इस प्रकार करते हैं कि कविता मात्र गोरखधंधा मालूम होने लगती है, परन्तु 'इन्दर-सभा' अपना एक विशेष महत्त्व रखती है। यह उर्दू का पहला नाटक है, जो १८५२ ई० के लगभग तैयार हुआ, लेकिन दुर्भाग्यवश इसके बारे में बहुत से भ्रम फैल गये हैं, जो आलोचनात्मक दृष्टि से किसी प्रकार की सच्चाई नहीं रखते। कहा जाता है कि वाजिद अली शाह के कहने पर 'अमानत' ने यह नाटक लिखा और इसका मूल विचार उनको किसी फ्रांसीसी ओपेरा (Opera) से मिला था। यह भी कहा जाता है कि यह क़ैसरबाग़[४] में खेला जाता था और वाजिद अली शाह स्वयं इसमें अभिनय करते थे। यह समस्त बातें भ्रांतिपूर्ण हैं, बल्कि सच यह है कि जिस समय 'अमानत' की बोलने की शक्ति नष्ट हो गयी थी, 'अमानत' के एक मित्र ने उनसे अनुरोध किया कि बैठे-बैठे जी घबड़ाता है, कोई ऐसा रहस्य तैयार करना चाहिये कि दो-चार घड़ी जी बहले। 'अमानत' ने उनका अनुरोध स्वीकार कर लिया और यह नाटक लिख डाला। उन्होंने इस नाटक के बारे में एक लेख गद्य में भी लिखा था, जो मिल गया है और जिसके प्रकाशित हो जाने के बाद इस सम्बन्ध में उपजी सभी भ्रांतियाँ दूर हो गयी हैं।

इसमें सन्देह नहीं कि 'इन्दर-सभा' लखनऊ के उस विलासयुक्त वातावरण ही में जन्म पा सकती थी, जो चारों ओर राग-रंग से घिरा हुआ था। हिन्दू-मुसलमानों के मेल से यहाँ जो संस्कृति बन रही थी, उसका परिणाम भी यही होना चाहिये था। 'इन्दर-सभा' में हिन्दुओं के देवता इन्द्र को इस प्रकार प्रदर्शित किया गया है, जैसे वह कोई ईरानी या मुग़ल बादशाह हो। ईरान के देव, राक्षसों का रूप धारण कर लेते हैं और अप्सराएँ परियाँ बन जाती हैं, जो मुसलमान महिलाओं का वस्त्र पहन कर मंच पर आती हैं। 'इन्दर-सभा' में ग़ज़लों के साथ-साथ गीत और ठुमरियाँ भी हैं और उस नाटक का नायक गुलफ़ाम अपने आहार-व्यवहार और बातचीत में अवध का कोई

---

१. स्वप्न, २. नींद, ३. उर्दू उच्चारण यही है, ४. लखनऊ का एक प्रसिद्ध भवन, जिसमें वाजिदअली शाह रहते थे।

शहज़ादा जान पड़ता है। यथार्थवादी दृष्टि से देखा जाये, तो यह एक प्रकार की त्रुटि है, लेकिन जो कोई भी इस कल्पनात्मक नाटक का अध्ययन करेगा, उसे यह स्वीकार करना पड़ेगा कि इसकी सांस्कृतिक पृष्ठभूमि वही है, जो अवध में मिल सकती थी। इसकी भाषा इतनी सरल, गीत इतने मधुर और कथा इतनी रोचक है कि उस समय की जनता इसे देखकर सब कुछ भूल जाती थी। संगीत और नृत्य पर आधारित यह काव्य-रचना एक विशेष ऐतिहासिक और साहित्यिक महत्त्व रखती है। इसको देखकर और बहुत-सी 'सभाएँ' लिखी गयीं, लेकिन कोई सभा इसकी लोकप्रियता को नहीं पहुँच पायी। इस नाटक में उसी परम्परा का दृश्य दृष्टिगोचर होता है जो 'नज़ीर' की कविताओं, 'मीर हसन' की मसनवी और 'इन्शा' की रचनाओं में मिलती है।

रामपुर और हैदराबाद के दरबारों का उल्लेख भी संक्षिप्त में करना आवश्यक है, क्योंकि दिल्ली और लखनऊ के दरबारों के अन्त होने के पश्चात् अनेक कवि और लेखक इन्हीं दोनों केन्द्रों से सम्बन्धित रहे और वहाँ के वातावरण को बनाये रहे। रामपुर के नौव्वाब यूसुफ़ अली ख़ाँ का उपनाम 'नाज़िम' था। वह पहले 'मोमिन' को और इसके बाद 'मिर्ज़ा ग़ालिब' को अपनी कविताएँ दिखाते थे। 'ग़ालिब' और नौव्वाब में जो पत्र-व्यवहार हुआ है, वह प्रकाशित हो चुका है। उसके अध्ययन से मालूम होता है कि वह कवियों और विद्वानों से कितना प्रेम रखते थे। उनका काव्य-संग्रह प्रकाशित हो चुका है और उस समय की काव्य-रचना को देखते हुए उनका काव्य-स्तर बहुत साधारण नहीं कहा जा सकता। उनके बेटे नौव्वाब कलबे-अली ख़ाँ भी एक अच्छे कवि और कवियों के आश्रयदाता थे। उनका युग रामपुर की उन्नति का स्वर्ण-युग कहा जा सकता है। उस छोटे-से राज्य में जीवन के सभी क्षेत्रों में उन्नति हो रही थी वहाँ विभिन्न अन्य कलाओं के सर्वोत्तम ज्ञाता मौजूद थे। सभी प्रसिद्ध कवि किसी न किसी प्रकार रामपुर से सम्बन्ध रखते थे। 'असीर', 'अमीर', 'दाग़', 'जलाल', 'तसलीम', 'मुनीर', 'क़लक', 'जान साहब' इत्यादि बड़े-बड़े वेतन प्राप्त करते थे। नौव्वाब कलबे-अली ख़ाँ ने उच्च-शिक्षा प्राप्त की थी और कई पुस्तकों के लेखक थे। वह फ़ारसी और उर्दू दोनों में निपुण थे और शब्दों के अर्थ और शुद्धता के बारे में विद्वानों से विचार-विमर्श किया करते थे। उनके चार काव्य-संग्रह छप चुके हैं और आदर की दृष्टि से देखे जाते हैं। ऊपर कहीं कहा जा चुका है कि रामपुर में दिल्ली और लखनऊ दोनों केन्द्रों की शैलियाँ एक दूसरे में इस प्रकार से मिल गयीं कि उनको अलग करना कठिन है। समय भी वह आ गया था कि उर्दू-भाषा केन्द्रों के बाहर निकलकर देश के सभी भागों में लोकप्रिय बन चुकी थी। इसलिए उर्दू-साहित्य के इतिहास में रामपुर की सेवाएँ सराहनीय हैं, क्योंकि उसने भाषा-सम्बन्धी उस भेद-भाव को मिटाने का प्रयत्न किया, जिसने दिल्ली और लखनऊ को दो अलग-अलग सम्प्रदायों में बाँट रखा था।

हैदराबाद का राज्य १८वीं शताब्दी के मध्य में उसी स्थान पर स्थापित हुआ था, जहाँ एक शती पूर्व गोलकुण्डा के बादशाह राज्य कर चुके थे। दूसरे अध्याय में वहाँ के

साहित्यिक जीवन का चित्र दिया जा चुका है। बीच में कुछ समय के लिए वहाँ साहित्य का उत्साह कुछ मंद पड़ गया था, ऐसा लगता है कि साहित्यश्रोत सूखे नहीं थे और जब नया राज्य स्थापित हुआ, तो उसकी आदि परम्पराएँ पुनर्जीवित हो उठीं। वहाँ के शासकों ने भी कवियों और अन्य कलाकारों को अपने दरबार की शोभा बढ़ाने के लिए बुलाया। यह एक दिलचस्प बात है कि निज़ाम के अतिरिक्त उनके प्रधान मन्त्रियों ने भी कवियों के संरक्षण और आदर-सत्कार में बड़ा योग दिया। महाराजा चंदूलाल 'शादाँ' स्वयं एक अच्छे कवि थे और उन्हीं के निमंत्रण पर कई कवि और लेखक हैदराबाद पहुँचे। उन्होंने 'ज़ौक', 'नासिख़' और 'नज़ीर' अकबराबादी को भी बुलाया था, लेकिन यह लोग हैदराबाद न गये। 'शाह नसीर' और दूसरे कवि वहाँ गये और उनका सम्मान हुआ। महाराजा के एक उर्दू और दो फ़ारसी काव्य-संग्रह प्रकाशित हो चुके हैं। कहा जाता है कि उस समय लगभग तीन-सौ कवि हैदराबाद में एकत्र हो गये थे। इसी प्रकार राजा गिरधारी प्रसाद 'बाक़ी' भी एक अच्छे कवि और कवियों के आश्रयदाता थे। उनकी बहुत-सी पुस्तकें मिलती हैं, जिनमें अधिकतर फ़ारसी में हैं। हैदराबाद के दूसरे कवियों में 'फ़ैज़', 'मायल', 'तौफ़ीक़' और 'कैफ़ी' इत्यादि भी प्रसिद्ध हैं।

पद्य की भाँति गद्य में भी उन्नति हो रही थी। उसकी वास्तविक प्रगति का उल्लेख आधुनिक काल के लेखकों के सम्बन्ध में किया जायेगा, परन्तु इस स्थान पर यह लिख देना आवश्यक है दिल्ली-कालेज में उर्दू-भाषा की बहुत अधिक चर्चा होने के कारण गद्य की ओर लेखकों की रुचि बढ़ रही थी। फ़ारसी-भाषा का गहरा प्रभाव होने पर भी उर्दू-भाषा साहित्यिक रूप धारण कर चुकी थी। उस समय तक पढ़े-लिखे लोगों में, चाहे वे हिन्दू हों या मुसलमान, पत्र-व्यवहार फ़ारसी में करना सभ्य होने का चिह्न समझा जाता था, लेकिन १९वीं शताब्दी के मध्य में उर्दू में लिखे हुए पत्र भी मिलने लगते हैं। यह एक विचित्र बात है कि मिर्ज़ा 'ग़ालिब' जो उर्दू के महान् कवि थे, एक बड़े पत्र लिखने वाले भी माने जाते हैं।

'ग़ालिब' की जीवन-कथा का उल्लेख हो चुका है। यहाँ केवल उनके उर्दू-गद्य के सम्बन्ध में कुछ संकेत किये जायेंगे। 'ग़ालिब' फ़ारसी-गद्य के एक महान् लेखक थे और यह सच भी है कि भारत में फ़ारसी का ऐसा ज्ञान रखने वाले बहुत कम पैदा हुए हैं, परन्तु 'ग़ालिब' को जब 'फ़ारसी' में पत्र-व्यवहार का अवसर नहीं मिलता था, तो उर्दू ही में लिखते थे। कुछ समय बीतने के बाद जब लोगों ने उनके उर्दू पत्रों की प्रशंसा की तो वह अपने अधिकतर मित्रों, शिष्यों और आश्रयदाताओं को उर्दू ही में लिखने लगे और अन्त में तो यह हो गया था कि उन्होंने फ़ारसी में पत्र-व्यवहार लगभग छोड़ ही दिया था। उनके पत्रों के कई संग्रह प्रकाशित हो चुके हैं और कुछ न कुछ पत्र अब भी मिलते ही जाते हैं। पत्रों के अतिरिक्त उन्होंने कुछ पुस्तकों की भूमिकाएँ और कुछ छोटी-छोटी पुस्तकें भी उर्दू में लिखी हैं। इस प्रकार अब तक उनके उर्दू गद्य के जो संग्रह प्रकाशित हो चुके हैं, वह यह है, 'ऊदे-हिन्दी', 'उर्दू-ए-

मुअल्ला' (दो भाग), 'मकातीबे-ग़ालिब', 'ख़ुतूते-ग़ालिब', 'नादिर-ख़ुतूते-ग़ालिब', 'नामा-ए-ग़ालिब', 'लताइफ़े-ग़ैबी' और 'तेग़े-तेज़'। अन्तिम तीन पुस्तकें एक साहित्यिक वाद-विवाद के सम्बन्ध में लिखी गयी थीं, जिसमें उस समय के बहुत से लेखकों ने 'ग़ालिब' के विरुद्ध या उनके समर्थन में भाग लिया था।

किताबों की जो भूमिकाएँ 'ग़ालिब' ने लिखी हैं, वह अधिकतर उसी बनावटी शैली में हैं, जिसमें उस समय की पुस्तकें लिखी जाती थीं। इनका कोई बड़ा महत्त्व नहीं है, क्योंकि यह अधिकतर मित्रों के अनुरोध पर लिख दी जाती थीं, जिनमें रीतिनुसार प्रशंसा के कुछ शब्द होते थे और बस।

१८४६ ई० के लगभग 'ग़ालिब' ने उर्दू में पत्र लिखना आरम्भ किया और यही पत्र जो क़लम उठाकर यों ही लिख दिये जाया करते थे, आज उर्दू-साहित्य का अनमोल रत्न बन गये हैं। उनके पत्रों की संख्या लगभग १,००० तक पहुँचती है, इनसे 'ग़ालिब' के सम्बन्ध में सभी बातें मालूम हो जाती हैं। समसामयिक इतिहास, राजनीतिक घटनाएँ, साहित्यिक वाद-विवाद सभी इनमें जगह पाती हैं। अपने जीवन की प्रत्येक बात उन्होंने दिल खोलकर इन पत्रों में बयान कर दी है। इनमें किसी की प्रशंसा है, तो किसी की निन्दा और किसी से सहानुभूति दिखायी गयी है, किसी से विरोध किया गया है, कहीं अहम् ने दूसरों को पाताल में पहुँचा दिया है और कहीं किसी की प्रशंसा में ज़मीन और आसमान मिला दिये गये हैं, कहीं गम्भीर समस्याओं पर विचार प्रकट किये गये हैं और कहीं किसी बड़ी बात को चुटकियों में उड़ा दिया गया है, किसी स्थान पर धर्म के गम्भीर दार्शनिक तत्त्व बयान हुए हैं और कहीं कट्टरपन का ठिठोल किया गया है, कहीं आशावादी बनकर जीवन के आनन्द उठाने के स्वप्न हैं और कहीं निराशा में मर जाने की इच्छा। इस प्रकार यह पत्र 'ग़ालिब' की आत्म-कथा के साथ-साथ बहुत से और विषयों को अपने घेरे में लिए हुए हैं। कोई आलोचक और लेखक, जो उस समय के लोगों की मानसिक स्थिति को समझना चाहता है, उसे 'ग़ालिब' के पत्रों से बहुत कुछ मिलेगा।

'ग़ालिब' एक क्रांतिकारी स्वभाव रखते थे। उन्होंने पत्र-व्यवहार के उन सभी नियमों को तोड़ दिया जो मुहम्मद शाह के समय तक प्रचलित थे। वह अपने हृदय की बात पत्र के आरम्भ ही से कहना शुरू कर देते थे और ऐसा जान पड़ता था कि वह जिसको पत्र लिख रहे हैं, उससे बातें कर रहे हैं। उन्होंने स्वयं लिखा है कि मुझको मुहम्मदशाही ढंग पसन्द नहीं, पत्रों में तो दिल की बात लिखना चाहता हूँ। वह विशेषता जिसने उनके पत्रों को ऐसा रोचक और लोकप्रिय बना दिया है वह स्वभाव का विनोदभाव है, जो एक रंग के तरह सारे पत्र पर फैली हुई मालूम पड़ती है। संक्षिप्त में कहा जा सकता है कि यह पत्र उनकी ग़ज़लों की भाँति महत्त्वपूर्ण हैं। इनकी नवीनता इस समय तक बनी हुई है और कोई लेखक अब तक पूर्णतया उनकी नक़ल नहीं कर सका है।

'ग़ालिब' पत्र-व्यवहार के बड़े उत्सुक थे। उस समय डाक का प्रबन्ध अच्छा न था और पत्र खो जाते थे, इसलिए वह बहुधा पत्र बैरंग लिखते और मँगाते थे। अपने यश का उन्हें इतना गर्व था कि अगर कोई पता पूछता था, तो ख़फ़ा हो जाते और लिखते कि केवल मेरा नाम और दिल्ली लिख देना काफ़ी है। यहाँ बादशाह से लेकर डाक के हरकारे तक कौन ऐसा है जो 'ग़ालिब' को नहीं जानता। वह पत्र का उत्तर शीघ्र देते और चाहते कि उनके पत्रों का उत्तर भी इसी प्रकार दिया जाये। यह सारी बातें मिल-जुलकर 'ग़ालिब' में एक प्रकार का व्यक्तित्व पैदा करती हैं, जो उर्दू के किसी और लेखक को नसीब नहीं हुआ है।

उसी युग में 'ग़ालिब' के एक नातेदार ख़्वाजा 'अमान' भी उर्दू-गद्य के एक अच्छे लेखक हुए हैं। 'ग़ालिब' ने अपने पत्रों में उनका नाम बार-बार लिया है और उनकी रचनाओं से मित्रों और शिष्यों को परिचित कराने की चेष्टा की है। ख़्वाजा अमान ने फ़ारसी की एक प्रसिद्ध कथा 'बोस्ताने-ख़याल' का अनुवाद उर्दू में किया। यह फ़ारसी-कथा दस भागों में थी। ख़्वाजा 'अमान' अलवर के महाराज शिवदान सिंह के अनुरोध पर उसके पाँच भागों का अनुवाद पूरा किया, लेकिन उनकी ज़िन्दगी ने उनका साथ न दिया और यह काम अपूर्ण ही रह गया। उनकी भाषा सरल और मीठी है और ऐसा ज्ञान पड़ता है कि यह अनुवाद नहीं, बल्कि ख़्वाजा 'अमान' की मौलिक कृति है।

'ग़ालिब' के दोस्तों में ख़्वाजा ग़ुलाम ग़ौस 'बेख़बर' एक प्रतिभाशाली व्यक्ति थे, जो उन्नति करके गवर्नर के मीर मुंशी हो गये थे। उन्होंने ४५ वर्ष नौकरी करके १८८५ ई० में पेंशन ली और एक लम्बी आयु पाकर १९०५ ई० में इलाहाबाद में मृत्यु पायी। 'बेख़बर' अरबी-फ़ारसी के बहुत बड़े विद्वान थे। उनकी फ़ारसी कविताएँ ईरानियों की दृष्टि में भी आदरणीय समझी जाती हैं। वह 'ग़ालिब' से आयु में छोटे थे, परन्तु 'ग़ालिब' उनका बड़ा आदर करते थे। कविताओं के अतिरिक्त उनके पत्रों और लेखों का संग्रह 'फ़ुग़ाने-बेख़बर' के नाम से प्रकाशित हो चुका है। उनके लिखने का ढंग प्राचीन लेखकों से मिलता-जुलता है, क्योंकि उन्होंने फ़ारसी-अरबी शब्दों के साथ-साथ अलंकारों का प्रयोग भी बहुत किया है। 'बेख़बर' के ससुर मौलवी ग़ुलाम इमाम 'शहीद' भी गद्य के एक अच्छे लेखक माने जाते हैं और उनकी दो पुस्तकें 'मौलूद-शरीफ़' और 'इन्शा-ए-बहारे-बेख़िज़ाँ' प्रसिद्ध हैं। इस समय दक्षिण भारत में भी कई गद्य लिखने वाले मौजूद थे, जिनमें 'शम्सुल-उमरा' का नाम उल्लेखनीय है। उन्होंने दक्षिण में विज्ञान की कई पुस्तकें अनुवाद करके प्रकाशित कीं, जो अब अप्राप्य हैं।

इस अध्याय में जिन कवियों और लेखकों का वर्णन किया गया है, उनमें से बहुत से रीतिगति पर चलने वाले थे, इसी कारण से उनके उल्लेख में युग का बहुत ध्यान नहीं रखा गया है और १९वीं शताब्दी के मध्य से लेकर २०वीं शताब्दी के आरम्भ तक के ऐसे साहित्यकारों को सम्मिलित कर लिया गया है, जिनको नया नहीं कहा जा

सकता। जहाँ तक कविता का सम्बन्ध है, वह अत्यन्त लोकप्रिय थी। हिन्दू, मुसलमान, सिख, पारसी, अंग्रेज़ और दूसरे योरोपियन उर्दू में बड़े उत्साह से कविताएँ लिखते थे। कई अंग्रेज़ कवियों के काव्य-संग्रह प्रकाशित हो चुके हैं पर जहाँ तक पद्य का सम्बन्ध है, उसमें कोई महत्त्वपूर्ण गति नहीं हुई। यद्यपि गद्य में उस नये जीवन का आरम्भ हो चुका था, जो थोड़े ही समय में बड़ी उन्नति कर गया, बल्कि यह कहा जा सकता है कि अंग्रेजी शिक्षा, नव-जाग्रति और विज्ञान के प्रभाव जब गद्य में पूर्णतया प्रकट हो चुके थे उस समय अधिकतर कवि पुराने मार्ग पर ही चल रहे थे। राजनीतिक और सामाजिक विषयों ने कविता में अपना स्थान नहीं बनाया था, बल्कि गद्य में उनके चिह्न दिखायी देने लगे थे। प्रेस और प्रकाशन-संस्थाओं के स्थापित हो जाने के कारण उर्दू-साहित्य की प्रगति बड़े तीव्रगति में हो रही थी और अगर कोई इसका चित्र देखना चाहे, तो उसे गार्सां-द-तासी के व्याख्यान और लेख देखना चाहिए, जो पेरिस में बैठे हुए प्रत्येक वर्ष उर्दू की साहित्यिक प्रगति की रूपरेखा अपने महत्त्वपूर्ण लेखों और व्याख्यानों में दिया करते थे। इस संक्षिप्त पुस्तक में प्रगति का व्यापक चिह्न देना असम्भव है तथापि इतना तो अवश्य समझ लेना चाहिए कि इस समय उस महान युग का आरम्भ हो चुका था, जो भारत के नव-जागरण का प्रतीक कहा जा सकता है। आगे के अध्यायों में साहित्य की उसी गति का विश्लेषण करने की चेष्टा की जायेगी, जिसने नयी चेतना को जन्म दिया था। इसका पूरा चित्र देने के लिए कहीं-कहीं उन प्रवृत्तियों की ओर भी संकेत किया जायेगा, जो पुराने साहित्यिक दृष्टिकोण को अपनाने के कारण बदली हुई परिस्थिति का साथ नहीं दे रही थीं।

अध्याय १०

नव-जागरण का उर्दू-पद्य

यद्यपि १९वीं शताब्दी के पूर्वार्द्ध में अंग्रेजों का राजनीतिक प्रभुत्त्व भारत के एक बड़े भाग पर फैल चुका था और देश की स्थिति बहुत कुछ बदल चुकी थी, परन्तु कला-कौशल और साहित्य ने उस प्रभुत्त्व को पूर्णतया स्वीकार नहीं किया था। यह सिद्ध है कि आर्थिक परिवर्तन और उत्पादन के भौतिक साधनों के कारण मनुष्य की विचारधारा बदलती है और वर्गों के आपसी सम्बन्ध भी परिवर्तित होते हैं, परन्तु साहित्य और कला में जो परिवर्तन आर्थिक संस्थाओं के कारण होता है, वह कभी बहुत मन्दगति से होता है और कभी इतनी तीव्रगति से कि दोनों के सम्बन्ध का पता लगाना कठिन जान पड़ता है। समानान्तर परिवर्तन न होने का कारण यह है कि जो साहित्यिक परम्पराएँ एक बार बन जाती हैं, वे मिटते-मिटते मिटती हैं और जन-समूह को इतनी प्रिय हो जाती हैं कि आर्थिक परिस्थितियों के बदल जाने पर भी हृदय उनकी ओर खिंचता रहता है।

अंग्रेज़ १७वीं शताब्दी से व्यापार करने के लिए भारतवर्ष में आने लगे थे और १८वीं शताब्दी के उत्तरार्द्ध में वे व्यापार के साथ-साथ देश के कुछ भागों के अधिकारी भी बन बैठे थे। इंगलैण्ड में विज्ञान की उन्नति के फलस्वरूप औद्योगिक क्रान्ति हो चुकी थी और भारत कच्चे माल की एक बहुत बड़ी मण्डी बन जाने की स्पष्ट क्षमता रखता था, क्योंकि यहाँ न विज्ञान था और न यह शक्ति कि अपने घर की पूँजी को बाहर जाने से रोका जा सके। राजनीतिक और आर्थिक दृष्टिकोण से यह मुग़ल सामन्तशाही के पतन और एक नवीन व्यापारिक तथा औद्योगिक विकास का युग था, जो अंग्रेजी साम्राज्य और योरोपीय पूँजीवाद के सम्पर्क से उत्पन्न हुआ था। कहने का तात्पर्य यह है कि एक प्रकार का द्वैत था, जिसमें यहाँ की आर्थिक उन्नति जकड़ी हुई पड़ी थी। उसकी प्राचीन परम्पराएँ उसको आदिम कृषि-प्रधान आर्थिक स्थिति और घरेलू उद्योग धन्धों की ओर खींच रही थी और योरूप से उसका सम्पर्क उसे नये मशीनी जीवन की ओर जाने का बढ़ावा दे रहा था। कई शताब्दियों से भारत की आर्थिक स्थिति और उसका राजनीतिक जीवन बँधे हुए जल के समान शिथिल हो गया था, यहाँ तक कि वह नैतिक, सामाजिक और दार्शनिक मूल्य भी प्रभावहीन हो गये थे, जो कुछ समय पूर्व शान्ति दिया करते थे। भारतीयों का बड़ा भाग ऐसा था, जो अपनी प्राचीन सभ्यता को गौरव की दृष्टि से देखता था, उन्हें इस बात का अनुभव भी नहीं था कि उनका राजनीतिक पतन उस सभ्यता ही को अन्त की ओर लिये जा रहा है जो उन्हें प्रिय है। उनमें यह साहस नहीं रह गया कि वह बदली हुई स्थिति में

अपनी पुरानी पूँजी की दुकान सजाकर बैठ जायें और लोगों को अपनी ओर खींच सकें, क्योंकि पुराने आर्थिक सम्बन्ध टूट रहे थे और जन-साधारण अपनी जीविका के लिए नये मार्ग ढूँढ़ रहे थे। १९वीं शताब्दी के मध्य तक बहुत से राजमहल गिर चुके थे और उनसे बँधे हुए सैनिक और कर्मचारी बेकार होकर नयी नौकरियों की खोज में निकल खड़े हुए थे। कुछ लोग ऐसे भी थे, जिन्होंने नये जीवन के संकट को थोड़ा बहुत समझ लिया था और उसके साथ समझौता करने को तैयार थे। अंग्रेजों ने जो शिक्षा देना आरम्भ किया था, उसका उद्‌देश्य भी यही था कि भारतवासियों में ही एक ऐसा वर्ग जन्म ले सके, जो उनके विचारों से केवल सहमत ही न हों, बल्कि उनके फैलाने में भी सहायक सिद्ध हो सके।

ईस्ट-इंडिया कम्पनी जो धीरे-धीरे यह सब कुछ कर रही थी इस समय तक भारत की सभी जीवित शक्तियों की अधिकारिणी बन चुकी थी। इसमें सन्देह नहीं कि वह भारत के ठहरे हुए जीवन में वायु की एक ताज़ी लहर लेकर आयी थी। इस वायु में विष की घातक लहरें और जीवन को नया दान देने वाली धाराएँ मिली-जुली थीं। प्रगति, प्रतिक्रिया और गतिरोध की यही मिश्रित भावना है, जिसके कारण इस युग का विश्लेषण कठिन हो जाता है और आलोचक की निर्णय-शक्ति छिन्न हो जाती है, तो वे स्थिति को भावुकतापूर्ण दृष्टि से देखने लगता है। कभी भावुक होकर उसकी निन्दा करता है और कभी ऐसी सराहना कि जैसे, उसने भारत के आर्थिक और सामाजिक जीवन को नष्ट नहीं किया था। सच यह है कि ईस्ट-इंडिया कम्पनी अपने लुटेरों का एक संगठन थी, उसने अपने एक शती के अपराधकाल में देश को अच्छी तरह लूटा। यदि परोक्ष रूप में उससे कुछ लाभ भी पहुँच गया और किसी प्रकार की नयी चेतना का उद्‌भव भी हुआ, तो इसके ऐतिहासिक कारण थे, जिनसे विमुख नहीं हुआ जा सकता। जिस नयी शिक्षा का प्रारम्भ बंगाल से हुआ, उसने धर्म-सुधार और पुनरुत्थान की भावनाओं को प्रोत्साहित किया, जो उस समय की आर्थिक और सामाजिक स्थिति को देखते हुए बहुमूल्य हैं। इसमें संदेह नहीं कि इसमें अंग्रेज़ी शिक्षा का भी बड़ा हाथ था, परन्तु इस बात को भूल जाना भी ठीक न होगा कि जागीरदारी व्यवस्था के पतन-काल में वह मध्य वर्ग जन्म ले रहा था जिसके सामने एक नया जीवन था। राजा राममोहन राय सुधार और नव-जाग्रति के प्रतीक थे। उनकी भारतीयता नये ज्ञान से भी दिव्य हो गयी। हिन्दू और मुस्लिम समाज पर उस नयी शिक्षा का जो प्रभाव पड़ा उसका विस्तृत विश्लेषण इस अवसर पर सम्भव नहीं, परन्तु यह अवश्य याद रखना चाहिए कि भारतीयों के अल्पांश व्यक्तियों ने ही इस नये जीवन का अनुभव चेतना-पूर्वक किया था। सामान्य जनता ऐसी थी, जो आर्थिक दृष्टि से पीड़ित होते हुए भी अपनी प्राचीन परम्पराओं से चिमटी हुई थी।

अंग्रेजी शिक्षा और ईस्ट-इंडिया कम्पनी के साथ आर्थिक सम्पर्क ने जो महत्त्वपूर्ण काम किये, उनमें नये मध्यमवर्ग के जन्म को समसामयिक राजनीति को देखते हुए क्रान्तिकारी घटना कह सकते हैं, क्योंकि यही भविष्य में संघर्षों का केन्द्र बना हुआ

था। यह नया मध्यमवर्ग ऐसी परम्पराएँ चाहता था, जो अपने देश की उन्नति अंग्रेज़ी साम्राज्य के बनाये हुए नियमों के आधारों पर विकसित करे, उसके पास एक नवीन दृष्टि भी थी, जो प्राचीन परम्पराओं से सन्तुष्ट न थी। इसलिए जहाँ भी यह सम्पर्क घनिष्ट था, वहाँ हम इस नये वर्ग को प्राचीन कृषि-प्रधान दृष्टि से ऊपर उठता हुआ देखते हैं। इसी वर्ग ने बाहर से आयी हुई नयी चेतना को अपनाया और औद्योगिक एवं पूँजीवादी विचारधारा को अपने संकुचित मनोभाव के साथ स्वीकार किया। इस प्रकार उस नये जीवन का बीजपात हो गया, जो थोड़े समय में छतदार वृक्ष के रूप में परिवर्तित हो गया।

इतिहास-दर्शन के ज्ञाता जानते हैं कि प्राचीन परम्पराएँ कुछ तो स्वयं पुरानी होकर मर जाती हैं और कुछ नयी परिस्थितियों के दबाव से समाप्त होती हैं। भारत के सामन्ती गढ़ टूट रहे थे और पुराने राजदरबार अपनी परम्पराओं के संग मिट रहे थे। इसमें सन्देह नहीं कि हिन्दू जाति की अपेक्षा मुसलमान उच्च और मध्यमवर्ग के लोग अधिक हठधर्मी के साथ सामन्तशाही की लाश से लिपटे हुए थे, परन्तु जहाँ तक नयी चेतना का सम्बन्ध है, दोनों में कुछ विशेष अन्तर न था। दोनों में से कोई भी परिवर्तित राजनीतिक और आर्थिक समस्याओं को पूर्णरूप से परख न सकता था। इसका परिणाम यह हुआ कि भारतवर्ष कृषि-प्रधान और उद्योग-प्रधान आर्थिक स्थिति के बीच में लटका रहा और सामन्तशाही युग की परम्पराएँ नयी विचारधाराओं में इस प्रकार घुली-मिली रहीं कि पुनरुत्थान की पूर्ति न हो पायी। यही वह जटिल स्थिति है, जिसे भली-भाँति न समझने के कारण नये जीवन और नये साहित्य का मूल्यांकन में भ्रम हो जाता है।

एक बढ़ती और फैलती हुई, विदेशी शक्ति के नीचे दबी हुई, जनता के क्रोध और विरोध की आड़ लेकर भारत के पतनशील सामन्तवादियों और उनकी सेनाओं ने अपनी बची-खुची शक्तियाँ एकत्र कीं और अंग्रेज़ी चंगुल से छुटकारा पाने के लिए आख़िरी बार १८५७ ई० में सशस्त्र मोर्चा लिया। अंग्रेज़ी पूँजीवाद के विरुद्ध जागीरदारों और स्वतंत्रता चाहनेवालों का यह संघर्ष अंग्रेज़ों की जीत में समाप्त हुआ। कारण यह था कि उन्नति की भौतिक शक्तियाँ उनके साथ थीं। भारतवर्ष की साधारण जनता इस क्रान्ति में संगठित रूप से सम्मिलित नहीं थी। सामन्तवादी गढ़ में स्वयं फूट पड़ी हुई थी। क़छ जागीरदार अंग्रेज़ों के साथ थे और कुछ विरोधी दल के। उस समय अंग्रेज़ों के विरुद्ध घृणा की भावना सामाजिक, सांस्कृतिक और प्राचीन धार्मिक परम्पराओं के मिटा देने के भय तक सीमित थी, परन्तु इससे इन्कार नहीं किया जा सकता कि इसके नीचे आर्थिक विनाश के भय की एक अचेत लहर भी फैल रही थी, जो भविष्य में स्पष्ट रूप से सामने आयी और विदेशियों के विरुद्ध एक तूफ़ान बन गयी। मुसलमान-जागीरदार और ज़मींदार, जो इस संघर्ष में आगे-आगे थे, बड़ी बर्बरता से कुचले गये, परन्तु जागीरदारी जीवित रही और अंग्रेजों ने एक ऐसा स्वामीभक्त जमींदार वर्ग पैदा किया, जो प्राचीन जागीरदारी का स्थानापन्न हुआ। मुसलमानों पर एक ऐसा वहाबी

आन्दोलन चलाने का अपराध भी लगाया गया, जो धार्मिक होते हुए भी राजनीतिक रूप ग्रहण कर गया था। अंग्रेजों ने अधिकतर मुसलमानों के राज्य हरण किये थे, इसलिए दोनों एक दूसरे की ओर से सशंक थे, परन्तु जब १८८५ ई० में कांग्रेस का जन्म हुआ तो अंग्रेजी साम्राज्य के सामने नयी समस्याएँ आ गयीं। अब उनके लिए आवश्यक हो गया कि भारतीयों की देशभक्ति की इस भावना और राष्ट्रीयता के इस विचार को रोका जाये, इसलिए उन्हें मुसलमानों से मित्रता करना ही उचित जान पड़ा और सर सैय्यद तथा कुछ दूसरे नेताओं के प्रयत्न से मुसलमानों के एक वर्ग की स्वामीभक्ति पर मुहर लग गयी। विद्रोह के पश्चात् ईस्ट-इंडिया कम्पनी का अन्त हो गया और भारत धीरे-धीरे अंग्रेजी साम्राज्य का एक उपनिवेश बन गया। विक्टोरिया ने यहाँ का राज्य सँभालने की धार्मिक स्वाधीनता की घोषणा कर दी। हिन्दू-मुसलमान दोनों के उच्च और मध्यमवर्ग ने मन ही मन इसका स्वागत किया। भारत के इतिहास में आये दिन राज्य बदला करते थे, एक राजवंश जाता और दूसरा आता था। साधारण मनुष्य के लिए यह परिवर्तन भी इसी प्रकार का था। मुग़ल दुर्बल हो गये थे। उनकी जगह अंग्रेज आये और अपने साथ जीवन की कई सुविधाएँ भी लाये। उन्होंने यह भी कहा कि राज्य के प्रत्येक व्यक्ति के साथ समानता का व्यवहार किया जायेगा और उनके धर्म की रक्षा उनका कर्तव्य होगा। यह सब बातें ऐसी थीं कि यहाँ के बुहत से अच्छे विद्वानों को भी उस आर्थिक दुर्नीति के समझने का अवसर न मिला, जो उन्हें घुन की भाँति खाये जा रही थी। इसी अनभिज्ञता की स्थिति में उनके मन में अंग्रेज़ों के प्रति घृणा की भावना पूर्णरूप से उत्पन्न न हुई, और लेखक, कवि और कलाकार देश-भक्ति और स्वामिभक्ति के बीच भटकते रहे।

भारत की प्रत्येक भाषा के साहित्य को इसी पृष्ठभूमि में देखना चाहिए। प्रत्येक लेखक और कवि चेतना की एक नयी मंज़िल में था। जहाँ एक ओर भारतीय जीवन परिवर्तन के इन अनुभवों से गुज़र रहा था, वहाँ ऐसे लेखक भी थे जो उसे न समझ कर पुराना ही राग अलापते जा रहे थे। उनकी दृष्टि से साहित्य कुछ मानी हुई परम्पराओं की अभिव्यक्ति का नाम था। वे उसे शाश्वत और अपरिवर्तनशील समझते थे। उनसे चाहे साहित्य के इतिहास को कोई प्रोत्साहन मिलता हो या नहीं, एक बात तो अवश्य ही स्पष्ट हो जाती है कि जो लेखक जीवन और साहित्य के सम्बन्ध को समझते थे, वे अपनी जागृति और चेतना के अनुकूल विचारों और साहित्य में परिवर्तन करने से नहीं झिझकते थे। जीवन को बदलते देखकर वे साहित्य में भी परिवर्तन चाहते थे। इस नयी चेतना का सबसे स्पष्ट विकास हिन्दी में भारतेन्दु और उर्दू में 'आज़ाद' से होता है। उर्दू में यह लहर तेज़ हुई तो 'हाली' के सहयोग से इसने नये युग का प्रवर्तन किया। आज की आधुनिकता को देखते हुए यद्यपि यह पुराना मालूम होता है, परन्तु नवीन और प्राचीन कड़ियों को जोड़ने के लिए इससे अच्छा अन्य उदाहरण नहीं मिल सकता। उनका युग क्रान्ति का युग नहीं था वरन् धीमे-परिवर्तन और सुधारवाद पर आधारित था। उस युग की अपनी विषमताएँ थीं और अपनी वर्ग-

चेतना थी, जो प्रत्येक स्थान पर समान रूप से स्पष्ट नहीं होती थी। यह साधारण जनता का युग भी नहीं था वरन् इसको उभरते हुए पूँजीवाद और मध्यमवर्ग का युग कहना चाहिए। इस स्थिति में जिस किसी ने सामन्तवादी-युग को चुनौती दी और उसकी अपेक्षा नये और औद्योगिक युग को प्रोत्साहन देना चाहा, वह उस समय को देखते हुए प्रगतिशील कहा जा सकता है।

इस बात की ओर कई स्थानों पर संकेत किया जा चुका है कि भारत में अंग्रेज़ी-राज्य विश्व-इतिहास का सबसे काला युग कहा जाता है, पर इससे भी इन्कार नहीं किया जा सकता कि उन्हीं के सम्पर्क से भारत को विज्ञान और उसकी कृतियों से परिचित होने का अवसर मिला और भारत के रुके हुए आर्थिक जीवन में उत्पादन और प्रगति के नये यंत्रों से हिलकोरें पैदा हुईं। इस स्थिति ने एक नैराश्य की दशा भी उत्पन्न की। कुछ भारतवासी मुड़-मुड़ कर पीछे देखने लगे और बढ़ते हुए नवीन विचारों से डरकर अपने अतीत के विचारों में खो गये। कुछ नवीनता के जादू में फँसकर अपने प्राचीन इतिहास से घृणा करने लगे और इस बात के इच्छुक हुए कि बिना सोचे-समझे पश्चिम से आये विचारों को जीवन के प्रत्येक विभाग में स्वीकार कर लिया जाये। बहुत थोड़े से लोग ऐसे भी थे, जो चेतनापूर्वक अपने युग की आत्मा को समझने और देशोन्नति की सक्रिय भावना अपने भीतर उत्पन्न कर सके। मेरा विचार है कि भारतेन्दु, 'आज़ाद' और 'हाली' इसी अन्तिम कोटि से सम्बन्ध रखते हैं। एक ओर तो वे लोग उनसे संघर्ष कर रहे थे जो युग के साथ बदलना नहीं चाहते थे और दूसरी ओर उनसे जो पश्चिम से आयी हुई सभ्यता को आँख मूँदकर स्वीकार करना चाहते थे। इन्हीं के विचारों में हमें उस नयी चेतना का चिह्न मिलता है, जो सोच-समझकर इतिहास में अपना कर्तव्य पूरा करना चाहती है। मैं फिर इस बात को स्पष्ट रूप से कह देना चाहता हूँ कि वर्ग-संघर्ष की दृष्टि से इस युग को समझने के लिए इस बात को ध्यान में रखना होगा कि उस समय वर्गों के ठीक-ठीक ढाँचे इस तरह नहीं बन पाये थे कि उनमें से प्रत्येक वर्ग की चेतना और मानसिक भावना को स्पष्ट रूप से देखा जा सके। इसलिए हमें इस बात से उलझन में नहीं पड़ना चाहिए कि हम एक ही कवि या लेखक में एक ओर अपनी जनता के प्रति प्रेम पाते हैं तो दूसरी ओर उसी के मुँह से अंग्रेज़ों की प्रशंसा सुनायी देती है। उस स्थिति में स्वामिभक्ति या अंग्रेज़ों की प्रशंसा से तात्पर्य था कि आधुनिक युग की विचारधाराओं को समझना चाहिए। विद्रोह और उसके पश्चात् होने वाले अत्याचार और बर्बरता ने भारतवासियों के हृदय में पराजयवादी मनोवृत्ति और निराशा की भावना उत्पन्न कर दी थी, परन्तु जब हम यह देखते हैं कि नये आर्थिक ढाँचे को स्वीकार करके या कम से कम उसका विरोध न करके भारतेन्दु, 'आज़ाद' और 'हाली' ने अपनी धार्मिक क्षेत्रों में रहकर निराश होने की भावना को समाप्त करके तथा अपनी हानि का विचार दूर करके अतीत की महिमा पर गर्व करना, आशापूर्वक जीवन से संघर्ष करना और भविष्य को अपने हाथों सँवारने के लिए प्रोत्साहित होना सिखाया, तो हमें जान पड़ता है कि

स्वामिभक्ति की भावना उसके लिए जीवित रहने और आगे बढ़ने का एक सहारा थी। वे अंग्रेज़ों की प्रशंसा इसलिए नहीं करते थे कि वे भारतीय जनता के शत्रु थे। यदि हम कुछ न मानें तो यही क्या कम है कि उनकी वाणी ने उस समय हिन्दू-मुसलमानों को भावुकता भरी मौत मरने से बचा लिया।

इस बात को न भूलना चाहिए कि इस नये मध्यम वर्ग की उत्पत्ति का प्रभाव बड़ा व्यापक था। भारतवासियों को धर्म के प्रति स्वतंत्रता दी गयी थी और इसने उनको एक अनुचित मार्ग पर डाल दिया। उन्होंने अपनी समस्याओं को सामान्य राष्ट्रीयता की दृष्टि से देखना छोड़ दिया और उसके स्थान पर झूठी धार्मिक स्वतंत्रता की आड़ लेकर अपने सहधर्मियों के साथ आगे बढ़ने की चेष्टा करने लगे। यदि एक ओर अंग्रेज़ी साम्राज्य के दबाव और समान आर्थिक समस्याओं के कारण वे हिन्दू-मुस्लिम एकता की दृष्टि से विचार करने पर मजबूर होते थे तो दूसरी ओर अपने-अपने धर्मों के क्षेत्र में उन्नति की भावना उत्पन्न करके वे अपने विचारों को सीमित कर लेते थे। भारतेन्दु और उनके साथी एक प्रकार से धर्म-भीरु कहे जा सकते हैं, क्योंकि वे साधारणतः हिन्दुओं को ही उन्नति की ओर पुकारते थे। इसी प्रकार 'आज़ाद', 'हाली', 'नज़ीर अहमद', 'शिबली' और 'अकबर' मुसलमान मध्यमवर्ग का प्रतिनिधित्व करते थे। एक ओर आर्य-समाज के आन्दोलन का जन्म हुआ, तो दूसरी तरफ़ मुस्लिम सुधारवादी तहरीकें चलीं, जिनमें विचारों की दृष्टि से बहुत-सी बातें समान थीं। अब यदि इसी बात को अंग्रेज़ी साम्राज्य से उत्थान की पृष्ठभूमि में देखें, तो यह बात हमारी समझ में ज़्यादा आसानी से आ जायेगी कि सुधारवाद की यह जड़ और पृथकतावादी उन्नति प्राप्त करने की भावनाएँ, उससे क्या सम्बन्ध रखती हैं। हमें इस बात पर तनिक भी चकित न होना चाहिए कि 'हिन्द, हिन्दू, हिन्दुस्तान' का नारा न केवल धार्मिक सुधारकों ने ही लगाया, वरन् उस युग के अच्छे-अच्छे लेखकों और कवियों ने भी लगाया। मुसलमान लेखकों और कवियों में यही बात मुसलमानों के लिए नौकरियों में अलग जगहें, शिक्षा तथा असेम्बलियों में नियमित संख्या और अंग्रेज़ों की ओर से उदारता का व्यवहार प्राप्त करने की माँग के रूप में मिलेगी, परन्तु साहित्य में यह धार्मिक रंग वास्तव में जागृति की भावना का एक प्रतिबिम्ब था। यह शक्ति प्राप्त करने का एक ढंग था। उस युग के सभी अच्छे हिन्दी-उर्दू लेखकों में यह दोहरी धाराएँ देखी जा सकती हैं। एक ओर वे रूढ़िवाद और कट्टरपन से लड़ते दिखायी देते हैं, तो दूसरी ओर धार्मिक आदर्शों और अतीत गौरव-गान के द्वारा देश को जागृत करते हुए देख पड़ते हैं।

जहाँ तक देश-भक्ति, कट्टरपन का विरोध, उद्योगधन्धों और व्यापार को प्रोत्साहन देना, समाजसुधार, शिक्षा और नीति के विचारों में परिवर्तन का सम्बन्ध है, सबके सब, प्रगतिशील शक्तियों के एक ही स्रोत से प्रेरणा लेते थे; जो कि उस युग के गर्भ से उत्पन्न हुआ था। इस पृष्ठभूमि को सामने रखकर कविता, उपन्यास,

आलोचना, जीवनी, नाटक, इतिहास और निबन्ध लिखे जाते थे। इसके प्रकाश में नये विचारों की सहायता से धर्म को नये प्रकार से प्रस्तुत करते थे और रूढ़िवादियों के क्रोध का निशाना बनते थे। सामाजिक और राजनीतिक सुधार के सम्बन्ध में उनकी वाणी एक ही प्रकार की भावनाओं को अभिव्यक्ति देती थी, परन्तु ऐतिहासिक परम्पराओं में भेद होने के कारण कुछ विभिन्नता भी मिल जाती है। इस समय के हिन्दी और उर्दू साहित्य में जो एक बड़ा अन्तर पाया जाता है, उसको भी देख लेना आवश्यक है। आधुनिक हिन्दी में लोकगीतों की परम्पराएँ अपना नाता भारत की विभिन्न बोलियों से जोड़ सकती हैं। इसकी अपेक्षा उर्दू का नाता उनसे जोड़ना सरल नहीं जान पड़ता। इसका प्रभाव जन-साहित्य के विकास पर अब तक पड़ता चला जा रहा है। भारतेन्दु ने लोक-साहित्य के महत्व पर जो ज़ोर दिया है, उर्दू-साहित्य में उसका उल्लेख कम है। 'हाली' ने मेरठ के एक जन-कवि 'दलमीर' के काव्य-संग्रह पर एक लेख लिखा है, जिससे पता चलता है कि उर्दू के साहित्य-रूपों में भी जनता की बोली से काम लिया गया था, पर इस धारा की प्रगति आगे नहीं मिलती। आजकल जो गीत लिखे जा रहे हैं, वह अलबत्ता हिन्दी और उर्दू में एक ढंग रखते हैं।

राजनीतिक स्थिति ऐसी थी कि मध्यमवर्ग मूल-विहीन होते हुए भी शक्ति संचित करता जा रहा था। कभी वह अंग्रेज़ी साम्राज्य से समझौता कर लेता था और कभी तलवार खींचकर अपने अधिकारों के लिए उससे लड़ने पर तैयार हो जाता था। १९वीं शताब्दी के अन्त तक राष्ट्रीय भावना भारतीय शिक्षित वर्ग में जड़ पकड़ चुकी थी। एक शक्तिशाली दफ़्तरशाही के अधीन और यातायात की सुविधाओं के कारण एक राष्ट्र का विचार उत्पन्न हो जाना असंभव न था। आर्थिक दृष्टिकोण से भारत का बढ़ता हुआ पूँजीवादीवर्ग विदेशियों के हाथ से शक्ति लेकर यहाँ की जनता का शोषण करना चाहता था। भारतीय जनता का ख़ून चूसते हुए अंग्रेज़ों को सौ वर्ष से अधिक हो चुके थे। अब यहाँ के पूँजीपति भी अपने अधिकार को काम में लाना चाहते थे। अंग्रेज़ों ने यहाँ के ग्राम्य आर्थिक जीवन को क्षीण बनाया था और यहाँ के उद्योगधन्धे नष्ट कर रहे थे। यही नहीं, यहाँ के लोगों से धर्म और भाग्य पर विश्वास करने की शक्ति भी छीन ली थी। अब उनके पास कुछ शेष नहीं था, जो देकर भारतवासियों को संतुष्ट रख सकते। जनता दिन-प्रतिदिन दरिद्र होती जा रही थी। अकाल और महामारी का प्रकोप कहीं-न-कहीं अपना टैक्स वसूल कर ही लेता था। स्वतंत्र-व्यापार ने भारतवर्ष को साम्राज्यवादियों की मंडी बना दिया था। किसान बिना खेत के मूल-विहीन होकर शहरों में मारे-मारे फिरते थे। देश की इस स्थिति ने उस नयी चेतना का सहारा लेकर क्रान्तिकारी जन-आन्दोलन को जन्म दे दिया। प्रथम महायुद्ध, चीन ईरान और तुर्की की राजनीतिक क्रान्तियाँ तथा रूस की जनक्रान्ति, सभी ने भारतीय स्वतंत्रता-आन्दोलन को शक्ति पहुँचायी और जागरण की भावनाओं को इतना उत्तेजित कर दिया कि अंग्रेज़ों के विरुद्ध घृणा के भाव के साथ-साथ ऐसे प्रत्येक वर्ग से संघर्ष छिड़ गया जो

जनता का शोषण करके ऊपर उठना चाहता था। लेखकों और कवियों में हम यह सभी बातें देख सकते हैं। भारत की किसी भी भाषा को लिया जाये, इस महान् जाग्रति के बारे में विचारधाराओं की समानता मिल जायेगी। एक ही पृष्ठभूमि है, स्वतंत्रता का आन्दोलन है, आर्थिक समानता और क्रान्ति के लिए संघर्ष है, इसलिए एक ही ढंग का साहित्य उत्पन्न हो रहा है, यह और बात है कि इस साहित्य का एक बड़ा भाग समसामयिक है।

राजनीतिक और सामाजिक परिवर्तन के इस काल में उर्दू के वह साहित्यकार पैदा हुए, जो एक दृष्टि से धार्मिक, सामाजिक और राजनीतिक नेता भी कहे जा सकते हैं, क्योंकि उन्होंने साहित्य और जीवन को मिलाया और अपनी मानसिक शक्तियों को विशेष उद्देश्यों के प्रचार के लिए इस्तेमाल किया। इस नये आन्दोलन के नेता सर सैय्यद थे। यद्यपि साहित्यिक दृष्टि से उनका स्थान 'आज़ाद', 'हाली', 'नज़ीर अहमद' और शिबली' के बाद है, परन्तु सभी बातों को मिलाकर देखा जाये तो वह इन सबसे बड़े ठहरते हैं। इसीलिए इसको सर सैय्यद का युग कहा जाता है। इस युग के सभी अच्छे गद्य और पद्य लिखने वाले इस बात का अनुभव करते थे कि वह साहित्य के द्वारा जीवन की उस तड़प और व्याकुलता का चित्रण कर रहे हैं, जो मानवजाति को बन्धनों से छुड़ाती है और उन्नति की ओर ले जाती है। चूँकि साहित्य का सम्बन्ध लेखक की चेतना और वर्ग विभाजित समाज में उसके सम्पर्कों पर आधारित है, इसलिए एक ही युग में कई बानियाँ बोलने वाले लेखक और कवि मिल जाते हैं। इस अनेकरूपता को केवल व्यक्तित्त्व का परिणाम नहीं कहा जा सकता, बल्कि सामाजिक चेतना का भावपूर्ण रूप है। इस अध्याय में नव-चेतन से ओत-प्रोत तथा रीतिकालीन परम्पराओं पर चलने वाले उन कवियों का उल्लेख किया जायेगा,जिन्होंने किसी प्रकार से महत्त्व ग्रहण किया है।

नयी कविता के निर्माता मौलाना मुहम्मद हुसैन 'आज़ाद'[१] समझे जाते हैं। ग़दर के बाद जब 'आज़ाद' ने लाहौर के शिक्षा विभाग में सरकारी नौकरी कर ली, तो वहाँ उन्हें अनेक अंग्रेज़ विद्वानों के सम्पर्क में आने का सौभाग्य प्राप्त हुआ। वह स्वयं दिल्ली कालेज के विद्यार्थी रह चुके थे। विचार और ज्ञान की नयी धाराओं से परिचित थे और जब उन्हें इन अंग्रेज़ विद्वानों ने प्रेरित किया, तो उन्होंने नयी कविता की रूपरेखा अपने सहयोगियों और देशवासियों के सम्मुख रखी। अगस्त, १८६७ ई० में उन्होंने एक व्याख्यान देते हुए पूर्वी काव्य-रचना, विशेषकर उर्दू और फ़ारसी कविता की त्रुटियों की ओर ध्यान दिलाया और कहा कि कविता को मानव-जीवन और प्रकृति के सभी अंगों पर प्रकाश डालने के दायित्व का वहन करना चाहिए, जो दुर्भाग्यवश नहीं होता है। यद्यपि हमारी काव्य-रचना को केवल कुछ विषयों में सीमित करके भी हमारे पूर्वजों ने महान रचनाएँ की हैं, परन्तु अब तक हम उन्हीं की लकीर पीट रहे हैं और उन्हीं के चबाये हुए निवाले खा रहे

१. मौलाना 'आज़ाद' का सविस्तार परिचय आगामी अध्याय में मिलेगा।

हैं। हमारे सामने जो नयी समस्याएँ हैं, उनकी ओर हम आँख उठाकर भी नहीं देखते। इन्हीं विचारों को अत्यन्त प्रभावशाली और रोचक शब्दों में विस्तार के साथ प्रस्तुत करके 'आज़ाद' ने यह अपील की कि हमारे कवियों को भी अपनी काल-कोठरी से बाहर आना चाहिए और नये वातावरण में नये मार्गों का अनुसरण करना चाहिए।

नयी शिक्षा और नयी सामाजिक चेतना के कारण, जो बदलती हुई आर्थिक स्थिति का परिणाम था, उनके यह विचार व्यर्थ नहीं गये और कुछ ही समय बीतने पर लाहौर में 'अंजुमने-पंजाब' की नींव पड़ी और ८ मई, १८७४ ई० को वह पहला यादगार मुशाएरा हुआ, जिसमें नये ढंग की कविताएँ पढ़ी गयीं। पहले मौलाना 'आज़ाद' ने एक बहुत सुन्दर और अत्यन्त ज्ञानवर्धक व्याख्यान दिया और फिर कविता में वास्तविकता से काम लेने, स्थानीय रंग पैदा करने और जीवन का सच्चा चित्रण करने का अनुरोध किया और कहा कि हम कोयल, चम्पा और चमेली, अर्जुन और भीम, गंगा और जमुना, हिमालय और अन्य स्थानीय वस्तुओं को बिल्कुल भूल गये हैं, अब इस बात की आवश्यकता है कि हम उनकी ओर भी पूरा ध्यान दें। वह उन परम्पराओं से विमुख नहीं होना चाहते थे, जो पूर्व से चली आ रही थीं। उनका विचार था कि कविता को उस जीवन के नेतृत्व का भार स्वीकार करना चाहिए, जो हमारे चारों ओर फैला हुआ है। इस व्याख्यान के बाद 'आज़ाद' ने एक कविता पढ़ी जो रात्रि के विभिन्न रूपों का चित्रण करती थी। 'आज़ाद' कोई असाधारण कवि नहीं थे, परन्तु एक नयी शैली के जन्मदाता होने के कारण उनका बड़ा महत्त्व है। लाहौर के इन मुशायरों ने मौलाना 'हाली' को भी अपनी ओर खींचा और उन्होंने अपनी कुछ महान रचनाएँ इसी के लिए लिखीं और थोड़े ही समय में यह नया ढंग सारे भारत में फैल गया। जब किसी कार्य के लिए ऐतिहासिक और सामाजिक कारणों से उचित भूमि तैयार हो जाती है, तो उसके फलने-फूलने में देर नहीं लगती। उस समय का भारत इसके लिए तैयार हो गया था कि उसमें राष्ट्रीय विचार और देशभक्ति की भावना प्रकट की जाये और ग़दर के बाद निराशा की जो लहर फैली है, उसे मिटाया जाये, इसलिए रूढ़िवादियों के विरोध के बावजूद नये साहित्य ने जन्म ले ही लिया। 'आज़ाद' की कविताओं का एक संग्रह 'नज़्मे-आज़ाद' के नाम से प्रकाशित हो चुका है, उसमें उनके वह दोनों भाषण भी सम्मिलित हैं, जिनकी चर्चा ऊपर की गयी है। 'आज़ाद' कविता में 'ज़ौक' के शिष्य थे और आरम्भ में समयानुकूल परम्परा के अनुसार ग़ज़लें लिखते थे। कुछ क़सीदे और मरसिये भी लिखे हैं, परन्तु जो कुछ उनकी शक्ति है, उनकी इन नयी कविताओं में है, जिनका उल्लेख हो चुका है। अन्त में जब 'आज़ाद' की मानसिक स्थिति बिगड़ गयी थी, तो उन्होंने सूफ़ियाना ढंग की ग़ज़लें दोबारा लिखना शुरू कीं, जिनमें से अधिकतर नष्ट हो गयीं। उदाहरण के लिए उनकी एक कविता के दो बन्द दिये जाते हैं—

है सामने खुला हुआ मैदाँ चले चलो।
बाग़े-मुराद[१] है समर-अफ़शाँ[२] चले चलो।
दरया हो बीच में कि बयाबाँ[३] चले चलो।
हिम्मत ये कह रही है खड़ी, हाँ चले चलो।
चलना ही मसलहत[४] है मेरी जाँ चले चलो॥

हिम्मत के शहसवार[५] जो घोड़े उठायेंगे।
दुश्मन फ़लक[६] भी होंगे तो सर को झुकायेंगे॥
तूफ़ान बुलबुलों की तरह बैठ जायेंगे।
नेकी के दौर उठ के बदी को दबायेंगे।
बैठो न तुम मगर किसी उनवाँ[७] चले चलो॥

इस युग के सबसे बड़ कवि मौलाना 'हाली' थे और सच यह है कि उन्होंने ही नये साहित्य की नींव दृढ़ की। वे १८३७ ई० में पानीपत में पैदा हुए। उनका नाम ख़्वाजा अलताफ़ हुसैन था। अभी नौ वर्ष के भी न हुए थे कि उनके पिता का स्वर्गवास हो गया, माँ पहले से ही मानसिक रोग में ग्रस्त थीं, इसलिए 'हाली' को उनके भाइयों ने पाला, उन्हीं की देख-रेख में उनकी शिक्षा हुई। थोड़े ही समय में उन्होंने अरबी-फ़ारसी की प्रचलित पुस्तकें पढ़ डालीं।,परन्तु अभी वह केवल १७ वर्ष के थे कि भाइयों ने विवाह का फन्दा गले में डाल दिया। यह 'हाली' के लिए एक कड़ा बन्धन सिद्ध हुआ, क्योंकि वह अभी और शिक्षा प्राप्त करना चाहते थे, लेकिन जब पत्नी घर में आ गयी, तो उन्हें यह चिन्ता भी हुई कि अधिक बोझ भाइयों पर न डालें। 'हाली' के सौभाग्य से उनकी धर्मपत्नी का परिवार आर्थिक दृष्टि से सम्पन्न था। उन्होंने इस स्थिति से लाभ उठाया और एक दिन जब उनकी स्त्री अपने मैके गयी हुई थीं, 'हाली' बिना किसी को बताये हुए चुपके से पैदल दिल्ली चल दिये और बड़ी दीनता से दिल्ली के विद्वानों के संग शिक्षा प्राप्त करने लगे। यह वह समय था, जब दिल्ली कालेज स्थापित हो चुका था और उसमें बहुत से लोग नयी शिक्षा प्राप्त कर रहे थे, परन्तु 'हाली' उसमें दाख़िल न हो सके। दिल्ली ही में उन्होंने पहले-पहल अरबी में एक छोटी-सी पुस्तक एक धार्मिक विषय पर लिखी और यह उनके उस जीवन का आरम्भ था, जिसे हम एक सच्चे साहित्यकार का जीवन कह सकते हैं। उनकी गद्य-रचनाओं का वर्णन आगे आयेगा, यहाँ केवल इस क्रमबद्ध कहानी को टूटने से बचाने के लिए उनकी रचनाओं के नाम ले लिए जाएँगे।

अभी ग़दर नहीं हुआ था और दिल्ली अपनी अन्तिम शोभा और बहार दिखा रही थी। बड़े-बड़े कवि और विद्वान वहाँ मौजूद थे, जिनमें मिर्ज़ा 'ग़ालिब' का नाम और सम्मान सबसे अधिक था। 'हाली' ने कविताएँ लिखना आरम्भ कर दिया था। वह

१. कामनाओं की वाटिका, २. फल देनेवाली, ३. जंगल, ४. उचित और लाभदायक, ५. घोड़े का सवार, ६. आकाश, ७. प्रकार, ढंग।

किसी प्रकार 'ग़ालिब' के पास पहुँचे और अपनी कविताएँ सुनायीं। सत्रह-अट्ठारह साल के एक नवयुवक की सुन्दर ग़ज़लें सुनकर 'ग़ालिब' चौंक पड़े और कहा कि 'मैं किसी को काव्य-रचना में समय गँवाने की सम्मति नहीं देता, परन्तु तुम्हारे प्रति मेरा यह विचार है कि अगर तुम कविताएँ न लिखोगे, तो अत्याचार करोगे।' अब क्या था, 'हाली' का साहस बढ़ा और वह दिल्ली के मुशायरों में भाग लेने लगे। घरवालों को पता चला कि वह दिल्ली में हैं, तो जाकर उन्हें पानीपत वापस लाये। १८५६ ई० में जीविका प्राप्त करने के लिए घर से निकले और हिसार डिप्टी-कमिश्नर के दफ़्तर में नौकरी कर ली। अभी कुछ दिन न बीते थे कि ग़दर हो गया और 'हाली' बड़ी कठिनाई से जान बचाकर पानीपत भागे पर उनका स्वास्थ्य बिगड़ गया और जीवन भर उससे पीछा न छूटा। घर पहुँच कर उन्होंने फिर अपनी शिक्षा की ओर ध्यान दिया और स्वयं पुस्तकावलोकन करके अपनी योग्यता बढ़ाते रहे।

ग़दर समाप्त हुआ तो फिर जीविका की चिन्ता हुई और दिल्ली पहुँचे। यहाँ उनकी भेंट 'शेफ़्ता' से हुई और उन्होंने अपने बच्चे की शिक्षा-दीक्षा के लिए 'हाली' को नौकर रख लिया। नौकरी तो केवल एक बहाना थी, 'शेफ़्ता' स्वयं 'हाली' के संग कविता और साहित्य की बातें करते थे और 'हाली' ने 'शेफ़्ता' के ज्ञान और आलोचनात्मक स्वभाव से अपूर्व शक्ति ग्रहण की। १८६९ ई० में 'शेफ़्ता और 'ग़ालिब' दोनों की मृत्यु हो गयी और 'हाली' के लिए दिल्ली उजड़ गयी, उनके जीवन ने पलटा खाया और उन्होंने लाहौर का रास्ता पकड़ा। वहाँ पंजाब गवर्नमेंट बुकडिपो में उन्हें एक छोटी-सी नौकरी मिल गयी। वहाँ उनका काम अंग्रेज़ी से अनुवाद की हुई पुस्तकों की भाषा सुधार देना भी था। चार वर्ष यह काम करते रहे। 'हाली' ने इस सम्बन्ध में स्वयं लिखा है कि उन्होंने एक नया प्रकाश देखा और उन्हें अंग्रेजी-साहित्य के बहुत से गुणों में आकर्षण पूर्ण शक्ति दिखायी दी। इसके प्रतिकूल फ़ारसी और उर्दू-कविताओं की आलोचना में आनन्द प्राप्त होने लगा। 'हाली' अंग्रेजी बहुत कम जानते थे, परन्तु उन्होंने उसकी अच्छाइयों को हृदयंगम कर लिया था। ठीक उसी समय 'आज़ाद' के स्थापित किये हुए नये मुशाएरे भी हो रहे थे और 'हाली' पूर्णतया इस नये साहित्यिक आन्दोलन में सम्मिलित हो गये और उनमें वह महत्त्वपूर्ण परिवर्तन हुआ, जिसने साहित्य और कविता के प्रति उनका दृष्टिकोण बदल दिया।

लाहौर में उनका स्वास्थ्य बिगड़ गया और वह दिल्ली चले आये। यहाँ उनको दिल्ली कालेज में नौकरी मिल गयी और दिल्ली में रहने की उनकी इच्छा पूरी हुई। उस समय तक वह कई महान् कविताएँ और कई गद्य की पुस्तकें लिख चुके थे। यहाँ केवल उनकी पद्य-रचनाओं के सम्बन्ध में कुछ संकेत किया जायेगा। दिल्ली के निवास-काल में उनसे सर सैय्यद से भेंट हुई, जो ग़दर के बाद से मुसलमानों के एक बड़े नेता गिने जाने लगे थे। उन्होंने 'हाली' से मुसलमानों के उत्थान और पतन पर एक कविता लिखने का अनुरोध किया और 'हाली' ने अपनी सुविख्यात रचना 'मद्दो-जज़्रे-इस्लाम' १८७९ ई० में लिखी, जो 'मुसद्दसे-हाली' के नाम से भी प्रसिद्ध है।

वैसे तो 'हाली' सर सैयद की स्थापित की हुई मुस्लिम एजुकेशनल कान्फ्रेंस के अधिवेशनों में कविताएँ पढ़ा ही करते थे, परन्तु इस मुख्य रचना ने उनका सुयश चारों ओर फैला दिया। १८८७ ई० में उन्होंने अपनी दूसरी कविता 'मुनाजाते-बेवा' लिखी और इसी प्रकार बराबर ऐसी कविताएँ लिखते रहे, जो समाज के नैतिक सुधार और पुनर्जीवन से सम्बन्ध रखती हैं।

मुसद्दस तो पचीसों बार प्रकाशित हो चुका है। उसके अतिरिक्त उनकी कविताओं के न जाने कितने संस्करण अन्य संग्रहों में निकल चुके हैं। 'दीवाने-हाली' में उनकी ग़ज़लें और छोटी-छोटी दूसरी कविताएँ 'मज़जू-ए-नज़्मे-हाली' में उनकी दूसरी बड़ी कविताएँ एकत्र कर दी गयी हैं और सभी लम्बी कविताएँ अलग-अलग प्रकाशित हो चुकी हैं। 'हाली' ने अपने संग्रहों की भूमिकाओं में अपने उद्देश्य और विचारों का उल्लेख स्पष्ट रूप में किया है। इससे उनके अध्ययन में बड़ी सुविधा होती है। अन्त में मौलाना 'हाली' को हैदराबाद-दरबार से एक प्रकार की साहित्य-वृत्ति मिलने लगी थी और वह संतोषपूर्वक साहित्य-रचना में लगे रहे। १९०४ ई० में उन्हें 'शम्सुल-उलमा' की उपाधि मिली, जिसको उन्होंने स्वीकार तो कर लिया, परन्तु प्रसन्न न हुए। १९१४ ई० में उनका देहान्त हो गया।

जैसी कि उस समय की रीति थी, 'हाली' ने भी आरम्भ में ग़ज़लें लिखीं। उन्होंने स्वयं इस बात को स्वीकार किया है कि वह 'मीर', 'ग़ालिब' और 'शेफ़्ता' से प्रभावित थे। यह तीनों कवि ग़ज़ल में वास्तविकता और हार्दिक भाव को अत्यन्त गंभीरता और सुन्दरता से प्रस्तुत करते हैं। इसीलिए 'हाली' की ग़ज़लें भी बड़ी सुन्दर होती हैं। उनके शेर दिल में तीर की तरह चुभ जाते हैं। मनोभाव और प्रेम की अनुभूतियों का ऐसा आकर्षक उल्लेख होता है कि उनके सरल शब्दों में बिजलियाँ छुपी हुई जान पड़ती हैं। यह सारी बातें आरम्भ काल में थीं। नयी कविता से सम्बन्ध जोड़ने के बाद उन्होंने ग़ज़लों में भी नैतिक सुधार और राष्ट्रीय उन्नति का वर्णन आरम्भ कर दिया। उनकी बड़ी कविताओं में 'मुसद्दस', 'मुनाजाते-बेवा', 'बरखारूत', 'हुब्बे-वतन', 'चुप की दाद' इत्यादि सर्वश्रेष्ठ रचनाओं में गिनी जाती हैं। इनके अध्ययन से केवल 'हाली' की सहृदयता और गंभीरता का पता ही नहीं मिलता, बल्कि उस समय के भारत में सुधार और उन्नति की जो उत्साहपूर्ण लहर दौड़ रही थी, उसका चित्र भी आँखों के सामने खिंच जाता है। उन्होंने कहीं अपनी इस भावना को छिपाया नहीं है कि वह कविता से देश के जगाने का काम लेना चाहते थे। 'हाली' मुसलमानों के मध्यम-वर्ग से सम्बन्ध रखते थे और उस समय इस वर्ग की समस्यायें बहुत जटिल रूप धारण कर चुकी थीं। नये आर्थिक क्षेत्र में प्रवेश करके और नयी शिक्षा प्राप्त करके प्राचीन परम्पराओं से नाता तोड़ लेने की इच्छा पैदा होती थी और कोई क्रान्तिकारी दृष्टिकोण न होने के कारण उन्नति की यह भावना केवल एक प्रकार के सुधारवाद में सीमित होकर रह जाती थी। इसीलिए 'हाली' की चेतना भी द्वैत में फँसी हुई दीख पड़ती है। वह देशभक्त और राजभक्त दोनों ही बनना चाहते थे। इसमें

सन्देह नहीं कि उस समय राजभक्ति ही की आड़ में आगे बढ़ने का अवसर मिल सकता था, क्योंकि ग़दर के बाद मुसलमानों में जो नैराश्य फैला था, उससे बाहर निकलना केवल इसी तरह सम्भव था कि नये जीवन को स्वीकार कर लिया जाये और अंग्रेजों से लड़कर नहीं, उन्हें अपनी राजभक्ति का विश्वास दिलाकर उनसे अपने लिए अधिकार प्राप्त किये जायें।

'हाली' कविता के द्वारा जाग्रति का संदेश देना चाहते थे और उस समय काव्य रचना का ऐसा पतन हो चुका था कि लोग केवल शब्दाडम्बर, अलंकार और चुटपुटी बातों में आनन्द प्राप्त करने को कविता का उद्देश्य समझते थे। इसलिए 'हाली' का बड़ा विरोध किया गया। उनकी रचनाओं की हँसी उड़ायी गयी और उनके दृष्टिकोण की कड़ी आलोचना की गयी, परन्तु 'हाली' अपनी धुन के पक्के थे, उन्होंने अपना रास्ता नहीं छोड़ा, निश्चय ही उन्नति की ऐतिहासिक शक्तियाँ उनको योग दे रही थीं, इसलिए थोड़े ही समय में मध्यम-वर्गीय शिक्षित समुदाय में उनकी कविताएँ बड़े चाव से पढ़ी जाने लगीं। 'हाली' अपने स्वभाव से एक उपदेशक और शिक्षक थे। कविता जब तक अत्यन्त रोचक, सुन्दर और मनोरंजक न हो, तो उपदेश और शिक्षा का बोझ नहीं उठा सकती। 'हाली' कभी-कभी कलात्मक दृष्टि से यह विशेषताएँ पैदा करने में असफल रह जाते थे, इसलिए वे लोग जो उनके उपदेशों से सहमत नहीं थे, वह उसे नीरस पाते थे, परन्तु सच यह है कि 'हाली' के हृदय में जो कुछ था, वही उनकी ज़बान पर आता था। उनके दिल में जो ज्वाला धधक रही थी, उस समय थोड़े ही लोग उससे परिचित थे। उनकी दूरदर्शिता जिस भविष्य का साक्षात्कार कर रही थी, उसकी रूपरेखा साधारण लोगों के सामने न थी, इसलिए बहुत-से लोग उनकी कविताओं को केवल उपदेशों का एक संग्रह समझते थे।

'हाली' एक कवि मात्र नहीं थे, एक बड़े आलोचक भी थे। वह कविता के बने-बनाये ढर्रे पर चलकर सस्ती लोकप्रियता प्राप्त करना नहीं चाहते थे, बल्कि नयी काव्य-रचना के जन्मदाता बनने की लगन करते थे, इसलिए उन्होंने अपने विरोधियों की कटु आलोचना की परवाह किये बिना, उस नयी शैली का प्रचार किया, जो उन्हें अपने उद्देश्य के प्रचार के लिए अधिक उपयोगी जान पड़ती थी। उनकी भाषा सरल, विचार गंभीर और शैली नवीन थी। चूँकि उन्होंने जीवन और साहित्य के सम्बन्ध को समझ लिया था, इसलिए वह कभी अभिव्यक्ति मात्र के लिए कविताएँ नहीं लिखते थे। उनका उद्देश्य भी कला के प्रति कलावादियों जैसा न था। इसलिए जितना समय बीतता जाता है, 'हाली' की श्रेष्ठता और सम्मान में वृद्धि होती जाती है। वह नयी काव्य-रचना के संदेश-दूत माने जाते हैं और अपनी अनेक त्रुटियों के बावजूद उनकी प्रगतिशीलता आज भी अविश्वास और दुविधा में पड़े रहनेवाले कवियों के लिए पथ-प्रदर्शक है। उनकी बहुत-सी कविताएँ भारतवर्ष की अन्य भाषाओं में अनूदित हो चुकी हैं। यहाँ केवल उदाहरण के लिए कुछ शेर दिये जा सकते हैं। 'मुनाज़ाते-वेबा' में लिखते हैं—

रेत की-सी दीवार है दुनिया।
ओछे का-सा प्यार है दुनिया॥
साथ सोहाग और सोग[१] हैं, याँ का।
नाव का-सा संयोग है याँ का॥
हार कभी और जीत कभी है।
इस नगरी की रीत यही है॥
तेरे सिवा याँ ऐ मेरे मौला।
कोई रहा है और न रहेगा॥

बस ऐ नाउमीदी न यों दिल बुझा तू।
झलक ऐ उम्मीद अपनी आख़िर दिखा तू॥
ज़रा नाउमीदों उमीदों को पारस बँधा तू।
फ़सुर्दा[२] दिलों के दिल आख़िर बढ़ा तू॥
तेरे दम से मुर्दों में जानें पड़ी हैं।
जली खेतियाँ तूने सरसब्ज़ की हैं॥

बहुत डूबतों को तैराया है तूने।
बिगड़तों को अक्सर बनाया है तूने॥

उखड़ते दिलों को जमाया है तूने।
उजड़ते घरों को बसाया है तूने।

बहुत तूने पस्तों[३] को बाला[४] किया है।
अँधेरे में अक्सर उजाला किया है॥

है जुस्तजू[५] कि ख़ूब से है ख़ूबतर[६] कहाँ।
अब देखिए ठहरती है जाकर नज़र कहाँ॥
क़फ़स[७] में जी नहीं लगता किसी तरह।
लगा दो आग कोई आशियाँ[८] में॥

क़लक़[९] और दिल का सिवा[१०] हो गया।
दिलासा तुम्हारा बला हो गया॥

'हाली' ने न तो खुलकर देश के राजनीतिक संघर्षों में भाग लिया और न स्पष्ट रूप में ऐसी कविताएँ लिखी थीं, जिनमें राजनीतिक समस्याओं का वर्णन हो, लेकिन जैसे-जैसे समय बीतता जाता था, यह बात स्पष्ट होती जाती थी कि भारत में कला और जीवन का सम्बन्ध उस समय तक वास्तविक नहीं हो सकता, जब तक खुलकर

---

१. शोक, २. बुझे हुए, ३. गिरे हुओ, ४. ऊँचा, ५. खोज, ६. उससे अच्छा, ७. पिंजड़ा, ८. घोंसला, ९. दुःख, १०. अधिक।

यहाँ की राजनीतिक स्थिति का उल्लेख न किया जाये। नयी चेतना के परिणामस्वरूप १८८५ ई० में कांग्रेस जन्म ले चुकी थी। वह एक छोटी-सी ठंडी चिंगारी थी, जो आर्थिक और सामाजिक दुर्दशा की हवाएँ खाकर ज्वाला बन गयी और अभी अधिक समय नहीं बीता था कि भारत की जनता उसकी ओर आशापूर्ण दृष्टि से देखने लगी। उस समय उसको पूर्णतया न तो उच्चवर्ग की सहानुभूति प्राप्त थी और न निम्नवर्ग के लोग उसमें सम्मिलित थे। ब्रिटिश राज्य की प्रेरणा से साम्प्रदायिक संस्थाएँ भी बन रही थीं और २०वीं शताब्दी के आरंभ ही में मुस्लिम लीग, हिन्दू महासभा आदि साम्प्रदायिकता के झंडे लेकर मैदान में उतर आयीं। यह अंग्रेज़ों की बड़ी भारी जीत थी, क्योंकि इससे एक ओर तो राष्ट्रीयता का मोर्चा निर्बल होता था, दूसरी ओर जन-साधारण अपनी आर्थिक और सामाजिक समस्याओं का हल इन्हीं धार्मिक संस्थाओं में ढूँढ़ता था। यदि २०वीं शताब्दी के आरम्भ में भारत की स्थिति का अध्ययन किया जाये, तो प्रतीत होता कि राजनीति और साम्प्रदायिकता को मिलाकर सुधार की ओर अग्रसर होने की चेष्टा भी उसी प्रकार जारी थी, जैसे राष्ट्रीयता के मोर्चे को दृढ़ करके। इस सम्बन्ध में यह भी याद रखना चाहिए कि धार्मिक होने और साम्प्रदायिक होने में बड़ा अन्तर है और भारत के इतिहास में इस अन्तर के बहुत से उदाहरण मिल सकते हैं। कई धार्मिक संस्थाएँ विदेशी राज्य के विरुद्ध स्वंतत्रता के संघर्ष में सम्मिलित थीं, परन्तु साम्प्रदायिक संस्थाएँ किसी न किसी रूप से अंग्रेज़ी राज्य की सहायक सिद्ध होती थीं। उर्दू-काव्य में अधिकतर स्वतंत्रता की लहर ऊँची और साम्प्रदायिकता का रंग फीका है। इस समय के दो बड़े कवि 'शिबली' और 'अकबर' जो धार्मिकता को जीवन का सबसे महत्त्वपूर्ण अंग समझते थे, अंग्रेज़ी राज्य के विरुद्ध भावनाएँ प्रकट करने में किसी से पीछे न थे।

मौलाना 'शिबली', जिनका उल्लेख गद्य-रचनाकारों के साथ आयेगा, फ़ारसी और उर्दू के एक बड़े कवि थे। मुस्लिम लीग बन चुकी थी और मुसलमानों को राष्ट्रीयता से दूर खींचने का यत्न कर रही थी। मौलाना 'शिबली' ने अपनी बहुत-सी कविताओं में बड़े उल्लास और शक्ति से लीग की आलोचना की। वह अंग्रेज़ी राज्य के विरोध को धार्मिक कर्तव्य जानते थे और मुसलमानों को जगाते हुए उन्हें दासता के बंधनों को तोड़ने का उपदेश देते थे। उनकी कविताओं में व्यंग्य की मात्रा अधिक होती थी, क्योंकि शत्रुओं पर चोट करने में व्यंग्य एक बड़ा यंत्र सिद्ध होता है। उनके इसी रंग को कुछ दिन बाद मौलाना ज़फ़र अली ख़ाँ ने चमकाया और सैकड़ों कविताओं में अंग्रेज़ी राज्य और उसके अत्याचार की बड़ी आलोचना करके बारम्बार जेल गये। मौलाना 'शिबली' ने बहुत-सी कविताएँ नहीं लिखीं, फिर भी उनका काव्य-संग्रह अध्ययन करने योग्य है। उन्होंने एक मसनवी 'सुब्हे-उमीद' भी लिखी है, जिसका विषय मौलाना 'हाली' के मुसद्दस से मिलता-जुलता है। उनकी कविताओं में 'अदले-जहाँगीर' और 'शहर-आशोबे-इस्लाम' सुप्रसिद्ध हैं। उदाहरण के लिए कुछ शेर नीचे दिये जाते हैं। अंग्रेज़ों को सम्बोधित करके कहते हैं—

कोई पूछे कि ऐ तहज़ीबे-इन्सानी[१] के उस्तादों।
ये ज़ुल्म-आराइयाँ[२] ताकै[३] ये हश्र-अंगेज़ियाँ[४] कब तक॥
ये माना तुमको तलवारों की तेज़ी आज़मानी है।
हमारी गर्दनों पर होगा इसका इम्तिहाँ कब तक॥
ये माना क़िस्सा-ए-ग़म से तुम्हारा जी बहलता है।
सुनायें तुमको अपने दर्दे-दिल की दास्ताँ कब तक॥
मिटाओगे हमारा इस तरह नामो-निशाँ कब तक॥

'अकबर' इलाहाबादी, जिनका पूरा नाम सैय्यद अकबर हुसैन था, हास्य-रस के महान् कवियों में गिने जाते हैं। उनका जन्म १८४६ ई० में इलाहाबाद की तहसील बारा में हुआ। उन्होंने प्रारम्भिक शिक्षा अपने जमाने के दस्तूर के मुताबित छोटी पाठशालाओं में प्राप्त की और कई छोटी-छोटी नौकरियाँ भी कीं। १८६६ ई० में मुख़्तारी की परीक्षा में सफल हुए और नायब-तहसीलदार बना दिये गये। १८७० ई० में हाई-कोर्ट में एक जगह मिल गयी और उन्होंने वकालत का इम्तिहान पास कर लिया। कुछ समय वकालत करके सब-जज हो गये और १९०३ ई० तक किसी-न-किसी रूप में न्यायालय विभाग से सम्बन्धित रहे। इसी बीच में उन्हें 'ख़ान बहादुरी' की उपाधि भी मिल गयी थी और इलाहाबाद विश्वविद्यालय के फ़ेलो भी चुन लिये गये थे। अकबर की मृत्यु १९२१ ई० में हुई और इलाहाबाद में ही दफ़्न किये गये।

'अकबर' जो 'वहीद' इलाहाबादी के शिष्य थे, ज़्यादातर ग़ज़लें लिखते थे। शायद इसी प्रभाववश 'अकबर' भी शुरू में केवल ग़ज़लें ही लिखते थे, जिनमें कभी कभी तसौव्वफ़ के विचार होते थे, परन्तु अधिकतर लखनऊ का रंग उन पर छाया हुआ था। युवावस्था में संगीत-कला से भी दिलचस्पी पैदा हो गयी और कुछ मित्र ऐसे मिल गये थे, जिनकी संगत में बुरे रास्तों पर चलने लगे थे, लेकिन उनके स्वभाव में एक प्रकार की धार्मिकता इस तरह रची हुई थी कि वह बहुत जल्द सँभल गये। धर्म और उनकी रीतों को सदैव अपनाते रहे। मान्यताओं पर उन्हें मन से विश्वास था, शायद इसी वजह से स्वभावतः विनोद-प्रिय होने पर भी मर्यादाओं के प्रति असाधारण रुचि का प्रदर्शन करते रहे। उन्होंने १८६६ ई० के लगभग काव्य-रचना आरम्भ की, उनके तीन काव्य-संग्रह कई बार प्रकाशित हो चुके थे। चौथा संग्रह उनकी मृत्यु के बाद छपा। कुछ और कविताएँ एवं लेख उनके परिवार में मौजूद हैं।

'अकबर' का युग भारतीय जीवन में महान् परिवर्तनों का युग था और उनका बड़प्पन यह था कि उन्होंने अपने समय के विभिन्न प्रकार के संघर्षों को चेतनापूर्वक समझने की चेष्टा की और छोटी बड़ी सभी घटनाओं को अपनी कविता का विषय बनाया। यह एक प्रकार की नवीन यथार्थवादिता थी, जिसमें प्रतिदिन होने वाली बातों

---

१. सभ्यता, २. अत्याचार, ३. कब तक, ४. प्रलय की दशा करना।

को हास्य और व्यंग्य के लिबास पहनाकर सुन्दर कविता के रूप में उन्होंने सफलतापूर्वक प्रस्तुत किया।

'अकबर' जब युवावस्था में पहुँचे तो देश पूर्णतया अंग्रेज़ों के अधिकार में आ चुका था और ग़दर की विपत्तियों के पश्चात् मुसलमानों का मध्यमवर्ग अंग्रेज़ी राज्य से समझौता कर चुका था। 'अकबर' भी सरकारी नौकर बन चुके थे, परन्तु उनकी आँखें खुली हुई थीं और देश की दुर्दशा उनसे देखी न जाती थी। नये जीवन की समस्याएँ इतनी जटिल थीं कि 'अकबर' कभी उनसे विमुख होकर अतीत की ओर लौट जाते थे और उसी के गुण गाकर संतोष कर लेते थे और कभी उसके सामने परास्त होकर नैराश्य की बातें करने लगते थे। आरम्भ में उनके यहाँ हास्य और व्यंग्य का पता नहीं चलता, परन्तु १८८५ ई० के बाद से उन्होंने इसी को अपनी कविता का विशेष माध्यम बना लिया। 'अकबर' की शिक्षा जो कुछ थी और जिन परम्पराओं में उन्होंने आँखें खोली थीं, वह समसामयिक स्थिति को समझने के लिए पर्याप्त नहीं थी, इसलिए वह ज्ञान के बदले अन्त:प्रेरणा पर विश्वास रखते थे और अपने विचारों ही की सहायता से नये युग की समस्याओं को हल कर लेना चाहते थे। उन्होंने अपने विचारों में पूरब और पश्चिम का एक निश्चित विभाजन कर लिया था और सारे नैतिक एवं धार्मिक गुण उनको पूरब में ही दिखायी पड़ते थे, पश्चिम केवल अपने पाशविक बल के आधार पर पूरब का गला घोट रहा था। उन्हें यह भी सन्देह था कि पाश्चात्य-प्रभाव केवल देश के भौतिक साधनों को ही नष्ट नहीं कर देगा, बल्कि उसके अध्यात्मवादी स्वभाव को भी मिटा डालेगा, इसलिए उनकी क़लम में जितनी शक्ति थी, उनके विचारों में जितना जोश और उनके शब्दों में जितना विष था, उन सबसे काम लेकर 'अकबर' पूरब को पश्चिम से दूर रखना चाहते थे। 'अकबर' यह जानते थे कि इस तूफ़ान को रोका नहीं जा सकता, क्योंकि व्यावहारिक जीवन में पश्चिम से आये हुए विचारों से लाभ उठाना अनिवार्य था, इसीलिए उनके बहुत से विचार प्रतिक्रियावादियों से मिल जाते हैं। वह किसी भी स्थिति में विज्ञान और नये विचारों को लाभदायक नहीं समझते थे, यह एक प्रकार की आदर्शवादिता थी, जो जीवन की आध्यात्मिक दृष्टि का परिणाम कही जा सकती है। उनकी कविता में तसौव्वफ़ का भी कुछ अंश था, वह भी उन्हें आदर्शवादी बनाता था। वह जीवन के परिवर्तनों को तुच्छ जानते थे और उनका विचार था कि जो लोग नयी चेतना का साथ दे रहे हैं, वह नैतिक सिद्धान्तों पर आघात कर रहे हैं। इन विचारों का परिणाम यह हुआ कि वह अंग्रेजी भाषा एवं साहित्य की प्रेरणा, विज्ञान की जानकारी, नारी जाति की शिक्षा और स्वतंत्रता, मशीन, सभी चीज़ों के विरोधी बन गये। वह डारविन, स्पेन्सर, मिल इत्यादि की हँसी उड़ाते थे और भाग्य में अटूट विश्वास रखने के कारण बदलती हुई परिस्थितियों का अनुसन्धान वैज्ञानिक दृष्टि से नहीं कर सकते थे। उनका अन्तिम आश्रय धर्म था और जहाँ कहीं से भी उस पर चोट पहुँचने का भय होता था, वह उसका विरोध करते और व्यंग्य के तीर चलाते थे।

'अकबर' की विशेषता यह है कि उन्होंने अंग्रेज़ी राज्य की आर्थिक लूट-खसोट को अच्छी तरह समझ लिया था। वह उनकी सभ्यता के वाह्य-रूप को एक झूठी पालिश समझते थे। उनके साम्प्रदायिकता पैदा करने के प्रयत्नों की पोल खोलते थे। इस प्रकार हास्य की ओट से वह अंग्रेज़ी राज्य पर अत्यन्त सशक्त प्रहार करते थे और सरकारी नौकर होते हुए भी मुँह में आयी हुई बात कहने से न चूकते थे। उनको इस बात का एहसास ज़रूर था कि हृदय की बात खुलकर नहीं कह सकते हैं। एक शेर में कहते हैं—

मदख़ूला-ए-गवर्नमेन्ट 'अकबर' अगर न होता।
उसको भी आप पाते गाँधी की गोपियों में॥

'अकबर' की रचनाओं को भली भाँति समझने के लिए इस्लाम-धर्म, मुस्लिम संस्कृति, भारतवर्ष के इतिहास और २०वीं शताब्दी की राजनीतिक और सामाजिक घटनाओं का जानना अत्यन्त आवश्यक है, क्योंकि हँसी-हँसी में वह ऐसी बातों की ओर संकेत कर जाते हैं, जिन्हें जाने बिना उसके व्यंग्य से आनन्द प्राप्त नहीं किया जा सकता। वह अंग्रेजी फ़ारसी-अरबी और हिन्दी शब्दों का प्रयोग बड़ी कुशलता से करते थे और अपने दिल की बात किसी न किसी प्रकार विनोदात्मक शैली में प्रकट कर देते थे। 'अकबर' उर्दू के एक महान् कवि और हास्य रस के सबसे बड़े कवि समझे जाते हैं। उदाहरण के लिए ये शेर देखिए—

हर चन्द कि कोट भी है, पतलून भी है।
बँगला भी है, पाट भी है, साबून भी है॥
लेकिन ये मैं तुझसे पूछता हूँ हिन्दी[१]।
योरुप[२] का तेरी रगों में कुछ ख़ून भी है॥

गोलियों के ज़ोर से करते हैं वो दुनिया को हज़्म।
इससे बेहतर इस ग़िज़ा[३] के वास्ते चूरन नहीं॥

क्या कहूँ इसको मैं बदबख़्ती-ए[४]-नेशन के सिवा।
इसको आता नहीं अब कुछ इमीटेशन के सिवा॥

क़ौम के ग़म में डिनर खाते हैं हुक्काम के साथ।
रंज लीडर को बहुत है, मगर आराम के साथ॥

हम क्या कहें अहबाब[५] क्या कारे-नुमायाँ[६] कर गये।
बी०ए० किया, नौकर हुए, पेंशन मिली और मर गये॥

---

१. सरकारी नौकरी का जुआ पहननेवाला, २. भारतीय, ३. भोजन, ४. स्वदेश का दुर्भाग्य, ५. मित्र, ६. विशेषकाम।

कोठी में जमा है न डिपाज़िट है बैंक्स में।
क़ल्लाश[१] कर दिया मुझे दो-चार थैंक्स में॥

कर दिया करज़न ने ज़न[२] मर्दों की सूरत देखिये।
आबरू चेहरे की सब फ़ैशन बना कर छीन ली॥

पाकर ख़िताब नाच का भी ज़ौक़[३] हो गया।
'सर' हो गये तो बाल का भी शौक़ हो गया॥

२०वीं शताब्दी के आरम्भ होने के थोड़े समय बाद ही से इतने कवि और लेखक सामने आने लगते हैं कि उनमें से कुछ ही का वर्णन किया जा सकता है। राजनीतिक, सामाजिक और दार्शनिक कविताओं के साथ-साथ ग़ज़ल भी नये साँचे में ढल रही थी और कुछ प्रमुख कवि केवल ग़ज़लों के ही द्वारा जीवन की समस्याएँ प्रस्तुत करते थे। उनका दृष्टिकोण और उनकी चेतना ग़ज़ल के उन कवियों से विभिन्न थी, जो इससे पहले गुज़र चुके थे, परन्तु यह भी याद रखना चाहिए कि ग़ज़ल में जो परिवर्तन होते हैं, उनका पता स्पष्ट रूप से नहीं चलता, फिर भी जब हम आधुनिक काल की ग़ज़लों का अध्ययन करेंगे तो उनमें नयी आवाज़ और जीवन की समस्याओं के प्रति नया दृष्टिकोण मिलेगा। इस स्थान पर केवल उन्हीं के सम्बन्ध में कुछ कहा जा सकेगा, जो प्रमुख समझे जाते हैं। इस समय के कवियों में कई ऐसे भी हैं, जो ग़ज़ल और दूसरे प्रकार की कविताएँ दोनों ही के लिखने में निपुण हैं। परन्तु उनकी ख्याति वास्तव में किसी एक के ही कारण होती है, जैसे पंडित रतननाथ 'सरशार' कवि भी थे, परन्तु वह केवल गद्य लिखने वाले समझे जाते हैं। इसी प्रकार मुंशी दुर्गासहाय 'सुरूर', पंडित बृजनरायन 'चकबस्त' और डॉ० 'इक़बाल' इत्यादि बड़ी सुन्दर ग़ज़लें भी लिखते थे, किन्तु उनकी काव्य-रचनाओं की विशेषताएँ उनकी कविताओं ही में प्रकट होती हैं।

दुर्गासहाय 'सुरूर' जहानाबाद के रहने वाले थे। उनके घर में चिरकाल से हकीमी होती थी और फ़ारसी, अरबी और उर्दू की चर्चा थी। वहीं उन्होंने १८७३ ई० में जन्म लिया। उनकी आर्थिक स्थिति अच्छी न थी, परन्तु वह आत्म-गौरव रखने के कारण उसी जीवन में आनन्द प्राप्त करते थे। वह बालपन ही से कविताएँ लिखने लगे थे, जो उर्दू की प्रसिद्ध पत्रिकाओं में प्रकाशित होती थीं। शराब पीने का ऐसा चसका पड़ गया था कि उससे उनका स्वास्थ्य बिलकुल नष्ट हो गया, यहाँ तक कि ३७ वर्ष की आयु में १९१० ई० में उनका देहान्त हो गया।

'सुरूर' की कविताओं में एक प्रकार के शोकजनक वातावरण का अनुभव होता है। उनकी भावुकता या तो पूरी शक्ति से देश-भक्ति के विचार प्रकट करते समय उभर

---

१. निर्धन, २. स्त्री, ३. शौक।

आती है या किसी करुणा-प्रधान स्थिति का चित्रण करते समय। उन्होंने धर्मिक और ऐतिहासिक विषयों पर भी बहुत-सी कविताएँ लिखी हैं, कुछ कविताओं में प्रकृति का उल्लेख भी बड़ी सफलतापूर्वक किया गया है। 'सुरूर' अंग्रेज़ी भाषा कम जानते थे, फिर भी उन्होंने लगभग बीस अंग्रेज़ी कविताओं का अनुवाद इस प्रकार किया है कि अंग्रेज़ी कवियों की विशेषताएँ मिटने नहीं पायी हैं। वह दिन-रात, चलते-फिरते, उठते-बैठते काव्य-रचना ही में मग्न रहते थे, इसलिए थोड़ी-सी आयु में भी उन्होंने बहुत कुछ कह डाला था। इनके दो संग्रह 'जामे-सुरूर' और 'ख़ुमख़ानाए सुरूर' प्रकाशित हो चुके हैं। उर्दू-कविता के नये रंग को आगे बढ़ाने और देश-भक्ति के विचारों को प्रोत्साहन देने में 'सुरूर' की कविताओं ने बड़ा भाग लिया। बालपन में फ़ारसी अधिक पढ़ने के कारण उनकी भाषा फ़ारसी से बोझिल और कठिन हो गयी है। इसी के साथ-साथ उपमाओं और अलंकारों के प्रयोग ने उसे कुछ और कठिन बना दिया है। उदाहरणार्थ कुछ शेर दखिये—

किसी मस्ते-ख़्वाब का है अबस[1] इन्तिज़ार सो जा।
कि गुज़र गयी शब आधी, दिले-बेक़रार सो जा॥

ये नसीम[2] ठंडी-ठंडी, ये हवा के मस्त झोंके।
तुझे दे रहे हैं लोरी, मेरे ग़मगुसार[3] सोजा॥

ये तेरी सदाए-पैहम[4], महत्तम[5] न कर दे।
मेरे परदादार सो जा, मेरे राज़दार सोजा॥

मुझे ख़ूँ रुला रहा है, तेरा दम-बदम तड़पना।
तेरे ग़म में आह कब से हूँ मैं अश्कबार सोजा॥

मुंशी ज्वाला प्रसाद 'बर्क़' महाराजा किशन प्रसाद 'शाद', पंडित अमरनाथ 'साहिर' इत्यादि भी इसी युग से सम्बन्ध रखते हैं, परन्तु इनमें जो महत्त्व 'चकबस्त' और 'इक़बाल' को प्राप्त है, वह किसी और को नहीं। पंडित ब्रजनरायन 'चकबस्त' लखनऊ के एक कशमीरी ब्राह्मण परिवार से सम्बन्ध रखते थे। वह १८८२ ई० में पैदा हुए और १९०७ ई० में कैनिंग कालिज से बी०ए०, एल०एल०बी० पास करके सन् १९०८ ई० में वकालत प्रारम्भ की। थोड़े ही समय में वह यहाँ के प्रमुख वकीलों में गिने जाने लगे। १९२६ ई० में सहसा उनका देहान्त हो गया। 'चकबस्त' अपने बचपन से ही कविताएँ लिखते थे। 'आतिश', 'ग़ालिब' और 'अनीस' की कविताओं का पाठ बड़ी दिलचस्पी से करते थे और उन्हीं से प्रभावित हुए थे। उस समय देश की राजनीति में जो हलचल मची हुई थी और स्वतंत्रता की लड़ायी जिस मंज़िल पर थी, 'चकबस्त' की कविता उसका प्रतीक कही जा सकती है। राष्ट्रीयता ने जड़ तो पकड़ ली थी लेकिन अभी अंग्रेज़ों से स्वाधीन होने की भावना उत्पन्न नहीं हुई थी, जो उन्हें

१. अनायास, २. मृदुल समीर, ३. दुख का साथी, ४. निरन्तर आवाज़, ५. बदनाम।

देश से निकाल बाहर करे, इसलिए 'चकबस्त' भी अंग्रेज़ी राज्य की छत्रछाया में ही 'होमरूल' प्राप्त करने का उपदेश देते थे। हिन्दू-मुस्लिम एकता और देश-भक्ति से उनकी कविताएँ भरी हुई हैं। इन भावनाओं को उन्होंने ऐसी शक्तिशाली रचनाओं में प्रस्तुत किया है कि इस समय तक उनकी समानता करने वाले कवि बहुत कम देख पड़ते हैं। बड़े-बड़े राष्ट्रीय नेताओं के बन्दी बन जाने और मरने पर उन्होंने बड़ी प्रभावशाली रचनाएँ की हैं और देश की गौरव-रक्षा के लिए अपने प्राण तक त्याग देने पर उत्साहित किया है। वह विचार-स्वतंत्रता के बड़े उपासक थे और उस समय भाषण और लेखों पर जो प्रतिबन्ध लगाये जाते थे, उनका विरोध बड़े ज़ोरों से करते थे। उन्होंने कुछ धार्मिक और नैतिक सुधार से सम्बन्ध रखने वाली कविताएँ भी लिखी हैं परन्तु यदि सबको मिलाकर देखा जाये, तो प्रतीत होगा कि वह उस समय को देखते हुए एक क्रान्तिकारी कवि थे और कभी देश के प्राचीन गौरव की याद दिलाकर, कभी वर्तमान काल की आर्थिक दुर्दशा का चित्रण करके और कभी भविष्य का अनुमान लगाकर आगे बढ़ाना चाहते थे। उनकी भाषा लखनऊ की शुद्ध परिमार्जित भाषा थी, 'चकबस्त' बड़े अच्छे गद्यकार भी थे और उनके लेखों का संग्रह प्रकाशित हो चुका है, जिससे उनके ज्ञान, आलोचनाशक्ति और ऐतिहासिक और सामाजिक दृष्टिकोण का पता चलता है। मृत्यु से कुछ दिनों पहले उन्होंने अपना काव्य-संग्रह 'सुबहे-वतन' प्रकाशित होने के लिये भेज दिया था, लेकिन वह उनकी मृत्यु के बाद निकला। यह संग्रह देवनागरी-लिपि में भी छप चुका है। देश की प्रशंसा में एक कविता के कुछ भाग देखिए—

ऐ ख़ाके-हिन्द[१] तेरी अज़्मत[२] में क्या गुमाँ[३] है।
दरिया-ए-फ़ैज़े-क़ुदरत[४] तेरे लिए रवाँ है॥

तेरी जबीं[५] से नूरे-हुस्ने-अजल[६] अयाँ[७] है।
अल्ला रे ज़ेबो-ज़ीनत[८] क्या औजे-इज़्ज़ो-शाँ[९] है॥

हर सुब्ह है ये ख़िदमत ख़ुरशीदे-पुरज़िया[१०] की।
किरनों से गूँन्धता है चोटी हिमालिया की॥

गौतम ने आबरू दी इस माबदे-कुहन[११] को।
सरमद[१२] ने इस जमीं पर सदक़े[१३] किया वतन को॥

अकबर ने जामे-उल्फ़त[१४] बख़्शा इस अंजुमन को।
सींचा लहू से अपने राना[१५] ने इस चमन को॥

---

१. ऐ भारत की भूमि, २. श्रेष्ठता, ३. सन्देह, ४. प्रकृति के दान की नदी, ५. मस्तक। ६. आदिकाल की सुन्दरता का प्रकाश, ७. प्रकट, ८. बनाव श्रृंगार, ९. आदर और गौरव की उच्चता, १०. चमकदार सूर्य, ११. प्राचीन पूजागृह, १२. एक सूफ़ी का नाम है, १३. न्यौछावर, १४. प्रेम का प्याला, १५. राणाप्रताप।

सब सूर-वीर अपने इस ख़ाक[१] में निहाँ[२] हैं।
टूटे हुए खँडहर हैं या उनकी हड्डियाँ हैं॥

बरसों से ही रहा है बरहम[३] समाँ[४] हमारा।
दुनिया से मिट रहा है नामो-निशाँ हमारा॥

कुछ कम नहीं अज़ल[५] से ख़ाबे-गिराँ[६] हमारा।
इक लाशे-बेकफ़न है हिन्दोस्ताँ हमारा॥
इसके भरे ख़जाने बरबाद हो रहे हैं।
ज़िल्लत नसीब[७] ख़ाबे-ग़फ़्लत[८] में सो रहे हैं॥

उर्दू-साहित्य का वर्तमान काल गद्य का युग कहा जा सकता है, परन्तु इसी काल ने ऐसे कवि भी पैदा किये, जो जीवन की समस्याओं के समझने में दर्शन और तर्क, इतिहास और सामाजिक-विज्ञान से काम लेते हैं। इनकी कविता मानव-जाति के प्रति वैसे ही सामाजिक और आर्थिक विचार प्रस्तुत करती है, जैसे कोई विचारशील लेखक अपने लेखों में वाद-विवाद के पश्चात् प्रस्तुत करेगा। कवि का माध्यम कल्पना और भावुकता होती है, उन्हीं के द्वारा वह जीवन की गहराइयों में उतरता है और आन्तरिक संघर्ष का पता लगाता है जो मावन में समाज और प्रकृति के अन्याय के विरुद्ध पैदा होती है, इसका सबसे सुन्दर और उत्कृष्ट वर्णन डॉ० इक़बाल की कृतियों में मिलता है। कई कारणों से 'इक़बाल' की रचनाएँ वाद-विवाद का विषय बनी हुई हैं, क्योंकि एक ओर तो मुसलमान प्रतिक्रियावादी उन्हें अपनी ओर खींचते और अपना नेता बनाना चाहते हैं दूसरी ओर प्रगतिशील उनकी कविताओं में मानवता के प्रति आत्मीयता एवं जागरूकता पाते हैं जिसे किसी विशेष धर्म से सम्बन्धित नहीं किया जा सकता और तीसरी ओर यह झगड़ा उठ खड़ा होता है कि उन्हें एक कवि के रूप में देखा जाये या दर्शनशास्त्री के रूप में। यहाँ इस विवाद में पड़ना सम्भव नहीं है, क्योंकि 'इक़बाल' की रचनाओं में इतनी धार्मिक, सामाजिक, ऐतिहासिक और दार्शनिक धाराएँ आकर मिलती हैं कि उनका विश्लेषण दो-चार पृष्ठों में नहीं किया जा सकता। केवल उनकी कविता के मूलाधारों और विशेषताओं का परिचय संक्षिप्त रूप से किया जा सकेगा। अंग्रेजी तथा उर्दू में छोटी बड़ी सैकड़ों पुस्तकें 'इक़बाल' पर निकल चुकी हैं और व्यक्ति जो भी आलोचनात्मक अध्ययन करना चाहेगा उसे बहुत कुछ पढ़ना पड़ेगा।

'इक़बाल' १८७४ ई० में सियालकोट (पंजाब) में पैदा हुए थे। उनके पूर्वज काश्मीरी ब्राह्मण थे। 'इक़बाल' ने अपनी कविताओं में बड़े गर्व के साथ इसकी चर्चा की है। प्रारम्भिक शिक्षा उन्होंने सियालकोट में प्राप्त की, फिर लाहौर चले गये। शिक्षा-काल में वह अपने शिक्षालय के सर्वश्रेष्ठ विद्यार्थियों में गिने जाते थे। दर्शनशास्त्र

---

१. भूमि, २. निहित, ३. उथल-पुथल, ४. हाल, ५. मृत्यु, ६. गहरी नींद, ७. अभागे लोग। ८. बेपरवाही की नींद।

में एम०ए० की उपाधि प्राप्त करने वह विशेष-शिक्षा के लिए लन्दन गये, वहाँ उन्होंने बैरिस्ट्री भी पास की और जर्मनी से दर्शन शास्त्र में डाक्टर ऑफ फ़िलासफ़ी की डिग्री भी प्राप्त की। योरुप की यात्रा उनके जीवन की क्रान्तिकारी परिवर्तनों का द्योतक है। उसने राजनीति और जीवन के सभी क्षेत्रों में उनका दृष्टिकोण एकदम बदल दिया। वहाँ से पलट कर वह लाहौर में बैरिस्ट्री करने लगे, कुछ समय के लिए एक कालेज में प्राध्यापक भी हो गये। थोड़ा-बहुत पंजाब की राजनीति में भी भाग लेने लगे। १९३१ ई० में मुसलमानों के प्रतिनिधि के रूप में गोल-मेज़ सभा में सम्मिलित होने लन्दन गये। उनका स्वास्थ्य बराबर ख़राब रहा करता था। १९३६ ई० से दशा बिगड़ती गयी और अप्रैल १९३८ ई० में उनका दहान्त हो गया।

'इक़बाल' के जीवन में बहुत से उतार-चढ़ाव नहीं हैं, लेकिन एक विचारशील प्राणी होने के कारण अन्दर ही अन्दर उनमें घोर संघर्ष और परिवर्तन होता रहा था और वह संसार की सभी घटनाओं से प्रभावित होते रहे थे। उनका बालपन एक ऐसे पिता की छत्र-छाया में बीता, जो धर्म को बड़ा महत्त्व देते थे और फ़ारसी की धार्मिक पुस्तकें 'इक़बाल' से पढ़ा कर सुनते और उनके रहस्यों पर विचार-विमर्श करते थे। 'इक़बाल' को ऐसे गुरु भी मिलते गये, जिन्होंने उन पर गहरा प्रभाव डाला। वह मुसलमानों के मध्यमवर्ग में उत्पन्न हुए थे और उसी की दृष्टि से जीवन की समस्याओं को देखते थे। भारत के अन्दर बड़ी-बड़ी घटनाएँ और महान परिवर्तन हो रहे थे। मुसलमानों में एक प्रकार की जागृति पैदा हो चुकी थी जो उनके हृदय को कई ओर खींच रही थी। भारतवर्ष के बाहर मुसलमान देशों पर तबाही के बादल छाये हुए थे और लगभग सभी देश योरुप के पैरों के नीचे कुचले जा रहे थे। योरुप की सभ्यता एशिया की सभ्यता का विनाश कर रही थी और ऐसा जान पड़ता था कि मनुष्य के अन्दर नैतिक गुणों के प्राप्त करने की शक्ति नष्ट हो चुकी है। 'इक़बाल' इन सब बातों को समझते थे और जब उन्हें योरुप में जाकर रहने और वहाँ के शासक वर्ग के विचारों से परिचित होने का अवसर प्राप्त हुआ, तो यह बात उन्होंने स्वयं अपनी आँखों से देखी कि योरुप किस प्रकार सारे एशिया का रक्त चूस लेना चाहता है और अपनी सभ्यता फैलाने के बहाने उनकी आत्मशक्ति नष्ट कर देना आवश्यक समझता है जिसमें कि उसे पिछड़े हुए देशों पर अपना अधिकार रखने में सुविधा हो।

भारतवर्ष में राष्ट्रीयता की जो भावना बढ़ रही थी प्रारम्भ में इक़बाल उस पर मुग्ध थे, पर योरुप जाकर वह ऐसे विचारों के सम्पर्क में आये और राष्ट्रों के आपस के झगड़े देख कर वह राष्ट्रीयता से ऐसे खिन्न हो गये कि उन्होंने संकीर्ण देशभक्ति और राष्ट्रीयता को मानवजाति की एकता और विकास के लिए बहुत हानिकारक बताया। इसके बहुत से कारण थे परन्तु उन्होंने जिस वातावरण में इसे पूरी शक्ति से प्रस्तुत किया उसने उनके विरुद्ध अन्य प्रकार के भ्रम पैदा कर दिये। शनैः शनैः वह प्रतिक्रियावादी मुसलमानों के नेता समझे जाने लगे क्योंकि उनके विचारों से यह प्रकट

होता था कि वह मुसलमानों को किसी न किसी प्रकार से भारत की दूसरी जातियों से अलग रखना और उनका सम्बन्ध बाहर के मुसलमान देशों से जोड़ना चाहते हैं। 'इक़बाल' ने इन विचारों को दार्शनिक रूप में प्रस्तुत किया था और ऐसा जान पड़ता था कि वह किसी के विरुद्ध नहीं हैं, वरन् संसार की पिछड़ी हुई जातियों और विशेषकर मुसलमानों को हर प्रकार के अत्याचारों से बचाना चाहते हैं। इसलिए यह कहना कठिन हो जाता है कि भारत के स्वतंत्रता-संग्राम के सम्बन्ध में उनका दृष्टिकोण क्या था। इसमें सन्देह नहीं कि उन्होंने स्पष्ट रूप से कभी उन आन्दोलनों का साथ नहीं दिया जो स्वाधीनता की लड़ाई लड़ रहे थे, यद्यपि उन्होंने मानवजाति की आत्म-स्वतंत्रता और विकास के प्रति बड़े उदार और उत्तम विचार प्रकट किये हैं।

यदि 'इक़बाल' की रचनाओं का अध्ययन ऐतिहासिक रूप में किया जाय तो ज्ञात होगा कि वह उन परम्पराओं को आगे बढ़ा रहे थे जिन्हें सर सैय्यद और 'हाली' के सुधारवादी आन्दोलन ने जन्म दिया था। उनकी कविता में एक लहर ऐसी भी थी, जो 'अकबर' इलाहाबादी की याद दिलाती है। उर्दू के अन्य कवियों की भाँति उन्होंने भी आरम्भ में ग़ज़लें लिखी थीं और अपनी कविताएँ 'दाग़' देहलवी को दिखाई थीं। परन्तु थोड़ा ही समय बीतने के बाद उन्होंने अपना मार्ग आप बना लिया और १८९९ ई० में अपनी पहली महत्त्वपूर्ण कविता 'हिमालय' लिखी। इसके पश्चात् प्रकृति के सौन्दर्य हिन्दू-मुस्लिम एकता और जीवन के आन्तरिक संघर्ष पर बड़ी रोचक रचनाएँ कीं। इनमें एक विचारशील प्राणी का कवि बन जाते हैं।

'इक़बाल' की महत्ता यह है कि वह पूरब और पच्छिम के दर्शन-शास्त्र, धर्मशास्त्र, विज्ञान, इतिहास और राजनीतिक स्थिति प्रत्येक विषय से पूर्णतया परिचित थे। उनके समझने के लिये केवल इस्लामी विचारों से भली-भाँति विज्ञ होना ही आवश्यक नहीं बल्कि दूसरे सभी महान् धर्मों, विचारों और आधुनिक विज्ञानों का जानना भी अनिवार्य है। यदि कोई व्यक्ति इस्लामी दार्शनिकों के अतिरिक्त प्लैटो, नीत्शे, बर्गसाँ और आयन्स्टाइन से भली-भाँति परिचित नहीं है, वह 'इक़बाल' की कविता को नहीं समझ सकेगा। परन्तु ऐसा नहीं है कि 'इक़बाल' ने केवल प्रसिद्ध दार्शनिकों के विचारों को काव्य के रूप में लिख दिया बल्कि कहीं-कहीं उनसे मतभेद भी प्रकट किया है, उनकी आलोचना की है और उनके उन्हीं विचारों को स्वीकार किया है, जो उनके दृष्टिकोण को दृढ़ बनाते थे।

उनका दृष्टिकोण क्या था संक्षिप्त में यह बताना कठिन है, परन्तु परिचय के लिए यह कह सकते हैं कि वे संसार में एक ऐसा अनुशासन और शासन चाहते थे जिसका आधार इस्लामी सिद्धान्तों पर हो, जिसमें एकता हो और मानव-जाति में किसी प्रकार का भेद-भाव न हो। मनुष्य केवल इस दुनिया ही पर नहीं, चाँद, सूरज और तारों पर भी अधिकार प्राप्त कर ले। उसकी अन्तरात्मा पवित्र हो और विश्व की किसी भौतिक शक्ति के सामने वह अपना मस्तक न झुकाये। मनुष्य को यह अधिकार हो कि वह संसार में जैसा जीवन बिताना चाहता है उसी के अनुकूल अपना संगठन कर ले, परन्तु

उसे कभी ईश्वर की इच्छाओं के प्रतिकूल नहीं जाना चाहिए। उनका विचार था कि मनुष्य की आत्म-शक्ति असीमित है और यदि वह उससे काम ले और आत्म-संयम पर चलकर उसे विकसित होने का अवसर दे, तो वह ईश्वर के रचनात्मक कार्य में सहायक हो सकता है, क्योंकि ईश्वर ने मनुष्य से बड़ी कोई वस्तु नहीं पैदा की और सृष्टि की रचना भी उसी के हित में की है। इस आत्मशक्ति पर उन्होंने इतना ज़ोर दिया है कि कभी-कभी वह केवल एक आध्यात्मिक कल्पना मालूम होने लगती है और यह समझ में नहीं आता कि उसके विकास के साधन क्या हैं। यही बात उनको यथार्थवादियों से हटाकर आदर्शवादियों के निकट कर देती है और ऐसा जान पड़ता है कि वह यह सारे परिवर्तन वास्तविक भौतिक जीवन में नहीं बल्कि केवल कल्पनात्मक जगत में चाहते थे। 'इक़बाल' सूफ़ियों के इस विचार का घोर विरोध करते थे कि मनुष्य को अपने अहं को नष्ट कर देना चाहिए, जिससे कि वह ईश्वर में मिल सके। इसके विपरीत 'इक़बाल' यह समझते थे कि ईश्वर मनुष्य को उसी समय अपने निकट आने देता है, जब वह अपनी सारी शक्तियों को काम में लाये और उन्हें विकसित करके अपने अंदर वह गुण पैदा करे, जो अपने पूर्ण रूप में ईश्वर में पाये जाते हैं। फिर भी 'इक़बाल' के यहाँ एक नये प्रकार का तसौव्वफ़ देख पड़ता है, जिसको हम आधुनिक काल का आध्यात्मिक विचार कह सकते हैं। 'इक़बाल' ने जीवन के हर गंभीर विषय पर दृष्टि डाली है, विरला ही कोई ऐसा विषय होगा जिस पर उन्होंने कविता न लिखी हो। विशेषकर उन्होंने आत्मशक्ति, मानव-ज्ञान, सर्वगुण सम्पन्न अलौकिक पुरुष, प्रकृति पर मनुष्य का आधिपत्य, व्यक्ति और धर्म एवं समाज से उसका सम्बन्ध, पूरब और पश्चिम के दर्शनशास्त्र इत्यादि पर फ़ारसी और उर्दू में बहुत-सी रचनाएँ की हैं, और अपने अंग्रेजी भाषणों में भी इन पर गूढ़ विचार प्रकट किये हैं।

उर्दू में 'इक़बाल' के केवल चार संग्रह हैं—'बाँगे-दरा', 'बाले-जिबरील', 'ज़र्बे-कलीम' और 'अर्मूग़ाने-हिज़ाज़' फ़ारसी में उनकी कई पुस्तकें हैं, जो उर्दू-संग्रहों से अधिक महत्त्व रखती हैं। उनकी भाषा सरल नहीं थी, परन्तु वह जिस प्रकार के विचार प्रकट करते हैं, उनके लिए वही ठीक कही जा सकती है। सौन्दर्य की दृष्टि से उनकी बहुत-सी रचनाएँ उर्दू-फ़ारसी तो क्या, संसार की किसी भाषा में अपना स्थान बना सकती हैं। 'इक़बाल' मनुष्य की शक्ति पर पूरा विश्वास रखते थे और उसके भविष्य के ऐसे गीत गाते थे कि उन्हें जो भी पढ़ेगा उन विचारों के संगीत और प्रवाह में बहने लगेगा। उनकी पूरी-पूरी कविता यहाँ नहीं दी जा सकती, इधर-उधर से कुछ शेर उदाहरण के लिए लिखे जाते हैं—

कोई अब तक न ये समझा कि इन्साँ।
कहाँ जाता है, आता है कहाँ से॥

दिल में कोई इस तरह की आरज़ू पैदा करूँ।
लौट जाये आस्माँ मेरे मिटाने के लिए॥

न पूछो मुझसे लज़्ज़त खानुमाँ-बरबाद[१] रहने की।
नशैमन[२] सैकड़ों मैंने बना कर फूँक डाले हैं॥

भला निभेगी तेरी हमसे क्योंकर ऐ वाइज़[३]।
कि हम तो रस्मे-मुहब्बत को आम करते हैं॥

शक्ती[४] भी शान्ती[५] भी भगतों के गीत में है।
धरती के वासियों की मुक्ती[६] प्रीत में है॥

औजे-आदमे-ख़ाकी[७] से अन्जुम सहमे जाते हैं।
कि ये टूटा हुआ तारा महे-कामिल[८] न बन जाये॥

न तू जमीं के लिए है न आस्माँ के लिए।
जहाँ है तेरे लिए, तू नहीं जहाँ के लिए॥

सितारों से आगे जहाँ और भी हैं।
अभी इश्क के इम्तिहाँ और भी हैं॥

२०वीं शताब्दी में बहुत-से ऐसे कवि पैदा हुए, जो उर्दू-साहित्य के इतिहास में जगह पाने योग्य हैं। उनमें कुछ का वर्णन किया जा चुका है और कुछ ऐसे हैं, जिन पर विस्तार से लिखना इस पुस्तक में संभव नहीं है। परन्तु इसका यह मतलब नहीं कि उनकी रचनाएँ अध्ययन करने के योग्य नहीं। 'शाद' अज़ीमाबादी, ज्वाला प्रसाद 'बर्क़', नौबतराय 'नज़र', महाराज बहादुर 'बर्क़', जगत मोहन लाल 'रवाँ', अमर नाथ 'साहिर', 'रियाज़' ख़ैराबादी, मौलाना 'सफ़ी', 'फ़ानी', 'अज़ीज़', 'साक़िब', 'सायल', 'आरज़ू', 'सीमाब', 'असग़र' गोंडवी, 'ज़रीफ़', 'हसरत' मोहानी, तिलोकचन्द 'महरूम', 'जिगर' मुरादाबादी, 'यगाना' चंगेज़ी, 'असर' लखनवी का देहान्त हो चुका है, इनमें से कुछ अभी थोड़े दिन पहले तक जीवित थे, परन्तु उनको विशेष कारणों से १९३५ तक के कवियों में गिना जा सकता है। उनके यहाँ वर्तमान काल का नयापन तो है, लेकिन वह नवीन चेतना जो क्रांति में सहायक होती है अथवा परम्पराओं के तोड़ने का वह साहस जो आधुनिकता को जन्म देता है, इनके यहाँ विरला ही पाया जाता है। आगे के अध्याय में उन कवियों का उल्लेख किया जायेगा, जिन्होंने इस युग की व्याकुलता, उद्विग्नता, विचार, स्वप्न और आशा का चित्रण किया है। उपरोक्त कवियों में अधिकतर ऐसे हैं, जो ग़ज़ल और अन्य सभी प्रकार की कविताएँ भी लिखते रहे हैं और जिन्होंने अपने युग की धाराओं को नवीनता की ओर मोड़ने में भाग लिया है। इनमें से कुछ ऐसे भी हैं, जो परिपाटियों से बंधे हुए होने पर भी अपना व्यक्तित्व प्रकट कर सके हैं और इतिहास में अपना स्थान बना लेते हैं।

---

१. जिसका घर उजड़ गया हो, २. घोंसला, ३. उपदेशक, ४. ५. ६. इसी प्रकार लिखा है, ७. मिट्टी के बने हुए मनुष्य की उन्नति, ८. पूरा चाँद।

सैय्यद अली मुहम्मद 'शाद' अजीमाबादी बिहार के आधुनिक काल के सर्वश्रेष्ठ विद्वानों और कवियों में गिने जाते हैं। उनका जीवनकाल १८४६ से १९२७ ई० तक है। उन्होंने गद्य तथा पद्य-साहित्य को अनमोल कृतियाँ प्रदान की हैं। कुछ लोगों का विचार है कि वे 'सफ़ीर' बिलगरामी को अपनी कविताएँ दिखाते थे परन्तु उन्होंने अपना काव्य-गुरू उल्फ़त हुसैन 'फ़रयाद' को माना है। 'शाद' ने मसनवी ग़ज़ल, क़सीदा, मरसिया तथा अन्य काव्य-रूपों में रचनाएँ की हैं, किन्तु साहित्यिक दृष्टि से वह अपनी ग़ज़लों की सरसता, घुलावट और वास्तविकता के कारण प्रसिद्ध हुए। मरसिया लिखने में भी उन्होंने बहुत नाम किया। आलोचकों का यह विचार युक्तसंगत है कि ग़ज़ल के घटते हुए प्रभाव को संभालने में 'शाद' अज़ीमाबादी का विशेष योगदान है। उन्होंने ग़ज़ल को न सिर्फ़ संभाला बल्कि उसमें ऐसी रंगीनी और मिठास भर दी कि ग़ज़ल पुनर्जीवित हो उठी। उनकी कई पुस्तकें उनके जीवनकाल में ही प्रकाशित हो चुकी थीं परन्तु ग़ज़लों का संग्रह, 'नग़मए-इल्हाम' उनकी मृत्यु के बाद सामने आया। अब तो उनकी आत्मकथा और दूसरे कई संग्रह भी छप गये हैं। उनकी अनेक मान्यताओं से असहमति रखते हुए भी वर्तमान युग का महान कवि माना गया है, यह मत लगभग सभी आलोचकों और विद्वानों का है। उनकी ग़ज़ल के कुछ शेर ये हैं—

मैं और सैरे-लाला-ओ-गुलो[१] हिज्रे-यार[२] में।
कैसी बहार! आग लगा दूं बहार में॥

तमन्नाओं[३] में उलझाया गया हूँ।
खिलौने देके बहलाया गया हूँ॥

ये बज़्मे मय[४] है, याँ कोताह-दस्ती[५] में है महरूमी[६]।
जो बढ़कर ख़ुद उठाले हाथ में मीना[७] उसी का है॥

खुद चल इस कूचे में चलना जो है ऐ पाए-तलब।
वाँ कोई हाथ पकड़कर नहीं ले जाने का।।

जब अह्ले-होश कहते हैं अफ़साना आपका।
हँसता है देख-देख के दीवाना आपका॥

ज्वाला प्रसाद 'बर्क़' सीतापुर के रहने वाले थे। जजी तक पहुँच कर १९११ ई० में शरीर त्याग दिये। गद्य और पद्य दोनों के लिखने में निपुण थे। सरल भाषा में भावनाएँ प्रकट करना उन्हें ख़ूब आता था। बहार के मौसम पर एक बड़ी रोचक मसनवी लिखी है, परन्तु अधिकतर अपनी ग़ज़लों की वजह से प्रसिद्ध हैं।

---

१. वाटिका की सैर, २. बिरह, ३. आशाओं में, ४. शराब भोज, ५. हाथ खींचे रहना, ६. वंचित रहना, ७. बोतल।

नौबत राय 'नज़र' (१८६६ से १९२३) लखनऊ के प्रसिद्ध कवि थे। कई पत्रिकाओं के सम्पादक रहे, परन्तु उनका जीवन बड़ी कठिनाइयों में बीता। स्वास्थ्य भी बहुत ख़राब रहता था, उस पर से पारिवारिक-जीवन की चिन्ताएँ भी घेरे रहती थीं। अपने समय में गद्य और पद्य दोनों के अच्छे लेखकों में गिने जाते थे, उन्होंने लखनऊ के कृत्रिम रंग से हट कर कविता में सुधार का प्रयास किया और सफल भी हुए। वह बाह्य सौन्दर्य के बदले हृदय की आन्तरिक पीड़ा का उल्लेख करने की कविता जानते थे। उनके दो-तीन शेर ये हैं—

अभी मरना बहुत दुश्वार है, ग़म की कशाकश से।
अदा हो जायेगा ये फ़र्ज़ भी फ़ुरसत[1] अगर होगी॥

अब नहीं मालूम क्या दुनियाँ में है रंगे-बहार।
एक जमाना हो गया छूटे हुए गुलज़ार से॥

यूँ तो दिल को कभी क़रार न था।
अब बहुत बेक़रार रहता है॥

जैसा कि पिछले अध्याय में कहा जा चुका है, उस समय के लगभग सभी कवि किसी न किसी प्रकार से पुरानी शैली में सुधार की ओर बढ़ रहे थे और विशेष कर लखनऊ में काव्य-रचना में घोर परिवर्तन हो रहा था। ऐसा नहीं है कि उस समय के कवियों ने पुरानी परम्पराओं को बिल्कुल ही त्याग दिया हो परन्तु यह अवश्य है कि वह कविता को केवल एक शब्दाडम्बर बनने से बचाना और उसके द्वारा जीवन की गहरी बातों को प्रस्तुत करना आवश्यक समझते थे। कुछ कवि ऐसे थे, जो प्राचीन परिपाटियों से दूर नहीं जाना चाहते थे, जैसे पंडित 'साहिर', 'सायल' और 'बेख़ुद' इत्यादि। मगर इनका गहरा अध्ययन किया जाय तो ज्ञात होगा कि इनकी चेतना भी पुराने कवियों को देखते हुये कुछ न कुछ नयी थी। वह पुराने कवियों में 'मीर', 'ग़ालिब', 'आतिश', 'अनीस' का अनुसरण करते थे और नये कवियों में 'हाली', 'इक़बाल' और 'सुरूर' का। अतएव महाराज बहादुर 'बर्क़' (१८८४-१९३६) जिनके घर में कई पीढ़ियों से वाक्य-रचना की परम्परा चली आ रही थी, अंगरेज़ी कवियों के अतिरिक्त 'सुरुर' जहानाबादी से प्रभावित थे। उन्होंने ग़ज़लें कम और कविताएँ अधिक लिखी हैं। भाषा कठिन और फ़ारसी से भरी हुई होती थी। उनकी कविताओं के दो संग्रह प्रकाशित हो चुके हैं, उन्हीं में से ग़ज़ल के दो तीन शेर देखिए—

ज़र्फ़े-मय[2] टूट के भी होने न पाए बेकार।
हो शिकस्ता[3] कोई शीशा[4] तो वो पैमाना बने॥

---

१. अवकाश, २. शराब का पात्र, ३. टूटा हुआ, ४. बोतल।

खुलती नहीं हक़ीकाते-दुनिया-ए-सबात[१]।
एक ख़राब सा है दीदा-ए-हैरां[२] के सामने॥

'सफ़ी लखनवी (१८६३-१९५०) लखनऊ के प्रसिद्ध कवि थे। उनकी मृत्यु तो इस शताब्दी का आधा भाग बीतने के बाद हुई, परन्तु वह उसी युग के कवियों में गिने जाते हैं, जिनका उल्लेख हो रहा है। फ़ारसी-अरबी के विद्वान होने के साथ-साथ वह अंग्रेजी भी जानते थे और उन्होंने लखनवी के रंग काव्य में बड़ा परिवर्तन किया। वह लगभग ६० वर्ष तक हर प्रकार की कविताएँ लिखते रहे। काव्य-शास्त्र के परिचित ही नहीं वरन् उनमें सभी मान्यताओं से भलीभांति निपुण थे और उनका स्वभाव ऐसा विनम्र था कि उनसे मिलकर सभी लाभ उठाते थे। उन्होंने ग़ज़लों के अतिरिक्त लम्बी-लम्बी कविताएँ भी लिखीं, जिनमें भारत के प्रसिद्ध नगरों का अति सुन्दर वर्णन किया गया है। कुछ कविताओं में वह 'हाली' के निकट जान पड़ते हैं, क्योंकि वह भी काव्य के माध्यम से जीवन में सुधार और उन्नति चाहते थे। उनकी कविताओं के कई संग्रह वर्तमान हैं, परन्तु उनमें से कुछ ही प्रकाशित हो सके हैं। एक मसनवी पर हिन्दुस्तानी एकेडेमी ने उनको पुरस्कार भी दिया है। अपनी उम्र के अन्तिम पंद्रह वर्षों में उन्होंने 'उमर खैय्याम' की रुबाइयों का उर्दू-काव्य में अनुवाद किया है और उन पर विद्वत्ता एवं शोधपूर्ण टीकाएँ लिखी हैं। उनकी यह भी एक विशेषता थी कि पुराने होते हुए भी नवीनता से विरक्त नहीं थे और उसे अपनाने की चेष्टा करते थे। उनके कुछ शेर यह हैं—

दिल में रह-रह के खटक होती है।
ख़लिशे - दर्दे - मुहब्बत[३] होगी॥

आकर जो नहीं जाती वो है शबे-तनहायी[४]।
जाकर जो नहीं आती वो उम्रे-गुरेजां[५] है॥

कल हम आईने में रुख़[६] की झुर्रियाँ देखा किये।
कारवाने-उम्रे-रफ़्ता[७] के निशाँ देखा किये।

ज़ोर ही क्या था जफ़ा-ए[८]-बाग़बाँ देखा किये।
आशियाँ उजड़ा किया हम नातवाँ देखा किये॥

मिर्जा मुहम्मद हादी 'अज़ीज़' (१८८०-१९३५ ई०) लखनऊ के प्रसिद्ध कवियों में गिने जाते थे। वह भी उन लोगों में हैं, जिन्होंने यहाँ की कविता में भावुकता को महत्त्व दिया और नये विषय लाकर उसका क्षेत्र बढ़ाया। वह भी 'मीर' और 'ग़ालिब' के उपासक थे और उन्हीं के रंग में गम्भीर विचार भावपूर्ण ढंग से प्रस्तुत करते थे। ग़ज़ल के अतिरिक्त वह क़सीदे भी बहुत उच्च-कोटि के लिखते थे। उनके क़सीदे

१. मायारूपी संसार का रहस्य, २. चकित नेत्रों, ३. प्रेम पीड़ा की खटक, ४. विरह की रात, ५. भागती हुई आयु, ६. मुखारबिंदु, ७. बीती हुई आयु काफ़िका, ८. अत्याचार।

धार्मिक नेताओं की प्रशंसा में होते थे। 'अज़ीज' के तीन काव्य-संग्रह 'गुलकदा' 'अंजुमकदा' और 'सहीफ़ए-विला' प्रकाशित हो चुके हैं। 'शिबली', 'अक़बर', 'शरर' और 'इक़बाल' सबने उनकी ग़ज़लों की प्रशंसा की है। उनकी ग़ज़ल के शेरों का रंग यह ा—

पहले आईना एक नज़र देखो।
फिर मेरा दिल मेरा जिगर देखो॥

हाय मजबूरियाँ मुहब्बत की।
चाहिए जो न था किया मैंने॥

बिजली-सी एक सामने आकर निकल गयी।
क्या देखते ही देखते दुनिया बदल गयी॥

अपने मरकज़[१] की तरफ़ माइले-परवाज़[२] था हुस्न।
भूलना ही नहीं आलम[३] तेरी अंगड़ायी का॥

मिर्ज़ा जाकिर हुसैन 'साक़िब' (१८६०-१९४६ ई०) भी लखनऊ के सुविख्यात कवि थे। पिता की नौकरी के नाते इलाहाबाद, भोपाल और आगरा में भी रहे, परन्तु अधिक समय लखनऊ में ही गुज़रा। काव्य-रचना में इस प्रकार मग्न हो जाते थे कि इधर-उधर की ख़बर नहीं रहती थी। अधिकतर गज़लें कहते थे और 'मीर' और 'ग़ालिब' का अनुसरण करने को ही अपने लिए गर्व की बात जानते थे। उनकी कविता में थोड़ा-बहुत लखनऊ का बनावटी रंग भी मिलता है, परन्तु अधिकतर हार्दिक भावनाओं की अभिव्यक्ति से उनकी शायरी का प्रभाव बढ़ा हुआ है। उनका संग्रह भी 'दीवाने-साक़िब' के नाम से प्रकाशित हो चुका है। उनके कुछ शेर यह हैं—

बाग़बाँ ने आग दी जब आशियाने को मेरे।
जिन पे तकिया था वही पत्ते हवा देने लगे॥

तड़पा दिया है दिल को, शाबाश हम-सफ़ीरो[४]।
यूहीं फिर इक सदा[५] दो टूटा कफ़स, चला मैं॥

दुआएँ दे मेरे बाद आने वाले मेरी वशहत को।
बहुत काँटे निकल आये मेरे हमराह[६] मंजिल से॥

असग़र हुसैन 'असग़र' गोंडवी (१८८४-१९३६ ई०) वर्तमान काल के कवियों में अपनी सूफ़ियाना रचनाओं के लिए प्रसिद्ध हैं। उनकी शिक्षा ठीक से नहीं हुई थी, परन्तु अपनी लगन से इतना पढ़ लिया था कि विद्वानों में गिने जाने लगे थे। सूफ़ीमत से

---

१. केन्द्र, २. उड़ने पर तैयार, ३. हालत, ४. साथ ही गाने वाली चिड़ियाँ, ५. आवाज़, ६. साथ।

विशेष रुचि थी और अपनी कृतियों में धार्मिक तथा सूफ़ीमतित्व विचारधारा प्रस्तुत करते थे। कभी-कभी गद्य भी लिखते थे। उर्दू की प्रसिद्ध मसनवी 'गुलज़ारे-नसीम' उनकी टीकाओं के साथ प्रकाशित हुई थी। अधिकतर ग़ज़लें लिखते थे, उनकी भाषा फ़ारसी से बोझिल होती थी, परन्तु उनकी कविता में रस और सौन्दर्य बड़ी मात्रा में मिलते थे। उनके दो छोटे-छोटे काव्य-संग्रह 'निशाते-रूह' और 'सरोदे-ज़िन्दगी' प्रकाशित हो चुके हैं। उनके कुछ शेर पढ़िए—

जोशे-जुनूँ में छूट गया आस्ताने-यार।
रोता हूँ मुँह पे दामने-सहारा लिये हुए॥

मैं क्या कहूँ कहाँ है महुब्बत कहाँ नहीं।
रग-रग में दौड़ी फिरती है नश्तर लिये हुए॥

अब न कहीं निगाह है, अब न कोई निगाह में।
महवा खड़ा हुआ हूँ मैं हुस्न की बारगाह में॥

'फ़ानी' बदायूनी, जिनका नाम शौकत अली था, इस समय के प्रसिद्ध कवियों में थे। जीवनकाल १८७९ से १९४२ ई० तक है। एल०एल०बी० पास करके लखनऊ, आगरा और इटावा में वकालत करते रहे, फिर हैदराबाद चले गये और वहीं अंतिम समय तक अनेक प्रकार की नौकरियाँ करते रहे। बालपन ही से कविता की देवी के सामने सिर झुकाया था और २० वर्ष की आयु में एक संग्रह तैय्यार कर लिया था। उन्होंने मिल्टन और दूसरे कवियों की रचनाओं के अनुवाद भी किये थे; परन्तु यह समस्त पूँजी किसी प्रकार नष्ट हो गयी। इसके पश्चात् जो कुछ बचा वह 'बाक़ियाते-फ़ानी' के नाम से और जो कुछ बाद में लिखा, वह सब 'कुल्लियाते-फ़ानी' के नाम से प्रकाशित हो गया है। 'फ़ानी' ने अपना जीवन बड़े दुख में बिताया और कहा जा सकता है कि इसी परिस्थिति ने उसको उर्दू का सबसे बड़ा निराशावादी कवि बना दिया। उनकी कविता का रंग 'मीर' और 'ग़ालिब' से मिलता-जुलता है। थोड़ा-बहुत लखनऊ का प्रभाव भी है। परन्तु इसमें सन्देह नहीं कि वह प्रथम-श्रेणी के कवि थे, जिनके विचारों में दार्शनिक तत्व और भावपूर्ण यथार्थ दोनों की कमी नहीं है। जीवन उनके लिए एक विपत्ति है, जिससे मनुष्य मर कर ही छूट सकता है। उनकी कविता का रंग यह है—

अदा से आड़ में खंजर की मुँह छिपाये हुए।
मेरी क़ज़ा[1] को वो लाये दुल्हन बनाये हुए॥

एक फ़साना सुन गये, एक कह गये।
मैं जो रोया मुस्कुराकर रह गये॥

---

१. मौत।

वो हैं मुख़्तार[१] सज़ा दें कि जज़ा दें[२] फ़ानी।
दो घड़ी होश में आने के गुनहगार हैं हम॥

बिजलियाँ टूट पड़ीं जब वो मुक़ाबिल से उठा।
मिल के पलटी थीं निगाहें कि धुँआँ दिल से उठा॥

न इब्तिदा की ख़बर है न इन्तिहा[३] मालूम।
रहा ये वह्म कि हम हैं, सो वो भी क्या मालूम॥

'अज़ीज़' लखनवी के शिष्यों में जगत मोहन लाल 'रवाँ' (१८८९-१९४९ ई०) बहुत प्रसिद्ध हैं। वह उन्नाव के रहने वाले थे और एम०ए०, एल०एल०बी० तक शिक्षा लखनऊ में प्राप्त की थी। उन्नाव में सफलतापूर्वक वकालत भी करते थे और काव्य-जगत में भी अपना स्थान बना रहे थे। उनका काव्य-संग्रह 'रूहे-रवाँ' और एक मसनवी 'नक्शे-रवाँ' प्रकाशित हो चुके हैं। उन्होंने कुछ अधूरी कविताएँ भी छोड़ी हैं जो उनके परिवार वालों के पास सुरक्षित हैं। वह ग़ज़लें और रुबाइयाँ बड़े मनोहर और प्रभावपूर्ण ढंग से लिखते थे। उनकी कविताएँ भी बड़ी गम्भीर और विचारशील होती थीं। दो-चार शेर यह हैं—

हँसे भी रोये भी लेकिन न समझे।
ख़ुशी क्या चीज़ है दुनिया में ग़म क्या॥

'रवाँ'! सच है मुहब्बत का असर ज़ाया नहीं होता।
वो रो देते हैं अब भी ज़िक्र आता है जहाँ मेरा।

पैहम[४] दिए वो रंज कि इन्साँ बना दिया।
मिन्नत-पिज़ीर[५] हूँ सितमे-रोज़गार का॥

किसी तरफ नज़रें-यास करके रो देना।
मेरी ज़बाँ में इसी को फ़ुग़ाँ भी कहते हैं॥

सैय्यद मक़बूल हुसैन 'ज़रीफ़' लखनऊ के हास्य-रस के कवियों में विशेष महत्त्व रखते हैं। उन्होंने राजनीतिक, सामाजिक और धार्मिक विषयों पर अपने रंग की कविताएँ लिखीं, जिनके अध्ययन से उनकी सामाजिक चेतना का भी पता चलता है। हँसी-हँसी में उन्होंने बहुत-सी काम की बातें कही हैं, जो जीवन-सुधार के लिए अत्यन्त उपयोगी सिद्ध हो सकती हैं। उनकी कविताओं का संग्रह 'दीवानजी' के नाम से प्रकाशित हो चुका है। उनकी कविता का रंग यह है—

वहशत में हर इक नक़्शा उल्टा नज़र आता है।
मजनूँ नज़र आती है लैला नज़र आता है॥

---

१. अधिकारी, २. आदि, ३. अन्त, ४. बराबर, ५. कृतज्ञ।

मुँह फुलाकर तश्ना-कामाने-मुहब्बत[1] को हुजूर।
शरबते-दीदार का पूरा घड़ा देने लगे।।

कुछ वर्षों के बीच ही उर्दू के तीन अच्छे कवि परलोक सिधारे, दिसम्बर १९५० ई० में 'सीमाब', अप्रैल, १९५१ ई० में 'आरज़ू', और मई १९५१ में 'हसरत' मोहानी। 'सीमाब' (१८८०-१९५० ई०) आगरा के प्रमुख कवियों में से थे। आरम्भ में 'दाग़' को अपनी कविताएँ दिखायी थीं। कुछ समय इधर-उधर नौकरी करते बीता परन्तु बाद में केवल साहित्य-सेवा में ही लगे रहते थे। गद्य और पद्य में छोटी-बड़ी मिलाकर ३०० के लगभग रचनाएँ की हैं। वह बहुत लिखते थे और हर प्रकार की कविताएँ तीव्र-गति से लिखने की क्षमता रखते थे। उन्होंने कविता का एक 'आगरा-स्कूल' चलाने की चेष्टा भी की थी। उनके प्रसिद्ध संग्रहों में 'कारे-इमरोज़', 'क़लीमे-अजम', 'शेरे-इन्क़लाब', और 'सिदरतुलमुन्तहा' के नाम लिये जा सकते हैं। उनका कोई विशेष रंग नहीं है, परन्तु भाषा और काव्य-शास्त्र का अधिकारी विद्वान होने के कारण उन्होंने कभी-कभी नये जीवन की समस्याओं पर भी विचार प्रकट किये हैं। उनके शिष्यों की संख्या सारे भारतवर्ष में सहस्रों तक पहुँचती है। ग़ज़ल के दो-चार शेर देखिए—

बदल गई वो निगाहें ये हादसा[2] था अख़ीर।
फिर इसके बाद कोई इनक़िलाब हो न सका।।

कहानी मेरी रूदादे-जहाँ[3] मालूम होती है।
जो सुनता है उसी की दास्ताँ मालूम होती है।।

चमन के सानहे को मुद्दतें[4] गुज़रीं मगर अब भी।
चमकती है जो बिजली आशियाँ मालूम होती है।।

हर चीज़ पर बहार, हर एक शै पे हुस्न था।
दुनिया जवान थी मेरे अहदे-शबाब[5] में।।

सैय्यद अनवर हुसैन 'आरज़ू' (१८७२-१९५१ ई०) लखनऊ के कवियों में विशेष महत्त्व रखते थे। उनको अपने समय के बहुत बड़े कवियों में समझा जाता था। इनके पिता भी एक अच्छे कवि थे। 'आरज़ू', 'जलाल' के शिष्य थे, परन्तु थोड़े ही समय में काव्य-शास्त्र पर उनको इतना अधिकार प्राप्त हो गया कि गुरू ने अपने दूसरे शिष्यों को उन्हीं के पास भेज दिया। 'जलाल' की मृत्यु के पश्चात् 'आरज़ू' को उनकी गद्दी मिली। उनके जीवन का बड़ा भाग बड़ी कठिनाइयों और चिन्ताओं में बीता। कलकत्ते और बम्बई के थियेटरों के लिए ड्रामे और फ़िल्मों के लिए गाने लिखते रहे। वह उर्दू भाषा के बहुत बड़े मर्मज्ञ और लखनऊ की भाषा के सबसे बड़े जानकार माने जाते थे। उनकी कविताओं के चार संग्रह 'फ़ुग़ाने-आरज़ू', 'जहाने-आरज़ू', 'बयाने-आरज़ू'

१. प्रेम के प्यासों, २. दुर्घटना, ३. सारे संसार की कथा, ४. दुर्घटना, ५. युवावस्था।

और 'सुरीली बाँसुरी' प्रकाशित हो चुके हैं। इनके अतिरिक्त और कई महत्त्वपूर्ण पुस्तकें, जो व्याकरण और अलंकार से सम्बन्ध रखती हैं छप गई हैं। 'आरज़ू' ने हिन्दुस्तानी-भाषा में कुछ ऐसी कविताएँ लिखी हैं जिनमें अरबी या फ़ारसी का कोई शब्द नहीं आता और यह देखकर आश्चर्य होता है कि इस सरल भाषा में भी वह अपने मनोभाव बड़े प्रवाहपूर्ण ढंग से प्रकट करते हैं। वह भी उन कवियों में गिने जाते हैं जिन्होंने लखनऊ के रंग को सुधार कर निखारा। उदाहरण के लिए यह शेर देखिए—

चाहत का फल ऐसा है जैसे जल जाये खेती बोई हुई।
क्या होता है आँसू पोंछने से, छिपती नहीं आँखें रोई हुई॥

है एक ही होना तो ये अनबन नहीं अच्छी।
मेरा-सा न बन तो मुझे अपना-सा बना दे॥

तारा टूटते सबने देखा, ये नहीं देखा एकने भी।
किसकी आँख से आँसू टपका, किसका सहारा टूटा है॥

जो देखेगा रोते मुझे, तुमको हँसते।
मेरी बात छोड़ो तुम्हें क्या कहेगा॥

भारत के सुप्रसिद्ध राजनीतिक नेता और प्रमुख कवि सैय्यद फ़ज़लुल-हसन 'हसरत' मोहानी (१८७५-१९५१ ई०) का जन्म मोहान, जिला उन्नाव में हुआ था। अलीगढ़ से बी०ए० की डिग्री प्राप्त की और उसी समय से देश के स्वतंत्रता आन्दोलन में सम्मिलित हो गये। पूर्ण स्वराज्य के उपासक और असाधारण साहस के पुरुष थे। न जाने कितनी बार जेल गये, अधिकतर कविताएँ भी जेल ही में लिखी हैं। जब कभी बाहर आये, तो साहित्यिक पत्रिकाएँ निकालते और उर्दू-कवियों के काव्य-संग्रह प्रकाशित कराते रहे। यह इतना महत्त्वपूर्ण काम है, जिसको भुलाया नहीं जा सकता। 'हसरत' एक अच्छे आलोचक भी थे और उन्होंने काव्य-रचना के गुणों और अवगुणों पर कई पुस्तकें लिखीं। उन्हें आधुनिक युग में उर्दू का सबसे बड़ा ग़ज़ल लिखने वाला माना गया है और इसमें सन्देह नहीं कि मानव प्रकृति का सरल और उसी के साथ हृदयंगम हो जाने वाली संवेदना उनसे अधिक और किसी के यहाँ नहीं मिलेगी। उनके जीवन की सरलता, सच्चाई और गम्भीरता सब उनकी कविताओं में स्थान ग्रहण करती है। यह भी ठीक है कि उनके यहाँ कोई दार्शनिक गहराई और विचारों में नवीनता भी नहीं पायी जाती, परन्तु वह असाधारण सादगी, जो बनावट के सभी तरीक़ों से विरक्त होने के कारण हृदय में अपना घर बना लेती है, उनकी सबसे बड़ी विशेषता है। प्रेम की भावनाओं और युवावस्था के अनुभवों का चित्रण एक विचित्र सरलता से हो जाता है और ऐसा जान पड़ता है कि यह बातें सबके हृदय में विद्यमान हैं। काव्य-शैली की प्राचीन और नवीन धाराएँ उनके यहाँ एक हो जाती हैं। उनका

काव्य-संग्रह १३ छोटे-छोटे भागों में प्रकाशित हो चुका है, और सब मिलाकर भी 'कुललियाते-हसरत' के नाम से भी छपा था। उदाहरण के लिए यह शेर देखिए—

हुस्ने बेपरवा[१] को ख़ुद-बीनो-ख़ुदारा[२] रूर दिया।
क्या किया मैंने कि इज़्हारे-तमन्ना कर दिया॥

नहीं आती तो याद उनकी महीनों तक नहीं आती।
मगर ज़ब याद आते हैं, तो अक्सर याद आते हैं॥

बर्क़ को अब्र[३] के दामन में छिपा देखा है।
हमने उस शेख़ को मजबूरे-हया[४] देखा है॥

परदे से एक झलक जो वह दिखला के रह गये।
मुस्ताक़े-दीद[५] और भी ललचा के रह गये॥

हम से हर चन्द वो ज़ाहिर में ख़फ़ा हैं लेकिन।
कोशिशे-पुरसिशे-हालात[६] चली जाती है॥

दिले-मुज़्तर की सादगी देखो।
फिर उन्हीं से सवाल करता है॥

लाखों हैं तेरी दीद के मुश्ताक़ मगर हम।
नाचार तुझे जी से भुलाने में लगे हैं॥

है मश्क़े-सुख़न[७] जारी, चक्की की मशक्क़त भी।
एक तुरफ़ा[८] तमाशा है 'हसरत' की तबीयत भी॥

यह सब कवि इसी युग के हैं, परन्तु उनकी वाणी आज के तीव्र-गति जीवन को देखते हुए कुछ पुरानी जान पड़ती है। यह अब संसार में नहीं रहे, परन्तु इनकी कविताएँ प्रत्येक पाठक के हृदय में जीवन के समझने की इच्छा पैदा कर देती हैं। अपनी शिक्षा, पारिवारिक जीवन और चेतना के फलस्वरूप इनकी रचनाओं में प्रभावित करने की शक्ति एक-सी नहीं है। कुछ आलोचकों का विचार है कि शैली और चेतना दोनों को देखते हुए इन सबका अध्ययन एक साथ नहीं किया जा सकता, क्योंकि यह विभिन्न परम्पराओं से प्रेरणा लेते हैं। परन्तु एक इतिहास में उनको इसी स्थान पर रखना पड़ेगा, जहाँ उन्होंने जन्म लिया और आलोचकों को यह सोचना पड़ेगा कि वह किस हद तक समकालीन जीवन और चेतना से प्रभावित होकर रचनाएँ करते थे। यदि वह केवल रूढ़िवादी हों या रीति-गति को छोड़ना चाहते हों तो उसके कारणों को

---

१. सुन्दर व्यक्ति जिसको अपनी सुन्दरता का अनुमान नहीं है, २. आत्म-गौरव रखने वाला, ३. बादल, ४. लज्जाशील होने पर मजबूर, ५. देखने के उत्सुक, ६. हाल पूछने की कोशिश, ७. काव्य-रचना, ८. अनोखी।

भी देखना आवश्यक होगा। भविष्य का इतिहासकार उनके सम्बन्ध में यह निश्चय करेगा कि वह कितना साहित्यिक महत्त्व रखते हैं। जैसा कि कहा गया, इस युग में कवियों की संख्या अत्यधिक है। इसका कारण यह नहीं है कि सहसा समस्त देश की सर्जनात्मक शक्ति बढ़ गई थी, बल्कि इसलिए कि नये और पुराने का संघर्ष एक विशेष प्रकार के मोड़ पर आ पहुँचा था और साहित्य-चिन्तन का ढंग बदल रहा था। जो कवि नवीन प्रवृत्तियों को पूर्णतया मान्यता प्रदान करने से संकोच अनुभव करते थे, वे भी परिवर्तनशील परिस्थितियों का बहुत कुछ प्रभाव अनुभव कर रहे थे। इस काल में अधिकांश कवि ऐसे हैं, जिन्हें न तो एकमात्र पुराना कहा जा सकता है, न तो नया। उन्होंने नये वातावरण को समझने की चेष्टा की, किन्तु उन सीमाओं को तोड़ने से असमर्थ रह गये, जो 'आज़ाद' और 'हाली' के समय में बन गयी थीं। उनमें कुछ कवियों का उल्लेख किया जा चुका है और कुछ ऐसे हैं, जिनका वर्णन इस संक्षिपत इतिहास में भी आवश्यक है। इनमें तिलोकचन्द 'महरूम', 'यास-यगाना' 'चँगेजी', 'जिगर' मुरादाबादी और 'असर' लखनवी का उल्लेख किया जाता है।

तिलोक चन्द 'महरूम' ने १८८५ ई० के लगभग सरहदी प्रान्त में जन्म लिया। बी०ए० तक शिक्षा प्राप्त करके शिक्षा विभाग में नौकर हो गये। १२-१३ वर्ष की आयु से कविताएँ लिखते हैं और बहुत कुछ लिख चुके हैं। उनका एक संग्रह 'गंजेमआनी' के नाम से प्रकाशित हो चुका है। नये पुराने मिले-जुले रंग के कवियों में वह बड़े आदरणीय समझे जाते हैं। उनकी कविता में धार्मिक एकता और देशभक्ति का अंश बहुत होता है। ग़ज़लें कम कहते हैं, परन्तु जो कुछ कहते हैं, वह सरस होती हैं। उन्होंने कुछ कविताएँ बालकों के लिए भी लिखी हैं। 'महरूम' को कलात्मक दक्षता प्राप्त है और प्रत्येक तरह की कविताएँ बड़े सहज और सुरुचिपूर्ण ढंग से प्रस्तुत करते हैं। प्राकृतिक, नैतिक, सामाजिक, दार्शनिक कविताओं के अतिरिक्त वे उन समसामयिक घटनाओं पर भी सशक्त कविताएँ लिख रखते थे। उनकी मृत्यु १९६६ ई० में हो गयी। उनकी पुस्तकों में 'बहारे-तिफ़्ली' कारवाने-वतन' 'रूबायाते-महरूम', 'गंजे-मआनी' प्रसिद्ध हैं। उनके कुछ शेर यह हैं—

दामे-ग़मे-हयात[१] में उलझा गयी उमीद।
हम ये समझ रहे थे कि एहसान कर गयी॥

अब क़फ़स को ही आशियाँ कहिए।
राहते-आशियाँ मिले, न मिले॥

उसकी धड़कन से हैं, आसारे-बग़ावत[२] पैदा।
बेरूख़ी करने पे आमाद है दिल ख़ैर करे॥

---

१. जीवन की विपताओं का जाल, २. विद्रोह के लक्षण।

इस काल के तीन कवियों 'यगाना', 'ज़िगर' और 'असर' को विशेष महत्त्व प्राप्त है परन्तु जिन कारणों का ऊपर उल्लेख हुआ उनको देखते हुए इनको भी नवजाग्रत के कवियों में सम्मिलित नहीं किया जा सकता। अपनी विशेषताओं की दृष्टि से उन्होंने वर्तमान युग को भी प्रभावित किया है परन्तु जीवन और साहित्य के सम्बन्ध में इनका वह दृष्टिकोण नहीं है, जो आज के नये लेखकों का है। इसका यह अर्थ नहीं कि उनकी रचनायें मानव-जीवन के रंग-बिरंगे चित्रों से खाली हैं, बल्कि उनकी दृष्टि गहरी और मनोभावनाओं का अध्ययन व्यापक है, इसलिए उनका प्रभाव किसी न किसी रूप में आज उर्दू साहित्य पर पड़ रहा है।

मिर्ज़ा वाजिद हुसैन 'यगाना' चंगेज़ी १८८४ ई० में पटने में पैदा हुए। वहाँ के बड़े-बड़े विद्वानों और कवियों से शिक्षा प्राप्त की। फ़ारसी के अतिरिक्त अंग्रेज़ी से भी भली-भाँति परिचित थे। आरम्भ में 'यास' के नाम से कविताएँ लिखते थे। १९०५ ई० के लगभग लखनऊ आये और यहाँ के साहित्यिक जीवन में इस प्रकार सम्मिलित हुए कि यहीं के हो रहे। काव्य-क्षेत्र में किसी से लड़े, किसी को पछाड़ा, किसी से मैत्री की और इस प्रकार जीवन के अन्त तक अपने व्यक्तित्व और अहं को किसी के सामने झुकने नहीं दिया। उनकी कविता पढ़कर मानव-जीवन की शक्ति का अनुभव होता है। स्वतंत्रता, बांकपन और सबलता उनके विचार की विशेषताएँ हैं। भाषा में कभी-कभी बोलचाल के साधारण शब्दों का प्रयोग भी करते हैं। उन्होंने 'ग़ालिब', 'इक़बाल' और 'जोश' के विरुद्ध बहुत कुछ लिखा है और बहुत से दूसरे कवियों से भी वह संतुष्ट नहीं हैं। दूसरी गद्य रचनाओं के अतिरिक्त उनकी ग़ज़लों के संग्रह 'आयाते-विजदानी' और 'गनजीना' के नाम से प्रकाशित हो चुके हैं। उनके कुछ शेर यह हैं—

इसी फ़रेब[1] ने मारा कि कल है कितनी दूर।
इस आजकल में अबस[2] दिन गंवाए हैं क्या-क्या॥

पहाड़ काटने वाले ज़मीं से हार गये।
इसी ज़मीन में दरिया समाये हैं क्या-क्या॥

ख़ुशी में अपने क़दम चूम लूँ तो ज़ेबा[3] है।
वो लग़ज़िशों[4] पे मेरी मुस्कराएँ हैं क्या-क्या॥

ख़ुदा ही जाने 'यगाना' मैं कौन हूँ, क्या हूँ।
ख़ुद अपनी ज़ात[5] पे शक दिल में आये हैं क्या-क्या॥

कैसे-कैसे ख़ुदा बना डाले।
खेल बंदे का है ख़ुदा क्या है॥

---

१. धोखा, २. व्यर्थ, ३. उचित है, ४. लड़खड़ाने, ५. व्यक्तित्व।

१९५६ ई० में 'यगाना' के परलोक सिधारने के बाद 'असर' ही लखनऊ के प्रमुख कवि रह गये। मिर्जा जाफ़र अली ख़ाँ 'असर' ने १८८५ ई० में लखनऊ में जन्म लिया। उनका परिवार यहाँ का प्रसिद्ध शिक्षित और सम्पन्न माना जाता था। 'असर' ने अच्छी शिक्षा प्राप्त की और १९०९ ई० में उनको डिप्टी कलक्टरी मिल गयी और लगभग १९४४ ई० तक नौकरी का सिलसिला चलता रहा। उन्होंने कविताएँ लिखना बालपन ही से आरम्भ कर दिया था और 'अज़ीज़ लखनवी के शिष्य हो गये थे। वह अंग्रेज़ी और फ़ारसी के भी बड़े विद्वान थे और लखनऊ की भाषा के बड़े मर्मज्ञ समझे जाते हैं। वह जितने बड़े कवि हैं, उतने ही बड़े आलोचक भी हैं और उनकी आलोचनाओं की कई पुस्तकें प्रकाशित हो चुकी हैं। 'असर' को 'मीर' से अनन्य भक्ति थी, जो उनकी रचनाओं से स्पष्ट रूप में झलकती है। उनकी गिनती अपने युग के बड़े विद्वानों में होती थी। उन्होंने सभी कवियों का अपनी सुरुचि के साथ अध्ययन किया था परन्तु 'मीर' के काव्य के रहस्यों को उद्घाटित करने में भी उनका विशेष योगदान है।

'असर' ने सभी प्रकार की कविताएँ लिखी हैं, जिनमें अधिकतर ग़ज़लें हैं। परन्तु दूसरी तरह की कविताओं की संख्या भी कम नहीं। दूसरी भाषाओं की श्रेष्ठ कविताओं का अनुवाद भी उन्होंने पद्य में किया है। उनका 'भगवत गीता' का अनुवाद भी बड़ी उच्चकोटि की कविताओं में गिना जाता है और 'नग़मए-जावेद' के नाम से प्रकाशित हो चुका है। ग़ज़लों के तीन संग्रह 'असरिस्तान', 'बहारां' और 'नौबहारां' भी छप चुके हैं। इनके अतिरिक्त कई और संग्रह प्रकाशित हो चुके हैं और कई छपने वाले हैं। 'असर' की ग़ज़लें बहुत सादा मगर रंगीन होती हैं। उनको भाषा सरल और मधुर होती है। कभी-कभी गहरे सूफ़ियाना और दार्शनिक विचार भी प्रस्तुत करते हैं। परन्तु प्रेम-भावनाओं का उल्लेख बहुत ही भावपूर्ण होता है। नमूने के लिए उनके यह शेर देखिए—

भूलने वाले से कोई पूछता।
मैं तुझे दिलसे भुलाऊँ किस तरह॥

हमने रो-रो के रात काटी है।
आँसुओं में ये रंग तक आया॥

झिलमिलाते हुए तारे क्या हैं।
मलगजे फूल तेरे बिस्तर के॥

कुछ रोज़ ये भी रंग रहा इन्तिज़ार का।
आँख उठ गयी जिधर बस उधर देखते रहे॥

देखी न आँख भर के किसी की तरफ़ कभी।
तुमको ख़बर नहीं जो तुम्हारी नज़र में है॥

कुछ देर फ़िक्रे-आलमे-बाला[१] को छोड़ दे।
इस अंजुमन[२] का राज़[३] इसी अंजुमन में है॥

'असर' को लखनऊ की भाषा एवं शैली के विशेषज्ञ की स्थिति प्राप्त थी। उन्होंने अपनी आलोचनात्मक कृतियों में भी कला के इस पक्ष के महत्त्व पर बल दिया है। आलोचनात्मक कृतियों में उनकी पुस्तकें, 'असर के मज़ामीन', 'छान-बीन', 'अनीस की मरसिया-निगारी' अधिक महत्त्वपूर्ण हैं। भाषा के सम्बन्ध में उनकी विशेष कृति 'फ़रहंगे-असर' है, जिसमें शब्दों के प्रयोग, मुहावरो आदि से सम्बन्धित त्रुटियों का वर्णन किया गया है। 'असर' की मृत्यु १९६६ ई० में हो गयी।

'जिगर' मुरादाबादी की गिनती अपनी पीढ़ी के लोकप्रिय कवियों में होती है। उनका नाम अली सिकन्दर था और १८९० ई० में उन्होंने मुरादाबाद में जन्म लिया था। 'ज़िगर' बचपन ही से कविताएँ लिखने लगे थे क्योंकि उनके घर में कई कवि थे और लिखने-पढ़ने का वातावरण था। आरम्भ में 'दाग़' को अपनी कविताएँ दिखाते थे परन्तु जब 'असग़र' गोंडवी का गहरा प्रभाव पड़ा, तो उन्हीं को अपनी कविताएँ दिखाने लगे। उनके तीन संग्रह 'दाग़े-ज़िगर', और 'शोलए-तूर', 'आतशे-गुल' प्रकाशित हो चुके हैं। वह विशेष प्रकार की प्रेम भरी कविताएँ लिखते थे जिनमें रस और मादकता पायी जाती है। कुछ समय तक शराब उनके जीवन का विशेष अंग रही और उसी का प्रभाव कविता पर पड़ता रहा। कभी-कभी उन्होंने सूफ़ियाना विचार भी प्रकट किये हैं, परन्तु उनकी कविता का वही भाग सबसे अधिक सुन्दर समझा जाता है, जिसमें प्रेम-रस में डूबे हुए गीत गाये गये हैं। उनकी कविता में जो आकर्षक सुन्दरता मिलती है, उसका रहस्य यही है कि वह प्रेम और सुन्दरता के उपासक हैं और उन्हीं का वर्णन रोचक ढंग से करते हैं। १९६० ई० में उनका देहान्त हो गया। उनके कुछ शेर यह हैं—

दिल को बरबाद करके बैठा हूँ।
कुछ ख़ुशी भी है कुछ मलाल भी है॥

तेरी आँखों का कुछ क़ुसूर नहीं।
हाँ मुझी को ख़राब होना था॥

बताओ क्या तुम्हारे दिल पे गुज़रे।
अगर कोई तुम्हीं-सा बेवफ़ा[४] हो॥

आ, कि तुझ बिन इस तरह ऐ दोस्त घबराता हूँ मैं।
जैसे हर शय[५] में किसी शय की कमी पाता हूँ मैं॥

ले के ख़त उनका किया ज़ब्त[६] बहुत कुछ लेकिन।
थरथराते हुए हाथों ने भरम खोल दिया॥

---

१. आकाश, २. सभा अर्थात धरती, ३. रहस्य, ४. प्रेम न करने वाला, ५. वस्तु, ६. धैर्य धारण करना।

सावन की रैन अंधेरी, तनहाइयों का आलम[१]।
भूले हुए फ़साने[२] सब याद आ रहे हैं॥

साक़ी[३] की हर निगाह पे बल ख़ाके पी गया।
लहरों से खेलता हुआ लहरा के पी गया॥

जगह की कमी की वजह से जिन बड़े कवियों का उल्लेख न हो सका उनकी संख्या भी कम नहीं है। जो अब इस दुनिया में नहीं हैं उनमें से 'इस्माईल' मेरठी, 'मुहसिन' 'काकोरवी', 'शौक' क़िदवाई, बेनजीरशाह 'अमजद' हैदराबादी, 'रियाज' ख़ैराबादी, मौलाना मुहम्मद अली 'जौहर', 'जलील' मानिकपुरी, 'आज़ाद' अन्सारी, 'साइल' देहलवी, 'अख़्तर' हैदराबादी, 'दिल' शाहजहाँपुरी, 'नूह' नारवी, 'बेख़ुद' देहलवी, 'वहशत' कलकतवी इत्यादि के बारे में थोड़ा बहुत लिखना चाहिए था पर सम्भव न था। इसी प्रकार जीवित कवियों में 'जोश' मलसियानी, 'जिगर' बरैलवी, 'अफ़सर' मेरठी, 'मुनव्वर' लखनवी और कई दूसरे कवियों के सम्बन्ध में भी कुछ न लिखा जा सका, परन्तु उनके काव्य-संग्रह और उनकी कविताएँ मिल जाती हैं और उनका अध्ययन किया जा सकता है।

यह युग हर प्रकार की चेतनाएँ प्रस्तुत करता रहा है किन्तु जो परम्पराएँ हाली, शिबली, अकबर, सुरूर, चकवस्त और इक़बाल ने पैदा की थीं, उनका अनुसरण करने वाले आज उनसे बहुत आगे बढ़ गये हैं और अपनी कविता से वह क्रांतिकारी काम ले रहे हैं, जिसे वह अपना सामाजिक कर्त्तव्य समझते हैं। उनका उल्लेख अन्तिम अध्याय में किया जायेगा।

---

१. स्थिति, २. कहानियाँ, ३. मधुबाला।

अध्याय ११

नयी चेतना और नया गद्य-साहित्य

वर्तमान युग को गद्य का युग कहा जा सकता है, क्योंकि गद्य के द्वारा ही जीवन की शक्ति और संघर्ष का तर्कपूर्ण उल्लेख अधिक सम्भव हो पाता है। गद्य की आधारभूमि मनोभावों को अस्वीकृत नहीं करती, वरन् विचारों के परस्पर टकराव में इसकी सृजन-शक्ति को बल मिलता है। इसीलिये कहा जाता है कि गद्य के माध्यम से जीवनोद्देश्य का वर्णन स्पष्ट शब्दों में किया जा सकता है। यही कारण है कि अन्य भारतीय भाषाओं की तरह उर्दू गद्य ने भी उसी समय उन्नति की जब भारतवर्ष का जीवन नये साँचे में ढल रहा था। पिछले अध्याय में वह पृष्ठभूमि दी गई है, जिससे जीवन का यह परिवर्तन आँखों के सामने आ जाता है, उसका दोहराना आवश्यक नहीं है। परन्तु इस अध्याय को पढ़ते समय उन समस्याओं को आँख से ओझल न होने देना चाहिये, जो भारत के विभिन्न वर्गों को विभिन्न परिस्थितियों का साक्षात्कार कराती हैं और विचारधाराओं को नये मार्गों पर ला डालती हैं। सम्भवत: ग़दर के समय तक के गद्य लेखकों और उनकी रचनाओं का संक्षिप्त उल्लेख आठवें अध्याय में किया जा चुका है। अब जिन लेखकों का परिचय दिया जा रहा है, उनके लिये यह कहा गया है कि वह अपने संग उर्दू-साहित्य का स्वर्णयुग लाये और उर्दू साहित्य को, जो उच्च, वैज्ञानिक और गम्भीर गद्य से खाली था, अपनी शक्तिशाली रचनाओं से ओत-प्रोत कर दिया। इस युग को साधारणत: 'सर सैय्यद का युग' कहा जाता है, क्योंकि इस युग के कई बड़े लेखक जो उनके सम्पर्क में थे, विशेष रूप से प्रभावित हुए और जो उनसे दूर थे उन्होंने भी उस आन्दोलन का अनुमोदन या विरोध करके सर सैय्यद के प्रभाव को अवचेतन रूप में स्वीकार किया।

सैय्यद अहमद ख़ाँ (१८१७-१८९८) ने दिल्ली में जन्म लिया। उनके पितामह दिल्ली दरबार में विशिष्ट पदों के अधिकारी रहे थे। उनके ननिहाल में भी अनेक प्रसिद्ध विद्वान तथा प्रतिष्ठित व्यक्ति हुए थे। सैय्यद अहमद ख़ाँ के नाना गणित और ज्योतिष के बहुत बड़े विशेषज्ञ समझे जाते थे। ददिहाल और ननिहाल दोनों परिवारों के अनेक सदस्य मुग़ल दरबार और ईस्ट-इन्डिया कम्पनी में आदर की दृष्टि से देखे जाते थे। सर सैय्यद की माता बड़ी गुणवती और स्वतन्त्र विचारों की महिला थीं, उनकी शिक्षा उन्हीं की देख-रेख में हुई। उन्होंने दिल्ली के बड़े-बड़े विद्वानों से ज्ञान के सभी क्षेत्रों में अच्छी शिक्षा प्राप्त की। वहाँ के कवियों के साथ उठे बैठे और धार्मिक नेताओं की गोष्ठियों में भी सम्मिलित हुए। युवावस्था में रंगीन स्वभाव रखते थे। पर, कुछ समय बाद बहुत गंभीर, विचारशील और धार्मिक जीवन बिताने लगे।

सर सैय्यद ने १८३८ ई० के लगभग अंग्रेज़ी कम्पनी में नौकरी शुरू की और १८४१ ई० में मुंसिफ़ हो गये। १८४२ ई० में दिल्ली के अंतिम बादशाह ज़फ़र ने उनको कई उपाधियाँ प्रदान कीं। १८५५ में सदर अमीन होकर बिजनौर गये। यहीं से उनकी सुख्याति का सूर्य उदय होता है। इससे पहले भी वह लगभग ११ पुस्तकें लिख चुके थे, परन्तु उन्हें साहित्यकार के रूप में बहुत कम लोग जानते थे। वह बिजनौर ही में थे कि ग़दर हो गया। सर सैय्यद ने उसमें बड़ा काम किया। अंग्रेज कर्मचारियों को बचाने के अतिरिक्त उन्होंने विपत्ति में फँसे हुए लोगों की सहायता का सफल प्रबन्ध किया। विद्रोही सिपाही उनको मार डालना चाहते थे, परन्तु वह किसी प्रकार बच निकले। दिल्ली पहुँचे, तो घर मिट चुका था, लेकिन उन्होंने हिम्मत न हारी और अंग्रेज़ों और हिन्दुस्तानियों के बीच समझौता कराने की चेष्टा करते रहे। सर सैय्यद १८५८ ई० में सदरुस-सुदूर होकर मुरादाबाद पहुँचे। वहाँ उन्होंने कई पुस्तकें लिखीं। फिर ग़ाज़ीपुर गये, वहाँ उन्होंने 'साइन्टिफ़िक सोसाइटी' स्थापित की। १८६६ ई० में अलीगढ़ आये और सोसाइटी को अपने साथ लाये, जिसमें बहुत-सी अंग्रेज़ी पुस्तकों का अनुवाद हुआ। १८६६ ई० में 'ब्रिटिश इन्डियन एसोसिएशन' के नाम से एक संस्था बनाई, जिसका उद्देश्य था कि अंग्रेज़ों से मैत्री स्थापित की जाये और इसी के आधार पर उनसे अधिकार प्राप्त किये जायें। १८६७ ई० में उन्होंने उर्दू-विश्वविद्यालय बनाने का प्रस्ताव सरकार के सामने रक्खा, परन्तु उसमें सफलता न हुई। १८६७ ई० में उन्होंने होम्योपैथिक चिकित्सा को प्रचलित करने का आंदोलन भी आरम्भ किया। उसी समय बनारस में हिन्दी-उर्दू का झगड़ा शुरू हो गया था, जो दुर्भाग्य से अब तक चला जा रहा है। सर सैय्यद ने उर्दू के पक्ष में बहुत कुछ लिखा। १९६९ ई० में वह अपने पुत्र को लेकर लंदन गये। वहाँ उन्होंने योरुप में शिक्षा-प्रणाली का गहरा अध्ययन किया और उसी ढंग का एक कालेज खोलने का विचार लेकर लौटे। १८७० ई० में उन्होंने अपनी प्रसिद्ध पत्रिका 'तहज़ीबुल-इख़लाक' का प्रकाशन प्रारम्भ किया जो नये उर्दू गद्य का पहला नमूना कही जा सकती है। १८७५ ई० में अलीगढ़ में एक विश्वविद्यालय खोला और १८७८ ई० से कालेज की कक्षाएँ भी खुल गयीं तथा १८८३ ई० से इस कालेज में सभी प्रकार की उच्च-शिक्षा दी जाने लगी। इसी युग में वह वाइसराय की कौंसिल के सदस्य भी बनाये गये। १८८६ ई० में उन्होंने 'मोहम्डेन एजूकेशनल कांफ्रेंस' नामक संस्था की स्थापना की। सर सैय्यद मुसलमानों के कांग्रेस में सम्मिलित होने के विरोधी थे और उन व्यक्तियों और संस्थाओं का अनुमोदन करते थे, जो राजभक्त थीं। उनका विचार था कि मुसलमान ग़दर में बरबाद हो चुके हैं, अगर फिर उन पर विपदा पड़ी तो कहीं के न रहेंगे। सर सैय्यद की विचारधारा का अध्ययन करते हुए यह भी याद रखना चाहिये कि वह आरम्भ में हिन्दू-मुसलमानों को एक ही राष्ट्र का समझते थे और कहते थे कि हिन्दुस्तान के सभी रहने वालों को केवल हिन्दू कहना चाहिए। उनका यह भी विचार था कि हिन्दुस्तानियों को ऊँचे से ऊँचा पद मिलना चाहिए और उनमें तथा अंग्रेज़ों में हर प्रकार की समानता होनी चाहिये। बाद में यह विचार बदल

गये। एक बहुत ही सफल और परिश्रमी जीवन बिताने के बाद १८९८ ई० में उनका देहान्त हो गया।

सर सैय्यद इस युग के महान् व्यक्तियों में थे, जिन्होंने भारतीय जीवन और विशेषकर मुसलमानों के जीवन के विभिन्न पक्षों को प्रभावित किया। यहाँ उनके प्रभाव का पूर्ण विश्लेषण नहीं किया जा सकता, परन्तु इतना जानना आवश्यक है कि वह अंग्रेज़ों से मैत्री स्थापित करके देश की उन्नति चाहते थे। वह एक क्षण के लिए भी यह नहीं सोच सकते थे कि अंग्रेज़ी-शिक्षा और अंग्रेज़ी सभ्यता के सहयोग के बिना भारत उन्नति कर सकता है। उनके विचारों से उस नव जागरण को शक्ति मिली परन्तु कई क्षेत्रों में हानि भी पहुँची, क्योंकि उन्होंने जन-जीवन की विषमताओं को समझने पर बल नहीं दिया, जो देश के जीवन में प्रवेश कर रही थी। उन्होंने जो कुछ किया वह सुधार की दृष्टि से किया। वह एक निर्भय, चेतनापूर्ण और क्रियाशील समाजप्रेमी व्यक्ति थे। वह विद्या के साथ-साथ कर्म की भी असाधारण शक्ति रखते थे। उनके कार्यक्षेत्र को देखकर यह कहना पड़ता है कि वह अकेले कई व्यक्तियों के बराबर परिश्रम कर सकते थे। जब तक वे जीवित रहे किसी प्रकार का विरोध उन्हें दबा न सका और जब वह मर गये, तो उनके गुणों और अवगुणों के बहुत से अपनाने वाले पैदा हो गये।

सर सैय्यद ने छोटी-बड़ी ३० से अधिक पुस्तकें लिखी हैं। भाषणों, पत्रों और निबन्धों के संग्रह इसके अतिरिक्त हैं। आरंभ में उन्होंने अधिकतर धार्मिक विषयों पर रचनाएँ कीं, या फ़ारसी ऐतिहासिक पुस्तकों का सम्पादन किया। उनकी पहली महत्त्वपूर्ण पुस्तक 'आसारुस-सनादीद' है, जिसमें उन्होंने दिल्ली की ऐतिहासिक इमारतों, बाज़ारों और प्रसिद्ध लोगों के संबंध में बहुत-सी गवेषणात्मक बातें लिखी हैं। इसमें उन्होंने बड़े परिश्रम से बहुत-सी ऐतिहासिक बातें एकत्र कर दी हैं, जो इनसे पहले कभी लिखित रूप में प्रस्तुत नहीं की गयी थीं। इसके अनुवाद योरुप की भाषाओं में भी हो चुके हैं। ज़िला बिजनौर का इतिहास, बिजनौर में ग़दर का आँखों देखा हाल, ग़दर के कारणों का विश्लेषण, 'लायल मोहम्डेन्स आफ़ इन्डिया', यह सब पुस्तकें लगभग पाँच वर्ष की अवधि में लिखी गयीं। इसके बाद उन्होंने बाइबिल की व्याख्या और कुछ समय के बाद क़ुरान-शरीफ़ की टोका भी लिखी। उस समय उन्होंने जो निबन्ध लिखे उनका भी उद्देश्य यही था कि मुसलमानों और ईसाइयों में एक दूसरे से संबंध बढ़ाने की इच्छा पैदा हो। वास्तव में उनके विचार से यह उनकी राजनीतिक दूरदर्शिता थी, कि वह मुसलमानों के मस्तक से वह कलंक मिटाना चाहते थे, जो ग़दर से लग गया था।

उनकी सबसे प्रसिद्ध पुस्तक 'ख़ुतबाते-अहमदीया' कही जा सकती है, जिसमें उन्होंने मुसलमानों के रसूल पर लगाये गये उन आरोपों का तर्कपूर्ण उत्तर दिया जो ईसाई लेखक उन पर लगाया करते थे। इस पुस्तक के लिए सर सैय्यद ने बड़ा परिश्रम किया और बड़ा कष्ट उठाया। उन्होंने इसका अंग्रेज़ी अनुवाद भी प्रकाशित कराया।

इसी प्रकार कई और पुस्तकें लिखीं जिनमें इस्लाम-धर्म की विशेषताओं का उल्लेख किया गया है।

सर सैय्यद को एक प्रकार से उर्दू-निबंध का जन्मदाता कहा जा सकता है। यद्यपि इससे पहले मास्टर रामचन्द्र और मुहम्मद हुसैन 'आज़ाद' ऐसी रचनाएँ कर चुके थे, लेकिन सर सैय्यद ने 'तहजीबुल-एख़लाक़' निकालकर इस साहित्यरूप को बड़ा सहारा दिया। उनके लेखों के महत्त्व को देखते हुए, कुछ आलोचक उन्हें प्रथम निबंधकार मानते हैं। सर सैय्यद अंग्रेज़ी बहुत कम जानते थे, परन्तु उन्होंने अच्छे-अच्छे अंग्रेज़ी निबंधों से जानकारी प्राप्त कर ली थी और अपनी पत्रिका को उसी ढंग पर चलाना चाहते थे। इन लेखों में उस समय की सभी समस्याओं पर विचार प्रकट किये गये हैं। कहीं वाद-विवाद हैं, कहीं व्यंग्य, कहीं आध्यात्मिक प्रश्नों को नये वैज्ञानिक सिद्धान्तों के आधार पर समझाने का यत्न किया गया है। इनको पढ़कर सर सैय्यद के महत्त्व का अनुमान लगाया जा सकता है।

जब सर सैय्यद ने १८३७ ई० के लगभग लिखना आरम्भ किया, उस समय उर्दू गद्य में पुरानी शैली प्रचलित थी। उन्होंने अपनी पहली बड़ी पुस्तक 'आसारुस-सनादीद' उसी ढङ्ग पर लिखी, परन्तु दूसरे संस्करण के समय उसे नयी साहित्यिक शैली में परिवर्तित कर लिया। साधारणत: सर सैय्यद को अपने विचारों के प्रचार से काम होता था और वह साहित्यिक सौन्दर्य पैदा करने का प्रयास नहीं करते थे पर अपने विचारों के लिए उनके हृदय में जो भावना पैदा होती थी, उसे बड़े उत्साह से प्रकट कर सकते थे, इसीलिये उनका गद्य गम्भीर होने के साथ-साथ प्रभावपूर्ण भी है। सर सैय्यद के सम्बन्ध में कहा जा सकता है कि चाहे उनके विचार वाद-विवाद का विषय हों परन्तु उनकी साहित्यिक रचनाओं से उर्दू-साहित्य अवश्य मालामाल हो गया।

मौलाना मुहम्मद हुसैन 'आज़ाद' एक बहुत बड़े विद्वान और धार्मिक नेता मुहम्मद बाक़र के सुपुत्र थे। उन्होंने १८३३ ई० में दिल्ली में जन्म लिया, उनके जन्म के केवल ३ वर्ष बाद उनके पिता ने उर्दू का सबसे पहला अख़बार दिल्ली से निकाला। 'आज़ाद' ने फ़ारसी-अरबी की उच्चस्तरीय शिक्षा प्राप्त की और कविता में 'ज़ौक़' के शिष्य हो गये। उन्होंने दिल्ली कालेज में भी शिक्षा पायी। ग़दर में 'आज़ाद' के पिता अंग्रेज़ों के हाथ से मारे गये, उनका घर-बार लुटा और 'आज़ाद' केवल अपने उस्ताद 'ज़ौक़' के काव्य-संग्रह की हस्तलिखित-पाण्डुलिपि लेकर दिल्ली से निकल पड़े और जीविका की खोज में लखनऊ और हैदराबाद गये। १८६४ ई० में लाहौर पहुँच कर शिक्षा विभाग में १५ रु० महीने पर नौकर हो गये। वहाँ उन्होंने फ़ारसी और उर्दू में पाठ्य-पुस्तकें लिखकर बड़ा नाम पैदा किया। शिक्षा विभाग के अंग्रेज़ी और हिन्दुस्तानी अफ़सर उनके ज्ञानात्मक लेखों से बहुत प्रभावित हुए। उन्होंने क़ाबुल और ईरान की यात्रा भी की और वर्तमान फ़ारसी भाषा का अध्ययन भी किया। जैसा कि कहा जा चुका है 'आज़ाद' ने कुछ अंग्रेज़ विद्वानों के सहयोग से लाहौर में 'अंजुमने-

पंजाब' की स्थापना की और उसी में उर्दू के नये काव्य ने जन्म लिया। वह कई पत्रिकाओं के सम्पादक भी रहे और धीरे-धीरे उर्दू-साहित्य के रत्नों में गिने जाने लगे। गवर्नमेंट कालेज लाहौर में अरबी-फ़ारसी के प्रोफ़ेसर नियुक्त किये गये, परन्तु इस पद पर बहुत दिनों तक न रह सके। १८८७ ई० में उनको 'शमसुल-उलमा' की उपाधि मिली और १८८८ ई० में मानसिक रोग का आरम्भ हुआ, जो मरते समय तक बाक़ी रहा। उन्माद की स्थिति में भी उन्होंने कई पुस्तकें लिखीं, जिनमें अधिकतर दार्शनिक और आध्यात्मिक विचारों पर पर बल दिया गया है, परन्तु उनका बड़ा भाग समझ में नहीं आता। 'आज़ाद' का देहान्त लाहौर ही में १९१० ई० में हुआ।

'आज़ाद' की रचनाओं की संख्या तो बहुत हैं, परन्तु उनमें 'आबेहयात', 'दरबारे-अकबरी', 'नैरंगे-खयाल' और 'सुख़नदाने-फ़ारस' बहुत प्रसिद्ध हैं। 'आबेहयात' उर्दू-काव्य का पहला इतिहास है, जिसमें रोचक एवं शोधपूर्ण ढङ्ग से कवियों के जीवन-चरित्र एकत्र किये गये हैं। सामाजिक पृष्ठभूमि में भाषा के आरम्भ और साहित्य की उन्नति का वर्णन किया गया है और बड़ी सफलता से उस वातावरण का नक्शा खींचा गया है जिसमें पुराने कवि अपनी रचनाएँ करते थे। कई आलोचकों ने 'आज़ाद' के बहुत से विचारों को ग़लत ठहराया है परन्तु जैसे-जैसे समय बीतता जाता है और प्राचीन पुस्तकें मिलती जाती हैं, 'आज़ाद' की बहुत-सी बातें प्रमाणित सिद्ध होती जाती हैं। इसी पुस्तक से उनके एक अच्छे आलोचक होने का भी पता मिलता है। 'दरबारे-अकबरी' अकबर बादशाह की एक विचित्र जीवन-कथा है, जिसमें 'आज़ाद' ने उस सभ्यता की रूपरेखा देने की चेष्टा की है, जो हिन्दू-मुसलमानों के मेल-जोल से उत्पन्न हुई थी। 'नैरंगे-ख़याल' में पहली बार उस ढङ्ग की एलीगरी (Allegory) लिखने का प्रयत्न किया गया है जो अंग्रेज़ी में पाई जाती थी। इस पुस्तक से भी 'आज़ाद' की रचना-शक्ति का अनुमान लगाया जा सकता है। 'आज़ाद' को भाषा-विज्ञान से भी बड़ी रुचि थी और उसके मर्मों से भली-भाँति परिचित थे। उर्दू-भाषा में उन्होंने बार-बार संस्कृत और फ़ारसी के समान आधार-स्त्रोतों का पता लगाया। इससे पहले 'ख़ाने-आरज़ू' अपनी फ़ारसी पुस्तकों में इस ओर संकेत कर चुके थे। 'आज़ाद' ने ही नये ढंग का पहला नाटक भी लिखा, जो अधूरा रह गया।

'आज़ाद' का जीवन उस विद्यार्थी का जीवन था, जो सदैव कुछ सीखने और कुछ देने में लगा रहता है। उनका सम्बन्ध सर सैय्यद के चलाये हुए आन्दोलन से नहीं था, परन्तु वह उसी नवीन विचारधारा के बड़े प्रचारक थे, जो नयी शिक्षा के कारण जीवन के प्रत्येक प्रांगण में देख पड़ती थी। 'आज़ाद' के बड़े से बड़े विरोधी ने भी उनकी गद्य-शैली की प्रशंसा की है, क्योंकि उसमें जो रंगीनी, प्रवाह, सुन्दरता, जोश और विचारों को प्रकट करने का ढंग मिलता है, वह कहीं और नहीं पाया जाता। अनेक भाषाओं से परिचित होने के कारण वह हिन्दी शब्दों का प्रयोग भी बड़े उचित ढंग से करते हैं। 'आज़ाद' की शैली बनावटी नहीं है बल्कि उनके विचार, चाहे वह जिस प्रकार के हों, उसी शैली में भली-भाँति प्रकट होते हैं। उनके यहाँ एक प्रकार की

रंगीनी में डूबी हुई सरलता, ताज़गी और सरसता मिलती है। उस समय अंग्रेज़ी के शब्द प्रयोग करने का बहुत रिवाज हो गया था परन्तु 'आज़ाद' इस बुराई से बचे हुए हैं। शब्द इस प्रकार उनके वंश में है, जैसे कोई जादूगर अपनी वस्तुओं से काम लेता है। सारांश यह कि 'आज़ाद' उर्दू के महान लेखकों में से हैं और उस नव-जागरण का प्रतिनिधित्व करते हैं, जो ग़दर के बाद की उर्दू में पैदा हो गया था।

ख़्वाजा अलताफ़ हुसैन 'हाली' (१८३६-१९१४ ई०) का परिचय गत अध्याय में दिया जा चुका है। वह जिस प्रकार नये युग के एक महान कवि थे, उसी प्रकार गद्य रचना में भी उनका स्थान बहुत ऊँचा है। पचास वर्षों के भीतर उर्दू गद्य-कोष में जो पूँजी इकट्ठा हो गयी उसमें 'हाली' का भाग बहुत है। उन्होंने १८६७ ई० के लगभग उर्दू गद्य लिखना आरम्भ किया। उनकी पहली पुस्तक धार्मिक वाद-विवाद से संबंध रखती है। उसके बाद उन्होंने कुछ और रचनाएँ कीं जो कोई महत्त्व नहीं रखतीं। १८७४ ई० में 'मजालिसुन-निसा' के नाम से नारी शिक्षा के सम्बन्ध में एक पुस्तक लिखी, जो बहुत पसन्द की गयी। उनकी प्रसिद्ध रचनाओं में सबसे पहली पुस्तक 'हयाते-सादी' है, जो १८८२ ई० में लिखी गयी। इसमें फ़ारसी के सर्वश्रेष्ठ लेखक और कवि 'सादी' के जीवन और रचनाओं पर गहरी दृष्टि डाली गयी है। 'हाली' ने जब अपनी नयी तरह की कविताओं का संग्रह संकलित किया, तो इस पर एक प्रस्तावना लिखना आरम्भ किया। वह बढ़ते-बढ़ते कई सौ पृष्ठों में फैल गई, यह उर्दू की एक महान आलोचनात्मक रचना के रूप में बारम्बार अलग प्रकाशित हो चुकी है, जिसको 'मुक़द्दमए-शेरोशायरी' कहा जाता है। उर्दू-आलोचनाशास्त्र में इसको वही स्थान प्राप्त है जो योरुप में 'कोलेरिज' और 'वर्डस्वर्थ' के लेखों को प्राप्त है। वैज्ञानिक ढंग से लिखी गयी यह पहली पुस्तक है, जिसमें उर्दू कविता के गुणों और अवगुणों का विश्लेषण किया गया है। 'हाली' सामाजिक और नैतिक सुधार के प्रबल पोषक थे। उन्होंने इसी जोश में उर्दू-काव्य के गुणों का उल्लेख बहुत कम किया है और अवगुणों की आलोचना बड़े विस्तार से की है। फिर भी जो कोई उर्दू कविता की विशेषताओं को समझना चाहता है, उसे इस रचना से बड़ी सहायता मिलेगी। 'हाली' की तीसरी महत्त्वपूर्ण पुस्तक 'यादगारे-ग़ालिब' है, जिसमें उन्होंने 'ग़ालिब' की जीवन-कथा के साथ-साथ उनकी कविताओं और लेखों का आलोचनात्मक अध्ययन प्रस्तुत किया है। यह भी उर्दू-साहित्य की एक महान् पुस्तक है। 'ग़ालिब' पर बहुत-सी किताबें लिखी जा चुकी हैं, लेकिन 'यादगारे-ग़ालिब' का स्थान आज भी बहुत ऊँचा है। उन्होंने सर सैय्यद का जीवन-चरित्र 'हयाते जावेद' के नाम से सर सैय्यद की मृत्यु के थोड़े ही समय बाद लिखा। इनके अतिरिक्त उनके निबन्धों, पत्रों और लेखों के भी कई संग्रह प्रकाशित हो चुके हैं।

'हाली' भी सर सैय्यद के राजनीतिक विचारों से बहुत कुछ सहमत थे लेकिन सर सैय्यद के मुक़ाबिले में वह ज्यादा प्रगतिशील कहे जा सकते हैं। उन्होंने सरल और सीधी भाषा में स्थिति को समझने और उसी के अनुकूल जीवन बिताने का पाठ

पढ़ाया। उनका विचार था कि पच्छिम से आयी हुई सभ्यता में ज्ञान-विज्ञान की जो लहरें हैं, वह भारत को भी आगे बढ़ा सकती हैं, परन्तु उन्होंने कभी सर सैय्यद की भाँति धर्म और आहार-व्यवहार को अंग्रेजी सभ्यता के साँचे में ढालने का आदेश नहीं दिया। उनके दिल में भी भारतवासियों और विशेषकर मुसलमानों की गिरी हुई दशा से पीड़ा उठती थी, परन्तु वह गम्भीरता के साथ उनको पतन के दलदल से बाहर निकालने के लिए उभारते रहते थे। इसी विचार के आधार पर उन्होंने कविता, आलोचना, जीवन-चरित्र हर एक में नए पथ ढूँढ़ निकाले। वह पहले बड़े आलोचक भी हैं और प्रथम श्रेणी के जीवनीकार भी। उनके जीवन में जो सरलता और सहजता थीं, वही उनकी रचनाओं में भी पायी जाती है। वह जिन बातों को ठीक जानते थे उन्हें विश्वास और सत्यता के साथ बिना किसी के हृदय को चोट पहुँचाए हुए लिख देते थे और यही बात उनके लेखों को जीवन की समस्याओं के निकट लाती है। उनकी भाषा सरल होती थी। उनका विचार था कि उर्दू जानने के लिए हिन्दी और प्राकृत का जानना आवश्यक है। कभी-कभी वह अंग्रेज़ी के शब्द अनुचित ढंग से लिख जाते थे, जो अब अच्छे नहीं मालूम होते। इसमें सन्देह नहीं कि आलोचना के सम्बन्ध में उनका दृष्टिकोण नैतिक सुधार के विचारों से सीमित हो जाने के कारण कहीं-कहीं वास्तविकता से दूर जा पड़ता है, परन्तु साधारणतः उनके विचार नपे-तुले और यथार्थवादी होते हैं। नये उर्दू-साहित्य को भली-भाँति समझने के लिए 'हाली' के गद्य और पद्य दोनों ही का विवेचनात्मक अध्ययन अत्यन्त आवश्यक होगा, क्योंकि वह एक ओर तो भविष्य पर दृष्टि जमाये हुए थे और दूसरी ओर अतीत की परम्पराओं से पूर्णतः नाता तोड़ना भी न चाहते थे। इन सब बातों को दृष्टि में रखते हुए 'हाली' को बदलती हुई सभ्यता का प्रतिनिधि कहना असंगत न होगा। वे न तो पुरानी बातों पर आग्रहपूर्वक अड़े रहने के पक्ष में थे और न बिना सोचे-समझे नयी बातों को ग्रहण करने पर। यद्यपि उनकी रचनात्मक शक्ति बहुत तीव्र नहीं कही जा सकती परन्तु उनकी सर्वथा सहज एवं गम्भीर शैली, उन्हें नये युग की साहित्यिक विशिष्टता प्रदान करती है।

डॉ० नज़ीर अहमद (१८३६-१९१२ ई०) बिजनौर में पैदा हुए ,अरबी-फ़ारसी की प्रारम्भिक शिक्षा वहाँ प्राप्त की, फिर दिल्ली आये। वहाँ बड़ी गरीबी के साथ एक मस्जिद की पाठशाला में शिक्षा प्राप्त करने लगे। सहसा एक दिन दिल्ली कालेज की ओर जा निकले, विद्यार्थियों के प्रवेश का दिन था, यह भी भीड़ में सम्मिलित हो गये और किसी प्रकार प्रिंसिपल के पास पहुँच गये। अंग्रेज़ प्रिंसिपल ने इनसे अरबी-भाषा और साहित्य के बारे में कुछ बातें पूछीं और इनकी जानकारी से प्रभावित होकर अपने कालेज में दाख़िल कर लिया। नज़ीर अहमद ने स्वयं लिखा है कि मैंने सच्ची विद्या, सहनशीलता, विचार की स्वतंत्रता और राजभक्ति उसी कालेज में सीखी। ८ वर्ष बाद कालेज छोड़ा और इधर-उधर नौकरी करने लगे। ग़दर के बाद डिप्टी इन्सपेक्टर आफ़ स्कूल्स हो गये। अपने उत्साह से अंग्रेज़ी भाषा का अध्ययन किया और उन्नति करके

कुछ ही दिनों में डिप्टी कलेक्टरी तक पहुँच गये। उनके अनुभव और ज्ञान को देखकर हैदराबाद रियासत ने उन्हें १७०० रु० मासिक वेतन पर १८७७ ई० में अपने यहाँ बुला लिया। १८८३ ई० में पेंशन लेकर दिल्ली चले आये और आयु का शेष भाग लिखने-पढ़ने में बिता दिया। एडिनबरा विश्वविद्यालय और पंजाब विश्वविद्यालय ने उनको एल० एल० डी० और डी० ओ० एल० की उपाधियाँ प्रदान कीं।

डॉ० नज़ीर अहमद बहुत बड़े लेखक और प्रभावशाली वक्ता थे। उनकी आवाज़ ऊँची और भारी थी और जब बड़ी से बड़ी सभा में वह भाषण देते थे, तो सन्नाटा छा जाता था। वह हास्य-प्रिय भी थे, अपने चुटकुलों और क़िस्सों से मजमे को अपने वश में कर लेते थे। उनके भाषणों के दो संग्रह प्रकाशित हो चुके हैं, उनको पढ़कर उनके ज्ञान का अनुभव लगाया जा सकता है। वह सर सैय्यद से बहुत-सी बातों में सहमत थे और उनकी शिक्षा की योजना के लिए एक प्रचारक का भी काम करते थे, परन्तु उनके धार्मिक विचारों के विरोधी थे। सरकारी नौकर होने के कारण सदैव अंग्रेज़ी राज्य के गुण गाते और अंग्रेज़ों की सूझ-बूझ, राजनीति, उदारता इत्यादि की प्रशंसा करते रहते थे।

उन्होंने बहुत-सी पुस्तकें लिखीं और कई क़ानूनी ग्रन्थों का अनुवाद भी किया है जिनमें 'इंडियन पेनल कोड' और 'एविडेन्स ऐक्ट' के अनुवाद उनकी अनुवाद-शक्ति का चमत्कार कहे जा सकते हैं। नज़ीर अहमद ने 'क़ुरान शरीफ़' का अनुवाद भी उर्दू में किया, परन्तु जिन पुस्तकों ने उनको अमर बनाया है वह कुछ उपन्यास हैं, जिनमें विपदा में फँसे हुए मुसलमान मध्यम-वर्ग के सुधार पर उन्होंने अपने विचार प्रकट किये हैं। उनका सबसे पहला उपन्यास 'मिरातुल-उरूस' है, जो १८६९ ई० में लिखा गया। इसी कारण वह उर्दू के पहले उपन्यासकार कहे जाते हैं। यह पुस्तक लिखते समय उन्हें इसके प्रकाशित कराने का विचार नहीं था, बल्कि अपनी बेटी की शिक्षा के लिए निजी रूप में पाठ्य-पुस्तक तैयार की गयी थी। परन्तु संयोगवश यह पुस्तक एक अंग्रेज़-कलेक्टर के हाथ लग गयी, उसने उसे प्रकाशित करने पर ज़ोर दिया और उन्हें एक पुरस्कार भी दिलाया। फिर यह सिलसिला चल निकला और उन्होंने सात उपन्यास लिखे जिनमें से कई पर उनको सबसे अच्छी पुस्तक लिखने के पुरस्कार मिले। 'मिरातुल-उरूस' और 'बेनातुन-नाश' दोनों में लड़कियों को सुघड़ बनाने, शिक्षा प्राप्त करने और ससुराल में जीवन बिताने के सिद्धान्त बताये गये हैं। यह सारी बातें ऐसी रोचक और प्रभावपूर्ण कहानियों के रूप में लिखी गयी हैं कि बच्चे उनको पढ़कर मुग्ध हो जाते हैं। उपन्यास की दृष्टि से इनमें और नज़ीर अहमद के दूसरे उपन्यासों में यह कमी पायी जाती है कि वे बीच-बीच में धर्म और नीति पर भाषण देने लगते हैं और उनके उपन्यासों के पात्र आदर्शवादी प्रतीत होने लगते हैं। उनका तीसरा उपन्यास 'तौबतुन-नुसूह' (१८७७ ई०) सबसे अधिक प्रसिद्ध और दिलचस्प है। इसमें दिल्ली के मिटते हुए मुसलमान घरानों का चित्र सामने आ जाता है और नज़ीर अहमद उसी में यह विचार भी प्रकट करते हैं कि सच्ची धार्मिकता के बिना जीवन सफल नहीं हो

सकता। उनके दूसरे उपन्यासों में 'इब्नुलवक्त' बड़ा महत्त्वपूर्ण है, क्योंकि इसमें बेसोचे-समझे भारतीयों के अंग्रेजी रहन-सहन और आहार-व्यवहार ग्रहण करने की निन्दा की गयी है। नज़ीर अहमद कवि भी थे और उनकी कविताओं का एक संग्रह भी प्रकाशित हो चुका है परन्तु उर्दू-काव्य के इतिहास में उसका कोई स्थान नहीं है। कई आलोचकों ने उनके सम्बन्ध में यह कहा है कि वह जितने बड़े विद्वान थे उसके अनुकूल उन्होंने कोई रचना नहीं छोड़ी और उपन्यास लिखना उनकी महानता के विरुद्ध था, परन्तु ये आलोचक इस बात को भूल जाते हैं कि उस समय जो सामाजिक समस्याएँ मुसलमानों के मध्यमवर्ग को व्याकुल कर रही थीं और जिसके सुधार की योजनाएँ सर सैय्यद शिक्षा के क्षेत्र में बना रहे थे, जिसे 'हाली' और 'आज़ाद' उच्चकोटि की साहित्यिक रचनाएँ करके पूरा कर रहे थे, उसी प्रकार नज़ीर अहमद अपने उपन्यासों से लोगों को नया मार्ग दिखाना चाहते थे। उनके प्रत्येक उपन्यास के असंख्य संस्करण निकल चुके हैं और बहुत-सी भाषाओं में अनुवाद भी हो चुके हैं, इससे उनके सुधारवादी आदर्शों की सफलता का पता चलता है।

नज़ीर अहमद की गद्य शैली अपनी विशेषताएँ रखती है। उन्हें दिल्ली की बोल-चाल, मुहावरे और बात-चीत करने के ढंग पर पूरा अधिकार था, इसलिए वह बड़ी प्रभावपूर्ण भाषा का प्रयोग कर सकते थे। अरबी के विद्वान होने के कारण कभी-कभी अनुचित अरबी शब्द भी उसमें ठूँस देते थे और ऐसे मुहावरे लिख जाते थे, जो उस जगह उपयुक्त नहीं लगते, फिर भी साधारणतः उनकी शैली बड़ी रोचक है। हास्यरस में डूबी होने के कारण उनकी बातें बहुत जल्द अपनी ओर खींच लेती हैं। वह अपने व्याख्यानों में अंग्रेज़ी शब्दों को अनुचित रूप में प्रस्तुत कर जाते थे। वह उर्दू के पहले लेखक हैं, जिसने नारी-सम्प्रदाय की बड़ी-बड़ी समस्याओं पर केवल विचार ही प्रकट नहीं किये बल्कि उनके साथ सहानुभूति भी दिखायी। उन्होंने धर्म के सिद्धान्तों को भी वैज्ञानिक ढंग से लिखने की चेष्टा की और कठिन से कठिन समस्या को सरल और सुरुचि रूप में प्रस्तुत किया। सब बातों को ध्यान में रखकर यह कहा जा सकता है कि वह उर्दू के केवल पहले उपन्यासकार नहीं बल्कि उन लेखकों में से हैं, जिन्होंने नये युग के साहित्य की नींव दृढ़ की और भविष्य के लिए पथ-प्रदर्शक बन गए।

उर्दू के प्रसिद्ध लेखक मौलाना 'शिबली' नोमानी (१८५७-१९१४) जो उपरोक्त बड़े लेखकों में सबसे छोटे थे, आज़मगढ़ में पैदा हुए थे। उन्होंने अरबी, फ़ारसी, धर्म-शास्त्र और दर्शन-शास्त्र इत्यादि की शिक्षा बड़े-बड़े विद्वानों से प्राप्त की थी। उनके पिता वकील थे और इनको भी वकील बनाना चाहते थे, इसलिए 'शिबली' भी वकालत की परीक्षा पास करके कुछ दिन वकालत करते रहे, परन्तु उसमें उनका मन न लगा। पिता ने दूसरा विवाह कर लिया था इसलिए पारिवारिक जीवन में भी शान्ति न थी अतएव १८८२ में 'शिबली' अलीगढ़ कालेज में फ़ारसी के प्राध्यापक होकर चले गये। यह जीवन उनके लिए रचनात्मक सिद्ध हुआ। वहाँ उनको सर सैय्यद, मौलाना 'हाली', 'मुहसिनुल-मुल्क' और प्रोफ़ेसर ऑरनल्ड से मिलने का अवसर प्राप्त हुआ

और उनके ज्ञान की सीमाएँ विस्तृत हुईं। यहीं उन्होंने भारत के नव-निर्माण और नयी चेतना का अनुभव भी किया, सर सैय्यद के बहुमूल्य पुस्तकालय से लाभ उठाने का अवसर मिला और उन्हीं के अनुरोध पर मुसलमान-महापुरुषों के जीवन-चरित्र लिखने का उत्साह भी प्राप्त हुआ। उस समय तक 'शिबली' अधिकतर कविताएँ लिखते थे, परन्तु जब उन्होंने गद्य लिखना आरम्भ किया, तो थोड़े ही समय में वह बहुत बड़े लेखकों में गिने जाने लगे। ऑरनल्ड के साथ वह मिस्र, शाम और दूसरे इस्लामी देशों में भी गये और वहाँ से अपनी नयी पुस्तकों के लिए बहुत-सी सामग्री लाये। मौलाना 'शिबली' नये और पुराने का एक विचित्र सम्मिश्रण थे। सर सैय्यद से उनका सम्बन्ध उनके जीवन तक तो एक सहकारी एवं प्रशंसक का रहा परन्तु उनकी मृत्यु के बाद 'शिबली' उनके विचारों का विरोध करने लगे। १८९८ में अलीगढ़ कालेज से त्यागपत्र देकर आज़मगढ़ चले आये और वहाँ एक नेशनल स्कूल स्थापित किया। कुछ दिन बीतने के बाद हैदराबाद के कला और साहित्य के निर्माण विभाग में उनको एक अच्छी जगह मिल गयी और वहाँ रहकर 'शिबली' ने कई पुस्तकें लिखीं। उसी समय कुछ मुसलमान-धार्मिक नेताओं ने एक अरबी पाठशाला 'नदवतुल-उलमा' के नाम से लखनऊ में स्थापित किया था, 'शिबली' उसमें बड़ी दिलचस्पी लेते थे परन्तु उनमें जो एक नवीनता की लहर थी उसके कारण कट्टरपंथी नेता सदैव उनका विरोध करते रहते थे, यहाँ तक कि कुछ समय बाद मौलाना 'शिबली' को उससे भी अलग हो जाना पड़ा।

१९०७ ई० में एक बड़ी दुर्घटना से उनको दोचार होना पड़ा। वह आज़मगढ़ में थे और बैठे लिख रहे थे कि उन्हीं के परिवार की किसी महिला ने बन्दूक अलग रखने के लिये उठाई, वह छूट गयी और मौलाना का एक पाँव बिल्कुल बेकार हो गया परन्तु उसने उनको बेकार नहीं किया और वह लिखने-पढ़ने के काम में मरते दम तक लगे रहे। आज़मगढ़ ही में उन्होंने एक बहुत बड़ी सांस्कृतिक संस्था 'दारुल-मुसन्नेफ़ीन' नाम से स्थापित की, जो अभी तक अपना काम कर रही है। 'शिबली' ने केवल ५७ वर्ष की आयु पायी, लेकिन उनकी रचनाओं की संख्या बहुत है। वह एक धार्मिक नेता ही नहीं थे वरन् भारत की राजनीति से भी गहरा संबंध रखते थे। मुसलिम-लीग का विरोध करते थे और कांग्रेस को स्वतंत्रता के लिये लड़ने वाली संस्था मानते थे। वह बड़े निर्भीक और प्रतिभाशाली पुरुष थे और अपने विचार बड़ी दृढ़ता से प्रकट करते थे।

जैसा कि कहा गया है मौलाना 'शिबली' की रचनाओं की संख्या बहुत है। उनमें दर्शन-शास्त्र, साहित्य, इतिहास, निबंध, जीवन-चरित्र, पत्र इत्यादि सभी विषय पाये जाते हैं, परन्तु जिन रचनाओं से उनका नाम जीवित है वह हैं—'अल्मामून', 'अल्फ़ारूक़', 'सीरतुननबी', 'इल्मुल-कलाम्', 'शेरुल-अजम', 'मुवाज़िनए-अनीसोदबीर'। 'शिबली' के ऐतिहासिक दृष्टिकोण और धार्मिक विचारों से स्वयं उनके सहधर्मियों ने विरोध प्रकट किये हैं परन्तु साहित्यिक रचना की दृष्टि से उनका बड़ा महत्त्व है। इसी प्रकार उनके साहित्यिक विवेचन में भी ग़लतियाँ मिलती हैं, फिर भी उनके साहित्यिक महत्त्व से विमुख नहीं हुआ जा सकता। 'शिबली' की

आलोचना वैज्ञानिक तो नहीं होती परन्तु कविता और साहित्य से आनन्द प्राप्त करने के लिये बहुत से मार्ग दिखाती है। उन्होंने दार्शनिक विषयों पर जो कुछ लिखा है, उसमें भी त्रुटियाँ हैं पर उनका महत्त्व यह है कि इससे पहले किसी ने भी पश्चिम और पूरब के विद्वानों के विचार इस प्रकार एकत्र नहीं किये थे और न उनको मुसलमान दर्शनशास्त्र के दृष्टिकोण से देखा था। मौलाना 'शिबली' की भाषा बड़ी सरस, प्रभावपूर्ण और रंगीन होती है, वह उर्दू के बहुत बड़े लेखकों में गिने जाते हैं, क्योंकि उन्होंने ज्ञान के हर क्षेत्र में अपना चिह्न छोड़ा है। उनके निबंधों और पत्रों के संग्रह भी गहरे अध्ययन की चीज़ हैं, उनसे 'शिबली' के जीवन तथा कृतित्व के सम्बन्ध में बहुत-सी बातें मालूम होती हैं। उन्होंने ज्ञान प्राप्त करने और उसका प्रचार करने की परम्परा चलाई थी, जो इस समय तक जीवित है, इसलिए अब भी उनका नाम बड़े आदर से लिया जाता है।

नव-जागरण के इस युग ने बहुत से लेखकों को जन्म दिया। उनमें सबका उल्लेख विस्तार से यहाँ नहीं हो सकता, यद्यपि साहित्य-निर्माण में उनका इतना हाथ है कि उनकी चर्चा न करना भी अनुचित ही होगा। मौलाना ज़काउल्ला ने लगभग १०० पुस्तकें लिखीं, जिनमें अधिकतर इतिहास और गणित से सम्बन्ध रखती हैं। वह बहुत बड़े विद्वान और लेखक थे, परन्तु उनकी गद्य शैली में कोई विशेषता न थी। मोहसिनुल-मुल्क ने बहुत कम लिखा, लेकिन जो कुछ लिखा है वह बड़े उच्चकोटि का है। सैय्यद अली बिलग्रामी संस्कृत, फ़ारसी, अरबी, अंग्रेज़ी, फ्रेंच और अन्य भाषाओं के बड़े विद्वान थे। उन्होंने फ्रांसीसी विद्वानों की दो प्रसिद्ध पुस्तकों का अनुवाद इस प्रकार किया है कि वह स्वयं उन्हीं की लिखी हुई मालूम होती हैं। हैदराबाद में एक प्रतिष्ठित पद पर रहते हुए उन्होंने साहित्य की उन्नति के लिए बड़े रचनात्मक कार्य किये। मौलाना 'शिबली' के मित्रों में मेहदी इफ़ादी थे, जिन्होंने थोड़े से निबन्ध और पत्र लिखे हैं, मगर वह इतने महत्त्वपूर्ण हैं कि गद्य के किसी इतिहास में उनको छोड़ा नहीं जा सकता। उनकी शैली बड़ी रोचक और रंगीन है। नासिर अली देहलवी, दिलगीर अकबराबादी और नज़ीर फ़िराक भी उर्दू गद्य के बड़े अच्छे लेखकों में गिने जाते हैं। उनकी बहुत कम रचनाएँ प्रकाशित हो पायी हैं।

जिस युग का उल्लेख किया जा रहा है, उसमें उर्दू-उपन्यास ने भी बड़ी उन्नति की थी। मौलाना नज़ीर अहमद के उपन्यासों का वर्णन हो चुका है और उनको प्रथम उपन्यासकार कहा भी जाता है परन्तु वास्तव में पंडित रतननाथ 'सरशार' और मौलाना अब्दुल हलीम 'शरर' ने उर्दू-उपन्यास को अंग्रेज़ी उपन्यास कला की दृष्टि से देखा। उपन्यास को योरुप में भी वर्तमान युग की पैदावार कहा जाता है और वहीं से भारत की अन्य भाषाओं ने ग्रहण किया। उर्दू में कहानियाँ बहुत लिखी जा चुकी थीं, जिनमें से कुछ की चर्चा अपने-अपने स्थान पर आ चुकी है, परन्तु ऐसे उपन्यास जो मानव जीवन का यथार्थ चित्रण करें, इस नये युग ही में लिखे जा सकते थे। नज़ीर अहमद के उपन्यास त्रुटियों के होते हुए भी उस कला की बहुत-सी विशेषताएँ रखते हैं, क्योंकि

उनमें पहली बार असम्भव और अप्राकृतिक घटनाओं से बचने की चेष्टा की गयी है। इस प्रकार उर्दू उपन्यास की नींव १८६७ ई० के लगभग पड़ गयी थी। इसके पश्चात् 'सरशार', 'शरर', सज्जाद हुसैन, मिर्ज़ा 'रुस्वा' इत्यादि ने इस नींव पर विशाल भवन खड़ा कर दिया।

पंडित रतननाथ 'सरशार' (१८४६-१९०२) लखनऊ के एक कश्मीरी परिवार में पैदा हुए थे। उन्होंने अरबी, फ़ारसी और अंग्रेज़ी तीनों भाषाओं की शिक्षा प्राप्त की थी और उर्दू अपने शुद्ध रूप में उनकी मातृभाषा थी। पहले वह एक स्कूल में अध्यापक हो गये और अपने लेख विभिन्न पत्रिकाओं में भेजने लगे, फिर कुछ समय बाद वह लखनऊ की प्रसिद्ध पत्रिका 'अवध अख़बार' के सम्पादक बना दिये गये और उसी में उन्होंने अपनी सुप्रसिद्ध पुस्तक 'फ़सानए-आज़ाद' क्रमशः लिखी। वहाँ से अलग होने के बाद इलाहाबाद हाईकोर्ट में अनुवादक के रूप में कार्य किया, परन्तु उनकी स्वच्छंदता एवं स्वतन्त्रता प्रेमी स्वभाव ने उनको वहाँ टिकने न दिया और १८९५ ई० में वह हैदराबाद पहुँच गये, जहाँ उनका बड़ा आदर-सत्कार हुआ। मदिरा सेवन की आदत ने उनके स्वास्थ्य पर बुरा प्रभाव डाला था। इसी ने उनको मृत्यु के द्वार तक पहुँचाया और १९०२ ई० में उनका अन्त हो गया।

'सरशार' को कविता से भी रुचि थी और लखनऊ के अच्छे कवियों में गिने जाते थे, परन्तु आज वह उर्दू गद्य के बहुत बड़े लेखक होने के नाते ही इतिहास में बड़ा उच्च स्थान रखते हैं और लोग उनकी काव्य रचनाओं से अपरिचित हैं। वह अत्यन्त तीव्र-बुद्धि और व्याकुल स्वभाव के व्यक्ति थे। कोई काम एकदम से जमकर नहीं करते थे, इसीलिए उनके लेखों में कहीं-कहीं ढीलापन पाया जाता है। मदिरा के बाहुल्य ने उनको हर वस्तु की ओर से बेपरवाह बना दिया था। इसका प्रभाव केवल उनके जीवन पर ही नहीं, उनकी रचनाओं पर भी पड़ा। उन्होंने बहुत कुछ लिखा है, लेकिन उसका कुछ ही अंश महत्त्वपूर्ण माना जाता है। उन्होंने कुछ पुस्तकों के अनुवाद भी किये हैं किन्तु अधिकतर मौलिक रचनाएँ ही करते थे, जिनमें से यह प्रसिद्ध हैं—'फ़सानए-आज़ाद', 'जामेसरशार', 'सैरेकोहसार', 'कामिनी', 'बिछड़ी दुल्हन', 'पी कहाँ, 'कुड़मधुम'। उन्होंने 'अल्फ़लैला' का अनुवाद भी किया और डान कुइकज़ोट को 'ख़ुदाई-फ़ौजदार' के नाम से 'उर्दू' में परिवर्तित किया।

सच यह है कि जो ख्याति 'फ़सानए-आज़ाद', को प्राप्त हुई और कई हज़ार पृष्ठों की पुस्तक होने पर भी जिस उल्लास से वह पढ़ी गयी, वैसी विरला ही कोई पुस्तक पढ़ी गयी होगी। जिस समय 'सरशार' ने 'अवध अख़बार' के सम्पादन का भार लिया था, उन्होंने अपनी पत्रिका में यह कथा लिखना आरम्भ किया। इस सम्बन्ध में न तो उन्होंने बहुत विचार करके किसी उपन्यास की रूपरेखा तैय्यार की थी और न वह यह जानते थे कि यह कथा फैलकर लगभग चार हज़ार पृष्ठ घेर लेगी। उन्होंने लखनऊ के उस जीवन का चित्रण किया था, जो वहाँ की नव्वाबी के मिटने के बाद एक परम्परा के रूप में जीवित था, वह इस जीवन को आदि से अन्त तक जानते थे, प्रत्येक श्रेणी के

लोगों से परिचित थे, सबके बात-चीत के ढंग जानते थे, इसीलिए उन्होंने बड़ी कलाकारी से ऐसे चित्र खींच दिये हैं, जो उस सभ्यता के मूल्यांकन में बहुत सहायक हैं। 'सरशार' पर सरवैन्टीज़ का इतना गहरा प्रभाव था कि उन्होंने अपनी सभी बड़ी-बड़ी पुस्तकों में इस प्रभाव के चिह्न छोड़े हैं। 'फ़सानए-आज़ाद', के पात्र उसी प्रकार जीवन के बिगड़े हुए चित्र हैं, जैसे कारटून में मिलते हैं लेकिन उनका विवरण पाठक को यथार्थ तक ले जाता है। चार भागों में लिखी हुई यह कथा कुछ पृष्ठों में बयान की जा सकती है, परन्तु उसका बहुत-सा अंश ऐसा है कि कहानी का भाग न होते हुए भी अत्यन्त आवश्यक है, इसका अर्थ यह है कि यदि वह भाग उसमें से निकाल दिया जाय तो 'फ़सानए-आज़ाद', का सारा चमत्कार समाप्त हो जाये। इसको संक्षिप्त रूप में प्रेमचन्द ने हिन्दी में प्रकाशित किया था, परन्तु मूल रचना में भाषा का जो मज़ा है वह हिन्दी की साधारण शैलियों में जीवित नहीं रक्खा जा सकता। यह बात स्वयं 'सरशार' की किसी दूसरी पुस्तक में नहीं। 'जामे-सरशार' और 'सैरे-कोहसार' भी पढ़ने योग्य हैं, लेकिन उनका अभाव भी यही है कि अच्छे उपन्यासों की भाँति उनका प्लाट गठा हुआ नहीं है।

'सरशार' एक बहुत बड़े कलाकार और जीवन के बहुत बड़े मर्मज्ञ थे। परन्तु उनका चमत्कार यह है कि वह अपने मनोभावों को कहानी में उभरने नहीं देते और यह अनुमान लगाना कठिन हो जाता है कि वह उस सभ्यता की किन मूल विशेषताओं को पसन्द करते थे और किन के मिटने का उन्हें दुःख न था। इतना अवश्य जान पड़ता है कि वह पुराने रंग-ढंग को मिटाना और नये जीवन का स्वागत करना चाहते थे। भाषा पर इतना अधिकार रखने वाले उर्दू में बहुत कम लेखक हुए हैं।

इस युग के दूसरे उपन्यासकार मौलाना अब्दुल हलीम 'शरर' (१८६०-१९२६ ई०) हुए हैं। उन्होंने लखनऊ में जन्म लिया था और अभी केवल ९ वर्ष के थे कि अपने परिवार के संग कलकत्ता चले गये। उनके घर के लोग अवध के अंतिम बादशाह वाजिद अली शाह के यहाँ मटियाबुर्ज़ में रहते थे। 'शरर' ने वहीं अरबी-फ़ारसी की शिक्षा प्राप्त की। शोड़ी बहुत अंग्रेज़ी भी सीख ली थी और वहीं उनको कविताएँ रचने और लेख लिखने का भी शौक हो गया था। लगभग २० वर्ष की आयु में वह लखनऊ आये और यहाँ भी अपनी शिक्षा का सिलसिला जारी रक्खा। उस समय 'अवध अख़बार' का बड़ा ज़ोर था, 'शरर' ने भी अपने साहित्यिक निबन्ध उसी में लिखे और थोड़े ही समय में दूर-दूर तक उनका यश फैल गया। आरम्भ ही से वह एक प्रकार का काव्य-मयी गद्य लिखते थे। यह शैली उर्दू के लिए एक प्रकार की नवीनता रखती थी, इसीलिए शीघ्र ही उन पर लोगों की आँख पड़ने लगी। थोड़े ही समय में उन्होंने इस ढंग को और प्रवाहपूर्ण बना लिया और साधारणतः उर्दू के लेखक उसी शैली में लिखने लगे। १८८७ ई० में उन्होंने अपनी प्रसिद्ध पत्रिका 'दिलगुदाज़' का प्रकाशन आरम्भ किया और अपने उपन्यासों के अध्याय क्रमशः उसमें लिखने लगे। कुछ ही समय में यह एक लोकप्रिय पत्रिका बन गयी और 'शरर' ने अपने बहुत-से उपन्यास और

सहस्त्रों निबन्ध उसी में प्रकाशित किये। 'शरर' को मुसलमानों के इतिहास से भी गहरा लगाव था और वह कभी-कभी ऐतिहासिक पुस्तकें भी लिखते रहते थे। १८९१ ई० में वह हैदराबाद गये और वहीं से १५ मास के लिए एक रईस के साथ इंग्लैण्ड गये, वहाँ उन्होंने फ्रांसीसी भाषा सीख ली। हैदराबाद वापस आए और कई वर्ष तक हैदराबाद और लखनऊ का चक्कर लगाते रहे। यहाँ तक कि १९०४ ई० में स्थायी रूप से लखनऊ चले आये और मृत्यु के समय तक यहीं रहे।

मौलाना 'शरर' ने लगभग ६५ साल की आयु में इतना लिखा कि बहुत कम लेखक उनका मुक़ाबला कर सकते हैं। उन्होंने नौ ऐसे साप्ताहिक और मासिक पत्र निकाले जिनमें कुछ कम और कुछ ज़्यादा समय तक जीवित रहे। उन्होंने छोटी-बड़ी १०२ पुस्तकें लिखीं, जिनमें अधिकतर उपन्यास ही हैं। इनके अतिरिक्त उनके निबंधों के आठ भाग अलग प्रकाशित हुए हैं, जिनमें साहित्यिक, सामाजिक, सांस्कृतिक, दार्शनिक और कल्पनात्मक विषयों पर लेख एकत्र कर दिये गये हैं।

'शरर' के अधिकतर उपन्यास मुसलमानों के प्राचीन जीवन से सम्बन्ध रखते हैं, जिनमें मुसलमानों की वीरता, उदारता और धार्मिक दृढ़ता के चित्रों को प्रचार की दृष्टि से प्रस्तुत किया गया है। इस प्रकार उनकी दृष्टि में संकीर्णता झलकती रहती है। 'शरर' के अधिकतर उपन्यास एक ही ढंग के और एक ही शैली में लिखे हुए मिलते हैं। कभी-कभी तो ऐसा जान पड़ता है कि यदि एक उपन्यास के पात्र दूसरे में रख दिये जायें, तो कोई बड़ा अन्तर न होगा। नवयुवक और अनुभव-रहित रोमानी स्वभाव रखने वालों के लिए उनके हलके-फुलके उपन्यासों में आनन्द का बड़ा सामान मिल सकता है; परन्तु उपन्यास को जीवन के मूल आदर्शों और बड़े संघर्षों का चित्रण करने वाला साहित्यिक रूप मानने वालों को उनके यहाँ बहुत कमी मिलेगी। उनके प्लाट ढीले, उनके पात्र सपाट और उनका उद्देश्य साधारण होता है। उनका सबसे प्रसिद्ध उपन्यास 'फ़िर्दोसे'बरीं' है। इसके अतिरिक्त 'अैय्यामेअरब', 'हुस्न का डाकू', 'मन्सूर मोहना', 'ज़वाले-बुग़दाद' प्रसिद्ध हैं। उन्होंने बंकिमचन्द्र चटर्जी के उपन्यास 'दुर्गेशनन्दिनी' का अनुवाद भी उर्दू में किया था। 'शरर' ने कुछ नाटक भी लिखे, परन्तु 'शहीदे-वफ़ा' के सिवाय उनको किसी में सफलता प्राप्त न हुई। उन्होंने कुछ कविताएँ भी लिखीं, परन्तु लोग उनको भूल चुके हैं। इन सभी बातों को ध्यान में रखकर देखा जाय तो प्रतीत होगा कि 'शरर' एक साधारण लेखक थे और उनकी रचनाओं का थोड़ा ही भाग समय की कसौटी पर पूरा उतरेगा। साथ ही वह लखनऊ के बड़े प्रभावशाली और आदरणीय व्यक्तियों में गिने जाते थे और जब तक जीवित रहे यहाँ की साहित्यिक चहल-पहल के केन्द्र बने रहे।

यह बात पिछले अध्याय में कही जा चुकी है कि उस समय उर्दू में बहुत से सामाचार-पत्र और पत्रिकाएँ निकल रही थीं, इनका भी साहित्यिक महत्त्व है। १८७७ ई० में उर्दू का सुप्रसिद्ध हास्य-प्रधान साप्ताहिक 'अवध पंच' निकला, जिसके पहले सम्पादक मुंशी सज्जाद हुसैन थे। थोड़े ही समय में उसके चारों ओर बड़े अच्छे-

अच्छे लेखकों का एक ऐसा समूह एकत्र हो गया, जो शायद ही किसी पत्रिका को मिला हो। राजनीतिक दृष्टि से 'अवध-पंच' बड़ा प्रगतिशील था और हँसी-हँसी में वह अंग्रेज़ी राज्य के दमन और आर्थिक लूट-मार पर कड़ी चोटें करता था, कांग्रेस के आदर्शों को अपनाता और राष्ट्रीयता के आन्दोलनों का साथ देता था। साहित्यिक क्षेत्र में अलबत्ता वह किसी प्रकार की नवीनता को उचित नहीं समझता था। अत: जब मौलाना 'हाली' ने नयी कविता का शंख फूँका तो 'अवध पंच' उनके पीछे पड़ गया। राष्ट्रीय और अन्तर्राष्ट्रीय समस्याओं में से विरली ही कोई ऐसी होगी जिन पर उस समय राष्ट्रीय एकता की दृष्टि से हास्य-रस में डूबे हुए लेख न लिखे गए हों। उसकी भाषा लखनऊ के बोल-चाल की भाषा थी और 'अवध पंच' के सभी लेखक भाषा-व्यवहार में निपुण थे। इसका परिणाम यह हुआ कि 'अवध पंच' द्वारा उर्दू में हास्यप्रिय साहित्य का एक बड़ा कोश एकत्र हो गया और यह बात विश्वस्त रूप में कही जा सकती है कि वास्तविक रूप में उसी समय से उर्दू में ऐसे गद्य साहित्य की परम्परा स्थापित हुई है। 'अवध पंच' के लेखकों में यह बहुत प्रसिद्ध हैं—पंडित त्रिभुवननाथ 'हज्र', मिर्ज़ा मच्छू बेग 'सितम ज़रीफ़', नव्वाब सैय्यद मुहम्मद 'आज़ाद', मुंशी ज्वालाप्रसाद 'बर्क़', मुंशी अहमद अली, 'अकबर' इलाहाबादी, पंडित रतननाथ 'सरशार', पंडित बृज नारायण चकबस्त। इनमें से प्रत्येक व्यक्ति ने साहित्य-जगत में विशिष्ट स्थान ग्रहण किये, इनमें से कुछ का उल्लेख किसी न किसी सम्बन्ध में हो चुका है।

'अवध पंच' के सम्पादक मुंशी सज्जाद हुसैन (१८५६-१९१५) लखनऊ में पैदा हुए और यहीं शिक्षा प्राप्त की। इन्टरमीडिएट तक अंग्रेज़ी भी पढ़ी। कुछ दिनों तक सैनिकों को उर्दू पढ़ाने का कार्य करते रहे, परन्तु उसमें मन न लगा और १८७७ ई० में उन्होंने 'अवध पंच' निकाला। थोड़े ही समय में यह पत्रिका भारत की प्रमुख पत्रिकाओं में गिनी जाने लगी। सज्जाद हुसैन १८८७ ई० में कांग्रेस में सम्मिलित हुए और सदैव उसके आदर्शों का प्रचार अपने व्यंग्य-प्रधान पत्र में करते रहे। निबन्धों के अतिरिक्त उन्होंने कई उपन्यास भी लिखे, जिनमें 'हाजी बग़लोल', 'कायापलट' और 'अहमकुललजीन' प्रसिद्ध हैं। यह सबके सब हास्य-रस से भरे हुए हैं। इनमें 'हाजी बग़लोल' सबसे महत्त्वपूर्ण है और 'सरशार' के 'फ़सानए-आज़ाद' से मिलता-जुलता है। उन्होंने भी लखनऊ की सभ्यता के विदूषक अंगों को बड़ी निपुणता से प्रस्तुत किया है। उनकी भाषा लखनऊ की बोल-चाल की भाषा है और साधारण कहावतें, कथन और मुहावरे ऐसे उचित ढंग से उनके वाक्यों में प्रयुक्त होते हैं कि सीधी-साधी बातों में भी मज़ा पैदा हो जाता है। जब उर्दू के हास्य-प्रधान गद्य साहित्य का इतिहास लिखा जायेगा तो उसके आरम्भ करने वालों में सज्जाद हुसैन को भी एक उच्च्च स्थान मिलेगा। उस समय तक सभी ऐसे लिखने वाले कोई विशेष सामाजिक दृष्टिकोण नहीं रखते थे, परन्तु किसी न किसी रूप में व्यक्ति की त्रुटियों को दिखाकर सुधार की ओर संकेत अवश्य करते थे। वह बहुत स्पष्ट रूप से किसी नयी चेतना का पता नहीं देते, फिर भी

'सरशार' और सज्जाद हुसैन दोनों के यहाँ उस संघर्ष के चित्र मिलते हैं, जो नये और पुराने के बीच जारी था।

इस युग के एक और महान उपन्यासकार मिर्ज़ा मुहम्मद हादी 'रुसवा' (१८५८-१९३१ ई०) हैं। यह केवल एक आकस्मिक बात ही थी कि उन्होंने जिस एक उचाट हृदय से चार-छः उपन्यास लिख दिये, वही उनको उर्दू-साहित्य के इतिहास में विशिष्ट गौरवपूर्ण पद दिलाने का माध्यम बने, नहीं तो वह जितने बड़े विद्वान और ज्ञानी थे, वैसे सैकड़ों वर्ष में कहीं दो-एक ही पैदा होते हैं। वह बहुत-सी भाषाएँ जानते थे और कई विद्वानों में बिना किसी शिक्षा व सहायता के स्वयं अपने परिश्रम से निपुणता प्राप्त की थी। तर्कशास्त्र और दर्शन-शास्त्र से उन्हें विशेष रुचि थी, ज्योतिष और गणित के वह सच्चे प्रेमी थे, पूरब और पश्चिम की सभी विद्याओं से परिचित थे और उनके गहरे अध्ययन का परिणाम यह था कि सभी विषयों पर अधिकारपूर्ण बात कह सकते थे। धर्म से सम्बन्ध रखने वाले शास्त्रों को उन्होंने गहरी दृष्टि से पढ़ा था और बहुत-सी धार्मिक पुस्तकें दार्शनिक दृष्टिकोण से लिखीं जो अब तक प्रकाशित नहीं हो सकी हैं।

मिर्ज़ा 'रुसवा' ने प्रारम्भिक शिक्षा अपने पिता से प्राप्त की और थोड़े ही समय में बहुत कुछ सीख लिया। अंग्रेज़ी में इन्ट्रेंस तक पढ़कर इन्जीनियरी की परीक्षा पास की और कुछ दिन नौकरी भी की, लेकिन उन्हीं दिनों में उनको केमेस्ट्री से दिलचस्पी पैदा हो गयी, इसलिए नौकरी छोड़ दी और घर का सब कुछ बेचकर इंगलैण्ड से वैज्ञानिक यंत्र मँगा लिये। बी० ए० का इम्तिहान भी प्राइवेट पास कर लिया और अमरीका से एक पी-एच० डी० की डिग्री भी मँगा ली। कुछ समय तक लखनऊ के स्कूलों और कालेजों में पढ़ाते रहे, लेकिन उनका सारा समय लिखने-पढ़ने में बीतता था। वह बड़े अच्छे कवि थे और संगीत शास्त्र से भी भली-भाँति परिचित थे। उन्होंने दर्शन-शास्त्र, तर्क-शास्त्र, धर्मशास्त्र इत्यादि पर बहुत-सी रचनाएँ कीं परन्तु साहित्य की दृष्टि से उनकी कुछ कविताएँ और कुछ उपन्यास ही महत्त्व रखते हैं। कविताओं में 'मुरक्क़ए-लैला-मजनूँ' और मसनवी 'उमीदो-बीम' प्रसिद्ध हैं और उपन्यासों में 'उमराव जान अदा', 'शरीफ़ ज़ादा' और 'ज़ाते-शरीफ़' सर्वश्रेष्ठ हैं। उन्होंने अपनी अन्तिम आयु में हैदराबाद में नौकरी कर ली थी और वहाँ बहुत-सी पुस्तकों का अनुवाद भी किया, परन्तु उनको उनके ज्ञान और पांडित्य ने साहित्य में जगह नहीं दिखायी है बल्कि उनके उपन्यासों ने।

'शरीफ़ ज़ादा' नामक उपन्यास में उन्होंने एक ऐसे व्यक्ति की जीवन-कथा लिखी है, जो बिल्कुल उन्हीं के स्वभाव से समानता रखता है। बहुत से लोगों का विचार है कि यह स्वयं उनकी आत्म-कथा है। यह कहानी ऐसे सरल और रोचक ढंग से लिखी गयी है कि इसमें कहीं किसी प्रकार की कृत्रिमता नहीं दीख पड़ती है। उनके दूसरे उपन्यास 'ज़ाते-शरीफ़' में उच्च-श्रेणी के लोगों की जीवन कथा इस प्रकार लिखी गयी है कि ग़दर के बाद अवध की दुर्दशा का चित्र सामने आ जाता है। उनकी सर्वश्रेष्ठ

रचना 'उमराव जान अदा' है, जिसमें एक वेश्या की आत्म-कथा उसी के मुख से बयान की गयी है। उस समय तक लोग इस विषय को अपनाते डरते थे, और साहित्य के विशाल और पवित्र-भवन में उसे लाते हुए संकोच होता था। हालाँकि वह सामंती युग में जीवन के बनाने और बिगाड़ने में प्रेरणा-स्रोत का रूप धारण कर सकी थी। 'रुसवा' ने एक वेश्या के मुख से वह सब बातें कहलायी हैं, जो उसको जीवन के एक विशेष संकट में फँसा देती हैं। ऐसा जान पड़ता है कि 'रुसवा' की दृष्टि में समाज सुधार का कोई स्पष्ट उद्देश्य न था, परन्तु जिस लखनऊ को वह जानते थे उसके जीवन के सभी अंगों को एक सच्चे कलाकार की तरह हमारे सामने ला खड़ा किया है और यह सब कुछ ऐसे सहज ढंग से हो जाता है कि हम न सिर्फ़ उन चित्रों में खो जाते हैं बल्कि हमें स्वयं यह पता ही नहीं चलता कि इस चित्रण से 'रुसवा' क्या काम लेना चाहते हैं। इस बात पर सभी आलोचक सहमत हैं कि वास्तविकता की दृष्टि से यह उर्दू के महत्त्वपूर्ण उपन्यासों में है। एक वेश्या के चित्र के पीछे प्रत्येक वर्ग के लोग खड़े दीख पड़ते हैं और वह लखनऊ हमारे सामने आ जाता है, जो १९वीं शताब्दी के अंत में दम तोड़ रहा था। उस समय की सभ्यता, साहित्यिक जीवन, सामाजिक और धार्मिक स्थिति, देहातों की आर्थिक दुर्दशा और लूट-मार के अतिरिक्त प्रेम-भावना के अनुपम चित्र भी इस उपन्यास में मिलते हैं। मनोवैज्ञानिक दृष्टि से यह एक नारी के अन्दर वेश्या और घरेलू औरत का वह संघर्ष है, जो कलाकार को प्रेरणा देता है। अन्त में 'रुसवा' ने एक उपदेशक और प्रचारक का रूप धारण कर लिया और वही इस उपन्यास का दुर्बल भाग है। वैसे यह पूरा उपन्यास किसी विशेषज्ञ चित्रकार की रचित कलाकृति का चमत्कार रखता है, जिसमें जीवन अपनी व्याकुलता और उद्विग्नता के साथ देखा जा सकता है।

'रुसवा' ने एक काव्यबद्ध नाटक भी लिखा। उनका विचार था कि इस प्रकार वह यूरोपियन नाटकों की भाँति उर्दू में भी काव्यबद्ध नाटक प्रचलित कर सकेंगे, लेकिन इसमें उन्हें अधिक सफलता नहीं प्राप्त हुई। उन्होंने लैला-मजनूँ की प्रसिद्ध प्रेम-कहानी को नाटक का रूप दिया, इसलिए उनमें आनन्द और मनोरंजन अवश्य प्राप्त होता है, परन्तु उर्दू में गद्य में लिखे हुए नाटकों का जितना स्वागत किया गया, उतना इसका न हो सका।

इस समय के दूसरे उपन्यासकारों और कहानी लेखकों में मौलाना राशिदुलख़ैरी का भी उच्च स्थान है, जिन्होंने डॉक्टर नज़ीर अहमद के बनाये मार्ग के अनुसरण को ही आदर्श माना और नारी-जीवन के सुधार को अपना उद्देश्य बनाकर बहुत-सी करुणाजनक कहानियाँ लिखीं। उनके यहाँ दुःख और शोक का इतना वर्णन होता था कि उनको 'मुसव्विरे-ग़म' (दुःख का चित्रकार) कहा जाने लगा। उनकी दृष्टि में भी कोई विशेष दार्शनिक गहराई नहीं थी, परन्तु वह जीवन की साधारण दुर्घटनाओं का उल्लेख इस प्रकार करते थे, जिससे करुणा का एक असाधारण वातावरण तैय्यार हो जाता था। उनकी भाषा दिल्ली की शुद्ध और सरस बोल-चाल की भाषा थी और

मुसलमान मध्यमवर्ग के दुखान्त और पारिवारिक जीवन के कलह को बड़ी जानकारी के साथ प्रस्तुत करके, वह एक लोकप्रिय लेखक बन गये थे।

राशिदुलख़ैरी ने इसी उद्देश्य से दो पत्रिकाएँ भी निकाली थीं, जिसमें अधिकतर नारी-वर्ग के सम्बन्ध में निबन्ध और कहानियाँ होती थीं। इन दोनों पत्रिकाओं में 'इस्मत' बहुत प्रसिद्ध है, जो उनकी मृत्यु के बाद भी निकलती रही। उन्होंने कुछ ऐतिहासिक उपन्यास भी लिखे हैं। छोटी-छोटी कहानियों के संग्रह भी तैय्यार किये और बहुत से उपन्यास लिखे, जिनमें से 'सुबहे-ज़िन्दगी', 'शामे-ज़िन्दगी', 'शबे-ज़िन्दगी', 'मोहे-अजम', 'नौबते-पंजरोज़ा', 'मनाज़िलुससायरा', 'उरूसेकर्बला' बहुत प्रसिद्ध हैं और उनके कई-कई संस्करण छप चुके हैं। अब भी मध्यमवर्ग की मुसलमान महिलायें उनके उपन्यासों को बड़े उत्साह से पढ़ती हैं।

इस संक्षिप्त इतिहास में दूसरे उपन्यासकारों का उल्लेख नहीं किया जा सकता, केवल उनके नाम दिये जाते हैं, जैसे मुहम्मदअली 'तबीब', 'ज्वाला प्रसाद 'बर्क़', अब्बास हुसैन 'होश', 'शाद' अजीमाबादी, क़ारी सर्फ़राज़ हुसैन, मिर्ज़ा मुहम्मद सईद, पंडित किशन प्रसाद कौल इत्यादि। इनमें से प्रत्येक ने एक-आध उपन्यास ऐसे लिखे हैं, जिनका साहित्यिक महत्त्व है और जिनको कला की दृष्टि से उच्च स्थान दिया जा सकता है, परन्तु इस जगह उनके वर्णन का अवसर नहीं है।

जैसा कि संकेत किया जा चुका है उर्दू नाटक का आरम्भ १९वीं शताब्दी के मध्य में 'अमानत' की 'इन्दर सभा' के साथ हो चुका था पर कुछ समय तक नाटक नहीं लिखे गये। मौलाना मुहम्मद हुसैन 'आज़ाद' ने 'अकबर' के नाम से एक नाटक अवश्य लिखा, जो पूरा न हो सका लेकिन १९वीं शताब्दी के अन्त में जब भारतवर्ष में व्यापार की रुचि बढ़ी और मनोरंजन द्वारा लाभ उठाने का विचार पैदा हुआ, तो बम्बई के कुछ पार्सियों ने अंग्रेज़ी रंगमंच से प्रभावित होकर नये ढंग की नाटक कम्पनियाँ बनायीं। भारत में नौटंकी, रहस और लीला की परम्पराएँ चल रही थीं, जो एक बिगड़े हुए रूप में प्राचीन संस्कृत नाटकों और रंग-मंचों की नक़ल थीं। अब जो नये मंच बने और नाटकों की नयी मंडलियाँ स्थापित हुईं, वह देश की परम्पराओं से नहीं योरुप के विचारों से प्रभावित थीं। यह बात स्पष्ट है कि नाटक और मंच दोनों एक-दूसरे के साथ-साथ उन्नति करते हैं। यहाँ जो मंच बना वह केवल रुपया कमाने के लिए था और उसकी जड़ देश की भूमि में दूर तक फैली हुई नहीं थी, इसलिए इस समय जो नाटक लिखे गये, वह या तो विदेशी नाटकों और कथाओं पर आधारित थे या भारतीय जीवन का उल्लेख करते थे, तो बड़े साधारण ढंग से। इन नाटक कम्पनियों में 'रौनक़' बनारसी, हुसैनी मियाँ 'ज़रीफ़', मुहम्मद अब्दुल्ला, मिर्ज़ा, नज़ीर बेग, 'तालिब' बनारसी, 'अहसन' लखनवी, पंडित 'बेताब' और ग़ुलाम अली 'दीवाना' इत्यादि ने ड्रामे लिखे। विनायक प्रसाद 'तालिब' ने अंग्रेज़ी के कई नाटकों को उर्दू में अपना लिया था। 'अहसन' लखनवी ने शेक्सपियर के ड्रामों को उर्दू नाटक के रूप में ढाल लिया। कहीं-कहीं उन्होंने अनुवाद का प्रयास भी किया है लेकिन अधिकतर वह नाटक की

कहानी को हिन्दुस्तानी बनाकर लिख देते हैं। उनके ड्रामों में जान और रस का प्रभाव है। पंडित नरायन प्रसाद 'बेताब' ने हिन्दू धर्म से सम्बन्ध रखने वाली कहानियों को नाटकों में चलाया है और 'अहसन' और 'तालिब' की भाँति उन्होंने भी उर्दू नाटक को बहुत ऊपर उठाया है।

१९२० ई० तक जो नाटक लिखे गये थे, उनमें साहित्य की ओर अधिक ध्यान नहीं दिया जाता था, वह केवल मंच पर मनोरंजन पैदा करने के उद्देश्य की पूर्ति करते थे। नाटकों में कोई सामाजिक समस्या बिरला ही जगह पाती थी। देश-प्रेम या और इसी प्रकार के नैतिक गुणों की ओर बहुत कम ध्यान दिया जाता था। प्रेम के भोंडे और भद्दे खेल खेले जाते थे और यदि कभी नैतिक विषय आ जाते थे, तो उसको बड़े कृत्रिम और साधारण ढंग से प्रस्तुत किया जाता था। गानों पर बहुत ज़ोर दिया जाता और मंच के उन्नतिशील न होने के कारण बहुत से दृश्य अप्राकृतिक रूप से दिखा दिये जाते थे। परन्तु धीरे-धीरे अलफ्रेड और एलफ़िस्टन कम्पनियों ने अच्छे मंच बनाये और उसी समय नाटक के अच्छे लेखक भी पैदा हुए।

अल फ्रेड नाटक कम्पनी में आग़ा 'हश्र' काश्मीरी नामक एक अभिनेता थे! उन्होंने नाटक लिखना आरम्भ किया और थोड़े ही समय में उर्दू के सबसे अच्छे नाटककार स्वीकार किये जाने लगे। उन्होंने भी शेक्सपियर के नाटकों को हिन्दुस्तानी बनाकर प्रस्तुत किया और पौराणिक कथाओं को नाटक का रूप दिया। वह उर्दू-फ़ारसी और अंग्रेज़ी के अतिरिक्त हिन्दी भी भली-भाँति जानते थे, इसलिए वह हिन्दी शब्द और हिन्दी गीत भी बड़े उचित ढंग से अपने नाटकों में लाते थे। उनके कुछ नाटक उर्दू में हैं, कुछ हिन्दी में और कुछ मिली-जुली भाषाओं में। उन्होंने सामाजिक विषयों को भी नाटकों में जगह दी। उनके नाटकों में 'सुफ़ेद ख़ून', 'तुर्की हूर', 'यहूदी की लड़की', ख़ूबसूरत बला', 'आँख का नशा', 'औरत का प्यार', 'सूरदास', 'बिलवा मंगल', 'श्रवण कुमार' और 'सीता बनवास' अधिक प्रसिद्ध हैं। उनके नाटक अब तक बड़े उत्साह से देखे जाते हैं। इसमें सन्देह नहीं कि एक नाटककार की हैसियत से उन्होंने एक नयी शैली की नींव डाली जिस पर बाद में और लेखक आगे बढ़े।

रंगमंच के अतिरिक्त कुछ नाटक केवल साहित्य की दृष्टि से लिखे गये हैं, उनमें 'शरर' लखनवी, अब्दुल माजिद दरियाबादी, पंडित 'कैफ़ी' इत्यादि के नाटक प्रसिद्ध हैं। उमराव अली और किशनचन्द 'ज़ेबा' ने राजनीतिक विषयों पर नाटक लिखे। आग़ा 'हश्र' के शिष्यों में हकीम अहमद 'शुजाअ' की कृतियाँ नाटक कम्पनियों में बड़ी लोकप्रिय सिद्ध हुईं। डा० आबिद हुसैन, प्रोफ़ेसर मुजीब, डा० इशतियाक़ हुसैन, मुहम्मद उमर, नूरइलाही, 'आरज़ू' लखनवी इत्यादि ने भी अच्छे-अच्छे नाटकों की रचना की। इम्तियाज़ अली 'ताज' ने अपना सर्वश्रेष्ठ नाटक 'अनारकली' भी साहित्यिक दृष्टि से लिखा और बहुत से आलोचक उसको उर्दू का सबसे अच्छा नाटक समझते हैं। लगभग ३५ वर्ष में एकांकी नाटकों का रिवाज भी हो गया है और उसके लिखने वाले बहुत हैं। एकांकी नाटकों में जीवन की सभी समस्याओं को उसी प्रकार

प्रस्तुत किया जा रहा है, जिस प्रकार कहानियों में। इनमें से कुछ नाटक रेडियो के लिए भी लिखे गये हैं और कुछ केवल साहित्यिक रूप रखते हैं, मंच पर दिखाने के लिए उनमें बड़ा परिवर्तन करना पड़ेगा। सआदत हसन मन्टू, राजेन्द्र सिंह बेदी, कृष्णचन्द्र, उपेन्द्रनाथ 'अश्क', ख़्वाजा अहमद अब्बास ने ऐसे नाटक लिखे हैं जिनमें वर्गशोषण, सामाजिक अन्याय, भूख, बेजोड़ विवाह-पूँजी और श्रम का संघर्ष, स्वतन्त्रता युद्ध और जीवन की असंख्य समस्यायें बड़ी सुन्दरता और कलात्मक निपुणता के साथ प्रस्तुत की गयी हैं। किन्तु इनका उल्लेख प्रगतिशील लेखकों के सिलसिले में होना चाहिए।

इस युग में पत्रिकाओं की चर्चा अधिक बढ़ रही थी और उनका स्तर भी ऊँचा हो रहा था। राजनीतिक वाद-विवाद के अतिरिक्त साहित्यिक, सामाजिक, ऐतिहासिक, वैज्ञानिक और आर्थिक विषयों पर लेख वर्तमान युग की आवश्यकताओं के अनुकूल प्रकाशित होते थे। सर सैय्यद के समय से यह क्रम चला था और समय के साथ-साथ और अधिक व्यापक होता जा रहा था। मौलाना अबुलकलाम 'आज़ाद', हसन निज़ामी, मौलाना मुहम्मद अली, ज़फ़र अली ख़ाँ इत्यादि ऐसे पत्रकार हैं, जिनका साहित्य में बड़ा ऊँचा स्थान है। मौलाना 'आज़ाद' (१८८९ से १९५८ तक) ने 'अल-हिलाल' और 'अल-बलाग़' के नाम से जो दो अख़बार निकाले, उन्होंने एक नये ढंग की पत्रकारिता को जन्म दिया। इसी प्रकार मौलाना मुहम्मद अली ने अंग्रेज़ी और उर्दू में जो समाचार पत्र निकाले, उनकी चर्चा भी साहित्य के हर इतिहास में अवश्य की जायेगी।

मौलाना 'आज़ाद' की गद्य अरबी और फ़ारसी शब्दों से भरी हुई है। उनमें अलंकारों और उपमाओं का बाहुल्य प्रयोग होता है, उनमें कविता की रंगीनी पायी जाती है और उससे ऐसे बल और ऐसी शक्ति का उद्‌भव होता है कि पढ़ने वाला उसके प्रवाह में बह जाने पर विवश होता है। वह जितने बड़े विद्वान थे उतने ही अच्छे वक्ता और लेखक भी थे। उन्होंने कई पुस्तकें उर्दू में लिखी हैं, जो बड़ी महत्त्वपूर्ण हैं। उनकी प्रारम्भिक रचनाओं में 'तज़किरा' नामक पुस्तक बहुत प्रसिद्ध है, जिसमें उन्होंने अपने पूर्वजों का हाल बड़े रोचक ढंग से लिखा है। 'क़ुरान शरीफ़' का जो अनुवाद टीका सहित उन्होंने किया है, उनके व्यापक ज्ञान का प्रतीक कहा जा सकता है और जो व्यक्ति भी इस्लामी विचार और ज्ञान का अध्ययन करना चाहेगा, उसको इस पुस्तक से बड़ी सहायता मिलेगी। १९४२ ई० के बन्दीकाल में उन्होंने कुछ पत्र अपने एक मित्र के नाम लिखे और लिखकर रखते गये, वह 'ग़ुबारे-ख़ातिर' के नाम से प्रकाशित हुए हैं और एक दफ़ा फिर उर्दू के पाठकों ने गद्य की रचना की वह झलक देखी, जो उनकी प्रारम्भिक रचनाओं में पायी जाती थी। राजनीति ने उन्हें अपना बना लिया था पर उससे समय निकाल कर जब कुछ लिख देते थे, वह साहित्य का एक भाग बन जाता था।

मौलाना मुहम्मद अली कवि भी थे और लेखक भी, परन्तु उन्होंने विशेष रूप में कोई रचना नहीं छोड़ी है। उनके लेखों और पत्रों के कई संग्रह प्रकाशित किये गये हैं, जिनमें हमें अच्छा गद्य और अच्छा ज्ञान दोनों ही मिलते हैं। इसी प्रकार ज़फ़र अली ख़ाँ

ने भी पद्य और गद्य दोनों में बहुत कुछ लिखा है और गद्य में विशेषकर उनकी अंग्रेज़ी पुस्तकों के अनुवाद बड़ा महत्त्व रखते हैं।

ख़्वाजा हसन निज़ामी (१८७८ ई० से १९५५ ई० तक) दिल्ली के प्रसिद्ध सूफ़ी थे। वह बचपन ही से सूफ़ियाना, धार्मिक और साहित्यिक विषयों पर लिख रहे और मृत्यु के समय तक छोटी बड़ी सौ से अधिक पुस्तकें प्रकाशित कर चुके थे, जिनमें हर प्रकार के लेख मिलते हैं। उन्होंने अपनी आप-बीती में बड़े विस्तार से अपने जीवन के अनेक रोचक एवं महत्त्वपूर्ण तथ्य दिये हैं। उनकी पुस्तकों में 'मुहर्रम नामा', 'कृष्ण बीती', 'सिपारए-दिल' और बारह भागों में उपन्यास के ढंग पर 'ग़दर के अफ़साने' बहुत प्रसिद्ध हैं। उनकी भाषा बड़ी सरल, सरस और बोल-चाल के ढंग की होती है, छोटे-छोटे वाक्यों में बड़ी-बड़ी बातें कहना उन्हें ख़ूब आता है, हिन्दी शब्दों का प्रयोग बड़े उचित ढंग से करते थे। उन्होंने हिन्दी में क़ुरान-शरीफ़ का अनुवाद भी किया, जिसे महात्मा गांधी ने भी बहुत पसन्द किया था, उन्होंने बहुत से पत्र-पत्रिकाएँ निकालीं, जिनमें अधिकतर उन्हीं के लेख होते थे। मुसलमानों के एक समुदाय में उनका बड़ा आदर किया जाता है क्योंकि वह निज़ामुद्दीन औलिया के वंश में गिने जाते हैं।

२०वीं शताब्दी के आरम्भ में उपन्यास के अतिरिक्त छोटी कहानियाँ भी लिखी जाने लगी थीं। सर अब्दुल क़ादिर ने लाहौर से 'मख़ज़न' नामक एक पत्रिका निकाली थी, जिनमें कभी-कभी विदेशी कहानियों के अनुवाद भी प्रकाशित होते थे। कानपुर से 'ज़माना' निकलता था, उसमें भी कहानियाँ छपती थीं। यह बताना असम्भव है कि पहली कहानी कब लिखी गयी, परन्तु उन्हीं के कथनानुसार इतना कहा जा सकता है कि १९०६ ई० के लगभग प्रेमचन्द ने अपनी पहली कहानी 'दुनिया का सबसे अनमोल रतन' लिखा। प्रेमचन्द का उल्लेख आगे के अध्याय में किया जाएगा। यहाँ केवल इतना ही कहना है कि उस समय कहानियाँ लिखी जाने लगी थीं और विशेषकर या तो अनुवाद होते थे या प्रेम और रोमान्स से भरी हुई कोई कथा। लेखकों का कोई सामाजिक दृष्टिकोण न था, वह केवल दिलचस्पी पर ध्यान देते थे। ऐसे लिखने वालों में सज्जाद हैदर 'यलद्रम', 'नियाज़' फ़तेहपुरी और सुलतान हैदर 'जोश' के नाम लिये जा सकते हैं। 'यलद्रम' ने तुर्की-भाषा से कई उपन्यासों, नाटकों और कहानियों का अनुवाद करके उर्दू के पढ़ने वालों को एक नये रंग से परिचित किया। उनकी रचनाओं में 'ज़ोहरा', 'सालिस-बिल ख़ैर', 'जलालुद्दीन ख़्वारिज्मशाह', 'ख़यालिस्तान' और 'हिकायातो एहतेसासात' प्रसिद्ध हैं। उनका गद्य अति रंगीन और भाव-पूर्ण होता है। वह सामाजिक विषयों के बदले-मनोभावों को प्रस्तुत करने पर ज़ोर देते हैं। उनकी रचनाओं में हास्य-रस की साधारण सी लहर भी दौड़ी हुई होती है, इसलिए वह पढ़ने वाले को बहुत प्रभावित करते हैं। एक प्रकार से यह उर्दू-साहित्य का रोमानी युग था, जिसमें लेखक नवीन दिशाओं में बढ़ रहे थे, लेकिन उनके सामने कोई बड़ा आदर्श नहीं था, उनके विचारों में भी नवीनता होती थी और शैली में भी। यही युग बदल कर राजनीतिक चेतना का युग बन गया, जिसका उल्लेख आगे आएगा।

'नियाज' फ़तेहपुरी (१८८५ ई० से १९६६ ई०) आरम्भ में इसी रंग के लेखकों में थे, परन्तु बाद में समस्याओं के जटिल हो जाने के कारण उनका दृष्टिकोण बदल गया और वह नयी जागृति से प्रभावित होकर नयी बातों का स्वागत करने पर तैयार हो गये, परन्तु जिन लेखों ने उनको उर्दू-साहित्य के इतिहास में जगह दिलाई है वह उनके युवावस्था के लेख हैं, जैसे 'एक शायर का अंजाम', 'शहाब की सरगुज़िश्त', 'निगारिस्तान' और 'जमालिस्तान'। 'नियाज़' फ़तहपुरी एक बड़े विद्वान और वेग गति से लिखने वाले लेखक थे। वह अरबी-फ़ारसी के अच्छे पण्डित थे और अंग्रेज़ी और हिन्दी भाषा से भी भली-भाँति परिचित थे। १९२२ ई० में अपनी एक मासिक पत्रिका 'निगार' का प्रकाशन शुरू किया और अपनी जिन्दगी भर बड़े उत्साह से निकालते रहे, जिसने उर्दू के बहुत से नये लेखकों को अपनी विचार-स्वतंत्रता और बुद्धिवाद से अत्यन्त प्रभावित किया। वह धर्म को बुद्धि की कसौटी पर कसते और बड़े तर्क-पूर्ण ढंग से अपने विचारों को प्रस्तुत करते। इसमें उनका कड़ा विरोध भी हुआ, लेकिन वह अपने विचारों को प्रकट करने में कभी संकोच नहीं करते थे। 'नियाज़' को प्रगतिशील साहित्यकार नहीं कहा जा सकता, परन्तु वह अपनी विचार स्वतंत्रता के कारण रूढ़िवादियों से अलग समझे जाते थे।

नियाज़ ने उपन्यास, नाटक, कहानियाँ, आलोचना, इतिहास सभी प्रकार की रचनाएँ की हैं। उनकी कहानियाँ अधिकतर रंगीन, रोमानी और मनोरंजक होती थीं, जिनमें सामाजिक पृष्ठ-भूमि न रखकर वह केवल मनोभावों का विश्लेषण करते थे। बाद में वह अधिकतर आलोचनात्मक निबन्ध लिखते थे जिनमें सौन्दर्यवाद की दृष्टि से वह बड़े भावुक और प्रभावपूर्ण ढंग से साहित्य की विशेषताएँ प्रस्तुत करते थे। नियाज़ की भाषा आरम्भ में फ़ारसी-अरबी शब्दों और वाक्यों से बहुत बोझिल हुआ करती थी, उसमें बड़ा जोश और ज़ोर होता था, लेकिन बाद के लेखों में एक प्रकार की सरलता पैदा हो गयी थी, तथापि उसकी रंगीनी में अधिक कमी नहीं हुई थी। उन्होंने हिन्दी और विशेषकर ब्रज भाषा के अच्छे-अच्छे दोहों को टीका-सहित 'जज़बाते-भाषा' के नाम से प्रकाशित किया था।

'हाली', 'आज़ाद' और सर सैय्यद के बाद से उर्दू में साहित्यिक आलोचना का आम रिवाज हो गया है। आलोचकों में कई श्रेणी के लोग मिलते हैं। कुछ ऐसे हैं, जो केवल गवेषणात्मक ढंग से पुरानी पुस्तकों और लेखों पर टीकाएँ लिखते हैं और उनको लम्बी-लम्बी भूमिकाएँ लिखकर प्रकाशित करते हैं। कुछ वह हैं जो 'हाली' के पथ पर चलकर साहित्य की विशेषताओं और त्रुटियों की खोज लगाते हैं। कुछ ऐसे भी हैं, जो साहित्य और कविता में केवल सौन्दर्य की खोज करते हैं और सुन्दरता का जो प्रभाव स्वीकार करते हैं, उसको रचनात्मक ढंग से लिख देते हैं। कुछ ऐसे भी हैं जो केवल व्याकरण और शब्दों के ठीक अर्थ इत्यादि से काम रखते हैं। इन सब आलोचकों की संख्या बहुत है और सबका उल्लेख असम्भव है फिर भी कुछ प्रसिद्ध लेखकों के नाम और काम पर दृष्टि रखना वर्तमान काल की साहित्यिक उन्नति के समझने में

सहायक होगा। इस अध्याय में जिनकी चर्चा की जायेगी, उनमें अधिकतर वह साहित्यकार हैं, जिनका दृष्टिकोण सामाजिक विश्लेषण पर निर्भर नहीं है, बल्कि अपने ढंग से कवियों की जीवनी, उनके मृत्यु-दिवस, उनके जीवन की छोटी-छोटी घटनाओं, उनकी रचनाओं की संख्या और उनके दूसरे साहित्यकारों से सम्बन्ध रखने पर ज़ोर देते हैं। यह काम भी किसी साहित्य का इतिहास लिखने के लिए आवश्यक है, लेकिन स्पष्ट ही है इसे पर्याप्त नहीं कहा जा सकता, क्योंकि जब तक जीवन और साहित्य के सामाजिक, सांस्कृतिक और राजनीतिक सम्बन्ध को न देखा जाये, उसकी प्रगति का इतिहास पूर्णतया समझ में नहीं आ सकता। चेतनापूर्वक जिन आलोचकों ने यह दृष्टिकोण अपनाने की चेष्टा की, उनका उल्लेख अंतिम अध्याय में होगा, यहाँ केवल उन्हीं की चर्चा की जाएगी जो पुराने और नये के बीच की कड़ी बन गये हैं या अवचेतन में उस परम्परा को दृढ़ करने में सहायक सिद्ध हुए हैं जो 'हाली' ने चलाई थी।

मौलाना अब्दुल हक़, मौलाना सुलैमान नदवी, मौलाना अब्दुल मजिद दरियाबादी, लाला श्रीराम, हाफ़िज महमूद शीरानी, पंडित 'कैफ़ी', सैय्यद अहमद देहलवी, मुहम्मद हुसैन 'अदीब', नसीर हुसैन 'ख़याल', अन्दलीप शादानी, सैय्यद मसूद हसन रिज़वी 'अदीब', रशीद अहमद सिद्दीक़ी, डॉक्टर, 'ज़ोर', नसीरुद्दीन हाशिमी, अब्दुल क़ादिर सरवरी और डॉक्टर अब्दुल्लाह उन आलोचकों में गिने जाते हैं, जिन्होंने आधुनिक काल में उर्दू साहित्य को लोकप्रिय और व्यापक बनाने में बड़ा भाग लिया है। इनमें से कई अभी जीवित हैं और अपने कामों में लगे हुए हैं। उनके सम्बन्ध में कुछ अधिक लिखना इस संक्षिप्त इतिहास में सम्भव नहीं है लेकिन यह याद रखना चाहिए कि इनमें से कुछ के काम बड़े महत्त्वपूर्ण हैं और उनकी रचनाएँ वही महानता रखती हैं जो 'हाली', 'आज़ाद' और 'शिबली' की रखती थीं।

नये साधनों के पैदा हो जाने के कारण यह लेखक दर्शनशास्त्र, तर्कशास्त्र, इतिहास और विज्ञान की सहायता से ज्ञान की सीमाएँ विस्तृत करते हैं, परन्तु जैसा कि कहा गया है, इनमें से अधिकतर वह हैं जो साहित्य की प्रगति को सामाजिक चेतना की दृष्टि से नहीं देखते। मौलाना अब्दुल हक़ (१८६९-१९६० ई०) उर्दू के एक बहुत बड़े लेखक और विद्वान समझे जाते हैं। उन्होंने अपनी समस्त आयु उर्दू की प्राचीन रचनाएँ खोजने, उन पर टीकाएँ लिखने, उन्हें प्रकाशित करने और उर्दू-भाषा को शक्तिशाली बनाने में लगा दी। वह हैदराबाद में कई कालेजों के अध्यक्ष और प्रिंसिपल रहे और वहीं उन्होंने अपनी अधिकतर पुस्तकें और निबन्ध लिखे। उनकी रचनाओं में 'मराठी पर फ़ारसी का असर', 'नुसरती', 'मरहूम देहली कालिज', 'सैय्यद अहमद खाँ' प्रसिद्ध हैं। इनके अतिरिक्त उनके शोधपूर्ण और आलोचनात्मक लेखों के कई संग्रह 'मुक़द्दमाते-अब्दुलहक़', 'तनक़ीदाते अब्दुलहक़', 'चन्द हम असृर' के नाम से प्रकाशित हो चुके हैं। उन्होंने अपनी खोज से उर्दू के कई प्राचीन लेखकों और कवियों को जीवित किया और अपने अथक परिश्रम से उर्दू-भाषा को लोकप्रिय बनाने में बड़ी सहायता की। सच

यह है कि उनके लेख इतने महत्त्वपूर्ण नहीं जितना उनका यह काम कि उन्होंने बहुत से लेखकों को रचनात्मक काम की ओर लगाने का प्रयत्न किया। वह 'हाली' के ढंग की सरल गद्य लिखते और भाषा को अनुचित फ़ारसी और अरबी शब्दों से बोझिल नहीं होने देते थे, परन्तु १९३६ ई० के पश्चात् उनकी दृष्टि में संकीर्णता पैदा हो गयी थी और ऐसा जान पड़ता है कि उनके अनुचित उत्साह से उर्दू-हिन्दी झगड़े को बढ़ावा मिला। पाकिस्तान बनने के बाद वह वहीं चले गये और वहाँ अंजुमन तरक़्क़ीए-उर्दू स्थापित करके उसी काम को आगे बढ़ाते रहे, जो उन्होंने हिन्दुस्तान में आरम्भ किया था।

लाला श्री राम देहलवी (१८७५-१९२९ ई०) दिल्ली के एक बड़े परिवार से सम्बन्ध रखते थे, जिसमें उर्दू के अच्छे-अच्छे लेखक पैदा हो चुके थे। लाला श्रीराम अंग्रेज़ी, फ़ारसी और अरबी ख़ूब जानते थे, इसलिए जब अपने स्वास्थ्य के बिगड़ जाने के कारण १९०७ ई० में उन्होंने नौकरी छोड़ दी, तो उर्दू कवियों का एक ऐसा तज़किरा लिखने का प्रयत्न किया, जिसमें कोई कवि छूटने न पावे। उसके चार भाग प्रकाशित हो सके थे कि उनका देहान्त हो गया। यह तज़किरा 'ख़ुमख़ानए-जावेद' के नाम से प्रसिद्ध है और उर्दू की महत्त्वपूर्ण किताबों में गिना जाता है। इसमें कहीं-कहीं ग़लती भी हो गयी है, परन्तु साधारणतः इसमें गहरे अनुसंधान से काम लिया गया है। इस पुस्तक को संग्रहीत करने के लिए उन्होंने सहस्रों पुस्तकें एकत्र की थीं, जिनमें से कुछ तो संसार में कहीं और नहीं पायी जातीं। उनकी मृत्यु के पश्चात् उनकी रचना और उनका पुस्तकालय सब हिन्दू विश्वविद्यालय को दे दिये गये और उनके काम को पंडित 'कैफ़ी' ने आगे बढ़ाने की चेष्टा की। अतः उसका पाँचवाँ भाग पंडित 'कैफ़ी' ने संकलित कराया है। पंडित 'कैफ़ी' (१८६६-१९५५ ई०) स्वयं एक बहुत बड़े विद्वान थे और भाषा विज्ञान के विशेषज्ञों में गिने जाते थे। उनकी कविताओं के भी कई संग्रह प्रकाशित हो चुके हैं परन्तु वास्तव में वह एक गद्य के लेखक की हैसियत से उर्दू-साहित्य के इतिहास में सदैव जीवित रहेंगे। उन्होंने नाटक इत्यादि भी लिखे हैं, परन्तु उनकी सर्वश्रेष्ठ रचना 'कैफ़िया' भाषा संबंधी ज्ञान का एक अनन्य कोष ही है।

नव्वाब नसीर हुसैन 'ख़याल' (१८८०-१९३४ ई०) पटने के एक विख्यात लेखक हुए हैं। उन्होंने भी उर्दू-भाषा की उत्पत्ति और उन्नति के संबंध में कई महत्त्वपूर्ण शोध किये और उन्हें पुस्तक के रूप में प्रकाशित किया। उनमें 'दास्ताने-उर्दू' और 'मुग़ल और उर्दू' प्रसिद्ध हैं। उनके लिखने का ढंग मौलाना मुहम्मद हुसैन 'आज़ाद' से मिलता-जुलता था। वह शब्दों का प्रयोग बड़ी सुन्दरता से करते थे और जिस शब्द से जिस स्थान पर जो काम लेना चाहते थे, बड़े ही रोचक ढंग से ले लेते थे। उनकी शैली में गम्भीरता और सरसता एक साथ मिलती है। मगर उनके साहित्यिक विवेचन में बहुत-सी त्रुटियाँ हैं।

मौलाना 'शिबली' की स्थापित की हुई संस्था 'दारुल-मुसन्नेफ़ीन', आज़मगढ़ में उर्दू के कई लेखकों ने उस कार्य को जारी रखा। मौलाना सुलैमान नदवी, अब्दुस्सलाम नदवी, सईद अन्सारी, रियासत अली नदवी, शाह मुईनुद्दीन नदवी, सब उर्दू के अच्छे

लेखक माने जाते हैं, इनमें मौलाना सुलैमान नदवी का महत्त्व सबसे अधिक है। वह 'शिबली' के सच्चे उत्तराधिकारी कहे जा सकते हैं। उनकी पुस्तकों में कुछ वह हैं, जिनको मौलाना 'शिबली' अधूरा छोड़ गये थे और कुछ वह जो स्वयं उन्हीं के विचारों का परिणाम कही जा सकती हैं। उनकी पुस्तकें भी विशेषकर धार्मिक साहित्य से सम्बन्ध रखती हैं। शुद्ध साहित्यिक दृष्टि से केवल दो पुस्तकें उल्लेखनीय हैं—'नक़्शो-सुलैमानी' और 'ख़ैय्याम'। यह दोनों रचनाएँ उर्दू की सुन्दर गद्य शैली में हैं। वह एक बहुत बड़े विद्वान थे इसलिए उनके अधिकतर लेख गहरे अनुसंधान का पता देते हैं, यह बात 'ख़ैय्याम' के अतिरिक्त उनकी प्रसिद्ध पुस्तक 'अरब और हिन्द के तअल्लुक़ात' में भी पायी जाती है। वह भी पाकिस्तान चले गये थे और वहीं उनका देहान्त १९५३ ई० में हो गया। मौलाना अब्दुस्सलाम की पुस्तक 'शेरुलहिंद' उर्दू-काव्य का इतिहास समझने में बड़ी मदद देती है। इस संस्था के अन्य लेखकों की रचनाएँ अधिकतर धार्मिक हैं, परन्तु उनका साहित्यिक महत्त्व भी है।

मौलाना अब्दुल माजिद दरियाबादी वर्तमान युग के प्रसिद्ध विद्वानों और लेखकों में समझे जाते हैं। उनके जीवन में बहुत से उतार-चढ़ाव आये हैं। जिस समय वह अंग्रेज़ी शिक्षा प्राप्त कर रहे थे, उन पर नास्तिक विचारों का गहरा प्रभाव पड़ा और उन्होंने बुद्धिवादी दृष्टिकोण से इस्लाम और अन्य धर्मों पर चोटें कीं, उसी समय उन्होंने योरुपियन दर्शन-शास्त्र से सम्बन्ध रखने वाली कई पुस्तकों का अनुवाद किया और अंग्रेज़ी-उर्दू में बहुत से लेख लिखे। इसके पश्चात् उन्होंने पलटा खाया और धीरे-धीरे फिर धार्मिक विचारों का प्रचार करने लगे और अब उनकी संकीर्णता इतनी बढ़ गई है कि वह संसार की हर घटना को विशेष प्रकार की इस्लामी-दृष्टि से देखते हैं। यह दृष्टिकोण भी केवल उनका ही होता है। उन्होंने कुछ साहित्यिक निबन्ध भी लिखे हैं, जो शैली की दृष्टि से बड़े महत्त्वपूर्ण हैं। उनके संग्रह 'अकबर नामा', 'मुक़ालाते माजिद' और 'मज़ामीने माजिद' के नाम से प्रकाशित हो चुके हैं। इनके अतिरिक्त उनकी रचनाओं और अनुवादों में 'फ़लसफ़ए-जज़्बात', 'फ़लसफ़ए-इजतिमाअ', 'तसौव्वुफ़ और इस्लाम', 'तारीख़े-इख़्लाक़े-योरुप' और 'मुहम्मदअली की डायरी' प्रसिद्ध हैं। वह चेतनापूर्वक हर प्रगतिशील विचार का विरोध करना अपना कर्तव्य समझते हैं, किन्तु उनके लिखने का ढंग ऐसा सुन्दर और मनोरंजक है कि उनके रूढ़िवादी विचार भी पढ़ने में मज़ा देते हैं।

नये उर्दू-साहित्य के निर्माताओं में वहीदुद्दीन 'सलीम' पानीपती भी बड़ा महत्त्व रखते हैं। पद्य और गद्य दोनों में उनके कार्य सराहनीय हैं। वह कई भाषाओं के विद्वान थे, इसलिए उन्होंने भाषाविज्ञान और विशेषकर पारिभाषिक शब्दों के अनुवाद और रचना के सम्बन्ध में जो कुछ किया है, वह उल्लेखनीय है। उनका समस्त जीवन ज्ञान प्राप्ति के संघर्ष में लगे हुए विद्यार्थी का जीवन था, जिसे वह बड़ी सादगी से बिताते थे। उनकी आयु का बड़ा भाग हैदराबाद में बीता, यहाँ उन्होंने नये साहित्यकारों को बहुत प्रभावित किया। उनके पद्य संग्रह के अतिरिक्त दो गद्य की रचनाएँ भी मिलती

हैं—'इफ़ादाते-सलीम' और वज़एइश्तेलाहात', और दोनों उनके ज्ञान का परिचय देती हैं। उनकी पहली रचना लेखों का संग्रह है, किन्तु हर निबन्ध अपने स्थान पर विशेष महत्त्व रखता है और दूसरी पुस्तक पारिभाषिक शब्दों की बनावट से सम्बन्ध रखती है, जिस पर इस समय तक कोई वृद्धि नहीं हो सकी है। १९१६ ई० में उनका देहान्त हो गया।

डॉक्टर अब्दुर रहमान बिज़नौरी, अज़मतुल्लाह ख़ाँ और सज्जाद अन्सारी तीन ऐसे नाम हैं, जो भली-भाँति ख्याति प्राप्त करने के पहले ही मिट गये। तीनों थोड़ी-थोड़ी आयु में परलोकवासी हुए। यह सब कवि भी थे और लेखक भी। अज़मतुल्लाह ख़ाँ ने हिन्दी काव्य-शास्त्र का गहरा अध्ययन किया था और उर्दू कविता को नये साँचे में ढालने की चेष्टा की थी, जो उर्दू काव्य-शास्त्र के इतिहास में सदैव आदर का पात्र बनी रहेगी। उनकी कविताओं का संग्रह 'सुरीले बोल' नागरी-लिपि में भी प्रकाशित हो चुका है। गद्य में भी उनके लेखों के दो संग्रह छपे हैं, जिनके अध्ययन से अनुमान लगाया जा सकता है कि यदि उन्हें लिखने का कुछ और समय मिलता तो वह कितनी महत्त्वपूर्ण रचनाएँ छोड़ जाते। इसी प्रकार डाक्टर बिजनौरी की भी केवल दो रचनाएँ मिलती हैं। एक निबन्धों का संग्रह 'बाक़ियाते-बिजनौरी' और दूसरा मिर्ज़ा ग़ालिब की काव्य-रचना पर एक दार्शनिक लेख जो 'महासिने-कलामे-ग़ालिब' के नाम से प्रकाशित हुआ। वह योरुप की कई भाषाएँ जानते थे और दर्शन-शास्त्र के बहुत बड़े विद्वान थे, इसलिए उनका यह लेख दार्शनिक विचारों से भरा हुआ है। सज्जाद अन्सारी के कुछ निबन्ध और कविताएँ एकत्र करके उनकी मृत्यु के पश्चात् 'महशरे-ख़्याल' के नाम से प्रकाशित कर दी गयीं जिनके अध्ययन से उनकी बुद्धि की तीव्रता, कलात्मक शक्ति और विचार स्वतन्त्रता का पता मिलता है। उनके लेखों में बड़ी जान थी और वह बड़ी स्वतन्त्रता से दार्शनिक और धार्मिक विषयों पर अपने विचार प्रकट करते थे। इन तीनों लेखकों में यह समानता अवश्य मिलती है कि वह सबके सब सौन्दर्य के उपासक और नवीनता की ओर आकृष्ट थे।

अनुसंधान-प्रधान साहित्य के विशेषज्ञों में हाफ़िज महमूद शीरानी का नाम बड़ा ऊँचा स्थान रखता है। उन्होंने उर्दू-भाषा की उत्पत्ति के सम्बन्ध में एक महत्त्वपूर्ण पुस्तक 'पंजाब में उर्दू' नामक लिखी है, जिसमें प्रारम्भिक पंजाबी और प्रारम्भिक उर्दू की समानता दिखायी है। 'पृथ्वीराज रासो' पर भी उन्होंने एक पुस्तक लिखी, जो प्रकाशित हो चुकी है। उनको पुराने और समकालीन लेखकों के यहाँ ग़लती निकालने में बड़ा आनन्द प्राप्त होता था और वह सहस्त्रों पुस्तकों को खंगाल कर उनमें से ऐसी बातें ढूँढ़ निकालते थे कि उनकी बात न मानना कठिन हो जाता था। उन्होंने मौलाना 'आज़ाद' और मौलाना 'शिबली' की रचनाओं में अनुसंधान कर बहुत-सी ग़लतियाँ निकालीं, जिनमें से कुछ पुस्तकों के रूप में प्रकाशित हो चुकी हैं। वह अरबी-फ़ारसी और हिन्दी के बड़े विद्वान थे, लेकिन उनकी गद्य-शैली बड़ी रूखी-फीकी और निस्सार होती थी। उस ढंग का काम करने वालों में इस समय भी कई आलोचकों के

नाम लिए जा सकते हैं जैसे डा० अब्दुलत्तार सिद्दीक़ी, डा० अब्दुल्लाह, क़ाजी अब्दुल वदूद और इम्तियाज़ अली 'अर्शी' किन्तु यहाँ उनके सम्बन्ध में कुछ विस्तारपूर्वक लिखना अनुचित है।

पं० मनोहर लाल जुतशी, मिर्ज़ा मुहम्मद अस्करी, मौलवी महेश प्रसाद और नसीरुद्दीन हाशिमी ने उर्दू साहित्य निर्माण में बड़े काम किये हैं और बहुत-सी ऐसी प्राचीन रचनाएँ खोज निकाली हैं, जिनसे उर्दू-साहित्य के इतिहास एवं ज्ञान का क्षेत्र बहुत विस्तृत हो गया है, परन्तु इस स्थान पर उनकी रचनाओं पर भी कुछ विचार प्रकट नहीं किये जा सकते। जब कोई उर्दू साहित्य के वर्तमान युग का इतिहास विस्तार में देखना चाहेगा, तो इन लेखकों के सम्बन्ध में उसे जानकारी प्राप्त करने की आवश्यकता होगी।

भारतीय विश्वविद्यालयों में जब से उर्दू को उच्च शिक्षा का विषय मानकर जगह दी गई है, उस समय से वहाँ के अध्यापक बड़ा काम कर रहे हैं। उनमें जो नवीन सामाजिक चेतना से अधिक प्रभावित हुए हैं, उनका उल्लेख आगे के अध्याय में होगा, यहाँ कुछ ऐसे लेखकों की चर्चा की जाती है जो प्राचीन साहित्यकारों के ढंग पर साहित्य निर्माण में विश्वास रखते हैं और किसी न किसी रूप में नवीन साहित्य के प्रयोगों की ओर शंका की दृष्टि से देखते हैं। इनमें मसूद हसन रिज़वी 'अदीब', रशीद अहमद सिद्दीकी, सैय्यद ज़ामिन अली, डॉ० हफ़ीज़ सैय्यद, डॉ० मुहीउद्दीन क़ादिर, 'ज़ोर', प्रो० अब्दुल क़ादिर सर्वरी, डॉ० अन्दलीप शादानी और डॉ० अब्दुल्लाह के नाम स्मरणीय हैं।

मसूद हसन रिज़वी १९५४ तक लखनऊ विश्वविद्यालय में उर्दू-फ़ारसी विभाग के अध्यक्ष थे। उन्होंने अधिकतर प्राचीन कवियों और लेखकों का विशेष अनुसंधान किया है, परन्तु वह नये साहित्य से भी भली-भाँति परिचित हैं। उन्होंने मरसिये का अनुसंधान विशेष रूप से किया है। उनकी प्रमुख प्रकाशित रचनाओं में 'हमारी शायरी', 'रूहे-अनीस', 'दीवाने-फ़ाइज़', 'फ़ैज़े-मीर', 'मजलिसे-रंगी', 'मुत-फ़र्रिक़ाते-ग़ालिब', 'उर्दू ड्रामा और स्टेज', 'ईरान का मुकद्दस ड्रामा' प्रसिद्ध हैं। उनके लेख शोध समस्याओं से ओत-प्रोत होते हैं, परन्तु वह नये प्रकार की आलोचनाएँ भी लिखते हैं। उनकी लोकप्रिय पुस्तक 'हमारी शायरी' उर्दू-काव्य की विशेषताओं के समझने में बड़ी सहायक होती है। उनकी भाषा, सरलता और गम्भीरता दोनों से परिपूर्ण है। इस समय वह वाजिद अली शाह के साहित्यिक महत्त्व और उर्दू मरसिये पर काम कर रहे हैं।

रशीद अहमद सिद्दीक़ी मुस्लिम विश्वविद्यालय, अलीगढ़ में उर्दू विभाग के अध्यक्ष थे। वह विशेषकर हास्य-पूर्ण निबन्ध लिखते हैं। कभी-कभी आलोचनात्मक लेख भी लिखते हैं पर कहीं-कहीं उनमें भी हँसी के छींटे उड़ाते हैं। उनकी कई रचनाएँ प्रकाशित हो चुकी हैं, जैसे 'मज़ामीने-रशीद', 'ख़न्दाँ', 'गंजहाय', 'गिरांमाया', 'तनज़ियातो-मुज़हिकात', 'आशुफ़ता बयानी मेरी', 'जदीद ग़ज़ल' और 'शैख

नियाज़ी'। उर्दू में हास्य रस का परम्परा पर भी उन्होंने एक पुस्तक लिखी है, जो उर्दू में अपने ढंग की पहली रचना कही जा सकती है। सिद्दीक़ी के व्यंग्य और गहरे संकेत उनकी कलात्मक शैली को गम्भीर और दार्शनिक बनाते हैं। इसमें सन्देह नहीं कि वह वर्तमान युग के विशिष्ट-हास्य लेखक हैं, वह केवल हँसने के लिए नहीं लिखते बल्कि शिक्षा और आत्मसंयम के लिए लिखते हैं।

सैय्यद ज़ामिन अली इलाहाबाद विश्वविद्यालय के उर्दू विभाग के प्रोफ़ेसर थे। वह कवि भी हैं और लेखक भी; कविता में वह प्राचीन काव्य-शैली का अनुसरण करते थे, परन्तु नवीन प्रयोगों की कुछ विशेषताओं को भी सराहते थे। उन्होंने भी अपना अधिक समय प्राचीन साहित्य, विशेषकर मरसिये के अनुसंधान में लगाया है, उनके कुछ ही लेख प्रकाशित हुए हैं, जैसे 'वाक़याते-कर्बला' और 'उर्दू ज़बान और अदब'।

डॉ० हफ़ीज़ सैय्यद भी इलाहाबाद विश्वविद्यालय में उर्दू के प्राध्यापक थे। उन्होंने काज़ी महमूद 'बहरी' का विशेष अनुसंधान करके उसका काव्य संग्रह संकलित किया, जो प्रकाशित भी हो चुका है। इसके अतिरिक्त महात्मा बुद्ध और अशोक पर उनकी रचनाएँ प्रकाशित हो चुकी हैं। उन्होंने धार्मिक, दार्शनिक और साहित्यिक विषयों पर बहुत से लेख लिखे हैं किन्तु अपना प्रभाव साहित्य पर नहीं छोड़ा है, जिससे उन्हें स्मरण रखा जा सके। उनकी गद्य शैली सीधी-साधी और नीरस होती है। १९६१ ई० में देहान्त हुआ।

डॉ० मुहीयद्दीन क़ादिरी 'ज़ोर' हैदराबाद (दकन) के विशिष्ट लेखकों में थे। उन्होंने योरुप में रहकर भाषा-विज्ञान पर बहुत काम किया और उसी समय उर्दू-अंग्रेज़ी में अपने अनुसंधानपूर्ण निष्कर्ष प्रकाशित कराये। वहीं उन्होंने उर्दू के उन प्राचीन लेखकों ओर कवियों का अध्ययन भी किया, जिनकी रचनाएँ वहाँ के पुस्तकालयों में मिलती हैं। उनकी बहुत-सी पुस्तकें प्रकाशित हो चुकी हैं, जैसे 'रूहे-तनक़ीद', 'तनक़ीदी मक़ालात', 'हयाते-क़ुली क़ुतुब शाह', 'दास्ताने-अदबे-हैदराबाद' इत्यादि। इनके अतिरिक्त उन्होंने बहुत-से कवियों के संग्रह अपनी टीकाओं सहित प्रकाशित किये हैं। वह दकनी-भाषा और साहित्य के विशेषज्ञ थे और उन्होंने हैदराबाद में उर्दू साहित्य का अनुसंधान करने वाला एक पूरा जत्था बना लिया था जो अब भी गवेषणात्मक कार्यों में लगा हुआ है और प्राचीन उर्दू-साहित्य की खोज कर रहा है। डॉ० ज़ोर की गद्य शैली भी सीधी-साधी और नीरस होती है। उनकी मृत्यु १९६२ ई० में हुई।

अब्दुल क़ादिर सर्वरी उसमानिया विश्वविद्यालय में उर्दू के अध्यक्ष थे। वहाँ से अवकाश प्राप्त करके जम्मू-कश्मीर युनिवर्सिटी में उर्दू फ़ारसी विभाग के अध्यक्ष हो गये हैं। कई पुस्तकें प्रकाशित करा चुके हैं, जैसे 'जदीद उर्दू-शायरी', 'दुनियाए-अफ़साना', 'उर्दू मसनवी का इरतिक़ा', 'उर्दू की अदबी तारीख़', 'ज़बानो इल्मे-ज़बान'। इनके अतिरिक्त उन्होंने कुछ कथाओं के अनुवाद भी विभिन्न भाषाओं से किये

हैं और कई कवियों के संग्रह की टीकाएँ लिखी हैं। समकालीन दक्षिणी आलोचकों में उनका विशेष स्थान है।

डॉ० अन्दलीप शादानी ढाका विश्वविद्यालय में उर्दू-फ़ारसी के प्रोफ़सर हैं। उनके अनुसंधान का विषय वैसे तो फ़ारसी है, परन्तु उन्होंने उर्दू में भी बहुत लिखा है, वह कवि भी हैं और आलोचक भी, कहानियों के संग्रह भी उन्होंने प्रकाशित कराये हैं। उन्होंने अधिकतर अपनी आलोचनाओं में उर्दू कविता की त्रुटियों की ओर संकेत किया है। उनके निबन्धों के कई संग्रह 'तहक़ीक़ात', 'तहक़ीक़ात की रोशनी में' और 'दौरे-हाज़िर' की उर्दू ग़ज़लगोई' के नाम से प्रकाशित हो चुके हैं।

डॉ० अब्दुल्लाह पंजाब विश्वविद्यालय (पाकिस्तान) में उर्दू के प्रोफ़ेसर थे, उन्होंने भी विशेषकर फ़ारसी-भाषा का अनुसंधान किया है, परन्तु उर्दू में भी बहुत कुछ लिख चुके हैं। उर्दू गद्य पर उन्होंने अंग्रेज़ी भाषा में एक पुस्तक लिखी है और बहुत से उर्दू-निबन्धों में उसी पुस्तक के विचारों को विस्तृत रूप में प्रकट किया है। फ़ारसी के हिन्दू लेखकों और कवियों पर भी उनकी एक गवेषणापूर्ण रचना प्रकाशित हो चुकी है, जिससे उनके ज्ञान का पता चलता है। डॉ० अब्दुल्लाह ने अनुसंधान तथा शोधकार्यों से शुरू करके नये युग के लेखकों की तरह आधुनिक दृष्टि से ओत-प्रोत आलोचनाएँ भी लिखी हैं, जो उनके अध्ययन और जागरूक होने का पता देती हैं। उनकी अनेक रचनाओं में 'बहसो-नज़र', 'मुबाहिस', 'वली से इक़बाल तक', 'सर सैय्यद और उनके रुफ़क़ा के कारनामे', 'उर्दू-तज़किरे' आदि उल्लेखनीय हैं।

बहुत से नाम छोड़ दिये गये हैं और जिनका उल्लेख हुआ है वह भी बिलकुल अधूरा है, फिर भी इससे अधिक सम्भव न था। जो कुछ लिखा गया है उसके अध्ययन से यह बात स्पष्ट हो जायेगी कि अंग्रेज़ी भाषा के प्रभाव से उर्दू गद्य और पद्य दोनों में बड़े-बड़े परिवर्तन हुए। यह प्रभाव विचारधारा पर भी पड़ा था और शैली पर भी। सर सैय्यद के समय से लेकर इस समय तक उन सभी विषयों पर काम हुआ है जो किसी भाषा को व्यापक और विस्तृत बनाते हैं। इससे यह भी प्रतीत होगा कि अंग्रेज़ी के प्रभाव को स्वीकार करने और उसका बहिष्कार करने की लहरें साथ-साथ चल रही थीं, फिर भी उर्दू साहित्य उस नये युग का संदेश-दूत बन गया जो ऐतिहासिक कारणों से सारे संसार पर छाया हुआ था। भारत की सामाजिक और राजनीतिक चेतना के अनुपात से उर्दू-साहित्य में भी नवीन विषयों को ग्रहण करने की शक्ति पैदा होती थी। जिस प्रकार उर्दू-साहित्य ने यहाँ के समस्त जीवन को अपने घेरे में ले लिया उसका उल्लेख आगामी पृष्ठों में होगा।

अध्याय १२

पद्य में नयी दिशाएँ

उर्दू के विकास की रूप-रेखा बताते हुए हम जहाँ तक पहुँचे हैं, वह एक दृष्टि से आज का ही युग है, क्योंकि गत अध्याय में जिन कवियों-लेखकों का उल्लेख किया गया, उनमें कुछ आज भी लिख रहे हैं, परन्तु साहित्यचिन्तन की पद्धति में जो परिवर्तन १९३० ई० से हो रहे हैं और उनका जो सम्बन्ध साहित्यकार की व्यक्तिगत चेतना, राष्ट्रीय चेतना और विश्वचेतना से है, उसको स्वीकार करने और उसको अपना दृष्टिकोण बनाकर उसकी रोशनी में साहित्य निर्माण करने की बात सामने रखी जाये, तो लेखक अनेक श्रेणियों में विभाजित दिखायी पड़ेंगे। इसीलिए इस समय तक वर्तमान युग के साहित्यकारों में जिन लेखकों और कवियों का वर्णन हुआ उनकी सामाजिक चेतना और साहित्यिक दृष्टिकोण में बड़ी विभिन्नता पायी जाती है, तथापि उन्होंने जो वातावरण पैदा कर दिया और उनकी रचनाओं में जो पृष्ठभूमि तैयार कर दी, उसको देख कर यह अनुमान लगाना कुछ ऐसा कठिन नहीं रह जाता कि उर्दू-साहित्य किस दिशा में बढ़ रहा है। साहित्यिक परम्पराएँ ऐतिहासिक और सामाजिक कारणों और उत्पादन के आर्थिक रूपों से बनती-बिगड़ती हैं, इसलिए जो परिवर्तन भारत में हो रहे थे, उन्हें देखना आवश्यक है। इसी से कलाकारों की वह मानसिक दशा समझ में आयेगी जिससे साहित्य जन्म लेता है।

पहले महायुद्ध के पश्चात् संसार के कई देशों में स्वतन्त्रता और क्रान्ति की लहरें उठीं। रूस में तो युद्धकाल में ही समाजवाद स्थापित हो गया था, पर एशिया भर में जागृति की बिजली दौड़ रही थी और मानव की स्वाधीनता और उन्नति की कल्पनाएँ विज्ञान और उद्योग की प्रगति से सच सिद्ध होती जान पड़ती थीं। इसलिए जब १९१९ ई० में अंग्रेज़ी-शासन की ओर से भारत को कुछ वैधानिक सुधार मिले, तो यहाँ का मध्यम-वर्ग भी उससे संतुष्ट न हुआ। युद्ध के समय में भारत योरुप के बहुत निकट आ गया था और वहाँ की विचारधाराओं से प्रेरणा लेकर अपने भविष्य का निर्माण करना चाहता था, इसलिए कांग्रेस और दूसरे राजनीतिक दल शक्ति प्राप्त करने के लिए नयी-नयी योजनाएँ बनाते थे, परन्तु शोषित वर्ग को पूरी तरह साथ न रखने के कारण सुधार की ओर थोड़ी दूर बढ़कर ही रह जाते थे। लेखकों और विचारकों में क्रान्ति और संघर्ष की जो भावनाएँ इस समय पैदा हुईं, वह भावुक और कल्पनात्मक अधिक थीं, यथार्थ से उनका गहरा सम्बन्ध नहीं था। तात्पर्य यह है कि प्रगति की इच्छा केवल विचारों तक सीमित थी और विदेशी राज्य में जकड़े हुए होने के कारण देश की दुर्दशा को बदलने का कोई उपाय निश्चित रूप से सामने नहीं आता था, यहाँ तक कि महात्मा

गांधी ने राष्ट्रीयता का सहारा लेकर अपना वह आन्दोलन चलाया, जिसने प्रगति की नयी दिशाओं की ओर संकेत कर दिया। कुछ दूर पथ चमक उठा और राष्ट्र कुछ दूर आगे चलने योग्य हो गया।

सुधार से एक मार्ग क्रान्ति की ओर भी जाता है। जब सुधार असफल जान पड़ता है, तो क्रान्ति का विचार अवश्य आता है और भारत के युवकों को यह राह दिखाई देने लगी थी। वह संसार के क्रान्तिकारी आन्दोलनों से प्रेरणा लेते थे और सुधारवादियों से बहुत आगे बढ़कर विदेशियों को शीघ्र ही देश से बाहर कर देना चाहते थे। वह बड़े उत्साह से जनतन्त्र और समाजवाद के विचार प्रकट करते थे। भावुकता के बाहुल्य और चेतना की कमी के कारण कभी-कभी आतंकवादी भी बन जाते थे। इसे एक प्रकार से क्रान्ति का रोमानी रूप भी कह सकते हैं। सारांश यह कि नवीन सामाजिक और राजनीतिक स्थिति ने नयी चेतना, नयी चेतना ने नये जीवन और नये साहित्य को जन्म दिया। इस साहित्य में भारतवर्ष के हृदय की धड़कन सुनी और भविष्य की रूपरेखा देखी जा सकती है।

१९३० ई० के लगभग देश में राजनीतिक आन्दोलन की गति इतनी तीव्र हो गयी कि कांग्रेस को पूर्ण-स्वराज्य का नारा लगाना पड़ा। राजनीतिक दृष्टिकोण में धीरे-धीरे आर्थिक स्वाधीनता के विचार भी सम्मिलित होते जा रहे थे, पूर्ण-स्वराज्य की माँग भी उसी का एक रूप कही जा सकती है। स्वतन्त्रता की यह घोषणा सुधारवाद पर कड़ी चोट लगाती थी और उस दिशा का पता देती थी जिधर भारत को बढ़ना था। स्वतन्त्रता का यह संग्राम कई परिप्रेक्ष्य रखता था। विदेशी राज्य के अतिरिक्त यह संग्राम यहाँ के राजाओं, जमींदारों और पूँजीपतियों के विरुद्ध भी था, इसलिए यहाँ के लेखकों और विचारकों में अपने वर्गीय दृष्टिकोण के कारण चेतना में विभिन्नता मिलती है। स्वयं कांग्रेस के अन्दर कई प्रकार के लोग थे, कोई बहुत आगे जाना चाहता था, कोई धीरे-धीरे चलकर स्वाधीनता की मंज़िल तक पहुँचने का इच्छुक था।

स्वतन्त्रता की भावना और देश की आर्थिक स्थिति ने शोषित वर्ग को भी चौंकाया। किसान तो पहले ही से जगह-जगह मोरचे बना रहे थे, परन्तु १९२८ ई० से मज़दूरों का आन्दोलन भी शुरू हो गया। दासता से मुक्ति प्राप्त करने के लिए ऐसा होना आवश्यक ही था। देश की परिस्थितियों और अन्तर्राष्ट्रीय घटनाओं ने समाजवाद और साम्यवाद के विचारों को दृढ़ कर दिया और भारतवर्ष की समस्याओं के समाधान के लिए क्रान्ति के माध्यम को उपयुक्त समझा जाने लगा। यहाँ ऐसे राजभक्त और सुधारवादी भी मौजूद थे, जो इन विचारों को विदेशी और हिंसापूर्ण कहकर वर्गशोषण को स्थाई रखना चाहते थे, परन्तु इस बात को याद रखना आवश्यक है कि विदेशी विचार अथवा साहित्यिक रूप किसी देश की भूमि में उस समय तक जड़ नहीं पकड़ सकते, जब तक कि स्वयं उस देश में उसे स्वीकार कर लेने की परिस्थिति उत्पन्न न हो गयी हो। राष्ट्रीयता और अन्तर्राष्ट्रीयता, बुद्धिवाद और क्रान्तिवाद तथा यथार्थवाद और समाजवाद कहने के

लिए तो विदेशी पारिभाषिक शब्दों के अनुवाद हैं और अपने पीछे एक विदेशी इतिहास रखते हैं, किन्तु विकासशील भारतीय चेतना के ढाँचे में इनका भी स्थान है। इन शब्दों और विचारों का प्रयोग उसी समय हुआ, जब उन्होंने भारतीय भूमि और संस्कृति से रंग और प्रकाश प्राप्त कर लिया। इसमें सन्देह नहीं कि आरम्भ में समाजवाद केवल एक कल्पनात्मक विचार के समान था, लेकिन थोड़े ही समय में जनता की जागृति ने राष्ट्रीय आन्दोलन को उससे प्रभावित कर दिया, यहाँ तक कि पक्के सुधारवादी भी अपने विचारों में उसका समन्वय करने लगे। इसका एक और बड़ा कारण भी था। १९३० ई० के बाद से योरुप में फ़ासिज़्म का ज़ोर बढ़ रहा था और ऐसा जान पड़ता था कि इटली और जर्मनी प्रगतिशीलता की सारी भावनाओं को कुचलकर कर रख देंगे। इसलिए सारे संसार में जहाँ-कहीं भी स्वतन्त्रता, शांति और प्रगति के प्रेमी विद्यमान थे, उन्होंने फ़ासिज़्म के विरुद्ध आवाज़ उठायी। भारतवर्ष में भी प्रगतिशील शक्तियों ने इसका साथ दिया, इसलिए इस देश में समाजवाद से प्रेम और फ़ासिज़्म से घृणा की भावना दिन प्रति दिन प्रबल होती गयी। १९३६ ई० में फ़ासिज़्म के विरुद्ध संस्कृति की रक्षा के लिए जो अन्तर्राष्ट्रीय सम्मेलन हुआ था, उसकी प्रतिध्वनि यहाँ भी सुनाई दी और यहाँ की विभिन्न भाषाओं के लेखक और कवि, वैज्ञानिक और विद्वान् सचेत हो उठे। तब से आज तक भारत और उसके बाहर जो घटनाएँ हुई हैं, उनसे भारत की दूसरी भाषाओं की भाँति उर्दू-साहित्य भी प्रभावित होता रहा है, बल्कि यह कहना उचित होगा कि अपने प्रगतिशील आलोचनात्मक दृष्टिकोण से उन ग़लतियों की ओर संकेत भी करता रहा, जो राष्ट्रीयता को हानि पहुँचा सकती थीं। साहित्य की दृष्टि से इस जागृति का एक बड़ा परिणाम यह हुआ कि देश की सभी महान भाषाओं में प्रगतिशील लेखकों के संघ बन गये, जिन्होंने जीवन और साहित्य को निकट लाने के सभी साधनों से काम लिया।

गत पृष्ठों में जिस परिवर्तन का उल्लेख हुआ है, उसने साधारणतः दो रूप धारण कर लिये। एक को नवीनता और दूसरे को प्रगतिशीलता कह सकते हैं। दोनों प्रकार की विचारधाराओं के प्रेमी नये साहित्य को अपनाने की चेष्टा करते हैं लेकिन आलोचनात्मक दृष्टि से देखा जाय, तो दोनों में बड़ा अन्तर मिलता है। इस अध्याय में दोनों प्रकार के साहित्यकारों का उल्लेख होगा, परन्तु हम यह संकेत करते जायेंगे कि किसका दृष्टिकोण क्या है।

जैसा कि कहा जा चुका है, वर्तमान युग में साहित्य के सभी क्षेत्रों और सभी रूपों में उन्नति हुई है, प्रत्येक क्षेत्र में नये-नये प्रयोग हुए हैं, इसीलिए लेखकों और कवियों की संख्या बहुत बड़ी है। प्रत्येक लेखक के सम्बन्ध में कुछ लिखना और उदाहरण देना असम्भव है, क्योंकि कई कवियों ने हर प्रकार की कविताएँ लिखी हैं, यदि उदाहरण में उनके एक ही रंग की कविता दी जाये, तो उनके दूसरे विचारों और दूसरी शैलियों का अनुमान नहीं लगाया जा सकेगा, फिर भी इसका प्रयत्न किया जायेगा कि आधुनिक काल की साहित्यिक उन्नति का एक चित्र आँखों के सामने आ जाये। उपरोक्त

पृष्ठभूमि में कवियों और लेखकों की विचारधाराएँ कहीं-कहीं तो स्पष्ट दिखायी देंगी और कहीं चेतना की अस्पष्टता के कारण ऐसे सामंजस्य का प्रयास मिलेगा, जो यथार्थवाद और आदर्शवाद दोनों ही से निकट जान पड़ेगा।

इस अध्याय की सीमाओं को देखते हुए, जिस कवि का नाम सबसे पहले लिया जा सकता है, वह 'जोश' मलीहाबादी हैं। 'जोश' १८९८ ई० में पैदा हुए। उनका नाम शब्बीर हसन खाँ है और मलीहाबाद (लखनऊ) के रहने वाले हैं। उनके परदादा, दादा और पिता सब कवि हुए हैं और उनके काव्य-संग्रह भी छप चुके हैं। 'जोश' ने नौ वर्ष की आयु से कविताएँ लिखना आरम्भ किया। उनकी शिक्षा पहले तो घर ही पर हुई फिर लखनऊ, सीतापुर, आगरा और अलीगढ़ में अंग्रेज़ी पढ़ते रहे, किन्तु पिता की मृत्यु के कारण शिक्षा अधूरी रह गयी और घर का बोझ भी सर पर पड़ा। ज़मीदारीं के झगड़ों और नातेदारों के अप्रिय व्यवहारों से घबरा कर वे घर से निकले और हैदराबाद में नौकरी कर ली। अपने स्वतंत्र राजनीतिक विचारों के कारण १९३४ ई० में वहाँ से भी देश निकाला मिल गया। कुछ समय तक दिल्ली से एक पत्रिका निकालते रहे, फिर फ़िल्मों के लिए गीत और कहानियाँ लिखते रहे, उसके बाद भारत सरकार के उर्दू मासिक 'आजकल' के सम्पादक रहे और सन् १९५६ ई० में पाकिस्तान चले गये।

'जोश' के लगभग १५ काव्य-संग्रह प्रकाशित हो चुके हैं। उनका पहला काव्य संग्रह 'रूहे-अदब' १९२१ ई० में छपा था, किन्तु उसके बाद के काव्य-संग्रह १९३५ ई० से निकलना शुरू हुए। कोई २५ वर्ष से वह एक बहुत बड़ी कविता 'हर्फ़े-आख़िर'[१] के नाम से लिख रहे हैं, जो कई भागों में प्रकाशित होगी, उसका विषय मानव चेतना के विकास का वैज्ञानिक विश्लेषण है। उनके कुछ संग्रहों के नाम हैं—'नक़शोनिगार', 'शोलाओ-शबनम', 'फ़िक्रो-निशात', 'हर्फ़ो-हिकायत', 'रामिशो-रँग', 'सुँबुलो-सलासिल', 'सरोदो-ख़रोश' और 'सुमूमोसबा' इत्यादि। उन्होंने गद्य में भी कुछ निबन्ध लिखे हैं, अपनी आत्म-कथा और एक शब्दकोश भी तैय्यार कर रहे हैं, परन्तु वह विशेष रूप से एक कवि हैं और कवि होने ही के नाते जीवित रहेंगे।

आरम्भ में 'जोश' की कविताएँ नवीनता रखने पर भी रीतिकालीन परम्पराओं पर ही चलती थीं। यह कविताएँ एक प्रकार के भावुक और रंगीन स्वभाव का पता देती हैं, कभी-कभी इनमें गम्भीरता की झलक भी मिल जाती है। उस समय उन पर थोड़ा बहुत रहस्यवादी विचारों का प्रभाव भी था, टैगोर और 'इक़बाल' की रचनाओं से भी प्रेरणा लेते थे। प्रकृति चित्रण में उन्हें बड़ा आनन्द प्राप्त होता था। सभी रोमानी कवियों की भाँति सौन्दर्य के प्रेमी थे। चाहे वह प्रकृति में मिले, चाहे मानव जीवन में और यदि कहीं न मिले, तो वह अपने विचारों के शृंगार रस पर भी मुग्ध हो सकते थे।

---

१. अन्तिम शब्द।

प्रारम्भिक कविताओं में जोश ने स्वयं अपने प्रेम का वर्णन बहुत कम किया है, इसके प्रतिकूल विश्व-प्रेम और ईश्वर-प्रेम के विचार बहुत मिलते हैं। हैदराबाद जाने के पश्चात् इन विचारों के अतिरिक्त शृंगार रस में डूबी हुई कविताएँ भी लिखने लगे, देश-प्रेम भी बढ़ा और धीरे-धीरे राजनीतिक विषय भी कविताओं में जगह पाने लगे। उसी समय मदिरा का चसका भी पड़ा और उनकी कविताएँ उसकी चर्चा से भर गयीं। हैदराबाद ही में दर्शन-शास्त्र की ओर रुचि बढ़ी। १० वर्ष के समय में यह सारी बातें ऐसे उत्साह और जोश से लिखी गयीं कि 'इक़बाल' के बाद वही उर्दू के सबसे बड़े कवि समझे जाने लगे। आरम्भ में उनको 'शायरे-फ़ितरत' (प्रकृति का कवि) कहा जाता था, अब 'शायरे-शबाब' (युवावस्था का कवि) और 'शायरे-इन्क़िलाब' (क्रान्ति का कवि) कहा जाने लगा। इन तीनों उपाधियों से उनकी चेतना की प्रगतिशीलता का अनुमान लगाया जा सकता है।

'जोश' को प्राकृतिक, शृंगार-पूर्ण और राजनीतिक कविताएँ लिखने पर समान रूप में अधिकार प्राप्त है। भारत के राजनीतिक जीवन में कदाचित् ही कोई ऐसी घटना हुई होगी, जिस पर उन्होंने कविता न लिखी हो। वह राष्ट्रीयता, हिन्दू-मुसलिम एकता, देश-प्रेम, जनतंत्र, शांति और विचार स्वतन्त्रता के उपासक हैं और इन विचारों को उन्होंने अपनी सहस्रों कविताओं में बड़ी रोचक और मनोरंजक शैलियों में प्रस्तुत किया है। उनके शब्दों में आग की गर्मी और विचारों में ज्वालामुखी की शक्ति मिलती है, इसीलिए कभी-कभी उनकी रचनाओं में वह गंभीरता नहीं रहती, जो एक विचारशील कवि के यहाँ होनी चाहिए। १९३० ई० के लगभग जब उनके यहाँ क्रान्ति की भावनाएँ बढ़ीं, तो सबसे पहले उन्होंने धर्म और साम्प्रदायिक संकीर्णता पर चोटें कीं और विचार स्वतन्त्रता का प्रचार किया, परन्तु धीरे-धीरे उन्होंने राजनीतिक क्रान्ति को अधिक महत्त्व देना शुरू किया। दर्शनशास्त्र की दृष्टि से वह मनुष्य को विवश मानते हैं, परन्तु ईश्वर का इनकार करते हैं, साथ ही वह मनुष्य की स्वतन्त्रता और प्रगति के गीत भी गाते हैं। विचारों की यह विषमता केवल इस कारण से ही है कि वह जन-साधारण और उनकी कामनाओं के प्रेमी होने के बावजूद उनके निकट या उनसे पूर्णतया परिचित नहीं हैं। विचार और कर्म की यह दूरी कभी उनको आतंकवादी बनाती है, कभी रोमानी, कभी प्रतिक्रियावादी और कभी बहुत बड़ा प्रगतिशील। इन सबके स्रोत उनके वर्ग के जीवन में ढूँढ़े जा सकते हैं।

'जोश' को शब्दों के प्रयोग पर असाधारण अधिकार प्राप्त है। उर्दू में कोई कवि ऐसा नहीं है, जो उपमाओं और अलंकारों के सुन्दर प्रयोग में उनकी बराबरी कर सके। इसमें कोई सन्देह नहीं कि काव्य-रचना में नयी प्रवृत्तियों के बावजूद उर्दू साहित्य के इतिहास में आगामी जगत उनको बहुत ऊँचा स्थान देगा। उदाहरण के लिए उनके कुछ शेर और एक कविता देखिए :

अर्ज़ो-समा[१] को साग़रो-पैमाना[२] कर दिया।
रिन्दों[३] ने कायनात[४] को मैख़ाना[५] कर दिया॥

कुछ रोज़ तक तो नाज़िशे-फ़रज़ानगी[६] रही।
आख़िर हजूमे-अक्ल[७] ने दीवाना कर दिया॥

जंगल है, आबजू[८] है, शबे-माहताब[९] है।
ऐसे में उनको ढूँढ़ के लायें कहाँ से हम॥

समझती हैं मआले-गुल[१०] मगर क्या ज़ोरे-फ़ितरत[११] है।
सहर[१२] होते ही कलियों पर तबस्सुम आ ही जाता है॥

याँ जब आवेज़िश[१३] ही ठहरी है तो ज़र्रे[१४] छोड़कर।
आदमी ख़ुरशीद[११] से दस्तो-गरीबाँ[१६] क्यों न हो॥

वो ग़रीब-दिल को सबक मिले कि ख़ुशी के नाम से डर गया।
कभी तुमने हँस के जो बात की तो हमारा चेहरा उतर गया॥

एक कविता देखिए जिसका शीर्षक है 'शिकस्ते-जिन्दाँ का ख़्वाब' (कारागार के टूटने का स्वप्न)—

क्या हिन्द का ज़िन्दाँ[१७] काँप रहा है, गूँज रही है तकबीरें।
उकताए हैं शायद कुछ क़ैदी और तोड़ रहे हैं ज़ंजीरें॥

दीवारों के नीचे आ-आकर, यूँ जमा हुए हैं ज़िन्दानी[१८]।
सीनों में तलातुम[१९] बिजली का, आँखों में झलकती शमशीरें॥

भूखों की नजर में बिज़ली है; तोपों के दहाने ठंडे हैं।
तकदीर के लब[२०] को जुम्बिश[२१] है, दम तोड़ रही हैं तदबीरें॥

आँखों में गदा[२२] की सुर्ख़ी है, बेनूर[२३] है चेहरा सुल्तां का।
तख़रीब[२४] ने परचम[२५] खोला है सिजदे में पड़ी हैं तामीरें[२६]॥

क्या उनको ख़बर थी ज़ेरो-ज़बर[२७] रखते थे जो रूहे-मिल्लत[२७] को।
उबलेंगे जमीं से मारे-सियह,[२८] बरसेगी फ़लक[२९] से शमशीरें॥

---

१. पृथ्वी और आकाश, २. मधुपात्र और प्याला, ३. शराबियों ४. विश्व, ५. मधुशाला, ६. चैतन्य का गर्व, ७. बुद्धि का आधिक्य, ८. नहर या नदी, ९. चाँदनी रात, १०. फूल का अन्त, ११. प्रकृति की शक्ति, १२. सुबह, १३. संघर्ष, १४. कण, १५. सूर्य, १६. संघर्ष करना, १७. कारागार, १८. कैदी, १९. हलचल, २०. अधर, २१. कम्पन, २२. भिखारी, २३. कान्तिहीन, २४. विनाश, २५. ध्वजा, २६. उलट-पलट, २७. राष्ट्र की आत्मा, २८. काले साँप, २९. आकाश।

क्या उनको ख़बर थी सीनों से जो ख़ून चुराया करते थे।
एक रोज इसी बेरंगी से झलकेंगी हज़ारों तसवीरें॥

क्या उनको ख़बर थी, होंठों पर जो क़ुफ़्ल[१] लगाया करते थे।
एक रोज़ इसी खामोशी से टपकेंगी दहकती तकरीरें॥

सँभलो, कि वो ज़िंदाँ गूँज उठा, झपटो, कि वो कैदी छूट गये।
उट्ठो, कि वो बैठीं दीवारें, दौड़ो कि वो टूटी ज़ंज़ीरें॥

इस युग के बहुत बड़े कवि, आलोचक और लेखक रघुपति सहाय 'फ़िराक़' (जन्म १८९६ ई०) थे। कहने को गोरखपुर वासी थे वरना जीवन का अधिकांश भाग इलाहाबाद में बिताया और इलाहाबाद विश्वविद्यालय में अंग्रेजी विभाग से अवकाश प्राप्त करके इलाहाबाद ही में रहे। उनके पिता 'इबरत' भी उर्दू के अच्छे कवि थे। गम्भीरता और विचार-शीलता बालपन ही से 'फ़िराक़' के स्वभाव का अंग बनी हुई हैं और कई भाषाओं का गहरा अध्ययन करने के कारण उनकी विचार-शक्ति बड़ी प्रबल और चेतना बड़ी रोचक हो गई है। एम० ए० पास करने के बाद डिप्टी कलेक्टरी मिली लेकिन राष्ट्र के स्वतन्त्रता संग्राम ने उनको ऐसा मोहित किया कि नौकरी छोड़कर जेल चले गये।

'फ़िराक़' ने जब कविता लिखना आरम्भ किया, तो 'अमीर' मीनाई और 'दाग़' का बोल-बाला था, वह भी 'अमीर' मीनाई से प्रभावित हुए, परन्तु जब उन्होंने और कवियों को पढ़ा, तो उनकी शैली में परिवर्तन हुआ और उनकी एक ऐसी शैली बन गयी, जो अपने आप में विशेषताएँ और नवीनताएँ रखती है। 'फ़िराक़' स्वभावानुसार भावुक हैं किन्तु अपने विचारों में दृढ़ हैं, इसलिए वह अपने विचार नए ढंग से इस प्रकार प्रस्तुत करते हैं कि जीवन की विषमताओं और आंतरिक संघर्ष के भाव एकत्र हो जाते हैं। उनकी ध्वनि में नम्रता के साथ शक्ति और करुणा के साथ मानव जीवन पर विश्वास भी मिलता है। 'फ़िराक़' आज के उन प्रगतिशील लेखकों और विचारकों में गिने जाते हैं, जो जीवन की सभी गम्भीर समस्याओं को अपनी कविता में स्थान देते हैं। आरम्भ में उनकी भाषा फ़ारसी-निष्ट थी, परन्तु अब कुछ समय से वह हिन्दी शब्दों का प्रयोग भी बड़ी सुन्दरता से करने लगे हैं। 'फ़िराक़' ने अधिकतर ग़ज़लें कही हैं, लेकिन नज़्मों और रुबाइयों के संग्रह भी प्रकाशित हो चुके हैं। गद्य में भी कई पुस्तकें छप चुकी हैं परन्तु विशेष रूप से उनको ग़ज़लों ही के कारण महानता प्राप्त है, क्योंकि उनकी बुद्धि की तीव्रता, भावनाओं की नर्म कसक और वर्णन की व्यक्तिगत शक्ति अपने पूरे सौन्दर्यबोध के साथ साकार हो उठती है। उनके कुछ काव्य-संग्रहों के नाम हैं—'नग़मए-साज़' 'ग़ज़लिस्ताँ, 'शेरिस्ताँ', 'शबनमिस्ताँ', 'रूहेक़ायनात', 'गुले-नग़मा', 'धरती की करवट'। अभी हाल ही में 'गुलबाँग' नाम से एक संग्रह प्रकाशित हुआ है,

---

१. ताला।

जिसमें उनकी लगभग सभी प्रतिनिधि रचनाएँ सम्मिलित हैं। 'फ़िराक़' के काव्य-संग्रहों में कुछ नागरी-लिपि में भी प्रकाशित हो चुके हैं। कुछ शेर यह हैं—

शाम भी थी धुआँ-धुआँ, हुस्न भी था उदास-उदास।
दिल को कई कहानियाँ याद सी आके रह गईं॥

दिल दुख के रह गया ये अलग बात है मगर।
हम भी तेरे ख़याल से मसरूर[1] हो गये॥

कब अपने होश में शबे-ग़म[2] काएनात[3] है।
ऐ दर्दे-हिज्र[4] तू ही बता कितनी रात है॥

ग़रज़ कि काट दिये जिन्दगी के दिन ऐ दोस्त।
वो तेरी याद में हों, या तुझे भुलाने में॥

थरथरी-सी है आसमानों में।
ज़ोर कितना है नातवानों[5] में॥

रफ़्ता-रफ़्ता इश्क मानूसे-जहाँ[6] होने लगा।
ख़ुद को तेरे इश्क में तनहा[7] समझ बैठे थे हम॥

इस दौर में जिन्दगी बशर की।
बीमार की रात हो गयी है॥

किसी की बज़्मे-तरब[8] में हयात बटती थी।
उम्मीदवारों में कल मौत भी नज़र आयी॥

'हफ़ीज़' जालन्धरी (जन्म १९०० ई०) पंजाब के लोकप्रिय कवियों में थे। उनकी शिक्षा बहुत मामूली थी, परन्तु अपने प्रकृति एवं स्वभाव से कलाकार प्रतीत होते थे। वह कई पत्रों-पत्रिकाओं के सम्पादक भी रह चुके। उनकी कविताओं के भी कई संग्रह प्रकाशित हुए हैं, जिनमें 'सोज़ो-साज़' और 'तलख़ाबए-शीरीं' प्रसिद्ध हैं। आरम्भ में 'हफ़ीज़' ने सरल, मीठी और हिन्दी से मिलती-जुलती भाषा में जो गीत लिखे, उन्होंने उनका नाम दूर-दूर तक फैला दिया। मुसलमानों में उनकी विशेषता और लोकप्रियता उनकी प्रसिद्ध रचना 'शाहनामए-इस्लाम' के कारण है, जिसमें उन्होंने मुसलमानों का इतिहास एक प्रबन्ध काव्य के रूप में लिपिबद्ध किया है। इस रचना के चार भाग प्रकाशित हो चुके हैं। साधारणतः वह प्रगतिशील कवियों में नहीं गिने जाते, परन्तु उनकी कुछ कविताएँ सामाजिक और राजनीतिक विषयों से भी सम्बन्ध रखती हैं। उनके एक प्रसिद्ध गीत का एक छन्द उदाहरण के लिये दिया जाता है—

---

१. प्रसन्न, २. दुःख और विरह की रात, ३. विश्व, ४. विरह की पीड़ा, ५. दुर्बलों, ६. संसार से परिचित, ७. अकेला, ८. आनन्ददायी सभा।

अपने मन में प्रीत बसा ले
अपने मन में प्रीत
भारत माता है दुखियारी—दुखियारे हैं सब नरनारी
तू ही उठाले सुन्दर मुरली—तू ही बन जा श्याम मुरारी
तू जागे तो दुनिया जागे—जाग उठें सब प्रेम पुजारी
जाग उठें सब प्रेम पुजारी
गाएँ तेरे गीत
बसा ले अपने मन में प्रीत

'साग़र' निज़ामी (जन्म १९०५ ई०) को हिन्दी के पाठक भी थोड़ा-बहुत जानते हैं, क्योंकि उनका एक काव्य-संग्रह देवनागरी लिपि में भी प्रकाशित हो चुका है। वह मेरठ के रहने वाले हैं और 'सीमाब' अकबराबादी के शिष्य हैं। आरम्भ में वह केवल गीत, ग़ज़ल और रोमानी कविताएँ लिखते थे, फिर देश-भक्ति में मग्न हो गये और बहुत-सी सुन्दर और जोशीली कविताएँ लिखीं। धीरे-धीरे उन्होंने राजनीतिक रंग भी पैदा कर लिया और स्वतन्त्रता, समाजवाद और जनता के हितों की बातें करने लगे। देश-प्रेम, हिन्दू-मुस्लिम-एकता और स्वतन्त्रता-संघर्ष के सम्बन्ध में उन्होंने बड़ी सुन्दर कविताएँ लिखी हैं। उनकी काव्य-शैली हिन्दी शब्दों के मेल से नयापन पैदा कर लेती है। वह गद्य भी लिखते हैं और कई पत्रिकाओं के सम्पादक भी रह चुके हैं। उनकी कविताओं और गद्य-लेखों के कई संग्रह प्रकाशित हो चुके हैं जिनमें से 'बादए-मशरिक़', 'रंग-महल' और 'मौजो-साहिल' प्रसिद्ध हैं। 'सागर' ने 'शकुन्तला' और 'अनारकली' नामक नाटकों को बड़ा सुन्दर काव्य रूप दिया है और तीन वर्ष के अथक परिश्रम के बाद एक लम्बी कविता 'नेहरूनामा' महाकाव्य के रंग में लिखी है। उनके एक राष्ट्रीय गान का एक छंद उदाहरण के लिए दिया जाता है—

सोने वालों को इक दिन जगा देंगे हम,
रस्मो-राहे-ग़ुलामी मिटा देंगे हम।
तेरे बैरी के टुकड़े उड़ा देंगे हम,
आसमानो-ज़मीं को हिला देंगे हम।
कौन कहता है कमज़ोर निर्बल है तू,
हर तरफ़ ख़ूँ के दरिया बहा देंगे हम।
जिस तरफ़ से पुकारेगा हिन्दोस्ताँ
उस तरफ़ ही वफ़ा की सदा देंगे हम।
ऐ वतन, ऐ वतन, ऐ वतन।
सर से बाँधे हुए हैं तिरंगा कफ़न।
ऐ वतन, ऐ वतन, ऐ वतन।
जाने-मन, जाने मन, जाने मन॥

'अख़्तर' शीरानी, जिनका युवावस्था ही में देहान्त हो गया, टोंक के रहने वाले थे। उर्दू के प्रमुख रोमानी-कवि माने जाते हैं। उनका जन्म १९०५ ई० में हुआ था और मृत्यु १९४२ में हो गयी। प्रेम का इतना मधुर वर्णन करते हैं कि वह एक सुन्दर गीत की तरह सुनने वाले पर छा जाता है। कल्पना द्वारा वह एक प्रेम-द्वीप बना लेना चाहते हैं, जहाँ चाँदनी, राग, विलास और प्रेम में डूबे हुए दो प्रेमी अपना जीवन बिता लें। नारी से प्यार की जैसी सुन्दर भावना उनके यहाँ मिलती है वह उस रूप में दूसरे के यहाँ बिरला ही मिलेगी। दो ही चीजें हैं, जिनके लिए वह बड़े से बड़ा बलिदान करने को तैय्यार हैं, प्रेम ओर देश-भक्ति। इन्हीं दो शब्दों से वह कल्पनाओं का एक विशाल भवन खड़ा कर लेते हैं। उनकी शैली में सरलता के साथ-साथ एक प्रकार की मादकता भी मिलती है, जो पढ़ने वाले को अपने साथ रस और रंग में डुबो देती है। उनकी राजनीतिक कविताओं का रंग भीतर से फीका और प्रभावहीन है। 'अख़्तर' शीरानी की कविताओं के ६-७ संग्रह प्रकाशित हो चुके हैं। वह एक अच्छे गद्य लेखक और सम्पादक भी थे। उनकी एक प्रसिद्ध कविता के दो-तीन छंद दिये जाते हैं—

ऐ इश्क कहीं ले चल, इस पाप की बस्ती से।
नफ़रत-गहे-आलम[१] से लानत-गहे-हस्ती[२] से॥
इन नफ़्स-परस्तों[३] से, इस नफ्स-परस्ती[४] से।
दूर और कहीं ले चल, ऐ इश्क़ कहीं ले चल।

हम प्रेम-पुजारी हैं, तू प्रेम कन्हैया है।
तू प्रेम कन्हैया है, ये प्रेम की नैय्या है॥
ये प्रेम की नैय्या है, तू उसका खिवइया है।

कुछ फ़िक्र[५] नहीं ले चल, ऐ इश्क़ कहीं ले चल।
ये मकरो-जफ़ा-पेशा[६] हैवान[७] न बसते हों॥
इन्साँ की क़बा[८] में ये शैतान न बसते हों।

तो ख़ौफ़ नहीं ले चल, ऐ इश्क वहीं ले चल॥

'रविश' सिद्दीक़ी (जन्म १९११ ई०) वर्तमान कवियों में एक ऊँचा स्थान रखते हैं। उनकी विचार-धारा को भी रोमानी कह सकते हैं। जहाँ तक राजनीतिक दृष्टिकोण का सम्बन्ध है, वह एशिया के जागरण से प्रभावित हुए हैं। फ़ारसी और अरबी के अतिरिक्त हिन्दी, संस्कृत और अंग्रेजी से भी परिचित हैं। 'रविश' ग़ज़ल भी लिखते हैं, परन्तु उनको अपनी अन्य कविताओं के कारण विशेषता प्राप्त है। उनकी कविताओं में एक प्रकार का दार्शनिक और रहस्यवादी रंग भी पाया जाता है। उनकी भाषा फ़ारसी-निष्ठ है और शैली पर डॉ० 'इक़बाल' का प्रभाव बढ़ता जा रहा है। बहुत कह चुके हैं,

---

१. घृणापूर्ण संसार, २. निन्दित जीवन, ३. स्वार्थियों, ४. स्वार्थ, ५. चिन्ता, ६. छल-कपट रखने वाले, ७. पशु, ८. लम्बा कुर्त्ता।

परन्तु अब तक ग़ज़लों का केवल एक संग्रह 'मेहराबे-ग़ज़ल' प्रकाशित हुआ है। उदाहरण के लिए एक कविता के दो छन्द देखिए—

ज़ुल्मो-बेदाद[१] की बुनियाद[२] को ढाने के लिए।
बिजलियाँ क़सरे-ग़ुलामी[३] पे गिराने के लिए।
नक़्शे-तस्वीरे-तमद्दुन[४] को मिटाने के लिए।
किश्वरे-हिन्द[५] को आज़ाद बनाने के लिए।
शमए-बेदारिए-मशरिक़[६] को फ़रोजाँ[७] कर दें॥

जिस तमद्दुन[८] में मसावात[९] के अम्बार[१०] नहीं।
जिस तमद्दुन में कहीं जलवए-ईसार[११] नहीं।
जिस तमद्दुन का निगहबाँ[१२] दिल-बेदार[१३] नहीं।
जिस तमद्दुन में गरीबों के लिए प्यार नहीं।

उस तमद्दुन के हर ऐवान[१४] को वीराँ कर दें॥

ऐसे ही सुविख्यात एक और कवि 'इहसान' दानिश हैं जिनका जन्म यू० पी० में १९१४ ई० में हुआ। एक दीन-परिवार में जन्म लेने के कारण वह शिक्षा प्राप्त नहीं कर सके, लेकिन बालपन ही से उन्हें पुस्तकावलोकन से गहरा प्रेम रहा है, इसलिए उन्होंने उर्दू के सभी अच्छे कवियों और लेखकों का अध्ययन किया है। जीविका के लिए उन्होंने हर प्रकार की छोटी-छोटी नौकरियाँ की हैं। उन्हें मज़दूर-जीवन का अनुभव भली-भाँति प्राप्त है, अतः उनकी बहुत-सी कविताएँ मज़दूर-जीवन का चित्रण बड़े करुणाजनक रूप में करती हैं, यद्यपि उनमें चेतना कम और भावुकता अधिक पायी जाती है। उनकी दृष्टि में गहराई नहीं है, लेकिन वह घटनाओं का चित्र खींचने और साधारण जीवन का रूप प्रस्तुत करने में बहुत सफल हुए हैं। उनकी छोटी-बड़ी आठ-दस पुस्तकें प्रकाशित हो चुकी हैं। इनमें 'नवाए-कारगर', 'चरागां' और 'आतिशे-ख़ामोश' प्रसिद्ध हैं। भारत के बँटवारे से पहले ही लाहौर चले गये थे। उनकी एक हिन्दी-कविता से उदाहरण दिया जाता है—

दीपक जागे, दिन छिपा, घटा पवन का ज़ोर।
पनघट सूना हो गया, छायी घटा घनघोर॥
भूली बिसरी आ गयी फिर साजन की याद।
नैनन से लागी झड़ी, कटे ना रैन कठोर॥

---

१. अत्याचार, २. नींव, ३. दासता का भवन, ४. सभ्यता का धोखा देने वाला चिह्न, ५. भारत देश, ६. पूरब के जागरण का दिया, ७. दिव्य, ८. सभ्यता, ९. बराबरी, १०. रोशनी, ११. बलिदान की सुन्दरता, १२. रखवाला, १३. जागता हुआ हृदय, १४. भवन।

कविता की नयी दिशाओं और नवीन शैलियों से लखनऊ देर में परिचित हुआ। 'चकबस्त' को छोड़कर किसी दूसरे कवि ने चेतना-पूर्वक अपनी कविताओं में नई समस्याओं का उल्लेख नहीं किया। 'जोश' मलीहाबादी कहने को तो लखनऊ के ही हैं, लेकिन उनका अधिकतर समय बाहर ही बीता और वहीं जीवन की अन्य समस्याओं से परिचित हुए। लखनऊ में पं० आनन्द नारायण मुल्ला (जन्म १८०१ ई०) ने उस परम्परा को आगे बढ़ाया, जिसका आरम्भ चकबस्त ने किया था। वह एक प्रसिद्ध कश्मीरी घराने से सम्बन्ध रखते हैं। उन्होंने उच्च शिक्षा प्राप्त की और एक सफल वकील रहकर हाईकोर्ट के जज हो गये। आरम्भ में उन्होंने कुछ अंग्रेज़ी कविताएँ लिखीं, कुछ फ़ारसी-कविताओं के अंग्रेजी अनुवाद किये, लेकिन बाद में उर्दू में लिखने लगे। उनकी कविताओं में गहराई और भावनाओं का चित्रण दोनों एक ही जगह मिलता है। उन्होंने कुछ रोमानी कविताएँ भी लिखी हैं परन्तु अधिकतर वह सामाजिक और राजनीतिक परिस्थितियों का वर्णन करते हैं। वह अपने विचारों को इस प्रकार कलात्मक ढंग से प्रस्तुत करते हैं कि उनकी प्रभावशीलता बढ़ जाती है और कविता केवल एक आदर्श या विचार का प्रचार बनकर नहीं रह जाती। गहरे देश-प्रेम के साथ उनकी विचारधारा में मानव-प्रेम की भावना भी बड़ी प्रबल है। उनके काव्य-संग्रह 'जूए-शीर', 'कुछ ज़र्रे कुछ तारे' और 'मेरी हदीसे-उम्र-गुरेज़ाँ' प्रकाशित हो चुके हैं। उदाहरण के लिए ग़ज़ल के ये शेर देखिए—

तड़प शीशे के टुकड़े भी उड़ा लेते हैं हीरे की।
मुहब्बत की नज़र जल्दी से पहचानी नहीं जाती॥
नज़र जिसकी तरफ़ करके निगाहें फेर लेते हैं।
क़यामत[१] तक फिर उस दिल की परेशानी नहीं जाती॥
अभी शबाब[२] है कर लूँ ख़ताएँ[३] जी भर के।
फिर इस मुक़ाम पर उम्रे-रवां[४] रहे न रहे॥

तुमने फेरी लाख नरमी से नज़र।
दिल के आईने में बाल आ ही गया॥

असीर[५] आँखें कहाँ से हैं सैरे-गुलशन के लिये लाये।
नज़र जितनी भी थी सर्फ़े-तलाशे-आशियाँ[६] कर दी॥
हाँ याद है किसी को वो पहली निगाहें-लुत्फ़[७]।
फिर खूँ को यूँ रगों में न देखा रवाँ कभी॥

जब १९३५ ई० के लगभग भारत में प्रगतिशील लेखकों का आन्दोलन शुरू हुआ, तो बहुधा अच्छे और नौजवान कवि और लेखक किसी न किसी प्रकार उसमें

---

१. महाप्रलय, २. जवानी, ३. पाप, ४. बीतती हुई आयु, ५. बन्दी, ६. घोंसले की खोज में लग जाना, ७. स्नेहपूर्ण दृष्टि।

सम्मिलित हो गये। बहुत से पुराने लेखकों ने भी उसका समर्थन किया। टैगोर, पं० जवाहरलाल नेहरू, मौलाना अब्दुल हक़, आचार्य नरेन्द्र देव, सरोजनी नायडू और प्रेमचन्द सभी प्रथम श्रेणी के विचारकों ने यह आशा प्रकट की कि भारत जिस आर्थिक दुर्दशा और मानसिक दासता में फँसा हुआ है, उससे छुटकारा पाने के लिए यह नया आन्दोलन जो साहित्य को जनता के निकट लाना चाहता है, एक आवश्यक और सुलभ क़दम होगा। अंग्रेज़ी-राज्य, उसके भक्तों और रूढ़िवादियों के अतिरिक्त, किसी ने उसका विरोध नहीं किया। विरोध करने वालों एवं रूढ़िवादियों और प्रतिक्रियावादियों में कौन लोग थे? सामन्ती युग से चिपटे हुए विद्वान्, पूँजीपति और सामूहिक जन-चेतना के विरोधी। अच्छे कवियों और लेखकों ने इस आन्दोलन में एक नयी शक्ति और नया प्रकाश देखा और अभी जिनका उल्लेख हुआ, उनमें से कई प्रगतिशील लेखकों के सहायक ही नहीं वरन् पथ-प्रदर्शकों में गिने जाते हैं, जैसे 'जोश' और 'फ़िराक़', लेकिन कुछ कवि और लेखक ऐसे हैं, जो प्रगतिशील आन्दोलन के फलस्वरूप पैदा हुए और साहित्य-क्षेत्र में अपनी जगह बना सके। उनका कोई अतीत नहीं था, उन्हें जो कुछ बनाया इसी आन्दोलन ने बनाया। परन्तु इससे यह न समझना चाहिए कि जिन कवियों का उल्लेख होने जा रहा है वह सब के सब पूर्णतयः प्रगतिशील हैं या प्रगतिशील लेखक संघ के सभी आदर्शों का प्रतिपालन करते हैं। ऐसा समझना बड़ी भूल होगी। इस संघ को भारतीय जीवन के उन्नतशील विचारों का केन्द्र बनते देखकर बहुत से ऐसे लेखक भी इनमें सम्मिलित हो गये, जो मध्यमवर्ग की दुश्चिन्ताओं में घिरे हुए थे और अपनी व्यक्तिवादिता को एक नया क्षेत्र देने के लिए इसे एक नवीन आन्दोलन समझकर साथ हो गये थे। कुछ तो ऐसे थे जो प्रतीकवाद, अस्पृष्टवाद और प्रयोगवाद तथा अन्य विचारों को प्रयोगशीलता समझकर इसमें आये थे और उनके सम्मुख कोई सामाजिक सिद्धान्त न था। इस संक्षिप्त पुस्तक में प्रत्येक कवि और लेखक के विचार और उसकी चेतना के अस्त्र, उसके वर्गसम्बन्ध और उसके दृष्टिकोण की आलोचना असम्भव है। यहाँ केवल उनकी कुछ रचनाओं और एक आध विशेषताओं की ओर संकेत किया जा सकेगा।

साहित्य में प्रगतिशीलता और सामाजिक चेतना के चिह्न तो प्रत्येक युग में ही मिल जाते हैं, परन्तु चेतनापूर्वक प्रगतिशील आन्दोलन की औपचारिक रूप से नींव उत्तर-प्रदेश में पड़ी, परन्तु जंगल की आग की तरह इसका प्रकाश सारे देश में फैल गया। जहाँ तक उर्दू साहित्य का सम्बन्ध है लाहौर, बम्बई, पटना, हैदराबाद और यू० पी० के अन्य नगर इसका केन्द्र बन गये। इसमें संदेह नहीं कि इस संघ में ऐसे लेखकों का भी अभाव न था, जो केवल नवीनता, प्रयोग और वास्तविकता के नाम पर इसे अश्लीलता का माध्यम बनाना चाहते थे। जनता की दुर्दशा और पुनरुत्थान की ओर से उन्होंने आँखें बन्द कर रखी थीं। इस प्रकार हम यह भी देखेंगे कि कई महत्त्वपूर्ण लेखक और कवि जो प्रगतिशील आन्दोलन के प्रारम्भिक काल में एक लेखक होने के नाते प्रभावशाली जगह रखते थे, धीरे-धीरे उससे दूर होते गये, जैसे डॉ० 'तासीर'

अहमद अली, अहमदशाह बुख़ारी 'पितरस', 'अख़्तर' रायपुरी और दूसरे लोग। इन सबके यहाँ एक प्रकार की संकीर्णता पैदा हो गयी और यह प्रगतिशीलों के साथ नहीं रहे। इतिहास की दृष्टि से इस स्थान पर उन सभी का उल्लेख होगा, जो आज के लेखकों में गिने जाते हैं।

पंजाब के प्रसिद्ध कवि और लेखक 'फ़ैज़' प्रगतिशील लेखकों में बड़ा ऊँचा स्थान रखते हैं। उनका जन्म १९१२ ई० में हुआ। अरबी और अंग्रेज़ी में एम० ए० करने के बाद कुछ समय तक अध्यापन करते रहे। दूसरे महायुद्ध में सेना के शिक्षा-विभाग में सम्मिलित हो गये और मेजर के पद तक पहुँचे। पाकिस्तान बनने के बाद कई वर्षों तक अपने राजनैतिक विचारों के कारण जेल में बन्दी रहे। कुछ समय तक पत्रिकाओं का सम्पादन किया और वर्तमान में एक कालेज के प्रिंसिपल हैं। वह सदैव विभिन्न प्रगतिशील आन्दोलनों में भाग लेते रहे हैं और वहीं से प्रेरणा लेकर बड़ी निर्भीकता किन्तु सुन्दरता से जनतन्त्र, विचार-स्वतंत्रता और शान्ति के समर्थन में कविताएँ और लेख लिखते रहे। उनके चार काव्य-संग्रह, 'नक़्शे-फ़रियादी', 'दस्ते-सबा', 'ज़िन्दाँनामा' और 'दस्त-तहे-संग' प्रकाशित हो चुके हैं, जो बहुत लोकप्रिय हैं। उनकी ध्वनि में प्राचीन कवियों की गम्भीरता और कलात्मक निपुणता भी मिलती है और नये जीवन की व्याकुलता और क्रान्तिकारी उत्साह भी। उन्होंने परम्परा से केवल उतना ही हटने की कोशिश की है, जितना अपने विचारों को प्रकट करने के लिए आवश्यक समझा है। उन्होंने अपना समय प्रयोगों में व्यतीत नहीं किया, बल्कि जो कोई भी उनकी कविताएँ पढ़ेगा उसे एक करुणाजनक, आशापूर्ण और शक्तिशाली नवीनता का अनुभव होगा, जो उनके सिवा और कहीं इस सुन्दरता से नहीं मिलती। 'फ़ैज़' की काव्य-शैली प्रतीकों और प्रतिबिम्बों में निहित शक्ति का वहन करते हुए धीरे-धीरे प्रवाहमयी होती है, जो उनको भी प्रभावित करती है और उनके पाठक को भी। उनको भी जो उनकी सामाजिक दृष्टि का विरोध करते हैं। उदाहरण के लिए यह छोटी-सी कविता देखिए—

फिर कोई आया दिलेज़ार[१]! नहीं, कोई नहीं,
राहरौ[२] होगा, कहीं और चला जायेगा।
ढल चुकी रात, बिखरने लगा तारों का ग़ुबार[३],
लड़खड़ाने लगे ऐवानों[४] में ख़ाबीदा[५] चिराग़।
सो गयी रास्ता तक-तक के हर इक राहगुज़ार[६],
अजनबी-ख़ाक[७] ने धुँधला दिये क़दमों के सुराग़[८]।
गुल करो शमएँ, बढ़ा दो मओ-मीनाओ-अयाग़[९],
अपने बेख़ाब किवाड़ों को मुक़फ़्फ़ल[१०] कर लो,
अब यहाँ कोई नहीं, कोई नहीं आयेगा॥

---

१. पीड़ित, २. पथिक, ३. धूल, ४. भवनों, ५. नींद के मारे, ६. पथ, ७. अनजानी पृथ्वी, ८. चिह्न, ९. शराब, बोतल, प्याला, १०. बन्द।

असरारुलहक़ 'मजाज़' (१९११ से १९५५ ई०) प्रगतिशील कवियों में बड़े लोकप्रिय रहे हैं। लखनऊ, आगरा और अलीगढ़ में शिक्षा प्राप्त की थी और कुछ समय तक आल-इंडिया रेडियो में नौकर रहे, परन्तु जब प्रगतिशील आन्दोलन बढ़ा, तो उन्होंने सरकारी नौकरी छोड़ दी और पत्रिकाओं में लिखने लगे। उनकी कविताओं का संग्रह 'आहंग' के नाम से कई बार प्रकाशित हो चुका है। यही संग्रह 'शबताब' और 'साज़े-नौ' के नाम से भी छपा है। आरम्भ में 'मजाज़' ने ग़ज़लें लिखीं, लेकिन शीघ्र ही अपना रास्ता ढूँढ़ लिया। उनकी कविता में प्रगतिशील आन्दोलन के कई मोड़ मिलते हैं। आरम्भ में ये रोमानी थे और क्रान्ति के समय में भी उनकी विचारधारा केवल रोमानी कल्पनाओं या युवावस्था की साधारण घटनाओं से प्रेरणा लेती थी, परन्तु जैसे-जैसे प्रगतिशील लेखकों की चेतना बढ़ती गयी 'मजाज़' भी आगे बढ़ते गये। 'मजाज़' को उस समय के भारत के जागते हुए नवयुवकों की आशाओं, कल्पनाओं और व्याकुल उमंगों का कवि कहा जा सकता है। उनकी शैली बड़ी प्रभावशाली, सरस और सबल है। उन्होंने कम लिखा है, परन्तु जो कुछ लिखा है, बड़े उच्च-कोटि का है। उनकी एक प्रसिद्ध कविता के कुछ छन्द देखिए—

शहर की रात और मैं नाशादो-नाकारा[१] फिरूँ।
जगमगाती जागती सड़कों पे आवारा फिरूँ॥
ग़ैर[२] की बस्ती है कबतक दरबदर मारा फिरूँ।
ऐ ग़मे-दिल क्या करूँ, ऐ वहशते-दिल क्या करूँ॥
ये रुपहली छाँव ये आकाश पर तारों का जाल।
जैसे सूफ़ी का तसव्वुर[३], जैसे आशिक़ का ख़याल॥
आह लेकिन कौन जाने कौन समझे जी का हाल।
ऐ ग़मे-दिल क्या करूँ, ऐ वहशते-दिल क्या करूँ॥
इक महल की आड़ से निकला वो पीला माहताब।
जैसे मुल्ला का अमामा[४] जैसे बनिये की किताब॥
जैसे मुफ़लिस[५] की जवानी, जैसे बेवा का शबाब।
ऐ ग़मे-दिल क्या करूँ ऐ वहशते-दिल क्या करूँ॥
झिलमिलाते कुमकुमों की राह में जंजीर-सी।
रात के हाथों में दिन की मोहनी तस्वीर-सी॥
मेरे सीने पर मगर चलती हुई शमशीर-सी।
ऐ ग़मे-दिल क्या करूँ, ऐ वहशते-दिल क्या करूँ॥

मुईन अहसन 'जज़्बी' (जन्म १९१२ ई०) 'मजाज़' के समकालीन कवि हैं और इस समय अलीगढ़ विश्वविद्यालय में प्राध्यापक हैं। आरम्भ में उन्होंने अपनी कविताएँ

---

१. मलीन और बेकार, २. दूसरे, ३. ध्यान, ४. पचड़ी, ५. दीन।

'फ़ानी' बदायूनी को दिखायीं और वही शोक-पूर्ण रंग ग्रहण कर लिया, लेकिन प्रगतिशील लेखक संघ के सम्पर्क में आकर उनके विचारों में परिवर्तन हुआ, परन्तु उससे निकट रहते हुए भी वह कला के सम्बन्ध में अपना एक अलग दृष्टिकोण रखते हैं। उन्होंने ग़ज़लें अधिक और दूसरे प्रकार की कविताएँ कम लिखी हैं। उनकी रचनाएँ बड़ी रोचक और भावपूर्ण होती हैं। वह मानव की पीड़ा और वेदना को व्यक्ति की वेदना के रूप में बड़ी सुन्दरता से प्रस्तुत करते हैं। उनके काव्य-संग्रह 'फ़रोज़ाँ' और 'सुख़ने-मुख़तसर' के नाम से प्रकाशित हो चुके हैं। दो-चार शेर उदाहरण के लिए दिये जाते हैं—

जब किश्ती साबितो-सालिम[१] थी, साहिल[२] की तमन्ना किसको थी।
अब ऐसी शिकस्ता[३] किश्ती पर साहिल की तमन्ना कौन करे॥

यही ज़िन्दगी मुसीबत, यही ज़िन्दगी मुसर्रत[४]।
यही ज़िन्दगी हक़ीक़त,[3] यही जिन्दगी फ़साना[६]॥

अब कहाँ मैं ढूँढ़ने जाऊँ सुकूँ[७] को ऐ ख़ुदा।
इन जमीनों में नहीं, इन आसमानों में नहीं॥

न आए मौत ख़ुदाया तबाह-हाली[८] में।
ये नाम होगा ग़में-रोज़गार[९] सह न सका॥

जमील मज़हरी (जन्म १९०५ ई०) इस युग के उन कवियों में गिने जाते हैं, जिन्हें कलावाद के उपासक और नयी पीढ़ी के साहित्य-प्रेमी दोनों सम्मान की दृष्टि से देखते हैं। वह बिहार के रहने वाले हैं, पहले बहुत दिनों तक कलकत्ते में रहकर पत्रकार का जीवन बिताते रहे, उसी समय मौलाना अबुल कलाम 'आज़ाद' से परिचय हुआ, जिसने उनके लेखों और कविताओं में भारतीयता की भावनाओं को उभार दिया। कुछ दिनों बिहार प्रदेश में सरकारी नौकरी की और फिर उससे त्यागपत्र देकर पटना विश्वविद्यालय में उर्दू के प्राध्यापक हो गये। अब अवकाश ग्रहण करके साहित्यिक जीवन बिता रहे हैं। जमील मज़हरी को दर्शनशास्त्र से विशेष रुचि है, इसलिए अपनी कृतियों में जीवन के रहस्य और गम्भीर तत्त्वों को अत्यन्त कलात्मक सौन्दर्यबोध से प्रस्तुत करते हैं। गद्य भी अच्छी लिखते हैं परन्तु उनकी ख्याति कवि के रूप में ही अधिक है। उनके दो काव्य-संग्रह 'फ़िक्रे-जमील' और 'नक़्शे-जमील' प्रकाशित हो चुके हैं। एक ग़ज़ल के कुछ शेर उदाहरणार्थ देखिये—

कोई सवाले-ख़ुदाओ-सनम[१०] नहीं ऐ दोस्त।
मैं क्या करूँ मेरी गर्दन में ख़म नहीं ऐ दोस्त॥

---

१. पूरी बनी हुई, २. तट, ३. टूटी हुई, ४. हर्ष, ५. सत्य वास्तविकता, ६. कहानी, मिथ्या, ७. शान्ति, ८. दुर्दशा, ९. जीवन के दुःख, १०. मूर्ति, अर्थात् प्रेमिका।

अगरचे सर्द अँधेरे हैं बाइसे-तकलीफ़[१]।
मगर ये गर्म उजाले भी कम नहीं ऐ दोस्त॥
अजब मिज़ाज है इन मयकदा नशीनों[२] का।
कि क़द्रे-जाम तो है क़द्रे-जम नहीं ऐ दोस्त॥
ख़ुशामदों से भी चलता नहीं है काम यहाँ।
मुआमिला है ख़ुदा से, सनम नहीं ऐ दोस्त॥
खुला है और खुलेगा जमील सबके लिए।
ये मयकदा है, कि निश्तो-हरम नहीं ऐ दोस्त॥

वर्तमान युग के एक बड़े क्रान्तिकारी और कवि मख़दूम मुहीमुद्दीन हैदराबाद के रहने वाले हैं। उनका जन्म १९०७ ई० में हुआ। उस्मानिया यूनिवर्सिटी में शिक्षा समाप्त करके वह एक कालेज में अध्यापक हो गये, लेकिन कुछ ही समय के बाद कम्युनिस्ट पार्टी का काम करने के लिए नौकरी छोड़ दी और अब एक बड़े क्रान्तिकारी नेता हैं और कई बार जेल जा चुके हैं। आरम्भ में उन्होंने गद्य और पद्य दोनों में नाम पैदा किया था परन्तु अब अधिकतर कविताएँ ही लिखते हैं। एक पुस्तक टैगोर पर और कविताओं के कई संग्रह प्रकाशित हो चुके हैं। 'मख़दूम' की रचनाएँ बड़ी चेतनापूर्ण, मनोहर और शक्तिशाली होती हैं। उनकी कला और क्रान्तिवादी दृष्टि में ऐसा सामंजस्य मिलता है कि उनकी चेतना की शक्ति रचनाओं में प्रस्तुत हो जाती है। यह बात उनके काव्य-संग्रहों के अध्ययन से भली-भाँति सिद्ध हो जाती है। 'फ़ैज़' की तरह ही 'मख़दूम' भी प्रतीकों और बिम्बों से काम लेते हैं और सामाजिक चेतना के भीतर अपने व्यक्तित्व को स्पष्ट करते रहते हैं। उनकी कविताओं का संग्रह 'सुर्ख सवेरा', 'गुलेत्तर' और 'बिसाते-रक़्स' प्रकाशित हो चुके हैं। उदाहरण के लिए एक कविता के कुछ शेर देखिये जिसका शीर्षक 'मशरिक़' (पूरब) है—

झड़ चुके हैं दस्तो-बाज़ू,[३] जिसके उस मशरिक़ को देख।
खेलती है साँस सीने में मरीज़े-दिक़ को देख॥
एक नंगी लाश बे-गोरो-कफ़न, ठिठुरी हुई।
मग़रिबी[४] चीलों का लुक़्मा[५] ख़ून में लिथड़ी हुई॥
एक क़ब्रिस्तान, जिसमें हूँ-न-हाँ कुछ भी नहीं।
एक भटकती रूह है जिसका मकाँ कोई नहीं॥
इस ज़मीने-मौत-परवर्दा[६] को ढाया जायेगा।
एक नयी दुनिया, नया आदम[७] बनाया जायेगा॥

जाँनिसार 'अख़तर' (जन्म १९१४ ई०) अलीगढ़ में शिक्षा प्राप्त करके कई वर्ष तक ग्वालियर और भोपाल के कालिजों में अध्यापक रहे। उनके पिता 'मुज़तर' ख़ैराबादी

---

१. पीड़ा का कारण, २. मदिरालय में बैठने वाले, ३. हाथ और बाँह, ४. यूरोपी, ५. ग्रास, ६. मौत को पालने वाली जमीन, ७. मनुष्य।

भी बड़े अच्छे कवि थे। 'अख़तर' विद्यार्थी-जीवन में बड़ी मनोहर रोमानी कविताएँ लिखते थे, दूसरे नये कवियों की भाँति वह भी क्रान्ति की ओर आये। उनके कई काव्य-संग्रह, जिनमें 'सलासिल' और 'जाविदाँ' प्रसिद्ध हैं, शान्ति पर एक प्रबन्ध काव्य 'अम्न नामा' प्रकाशित हो चुके हैं। उनकी कविताएँ सुन्दर और सजीव होती हैं। वह प्रगतिशील कवियों में एक उच्च स्थान रखते हैं और चेतना-पूर्वक लिखते हैं, परन्तु कुछ लोगों को उनमें उस शक्ति की कमी दीख पड़ती है, जो राजनीतिक विषयों पर लिखने के लिए आवश्यक है। उन्होंने अपनी धर्मपत्नी सफ़ीया के लेखों और पत्रों के तीन संग्रह, 'ज़ेरे-लब', 'अन्दाज़े-नज़र' और हर्फ़ आशना' भी प्रकाशित किये हैं। एक कविता की कुछ पंक्तियाँ दी जाती हैं—

मैं उनके गीत गाता हूँ, मैं उनके गीत गाता हूँ।
जो शाने पर बग़ावत का अलम लेकर निकलते हैं,
किसी ज़ालिम हुकूमत के धड़कते दिल पे चलते हैं,
मैं उनके गीत गाता हूँ, मैं उनके गीत गाता हूँ।
जो रख देते हैं सीना गर्म तोपों के दहानों पर,
नज़र से जिनके बिजली कौन्दती है आसमानों पर,
मैं उनके गीत गाता हूँ, मैं उनके गीत गाता हूँ।
झुलस सकते हैं जो शोलों सेकुफ़रो-दीं[१] की बस्ती को,
जो लानत[२] जानते हैं मुल्क में फिर्क़ा-परस्ती[३] को,
मैं उनके गीत गाता हूँ, मैं उनके गीत गाता हूँ।
वतन के नौजवानों में नये जज़्बे जगाऊँगा,
मैं उनके गीत गाऊँगा, मैं उनके गीत गाऊँगा॥

अली सरदार जाफ़री (जन्म १९१२ ई०) वर्तमान युग के अत्यन्त महत्त्वपूर्ण क्रान्तिकारी कवि हैं। उन्होंने मार्क्सवादी आदर्शों को अपना लिया और साहित्य-रचना में उसी से काम लेते हैं। उन्हें प्रगतिशील आन्दोलनों में भाग लेने के कारण कई बार जेल जाना पड़ा। शिक्षा अलीगढ़, दिल्ली और लखनऊ में प्राप्त की। लखनऊ में उन्होंने 'मजाज़' और सिब्ते-हसन के सहयोग से एक पत्रिका 'नया अदब' निकाली थी, फिर वह बाद में बम्बई चले गये जहाँ फ़िल्मी तथा साहित्यिक कार्यों में लगे हुए हैं। आरम्भ में उन्होंने कुछ रोमानी कविताएँ लिखीं, लेकिन अब उनकी चेतना सभी सामाजिक और राजनीतिक विषयों को यथार्थवादी दृष्टि से देखती है। उनकी इस चेतना का विकास राष्ट्रीय और अन्तर्राष्ट्रीय क्रान्तिकारी चेतना के साथ हुआ है और उसका एक अच्छा आईना भी है। मानव-प्रेम उनकी कविताओं में फटा पड़ता है। अन्याय और अत्याचार के विरुद्ध जाफ़री के शब्द और वाक्य एक ज्वालामुखी के

---

१. अधम और धर्म, २. धिक्कार, ३. साम्प्रदायिकता।

समान फट पड़ते हैं। उनकी वर्ग-चेतना, उनकी कविताओं में सच्चा ज़ोर भर देती है। उनके काव्य-संग्रह 'ख़ून की लकीर', 'एशिया जाग उठा', 'अम्न का सितारा', 'पत्थर की दीवार', 'एक ख़ाब और' देखने योग्य हैं। उनका एक प्रबन्ध-काव्य 'नयी दुनिया को सलाम' के नाम से प्रकाशित हुआ है, जो साम्राज्य-विरोधी भावनाओं से भरा हुआ है और मुक्त-छन्द के प्रयोग का एक बहुत सुन्दर उदाहरण माना जाता है। जाफ़री ने प्रगतिशील आन्दोलन पर एक आलोचनात्मक पुस्तक 'तरक़्क़ी पसन्द अदब' के नाम से लिखी है। इसके अतिरिक्त उन्होंने 'दीवाने-ग़ालिब', 'दीवाने-मीर', और 'कबीर बानी' का सम्पादन भी किया है, जो हिन्दी-उर्दू लिपियों में एक साथ प्रकाशित हुई है। उनकी मुक्त-छन्द कविता का एक उदाहरण दिया जाता है—

जाग हिन्दोस्ताँ अपने ख़्वाबे-गिराँ[१] से।
देख आज़ादी की सुबह का नूर फैला हुआ है।
तेरे बरसों के बिछड़े हुए लाल घर आ रहे हैं,
ये ग़ुलामी की ज़ंजीर को तोड़ आये,
क़ैदख़ाने के दर खोल आये।
अपनी आग़ोश[२] में इनको बढ़ कर उठाले,
अपने दिल में बिठाले,
ये हिमाला है, यह विन्ध्याचल है, यह नीलगीरी,
ये तेरे खेत हैं तेरे खलियान हैं,
तेरी कानें हैं ये, बाग़ हैं, तेरे कारखाने,
ये तेरे सब्ज़ो-शादाब[३] मैदां, ये हँसती हुई वादियाँ[४] हैं
यह तेरी साफ़ो-शफ़्फ़ाफ़[५] बहती हुई नदियाँ
तेरी गोदों की पाली हुई बेटियाँ हैं
अपने पाकीज़ा[६] आँचल के नीचे छिपाले।

'साहिर' लुधियानवी (जन्म १९२२ ई०) वर्तमान युग के प्रगतिशील और लोकप्रिय कवि हैं। वह भी उर्दू के बहुत से नौजवान कवियों की भाँति रोमान से क्रान्ति की ओर बढ़े हैं। उनकी आरम्भिक कविताओं में प्रेम और सुन्दरता का बड़ा रोचक और मनहरण वर्णन होता था। उन्होंने प्रेम के सम्बन्ध में भी वर्ग-चेतना को सामने रक्खा है और स्वच्छन्द प्रेम में जो सामाजिक बाधायें पड़ती हैं उनका उल्लेख बड़े करुणाजनक और व्यंग्यपूर्ण ढंग से किया है। वह अधिकतर क्रान्तिकारी और प्रगतिशील कविताएँ लिखते हैं। उनकी उपमाएँ सुन्दर और उनके संकेत सूक्ष्म होते हैं। वह कला की दृष्टि से भी आधुनिक काल के प्रमुख कवियों में गिने जाते हैं। उनके काव्य-संग्रह 'तलख़ियाँ' और 'परछाइयाँ' अनेक बार प्रकाशित हो चुके हैं। कुछ समय से फ़िल्मी संसार ने उन्हें अपना लिया है। फ़िल्मी गीतों का एक संग्रह 'गाता जाए

---

१. गहरी नींद, २. गोदी, ३. हरे-भरे, ४. घाटियाँ, ५. पारदर्शक, ६. पवित्र।

बनजारा' भी छप चुका है। उदाहरण के लिये उनकी एक कविता की कुछ पंक्तियाँ दी जाती हैं—

जेहाद[१] ख़त्म हुआ दौरे-आश्ती[२] आया।
संभल के बैठ गये महमिलों[३] में दीवाने॥
हुजूमे-तशना-लबाँ[४] की निगाह से ओझल।
छलक रहे हैं शराबे-नफ़स[५] के पैमाने॥
ये जश्न, जश्ने-मुसर्रत[६] नहीं तमाशा है।
नये लिबास में निकला है रहज़नों[७] का जुलूस॥
हजार शमए-उख़ूवत[८] बुझा के चमके हैं।
ये तीरगी[९] के उभारे हुए हसीं फ़ानूस[१०]॥

अहमद नदीम क़ासिमी (जन्म १९१६ ई०) पंजाब के प्रमुख प्रगतिशील कथाकार और कवि हैं। उन्होंने पंजाब के देहातों का चित्रण अपनी कहानियों और कविताओं में बड़े सुन्दर रूप से किया है। उनकी काव्य-शैली बड़ी सजीव और उनके शब्द बड़े मीठे लगते हैं। आरम्भ में उन्होंने शृंगार रस को ही अपनाया, परन्तु धीरे-धीरे देश की राजनीतिक चेतना से प्रभावित होकर विचारशील और प्रगतिशील कविताएँ लिखने लगे। उनकी सुन्दर कविताएँ मानव-प्रेम की भावना जगाती हैं और भविष्य के सुन्दर स्वप्नों का चित्रण करती हैं। उनके कई काव्य-संग्रह प्रकाशित हो चुके हैं, जिनमें 'जलालो-जमाल', 'शोलए-गुल' और 'दश्ते-वफ़ा' प्रसिद्ध हैं। एक कविता की कुछ पंक्तियाँ उदाहरण के लिए देखिये—

ख़यालो-ख़ाब[११] की दुनियाँ से भाग आया हूँ।
जवानियों के चमनज़ार[१२] त्याग आया हूँ।
मैं बनके राग गया, होके आग आया हूँ॥
शफ़क़ में डूबे हुये पर्वतों पे घूम चुका।
हवा में खोई हुई रागनी पे झूम चुका॥
गुलों के भीगे हुए आरिज़ों[१३] को चूम चुका।
बस अब उलट के रहूँगा ये पर्दाहाए-क़दीम[१४]॥
कि आम हो न सकी तेरी रहमतों[१५] की शमीम[१६]।
कोई पुकार रहा है मुझे नदीम! नदीम!॥
मैं आरज़ू[१७] को हक़ीक़त बनाके दम लूँगा।

---

१. युद्ध, २. शान्ति युग, ३. सवारी का हौदा, ४. प्यासों की भीड़, ५. स्वार्थ की मदिरा, ६. खुशी का समारोह, ७. डाकू, ८. भाई-चारे का दीपक, ९. अँधेरा, १०. ग्लोब, ११. कल्पना और स्वप्न, १२. वाटिकाएँ, १३. कपोलों, १४. पुरानी बाधायें, १५. दया, १६. सुगन्ध, १७. इच्छा।

मैं अपनी ख़ाक से नकहत[१] बनाके दम लूँगा।
तेरे जहान को जन्नत बनाके दम लूँगा।

'कैफ़ी' आज़मी (जन्म १९१७ ई०) एक लोकप्रिय, प्रगतिशील और क्रान्तिकारी कवि हैं। उनके दो संग्रह 'झंकार' और 'आख़िरे-शब' प्रकाशित हो चुके हैं, जिनके अध्ययन से प्रतीत होता है कि अपने आरम्भिक जीवन में उन्होंने शृंगार-रस में डूबी हुई कविताएँ लिखीं और फिर चेतना-पूर्वक राष्ट्रीयता और स्वतन्त्रता के गीत गाने लगे। अब साम्यवादी विचारधारा में आस्था रखते हैं और अपनी कविताओं में कलात्मक ढंग से क्रान्तिकारी विचार प्रस्तुत करते हैं। उन्होंने देश-विदेश में होने वाली घटनाओं पर भी रोचक और प्रभावशाली कविताएँ लिखी हैं। जनता के दुःख-सुख को उन्होंने अपनी कविताओं में इस प्रकार समोया है कि कला और विषय एक हो जाते हैं। कुछ समय से वह मुक्त-छन्द का प्रयोग भी बड़ी सफलता से कर रहे हैं। उनकी एक सुन्दर कविता के कुछ शेर देखिये—

कली का रूप, फूल का निख़ार लेके आयी थी।
वो आज कुल खज़ानाए-बहार लेके आयी थी॥
तमाम रात जागने के बाद चश्मे-मस्त[२] में।
यक़ीं का रस, उम्मीद का ख़ुमार लेके आयी थी॥
बसन्ती सारी में छिपा हुआ-सा वो जवाँ बदन।
जवाँ बदन पे रेशमी बहार लेके आयी थी॥
वे संदली कलाइयाँ वह सब्ज़ो-सुर्ख़ चूड़ियाँ।
सोहाग लेके आई थी, सिंगार लेके आई थी॥
मेरी उजाड़ ज़िन्दगी की चिलचिलाती धूप में।
वह गेसुओं का अबरे-इत्रबार[३] लेके आई थी॥
उदास-उदास ज़ीस्त[४] को सुना रही थी बाँसुरी।
घुटे-घुटे सुकूत[५] में सितार लेके आई थी।

इसी पीढ़ी के क्रान्तिकारी कवियों में 'मजरूह' सुलतानपुरी भी लोकप्रिय कवि हैं। अन्य प्रगतिशील कवियों की भाँति वह भी रोमानी आदर्शों से क्रान्ति की ओर आये हैं। उन्होंने अधिकांश ग़ज़लें ही लिखी हैं, जिनका एक छोटा-सा संग्रह 'ग़ज़ल' के नाम से प्रकाशित हो चुका है। आजकल अधिकतर फ़िल्मों के लिए गीत लिखते हैं, परन्तु उनकी ग़ज़लें साहित्यिक महत्त्व रखती हैं। उनमें रसीलेपन के साथ-साथ प्रगतिशीलता भी मिलती है। उनके यह शेर उदाहरण के लिए देखिए—

---

१. सुगन्ध, २. मतवाली आँख, ३. सुगन्ध बरसाने वाले बादल, ४. जीवन, ५. मौनता।

दुशमन की दोस्ती है अब अहले-वतन[1] के साथ।
है अब खिज़ां चमन में नये पैरहन[2] के साथ।
सर पर हवाए-जुल्म चले, सौ जतन के साथ॥
अपनी कुलाह[3] कज है उसी बाँकपन के साथ॥
बह कर जमीं पे है अभी गर्दिश में खूँ मेरा।
क़तरे वे फूल बनते हैं खाके-वतन के साथ।
किसने कहा कि टूट गया खंजरे-फ़िरंग।
सीने पे जख़्मे-नौ[4] भी है दाग़े-कुहन[5] के साथ॥

'शमीम' करहानी (जन्म १९१६ ई०) नये कवियों में एक ऊँचा स्थान रखते हैं। आजमगढ़ (उ० प्र०) के रहने वाले हैं। कुछ समय तक धार्मिक और रोमानी कविताएँ लिखते रहे, फिर देश के राष्ट्रीय आन्दोलन से प्रभावित होकर राजनीतिक और क्रान्तिकारी कविताएँ लिखने लगे। अपनी रचनाओं में कभी-कभी हिन्दी के शब्द बड़ी कलात्मकता के साथ ले आते हैं। इस समय तक उनके चार काव्य-संग्रह प्रकाशित हो चुके हैं जिनके नाम हैं, 'बर्क़ो-बाराँ', 'रोशन अँधेरा', 'तराने' और 'अक्से-गुल'। कुछ समय से राष्ट्र के स्वतंत्रता संग्राम का इतिहास एक विशाल प्रबन्ध-काव्य के रूप में लिपिबद्ध कर रहे हैं। उनके एक राष्ट्र-गान के कुछ शेर देखिए—

हम काम के नग़मे गाते हैं, बेकार तराना क्या जानें।
जो सिर्फ़ अमल के बन्दे हैं, वो बात बनाना क्या जानें॥
रग-रग में लहू को गरमाते, जाते हैं वतन की जय गाते।
हम अहदे-जवानी के माते, बूढ़ों का ज़माना क्या जानें॥
तूफ़ान में किश्ती खेते हैं, कुहसार[6] से टक्कर लेते हैं।
हम जंग में सर दे देते हैं, हम पाँव हटाना क्या जानें॥
बेख़ौफ़ चलें संगीनों पर, और रोक लें गोली सीनों पर।
लिक्खा है हमारी जबीनों[7] पर, हम सर को झुकाना क्या जानें॥

बालमुकुन्द 'अर्श' मलसियानी, (जन्म १९०८ ई०) पंडित लब्भूराम 'जोश' के सुपुत्र और स्वयं एक अच्छे कवि हैं। 'जोश' मलसियानी को पुराने कवियों में उच्च मर्यादा प्राप्त है। 'दाग़' के काव्य-शिष्य हैं और स्वयं काव्य-गुरु माने जाते हैं। भाषा और काव्य-शास्त्र के अधिकारी विद्वान के रूप में सुविख्यात हैं। उनके काव्य-संग्रहों में 'फिरदौसे-गोश' और 'जुनूनो-होश' उल्लेखनीय हैं। 'अर्श' भी अपना एक स्थान रखते हैं। कई वर्षों तक उर्दू मासिक 'आजकल' के सम्पादक रह चुके हैं। उनकी कविता में पुराने और नयेपन का सामंजस्य होता है। सच्चाई और सादगी उनकी रचनाओं में मूल

१. देश निवासी, २. पहनावा, वस्त्र, ३. टोपी, ४. नया घाव, ५. पुरानी चोट, ६. पर्वत, ७. माथे।

रूप से दिखाई पड़ती है। बड़ी निपुणता से गीत, ग़ज़ल और नज़्म सभी लिख सकते हैं। उनकी कविताओं के कई संग्रह प्रसिद्ध हैं, जैसे 'हफ्त-रंग', 'चंगो-आहंग', 'शरारो-संग'। उनकी एक ग़ज़ल के कुछ शेर देखिये—

जिस ग़म से दिल को राहत[१] हो, उस ग़म का मदावा[२] क्या मानी।
जब फ़ितरत तूफानी ठहरी, साहिल[३] की तमन्ना क्या मानी॥
राहत में रंज की आमेज़िश[४] इशरत[५] में अलम[६] की आलाइश[७]।
जब दुनियाँ ऐसी दुनियाँ है, फिर दुनिया-दुनिया क्या मानी॥
ख़ुद शैख़ौ-बरहमन मुजरिम हैं, एक जाम[८] से दोनों पी न सके।
साक़ी की बुख़्ल-पसन्दी[९] पर, साक़ी का शिकवा क्या मानी॥

जगन्नाथ 'आज़ाद' (जन्म १९१८ ई०) भी पंजाब के प्रसिद्ध और लोकप्रिय कवि हैं। वह भी उर्दू के प्रसिद्ध कवि तिलोकचन्द 'महरूम' के सुपुत्र हैं। भारत की स्वातंत्र्योत्तर परिस्थितियों की जन्म अनुभूतियों ने उनकी कृतियों में ऐसी करुणा उत्पन्न कर दी है, जो उनकी रचनाएँ पढ़ने वाले को बहुत प्रभावित करती हैं। 'आज़ाद' प्रगतिशील और उग्र विचारों के कवि हैं। उन्होंने गद्य में भी बहुत कुछ लिखा है, परन्तु कवि की हैसियत से उनका एक साहित्यिक स्थान है। उनकी शैली पर थोड़ा-बहुत प्रभाव डॉ० इक़बाल का भी देख पड़ता है। उनके काव्य-संग्रह 'बेकराँ', 'सितारों से ज़र्रों तक', 'अपने वतन में अजनबी' प्रकाशित हो चुके हैं, जिनके अध्ययन से उनके प्रगतिशील विचारों और मानव-प्रेम का अनुभव होता है। उनके भी कुछ शेर उदाहरण के लिए नीचे दिये जाते हैं—

बस एक नूर[१०] झलकता हुआ नज़र आया।
फिर उसके बाद न जाने चमन पे क्या गुज़री॥
मैं काश तुमको भी अहले-वतन बता सकता।
वतन से दूर किसी बे-वतन पे क्या गुज़री।
मेरे चमन में भी आयी तो थी बहार मगर।
मैं क्या बताऊँ कि अहले-चमन पे क्या गुज़री॥
ख़ामोश क्यों हैं 'क़तीलो-नदीम'[११] कुछ तो कहें।
हमारे बाद हमारे वतन पे क्या गुज़री॥

अख़तर अन्सारी (जन्म १९०९ ई०) कवि, आलोचक और कथाकार तीनों रूपों में एक ऊँचा स्थान प्राप्त कर चुके हैं। प्रारम्भ में 'शेली' और 'कीट्स' से प्रभावित हुए और

---

१. आनन्द, २. चिकित्सा, ३. किनारा, ४. मिलावट, ५. आराम, ६. दुःख, ७. मिलावट, ८. प्याला, ९. कंजूसी, १०. प्रकाश, ११. क़तील और नदीम पाकिस्तान के प्रसिद्ध कवि हैं।

अपनी रचनाओं में नैराश्य और करुणाजनक भावनाओं का प्रचार करते थे। परन्तु प्रगतिशील आन्दोलन से प्रभावित होकर उन्होंने भी अपनी कविता को सामाजिक और राजनीतिक चेतना पैदा करने के काम में लगा दिया। उनकी रसीली, मधुर और भावपूर्ण वाणी में बड़ा ज़ोर होता है। उनके कई काव्य-संग्रह प्रकाशित हो चुके हैं, जिनमें 'आबगीने', 'रूहे-अस्त्र' और 'ख़न्दए-सहर' प्रसिद्ध हैं। उनकी दो छोटी-छोटी कविताएँ देखिये—

दिल को बर्बाद किये जाती है।
ग़म बदस्तूर दिये जाती है॥
मर चुकीं सारी उम्मीदें अख़्तर।
आरज़ू है कि जिये जाती है॥
खूँ भरे जाम उँडेलता हूँ मैं।
टीस और दर्द झेलता हूँ मैं॥
तुम समझते हो शेर कहता हूँ मैं।
अपने ज़ख्मों से खेलता हूँ मैं॥

जिन कवियों ने बहुत थोड़े समय में नाम पैदा किया है, उनमें 'वामिक़' जौनपुरी भी हैं। उन्होंने गम्भीरतापूर्वक काव्य-रचना पिछले युद्ध के बीच में आरम्भ की, इसलिए उन पर समकालीन चेतना का प्रभाव स्पष्ट देखा जा सकता है। उन्होंने अधिकतर राजनीतिक और प्रगतिशील कवितायें लिखी हैं। कभी-कभी मुक्त-छन्द और जनता की बोली में लिखने का प्रयोग भी करते हैं। उनके दो काव्य-संग्रह 'चीखें' और 'जरस' प्रकाशित हो चुके हैं। पहले संग्रह में सभी रचनाएँ १९४७ ई० के हिन्दू-मुस्लिम साम्प्रदायिक उपद्रवों और गांधी जी की हत्या से प्रभावित होकर लिखी गयी हैं। कुछ दिनों से वह बहुत कम लिखते हैं। उदाहरण के लिए निम्नलिखित शेर देखिए—

सुर्ख़ दामन में शफ़क़ के कोई तारा तो नहीं।
हमको मुस्तक़बिले-ज़र्रीं[१] ने पुकारा तो नहीं॥
दस्तो-पा[२] शल[३] हैं, किनारे से लगा बैठा हूँ।
लेकिन इस शोरिशे-तूफ़ान[४] से हारा तो नहीं।
दीवाने दीवाने ठहरे खेल गये अंगारों से।
आबला-पाई[५] अब कोई पूछे इन ज़ेहनी[६] बीमारों से॥
किसने बसाया था और इनको किसने यूँ बरबाद किया।
अपने लहू की बू आती है, इन उजड़े बाज़ारों से॥

---

१. सुनहरा भविष्य, २. हाथ-पाँव, ३. टूटे हुए, ४. तूफ़ान का जोश, ५. पाँव में छाले पड़ना, ६. मानसिक।

सिन्दर अली 'वज्द' (जन्म १९१४ ई०) आधुनिक युग के श्रेष्ठ कवियों में गिने जाते हैं। औरंगाबाद और हैदराबाद में शिक्षा प्राप्त करने के पश्चात् निज़ाम-सरकार में डिप्टी-कलेक्टर के पद पर नियुक्त हुए, अभी कुछ वर्ष पूर्व जजी से अवकाश प्राप्त करके औरंगाबाद और बम्बई में साहित्यिक जीवन बिता रहे हैं। विद्यार्थी जीवन में ही हैदराबाद के अच्छे कवियों में गिने जाते थे। उनकी कविताओं में गहरी भारतीयता के साथ-साथ सूक्ष्म कला विवेचन मिलता है। उनकी शैली में नये-पुराने का समन्वय दीख पड़ता है। उनके तीन संग्रह 'लहू तरंग', 'आफ़ताबे-ताज़ा' और 'औराक़े-मुसव्विर' छप चुके हैं। अजन्ता, एलोरा और ताजमहल पर इनकी कविताएँ लोकप्रिय हो चुकी हैं। 'एलोरा' कविता का एक छन्द उदाहरण के लिए देखिए—

मये-ख़याल है संगीन आबगीनों[1] में
छिपाये नूरे-अज़ल[2] बुत हैं आस्तीनों में
दिलों का सोज़े-नेहाँ पत्थरों के सीनों में
हयात-जज़्ब है इन बेशिकन जबीनों में
यहाँ जो सैर को फ़िक्रे-रसा[3] निकलती है
वफ़ूरे-शौक़ में परबत की साँस चलती है

गुलाम रब्बानी 'ताबाँ' (जन्म १९१४ ई०) भी समसामयिक कवियों में महत्त्व रखते हैं। वकालत की परीक्षा पास करके आठ-नौ वर्ष वकालत करते रहे, फिर प्रगतिशील लेखक संघ में सम्मिलित होकर क्रान्तिकारी कविताएँ लिखने लगे, कुछ समय के लिए जेल में बन्दी भी रहे। १९५० ई० से दिल्ली की प्रसिद्ध प्रकाशन संस्था 'मकतबए-जामिआ' के निदेशक हैं। आरम्भ में अधिकतर क्रान्तिकारी कविताएँ लिखते थे, अब ग़ज़ल की ओर रुचि बढ़ गयी है, जिसमें उन्होंने सूक्ष्म संकेतों, गहरी मनोभावनाओं और व्यक्तिगत अनुभूतियों से बड़ी रोचकता पैदा कर दी है। वह कम लिखते हैं, परन्तु जो कुछ लिखते हैं, उसमें जीवन की समस्याओं की धड़कन दीख पड़ती है। उनके दो काव्य-संग्रह 'साज़े-लरज़ाँ' और 'हदीसे-दिल' प्रकाशित हुए हैं। उदाहरण के लिए एक ग़ज़ल के कुछ शेर देखिये—

चमन में किसने किसी बेनवा का साथ दिया।
वो बूए-गुल थी कि जिसने सबा का साथ दिया॥
तुझे ख़बर भी नहीं है कि दिल की धड़कन ने।
कहाँ-कहाँ तेरी आवाज़े-पा का साथ दिया॥
दिले ख़राब की ये सादा-लौहियाँ तौबा।
जफ़ा के बाद भी अहले जफ़ा का साथ दिया॥
जुस्तजू हो तो सफ़र ख़त्म कहाँ होता है।
यूँ तो हर मोड़ पर मंज़िल का गुमाँ होता है॥

---

१. शीशा रूपी पत्थर, २. ईश्वरीय प्रकाश, ३. दूरदर्शी कल्पना शक्ति।

इस पीढ़ी के सुविख्यात कवि अख़तरूल-ईमान (जन्म १९१५ ई०) हैं। उनका बचपन बड़ी कठिनाइयों में बीता, अनाथालयों में रहकर शिक्षा प्राप्त की। बी० ए० पास करने के बाद कई नौकरियाँ कीं, बाद में बम्बई चले गये। अब भी वहीं हैं। फ़िल्म के लिए कविताएँ कम, संवाद अधिक लिखते हैं। उन्होंने अपनी कविताओं में व्यक्तिगत अनुभूतियों, वेदनाओं तथा संघर्षों को वाणी प्रदान की है, उसमें उनकी सामाजिक चेतना भी उभर आयी है। अपने धीमे स्वर में बड़ी ख़ूबसूरती से दिल की आग बाहर उँड़ेल देते हैं। उनके काव्य-संग्रह 'सब रंग', 'तारीक सैयारा' और 'यादें' प्रकाशित हो चुके हैं। एक छोटी-सी कविता उदाहरण के लिए देखिये—

शबे-माह भी तू, लहर भी तू
कि फुग़ाँ भी तू है, असर भी तू
ये तेरी बहार के दिन सही
ये तेरे निख़ार के दिन सही
न मिटा किसी को सँभल-सँभल
सरे राह यूँ न बहक के चल
कि ज़मीं पे रहते हैं और भी
जिन्हें हुस्न से भी लगाव है
जिन्हें ज़िन्दगी भी अज़ीज है।

अली जवाद ज़ैदी (जन्म १९१८ ई०) ने विद्यार्थी जीवन ही में अपनी कविताओं में राष्ट्र-प्रेम की ज्योति जगाकर ख्याति प्राप्त की थी। उन्होंने वकालत पास करके कुछ समय वकालत भी की। फिर कांग्रेस के आदर्शों को अपनाकर नौकरी कर ली। वह गद्य और पद्य दोनों में अपना विशिष्ट स्थान रखते हैं और कविताओं में नवीन विचारधाराओं से प्रेरित होते हुए भी कला की परम्परा से नाता नहीं तोड़ते। उनके काव्य-संग्रह 'रंगे-संग' और 'मेरी ग़ज़लें' के नाम से प्रकाशित हो चुके हैं। एक ग़ज़ल के कुछ शेर देखिए—

साक़ी की नज़र भी बदली है, महफ़िल में सिलए-आम भी है।
आओ न ज़रा हम भी होलें, कुछ आज सुनहरी शाम भी है॥
ये दारो-रसन क्या, कुछ भी नहीं, इक और क़दम ऐ-पाए-तलब।
जीने की तमन्ना भी है मगर, मरने का यही इंजाम भी है॥
इस सूदो-ज़ियाँ की दुनिया में, हम ज़िक्रे-लताफ़त क्या करते।
ये ख़ौफ़ दिलों को घेरे था, हर सुबह के बाद इक शाम भी है॥

१९३० ई० के पश्चात् भारत में और विश्व-चिन्तन में जो परिवर्तन हुए, उन्होंने राजनैतिक और समाजवादी विचारों को प्रधानता दे दी। इसका प्रभाव साहित्य के अनेक

क्षेत्रों में स्पष्ट है। किन्तु इसके साथ-साथ वह लहर भी उठी, जो साहित्य में विचारों, सच्चाइयों और सामाजिक चेतना के प्रतिकूल कला और सौन्दर्य की व्यक्तिगत अभिव्यक्ति को साहित्य का आधार मानती थी। इस विचारधारा के कवियों ने रूप-विधान और शैली को सर्वाधिक महत्त्व देकर नये-नये प्रयोग प्रारम्भ किये। प्रारम्भ में केवल तीन बातें स्पष्ट थीं। एक, सामाजिक समस्याओं को छोड़कर अपनी व्यक्तिगत अनुभूतियों की अभिव्यक्ति; दूसरे, फ्रॉयड के प्रभावानुसार अवचेतन की स्थिति पर बल; तीसरे, मुक्तछन्द को काव्य का श्रेष्ठ रूप स्वीकार करना। इनमें अधिकांश नये कवि अनुभूतियों की नवीनता के नाम पर कुछ पश्चिमी कवियों का अन्धा अनुसरण करते थे। जैसा कि होता है, इनमें कुछ वास्तविक सृजन-शक्ति रखते थे, परन्तु अधिकांश अपनी संस्कृति, जीवन-पद्धति, साहित्य और भाषा के इतिहास से अनभिज्ञ हैं या परम्परा के महत्त्व को ही स्वीकार नहीं करते। ऐसे कवियों की संख्या बहुत है। इस साहित्यिक क्रान्ति के कारण पूँजीवादी समाज में संकट और भारत के राजनैतिक संघर्ष के ढीलेपन में देखे जा सकते हैं। बहुत से नवयुवकों के लिए अपने निजी या सामाजिक जीवन में कोई सुख न था, इसलिए जो लोग संघर्ष की राह से बचकर चलना चाहते थे, वह उधर ही चले गये।

उर्दू-काव्य-शास्त्र और पिंगल में परिवर्तन का प्रारम्भ हो चुका था। उसकी ओर 'शरर' लखनवी, 'नज़्म' तबातबाई, 'इस्माइल' मेरठी, अज़मत उल्लाह ख़ाँ, इन्द्रजीत शर्मा, 'हफ़ीज़' जालन्धरी, 'सागर' निज़ामी ने निरन्तर संकेत किये थे। १९३० ई० के बाद योरुपीय-काव्य के प्रभाव एवं अनुकरण में मुक्तछन्द का रिवाज हुआ। इस नयी विद्या के प्रारम्भिक प्रचारकों के रूप में 'मीरा', नून० मीम० 'राशिद', 'ख़ालिद' और 'मुख़तार' सिद्दीक़ी के नाम लिए जा सकते हैं। उन्होंने विचार और शैली दोनों में परिवर्तन किये और इस विचारधारा को पूर्णरूप में प्रस्तुत करने के लिए अनेक प्रतिबन्धों को नकार दिया और मुक्तछन्दों का भी प्रयोग किया। आरम्भ में इन प्रयोगों का कड़ा विरोध हुआ, परन्तु धीरे-धीरे बहुत-से नये कवियों ने इसे ग्रहण कर लिया। एक बात याद रखना आवश्यक है कि इसी नये प्रयोग के द्वार से होकर अश्लीलता, अस्पष्टवादिता और प्रतिक्रियावाद के विचार कविता में प्रवेश कर गये। बहुत से लोगों ने इसको प्रगतिशील कवियों का आन्दोलन समझकर इसकी कड़ी आलोचना भी की। परन्तु सत्य यह है कि प्रगतिवादियों ने यदि मुक्त-छन्द का प्रयोग किया भी तो प्रगतिशील विचारों के लिए। इसके विपरीत प्रतिक्रियावादी कवियों ने अपने छिपे हुए, नग्न और अश्लील विचारों के प्रचार के लिए इसका प्रयोग किया। इसमें संदेह नहीं कि इस समय के कई कवि फ्रांस और अमरीका के पलायनवादी कवियों से प्रभावित थे। यह बताना असम्भव है कि उर्दू में मुक्त-छन्द का प्रयोग सबसे पहले किसने किया; लेकिन यह बात विश्वस्त रूप में कही जा सकती है कि 'राशिद' (जन्म १९१० ई०) और 'मीराजी' (१९१२-१९४९ ई०), इस रंग के दो बड़े कवि हैं और उन्होंने इसे फैलाने की सबसे अधिक चेष्टा की। 'राशिद', 'मीराजी' से अधिक प्रगतिशील हैं और

कभी-कभी सामाजिक और राजनीतिक विषयों की ओर भी संकेत करते हैं। लेकिन 'मीराजी' तो एकमात्र 'फ्राएड' के अनुयायी थे और अपनी कविताओं, सुन्दर गीतों और विचारशील लेखों में उसी के विचारों का प्रचार करते थे। 'राशिद' के दो संग्रह 'मावरा' और 'ईरान में अजनबी' प्रकाशित हुए हैं। 'मीराजी' की कई पुस्तकें छप चुकी हैं, जिनमें 'गीत ही गीत' और 'मीराजी की नज्में' प्रसिद्ध हैं।

प्रयोगों की दृष्टि से सलाम मछलीशहरी उर्दू के एक अच्छे कवि हैं। हिन्दी-शब्दों का प्रयोग बड़ी सुन्दरता से करते हैं और अपनी रचनाओं में एक ऐसी नवीनता पैदा कर देते हैं, जो उनके व्यक्तित्व का पता देती है। उनके तीन संग्रह 'मेरे नग़मे', 'वुसअतें' और 'पायल' हमारे सामने हैं। दूसरे कवि, जिनकी शैली और आधुनिकता का प्रभाव उस समय के नये कवियों पर पड़ा, उनमें डॉ० 'तासीर' (१९०२-५० ई०) और तसद्दुक हुसैन 'ख़ालिद' भी हैं, परन्तु उनकी कविताओं के संग्रह निर्जीव दीख पड़ते हैं।

इसी पीढ़ी और इसी श्रेणी के अनेक कवि हैं, जिनको महत्त्व प्राप्त है, किन्तु इस संक्षिप्त इतिहास में उनका उल्लेख सम्भव नहीं है। अध्ययन की सुविधा के लिए उनके और उनकी रचनाओं के कुछ नाम दिये जाते हैं, जैसे—'शाद' आरफ़ी ('सफ़ीना चाहिए') इजतुबा रिजवी ('शोलए-नेदा') 'परवेज़ शाहिदी ('नक्शे-हयात'), क़तील शफ़ाई ('गजर' ओर 'हरयाली'), नियाज़ हैदर ('जमाले-मिस्र' और 'कस्रे-लेनिन'), आले अहमद 'सुरूर' ('ज़ौके-जुनूं') हरिचन्द 'अख़तर' ('कुफ्रो-ईमाँ'), ज़हीर काश्मीरी ('अज़मते-आदम'), विशेषर प्रसाद 'मुनव्वर' ('कुमार सम्भू' और 'नवाए-कुफ्र'), 'मख़मूर' जालन्धरी ('जलवागाह' और 'तलातुम'), 'फ़िक्र' तौंस्वी ('हमूले'), नरेशकुमार 'शाद' ('क़ाशें', 'लल्लकार' 'दस्तक' और 'विजदान'), 'अदम' ('ख़राबात' और 'पेचो-ख़म'), 'मसूद अख़तर' जमाल ('नौरस'), 'फ़ारिग़' बुखारी ('आयाते ज़िन्दगी'), 'सैफ़' ('ख़मे-काकुल') और कई दूसरे। यह बात स्पष्ट है कि यह सब कला और जीवन के सम्बन्ध में अपने विशिष्ट विचार रखते हैं; परन्तु यह प्रयोगवादी मात्र नहीं हैं, कला और जीवन की कोई-न-कोई दृष्टि इनके पास अवश्य ही है।

जिस पाठक ने पिछले कुछ पन्नों को विचारपूर्वक पढ़ा होगा उसे यह अनुमान लगाना आसान होगा कि उर्दू काव्य की गति भारत की अन्य भाषाओं की कविताओं से कुछ अधिक विभिन्न नहीं है। वह सारी धाराएँ जो आज मानव के धार्मिक, नैतिक, राजनीतिक और मानसिक जीवन में ऊँची-नीची लहरें उठा रही हैं, उन सबका उल्लेख इन कवियों ने किया है। कुछ हैं, जिनकी चेतना क्रांतिकारी है, कुछ हैं, जो केवल नवीनता को प्रगतिशीलता और आधुनिकता समझते हैं, कुछ हैं, जो अपने वर्ग से टूट कर उस वर्ग में सम्मिलित हो गये हैं, जिसे वह भविष्य का निर्माता समझते हैं और कुछ हैं जो अभी बीच में खड़े अपना पथ ढूँढ़ रहे हैं। इन कवियों में ऐसे कवि भी

हैं, जिन्होंने अस्थायी और समकालीन घटनाओं तथा विचारों को काव्य का विषय बनाया है और ऐसे भी हैं, जो कविता को केवल शाश्वत मूल्यों तक सीमित रखना चाहते हैं। कुछ मार्क्स भक्त हैं, कुछ फ्राएड के और कुछ दोनों में समन्वय चाहते हैं। इस प्रकार उर्दू काव्य-रचना में विभिन्न शैलियाँ, चेतना के विभिन्न अस्त्र और विभिन्न रूप मिलते हैं। भविष्य क्या जान पड़ता है, इसकी ओर अन्तिम अध्याय में संकेत किया जायेगा।

अध्याय १३
गद्य के नये रूप

कहा जा सकता है कि यह गद्य का युग है, क्योंकि वैज्ञानिक चिन्तन तथा सत्य के अन्वेषण के लिए इसी को साधन बनाया जा सकता है। हम देख चुके हैं कि आधुनिक काल में गद्य का असाधारण विकास हुआ और उसके अनेक क्षेत्रों में महत्त्वपूर्ण रचनाएँ प्रकाश में आयीं। गत अध्याय में कुछ उपन्यासकारों, कथाकारों, आलोचकों, जीवनीकारों, निबन्धकारों, अनुसंधान के पंडितों की चर्चा की जा चुकी है। २०वीं शताब्दी के तीसरे दशक में गद्य का क्षेत्र अत्यन्त व्यापक हो गया और विशेष रूप में कहानी, उपन्यास, आलोचना, शोध-प्रबन्धों और व्यंग्य-साहित्य का अनुपम भण्डार एकत्र हो गया।

उर्दू-कथा-साहित्य एक दृष्टि से बहुत प्रचुर रह चुका था। १९वीं शताब्दी के मध्य में जब नयी चेतना विकसित हो रही थी, उसी समय लखनऊ, देहली और रामपुर में बड़ी-बड़ी काल्पनिक दास्तानें लिखी गयीं; जो कई-कई हज़ार पृष्ठों तक पहुँचती थीं, फिर यथार्थ पर आधारित उपन्यास लिखे जाने लगे, कहानियों का विकास कुछ समय रुक के हुआ किन्तु थोड़े ही दिनों में कहानियाँ व्यक्तिगत और सामाजिक जीवन प्रस्तुत करने का सबसे प्रभावशाली साधन बन गयीं। इनमें कुछ का वर्णन पिछले अध्यायों में हो चुका है, किन्तु वास्तव में सामान्य जीवन के सम्पर्क में लाने का काम प्रेमचंद ने किया। इसीलिए प्रेमचंद नयी कहानी-कला के जन्मदाता कहे जा सकते हैं। उन्होंने भारतीय जीवन के बहुमुखी संघर्ष को अपनी रचनाओं में ऐसे दिव्य-रूप में प्रस्तुत किया कि कहानी समाज का जीता-जागता दर्पण बन गयी और उनके बाद के लेखकों के सामने नयी दिशाएँ स्पष्ट हो गयीं।

प्रेमचंद से उर्दू तथा हिन्दी जानने वाले समान रूप से परिचित हैं। इसलिए उनके सम्बन्ध में यहाँ विस्तारपूर्वक लिखने की ज़रूरत नहीं है। प्रेमचंद का घर का नाम धनपतराय था। वह १८८० ई० में बनारस के निकट एक गाँव लमही पाण्डेयपुर में पैदा हुए। उनका परिवार कायस्थों का साधारण परिवार था, इसलिए उनकी शिक्षा-दीक्षा भी ठीक से न हो सकी। उन्होंने अपनी लगन और घोर परिश्रम द्वारा उर्दू-फ़रसी और दूसरे विषयों का अध्ययन करके इन्ट्रेन्स पास कर लिया और शिक्षा विभाग में एक साधारण-सी नौकरी कर ली। धीरे-धीरे बी० ए० तक की उपाधि प्राप्त की और डिप्टी-इन्सपेक्टर आफ़ स्कूल्स हो गये। परन्तु स्वास्थ्य की ख़राबी की वजह से फिर स्कूल के अध्यापक होकर गोरखपुर में रहने लगे। १९२१ में जब स्वतंत्रता-आन्दोलन अधिक

विकसित हुआ तो महात्मा गांधी के आदर्शों से प्रभावित होकर उन्होंने सरकारी नौकरी से त्याग-पत्र दे दिया, ताकि स्वतंत्र रहकर देश और राष्ट्र की सेवा कर सकें। अपने स्वास्थ्य के ख़राब होने और जीविका के लिए परिश्रम करते रहने के बावजूद उनका समस्त जीवन एक लेखक का जीवन रहा।

ऐसा जान पड़ता है कि प्रेमचंद ने १७-१८ वर्ष की आयु से ही लिखना प्रारम्भ कर दिया था, परन्तु उनको ख्याति १९०७ ई० के बाद प्राप्त हुई, जब उन्होंने देश-प्रेम से प्रेरित होकर कहानियाँ लिखना शुरू कीं। पहले नवाब राय के नाम से लिखा, परन्तु जब अंग्रेज़-सरकार पीछे पड़ गयी और यह नाम छिप न सका तो १९१० ई० से प्रेमचंद के छद्म-नाम से साहित्य-क्षेत्र में उतर आये। इसी नाम ने उन्हें अमर बनाया। इसके पूर्व उनकी कहानियों का पहला संग्रह 'सोज़े-वतन' के नाम से छप चुका था। उसके प्रकाशन पर सरकारी क्षेत्रों में बड़ा क्रोध प्रकट किया गया और उन्हें कड़ी चेतावनी देकर उनकी आँखों के सामने ही इस संग्रह को जला दिया गया। अनेक पत्रिकाओं में काम करने के पश्चात् उन्होंने 'हंस' के नाम से स्वयं एक प्रगतिशील पत्रिका निकाली और अपना एक प्रेस भी स्थापित कर लिया। आर्थिक संकट दूर करने के लिए कुछ दिन फ़िल्मी संसार की हवा भी खायी, परन्तु उनका जीवन कभी बहुत सुख से नहीं बीता, यहाँ तक कि सन् १९३६ ई० में उनका देहान्त हो गया।

प्रेमचंद के सम्बन्ध में उर्दू में कम और हिन्दी में बहुत-कुछ लिखा जा चुका है। इस स्थान पर केवल उनकी कहानियों की कुछ विशेषताओं की ओर संकेत किया जायेगा, जिनके बहुत से संग्रह बारम्बार प्रकाशित हो चुके हैं। जिस लेखक के साहित्यिक जीवन का आरम्भ इस प्रकार हो कि उसका पहला संग्रह ही विद्रोहानुभूति के आरोप में जला दिया जाये, उसके सम्बन्ध में यह समझना कुछ कठिन नहीं रह जाता कि वह उन परिस्थितियों को बदलना चाहता था, जो निम्नवर्ग के हित के विपरीत थीं और जो स्वाधीनता के बिना बदली भी नहीं जा सकती थीं। गाँव के एक दीन परिवार में जन्म लेकर और परिश्रम का जीवन बिताकर प्रेमचंद ने साहित्य में उन साधारण लोगों को जगह दी जिन्हें अच्छे-अच्छे लेखक साहित्य का पात्र नहीं बना सके थे। किसानों, ज़मींदारों, छोटे-छोटे उद्योग-धन्धा करने वालों, अछूतों, धर्मरक्षकों, बने हुए नेताओं, सभी से भलीभाँति परिचित थे और उनकी विवेचना से उन्होंने अपने अनुभवों की झोली भर ली थी। इन साधारण लोगों को वह अपनी कहानियों में इस प्रकार लाते थे, जैसे वह जीवन क्षेत्र में चलते-फिरते थे। प्रेमचंद जो कुछ लिखते थे, उसका एक उद्देश्य होता था और वह इस बात को कला-निर्माण के विरुद्ध भी नहीं समझते थे। अपने सभी लेखों में उन्होंने देश की सामाजिक, आर्थिक और राजनीतिक स्थिति का विश्लेषण करके सुधार और परिवर्तन का मार्ग दिखलाने की चेष्टा की है। इसीलिए कला की दृष्टि से वह यथार्थवादियों में बड़ा उच्च स्थान रखते हैं। जीवन के जैसे सुन्दर और सच्चे चित्र, मनोभावनाओं का आन्तरिक संघर्ष और उनके फलस्वरूप जनसाधारण के हार्दिक रहस्य जिस प्रकार उनके यहाँ खुलते हैं, दूसरे लेखकों के यहाँ

इस सफलता के साथ नहीं मिलते। वह अपनी रचनाओं में सदैव स्वतंत्रता, न्याय और प्रगति का साथ देते हैं, इसीलिए प्रगतिशील लेखक उन्हें केवल एक महान् कलाकार ही नहीं मानते वरन् अपना नेता भी समझते हैं। यदि उनके लेखों का अध्ययन ऐतिहासिक रूप से किया जाये, तो अनुभव होगा कि वह सुधारवाद से क्रान्ति की ओर और गांधीवाद की आदर्शता से यथार्थवाद की ओर बड़े वेग से बढ़ रहे थे और जो कोई उनकी अन्तिम रचनाएँ पढ़ेगा उसे यह मानने में संकोच नहीं होगा कि वह प्रगतिशील शक्तियों का साथ दे रहे थे। इसमें सन्देह नहीं कि उनके विचारों में त्रुटियाँ भी थीं, जो समकालीन चेतना का अंश बनी हुई थीं। इसीलिए कहीं-कहीं एक प्रकार की आदर्शवादिता उनकी वास्तविकता को दबा लेती थी।

प्रेमचंद ने आरम्भ में जो कुछ लिखा उर्दू ही में लिखा। परन्तु बाद में जब हिन्दी की ओर उन्मुख हुए तो भी अन्त तक उर्दू में ही रचनाएँ करते रहे। उनकी अनेक महत्त्वपूर्ण कृतियाँ सर्वप्रथम उर्दू में ही लिखी गयीं और उनका प्रकाशन भी उर्दू में ही हुआ। प्रेमचंद की भाषा इतनी सुन्दर, सरल और भावपूर्ण होती थी कि उर्दू के सभी आलोचकों ने उसे सराहा है। वह शब्दों के उचित प्रयोग से ऐसा वातावरण तैयार कर लेते थे, जो कहानी के प्रभाव को बहुत बढ़ा देता था। भारत की आत्मा, ग्राम्य-जीवन के जैसे सुन्दर चित्र उन्होंने खींचे हैं, उसकी तुलना किसी और लेखक से नहीं की जा सकती। उर्दू में उनके जो संग्रह छपे उनके नाम यह हैं; 'सोज़े-वतन', 'प्रेम-पचीसी', 'प्रेम बत्तीसी', 'प्रेम चालीसी', 'वारदात', 'ज़ादे-राह', ख़ाबोख़याल', 'ख़ाके-परवाना', 'आख़िरी तोहफ़ा', 'देहात के अफ़साने' और 'दूध की क़ीमत'। उनकी कुछ कहानियाँ ऐसी भी हैं, जो अभी तक उर्दू के किसी भी संग्रह में सम्मिलित नहीं हुई हैं।

प्रेमचंद ने उर्दू-साहित्य में साधारण जन-जीवन के चित्रण की जो परम्परा चलायी थी, वह थोड़े ही समय में बड़ी लोकप्रिय सिद्ध हुई और वह सभी लेखक जो ग्राम्य-जीवन से परिचित थे, उसी आधार पर चलने लगे। सुदर्शन, आज़म करेवी, अली अब्बास हुसैनी, उपेन्द्रनाथ 'अश्क' इत्यादि पर उनका स्पष्ट प्रभाव देखा जा सकता है। इनमें से हर एक ने अपने लिए अलग-अलग मार्ग बना लिये, परन्तु इनको प्रेरणा प्रेमचंद ही से मिली।

अली अब्बास हुसैनी (जन्म १८९७ ई०) ग़ाजीपुर के रहने वाले थे और सन् १९५४ तक उत्तर प्रदेश के शिक्षा विभाग से सम्बद्ध थे। उन्होंने लगभग १९१९ ई० में लिखना आरम्भ किया और उनकी बहुत-सी पुस्तकें प्रकाशित हो चुकी हैं। नाटक, उपन्यास और आलोचना में भी उनका महत्त्व है, परन्तु उनका विशेष क्रिया क्षेत्र कहानियाँ ही हैं। उनकी भाषा सरल, मीठी और प्रवाहपूर्ण है। उनको हार्दिक और भावपूर्ण पात्रों के चित्रण में विशेष निपुणता प्राप्त है। उनकी प्रकाशित पुस्तकों में 'रफ़ीके-तनहाई', 'बासी फूल', 'आई० सी० एस०', 'कुछ हँसी नहीं है', 'मेला घूमनी' और 'हमारा गाँव' बहुत लोकप्रिय हैं। उनके उपन्यासों में 'शायद कि बहार आयी' (जो हिन्दी में

'कोमल नगरी' के नाम से छपा है) बहुत मनोरंजक समझा जाता है। उन्होंने उर्दू-उपन्यास का एक आलोचनात्मक इतिहास भी लिखा है, जिसका नाम 'उर्दू नाविल की तारीख़ और तनक़ीद' है। हुसैनी की प्रगतिशीलता उनके मानव-प्रेम और जीवन के प्रति उनके उदार भावनाओं से उत्पन्न होती है। आरम्भ में आदर्शवादी जीवन-सुधार पर निर्धारित कहानियाँ लिखते थे, धीरे-धीरे राष्ट्रीयता और जनसाधारण की आर्थिक दुर्दशा उनकी कहानियों में जगह पाने लगी। उनकी चेतना प्रेमचंद की भाँति राजनीतिक नहीं है, फिर भी वह अपनी सुन्दर शैली और मधुर शब्दावली के कारण बहुत बड़े कहानीकार समझे जाते हैं।

इस पीढ़ी के दूसरे लिखने वालों में आज़म करेवी, मजनूँ गोरखपुरी, ल० अहमद अकबराबादी इत्यादि भी प्रसिद्ध हैं, परन्तु इस समय इनका उल्लेख नहीं किया जा सकता।

भारतवर्ष के प्रगतिशील लेखकों ने १९३६ ई० में अपनी संस्था बनाई परन्तु उससे कुछ समय पहले ही राजनीतिक जागृति के बढ़ने और अन्तर्राष्ट्रीय विचारों के फैलने के कारण कई नवयुवकों ने साहित्य में भी चेतनापूर्वक क्रांति पैदा करने के विचार प्रकट किये थे, अतएव सैयद सज्जाद ज़हीर, रशीद जहाँ, अहमद अली और महमूदुज़-ज़फर ने अपनी कुछ कहानियों का एक संग्रह 'अंगारे' के नाम से १९३३ ई० में लखनऊ से प्रकाशित कराया, जो बम के गोले के समान भारतीय समाज पर फटा और लोग तिलमिला उठे। सरकार ने उस पर प्रतिबन्ध लगा दिया, परन्तु उसके प्रकाशित करने का जो उद्देश्य था वह पूरा हो गया। उसमें असंतुलित और भावुक ढंग से धर्म, रीति-रिवाज, नैतिक आदर्शों और यौवन-सम्बन्धी विचारों पर खुलकर चोट की गयी थी। इसकी शैली भी नयी थी जिस पर योरोपी साहित्य और विचारधारा का प्रभाव स्पष्ट रूप से दीख पड़ता था। कला की दृष्टि से इन कहानियों में कई प्रकार की त्रुटियाँ थीं, क्योंकि इनमें समस्याओं के समझने के बदले उन त्रुटियों की हँसी उड़ाई गयी थी, जो ऐतिहासिक और सामाजिक कारणों से उत्पन्न हुई थीं। परन्तु इसका प्रभाव यह पड़ा कि नये लेखकों ने उन कहानियों की निर्भीकता और वास्तविकता को अपनाकर जीवन के मर्मों को खोलना आरम्भ किया और समस्याओं को उस पृष्ठभूमि में देखा, जिन्हें राजनीतिक दासता और आर्थिक दुर्दशा ने जन्म दिया था।

इन लेखकों में से कुछ समय पहले तक अहमदअली को एक ऊँचा स्थान प्राप्त था। वह अंग्रेज़ी भाषा के एक अच्छे जानकार और लेखक हैं। उनकी जन्मभूमि दिल्ली है ओर वहाँ की बोल-चाल की भाषा का प्रयोग वह बड़ी सुन्दरता से करते हैं। अब वह पाकिस्तान में हैं और बहुत कम लिखते हैं। उनके तीन संग्रह 'शोले', 'हमारी गली' और 'कैदख़ाना' प्रकाशित हो चुके हैं। उनकी रचनाओं के विषय-वस्तु सामाजिक और मानसिक होते हैं और बहुधा प्रतीकों से काम लेते हैं। उन्होंने कभी-कभी योरुप के प्रतीकवादियों का अनुसरण भी किया है। कला की दृष्टि से एक सफल लेखक हैं, पर विचारधारा की दृष्टि से कभी-कभी अस्पष्टता की ओर बहक जाते हैं।

रशीद जहाँ, जिनकी मृत्यु १९५४ ई० में मास्को में हुई, उर्दू की एक बड़ी लोकप्रिय लेखिका थीं। वह जीवन की अस्पष्ट कामनाओं और मनोभावनाओं का उल्लेख बड़ी सफलता से करती थीं। समाज की बुराइयों पर उनकी चोट गहरी होती थी। उनका विचार था कि गन्दगी को छिपाने के बदले उसे सबके सामने रख देना चाहिए, जिससे वह समाज की बिगड़ी हुई स्थिति को समझ लें और क्रान्ति के लिए तैय्यार हो जाएँ। उनकी कहानियों में मनोरंजन के साथ-साथ एक प्रकार का व्यंग्य भी मिलता है, जो पढ़ने वाले को बहुत प्रभावित करता है। उन्हें मध्यम-वर्ग के पारिवारिक जीवन के चित्रण में बड़ी निपुणता प्राप्त थी। उन्होंने लिखा तो बहुत परन्तु उनका एक ही संग्रह 'औरत' के नाम से प्रकाशित हुआ।

कृष्ण चंदर इस युग के गल्प साहित्य के सबसे महत्त्वपूर्ण और लोकप्रिय कलाकार हैं। उनका जन्म १९१४ ई० में पंजाब में हुआ, बालपन कश्मीर में बीता और ऊँची शिक्षा लाहौर में प्राप्त की। कुछ समय तक वकालत करते रहे और उसी के साथ-साथ उर्दू और अंग्रेज़ी में कुछ लेखों की रचना की। आरम्भ में कुछ हास्य-प्रधान कहानियाँ और लेख लिखे। १९३५ ई० के लगभग उनकी रोमानियत से भरी हुई कहानियाँ पसन्द की जाने लगीं और वह अपना अधिक समय कहानी लिखने में बिताने लगे। जब उनकी कहानियों का पहला संग्रह 'तिलिस्मे-ख़याल' प्रकाशित हुआ, तो उसमें लोगों ने एक प्रकार की आश्चर्यजनक नवीनता और मनोरंजक सरलता पायी। सभी कहानियाँ रोमानी थीं, परन्तु उनसे पता चलता था कि इनका लिखने वाला जीवन और मनोभावनाओं के विश्लेषण के सम्बन्ध में एक नया दृष्टिकोण लेकर आया है। थोड़े ही समय में उन्हें बड़ी महत्ता प्राप्त हो गयी और बिरला ही कोई पत्रिका ऐसी होगी, जिसमें उनकी कहानियाँ न छपती हों। कुछ समय के लिए उन्होंने रेडियो में नौकरी कर ली थी। फिर उससे अलग होकर अपना सारा समय साहित्यिक कामों में बिताने लगे। जीविका के लिए फ़िल्मी कहानियाँ भी लिखते हैं।

कृष्ण चंदर ने पिछले ३० वर्षों में कम से कम ८० पुस्तकें लिखीं। उन्होंने कई उपन्यास लिखे हैं और अच्छे लेखों का संकलन किया है। फ़िल्म और रेडियो के लिए बहुत से नाटक भी लिख चुके हैं। इस स्थान पर केवल उनकी कहानियों का उल्लेख किया जाता है। उनकी कहानियों के उल्लेखनीय संग्रह ये हैं—'नज़्ज़ारे', 'ज़िन्दगी के मोड़ पर', 'टूटे हुए तारे', 'अन्नदाता', 'तीन गुंडे', 'समुन्दर दूर हैं, 'अजन्ता से आगे', 'हम वहशी हैं', 'मैं इन्तजार करूँगा', 'दिल किसी का दोस्त नहीं', 'किताब का कफ़न' और 'एक रुपया एक फूल'। जो भी कृष्ण चन्दर की कहानियों का अध्ययन करेगा, उसे शीघ्र ही मालूम हो जायेगा, कि वह एक उच्चकोटि के कलाकार हैं, जो जीवन के ऊँच-नीच, उसकी तरंगों और कल्पनाओं, आशाओं और स्वप्नों, दुखों और वेदनाओं से भलीभाँति परिचित हैं। उनका एक सामाजिक दृष्टिकोण है, जो उन्हें यह बताता है कि स्वतंत्रता, शान्ति और सुखभोग ही प्राणी के लिए आवश्यक है। आधुनिक सामाजिक स्थिति में वर्गों की विभिन्नता, जनता की आर्थिक दुर्दशा, शासन प्रबन्धकों के

अत्याचार और पूँजीपतियों की लूट-मार देखकर उनका कलम विष में डूबकर चलता है। ऐसे अवसरों पर अत्याचारियों पर व्यंग्य के तीर भी बरसाते हैं। जनता के प्रति उनका सच्चा प्रेम, मानव के भविष्य पर विश्वास और अत्याचार के विरुद्ध घृणा प्रकट करने की इच्छा उनकी कहानियों का विषय है। उनकी कला जीवन के परिवर्तित साधनों के संग चलती है। जन-साधारण के हितों की रक्षा और करुणाजनक जीवन से उनके लिए अमृत निकाल लेने की चेष्टा कृष्ण चन्दर का प्रिय विषय है। राजनीतिक और सामाजिक जीवन के हर मोड़ पर वह दीप लिये खड़े हैं और वह राह दिखाना चाहते हैं जो उन्नति और शान्ति की ओर जाती है।

कृष्ण चन्दर की भाषा बड़ी भावपूर्ण, रंगीन, मीठी और सजीव होती है। ऐसा लगता है कि अपने लेखों में जादू भर देते हैं और पाठक उनके साथ हो जाता है। कभी-कभी उनका उद्देश्य उनकी कला पर छा जाता है ओर उनके लक्ष्य का प्रभाव पूर्णरूप से नहीं पड़ता परन्तु वह इतने बड़े कलाकार हैं कि ऐसे समय में भी अपनी बात बना ले जाते हैं। उनकी कला में कमी देखी जा सकती है परन्तु उनके विचार सदैव जनता के कल्याण के आदर्शों से ओत-प्रोत होते हैं, और यही उनकी लोकप्रियता के आधार बनते हैं।

सआदत हसन मण्टू (१९१२-१९५५ ई०) भी वर्तमान युग के बहुत बड़े साहित्यकार माने जाते हैं। पंजाब के रहने वाले थे और बालपन ही से लिखने लगे थे। उनकी कहानियाँ कला की दृष्टि से कभी-कभी कृष्ण चन्द्र और दूसरे लेखकों की कहानियों से भी सम्पूर्ण होती हैं। मण्टू ने जब लिखना प्रारम्भ किया, उस समय पंजाब क्रान्तिकारियों का केन्द्र बन रहा था, मण्टू मार्क्स और गोर्की से बहुत प्रभावित हुए। उन्होंने रूसी कहानियों के अनुवाद भी किये और कई वर्षों तक प्रगतिशील लेखकों के साथ-साथ चलते रहे। परन्तु उनकी व्यक्तिगत भावनाएँ बहुत दिनों सब के साथ न चल सकीं और उन्होंने अपना मार्ग अलग बनाने का यत्न शुरू कर दिया और इसमें उन्हें सफलता भी मिली। उन्होंने अपने विचारों को केवल कुछ विषयों में सीमित कर लिया था इसीलिए कभी-कभी यह विचार प्रकट किया जाता है कि वह जीवन की बहुत-सी महत्त्वपूर्ण समस्याओं से आँखें चुराते हैं। उनकी अधिकतर कहानियाँ अश्लील होने से बाल-बाल बच जाती हैं और कभी-कभी तो ऐसा जान पड़ता है कि वह केवल लोगों को छेड़ने के लिए आग्रहपूर्वक इसी विषय पर लिखते थे। अश्लीलता का दोष लगाकर उन पर कई दफ़ा मुक़दमा चलाया गया। उनकी कला की विशेषता यह है कि उनकी कहानियों में बहुत से नाटकीय मोड़ आते हैं, जो साधारण समस्याओं और परिस्थितियों को जीवित और प्रभावपूर्ण बना देते हैं। एक ही विषय पर इतने अनूठे ढंग से बहुत-सी कहानियाँ लिख डालना मण्टू का ही काम है। वासनाओं में डूबे हुए युवकों और युवतियों, वेश्याओं और समाज के गिरे हुए लोगों का चित्रण मण्टू से बढ़कर अब तक उर्दू का कोई कलाकार नहीं कर सका है। उन्होंने बहुत लिखा है और जब तक जीवित रहे किसी समय भी उनके लिखने का वेग धीमा नहीं पड़ा। उनके

कुछ संग्रहों के नाम यह हैं, 'धुआँ', 'मण्टू के अफ़साने', 'लज़्ज़ते-संग', 'नमरूद की ख़ुदाई', 'ख़ाली डिब्बे ख़ाली बोतलें', 'ठंडा गोश्त', 'सियाह हाशिये', 'यज़ीद', 'चुग़द', 'बादशाहत का ख़ातिमा' और 'सड़क के किनारे' इत्यादि। मंटू ने बहुत से एकांकी नाटक और फ़िल्मी कहानियाँ भी लिखी हैं।

राजेन्द्र सिंह बेदी (जन्म १९१० ई०) उर्दू के लेखकों में एक विशेष स्थान रखते हैं। उनकी कहानियों के संग्रह 'दानओ-दाम', 'गरहन', 'कोखजली', 'लम्बी लड़की' और 'अपने दुःख मुझे दे दो' प्रकाशित हुए हैं। वह कम लिखते हैं, पर उन्होंने जो कुछ भी लिखा है, वह कला की दृष्टि से महत्त्वपूर्ण एवं उत्कृष्ट होता है। उनकी कहानियों का विषय भी जन-जीवन की वही समस्याएँ हैं, जो सुखों और स्वप्नों को भंग कर देती हैं और मनुष्य की आन्तरिक दुर्दशा तथा उसके बाह्य जीवन को एक हास्यजनक स्थिति में पहुँचा देती हैं। उनकी कहानियाँ ऐसी सुन्दर, सजीव, गठी हुई और प्रभावपूर्ण होती हैं कि उनका एक-एक शब्द और एक-एक वाक्य नपा-तुला जान पड़ता है। वह इस बात को भी नहीं भूलते कि एक छोटी-सी कहानी में कोई विचार और कोई शब्द अनावश्यक नहीं होना चाहिये। यही कारण है कि वह भी उर्दू के माने हुए कथाकारों में गिने जाते हैं। बेदी ने नाटक भी लिखे हैं, जिनका संग्रह 'सातखेल' है और एक उपन्यास 'एक चादर मैली-सी' प्रकाशित होकर सम्मानित हो चुका है। वह बम्बई में रहते हैं और फ़िल्मों के लिये कहानियाँ लिखते हैं।

इस्मत चुग़ताई (जन्म १९१५ ई०) वर्तमान युग की सबसे लोकप्रिय लेखिका हैं। वह जोधपुर की रहने वाली हैं, अलीगढ़ में शिक्षा प्राप्त की और अब बम्बई के फ़िल्मी-जगत में एक लेखक के रूप में जीवन बिता रही हैं। अपनी पहली ही दो-तीन कहानियों में उन्होंने पढ़ने वालों को चौंका दिया और सबने इसे मान लिया कि साहित्य क्षेत्र में एक नये कलाकार का आगमन है, जिसके पास कहने को कुछ नयी बाते हैं और उन्हें रोचक ढंग से प्रस्तुत कर सकता है। इस्मत मध्यम-वर्ग के मुसलमान परिवारों के आन्तरिक जीवन की इतनी जानकारी रखती हैं कि उनकी कहानियाँ पढ़कर उस श्रेणी के परिवारों का नैतिक, आर्थिक और मानसिक जीवन आँखों के सामने आ जाता है। उनके क़लम में जादू और उनकी शैली में विलक्षण शक्ति है। अपनी प्रारम्भिक कहानियों में कभी-कभी उन्होंने भी यौन-सम्बन्धी जीवन का चित्रण करते हुए अश्लीलता के सामने सर झुका दिया है परन्तु उनकी वास्तविकता उनकी अश्लीलता पर पर्दा डाल देती है। महिलाओं की बोल-चाल, उनका रहन-सहन, उनकी इच्छाओं और कामनाओं का चित्रण इस्मत से अच्छा कोई और नहीं कर सका है। उनकी निर्भीकता आश्चर्यजनक है परन्तु वह उससे समाज के नेताओं और ठेकेदारों को चोट पहुँचाने का काम लेती हैं। वह प्रथम श्रेणी की कलाकार हैं और जो भी उनकी कहानियाँ पढ़ेगा वह उनकी प्रगतिशीलता और मानव-प्रेम को सराहे बिना न रहेगा। उन्होंने नाटक और उपन्यास भी लिखे हैं, जिनका उल्लेख कहीं और होगा।

उनकी कहानियों के संग्रह यह हैं, 'कलियाँ', 'चोटें', 'एक बात', 'छुई मुई' और 'दो हाथ'।

उपेन्द्रनाथ 'अश्क' हिन्दी और उर्दू दोनों में सामान्य रूप से जाने जाते हैं। उन्होंने प्रेमचंद से प्रेरणा लेकर कहानियाँ लिखना आरम्भ किया था। उनकी कहानियाँ भी विशेषकर मध्यम वर्ग के सामाजिक जीवन पर निर्धारित होती हैं। मानव जाति की आर्थिक स्थिति में सुधार और समाज के नैतिक दृष्टिकोण में परिवर्तन उनके प्रिय विषय हैं। वह कवि और नाटककार भी थे। उन्होंने उपन्यास भी लिखे और महत्त्वपूर्ण लेख भी। कुछ आलोचक इस बात को मानते हैं कि कहानियों में उनको वह निपुणता नहीं मिलती जो नाटक में पायी जाती है। उनकी कहानियों के कई संग्रह प्रकाशित हो चुके हैं जिनमें 'कोंपल', 'क़फ़स', 'डाची', 'चट्टान' और 'नासूर' उल्लेखनीय हैं।

अख़तर अन्सारी भी उर्दू के एक बड़े साहित्यकार हैं, परन्तु दुर्भाग्य से उनको जो यश प्राप्त होना चाहिए था, वह न हो सका। कुछ लोगों ने उन्हें केवल कवि के रूप में देखा और कुछ ने आलोचक के रूप में, परन्तु वास्तव में वह कवि और आलोचक से बढ़कर एक कलाकार हैं। अपनी कहानियों पर वह सच्चाई, सादगी और कलात्मक सुन्दरता से बड़ी गहरी और विचारणीय समस्यायें प्रस्तुत कर जाते हैं। उनकी कहानियाँ जीवन की छोटी-छोटी घटनाओं पर आधारित होती हैं। वह भी कला पर बहुत ध्यान देते हैं और एक समय में केवल एक घटना से एक ही प्रभाव पैदा करने की चेष्टा करते हैं। उनकी कहानियों के चार संग्रह प्रसिद्ध हैं—'अन्धी दुनिया', 'ख़ूनी', 'यह ज़िन्दगी' और 'नाज़ी'।

अख़तर हुसैन रायपुरी (जन्म १९१२ ई०) ने १९३३ ई० के लगभग थोड़ी ही सी कहानियाँ लिख कर बड़ा यश प्राप्त कर लिया। जब वह अलीगढ़ में पढ़ते थे, उसी समय उन्होंने लिखना आरम्भ कर दिया था। वह संस्कृत, हिन्दी, बंगला और फ्रांसीसी भी जानते हैं और इन भाषाओं से उन्होंने कई महत्त्वपूर्ण अनुवाद भी किये हैं, विशेषकर 'शकुन्तला' नाटक और क़ाज़ी नज़रूल-इस्लाम की कविताओं का अनुवाद बड़ा महत्त्व रखते हैं। उन्होंने गोरकी की आत्म-कथा का अनुवाद भी किया है, जो प्रकाशित हो चुका है। कथाकार होने के अतिरिक्त वह एक अच्छे आलोचक भी हैं और प्रगतिशील आन्दोलन के आरम्भ में उनके लेखों से नवयुवकों को बड़ी प्रेरणा मिली पर कुछ समय बीतने के बाद वह धीरे-धीरे इस आन्दोलन से दूर होते चले गये। अब पाकिस्तान में एक बड़े सरकारी नौकर हैं और लिखना बहुत कम कर दिया है। बंगला और हिन्दी से प्रभावित होकर उन्होंने जो कहानियाँ लिखीं, वो उर्दू के साहित्य क्षेत्र में बड़ी नवीन और सुन्दर समझी गयीं। उनकी कहानियों के दो संग्रह 'मुहब्बत और नफ़रत' और 'ज़िन्दगी का मेला' प्रकाशित हो चुके हैं।

उर्दू के एक और प्रसिद्ध कहानी लेखक हयात उल्लाह अन्सारी हैं। उन्होंने बहुत कुछ लिखा है परन्तु उनकी कहानियों के केवल दो संग्रह 'भरे बाज़ार में' और

'शिकस्ता कंगूरे' अब तक प्रकाशित हुए हैं। वह उर्दू के प्रसिद्ध दैनिक पत्र 'क़ौमी आवाज़' के सम्पादक हैं और बहुत-सी राष्ट्रीय संस्थाओं में भाग लेते हैं। हयात उल्लाह अन्सारी गांधी जी के साथ कुछ दिन उनके आश्रम में भी रह चुके हैं और गांधीवाद के बहुत बड़े उपासकों में गिने जाते हैं। इसका प्रभाव उनके लेखों पर भी देखा जा सकता है। कम लिखने पर भी उनको उर्दू के कथाकारों में एक विशेष स्थान दिया जाता है। मनोभावों के विश्लेषण और उनको जीवन की प्रत्यक्ष परिस्थितियों से सम्बन्धित करने में वह निपुण हैं। इसीलिए लगभग उनकी प्रत्येक कहानी कला का एक अच्छा नमूना समझी जाती है। उनकी विचारधारा तर्कपूर्ण होती है और कहीं यह अनुमान नहीं होता कि वह कहानी में कृत्रिमता पैदा कर रहे हैं। जीवन के वास्तविक और सुन्दर चित्रण वह इस प्रकार करते हैं कि उनकी कहानियों में जान पड़ जाती है। उनकी भाषा सरल, शुद्ध और सरस होती है।

पंजाब के ग्रामीण जीवन का सबसे सुन्दर चित्रण करने वाले अहमद नदीम क़ासिमी और बलवन्त सिंह हैं। क़ासिमी ने अपनी कविताओं की भाँति आरम्भ में कहानियाँ भी रोमानी ढंग की लिखीं, जिनमें प्रेम के जीते-जागते चित्र गीतों की मधुर भाषा में प्रस्तुत किये गये हैं, परन्तु कुछ समय बीतने के बाद उन्होंने प्रगतिशील सामाजिक विषयों को अपनाया और बड़ी महत्त्वपूर्ण कहानियों की रचना की। इन कहानियों में विभिन्न वर्ग के लोगों और समाज के पीड़ित जनजीवों की करुणाजनक आत्मा जाग उठती है। उनकी भाषा बड़ी सुन्दर और रोचक है। कहानी कहने का ढंग ऐसा है, जिसमें सरलता और भावुकता मिली-जुली है। उनके बहुत से संग्रह प्रकाशित हो चुके हैं, जिनमें 'चौपाल', 'बगूले', 'आबले', 'सन्नाटा', 'आँचल', 'दरो दीवार' और 'बाज़ारे-हयात' प्रसिद्ध हैं। बलवन्त सिंह में भी एक अच्छे कथाकार के बहुत से गुण एकत्र हो गये हैं। बलवन्त सिंह की सामाजिक चेतना प्रगतिशील है परन्तु उनके प्रस्तुत करने में कहीं-कहीं कमी रह जाती है। फिर भी उनकी बहुत सी कहानियाँ कला की दृष्टि से बड़ी सम्पूर्ण और सुन्दर हैं। उनके संग्रहों में से 'जग्गा', 'तारो-पूद', 'सुनहरा देश' और 'पहला पत्थर' प्रसिद्ध हैं।

अख़तर ओरीनवी (जन्म १९१० ई०) बिहार के प्रसिद्ध साहित्यकार हैं। उन्होंने कविताएँ भी लिखी हैं और आलोचनाएँ भी, उपन्यास और नाटक भी, पर उन्हें कहानियाँ लिखकर जो यश प्राप्त हुआ वह आलोचना के अतिरिक्त किसी और साहित्य क्षेत्र में नहीं हो सका। उनके भी कई संग्रह प्रकाशित हो चुके हैं जैसे 'मंज़रो-पसमंज़र', 'भूल भुलइयाँ' और 'अनार कली', 'कलियाँ और काँटे', 'केचलियाँ और बाले-जिबरील' और 'एक मामूली-सी लड़की'। उनकी कहानियों में सामाजिक चेतना मनोभावनाओं के रास्ते से प्रस्तुत होती है। इसीलिए वह उन लेखकों में गिने जाते हैं, जो जीवन के चित्रण में मानव विज्ञान से काम लेते हैं, उनके विपरीत बिहार ही के एक और कथाकार सुहैल अज़ीमाबादी हैं, जो सामाजिक विषयों पर लिखते हुए उस परम्परा का पालन करते हैं, जो प्रेमचंद ने

चलायी थी। बिहार के ग्रामीण जीवन के सुन्दर चित्र उनकी कहानियों में देखे जा सकते हैं।

ख़्वाजा अहमद अब्बास जो एक प्रसिद्ध पत्रकार और लेखक हैं, कथा साहित्य के संसार में भी एक ऊँचा स्थान रखते हैं। उनकी कहानियाँ जीवन की साधारण घटनाओं और समस्याओं से जन्म लेती हैं। कहीं उनमें राजनीतिक और सामाजिक चेतना का अनुभव होता है और कहीं बड़े सरल ढंग से एक प्रेम कहानी कह दी जाती हे। प्रगतिशील लेखकों में उनको भी बड़ा महत्त्व प्राप्त है। उनके संग्रहों में 'एक लड़की', 'जाफ़रान के फूल', 'मैं कौन हूँ', और 'कहते हैं जिसको इश्क़' बड़े लोकप्रिय हैं।

मुम्ताज़ मुफ़्ती और मोहम्मद हसन असकरी ने भी अवचेतन से प्रेरित मनोभावनाओं का विश्लेषण करते हुए कहानियाँ लिखी हैं और अधिकतर अज्ञात और छिपी हुई भावनाओं और वासनाओं का चित्रण किया है। कभी-कभी इन कहानियों में सामाजिक चेतना का अंश भी मिल जाता है वरन् अधिकतर इनमें व्यक्ति जीवन की साधारण धारा से अलग केवल रोगियों और बीमारों के अनुभवों का पता चलता है। मुम्ताज़ मुफ्ती के कई संग्रह प्रकाशित हो चुके हैं जिनमें 'अनकही', 'चुप' और 'गहमा-गहमी' प्रसिद्ध हैं। हसन असकरी के दो संग्रह 'जंजीरें' और 'क़यामत हमरिकाब आये न आये' प्रकाशित हुए हैं। उन्होंने कई अंग्रेजी और फ्रांसीसी उपन्यासों के अनुवाद भी किये हैं। वह एक अच्छे आलोचक हैं और उनकी गद्य शैली बड़ी सुन्दर और सजीव है। विचारधारा की दृष्टि से वह फ्रांस के पतनशील लेखकों से बहुत प्रभावित हैं और प्रगतिशील विचारों के अत्यन्त कटु विरोधी माने जाते हैं। कुछ समय से पाकिस्तानी और इस्लामी साहित्य के प्रचारक हो गये हैं और गम्भीर स्तर पर धर्म के आध्यात्मिक मूल्यों पर विचार व्यक्त करते हैं।

अज़ीज़ अहमद ने भी उपन्यासों के अतिरिक्त कुछ महत्त्वपूर्ण कहानियाँ लिखी हैं, जिनमें अधिकतर वासना और यौन जीवन की कामनाएँ अश्लीलता से बचते हुए प्रकट की गयी हैं। उनकी कहानियों में एक प्रकार की मानसिक विचारधारा भी देख पड़ती है। उनके दो संग्रह 'रक़्से-नातमाम' और 'बेक़ार दिन बेकार रातें', प्रकाशित हो चुके हैं। उन्होंने भी कई उपन्यास लिखे हैं और कई पुस्तकें आलोचना के सम्बन्ध में लिखी हैं। वह पाकिस्तान में हैं और अब बहुत कम लिखते हैं।

हंसराज रहबर उर्दू और हिन्दी दोनों में लिखते हैं। वह मार्क्सवाद और यथार्थवाद के उपासक हैं और बड़ी सादगी से साधारण जीवन का चित्रण करते हैं। उनकी कहानियों के दो संग्रह प्रसिद्ध हैं, 'नया उफ़ुक़' और 'हम लोग'। उन्होंने उपन्यास भी लिखें हैं और आलोचनात्मक निबन्ध भी। प्रेमचंद पर उनकी एक रचना उल्लेखनीय है। इन लेखकों के अतिरिक्त बहुत से ऐसे हैं जिनका उल्लेख कथा साहित्य के सम्बन्ध में करना आवश्यक है। इनमें से कुछ ऐसे हैं जो कुछ साल पहिले बड़ा यश प्राप्त कर चुके हैं, परन्तु अब नये लेखकों ने उनका स्थान ले लिया है, उनमें से कुछ के नाम ये

हैं, एम० असलम, ल० अहमद, जलील क़िदवई, मजनूँ गोरखपुरी, हामिदुल्लाह 'अफ़सर', हिजाब इस्माइल इत्यादि। इनमें से हर एक के कई-कई संग्रह प्रकाशित हो चुके हैं। स्थान की कमी के कारण इसी समय के कुछ और लेखकों के सम्बन्ध में भी कुछ लिखना असम्भव है, जो बड़े लोकप्रिय हैं और जिनकी कहानियाँ बड़े उत्साह से पढ़ी जाती हैं जैसे ग़ुलाम अब्बास ('आनन्दी', 'जाड़ों की चाँदनी'), महेन्द्रनाथ ('चाँदी के तार', 'जहाँ मैं रहता हूँ', 'माई डारलिंग होटल', 'नई बीमारी', 'हिन्दुस्तान से पाकिस्तान तक'), हाजरा मसरूर ('चरके', 'हाय अल्लाह'), ख़दीजा मस्तूर ('खेल', 'बौछार', 'चन्द रोज़ और'), मुम्ताज़ शीरीं ('अपनी नगरिया'), कुदरत्तुल्लाह शहाब ('नफ़साने'), अनवर ('आग की आग़ोश में'), प्रेमनाथ परदेसी ('दुनिया हमारी') इब्राहीम जलीस ('ज़र्द चेहरे', 'चिरागों सा सफ़र', 'चालीस करोड़ भिखारी', 'तिकोना देस' इत्यादि), ए० हमीद ('खिजाँ का गीत'), सिद्दीक़ा बेगम ('हिचकियाँ', 'लरज़ते आँसू', 'रक़्से-बिस्मिल'), शौकत सिद्दीकी ('तीसरा आदमी'), इन्तिज़ार हुसैन ('गली कूचे', 'कंकरी'), प्रकाश पंडित ('मीरास')। रज़िया सज्जाद ज़हीर ने भी बहुत सी कहानियाँ लिखी हैं किन्तु उनकी कहानियों का कोई संकलन प्रकाशित नहीं हो सका है। मीरज़ा अदीब ('सहरा-नवर्द के ख़ुतूत', 'जंगल'), सालेहा आबिद हुसैन ('निरास में आस', 'नौनगे'), प्रेमनाथ दर ('काग़ज़ का वसुदेव', 'नीली आँखें'), मसीहुल हसन ('चौथी बहन'), अशफ़ाक़ अहमद ('गुदड़िया'), कौसर चाँदपुरी ('शोलए-संग') इत्यादि। कथाकारों की इस पीढ़ी के पश्चात् जो नये लेखक आये, उनका उल्लेख आगामी अध्याय में होगा, किन्तु यह भी याद रखना चाहिए कि ऊपर जिन लेखकों के नाम इस प्रकार दिए गए हैं उनमें से कई आज के बहुत अच्छे कथाकारों में गिने जाते हैं। वह भारतवर्ष और पाकिस्तान के जीवन; वर्गों के संघर्ष, मनुष्य की आन्तरिक भावनाओं और देश की दुर्दशा से भली-भाँति परिचित हैं और इनमें से अधिकतर ऐसे हैं, जो बड़ी सुन्दरता से उन स्वप्नों और कल्पनाओं का चित्र खींचते हैं, जो संघर्ष करते हुए देशों को मनुष्य के प्रति पूरा करना चाहिए।

उर्दू में उपन्यास साहित्य के आरम्भ का उल्लेख हो चुका है पर आधुनिक जीवन की सभी समस्याओं को लेकर और जन साधारण को उपन्यास का नायक बनाकर जिसने पहले पहल उपन्यास रचना की वह प्रेमचंद ही थे। प्रेमचंद के आरम्भ के उपन्यासों में वह निपुणता और कलात्मक सम्पूर्णता नहीं मिलती, जो उनकी कहानियों में पायी जाती है, परन्तु उनके अन्तिम जीवन के लिखे हुए उपन्यासों में केवल गहरे अनुभवों ही का चित्रण नहीं मिलता बल्कि कला की दृष्टि से भी उनमें सुन्दरता पायी जाती है। आरम्भ के उपन्यासों में प्लाट में जो ढीलापन पाया जाता था, वह बाद में दूर हो गया, विशेषकर अपने अन्तिम उपन्यास 'गोदान' में उन्होंने कला और विषय दोनों का समन्वय इस प्रकार किया है कि उन्हें सदैव बड़े कलाकारों में गिना जायेगा।

वैसे तो प्रेमचंद ने लगभग एक दर्जन उपन्यास लिखे, और १७-१८ वर्ष की आयु ही में लिखना आरम्भ कर दिया था, परन्तु 'बाज़ारे-हुस्न' लिखने पर ही उन्हें यश प्राप्त हुआ। यह उपन्यास 'सेवासदन' के नाम से हिन्दी में छपा। इसके अतिरिक्त उनके प्रसिद्ध और महत्त्वपूर्ण उपन्यासों में 'बेवा', 'चौग़ाने-हस्ती' (रंगभूमि'), 'मैदाने-अमल' ('कर्म-भूमि') और 'गोदान' हैं। प्रेमचंद के उपन्यासों के सम्बन्ध में भी विचारधारा की दृष्टि से वही बातें कही जा सकती हैं, जो उनकी कहानियों के बारे में कही गयी हैं। यहाँ भी वही जनता के सबसे बड़े उपन्यासकार देख पड़ते हैं।

मिर्ज़ा रुसवा और प्रेमचंद के अतिरिक्त उर्दू के कई लेखकों ने वेश्याओं के करुणाजनक जीवन का चित्रण बड़े हृदय-विदारक ढंग से किया है। क़ारी सरफ़राज़ हुसैन के कई उपन्यास और सज्जाद हुसैन कसमंडवी का 'नशतर' इसके उदाहरण हैं। लेकिन नवीन मनोविज्ञान और सामाजिक चेतना को सामने रखकर जिसने इस समस्या को छेड़ा है वह काज़ी अब्दुल ग़फ़्फ़ार (मृत्यु १९५६) हैं, जिन्होंने अपने अनुपम उपन्यास 'लैला के ख़ुतूत' में एक वेश्या की करुण कहानी बड़े रोचक ढंग से कही है। उनकी कृतियों में समस्याओं का विश्लेषण इस प्रकार किया गया है कि इसको दार्शनिक प्रभाव प्राप्त हो गया है। इस पुस्तक में भावुकता और गम्भीरता का ऐसा सामंजस्य है कि पढ़ने वाला आनन्द भी प्राप्त करता है और प्रश्न की गम्भीरता से चिंतित भी हो उठता है। उनकी भाषा सुन्दर और भावपूर्ण है। क़ाज़ी अब्दुल ग़फ़्फ़ार एक बहुत प्रसिद्ध पत्रकार भी थे और लेखक भी। उनकी बहुत-सी पुस्तकें प्रकाशित हो चुकी हैं, जिनमें से 'हयाते-अजमल', 'आसारे-अबुल कलाम', 'आसारे-जमालुद्दीन अफ़ग़ानी', 'अजीब' प्रसिद्ध हैं।

नये ढंग का पहला उपन्यास 'लन्दन की एक रात' सज्जाद ज़हीर (जन्म १९०५) ने १९३९ ई० में लिखा। सज्जाद ज़हीर ने कई वर्ष लन्दन और पेरिस में बिताये थे और वहाँ के साहित्यिक प्रयोगों से प्रभावित हुए थे। इस उपन्यास में उन्होंने योरुप की कई साहित्यिक शैलियों का प्रयोग किया है, परन्तु इसका महत्त्व केवल इसलिए नहीं है कि इसकी रचना में योरुप से प्रेरणा मिली है, बल्कि यह वह पहला उपन्यास था, जिसमें भारत के युवकों की कल्पनाओं और कामनाओं को यहाँ की राजनीतिक पृष्ठ-भूमि में देखा गया है। भारतवर्ष के कुछ विद्यार्थी जो लन्दन में उच्च-शिक्षा प्राप्त करने के लिए गये हैं और मध्यवर्ग के सम्पन्न परिवारों से सम्बन्ध रखते हैं, संसार के बदलते हुए जीवन से प्रोत्साहित होकर भारत की दुर्दशा पर आँसू बहाते हैं। उपन्यास के अधिकतर पात्र स्वप्नलोक के रहने वाले और आदर्शवादी प्रतीत होते हैं और यौन जीवन के दुराचार में फँसे हुए हैं। परन्तु अपनी मातृभूमि की स्थिति से चिंतित होकर जब उनका स्वप्न टूटता है तो अंग्रेज़ों के प्रति घृणा की भावना उनमें जाग उठती है। नयी उपन्यास कला में यह एक सफल प्रयोग था, जिससे कई नए लिखने वाले प्रभावित हुए। सज्जाद ज़हीर जौनपुर के एक ऊँचे सुशिक्षित घराने से सम्बन्ध रखते हैं।

प्रारम्भिक शिक्षा लखनऊ में प्राप्त की, फिर लन्दन चले गये। बैरिस्टरी की परीक्षा पास करके लन्दन में ही मुल्कराज आनन्द और अन्य लेखकों के साथ मिलकर भारतीय प्रगतिशील लेखकों की संस्था स्थापित की और भारतवर्ष लौटकर यहाँ के राष्ट्रीय और क्रान्तिकारी आन्दोलनों में सम्मिलित हुए। उर्दू तथा हिन्दी के प्रगतिशील लेखकों के संगठन में उनका बड़ा योग है। कथा-साहित्य के अतिरिक्त उन्होंने बहुत से महत्त्वपूर्ण आलोचनात्मक निबन्ध लिखे हैं। कुछ समय से कविताएँ भी लिखने लगे हैं। उनकी उल्लेखनीय पुस्तक 'रोशनाई' है, जिसमें भारतवर्ष में प्रगतिशील आन्दोलन का इतिहास प्रस्तुत किया है।

कृश्न चन्दर जिनका उल्लेख कहानी के लेखकों के साथ हो चुका है एक अच्छे उपन्यासकार भी हैं। उनके बहुत से उपन्यास प्रकाशित हो चुके हैं जिनमें 'शिकस्त', 'जब खेत जागे', 'आसमान रौशन है', 'बावन पत्ते', 'एक औरत हज़ार दीवाने', 'मेरी यादों के चुनार', 'एक वायलन समन्दर के किनारे', 'चाँदी के घाव', 'एक गधा नेफा में' तथा 'काग़ज़ की नाव' उल्लेखनीय हैं। जब उनका पहला उपन्यास 'शिकस्त' छपा तो आलोचकों ने उसके मूल्यांकन में बड़े मतभेद प्रकट किये, परन्तु सच यह है कि काश्मीर के जीवन और वहाँ के कृषक जागरण का इससे सजीव, चैतन्य और सहानुभूतिपूर्ण उल्लेख और कहीं नहीं मिलता। कला की दृष्टि से इसमें त्रुटियाँ हो सकती हैं परन्तु इसे पढ़कर एक जीता-जागता काश्मीर हमारी दृष्टि के सामने आ जाता है। कृश्न चन्दर के विषयों और अनुभूतियों का क्षेत्र अत्यन्त व्यापक है और मानव-प्रेम से उबलती हुई चेतना प्रत्येक प्रयोग को प्रगतिशीलता के साँचे में ढाल लेती है। कभी साधारण वर्णन से, कभी व्यंग्य से और कभी गम्भीर विचारों से पढ़ने वाला मोहित हो उठता है। उनकी गद्य शैली में असाधारण सौन्दर्य, चमत्कार और ताज़गी है।

प्रसिद्ध कथाकार इस्मत चुग़ताई ने भी कई उपन्यास लिखे हैं जिनके नाम हैं 'ज़िद्दी', 'टेढ़ी लकीर', 'मासूमा' और 'सौदाई'। 'ज़िद्दी' की पृष्ठभूमि सामाजिक होने पर भी रोमानी जान पड़ती है। उसकी वास्तविकता में आदर्शवाद की एक ऐसी स्पष्ट झलक है कि उसका प्रभाव बहुत हल्का हो जाता है। 'टेढ़ी लकीर' अवश्य एक महत्त्वपूर्ण रचना है। बालपन के मनोभावनाओं और आन्तरिक उलझनों का इतना सुन्दर चित्रण किसी और उपन्यास में देखने में नहीं आता। मध्यवर्ग के एक मुसलमान परिवार का जीवन इसमें बड़ी सुन्दरता से प्रस्तुत किया गया है। यह अवश्य है कि इसका अंतिम भाग इसके आरम्भिक भाग से कुछ अच्छी तरह जुड़ा हुआ नहीं जान पड़ता, क्योंकि राजनीतिक समस्याओं को जिस प्रकार इसमें लाया गया है, वह वास्तविक होते हुए भी उस स्थान पर अनुचित जान पड़ती हैं। इस्मत को भाषा पर असाधारण अधिकार प्राप्त है और वह पात्रों की बातचीत ऐसे स्वाभाविक ढंग से लिखती हैं कि यथार्थता का अनुभव बढ़ जाता है।

अज़ीज अहमद वर्तमान युग के लोकप्रिय उपन्यासकारों में हैं। इस समय तक उनके कई उपन्यास प्रकाशित हो चुके हैं, जिनमें 'गुरेज़', 'ऐसी बलन्दी ऐसी पस्ती',

'शबनम' प्रसिद्ध हैं। उनकी कहानियों की भाँति उनके उपन्यास भी कामदेव की आँख-मिचौली से भरे हुए हैं। उनके लगभग सभी पात्र वारांगनाओं में मस्त होते हैं। इसमें सन्देह नहीं कि उपन्यास कला की दृष्टि से वह बड़े निपुण हैं। कई भाषाएँ जानने के कारण वह योरुप की अच्छी शैलियों से प्रभावित हुए हैं, परन्तु उनकी सबसे बड़ी भूल यह है कि वह यौन जीवन का विश्लेषण करते हुए जीवन की दूसरी बड़ी-बड़ी समस्याओं से आँखें बन्द कर लेते हैं।

जब १९४७ ई० में हिन्दू-मुस्लिम साम्प्रदायिक दंगों में ख़ून की नदियाँ बह निकलीं तो उर्दू के सभी अच्छे लेखकों ने उस पर कुछ न कुछ लिखा। कई उपन्यास भी इसी समस्या को आधार बनाकर लिखे गये। इनमें केवल रामानन्द 'सागर' की रचना 'और इन्सान मर गया', कुदरतुल्लाह शहाब की 'या ख़ुदा' और कुर्रतुल-ऐन हैदर की 'मेरे भी सनमख़ाने' महत्त्वपूर्ण हैं। सागर का उपन्यास लेखक की सहृदयता, मानव-प्रेम और अत्याचार के विरुद्ध घृणा का पता देता है, परन्तु इसमें भावुकता का अंश इतना अधिक है कि दुराचारों के विरुद्ध मनुष्य हार मानने के सिवा और कुछ नहीं कर सकता। शहाब की रचना कला की दृष्टि से सर्वोत्तम है, यद्यपि उसमें कहीं-कहीं साम्प्रदायिक भावनाएँ भी झलक पड़ती हैं। कुर्रतुल-ऐन ने 'मेरे भी सनमख़ाने' लिख कर बड़ा यश प्राप्त किया। इसमें १९४७ के झगड़ों का उल्लेख कम है, परन्तु जितना भी है वह बड़े करुणाजनक ढंग से लिखा गया है। उनके और उपन्यासों का वर्णन आगे के अध्याय में आयेगा।

डाक्टर अहसन फ़ारुक़ी ने 'शामे-अवध' के नाम से एक उपन्यास की रचना की जिसमें ग़दर के बाद के लखनऊ की स्थिति और सामाजिक दुर्दशा का चित्रण बड़े वास्तविक ढंग से किया है और मिटती हुई नव्वाबी सभ्यता की तस्वीर खींची है, परन्तु इसमें किसी प्रकार की ऐसी गहराई पैदा नहीं हो सकी, जिसमें स्थिति की गम्भीरता का अनुमान लगाया जा सकता। फिर भी भाषा की सुन्दरता और पात्रों के सच्चे चित्रण के कारण यह उपन्यास अपना विशिष्ट स्थान रखता है। उन्होंने कई और भी उपन्यास लिखे हैं, जो कोई ऐसी विशेषता नहीं रखते जिसका उल्लेख हो सके। केवल 'संगम' कुछ महत्त्व रखता है।

इस अध्याय में बहुत से अच्छे उपन्यासकारों की चर्चा नहीं हो सकी है। इनमें से कई तो ऐसे हैं जिन्होंने कई रचनाएँ कीं और कुछ लोग उन रचनाओं पर मुग्ध भी हैं, लेकिन जब हम उनका अध्ययन साहित्य-आलोचना की दृष्टि से करते हैं, तो वह बहुत लोकप्रिय होने पर भी महत्त्वपूर्ण नहीं देख पड़ते, जैसे एम० असलम, रशीद अख़तर नदवी, रईस अहमद जाफ़री, कैसी रामपुरी इत्यादि। इनके अतिरिक्त फैय्याज अली के दो उपन्यास 'शमीम' और 'अनवर' बारम्बार प्रकाशित होते हैं और बहुत पढ़े जाते हैं। इसी प्रकार पं० किशन प्रसाद कौल के उपन्यास 'श्यामा', 'मजबूरे-वफ़ा' और 'साधू और बेसवा' समाज सुधार की भावना से भरे हुए होने के कारण अपना महत्त्व रखते हैं। आदिल रशीद, महेन्द्रनाथ और ए० हमीद ने भी थोड़े

दिनों में बड़ा यश प्राप्त किया है और जीवन की भिन्न-भिन्न समस्याओं को प्रस्तुत करने की चेष्टा की है।

उपन्यास पूँजीवादी और नयी स्थिति में नये मार्गों पर विकसित होती हुई सभ्यता का चित्रण जिस ढंग से करता है वैसे साहित्य के किसी और रूप में नहीं होता इसलिए संसार की सभी जीवित भाषाओं में उपन्यास कला को महत्त्व प्राप्त हो गया है। इस समय उर्दू के बहुत से नये लेखक उपन्यास लिखने में नयी शैलियों का प्रयोग कर रहे है। कुछेक के प्रयोग सफल हैं और अनेक असफल। लेकिन ऐसा जान पड़ता है कि उर्दू-साहित्य के इतिहास में शीघ्र ही कुछ अच्छे उपन्यासकारों को जगह मिल जायेगी। उर्दू में अंग्रेज़ी, फ्रांसीसी, रूसी और अरबी उपन्यासों के अच्छे-अच्छे अनुवाद हुए हैं और इससे नये लेखकों को प्रेरणा मिल रही है। कुछ ये लेखकों का वर्णन अन्तिम अध्याय में किया जायेगा।

उर्दू में नाटक की उन्नति इतनी नहीं हुई जितनी होना चाहिये था। इसके कई कारण हैं पर मुख्य कारण यही प्रतीत होता है कि यहाँ ऐसे मंच का विकास नहीं हो सका जो नाटककारों को आकर्षित करे। इसके अतिरिक्त अधिकतर नाटककार फिल्म और रेडियो के लिए लिख रहे हैं फिर भी प्रो० मुजीब, इम्तियाज़ अली 'ताज', उपेन्द्रनाथ 'अश्क', राजेन्द्र सिंह बेदी, कृश्न चन्दर, इशरत रहमानी, अहमद अब्बास, सआदत हसन मंटो, मिर्ज़ा अदीब इत्यादि ने बहुत से गद्य नाटक लिखे और प्रकाशित कराये हैं जिन्हें बड़े उत्साह से पढ़ा जाता है। अच्छे-अच्छे विदेशी नाटकों के अनुवाद भी हो रहे हैं पर अभी उन्नति का पथ दूर तक फैला हुआ देख पड़ता है जिस पर इन नाटककारों को चलना है। नये युग के लिखने वालों में अधिकतर वे साहित्यकार हैं, जो एकांकी ही लिख रहे हैं। उनमें कुछ रंगमंच को दृष्टि में रखकर लिखे गये हैं, परन्तु अधिकतर आकाशवाणी के लिये ही हैं। राजेन्द्र सिंह बेदी के 'सात लेख' का उल्लेख हो चुका है। मन्टो ने सामाजिक एवं मनोवैज्ञानिक समस्याओं पर कुछ अत्यन्त महत्त्वपूर्ण एकांकी लिखे और उनके कई संग्रह 'तीन औरतें, 'आओ', 'मन्टो के ड्रामे', के नाम से प्रकाशित हो चुके हैं। कृश्न चन्दर ने अपनी सामाजिक चेतना और मानव-प्रेम की रुचि का परिचय अपने नाटकों में भी दिया है। उनके दो संग्रह—'दरवाज़े और 'दरवाज़े खोल दो' छप चुके हैं। ख़्वाजा अहमद अब्बास, अली सरदार जाफ़री, इस्मत चुग़ताई के नाटक भी लोकप्रिय हैं। अहमद अब्बास का 'ज़ुबैदा', 'मैं कौन हूँ' तथा इस्मत के दो संग्रह 'शैतान' और 'धानी बाँके' उल्लेखनीय हैं। यह सब प्रगतिशील लेखक रहे हैं और इनकी कृतियों से जीवन के वही चित्र देख पड़ते हैं, जो उनकी कहानियों और उपन्यासों में हैं। नाटक कला की दृष्टि से इन लेखकों ने कोई ऐसे प्रयोग नहीं किये हैं, जो विचारणीय हों परन्तु इनकी कृतियों में जीवन-संघर्ष का चित्रण बड़ा सबल, व्यापक एवं प्रभावपूर्ण है। प्रेमचंद की परम्परा में उर्दू से हिन्दी में आने वाले लेखक उपेन्द्रनाथ अश्क, कथाकार से ज्यादा सफल नाटककार हैं। उनके कई संग्रह 'पापी', 'अजली रास्ते', 'चरवाहे', 'क़ैद-हयात' उर्दू में प्रकाशित हुए हं।

उर्दू-साहित्य में हास्य प्रधान लेखों का अच्छा भंडार मौजूद है। गद्य और पद्य दोनों में हास्य रस की परम्परा विद्यमान है, उसमें सामाजिक चेतना और देश की बदलती हुई स्थिति के फलस्वरूप तीव्रगति से उन्नति हुई है। नये साहित्यकारों में से कुछेक का उल्लेख पिछले अध्याय में हो चुका है, कुछ का संक्षेप में अब किया जायेगा। इस युग में कुछ ऐसे हास्यजनक लेखक एकत्र हो गये कि इसे उनका स्वर्णयुग कहा जा सकता है। इनमें से कुछ केवल हँसी के फूल बरसाते हैं और कुछ उसी के साथ व्यंग्य के तीर भी चलाते हैं। इनमें रशीद अहमद सिद्दीकी सर्वोत्तम हैं, इनका उल्लेख पिछले अध्याय में हो चुका है। इनके अतिरिक्त अज़ीम बेग चुग़ताई, पितरस बुख़ारी, शौकत थानवी, इम्तियाज़ अली 'ताज', 'नाकारा' हैदराबादी, हाजी लक़लक़, सिन्दबाद जहाज़ी, कृश्न चन्दर, कन्हैया लाल कपूर, शफ़ीकुर्रहमान इत्यादि ने बड़ी उच्चकोटि की रचनाएँ की हैं।

अज़ीम बेग चुग़ताई (१८९५-१९४१ ई०) की मृत्यु समय से कुछ पूर्व हो गयी परन्तु उन्होंने कहानियों और उपन्यासों की लगभग २० पुस्तकें छोड़ी हैं। वह जोधपुर के रहने वाले थे, अलीगढ़ में शिक्षा प्राप्त की थी और जीविका के लिए वकालत करते थे। पहला लेख 'शरीर बीबी' लिखते ही उसकी धूम मच गयी और थोड़े ही समय में उन्होंने 'कोलतार', 'ख़ानम', 'चमका', 'कमज़ोरी', 'जन्नत का भूत' इत्यादि कई रचनाएँ प्रकाशित करा डालीं। ये पुस्तकें अब भी बड़े उत्साह से पढ़ी जाती हैं, इनमें से कई लेख हिन्दी और दूसरी भाषाओं में भी अनूदित हो चुके हैं। उनकी कहानियाँ अधिकतर मध्यवर्ग के मुसलमान परिवारों का जीवन प्रस्तुत करती हैं। उनके पात्र ज़रूरत से ज्यादा उछलकूद करने वाले देख पड़ते हैं। वह हास्यजनक घटनाओं से नाटकीय स्थिति पैदा करते हैं। कहा जाता है कि वह सदैव रोगी रहे, इसलिए उन्होंने शय्या पर पड़े-पड़े अपने जीवन के निकम्मेपन और आलस्य को अपने पात्रों को चंचल बनाकर मिटाने की चेष्टा की।

पितरस (१८९८-१९५८) ने कुछ ही लेख लिखे हैं, उन्हीं को एकत्र करके एक संग्रह 'पितरस के मज़ामीन' के नाम से प्रकाशित कर दिया गया है। इसी एक संग्रह से उनको उर्दू के हास्य-जनक लेखकों की पहली श्रेणी में रखा जाता है। उनके यहाँ हँसी अधिकतर बातों से पैदा होती है, परन्तु उनकी बातें एक प्रकार की गम्भीरता भी रखती हैं। उनके लेख कहानी और निबन्ध के मिश्रण से एक नयी चीज़ बन जाते हैं। मनोविज्ञान की जानकारी और सुन्दर शैली दोनों से मिलकर उनकी रचनाएँ ऐसी नवीनता ग्रहण कर लेती हैं जो उर्दू के किसी और लेखक में नहीं पायी जातीं।

शौकत थानवी, जिनका नाम मुहम्मद उमर था, हास्य-साहित्य के जनप्रिय लेखक थे। उनकी मृत्यु १९६३ ई० में हो गयी। उस समय तक उनकी छोटी-बड़ी चालीस पुस्तकें प्रकाशित हो चुकी थीं, कुछ पुस्तकें उनके देहान्त के बाद भी छपीं। उनके लिये भी यही हुआ कि सन् १९३२ के लगभग उन्होंने एक कहानी 'स्वदेशी रेल' लिखी

और उसी दिन से एक बड़े लेखक गिने जाने लगे। शौकत थानवी शब्दों के प्रयोग और वाक्यों से भी हँसी पैदा करते थे और ऐसी हास्यजनक स्थिति का चित्रण भी करते थे जो हँसने पर मजबूर करे। उनकी बुद्धि की तीव्रता साधारण बातों को भी मनोरंजक बना देती। उनकी कुछ पुस्तकों के नाम यह हैं—'मौजे-तबस्सुम', 'तूफ़ाने-तबस्सुम', 'जोड़-तोड़', 'सवतिया चाह', 'कार्टून', 'मा-बदौलत', 'ससुराल' इत्यादि। वह कविताएँ भी लिखते थे और रेडियो के लिए बड़े लोकप्रिय नाटक भी, जिनके अनेक संग्रह प्रकाशित हो चुके हैं।

इस पीढ़ी के लेखकों में कन्हैयालाल कपूर (जन्म १९१० ई०) ने कई बहुत अच्छे हास्य-जनक और व्यंग्यपूर्ण लेख लिखे हैं। वह पंजाब के रहने वाले हैं और शिक्षा विभाग से सम्बद्ध हैं। उनके लेखों में अंग्रेज़ी के प्रसिद्ध हास्यजनक लेखकों का प्रभाव देखा जा सकता है। उनके लेखों के कई संग्रह प्रकाशित हो चुके हैं, जिनके नाम हैं—'संगो-ख़िश्त', 'शीशाओ-तेशा', 'चंगो-रबाब', 'नोके-नश्तर', 'बालोपर', 'नर्म-गर्म' और 'कामरेड शेख़ चिल्ली'। उनके लेखों में सामाजिक और राजनीतिक चेतना के अंश व्यापक रूप से मिलते हैं। पढ़ने में उनके लेख बड़े सरल और साधारण देख पड़ते हैं, परन्तु उन्हीं शब्दों के नीचे हास्य और व्यंग्य के तीर छिपे होते हैं। दिन-प्रति-दिन उनका दृष्टिकोण प्रगतिशील और शैली रोचक होती जाती है।

शफ़ीक़ुर्रहमान भी पंजाब के रहने वाले हैं और बड़े लोकप्रिय लेखकों में गिने जाते हैं। उनकी रचनाओं में कोई सामाजिक या राजनीतिक विषय नहीं होता फिर भी उनके लेख साधारण जीवन से मनोरंजक कहानियाँ बना लेते हैं। उनकी लोकप्रियता का मर्म युवकों और युवतियों की साधारण भूल-चूक और ग़लतियों के उल्लेख में है। उनके विषय गम्भीर नहीं होते, परन्तु एक घुटन से भरे वातावरण में उनकी कहानियाँ आनन्दमयी स्वप्नों के रूप में आती हैं और जीवन के दुःखों का बोझ कम करती हैं। उनके कुछ संग्रहों के नाम हैं—'परवाज', 'शिगूफ़े', 'हिमाक़तें', 'लहरें' और 'किरनें' इत्यादि।

उर्दू मे हास्यजनक गद्य रचना की परम्परा १९वीं शती के अन्तिम वर्षों में 'अवध-पंच' ने आरम्भ की थी और जैसे-जैसे भारत में नये और पुराने का संघर्ष बढ़ता गया, नैतिक जीवन दुर्बल होता गया और राजनीतिक तथा सामाजिक स्थिति जटिल होती गयी, उतना ही हास्य और व्यंग्य के लिए विषय मिलते गये। जब वास्तविक जीवन और विचारों में बड़ा अन्तर रहने लगा, उस समय उर्दू के लेखकों ने सोच-विचार कर उसकी ओर ध्यान दिया और कहा जा सकता है कि भारत की अन्य आधुनिक भाषाओं को देखते हुए उर्दू में भी हास्यप्रिय साहित्य का कोष विस्तृत और उत्तम है।

वर्तमान युग में जिस साहित्य रूप ने सबसे अधिक प्रगति की है, वह आलोचना है। पिछले अध्याय में इस ओर संकेत किया गया था कि नये लेखक जो किसी न किसी प्रकार से राष्ट्रीय और विश्व प्रगतिशील आन्दोलनों से प्रभावित हैं, आलोचना के सम्बन्ध में भी नया दृष्टिकोण रखते हैं। इनका विचार है कि साहित्य सामाजिक जीवन

से प्रभावित होता है और जीवन को प्रभावित भी करता है। साहित्य के स्रोतों को जानना, साहित्यकार की चेतना के अस्त्र को समझना और जीवित रहने के लिए संघर्ष करते हुए आदर्शों से परिचित होना एक आलोचक के लिए आवश्यक है। समाज के भीतर चलते हुए वर्ग-संघर्ष के निहित रूपों को लेखक की भावनाओं और अनुभूतियों के आन्तरिक स्रोतों को खोज निकालना, साथ ही कला की परम्पराओं और सौन्दर्य के बदलते हुए सिद्धान्तों को समझने की चेष्टा करना भी आलोचक का कर्तव्य है। रचनात्मक साहित्य का निर्माण करने वाले भी इन्हीं सीमाओं के अन्दर रहकर काम करते हैं। इसलिए यदि कुल आलोचक उत्तरदायित्व का अनुभव रखते हुए जीवन और कला के सम्बन्ध पर जोर देते हैं तो इसका यही अर्थ होता है कि उस रचना को दूसरी रचनाओं से अलग कर लिया जाए जो जीवन-धारा का विश्लेषण करके उसे और प्रबल बनाने की प्रेरणा देती है।

वैसे तो मौलाना 'हाली' के समय से ही साहित्य को थोड़ा बहुत समाज की पृष्ठ-भूमि में देखने का सिलसिला शुरू हो गया था, परन्तु १९३० ई० के बाद से जिस प्रकार भारतवर्ष के समस्त जीवन में प्रगतिशीलता के चिह्न दिखाई देने लगे और साहित्य नये मार्ग पर बढ़ने लगा उसी प्रकार आलोचना में भी जाँच-पड़ताल के नये सिद्धान्तों से काम लिया जाने लगा। इसमें सबसे अधिक सहायता उनको मार्क्सवाद के अध्ययन से मिली। इस सम्बन्ध में सबसे पहला महत्त्वपूर्ण लेख अख़्तर रायपुरी ने १९३५ ई० में 'अदब और ज़िन्दगी' के शीर्षक से लिखा। आज उसमें बहुत-सी-त्रुटियाँ और बहुत कच्चापन देख पड़ता है। उसके तर्क अशुद्ध और उसके परिणाम ग़लत हैं, परन्तु उस लेख ने एक नया रास्ता अवश्य दिखाया। अख़्तर रायपुरी ने और बहुत से लेख लिखे, परन्तु धीरे-धीरे वह मार्क्सवाद से दूर होते गये। उनकी आलोचनाओं के दो संग्रह 'अदब और इंकिलाब' और 'संगे-मील' प्रकाशित हो चुके हैं। यद्यपि उनमें सामाजिक और यथार्थवादी दृष्टिकोण पहले से मौजूद था, परन्तु नयी और विशेषकर मार्क्सवादी आलोचना का प्रारम्भ भारत के नये सामाजिक और आर्थिक जागरण के साथ उस समय हुआ जब प्रगतिशील लेखकों ने अपने संघ की स्थापना की। यह वह समय था जब जनता की राजनीतिक चेतना ने जनतन्त्र समाजवाद पर निर्भर स्वतंत्रता की माँग उठायी। सज्जाद ज़हीर, डॉ० अब्दुल अलीम, 'फ़ैज़', सिब्ते हसन, सरदार जाफ़री, मुमताज़ हुसैन इत्यादि ने मार्क्सवादी दर्शन के आधार पर साहित्य और जीवन के सम्बन्ध को स्पष्ट करने की चेष्टा की। आलोचना का यह वैज्ञानिक दृष्टिकोण इतना व्यापक बन गया कि कुछ ऐसे लेखक जो पहिले केवल सौन्दर्य-शास्त्रीय आधार पर साहित्य सृजन की बातें कहते थे, आलोचना के नाम पर अपनी आन्तरिक मनोभावनाओं को प्रस्तुत करते थे, इस नयी आलोचना पद्धति की ओर चले आये। इनमें 'फ़िराक़' गोरखपुरी, 'मजनूँ' गोरखपुरी और डॉ० एज़ाज़ हुसैन उल्लेखनीय हैं।

फ़िराक़ जिस प्रकार कविता में श्रृंगार में डूबी हुई ग़ज़लों के घेरे को तोड़कर जीवन की नयी चेतना की ओर बढ़े, उसी प्रकार अपनी आलोचना में उन्होंने सामाजिक

पृष्ठभूमि को महत्त्व देना प्रारम्भ किया। परन्तु यह बात स्पष्ट रूप से देख पड़ती है कि वह आलोचना में मार्क्सवादी दृष्टिकोण को पूर्णरूप से अपना न सके। उनकी विचारधारा नवीन होते हुए भी सौन्दर्य-शास्त्र के नीचे दबी रही। उनके निबंधों के दो संग्रह 'अंदाज़े' और 'हाशिए' प्रकाशित हो चुके हैं और दो-तीन पुस्तकें 'उर्दू की इश्क़ीया शायरी' और 'उर्दू ग़ज़ल गोयी' भी छप चुकी हैं। इनके अध्ययन से यह प्रतीत होता है कि वह जीवन और साहित्य में एक प्रकार का भावपूर्ण और रचनात्मक सम्बन्ध चाहते हैं, लेकिन मार्क्सवादियों की तरह उसे मानव के आर्थिक, सामाजिक और सांस्कृतिक जीवन का प्रतिबिम्ब सिद्ध करने की चेष्टा नहीं करते। वास्तव में उनकी रुचि प्रभाववाद और सौन्दर्यवाद की ओर है, जिसके लिए वह सामाजिक पृष्ठभूमि आवश्यक नहीं समझते।

मजनूँ उर्दू साहित्य के बड़े प्रतिभाशाली आलोचकों में हैं। उनका साहित्य का अध्ययन बहुत गहरा है और व्यापक दार्शनिक दृष्टिकोण रखने के नाते साहित्य के बारे में उनकी बातें कभी साधारण और विचारहीन नहीं होतीं। आरम्भ में उन्होंने जो निबन्ध लिखे वे अधिकतर केवल सौन्दर्य और भावनाओं के खोजने की चेष्टा तक सीमित थे और कवि या लेखक की व्यक्तिवादिता पर बहुत ज़ोर दिया था। उनके ये लेख बड़े सुन्दर होते थे और साहित्य से आनन्द प्राप्त करने में बड़ी सहायता करते थे, किन्तु बाद में उन्होंने भी अपना मार्ग बदला और साहित्य को मनुष्य के आर्थिक जीवन में संघर्ष करती हुई आत्मा का प्रतिबिम्ब समझने लगे। उनके लिखने का ढंग इतना अच्छा है कि वह भी उतने ही रोचक और रचनात्मक होते हैं। एक कमी अलबत्ता कभी-कभी देख पड़ती है कि जब वह केवल सिद्धान्तों का विवरण करते हैं तो मार्क्सवाद को पूर्णतया अपनाते हुए जान पड़ते हैं, परन्तु जब किसी कवि या लेखक की रचनाओं की आलोचना करते हैं तो उनका पुराना दृष्टिकोण उनके लेखों में प्रवेश कर जाता है। आलोचना के सम्बन्ध में उनकी कुछ रचनाओं के नाम यह हैं—'तनक़ीदी हाशिए' 'अदब और ज़िन्दगी', 'अफ़साना', 'शेरो-ग़ज़ल', 'दोशो फर्दा', 'नक़ूशो अफ़कार', 'परदेसी के ख़तूत'।

डॉ० एजाज हुसैन (जन्म १८९९) इलाहाबाद विश्वविद्यालय में उर्दू के अध्यक्ष थे और कई पुस्तकें लिख चुके हैं। आरम्भ में उन्होंने भी आलोचनात्मक निबन्ध लिखते समय उसी रीति का पालन किया जो 'हाली', 'आज़ाद' और 'शिबली' के समय से चली आ रही थी। अंग्रेज़ी साहित्य की जानकारी के कारण उसकी सहायता से कभी-कभी एक प्रकार की नवीनता भी पैदा कर लेते थे, परन्तु उन लेखों में किसी प्रकार की सामाजिक चेतना का अनुभव नहीं होता था। प्रगतिशील विचारों से प्रभावित अपने लेखों में सामाजिक और आर्थिक पृष्ठभूमि की ओर भी संकेत करने लगे। अब साहित्य उनके लिए भी जीवन-संघर्ष का प्रतिबिम्ब है। १९२९ से १९६१ ई० तक विश्वविद्यालय से सम्बद्ध रहते हुए, उन्होंने बड़ी लगन से साहित्य-सेवा की और अब जबकि अवकाश प्राप्त कर चूके हैं, लिखने-पढ़ने में ही लगे हुए हैं। उनकी कई पुस्तकें

'आइनए-मआरफ़त', 'मुख़तसर तारीख़े-अदब-उर्दू', 'नये अदबी रुजहानात', 'उर्दू अदब आज़ादी के बाद', 'मज़हब और शाएरी' और 'अदब और अदीब' प्रकाशित हो चुकी हैं। इनके अतिरिक्त उनकी सबसे महत्त्वपूर्ण रचना 'उर्दू शाएरी का समाजी पसमंज़र' है जो अभी हाल में प्रकाशित हुई है।

वर्तमान युग के प्रथम श्रेणी के आलोचकों में आले-अहमद 'सरूर' भी हैं। वह इस समय अलीगढ़ विश्वविद्यालय में उर्दू विभाग के (जन्म १९१२ ई०) अध्यक्ष हैं। उन्होंने अंग्रेज़ी-उर्दू साहित्य का बड़ा गहरा अध्ययन किया है। आलोचना शास्त्र के सिद्धान्तों को गवेषणापूर्ण दृष्टि से देखा है और एक वैज्ञानिक दृष्टिकोण को अपना लिया है। आरम्भ से ही उनके लेख संतुलित और गहरे होते हैं। अन्य आलोचकों की भाँति वह भी धीरे-धीरे प्रगतिशील दृष्टिकोण के निकट आये। उनकी बड़ी विशेषता यह है कि वैज्ञानिक दृष्टिकोण रखते हुए भी उनकी आलोचना रचनात्मक और साहित्यिक होती है। उनके विचार तर्कपूर्ण होते हैं, परन्तु कभी-कभी उनकी शैली में भावुकता झलक उठती है। अंग्रेज़ी साहित्य का बहुत अच्छा अध्ययन होने के कारण वह अपने लेखों में उससे बहुत काम लेते हैं और पश्चिम और पूर्व के साहित्य को वैज्ञानिक आलोचनात्मक सिद्धान्तों से परखने की चेष्टा करते हैं। वह यह बात कभी नहीं भूलते कि हर साहित्य अपनी एक परम्परा रखता है। यदि कोई लेखक उस परम्परा का उल्लंघन इस प्रकार करता है कि उसके मूल तत्त्व नष्ट हो जायें तो वह अपने साहित्य को ऊँचा नहीं उठा सकता। इधर कुछ समय से 'सरुर' के लेखों में प्रयोगवाद को प्रोत्साहित करने, कवि की व्यक्तिगत अनुभूतियों को ही काव्य का विषय समझने और साहित्य को साहित्य मात्र समझने पर बल मिलता है, जिससे मालूम होता है कि उनकी दृष्टि में परिवर्तन हो रहा है। उनकी रचनाओं के कई संग्रह प्रकाशित हो चुके हैं जैसे 'तनक़ीदी इशारे', 'नये-पुराने चिराग़', 'तनक़ीद क्या है?' और 'अदब और नज़रिया'। इनके अतिरिक्त, कई पुस्तकें प्रकाशित होने के लिए तैयार हैं।

नये लेखकों में मुमताज़ हुसैन (जन्म १९१४ ई०) ने असाधारण प्रगति की है। उनका दृष्टिकोण विशुद्ध मार्क्सवादी है और कहा जा सकता है कि जितना उन्होंने उससे साहित्य के समझने का प्रयास किया है, उर्दू के किसी दूसरे आलोचक ने नहीं किया। मार्क्सवादियों पर यह आरोप लगाया जाता है कि कला के प्रति उनका दृष्टिकोण संकीर्ण हो जाता है, परन्तु मुमताज़ हुसैन के लेख पढ़कर उनकी व्यापकता और विस्तृत ज्ञान का अनुभव होता है। उनके लेख पढ़कर ऐसा जान पड़ता है कि जब तक कोई व्यक्ति विज्ञान, दर्शनशास्त्र, समाजशास्त्र और अन्य विद्याओं से भली-भाँति परिचित न हो, उसकी आलोचना में महानता नहीं पैदा हो सकती। उनके सम्बन्ध में एक बात अवश्य कही जा सकती है कि कभी-कभी उनकी भाषा कठिन और उलझी हुई होती है। अब तक उनकी कई पुस्तकें 'नक़देहयात', 'नये गोशे', 'अदब और शऊर', 'तन्क़ीदी मसायल' और 'नयी क़दरें' प्रकाशित हुए हैं तथा अनेक रचनाएँ प्रेस मं है।

प्रो० कलीमुद्दीन अहमद (जन्म १९०९ ई०) बिहार के सुविख्यात और प्रभावशाली आलोचक हैं। उन्होंने योरुपीय साहित्य से प्रेरणा ग्रहण करके अपनी पहली पुस्तक 'उर्दू-शाएरी पर एक नज़र' इस प्रकार लिखी कि परम्परा, वातावरण, सामाजिक चेतना का कहीं नाम ही न आया, केवल अपने बताये हुए मापदण्ड से उन्होंने प्राचीन और नवीन सभी साहित्यकारों और कवियों को परख़ा और सबकी कड़ी आलोचना की। उनका विशेष क्रोध प्रगतिशील साहित्यकारों के प्रति था। इसी आधार पर उन्होंने 'उर्दू तन्क़ीद पर एक नज़र' भी लिखी और पुस्तक इस वाक्य से शुरू की—'उर्दू में तन्क़ीद का वजूद महज़ फ़र्ज़ी है।' जब अपने वर्तमान सिद्धान्तों से उर्दू-साहित्य की परख में उन्हें सफलता नहीं मिलती, तो वह झुँझलाकर बार-बार यही विचार प्रकट करते हैं कि जो लोग अंग्रेज़ी नहीं जानते, वह घाटे में हैं और जो लोग जानते हैं, वह केवल नक़ल करते हैं। कलीमुद्दीन उस व्यावहारिक आलोचना पर बल देते हैं, जो कवि की विचारधारा के महत्त्व को अस्वीकारती है, केवल शब्दों और उनके उचित सम्बन्धों से पैदा होने वाले अर्थ को देखती है। उनकी अन्य पुस्तकें 'फ़ने-दास्तानगोई', 'सुख़नहाए-गुफ़्तनी' और 'अमली-तन्क़ीद' भी इसी तरह की हैं।

कलीमुद्दीन के एक अनुयायी डॉ० अहसन फ़ारुक़ी हैं, जो अब पाकिस्तान में हैं। उनके उपन्यासों का उल्लेख हो चुका है, किन्तु उन्होंने आलोचक के रूप में भी ख्याति प्राप्त की है। वह भी साहित्य के अध्ययन में विचारधारा या सामाजिक दृष्टि को महत्त्व नहीं देते। केवल कला के कुछ बने-बनाये नियमों से साहित्यिक कृतियों को जाँचने पर बल देते हैं। उनकी पुस्तकों में 'उर्दू में त़न्क़ीद', 'फ़रेबे-नज़र', 'उर्दू-नावेल की तन्क़ीदी तारीख़' और 'नावेल का फ़न' उल्लेखनीय हैं। योरुपीय विशेषकर फ्रांसीसी ह्रासवादियों से प्रभावित लेखकों में हसन असकरी का बड़ा महत्त्व है। वह भी पाकिस्तान में हैं और अब बहुत कम लिखते हैं। उनकी रचनाओं में 'इन्सान और आदमी', 'सितारा और बादयान' विचारशील लेखों के संग्रह समझे जाते हैं, हालाँकि उनमें से अधिकतर लेख प्रगतिशीलता, सामाजिक चेतना और मानव-प्रेम की हँसी उड़ाने में लिखे गये हैं।

इस युग के अन्य आलोचकों में प्रो० वक़ार अज़ीम, डॉ० अख़तर ओरेन्वी, डॉ० ख़्वाजा अहमद फ़ारुक़ी, अख़तर अन्सारी, डॉ० नूरुल हसन हाशिमी, डॉ० मसूद हुसैन ख़ाँ, डॉ० खुर्शीदुल इस्लाम और डॉ० इबादत बरेल्वी आयु के थोड़े-थोड़े अन्तर के साथ लगभग एक ही पीढ़ी के गिने जाते हैं। इन सबको मान्यता १९४०-५० के बीच में मिली, यद्यपि यह सब आज भी लिख रहे हैं।

प्रो० वक़ार अज़ीम (जन्म १९०९ ई०) ने कथा साहित्य पर अनेक विचारणीय पुस्तकें लिखी हैं और बहुत से अनुवाद किये हैं। वह बड़े सहज ढंग से साहित्य का विश्लेषण करते हैं और किसी विशेष दृष्टिकोण को आरोपित नहीं करते। इस समय पाकिस्तान में हैं। उनकी प्रसिद्ध पुस्तकें यह हैं—'अफ़सानानिगारी', 'हमारे अफ़साने',

'हमारी दास्तानें', 'दास्तान से अफ़साने तक', 'नया अफ़साना', 'फ़न और फ़नकार'। डॉ० अख़तर ओरेन्वी का उल्लेख कथाकारों के साथ हो चुका है। उन्होंने आलोचना-साहित्य में भी एक विशिष्ट स्थान ग्रहण कर लिया है। उनकी विचारधारा सामान्यत: सौन्दर्यवाद और प्रभाववाद से प्रेरित होती है, इसलिए सामाजिक चेतना को वह भी महत्त्व नहीं देते। उनकी उल्लेखनीय पुस्तकों में बिहार में उर्दू ज़बानो-अदब', 'तन्क़ीदे-जदीद', 'तहक़ीको-तन्क़ीद' 'क़द्रो-नज़र' और 'मिनहासो-सिराज' हैं। डॉ० ओरेन्वी इस समय पटना विश्वविद्यालय में उर्दू विभाग के अध्यक्ष हैं।

डॉ० ख़्वाजा अहमद फ़ारुकी (जन्म १९१७ ई०) दिल्ली विश्वविद्यालय उर्दू विभाग के अध्यक्ष हैं; शोध-कार्य तथा आलोचना-साहित्य में उच्च मर्यादा प्राप्त कर चुके हैं। वह भी किसी विशेष दृष्टिकोण से प्रभावित नहीं हैं, किन्तु साहित्य की परम्पराओं की ओर से आँख नहीं मूँदते। उनके अनेक लेखों में ऐतिहासिक पृष्ठभूमि को स्पष्ट रूप में महत्त्व मिलता है। उनकी आलोचनात्मक पुस्तकों में 'मिर्ज़ा शौक़ लखनवी', 'मीर तक़ीमीर', 'हयात और शाएरी', 'क्लासिकी अदब' और 'ज़ौक़ो-जुस्तुजू' उल्लेखनीय हैं।

डॉ० नूरुल हसन हाशिमी (जन्म १९१३ ई०) लखनऊ विश्वविद्यालय में उर्दू के अध्यक्ष हैं। उनकी रुचि अधिकतर शोध-कार्य की ओर रहती है, परन्तु कुछ आलोचनात्मक लेख भी लिखे हैं, जिनमें साहित्यिक ढंग से रचनाओं की परख मिलती है। उनकी उल्लेखनीय पुस्तकों में 'देहली का दबिस्ताने-शाएरी', 'अदब क्या है' और 'अदब का मक़सद' हैं। अख़तर अन्सारी का उल्लेख कथाकारों की चर्चा में किया जा चुका है। वह अलीगढ़ के टीचर्स-ट्रेनिंग कालेज में रीडर हैं। साहित्यिक विषयों पर उनकी दृष्टि में गहराई नज़र आती है। उनके विचार प्रगतिशील हैं। रचनाओं में 'इफ़ादी अदब', 'ग़ज़ल और दर्से-ग़ज़ल', 'मुतालेआ बा तन्क़ीद' और 'एक अदबी डायरी' उनके गम्भीर विचारों का परिचय देती है। डॉ० मसूद हुसैन खाँ, (जन्म १९१९) वर्तमान में हैदराबाद के उसमानिया विश्वविद्यालय में उर्दू विभाग के अध्यक्ष हैं। उनको काव्य-रचना, भाषा विज्ञान, शोध-कार्य और आलोचना सभी से रुचि है और इसी कारण से उनकी कृतियों में बड़ी व्यापकता दीखती है। उनकी पुस्तकों में 'उर्दू-ज़बान की तारीख़' सबसे प्रसिद्ध है। किन्तु आलोचनाओं के दो संग्रह 'उर्दू-ज़बानो-अदब' और 'शेरो ज़बान' भी विचारशील और गम्भीर मंतव्यों से ओत-प्रोत हैं।

पंजाब विश्वविद्यालय (पाकिस्तान) के डॉ० इबादत बरेल्वी ने आलोचना-साहित्य में बड़ी ख्याति प्राप्त की है। वह मार्क्सवादी विचारधारा से प्रेरणा ग्रहण करते हैं किन्तु उसकी मूल धारणाओं को वैज्ञानिक दृष्टि से नहीं अपना सके हैं। उनके विचार में साहित्य का सामाजिक जीवन पर आधारित होना अनिवार्य है, किन्तु उसे वर्ग-संघर्ष का परिणाम मानने में संकोच करते हैं। कभी-कभी लगता है कि वह कई विचारधाराओं के समन्वय से अपने लिए निज की विचारधारा प्रतिपादित कर रहे हैं। डॉ० इबादत ने शोध-कार्य भी बहुत किये हैं, परन्तु उनकी साहित्यिक ख्याति

आलोचनात्मक कृतियों के कारणवश ही है। उनकी पुस्तकों में 'उर्दू तन्क़ीद का इरतेक़ा', 'तन्क़ीदी ज़ाविये', 'रवायत और तजरबे', 'ग़ज़ल और मुतालए-ग़ज़ल', 'जदीद शाएरी और शाएरी की तन्क़ीद' महत्त्वपूर्ण हैं। डॉ० ख़ुर्शीदुल इस्लाम', अलीगढ़ विश्वविद्यालय में उर्दू के रीडर हैं और बहुत अच्छे, विचारशील लेखक-आलोचक माने जाते हैं। वह प्रगतिशील विचारधारा से प्रभावित हैं, परन्तु अपनी कृतियों में प्रभाववादी रुचि का संकेत देते हैं। उन्होंने कम लिखा है, किन्तु जो भी लिखा है, वह उनके गम्भीर मंतव्यों और साहित्यिक सुरुचि का पता देते हैं। उनकी रचनाओं में 'तन्क़ीदे' और 'ग़ालिब' महत्त्वपूर्ण हैं।

इसमें संदेह नहीं कि उर्दू के अधिकांश नये आलोचक किसी न किसी रूप में प्रगतिशील विचारों से प्रेरणा लेते रहे हैं या कोई ऐसा सामाजिक दृष्टिकोण अपनाते रहे हैं, जिससे साहित्य का विकास ऐतिहासिक प्रगति के सम्बन्ध में समझा जा सके। परन्तु कुछ आलोचक ऐसे भी अवश्य ही हैं, जो केवल मनोवैज्ञानिक विचारधारा पर बल देते हैं। उनका विचार है कि साहित्य को लेखक के व्यक्तित्व का प्रतिबिम्ब मात्र ही समझना चाहिए और उसकी कृतियों को केवल कला के बने-बनाये सिद्धान्तों पर परखना चाहिए। ऐसे आलोचकों की चर्चा अन्तिम अध्याय में की जायेगी।

कुछ लेखक ऐसे भी हैं जिनको केवल आलोचक नहीं कहा जा सकता बल्कि वह साहित्य, कला, शिक्षा, संस्कृति, राजनीति और अन्य विषयों पर अधिकारपूर्ण लेख लिखते रहे हैं, जैसे डॉ० ज़ाकिर हुसैन, डॉ० आबिद हुसैन, प्रो० मुजीब और ख़्वाजा गुलामुस-सैय्यदैन। इन प्रभावशाली लेखकों की प्रत्येक रचना उनके असाधारण ज्ञान, मानव प्रेम और उदार विचारों का पता देती है। केवल साहित्य के क्षेत्र में नहीं वरन् भारत के सांस्कृतिक और सामाजिक जीवन में उनका एक ऊँचा स्थान है। इनमें से प्रत्येक ने उर्दू गद्य को अपने अनुवादों और रचनाओं से ऊपर उठाया है। डॉ० आबिद हुसैन की 'हिन्दुस्तानी क़ौमीयत और क़ौमी तहज़ीब' और 'मजामीने-आबिद' विचारशील और दार्शनिक महत्त्व रखते हैं। प्रो० मुजीब ने 'रूसी अदब', 'दुनिया की कहानी' और 'तारीख़े-फ़ल्सफ़ए-सियासियात' के नाम से बड़ी श्रेष्ठ रचनाएँ की हैं। ग़ुलामुस-सैय्यदैन ने 'रूहे-तहज़ीब', 'उसूले-तालीम' और 'आँधी में चिराग़' लिखकर उर्दू के कोष में वृद्धि की है।

अन्त में लेखक संक्षेप के साथ अपना परिचय भी करा देना चाहता है, क्योंकि बुरे-भले उसने भी उर्दू साहित्य और विशेषकर आलोचना की कुछ सेवा की है। मेरा जन्म १९१२ ई० में आज़मगढ़ (उ० प्र०) के एक गाँव माहुल में हुआ और मैंने शिक्षा आज़मगढ़ और इलाहाबाद में प्राप्त की। १९३२ ई० के लगभग लिखना आरम्भ किया और कहानी, नाटक, कविताएँ और अन्य विषयों पर लेख लिखता रहा। लेकिन विशेष रूप से मैंने आलोचना-साहित्य के क्षेत्र में ही कुछ करने की चेष्टा की। साहित्य के सम्बन्ध में मेरे विचार इस पुस्तक में भी स्पष्ट हैं। केवल इतना और कहना चाहता हूँ

कि मैं मार्क्सवाद को सबसे श्रेष्ठ दर्शन-शास्त्र समझता हूँ और उसी की सहायता से जीवन और साहित्य को समझने का प्रयास करता हूँ। मेरा विचार है कि आलोचना और आत्म-आलोचना के मार्ग पर चलकर हम उस सच्चाई को ढूँढ़ने में सफल हो सकते हैं, जिससे जीवन के मर्म समझ में आ सकें। मेरा विश्वास है कि साहित्य के समझने में प्रगतिशील सामाजिक दृष्टिकोण सबसे अधिक उपयोगी सिद्ध हो सकता है। मैं इसे मानता हूँ कि कला और साहित्य का आविष्कार व्यक्ति की अनुभूतियों के माध्यम से ही होता है, किन्तु उस व्यक्ति की चेतना अपने युग के वातावरण, सामाजिक स्थिति और वर्ग-संघर्ष में बँधी होती है। इसलिए आलोचक को इनमें से किसी पक्ष से आँखें नहीं बन्द करना चाहिए और न ही साहित्यिक परम्पराओं, भाषिक प्रयोग की सीमाओं और अनेक राजनैतिक सामाजिक और दार्शनिक प्रभावों को नकार के साहित्य एवं साहित्यकार को समझा जा सकता है। साहित्य का प्रत्येक परिवर्तन, प्रयोग और मूल्यांकन इसी दृष्टि से अर्थपूर्ण बन सकता है। इस समय तक मेरी जो पुस्तकें प्रकाशित हो चुकी हैं, उनमें कुछ यह हैं—'तन्क़ीदी जाएज़े', 'रवायत और बग़ावत', 'अदब और समाज', 'तन्क़ीद और अमली तन्क़ीद', 'जौक़े-अदब और शऊर', 'अफ़कारो-मसायल', 'अक्स ओर आईने', 'एतबारे-नज़र', 'साहित्य और समन्दर' (यात्रा वर्णन), 'वीराने' (कहानियाँ), 'हिन्दुस्तानी लिसानियात का ख़ाका' (भाषा-विज्ञान)।

अन्तिम अध्याय में उर्दू-साहित्य के निकटतम तथा तात्कालिक उन्नति का उल्लेख होगा।

अध्याय १४

समकालीन साहित्यिक दृश्य

इतिहास राजनीति का हो या दर्शन का, सामाजिक संस्थाओं का हो या संस्कृति का, कला का हो या साहित्य का, काल के गर्भ से उत्पन्न होने वाली हलचल का व्याख्यान ही है। साहित्य के क्षेत्र में यह हलचल व्यक्ति के भाव एवं चिन्तन के माध्यम से इतिहास का अंग बनती है और साहित्यकार व्यक्तिगत रूप में अपने निज को जितना स्वाधीन बनाने का काल्पनिक यत्न करता है, उतना ही बाहर से अन्दर की ओर सिमटता जाता है; यहाँ तक कि कभी-कभी उसका नाता जीवन की मूल धाराओं से टूट जाता है और उसका साहित्यिक परिप्रेक्ष्य सीमित हो उठता है। जब तक स्वतंत्रता-संघर्ष चलता रहा, समस्त मानसिक और भावनात्मक शक्तियाँ इस विषय पर केन्द्रित रहीं, स्वाधीनता प्राप्ति हुई, तो उस जीवन की खोज प्रारम्भ हो गयी, जो शान्तिमय हो सके। इसमें अनेक स्वप्न भंग हुए और बहुत से लेखकों की लोकतंत्र से आस्था ही उठ गयी। साम्प्रदायिक उपद्रव, प्रगतिशील विचारों का विरोध, विदेशी पूँजीवाद पर बढ़ती हुई निर्भरता और इसी प्रकार की अनेक प्रतिक्रियावादी धारणायें बड़े वेग से उभर कर सामने आयीं। भारत के विभाजन, स्वतंत्रता के लिए लड़ने वाली संस्थाओं की दुर्बलता और राजनैतिक शक्ति प्राप्त करने के लिए आपसी संघर्ष, स्वार्थपूर्ण नेताओं का नैतिक पतन आदि बातें इस प्रकार एकत्र हो गयीं कि नयी पीढ़ी ने अपनी परम्पराओं पर ही विश्वास खो दिया। दूसरी बड़ी लड़ाई के पश्चात् योरुप और अमरीका भय और आशा की जिन लहरों में डूबते-उभरते रहे, उन्होंने सोच-विचार की पुरानी धारणाओं को नया रूप दिया। एक ओर विज्ञान ने यथार्थवाद की तरफ खींचा तो दूसरी ओर मनोविज्ञान के विभिन्न विचारों ने अनजाने आन्तरिक संघर्षों को ही मूल जीवन बनाकर बाहर के सामाजिक संघर्षों और वैज्ञानिक उपलब्धियों से मिलने वाले सुख से दूर कर दिया। यह विचार मन में बैठ गया कि मनुष्य की अपनी निजी-सत्ता नहीं होती, उसे विज्ञान, राजनीति, परम्परा, विज्ञप्ति, औद्योगिक जीवन ने एक सूत्र में बाँध रखा है और जीवन के प्रत्येक क्षण में वह अपनी सत्ता और अपने व्यक्तित्व को बचाने के यत्न में टूटता रहा है। उसे किसी धर्म, राजनीतिक विचारधारा, किसी बने-बनाये जीवन लक्ष्य पर विश्वास नहीं रह गया है। परिणाम यह हुआ कि नयी पीढ़ी के अनेक लेखक एवं कवि इसी में खो गये हैं। जीवन को सामूहिक रूप में देखने, एक लोकप्रिय मानव जीवन राजनीतिक क्रम को ढूँढ़ निकालने की चिन्ता कम हो गयी है। फिर भी जहाँ तक भारत की ऐतिहासिक परिस्थितियों का सम्बन्ध है, अभी प्रत्येक भाषा में ऐसे लेखक बड़ी संख्या में मौजूद हैं, जो जीवन के मूल अस्तित्व पर विश्वास रखते हैं और

अपनी सृजनात्मक शक्तियों को मानव की सेवा में समर्पित कर देना चाहते हैं। आज इस संघर्ष ने कला और साहित्य में एक बार फिर 'कला कला के लिए' या 'कला जीवन के लिए' के बहुमुखी वाद-विवाद का रूप धारण कर लिया है, जिसे नयी दार्शनिक शब्दावली में प्रस्तुत किया जा रहा है।

उर्दू-साहित्य में प्रगतिवाद और मानववाद की परम्पराएँ कितनी दृढ़ रह चुकी हैं, इसका अनुमान इस संक्षिप्त इतिहास से भी लगाया जा सकता है। चाहे वह गद्य हो या पद्य, इस समय भी वही नाम पहले लिये जाते हैं, जिनका उल्लेख गत अध्याय में किया गया और जो आज भी जाने-माने जाते हैं, जैसे—कृश्न चन्दर, बेदी, ख़्वाजा अहमद अब्बास, इस्मत, सज्जाद ज़हीर, अहमद नदीम कासिमी, अश्क, मिर्ज़ा अदीब, हाजिरा मसरूर, हयातउल्लाह, सरदार जाफ़री, फैज़, जज्बी, आज़ाद, कैफ़ी, मख़दूम, जमील मजहरी, वज्द, ताबाँ, अख़्तर अन्सारी इत्यादि। यहाँ उनके बारे में केवल इतना ही कहना है कि यह उर्दू-साहित्य की परम्पराओं को विवेक पूर्वक अभीष्ट रखते हुए, वर्तमान समस्याओं और आज के बदलते हुए समाज की करवटों को भी कलात्मक शक्ति के साथ प्रस्तुत कर रहे हैं। वह नये जीवन के मर्मों से परिचित तथा आलोचक हैं और कला में नये प्रयोग इस प्रकार करते रहते हैं कि न उनके विचार अस्पष्टवाद में खो जायें और न उनकी कृतियों को युग चेतना के विरुद्ध ही कहा जा सके। इस प्रकार साहित्य की धारा प्रवाहपूर्ण बह रही है, जो जीवन की गहरी सांस्कृतिक चेतना से निकली है।

समकालीन उर्दू-साहित्य में काव्य-रचना प्रयोगवाद, अस्पष्टवाद, प्रतीकवाद और निरुद्देश्यवाद से अत्यधिक प्रभावित हुई है, यहाँ तक कि 'नयी कविता' लिखने वाले अपने को सबसे अलग करने के लिए कविता की सभी परम्पराओं से अपना नाता तोड़ रहे हैं, यह और बात है कि उनकी विचारधारा यूरोप और अमरीका के कुछ दार्शनिकों, लेखकों और कवियों से मिल जाती है और जो कुछ वहाँ हो चुका है, उसी को दोहराने की चेष्टा की जाती है। बदलती हुई परिस्थितियों में 'नयी कविता' का जन्म स्वाभाविक है। किन्तु उसी कविता मात्र को नयी कहने का आग्रह समझ में आने वाली बात नहीं है, जो जीवन के मूल्यों का बहिष्कार करती हो और सामाजिक चेतना को काव्य-रचना में बाधक जानती हो। इन कवियों में जो 'नयी कविता' के आन्दोलन में सम्मिलित हैं, कुछ वह हैं, जो पहले या तो प्रगतिवादी कहे जाते थे या वर्तमान युग के साधारण परिवर्तनों से प्रभावित थे, कुछ ऐसे हैं, जो सामाजिक चेतना का विरोध नहीं करते हैं किन्तु काव्य-रचना के लिए नये प्रयोग और अभिव्यक्ति के नये साधनों पर जोर देते हैं और कुछ ऐसे हैं, जो भाषा, विचार, कला के सभी नियमों को तोड़ना अपने व्यक्तित्व को सिद्ध करने के लिए आवश्यक समझते हैं। वह इस बात को नहीं मानते कि कोई कवि अपनी अनुभूतियों को उस भाषा में किस प्रकार प्रस्तुत कर सकता है, इसलिए सम्प्रेषण सदैव ही अपूर्ण रहेगा।

भाषा और प्रतीकों के ये सभी प्रयोग कई स्तरों पर हो रहे हैं, इसलिए अभी यह कहना कठिन है कि साहित्य के इतिहास में इस 'नयी कविता' को क्या स्थान दिया जायेगा और भविष्य में इसे क्या रूप मिलेगा। इसके अनुयायी भी अभी केवल प्रयोग ही समझते हैं, जो वर्तमान युग की बेचैनी और द्रुतगामी वैज्ञानिक परिवर्तनों के कारण अनिवार्य है। यद्यपि इन नये कवियों की संख्या काफी बड़ी है किन्तु उनमें कुछेक को ही मान्यता प्राप्त हो सकी है। संक्षेप में उन्हीं का उल्लेख किया जायेगा।

यह तो स्मरण ही होगा कि प्रगतिशील कविता के विरोध में एक धारा लगभग उसी के समानान्तर चल रही थी, जिसकी विशेषता छन्द-प्रयोग के विभिन्न आयामों के अतिरिक्त यह भी थी कि उसमें सामाजिकता के विपरीत व्यक्ति के आन्तरिक तथा यौन-जीवन का प्रसार होता, जिसके अभिव्यक्ति के लिए रचनाकार प्रतीकों का आश्रय ग्रहण करता। ये प्रतीक कभी देवमालाओं में और कभी अवचेतन का सहारा लेकर अर्थपूर्ण शब्दों में ढूँढ़े जाते थे। इस दल के नेता मीराजी, राशिद और मुख़तार सिद्‌दीक़ी थे। जहाँ तक मुक्त छंद के प्रयोग का सम्बन्ध है, अनेक प्रगतिशील कवि भी इसे अपने ढंग से काम में लाने लगे थे, प्रतीकों का प्रयोग भी किसी न किसी रूप में सब करते थे, किन्तु दोनों के बीच जो व्यापक अन्तर था, वह उनके सामाजिक चेतना से स्पष्ट होता था। 'नयी कविता' ने मीराजी की ही परम्परा को दूसरे रूप में प्रोत्साहित किया। वे केवल पो, वेलरी, बादलियर, रॉंबू और फ्रॉयड से प्रेरणा लेते थे। 'नयी कविता' ने ज्वाइस, लारेन्स, यूंग, सात्र, कामू, आरवेल, डाइलन टामस के अतिरिक्त 'बीट्स जेनेरेशन', 'ऐंगरी यंगमैन', 'ऐंटी पोइटरी', 'थियेटर आफ़ ऐबसर्ड', 'आइडेन्टिटी क्राइस', 'एलीएनेशन' के विचारों से भी प्रेरणा ग्रहण की। इनसे उत्पन्न होने वाली सभी विचारधाराएँ मानववाद और समाजवाद के विरुद्ध जाती हैं, इसलिए अधिकांश नये कवि चेतनापूर्वक और अनजाने में सामाजिक उन्नति के प्रतिकूल ही विचारों को प्रोत्साहित करते हैं और इसे 'विचार-स्वतन्त्रता' का नाम देते हैं।

नये कवियों में ख़लीलुर्रहमान, बाक़र मेंहदी, वहीद अख़तर, बलराज कोमल, राही मासूम रज़ा, अमीक़ हनफ़ी, मुनीबुर्रहमान, शाज़ तमकनत, मज़हर, इमाम, शहरयार, कुमार पाशी, शहाब जाफ़री हिन्दुस्तान में और वजीर आग़ा, अहमद फ़राज, जहूर मजर, अर्श सिद्‌दीक़ी, साक़ी फ़ारुक़ी, नासिर शहज़ाद, मुनीर नयाजी, नासिर काज़िमी, मुस्तफ़ा ज़ैदी इत्यादि पाकिस्तान में अपनी अनेक विशेषताओं के कारण जाने-पहचाने जाते हैं।

ख़लीलुर्रहमान आजमी (जन्म १९२७ ई०) अलीगढ़ मुस्लिम विश्वविद्यालय में प्राध्यापक हैं। १९५० ई० के पूर्व ही ख्याति प्राप्त कर चुके हैं। कविताओं के तीन संग्रह, 'आइनाख़ाने में', 'काग़ज़ी पैरहन' और नया अहदनामा' प्रकाशित हो चुके हैं। तीसरा संग्रह कतिपय 'नयी कविता' से प्रभावित है। उनकी विचार-पद्धति नये कवियों की-सी है किन्तु उनकी कला पुराने कवियों का रचाव रखती है। ख़ुलीलुर्रहमान एक सुलझे हुए आलोचक भी हैं। 'फ़िक्रो-फ़न', 'ज़ाविए-निगाह', 'मुक़द्‌दमए-कलामे-

आतश' और 'नवाए-ज़फ़र' उनकी आलोचनात्मक रचनाएँ हैं। बाक़र मेहदी (जन्म १९२८ ई०) भी इसी पीढ़ी के कवि एवं आलोचक हैं। लेखक की व्यक्तिगत विचारधारा पर बहुत बल देते हैं। इस समय सभी प्रकार के वादों-विचारधाराओं से असंतुष्ट हैं। उनकी भाषा उखड़ी-उखड़ी और प्रतीक अस्पष्ट होते हैं। कविताओं के दो संग्रह 'शहरे-आरज़ू' और 'काले कागज़ की नज़्में' और आलोचनात्मक निबन्धों का एक संग्रह 'आगाही व बेबाकी' प्रकाशित हुए हैं। वहीद अख़तर भी अलीगढ़ विश्वविद्यालय में दर्शन शास्त्र के प्राध्यापक हैं। वह जीवन के रहस्यों को गहरी नज़र से देखते हैं और भाषा में बहुत-से प्रयोग किये बिना ही अपनी बात सुन्दरतापूर्वक कह जाते हैं। उनका पहला संग्रह 'पत्थरों का मुग़न्ती' १९६७ ई० में प्रकाशित हुआ है। बलराज कोमल भी १९५० ई० के पहले ही ख्याति प्राप्त कर चुके थे किन्तु पिछले दस वर्षों से उन्होंने 'नयी कविता' को ही अपना आदर्श मान लिया है। उनके दो संग्रह 'मेरी नज़्में' और 'दिल का रिश्ता' प्रकाशित हो चुके हैं। कुछ ही दिनों पूर्व नागरी-लिपि में भी एक संग्रह 'नारियल के पेड़' प्रकाशित हुआ है। बलराज कोमल कहानियाँ भी लिखते हैं, जिनमें प्रतीकों के माध्यम से नवीनता पैदा करने का प्रयत्न करते हैं। 'राही' मासूम रज़ा ने काव्य-जगत् में प्रवेश करते ही ख्याति प्राप्त कर ली और अपनी पीढ़ी के प्रगतिशील कवियों में गिने जाने लगे। उनके तीन काव्य-संग्रह 'रक़्से-मय', '१८५७' और 'अजनबी शहर अजनबी रास्ते' प्रकाशित हो चुके हैं। '१८५७' एक लम्बी कविता है, जो महाकाव्य की परम्परा में लिखी गयी है। अमीक़ हनफ़ी पुराने से नये की ओर आये हैं और अपने को बड़ी कटुता से नयी पीढ़ी से जोड़ते हैं। पहले एक संग्रह 'संगपैराहन' छपा था, अब एक लम्बी कविता 'सिन्दबाद' प्रकाशित हुई है, जो खो[illegible] [illegible]व मानव को प्रतीकात्मक रूप में वाणी देती है। अलीगढ़ विश्वविद्यालय के फ़ारसी के प्राध्याप[illegible] मुनीबुर्रहमान अपने दृष्टिकोण के आधार पर प्रगतिशील हैं। कम लिखते हैं, लेकिन जो कुछ है वह कलात्मक है। कविताओं का केवल एक संग्रह 'बाज़दीद' प्रकाशित हुआ है। हैदराबाद के शाज़ तमकनत ने कुछ ही समय में अपने लिए एक स्थान बना लिया है। एक संग्रह 'तराशीदा' छपा है। मज़हर इमाम बिहार के लोकप्रिय नये कवि हैं। उनकी कला की नवीनता सामाजिक चेतना का बहिष्कार नहीं करती। कविताओं का एक संग्रह 'जख़्मे-तमन्ना' प्रकाशित हो चुका है। शहाब जाफ़री दिल्ली में उर्दू के प्राध्यापक हैं, सुविख्यात उर्दू-कवियों में गिने जाते हैं, विचारपूर्ण कविताएँ लिखते हैं। एक संग्रह 'सूरज का शहर' अभी कुछ समय पहले छपा है। शहरयार अलीगढ़ विश्वविद्यालय में उर्दू पढ़ाते हैं, काव्य-रचना की आयु दूसरे नये कवियों को देखते हुए कम है, किन्तु विचारों की नवीनता और अभिव्यक्ति की सुन्दरता ने उन्हें लोकप्रिय बना दिया है। उनका संग्रह 'इस्मे-आज़म' प्रकाशित हो चुका है। इन्हीं नये कवियों में कुमार पाशी अपनी शैली की नवीनता और प्रतीकों के अनूठेपन से पहचाने जाते हैं। उनका पहला संग्रह 'मौसमों की आवाज़' उपलब्ध है।

पाकिस्तान में भी 'नयी कविता' का आन्दोलन बड़ी तीव्र गति से चल रहा है। वहाँ के यश प्राप्त कवियों में वज़ीर आग़ा का नाम पहले आता है, क्योंकि वह नयी कविता की विशेषताओं और मूलाधारों की व्याख्या का कर्तव्य भी पूरा करते रहते हैं। डॉ० वज़ीर आग़ा की विचारधारा यूंग की मनोवैज्ञानिकता से अत्यधिक प्रभावित है, जिसका प्रमाण उनकी पद्य-रचनाओं के अतिरिक्त गद्य-कृतियों में भी मिलता है। उनकी कविताओं का केवल एक संग्रह 'शाम और साये' है, परन्तु गद्य में अनेक पुस्तकें प्रकाशित हो चुकी हैं। 'मसर्रत की तलाश', 'ख़यालपारे' और 'चोरी से यारी तक' उनके साहित्यिक निबन्धों के संग्रह और उर्दू शाएरी में तंज़ो-मिज़ाह', 'नज़्मे जदीद की करवटें', 'उर्दू शायरी का मिजाज' और 'तनक़ीदो-एहतेसाब' आलोचनात्मक रचनाएँ हैं। अहमद फराज़ अच्छे नये कवि हैं, उनका संग्रह 'दर्द-आशोब' प्रकाशित हो चुका है। मुस्तफ़ा ज़ैदी ने काव्य जगत में 'तेग़' इलाहाबादी के नाम से प्रवेश किया। वह पाकिस्तान उस समय गये जब उनको कवि के रूप में ख्याति मिलने लगी थी किन्तु पिछले कुछ वर्षों में उन्होंने बड़ी उन्नति की है, उनके काव्य-संग्रह 'रौशनी', 'गरेबाँ', 'क़बाए-साज़' प्रकाशित हो चुके हैं। ज़हूर नज़र भी पाकिस्तान के अच्छे कवि हैं, जो प्रगतिशीलता के साथ ही शैली की नवीनता पर भी बल देते हैं। उनकी कविताएँ 'रेज़ा-रज़ा' के नाम से छप चुकी हैं। 'अर्श' सिद्दीक़ी (दीदाए-याक़ूब'), नासिर शहज़ाद ('चाँदनी की पत्तियाँ'), 'साक़ी' फ़ारुकी ('प्यास का सहरा'), ज़फ़र इक़बाल (आबे-खाँ'), शहजाद अहमद ('सदफ़'), फहमीदा रियाज़ ('पत्थर की ज़बान'), अंजुम आज़मी ('लबो-रुख़सार'), इब्ने-इन्शा (चाँद नगर'), मुनीर नयाज़ी ('जंगल में धनुक') भी 'नयी कविता' के प्रतिनिधि कवि समझे जाते हैं। इनके अतिरिक्त भारत में मंज़र सलीम, महमूद अयाज़, अज़ीज़ तमन्नाई, राजनारायन राज, मुहम्मद अलवी और पाकिस्तान में अदा जाफ़री, महबूब ख़िज़ाँ, जमील मलिक, बाक़ी सिद्दीक़ी, अब्दुल अज़ीज़ी 'ख़ालिक', जमीलउद्दीन 'आली', मुशफ़िक़ ख़्वाजा भी नये कवियों में जाने-पहचाने नाम हैं। यह अवश्य ही है कि चेतना और दृष्टिकोण के स्तर पर इनमें विभिन्नता पायी जाती है। एक और विचारणीय बात यह है कि भारत और पाकिस्तान दोनों में कुछ वर्षों के भीतर ग़ज़ल को बड़ी लोकप्रियता मिली है, क्योंकि ग़ज़ल की यह विशेषता रही है कि उसमें नये परिवर्तनशील विचार भी नये साँचे में सहज ढंग से ढल जाते हैं।

कविता के बराबर तो नहीं किन्तु कहानी और उपन्यास में भी आधुनिकता ने अपना प्रभाव डाला है। इस प्रकार ग्रहण की गयी नवीनता केवल विचारधारा और शिल्प-विधि की नहीं है, जीवन को टूटे-फूटे और बिखरे हुए मान लेने और उसी को प्रोत्साहित करने के कारणवश सम्भव हुई है। ऐसा होना स्वाभाविक ही है। किन्तु यहाँ भी जिस कलाकार ने जीवन को देखा और समझा है, जिसने किसी मूल-विचारधारा का सिरा पा लिया है और जिसे कहानी को रोचक बनाये रखने का जादू आता है, वही साहित्य-जगत् में प्रतिष्ठित हो सका है। यह बात कही जा चुकी है कि अनेक

कथाकार जिनका उल्लेख पिछले अध्याय में हुआ, आज भी बड़ा महत्त्व रखते हैं, उनके नाम गिनाने की ज़रूरत नहीं। नये कथाकारों में कुर्रतुलऐन हैदर, रामलाल, अनवर अजीम, जोगेन्द्रपाल, जीलानी बानो, आमना अबुलहसन, वाजिदा तबस्सुम, ग़यास गद्दी, क़ाजी अब्दुस्सत्तार, इक़बाल मतीन भारत में और हाजिरा मसरूर, ख़दीजा मस्तूर, ए-हमीद, जमीला हाशिमी, रजिया फ़सीह, गुलामुस्सक़लैन, सादिक़ हुसैन, क़ासिम महमूद, हमीद काश्मीरी, जीलानी असग़र पाकिस्तान में मान्यता के पात्र माने जाते हैं।

कुर्रतुलऐन-हैदर १९४७ ई० तक काल्पनिक-रोमांचकारी कथाएँ लिखती रहीं किन्तु स्वातंत्र्योत्तर की परिस्थितियों से प्रभावित होकर जब उन्होंने अपना पहला उपन्यास 'मेरे भी सनमख़ाने' लिखा तो उनका दृष्टिकोण और शिल्प दोनों बदले हुए दीख पड़े। उसी समय से उन्होंने उपन्यास और कहानी में अपूर्व उन्नति की है। उन्होंने पाश्चात् साहित्य, भारतीय-कला तथा संस्कृति का गहरा अध्ययन किया है और भाषा के प्रयोग पर उन्हें असाधारण क्षमता प्राप्त है। उनकी लोकप्रियता का रहस्य भी भारतीय जीवन-स्त्रोतों की खोज करना ही है। उनकी कहानियों के संग्रह 'सितारों से आगे', 'शीशे के घर' और 'पतझड़ की आवाज़' हैं और उपन्यासों में 'मेरे भी सनमख़ाने', 'सफ़ीनए-ग़मे दिल', 'आग का दरया', 'चाय का बाग़', 'सीताहरण' और 'आख़िरे-शब के हमसफ़र' हैं, जिनमें की रचना-क्षमता एक वैशिष्ट दीखती है। उन्होंने कई बहुत अच्छे अनुवाद भी किये हैं। रामलाल ने भी १९४७ के पहले ही लिखना प्रारम्भ कर दिया था, परन्तु उनकी ख्याति १९५५ के बाद हुई। वह अत्यन्त जागरूक रचनाकार हैं और जीवन के विविध स्तरों को अपनी अनुभूति के आधार पर अभिव्यक्त करते रहते हैं। उनके अनेक कहानी संग्रहों में 'गली-गली', 'आवाज़ पहचानो तो', 'चिराग़ों का सफ़र' और 'कल की बातें' उल्लेखनीय हैं। अनवर अज़ीम लोकप्रिय कहानीकार हैं। साधारण घटनाओं से सुन्दर चित्र बनाने में उन्हें विशेष अनुभव प्राप्त है, जिसमें उनकी मूल विचारधारा भी स्पष्ट होती रहती है। उनका एक उपन्यास 'धुआँ-धुआँ सवेरा' प्रकाशित हो चुका है। जोगेन्द्रपाल ने अफ़रीका में रहकर कहानी लिखना शुरू किया और उस समय की कहानियों में वहीं की पृष्ठभूमि को आधार बनाया, फिर पाकिस्तान और भारत में यहाँ की धरती की खोज की। नये कहानीकारों में उनका विशेष स्थान है। कहानी-संग्रह 'धरती का काल' और उपन्यास 'एक बूँद लहू की' और 'कछुआ' उल्लेखनीय हैं। जीलानी बानो ने प्रगतिशील विचारधारा से प्रेरित होकर थोड़े-ही समय में यश प्राप्त कर लिया है। कहानियों का संग्रह 'रौशनी के मीनार' और लघु उपन्यासों का संग्रह 'जुगनू और सितारे' छप चुके हैं। आमना अबुलहसन भी जीलानी बानो की तरह हैदराबाद से सम्बन्ध रखती हैं और वहीं के जीवन से अपनी कहानियों में रंग भरती हैं। एक संग्रह 'कहानी' छप चुका है। वाजिदा तबस्सुम भी हैदराबाद की ही कहानीकार हैं। उनकी रुचि यौवन-चित्रण की ओर है, एक संग्रह 'शहरे-ममनूअ' प्रकाशित हुआ है। ग़यास गद्दी बिहार के अच्छे

कहानीकार हैं। जन-जीवन से अपनी कहानियों के ताने-बाने तैयार करते हैं। कहानी-संग्रह 'बाबा लोग' छप रहा है; क़ाज़ी अब्दुलसत्तार अलीगढ़ विश्वविद्यालय में उर्दू के प्राध्यापक हैं। ग्राम जीवन के चित्र बड़े रोचक और भावपूर्ण ढंग से प्रस्तुत करते हैं। उनकी भाषा में साहित्यिकता भी होती है और सहज प्रवाह भी। अनेक उपन्यास जैसे—'शबगुज़ीदा', 'मज्जू भैया', 'दारा शिकोह' उपलब्ध हैं, अभी कहानियों का कोई संग्रह प्रकाशित नहीं हुआ। इक़बाल मतीन हैदराबाद के अच्छे कहानीकार हैं, कहानियों का संग्रह 'उजली परछाइयाँ' छप चुका है।

पाकिस्तान में भी नये कहानीकारों की संख्या बड़ी है। उनमें अनेक ऐसे हैं, जिनके संग्रह अभी प्रकाशित नहीं हुए हैं, किन्तु चूँकि वहाँ पत्र-पत्रिकाएँ बड़ी मात्रा में उपलब्ध हैं, इसलिए उन्हें शीघ्र ही लोकप्रियता प्राप्त हो गयी है। हाजिरा मसरूर और ख़दीजा मसतूर दोनों बहनें अब कम लिखती हैं, किन्तु उनके उपन्यास, नाटक और कहानियाँ लोकप्रिय हो चुकी हैं, उनका स्थान रज़िया फ़सीह अहमद और जमीला हाशिमी ग्रहण कर रही हैं। रज़िया का एक उपन्यास 'अवलापा' और जमीला के दो उपन्यास 'तलाशे-बहाराँ' और 'आतशे-रफ़्ता' प्रकाशित होकर उच्च-मर्यादा प्राप्त कर चुके हैं। ए-हमीद के बहुत से उपन्यास और कहानियों के अनेक संग्रह प्रकाशित हो चुके हैं। हमीद काश्मीरी का संग्रह 'दीवारें', कासिम महमूद का 'क़ासिम की मेंहदी', सादिक हुसैन का 'फूलों का महल', अब्दुल्लाह हुसैन का 'उदास नस्लें', शौकत सिद्दीकी का उपन्यास 'ख़ुदा की बस्ती' पिछले कुछ वर्षों में यश प्राप्त कर चुके हैं। इस संक्षिप्त इतिहास में भारत और पाकिस्तान के बहुत-से अन्य लिखने वालों का उल्लेख सम्भव नहीं है, फिर भी सालेहा आबिद हुसैन के उपन्यास 'क़तरे से गोहर होने तक', 'राहे-अमल' और 'यादों के चिराग़', अख़तर ओरेन्वी के उपन्यास 'हसरते-तामीर', हंसराज रहबर के 'वह लोग' और कौसर चाँदपुरी के कहानी-संग्रह 'शोलए-संग' का उल्लेख अनिवार्य है। ये लिखने वाले अपनी आयु के अनुसार नये नहीं कहे जा सकते किन्तु उनकी कृतियाँ समकालीन जीवन के कलात्मक चित्र प्रस्तुत करती हैं।

वर्तमान उर्दू-आलोचना साहित्य देश की अन्य भाषाओं की तरह पाश्चात्य साहित्यिक विचारधाराओं से प्रभावित भी है और अपनी निज की परम्पराओं की खोज में भी लगा हुआ है। आलोचना शास्त्र पर गम्भीरता से अधिक नहीं लिखा जा रहा है, परन्तु आलोचना साहित्य की ओर विशेष ध्यान दिया जाने लगा है। इधर शोध-कार्य की ओर भी रुचि बढ़ी है, क्योंकि विभिन्न विश्वविद्यालयों में शोध-कार्य को प्रोत्साहन दिया जाता है। जिन आलोचकों का उल्लेख पिछले अध्याय में हो चुका है, उनको वर्तमान युग में भी मान्यता प्राप्त है, लेकिन अतिरिक्त कुछ नये नाम भी उभर कर सामने आये हैं। डॉ० ख़लीलुर्रहमान आज़मी और बाक़र मेंहदी के आलोचनात्मक कार्यों की चर्चा उनकी कविताओं के साथ ही हो चुकी है। अब कुछ ऐसे आलोचकों का मूल्यांकन किया जाता है, जिन्होंने इस विषय पर गम्भीरतापूर्वक ध्यान दिया है।

अलीगढ़ के ही उसलूब अहमद अन्सारी ने जो अंग्रेज़ी विभाग के अध्यक्ष हैं, उर्दू में कुछ विचारपूर्ण आलोचनात्मक लेख लिखे हैं, जिनका संग्रह 'तनक़ीदो-तख़लीक़', छप गया है। दिल्ली विश्वविद्यालय के डॉ० मुहम्मद हसन, जो बहुत अच्छे नाटककार भी हैं, आलोचना में उच्च स्थान प्राप्त कर चुके हैं। उनका अध्ययन क्षेत्र विस्तृत और निकर्ष-शक्ति प्रभावशाली है। उनकी विचारधारा किसी विशेष दृष्टिकोण तक सीमित नहीं होती, किन्तु प्रगतिशीलता से किसी समय भी उन्मुख नहीं होते। उनकी पुस्तकों में 'अदबी तनक़ीद', 'उर्दू में रोमानी तहरीक', 'मुतालए-सौदा', 'शेरे-नौ', 'जलाल लखनवी' और 'देहली में उर्दू शायरी का फ़िकरी और तहज़ीबी पसमन्ज़र' उल्लेखनीय हैं। उनके नाटकों के संग्रह 'पैसा और परछाईं' और 'मेरे स्टेज ड्रामे' भी प्रकाशित हो चुके हैं। डॉ० ज्ञानचन्द, जम्मू-काश्मीर विश्वविद्यालय में उर्दू विभाग के अध्यक्ष हैं। अपने शोधपूर्ण प्रयत्नों से ख्याति प्राप्त कर ली है। अच्छे सुरुचिपूर्ण आलोचक हैं और उनके लेख न्यायोचित एवं साहित्यिक मर्मों से ओत-प्रोत होते हैं। उनकी पुस्तकों में 'उर्दू की नसरी दास्तानें', 'तहरीरें' और 'उर्दू-मसनवी : शुमाली हिन्द में' उपलब्ध हैं। अन्य आलोचकों में डॉ० शकीलुर्रहमान हैं, जो जम्मू-काश्मीर विश्वविद्यालय में उर्दू के प्राध्यापक हैं, मनोवैज्ञानिक आलोचना-पद्धति से विशेषकर प्रभावित हैं, पुस्तकों में 'जबान और कलचर', 'अदबी क़दरें और नफ़सियात' उल्लेखनीय हैं। इलाहाबाद विश्वविद्यालय के डॉ० मसीहुज्जमाँ को साहित्यिक मर्यादा प्राप्त है। उनकी प्रकाशित पुस्तकों में 'उर्दू तनक़ीद की तारीख़', 'हर्फ़े-ग़ज़ल', 'मरासिएमरि' और 'उर्दू मरसिये का इरतक़ा' महत्त्वपूर्ण हैं। इसी विश्वविद्यालय के डॉ० सैयद मोहम्मद अक़ील रिज़्वी ने भी अपनी पुस्तकें 'नई फ़िक्रें', 'इन्तेखाबे-दाग़' और 'उर्दू मसनवी का इरतेक़ा शुमाली हिन्द में' के द्वारा अपनी आलोचनात्मक पहचान बना ली है। उल्लेखनीय है दिल्ली विश्वविद्यालय के डॉ० क़मर रईस, डॉ० खलीक अंजुम, डॉ० गोपीचन्द नारंग ने कुछ ही समय में अपनी शोध-आलोचनात्मक कृतियों द्वारा यश प्राप्त कर लिया है। क़मर रईस की 'प्रेमचंद का तनक़ीदी मुतालेआ' और 'तलाशो-तवाजुन', डॉ० ख़लीक़ अंजुम की 'मिरज़ा रफ़ी सौदा', 'ग़ालिब नादिर तहरीरें', 'मतनी तनक़ीद' और डॉ० नारंग की 'हिन्दुस्तानी क़िस्सों से माख़ुज़ उर्दू-मसनवियाँ' उपलब्ध हैं। लखनऊ विश्वविद्यालय के सैयद शबीहुल हसन ने कम लिखा है किन्तु उनकी सुरुचि एवं विचारशीलता का प्रमाण उनके लेखों के संग्रह 'तनक़ीदो-तहलील' से मिल जाता है। दिल्ली के देवेन्द्र इस्सर की आलोचनाएँ उनके विस्तृत अध्ययन का बोध कराती हैं। उनकी पुस्तकों में 'अदब और नफ़सियात', 'फ़िक्र और अदब', 'अदब और जदीद ज़हन' विशेष हैं। पाकिस्तान के आलोचकों में डॉ० वज़ीर आग़ा का उल्लेख उनकी कविताओं के संदर्भ में हो चुका है। शम्सुरहमान फ़ारूक़ी आधुनिकतावदियों में अपना स्थान ग्रहण कर रहे हैं। उनकी समालोचनात्मक विचारधारा से मतभेद दिया जा सकता है परन्तु उनके प्रभाव को नकारा नहीं जा सकता। जमील जालबी, मुज़फ़्फ़र अली सैयद, फ़तह मुहम्मद

मलिक, रियाज़ अहमद, सलीम अहमद नये पाकिस्तानी आलोचकों में लोकप्रिय हैं। इधर नवोदित साहित्यकारों में विश्वविद्यालयों से डॉ० शारिब रुदैलवी, डॉ० जाफ़र रज़ा तथा डॉ० सैयद महमूदुल हसन रिज़्वी उभरे हैं। शारिब ने उर्दू-समालोचना पर महत्त्वपूर्ण कार्य किया है। डॉ० जाफ़र रज़ा ने मरसिया साहित्य पर शोध-प्रबन्ध लिखा है परन्तु अपनी पुस्तक 'प्रेमचंद—कहानी का रहनुमा' के आधार पर उर्दू में प्रेमचंद साहित्य पर अधिकारी विद्वान माने जाने लगे हैं। डॉ० महमूदुल हसन ने मनोवैज्ञानिक समालोचना पर अच्छी पुस्तक लिखी है।

नये नाटककारों ने कला के विभिन्न स्तरों पर अनेक प्रयोग किये हैं, उनमें मुहम्मद हसन, असग़र बट, जावेद इक़बाल, अनवर इनायत उल्लाह, रेवती सरन शर्मा के नाम उल्लेखनीय हैं। ये सब या तो रेडियो के लिए लिखते हैं या जब रंगमंच के लिए लिखते हैं, तो अधिकांश एकांकी ही होते हैं।

हास्य एवं व्यंग्य की परम्पराएँ सदैव से ही उर्दू में सक्रिय रही हैं। वर्तमान युग में गद्य तथा पद्य में अनेक नये लिखने वालों ने इसे अपना क्रिया-क्षेत्र बनाया है। गद्य-साहित्य में फ़ुरक़त काकोरवी, मुशताक़ यूसुफ़ी, अहमद जमाल पाशा, यूसुफ़ नाज़िम, मुजतबा हुसैन, भारतचन्द खन्ना, और पद्य-साहित्य में ज़मीर जाफ़री, मुहम्मद जाफ़री, रज़ा नक़वी वाही, फ़िगार, साबमियाँ बहुत पसन्द किये जाते हैं।

साहित्य के एक वृहद इतिहास में केवल उन लेखकों और कवियों का उल्लेख पर्याप्त नहीं, जिन्होंने सृजनात्मक साहित्य की रचना की है, बल्कि साहित्य के लिए वातावरण तैयार करने में पत्र-पत्रिकाओं, साहित्यिक संस्थाओं और व्यक्तियों के प्रयत्नों को नकारा नहीं जा सकता, जो कलाकार की रचनात्मक शक्ति को प्रोत्साहित करते हैं। दर्शनशास्त्र, राजनीति और विज्ञान के विषयों पर लिखी गयी पुस्तकें भी साहित्य-रचना के लिए रास्ता बनाती हैं। उनके अतिरिक्त प्रत्येक जागरूक साहित्य की तरह उर्दू में भी अनुवाद हुए हैं, जिनके निहित प्रभाव एवं सहयोग को भुलाया नहीं जा सकता। किन्तु इस संक्षिप्त इतिहास में इन सबके लिए स्थान पैदा करना सम्भव नहीं हो सकता है।

यह है उर्दू-भाषा और साहित्य का संक्षिप्त वृतान्त! जो व्यक्ति भी इस कहानी को सहानुभूति से विचार पूर्वक पढ़ेगा, उसे अनुभव होगा कि उर्दू-साहित्य की उन्नति भारत की सामाजिक, राजनैतिक, आर्थिक और सांस्कृतिक उन्नति से सम्बद्ध रही और सभी प्रकार के परिवर्तनों से प्रभावित होती रही है। इनमें अनेक प्रकार की भूलें-त्रुटियाँ भी हुईं, विभिन्न उन्नतिशील एवं प्रतिक्रियावादी विचारों का परस्पर संघर्ष भी रहा है, लेखकों-कवियों के मन पृथकताओं से दूषित भी रहे हैं, परन्तु साधारणतया इसने प्रत्येक ऐतिहासिक मोड़ पर जीवन की परिस्थितियों का चित्रण और मानव की आशाओं, कामनाओं, स्वप्नों का उल्लेख किया है। अनेकानेक जातियों और धर्मों के रचनाकारों ने इसकी साहित्यिक निधि को बढ़ाने का ही यत्न किया है तथा विदेशों की साहित्यिक गतिविधियों से भी लाभान्वित होने की चेष्टा की है। इसने सदैव ही दासता

के विरुद्ध स्वाधीनता का, अन्याय के विरुद्ध न्याय का, साम्प्रदायिकता के विरुद्ध उदारता का, संकीर्णता के विरुद्ध सामंजस्य का, कठोरता के विरुद्ध सहृदयता का और असमानता के विरुद्ध समानता का साथ दिया है और इसकी मूल-गतिविधि प्रत्येक युग में प्रगतिशील रही है। सामन्तवादी पतन के युग में इसने मानव-प्रेम की व्यक्तिगत-स्वतंत्रता के गीत गाये, जागरण के नये युग में देश-भक्ति, मानव-प्रेम, स्वाधीनता, जनतंत्र और सामाजिक न्याय पर बल दिया। इसलिए विश्वास के साथ कहा जा सकता है कि भारत के इतिहास में उर्दू की मर्यादा सुरक्षित रहेगी। जब कभी देश की संस्कृति का मिला-जुला इतिहास लिखा जायेगा, तो उसमें उर्दू-साहित्य से बड़ी सहायता मिलेगी, क्योंकि यह प्रत्येक युग में राष्ट्रीय एकता और समन्वय का प्रतीक ही नहीं रही है बल्कि मानव-प्रेम की ओर आकर्षित करने का प्रबल माध्यम भी सिद्ध हुई है।

परिशिष्ट—१

कुछ पारिभाषिक शब्द

१. शेर—दो पंक्तियों, जिनकी मात्राएँ बराबर हों, मिलकर 'शेर' कहलाती हैं। हिन्दी के दोहे या चौपाई को शेर कह सकते हैं। हर पंक्ति को अलग-अलग 'मिसरा' कहते हैं। ३ पंक्तियों से बने हुए छन्द को 'मुसल्लस', ४ को 'मुरब्बा', ५ को 'मुख़म्मस', ६ को 'मुसद्दस' कहते हैं। दो से अधिक पंक्तियों के हर समूह को 'बन्द' कहा जाता है। इसके अतिरिक्त भी बनावट की दृष्टि से कविता की क़िस्में होती हैं, जैसे 'मुसम्मन', 'मुसम्मत', 'तरकीब बन्द' इत्यादि। इन रूपों में किसी विषय पर कविताएँ लिखी जा सकती हैं। अंग्रेज़ी के अनुकरण में १४ पंक्तियों के 'सानेट' भी उर्दू में लिखे गये हैं।

२. नज़्म—वैसे तो हर कविता को 'नज़्म' कह सकते हैं, पर साधारणतः ग़ज़ल को छोड़कर दूसरी कविताओं को 'नज़्म' कहते हैं। वर्तमान काल में यह शब्द किसी विषय पर लिखी हुई नये ढंग की कविता के लिए प्रचलित है। मुक्तछन्द कविता को आज़ाद नज़्म कहते हैं।

३. ग़ज़ल—यह अरबी-भाषा का शब्द है, जिसका अर्थ है 'स्त्री से बातें करना' या शिकारियों में घिरे हुए हिरण की करुणाजनक चीख़ें। पर ग़ज़ल इसी में सीमित नहीं है। शृंगार रस और प्रेम-भावों के अतिरिक्त इसमें तसौव्वुफ़, दर्शनशास्त्र, देश-भक्ति, नैतिक सिद्धान्त, राजनीति इत्यादि के विचार भी सरल, भावपूर्ण, सरस और मीठे शब्दों में प्रस्तुत किये जाते हैं। ग़ज़ल में अधिकतर आन्तरिक भावनाओं का उल्लेख होता है। हर शेर अलग-अलग पूर्ण अर्थ रखता है और पूरी ग़ज़ल में आदि से अन्त तक एक ही विचार भी हो सकता है। इसमें गुल, बुलबुल, चमन, क़फ़स (पिंजड़ा) इत्यादि प्रतीक के रूप में आते हैं। ग़ज़ल का पहला शेर 'मतला' (उदय होने का स्थान) और अन्तिम शेर, जिसमें कवि का नाम होता है, 'मक़्ता' कहलाता है। हर शेर में पहले शेर के तुक की पाबन्दी की जाती है। इसका रूप यह होता है—

————क————क

————ख————क

————ग————क

४. क़सीदा—उस कविता को कहते हैं, जिसमें किसी धार्मिक या राष्ट्रीय नेता, बादशाह या किसी महान् पुरुष की प्रशंसा की गयी हो। इसके आरम्भ में भूमिका के जो शेर होते हैं, उनमें हर प्रकार के विषय हो सकते हैं, किन्तु उनको किसी न किसी

प्रकार से प्रशंसा के शेरों से सम्बन्धित हो जाना चाहिये। इसका रूप ग़ज़ल ही के ऐसा होता है, पर ग़ज़ल के विपरीत इसका प्रबन्धात्मक होना आवश्यक है। इसकी भाषा अधिकतर कठिन, भव्य और बनावटी होती है। भूमिका वाले हिस्से को 'तशबीब' और प्रशंसा वाले भाग को 'मद्ह' कहते हैं।

५. **हज़्व**—जिस कविता में किसी व्यक्ति, रीति, संस्था, समाज की निन्दा की गई हो उसको 'हज़्व' कहते हैं। इसमें हास्य के साथ-साथ आक्रोश और घृणा की भावना भी होती है। इसका कोई नियमित रूप नहीं है।

६. **मसनवी**—लम्बी, प्रबंधात्मक कविता, जिसमें कोई कहानी कही गई हो या एक ही विषय पर विचार प्रकट किये गये हों, 'मसनवी' कहलाती है। यह हिन्दी के प्रबंध-काव्य से मिलती-जुलती चीज है। इसका छन्दिक रूप यह है—

————क————क

————ख————ख

————ग————ग

७. **मरसिया**—करुण रस से भरी हुई उस शोकपूर्ण कविता को मरसिया कहते हैं, जिसमें किसी मरने वाले की प्रशंसा की गई हो। मरसिया किसी का हो सकता है, पर उर्दू में अधिकतर मरसिये मुसलमानों के रसूल के नाती इमाम हुसैन और उनके परिवार के शोकजनक विनाश के सम्बन्ध में लिखे गये हैं। यज़ीद के सैनिकों ने बड़ी कठोरता से इमाम के मित्रों, बच्चों और नातेदारों को तीन दिन का भूखा-प्यासा शहीद कर दिया और स्त्रियों को लूट कर बन्दी बना लिया। मरसिये में इसी का उल्लेख होता है। आरम्भ में मरसिये का कोई नियत रूप न था पर अब अधिकतर मरसिये मुसद्दस (६ पंक्तियों के बन्द) के रूप में लिखे जाते हैं। करबला की दुर्घटना पर कोई पुस्तक पढ़ ली जाये, तो मरसिये को भली-भाँति समझा जा सकेगा।

८. **वासोख़्त**—उस कविता को कहते हैं, जिसमें प्रेमी प्रेम-जीवन के कष्ट और चिन्ताओं से घबरा कर प्रेमिका से जली-कटी बातें करने लगता है। कहता है कि तुममें मैंने ही सुन्दरता खोज निकाली और पहले-पहल प्रेम किया, अब तुम दूसरों की ओर झुक रहे हो, मैं भी किसी दूसरे से प्रेम करके तुमको जलाऊँगा।

९. **रेख़्ती**—स्त्रियों की भाषा में स्त्रियों ही के सम्बन्ध में जो कविताएँ लिखी गयी हैं, उनको 'रेख़्ती' कहते हैं। इनमें स्त्रियों के पारिवारिक जीवन और सामाजिक बन्धनों का वर्णन, और कभी अश्लील वर्णन होता है। इसके अध्ययन से भाषा की बड़ी जानकारी होती है। इसका रूप अधिकतर ग़ज़ल का होता है, परन्तु अन्य रूपों में भी लिखी जाती है।

१०. **रुबाई**—चार पंक्तियों की उस कविता को 'रुबाई' कहते हैं, जिनमें एक ही विचार प्रकट किया गया हो। इनमें हर प्रकार के विचार लाये जा सकते हैं पर अधिकांश दार्शनिक होते हैं। इसी से मिलती-जुलती एक चीज़ और होती है जिसे

'क़तआ' कहते हैं। यह चार पंक्तियों से अधिक का हो सकता है। इसका रूप यह होता है—

——————क——————क

——————क/ख————क

'क़तए' का रूप ग़ज़ल के ऐसा होता है, कभी-कभी ग़ज़ल के बीच में ही 'क़तआ बन्द' शेर आ जाते हैं।

११. दीवान—अधिकतर ग़ज़लों के संग्रह को दीवान कहते हैं। इनमें पहले (और कभी-कभी आजकल भी) ग़ज़लें अन्तिम अक्षर के हिसाब से लिखी जाती थीं। ऐसे अन्तिम अक्षर को 'रदीफ़' कहते हैं। इससे ग़ज़लों के ढूँढ़ने में सुविधा होती है। किसी कवि की समस्त रचनाओं के संग्रह को 'कुल्लियात' (works) कहते हैं। साधारण रूप में दोनों शब्द एक ही अर्थ में बोले और लिखे जाते हैं।

१२. तज़किरा—ऐसी पुस्तक, जिसमें कवियों की संक्षिप्त जीवनी और उनकी रचनाओं के उदाहरण दिए गये हों, 'तज़किरा' कहलाती है। वह तज़किरे गवेषणात्मक नहीं होते पर इनसे साहित्य का इतिहास लिखने में बड़ी सहायता मिलती है। उर्दू कवियों के तज़किरे भी अधिकतर फ़ारसी में लिखे गये हैं।

परिशिष्ट—२

सहायक पुस्तकें

[यह केवल सहायक पुस्तकों की एक संक्षिप्त सूची है। इसमें साहित्य की मूल रचनाओं के नाम नहीं दिये गये हैं।]

१. अंदाज़े : रघुपति सहाय 'फ़िराक़' गोरखपुरी

२. अदब और ज़िन्दगी : मजनूं गोरखपुरी

३. अदब और इन्क़िलाब : अख़्तर हुसैन रायपुरी

४. अदब और नज़रिया : आले अहमद 'सुरूर'

५. अदब और समाज : एहतेशाम हुसैन

६. अदबीयाते-फ़ारसी में हिन्दुओं का हिस्सा : डॉ० स० मु० अब्दुल्लाह

७. आधुनिक उर्दू काव्य-साहित्य : डॉ० जाफ़र रज़ा

८. आबे-हयात : मौ० मुहम्मद हुसैन 'आज़ाद'

९. इन्तिक़ादियात (२ भाग) : नियाज़ फ़तेहपुरी

१०. उर्दू और उसका साहित्य : गोपीनाथ 'अमन'

११. उर्दू का पहला नावेलनिगार : ओवैस अहमद अदीब

१२. उर्दू के असालीवे-बयान : डॉ० मुहीउद्दीन 'ज़ोर'

१३. उर्दू-ए-क़दीम : शम्सुल्लाह क़ादिरी

१४. उर्दू की इश्क़िया शायरी : रघुपतिसहाय 'फ़िराक़' गोरखपुरी

१५. उर्दू ग़ज़ल : डॉ० यूसुफ़ हुसैन ख़ाँ

१६. उर्दू ग़ज़ल की नश्वो-नुमा : डॉ० रफ़ीक़ हुसैन

१७. उर्दू ड्रामा और स्टेज : सैयद मसूद हसन रिज़वी

१८. उर्दू ज़बानो-अदब : सैयद ज़ामिन अली

१९. उर्दू में ड्रामा-निगारी : बादशाह हुसैन

२०. उर्दू तनक़ीद का इर्तिक़ा : डॉ० इबादत बरैलवी

२१. उर्दू तनक़ीद पर एक नज़र : कलीमुद्दीन अहमद

२२. उर्दू तनक़ीद में नफ़सियाती अनासिर : डॉ० सैयद महमूदुल हसन रिज़्वी

२३. उर्दू भाषा और साहित्य : रघुपति सहाय 'फ़िराक़' गोरखपुरी

२४. उर्दू मसनवी का इर्तिक़ा : डॉ० अब्दुल क़ादिर सर्वरी
२५. उर्दू मसनवी, शुमाली हिन्दी में : डॉ० ज्ञानचन्द जैन
२६. उर्दू मरसिया का इर्तिक़ा : डॉ० मसीहुज़्ज़माँ
२७. उर्दू साहित्य का इतिहास : ब्रजरत्न दास
२८. उर्दू साहित्य का सरल इतिहास : डॉ० सरला शुक्ला
२९. उर्दू शाएरी का मिजाज़ : डॉ० वज़ीर आग़ा
३०. उर्दू शायरी का समाजी पसमंजर : डॉ० एजाज़ हुसैन
३१. उर्दू शाएरी पर एक नज़र : कलीमुद्दीन अहमद
३२. उर्दू शहपारे : डॉ० मुहीउद्दीन 'जोर'
३३. क़ौमी तहजीब का मस्अला : डॉ० आबिद हुसैन
३४. खुतबाते गार्सां-द-तासी : गार्सां-द-तासी (उर्दू अनुवाद)
३५. जदीद उर्दू तन्क़ीद, उसूल व नज़रयात : डॉ० शारिब रुदैल्वी
३६. जदीद उर्दू शाएरी : डॉ० अब्दुल कादिर सरवरी
३७. तारीखे-अदबे-उर्दू : रामबाबू सक्सेना
३८. तारीख़े-ज़बाने-उर्दू : डॉ० मसऊद हुसैन ख़ाँ
३९. तनक़ीद और अमली तनक़ीद : एहतेशाम हुसैन
४०. तनक़ीद क्या है : आले अहमद 'सुरूर'
४१. तनक़ीदी जाएज़े : एहतेशाम हुसैन
४२. तनक़ीदी हाशिये : मजनूं गोरखपुरी
४३. तरक्क़ी-पसन्द अदब : अज़ीज़ अहमद
४४. तरक्क़ी-पसन्द अदब : अली सरदार जाफ़री
४५. दास्ताने-तारीख़े-उर्दू : हामिद हसन क़ादिरी
४६. दकन में उर्दू : नसीरुद्दीन हाशिमी
४७. दिल्ली का दबिसताने-शाएरी : डॉ० नूरुल हसन हाशिमी
४८. दिल्ली में उर्दू शाएरी का फ़िक्री और तहज़ीबी पसमंजर : डॉ० मुहम्मद हसन
४९. नया अफ़साना : वक़ार अज़ीम
५०. नाटक सागर : मुहम्मद उमर नूर इलाही
५१. नावेल की तारीख और तनक़ीद : अली अब्बास हुसैनी
५२. नये अदबी रुजहानात : डॉ० एजाज़ हुसैन
५३. नये पुराने चिराग : आले अहमद 'सुरूर'

५४. बिहार में उर्दू अदब : डॉ० अख़तर ओरेन्वी
५५. मक़ालाते-गार्सां-द-तासी : गार्सां-द-तासी
५६. मक़ालाते-शीरानी : हाफ़िज़ महमूद शीरानी
५७. मद्रास में उर्दू : नसीरुद्दीन हाशिमी
५८. मुख़्तसर-तारीख़े अदबे-उर्दू : डॉ० एजाज़ हुसैन
५९. मुक़द्दमाते-अब्दुल हक़ (२ भाग) : अब्दुल हक़
६०. मुक़द्दमा-ए-शेरो-शाएरी : मौलाना हाली
६१. मुवाज़ना-ए-अनीसो-ए-दबीर : मौलाना शिब्ली
६२. मैसूर में उर्दू : डॉ० हबीबुन्निसा
६३. रवायत और बग़ावत : एहतेशाम हुसैन
६४. लखनऊ का दबिसताने शाएरी : डॉ० अबुललैस सिद्दीक़ी
६५. शाएरी के नये दौर : अयोध्याप्रसाद गोयलीय
६६. शाएरी के नये मोड़ : अयोध्याप्रसाद गोयलीय
६७. शेरुल-हिन्द (२ भाग) : अब्दुस्सलाम नदवी
६८. हमारी दास्तानें : वकार अज़ीम
६९. हमारी शाएरी : सैय्यद मसऊद हसन रिज़्वी
७०. हमारे अफ़साने : वकार अज़ीम
७१. हिन्दुस्तानी लिसानियात : डॉ० मुहीउद्दीन 'ज़ोर'
७२. हिन्दुस्तानी लिसानियात का ख़ाका : एहतेशाम हुसैन
७३. Famous Urdu Poets and Writers : *Sir Abdul Qadir*
७४. Influence of English on Urdu Literature : *Dr. Abdul Latif*
७५. Some Characteristic & Tendencies of Modern Urdu Poetry : *Dr. Mohan Singh 'Diwana'*
७६. Spirit and Substance of Urdu Prose under the Influence of Sir Saiyed : *Dr. S. M. Abdullah*
७७. Urdu Literature : *Dr. Graham Bailey*
७८. Urdu Literature : *Dr. Mohan Singh 'Diwana'*
७९. History of Urdu Literature : *Dr. S. M. Sadiq*
